KB177659

호세 오르테가 이 가세트(1883~1955) 에스파냐의 철학자. 생의 철학

▲마드리드 대학교
가세트는 이 대학에서 철학을 공부하고 박사학위를 받았다. 정부 장학금으로 독일로 유학을 떠나 라이프치히 대학의 빌헬름 분트에게서 철학과 심리학을, 마르부르크 대학에서 신칸트학파인 헤르만 코엔으로부터 철학을 배웠다. 가세트의 '생의 철학'은 여기에서 비롯되었다.

◀헤르만 코엔(1842~1918)

미겔 데 우나무노(1864~1936) 에스파냐의 철학자·시인·소설가. 생의 철학. 오르테가의 스승이자 논쟁의 맞수
'우나무노에게 이성과 삶은 언제나 대립과 배제의 관계인 데 반해 오르테가에게는 진정한 상호보완적 관계이다.'

오스발트 슈펭글러(1880~1936) 독일의 역사가·문화철학자. 생의 철학. 저서 《서양의 몰락》(1918~22)
슈펭글러는 오르테가와 한시대 사람이며, 두 사람 모두 그리스도교 문화의 종말을 설명하고, 세계문화를 생명적인
생성·발전·몰락의 역사로 파악한다는 공통점을 갖고 있다.

Año III   N.° XXV

Revista de Occidente

Director:

José Ortega y Gasset

Sumario

José Ortega y Gasset: *Conocimiento del hombre: Para una psicología del hombre interesante* ✳ Rafael Alberti: *El alba del alhelí. (Versos.)* ✳ Franz Kafka: *La metamorfosis. (Fin.)* ✳ J. Moreno Villa: *Nuevos artistas* ✳ Antonio Espina: *Varia fisga.* ✳ A. González Palencia: *«La Divina Comedia» y el Islam*

NOTAS. — Antonio Marichalar: Consideración de Mauriac ✳ P. Bosch Gimpera: Una geografía antigua de Andalucía ✳ Benjamín Jarnés: Jorge Luis Borges, *Inquisiciones*. ✳ Eugenio Montes: Guillermo de Torre, *Literaturas europeas de vanguardia* ✳ Melchor Fernández Almagro: La «Santa Juana» de Bernard Shaw ✳ Ramón Carande: Godos y romanos en nuestra Edad Media ✳ Ramón M.ª Tenreiro: *Die Chronik von Sankt Johann*

Precio: 3,50   Madrid   Julio 1925

월간지 〈서유럽 평론〉 창간(1923) 오르테가는 〈서유럽 평론〉지에 활발한 평론활동을 펼치며, 당대의 유럽 정치상황을 비판하고 그 무렵 사회상을 나타낸 《대중의 반란》을 펴낸다.

오르테가 흉상 하엔 주 호다르 마을. 2012.

《대중의 반란》(초판, 1930) 표지

josé ortega y gasset

¿qué es filosofía?

el arquero

REVISTA DE OCCIDENTE

《철학이란 무엇인가》(초판, 1957) 표지 사후 간행

세계사상전집057
José Ortega y Gasset
LA REBELION DE LAS MASAS/QUE ES FILOSFIA

대중의 반란/철학이란 무엇인가

오르테가 이 가세트/김현창 옮김

동서문화사

디자인 : 동서랑 미술팀

대중의 반란/철학이란 무엇인가
차례

대중의 반란

제1부 대중의 반란…13

　　1 충만이라는 사실/2 역사의 수준 상승/3 시대의 높이/4 삶의 확장/5 어떤 통계적
사실/6 대중 해부의 시작/7 고귀한 삶 평범한 삶 또는 노력과 게으름/8 왜 대중은
모든 일에 폭력적으로 개입하는가/9 원시성과 기술/10 원시성과 역사/11 자만에
빠진 철부지 시대/12 '전문화'의 야만성/13 가장 큰 위험은 국가

제2부 누가 세계를 지배하는가…106

　　14 누가 세계를 지배하는가/15 진정한 문제에 이르르다

철학이란 무엇인가

1강 오늘의 철학—진리에 얽힌 기이한 사정, 진리가 오다—역사와 철학의
　　만남…167

2강 철학의 축소와 확장, 세대라는 드라마, 물리학의 제국주의, 실용주의…178

3강 우리 시대 과제, 오로지 상징주의로서의 '과학', 결석하고 있는 모든 과
　　학, 철학은 왜 존재하는가, 과학의 정확성과 철학적 인식…192

4강 우주의 인식, 문제 해결에 앞서는 문제 자체의 우월성, 이론적 문제 실
　　천적 문제, 범논리주의와 생적 이성…210

5강 철학은 왜 필요한가, 현재와 공재, 근원적 존재, 자율과 전체성, 신비주
　　의자에 대한 신학자의 옹호…227

6강 신념과 이론, 유쾌함, 직관적 명증, 철학적 문제에 대한 사실들…245

7강 우주의 사실들, 데카르트적 회의, 의식의 이론적 우수성, 매와 같은 자
　　아…264

8강 주관론 발견, '황홀경'과 '고대 유심론', 근대 주관론의 두 뿌리, 기독교
　　의 초월신…283

9강 우리 시대의 주제, 철학의 근본 혁신, 우주에 관한 기본적 사실, 세계에
　　대한 자아와 나에 대한 세계, 우리 저마다의 삶…299

10강 새로운 실재와 그 실재에 대한 새로운 관념, 결핍된 존재, 삶은 세계 안에
　　있는 것, 삶은 우리의 미래 존재를 끊임없이 결정짓는 것…324

11강 근본적 실재와 우리의 삶, 삶의 범주, 이론적 삶, 환경·운명과 자유 내
　　적 모델, 관심과 무관심…342

오르테가 생애와 사상

　Ⅰ. 생애와 사상…367

　Ⅱ. 사상의 주요 테마…431

　Ⅲ. 오늘의 오르테가…494

　오르테가 연보…505

La rebelión de las masas

대중의 반란

제1부
대중의 반란*1

1 충만이라는 사실

오늘의 유럽인 사회생활 속에는 좋던 나쁘던 무엇보다도 중요한 사실이 하나 있다. 그 사실이란 대중이 사회적 중심세력으로 등장했다는 것이다. 본디 의미로 보면 대중은 스스로 생존을 관리할 수 없다. 하물며 사회를 지배한다는 등, 그런 일은 논외이다. 그렇기 때문에 위의 사실은 민족, 국가, 문화가 참을 수 있는 한계인 심각한 위기에 유럽이 놓여있다는 것을 의미한다. 그러나 이런 위기는 역사 속에서 여러 번 있어 왔다. 그 특징과 결과는 알고 있다. 그 명명도 알려져 있다. 그것은 대중의 반란이라고 일컬어진다.

이 두려운 사실을 이해하기 위해서는 '반란', '대중', '사회 세력' 등의 말에 배타적으로라도 정치적 의미를 부여하지 말아야 한다. 사회생활이란 정치적일 뿐만 아니라 동시에 아니 그 이전에 지적, 도덕적, 경제적, 종교적이어서 우리의 옷이나 오락은 물론 모든 관습을 포함하기 때문이다.

이 역사적 현상을 파악하는 최선의 방법은 우리 시대의 특징 안에서 확실히 눈에 보이는 것을 들어 시각적 경험에 호소하는 것이다.

이 특징을 분석하는 것은 간단하지 않다. 그러나 기술하는 것은 참으로 쉽다.

나는 이것을 밀집, '충만'이라고 이름붙이겠다. 도시는 사람으로 충만해 있다. 집들은 세입자로 가득하고 호텔은 여행객으로 가득하고 기차는 승객으로 가득하다. 또 찻집은 손님으로 가득하고 거리는 보행자로 가득하고 명의의 진찰실에는 환자로 가득하다. 때를 놓치지 않았다면 극장은 관객으로 가득, 해안은 해수욕객으로 가득하다. 이전에는 문제가 되지 않았던 일이 거의 만성적이 되기 시작했다. 그것은 장소를 발견하는 일이다.

그뿐이다. 현대생활에서 이보다 간단하고 눈에 띄고 흔한 일이 있을 수 있을까? 그럼 지금 말한 진부한 현상에 메스를 대어 보자. 머지않아 여기에서 생각지도 못한 샘이 솟아오르고 현대의, 즉 오늘날의 서광이 비추어 형형색색으로 빛나는 것을 보고 사람들은 경탄할 것이다.

우리가 보는 것이 무엇이기에 경탄하는 것일까? 문명이 만들어 낸 도구나 시설을 점거하는 군집이다. 조금 반성해 보면 우리는 자신이 놀랐다는 사실에 다시 놀란다. 그것이 어떻다는 것인가? 그것은 이상적인 것이 아닌가? 극장에 좌석이 있는 것은 사람이 앉기 위해서이고 결국 극장이 가득차기 위해서이다. 기차의 좌석이나 호텔의 방도 마찬가지이다.

틀림없이 그런 것이다. 그러나 문제는 이전에는 이런 건물이나 타는 것들이 가득 차는 경우가 없었는데 지금은 만원이고, 한 술 더 떠서 밖에는 들어가고 싶은데 들어갈 수 없는 사람들이 많이 서 있다는 것이다. 이 사실이 이치에 맞고 당연한 것이라고 해도 이전에는 그렇지 않았는데 지금은 그렇다. 따라서 어떠한 변화가 있었다는 것은 무시할 수 없다. 게다가 이 변화란 참신한 변혁이었다. 그러니까 적어도 처음에 우리가 놀랐다고 해도 이상한 일은 아니다.

놀람과 기이하게 생각하는 것은 이해로 향하는 첫걸음이다. 그것은 지식인의 스포츠이자 그들 특유의 호사이다. 그렇기 때문에 이 종족특유의 표정은 기이한 개념에 자극받아 눈을 크게 뜨고 세계를 조망하는 것이다. 세계의 온갖 사물이 기이하며 크게 뜬 눈은 경탄을 금치 못한다. 경탄은 축구 선수에게는 허용되지 못하겠지만 지식인에게는 몽상가처럼 영원한 도취상태로 세계를 방황시키는 것이다. 그 특징은 경탄하는 눈이다. 그래서 고대인은 미네르바 여신에게 크게 뜬 눈을 가진 새, 올빼미를 준 것이다.

밀집, 충만이라는 현상은 이전에는 그다지 볼 수 없었다. 그런데 왜 지금은 흔하게 되었을까?

군집을 구성하는 사람들은 무에서 생겨난 것이 아니다. 거의 같은 수의 사람이 15년 전에 존재하고 있었다. 그 때는 제1차 세계대전 후였기 때문에 이 숫자가 전보다도 오히려 적은 쪽이 자연스럽다고 생각되었다. 그런 것은 제쳐두고, 우리는 여기서 첫 번째 중요한 문제에 봉착하게 된다. 이 군집을 만드는 개체는 이전에도 존재하고 있었지만 그것은 군집의 형태가 아니었다. 작은 집단으로 나뉘고, 또는 고립되어 외견상 다양하고 무관계한 서로 떨어진 생활을 하고 있던 것처럼 보인다. 저마다—개인 또는 작은 집단—농촌, 시골마을, 소도시 또는 대도시 한 구역에서 하나의 장소를 점유하고 있었다고 생각할 수 있다.

갑작스레 군집이 하나의 덩어리가 되어 출현했다. 우리 눈은 어디서나 군집을 본다. 어디서나? 아니 그렇지는 않다. 군집은 진정 가장 좋은 장소를, 즉 이전에는 작은 그룹을 위해, 다시 말해 소수자를 위해서 잡아 둔, 인류문화의 비교적 세련된 창조물인 가장 좋은 장소를 점하고 있는 것이다.

이 큰 무리가 돌연히 눈에 보이는 것이 되어 사회의 고급스러운 장소에 들어와 박혔다. 옛날에는, 만약 존재했었다 해도 사회라는 무대의 구석에 틀어박혀 있었기 때문에 알아차리지 못하고 지나갔지만 지금은 각광을 받는 장소에 넉살좋게 앞에 나섰다. 그들이야말로 주요인물인 것이다. 이미 주역이라는 것은 없고 있는 것은 합창단뿐이 되었다.

군집이란 개념은 양적이고 시각적이다. 본디 의미를 바꾸지 않고 이 개념을 사회학 용어로 바꿔 보면 사회대중이라는 개념이 발견된다. 사회는 항상 소수자와 대중이라는 두 요소의 동적인 통일체이다. 소수자는 특별히 유능한 개인 또는 개인의 집단이다. 대중이란 특별한 자격, 자질의 혜택을 받지 못한 사람들의 집합이다. 그렇기 때문에 대중이란 말을 단순히 또는 주로써 '노동대중'이라는 의미로 풀어서는 안 된다. 대중이란 '평균인'이다. 그런 이유로 그저 양적이었던 것—군집—이 질적인 특성을 가진 것으로 바뀐다. 다시 말해 그것은 질을 공통으로 하는 것이자 사회의 무숙자(無宿者)이고 타인으로부터 자신을 구별하는 것이 아니라 공통형(共通型)을 스스로 반복하는 인간이다.

이처럼 양에서 질로 전환함에 따라 우리는 어떤 이익을 얻었는가? 아주 간단하다. 질에 따라 양의 기원을 이해할 수 있게 되었다. 군집이 자연스럽게 형성되는 것에는 그 성원들의 희망, 관념, 생활양식이 일치하는 것이 암묵적으로 전제되어 있는 것이고 자명한 이치라고 할 수 있다. 이것은 모든 사회집단에게 생겨나는 것이고 스스로 보다 선발된 그룹이라고 칭하는 경우에도 같다고 말할 수 있을지도 모른다. 그러나 거기에는 본질적인 차이가 있다.

군집이나 대중으로서의 특징이 없는 집단에서 그 성원들의 실제 일치점은 어떠한 희망, 생각 또는 이상으로 존재하는 것이고 그것만으로도 다수의 인간을 배제한다. 어떤 군집이든 소수파를 만들기 위해서는 각자가 특별한 이유, 거의 개인적인 이유에 의해 군집으로부터 자신을 구별하는 것이 필요하다. 따라서 서로 제휴하기 위해서 소수파를 만드는 다른 사람들과의 일치는 각자가 단독자의 태도를 취한 뒤의 2차적인 문제이다. 그러니까 대강에 있어서 그것은 일치하지 않는다는 점에서 일치한다.

집단의 독자적 특색이 매우 확실한 경우가 있다. 예를 들면 스스로를 '비국교파'라고 부르는 영국인 집단이 그것으로, 이는 수많은 군중과 신앙이 같지 않다는 점에서만 일치하는 사람들의 집합이다. 소수의 인간이 실로 다수의 사람들로부터 분리하기 위한 목적으로 단결한다는 요소는 모든 소수파가 형성될 때 항상 들어가는 것이다.

어떤 세련된 음악 연주를 듣는 작은 모임에 관해서 말라르메는 '청중은 그 적은 숫자의 존재에 의해 다수자의 부재를 강조하고 있다'고 상당히 적절하게 표현했다.

하나의 심리적 실체로써 대중을 정의한다면 사람들이 무리를 지어 출현하는 것을 기다릴 필요는 없다. 눈앞에 있는 사람에 대해서도 그가 대중인가 아닌가를 알 수 있다. 대중이란 스스로를 특별한 이유에 의해서—좋다 나쁘다—평가하지 않고 자신이 '다른 사람들과 같다' 생각하고 타인과 자신이 동일하다고 느끼면 오히려 기분이 좋아지는 사람들을 가리킨다.

어느 겸허한 남자가 특수한 이유에 의해서 자신을 평가하려 했을 때—어떤 일에 재능을 가졌는지 어떤 면에서 우수한가를 스스로 물었을 때—, 어떠한 탁월한 능력도 소유하지 않았다는 것을 알게 되었다고 해 보자. 이 남자는 자신이 평범하고 쓸모없는 인간이고 재능이 없다고 느꼈을 지도 모른다. 그러나 '대중'의 한 사람이라고는 느끼지 않을 것이다.

'선택된 소수파'를 이야기할 때, 이 표현의 본디 의미를 왜곡시키는 지나친 장난을 자주 본다. 선택된 사람이란, 남보다 뛰어나다고 생각하고 거드름 피우는 사람이 아니라, 가령 자신에게 주어진 고난도의 요구를 다 할 수 없어도 다른 사람보다도 자신에게 어려운 요구를 준 사람이라는 사실에서 못 본 체해 버리는 것이다. 인간을 가장 근본적인 요소로 나눈다면 다음처럼 두 부류로 나눌 수 있을 것이다. 하나는 자신에게 많은 것을 요구하고 자신 위에 곤란과 의무를 지우는 사람이고 다른 하나는 자신에게 어떠한 특별한 요구도 하지 않는 사람이다. 후자에게 사는 것이란 어떠한 순간도 있는 그대로 존재를 계속하는 것으로 자신을 완성시키려는 노력을 하지 않는다. 이른바 파도에 떠다니는 부초이다.

이는 정통 불교가 서로 다른 두 종파로 형성되어 있는 것을 상기시킨다. 그 하나는 엄격하고 어려운 마하야나 '큰 탈것', 즉 '대승'과 다른 하나는 느슨하고 통속적인 히나야나 '작은 탈것', 즉 '소승'이 그것이다. 우리가 삶을 어느 쪽에 맡길 것인지, 최대의 엄격함인지 최소의 엄격함인지, 어느 쪽을 선택할 것인가는 결정적인 문제이다.

따라서 사회를 대중과 뛰어난 소수파로 나누는 것은 사회계급의 구분이 아닌 인간의 구분으로 상층, 하층의 계층 서열과는 일치하지 않는다. 물론 상층계급이 실제로 상층에 있을 때, 또 그 범위에 두고 이 계급 안에서 '대승'을 채용하는 사람들을 찾아낼 가능성은 크다. 그에 대해서 하층계급은 열등한 자질의 사람들에 의해서 구성되어 있는 것이 보통이다. 그러나 어떤 사회나 진정한 의미에서의 대중과 소수파가 있다. 훌륭한 전통을 가진 집단에서조차 대중, 속인들이 지배적인 것이 현대의 특색이다.

예를 들면 지적(知的)생활은 그 본질에서부터 자격을 요구하고 이것을 전제로 하는 것이지만 여기에도 자격이 없는, 자질을 정할 수 없는, 또 그들 자신의 정신구조에서 자질이 낮은 유사지식인들이 점차 승리를 거두어 가고 있는 것을 눈치챌 수 있다. 아직 남아 있는 '귀족' 집단에서도 마찬가지이다.

한편, 노동자는 우리가 '대중'이라고 부르는 가장 전형적인 예지만 이 사람들 가운데서 연마된 고귀한 영혼을 가진 자를 발견하는 것도 드문 일은 아니다.

사회에는 지극히 다양한 작용, 활동, 기능이 존재하고 있다. 그것들은 본디 성질부터 특별해서 마찬가지로 특별한 천부적 재능 없이는 이들을 잘 운영할 수 없다. 예를 들어 예술적인, 또 호화로운 특성을 갖는 어떤 즐거움 또는 정부의 기능, 공적 문제에 관한 정치적 판단 등이 그것이다.

이전에는 이러한 특별한 활동은 자질을 타고난—적어도 그렇게 자부하고 있는—소수의 사람들에 의해서 행해져 왔고 대중은 굳이 그 사이에 끼어들려고 하지 않았다. 만약 그에 끼어들고 싶다면 그에 걸맞는 특별한 자질을 습득하여 대중의 위치를 버려야 한다고 생각했다. 건전한 사회의 역학적 관계 속에서 자신의 역할을 분별하고 있었다.

이 책 첫머리에서 말한 사실로 돌아가면, 그것들은 대중의 태도 변화의 전조로 볼 수 있을 것이다. 모든 사실은 대중이 사회의 최전선에서 전진하고 이전에는 소수자만의 것이었던 즐거운 장소를 점거하여 그 용구를 사용하고 그들의 즐거움을 누리겠다는 결의를 굳힌 것을 보여 주고 있다.

가령 그들의 장소가 본디 군집을 위해 만들어진 것이 아님은 분명하다. 그들의 장소는 매우 좁아 군집이 언제나 범람하고 있기 때문이다. 그리고 이들의 일은 우리 눈에 지극히 명료하게 새로운 사실을 증명해 보인다. 결국 대중이 대중으로 있는 것을 그만두지 않은 채 소수파를 대신해 간다.

사람들은 오늘날에는 희망과 그것을 충족할 수단을 가지고 있기 때문에 전보다 많은 사람이 옛날보다 더 많이 즐기게 되었다고 해서 개탄하는 사람이 있을 것이라고 나는 생각하지 않는다. 난처한 것은 본디 소수파의 영역에 참여하려는 대중의 결의는 즐거움의 분야에만 나타나고 있는 것이 아니고 또 그것으로 끝날 리도 없는 참으로 현대의 일반적 특징이 되어 있다는 것이다.

그러한 이유로 최근의 정치적인 혁신이란 대중이 정치적 지배권을 갖게 되었다는 것이다. 옛날 민주주의에는 자유주의와 법에 대한 열정이 듬뿍 담겨 있었다. 이것들의 원리에 따르기 위해서 개인은 스스로에게 엄격한 규율을 지웠던 것이다. 자유의 원리와 법적인 규제 비호 아래에서 소수파는 행동하고 생활할 수 있었다. 민주주의와 법, 즉 민주주의와 법 아래 놓인 공동생활과는 같은 의미였다.

오늘날 우리는 초민주주의의 승리를 목격하고 있다. 초민주주의 안에서 대중은 물리적 강제수단에 의해 자기의 야망과 취미를 밀어붙이면서 법의 바깥에서 직접 행동하고 있다. 이 새로운 상황을 마치 대중이 정치에 싫증나서 그것을 전문가의 손에 맡기려 한다고 해석하는 것은 잘못이다. 완전히 뒤바뀐 것이다.

자유민주주의가 그랬다. 대중은 정치가인 소수파가 결점, 약점을 가지고 있음에도 결국 자신들보다도 공공에 대한 문제를 조금 잘못 이해한다고 생각했던 것이다. 그러나 오늘날에는 대중이 야바위꾼에게 법의 힘을 주고, 그

법의 힘을 행사할 권리가 있다고 믿고 있다. 역사상 현대만큼 군집이 직접 지배하는 시대는 없었다. 그렇기 때문에 나는 초민주주의라고 말하는 것이다.

같은 일이 다른 분야에서, 특히 지적 분야에서 일어나고 있다. 오랫동안 연구한 테마에 관해서 쓰려고 펜을 잡았을 때, 필자는 한 번도 그 문제에 대해서 생각한 적이 없는 평균적인 독자를 염두에 두어야 한다. 평균적인 독자가 만약 그 책을 읽으려고 한다면 그것은 저자로부터 무언가를 배우기 위해서가 아니라 독자의 머리 속에 있는 어떤 흔하고 변변치 못함과 의견이 일치하지 않았을 때 저자를 비판하기 위한 것이라는 사실을 생각해 두어야 한다. 가령 대중을 구성하는 개개인이 자신에게 특별한 재능이 있다고 믿는다 해도 그것은 개인적인 착각일 뿐 사회를 교란할 수는 없을 것이다.

현대의 특징은 범용한 정신이 자기의 범용함을 알고서 대담하게도 범용되는 것의 권리를 확인하고 이것을 모든 곳에 밀어붙이려고 하는 점이다.

미국에서 말하는 것처럼 타인과 다른 것은 버릇없는 것이다. 대중은 모든 차이, 뛰어남, 개인적인 것, 타고난 자질, 선택받은 자를 모두 압살하는 것이다. 모든 이와 다른 사람, 모든 이와 다른 생각을 하는 사람은 배제될 위험에 놓여있다. 이 '모든 이'란 본디 대중과 대중에서 떨어져 나온 특수한 소수파와의 복잡한 통일체였다. 지금에 와서는 '모든 이'란 그저 대중을 가리킬 뿐이다.

이것이야 말로 거친 겉모습을 숨김없이 묘사한 우리 시대의 무서운 사실이다.

〈주〉

*1 1921년 간행된 졸저 《무기력한 에스파냐(España invertebrada)》, 〈엘 솔(El Sol)〉지에 '대중(Masas)'이라는 제목으로 발표한 논문(1926), 및 부에노스 아이레스의 예술우회(藝術友會)에서 행한 두 번의 강연(1928)에서 이 논문에서 전개한 문제를 다룬 적이 있다. 지금 나의 의도는 이전에 서술한 문제를 채택하여 완성하고 현대의 가장 중요한 사실에 관한 유기적 학설을 제출하는 것에 있다.

2 역사의 수준 상승

이것이야 말로 거친 겉모습을 숨김없이 묘사한 우리 시대의 무서운 사실이다. 게다가 이것은 우리 문명의 역사상 전혀 새로운 사실이다. 문명의 발전 전 과정을 보아도 이와 비슷한 일은 일어난 적이 없다. 만약 어떤 유사한 점을 발견하려고 한다면 우리의 역사 밖, 3차원의 세계로 들어가야만 한다.

로마제국의 역사 또한 대중에 의한 소란과 지배의 역사이다. 대중은 지배자인 소수파를 흡수하여 폐기하고 그 사람들이 점유했던 장소를 점거했다. 여기에 밀집, 충만이라는 현상도 생겼던 것이다. 그렇기 때문에 슈팽글러가 능숙하게 지적했듯이 현대처럼 로마는 거대한 건물을 만들어야 했다. 대중의 시대는 거대함의 시대이기도 하다.[1]

우리는 대중의 거친 지배 아래 살고 있다. 참으로 그렇다. 이 지배를 가리켜 두 번, '거친'이라고 불렀다. 그래서 이 문제에 관해서는 이미 충분히 이야기했다고 하자. 다음엔 표를 가지고 이 극장에 기분 좋게 들어와 연극을 가까이서 봐도 좋을 것이다. 지금까지는 외견, 측면에 지나지 않았고 그 아래에는 과거로부터 조망하면 굉장한 사실이 존재하는 것이다.

만약 내가 여기서 이 시론을 포기하고 이대로 놔두면 당연히 독자는 역사의 표면에 대중이 떠올랐다는 엄청난 사실은, 불쾌하고 경멸스러워 거의 혐오와 증오를 동반한 말 이외에는 내 마음에 아무것도 불러일으키지 못할 것이라고 생각할 것이다. 그리고 이런 나는 역사를 철저히 귀족주의적으로 해석한 것으로 두루 알려질 것이다.[2] '철저히'라는 것은 인간사회가 귀족적이어야 한다고 나는 한 번도 말한 적이 없고 그보다 더욱 훨씬 심한 말을 해 왔기 때문이다.

내가 말해 왔고 아직도 확신하고 있는 것은, 사회란 귀족적인 테두리 안에 놓인 것으로 그것을 비귀족화하는 것만으로도 이미 사회가 아닌 것이 된다고 말할 수 있을 정도로 인간 사회 그 본질에서부터 좋든 싫든 항상 귀족적인 것이다. 물론 나는 사회적인 것을 말하는 것으로 국가의 이야기를 하는 것이 아니다.

대중의 엄청난 소요를 앞두고 베르사유 궁전의 마마님처럼 점잔빼면서 찡그린 얼굴을 하는 것으로 만족하는 것이 귀족적인 것이라고는 아무도 믿지 않는다. 베르사유는—찡그린 얼굴을 한 베르사유라는 의미로—귀족적이 아니다. 오히려 그 반대이다. 그것은 장려한 귀족주의의 죽음이고 썩은 고기이다. 이들에게 남아 있던 참된 귀족적인 것은 단두대에 오를 때의 위엄과 우아함뿐이었다. 그들은 종양이 메스를 받아들인 것처럼 그것을 받아들인 것이다. 농담이 아니다. 귀족사회의 심각한 사명을 느낀 자는 대중을 눈앞에 두고 대리석의 원석을 앞에 둔 조각가처럼 흥분하여 피가 들끓는다.

사회의 귀족은, 자신들만이 '사회'라는 이름을 독점할 요량으로 스스로를 '사교계'[1]라 부르며 초대하고 초대받으면서 살아가는 소수 집단과 아무 관계도 없다. 세상의 모든 것이 도덕과 사명을 가지고 있는 것과 마찬가지로 광대한 사회 속에서 이 작은 '우아한 사회'도 그 나름의 덕과 사명을 가지고 있지만 그 사명은 진짜 귀족의 거대한 일과 비교할 것도 없는 훨씬 열등한 것이다. 언뜻 의미도 없는 저 우아한 세계가 가지고 있는 의미에 관해서 이야기해 보는 것도 좋겠지만 우리의 주제는 더 큰 의미를 가진 다른 내용이다.

물론 이 '상류 사회' 자체도 시대와 함께 움직여 간다. 우아한 마드리드 사교계의 꽃인 젊고 현대적인 한 일류 여배우가 말했다. "초대 손님이 800명도 안 되는 이런 무도회는 참을 수 없어요." 이 말에 나는 머리를 감싸 쥐고 말았다. 이 말을 통해서 나는 대중의 양식은 인생의 모든 영역에서 지배적이 되고 있고 '행복한 소수자'를 위해 남겨진 것처럼 보인 마지막 한 구석에 까지 제멋대로 뻗치기 시작한 것을 알았다.

따라서 나는 오늘날 대중의 지배 배후에 숨겨진 적극적인 의미를 간파하지 않은 현대론이나 몸서리도 치지 않는 유치한 태도로 대중의 지배를 받아들인 현대론은 마찬가지로 모조리 배척할 것이다. 모든 운명은 그 광대한 확산에 있어서 극적이고 비장하다. 현대의 위기에 손을 대고 그 고동을 느낀 적이 없는 자는 운명의 내장에 도달한 적이 없고 그 병든 뺨을 어루만진 것에 지나지 않는다.

우리의 운명에 무서운 요인을 낳고 있는 것은 홍수처럼 폭력적인 대중의 정신적 반란이다. 그 반란은 모든 운명이 그런 것처럼 위압적이라서 손쓸 수 없고 또 양면성을 가지고 있다. 우리는 어디로 끌려가고 있는 것일까? 그것은 절대적인 악인가 아니면 선의 가능성은 있는 것일까? 우리 시대를 위에서 거인처럼 올라타고 있는 우주적 규모의 물음표가 보인다. 그것은 실제로 단두대나 교수대 같기도 하다. 그러나 또 동시에 개선문의 모습도 될 것 같은 수상한 형태를 하고 있다.

우리가 분석하려는 사실은 다음 두 가지로 정리할 수 있을 것이다.

첫 번째, 오늘날 대중은 지난날 소수의 전유물로 여기던 중대한 역할들을 행사하고 있다.

두 번째, 동시에 대중은 소수에 대해서 순종하지 않게 되었다. 그들에게 복종하지 않고 그 뒤를 따르지도 않으며 또 존경하지 않고 그들을 밀어붙여 그들을 대신한다.

첫 번째 문제를 분석해 보자. 여기에서 말하고 싶었던 것은 선택된 인간들이 만들어내 그들만이 향유하던 즐거움과 도구를 대중이 누리고 있다는 점이다. 이전에는 소수자의 재산이었기 때문에 세련된 것으로 간주되던 욕망이나 일용품을 대중도 공유하게 되었다.

사소한 예를 하나 들어 보자. 1820년에는 욕실 달린 개인주택은 파리에 열 채도 되지 않았다. (《보아뉴 백작부인의 비망록》 참조.) 그러나 문제는 그뿐만이 아니다. 오늘날 대중은 이전에 전문가만이 사용했던 기술을 꽤 많이 알고 이를 활용한다.

게다가 그것은 물리적 기술만이 아니라 더욱 중대한 것, 즉 법적·사회적 기술도 포함한다. 18세기에 모든 인간은 그저 이 세상에 태어났다는 사실에 근거해 어떤 특수한 자격 없이 기본적인 정치적 권리만을 소유하고 있다는 것을 몇몇 소수자가 발견했다. 이것이 인권이나 시민의 권리라고 불리는 것이지만 엄밀히 말하면 모든 인간에게 공통적인 이 권리만이 실존하는 유일한 권리인 것도 그들은 지적했다. 특수한 능력에서 비롯하는 권리는 특권이라고 비난했다.

처음에 이것은 소수자의 이론이자 관념이었지만 어느덧 이 소수자 중에 뛰어난 사람들이 이 관념을 실제로 사용하고 밀어붙여 요구하기 시작했다. 또 19세기를 통해서 대중은 권리에 관한 관념을 하나의 이상으로 생각하고 점점 열의를 보이게 되었으나, 그럼에도 자신에게 그 권리가 있다고 느끼는 것도 권리를 행사하는 일도 없었다. 그들은 실제로 민주적 법률 아래 살면서도 여전히 자신들이 구체제에 살고 있는 것처럼 느끼며 살고 있었다.

'국민(pueblo)'—당시에 그렇게 부르고 있었다—은 자신이 주권자라는 것은 이미 알고 있었으나 그것을 믿을 수가 없었다. 오늘날에는 그 이상이 현실이 되었다. 그것은 사회생활의 골격인 법제의 문제로써만이 아니라 사람들이 어떤 사상을 가지고 있던 마음속의 현실이 된 것이다. 설령 그들의 사상이 반동적이라 해도 즉 그들의 권리를 승인할 제도를 분쇄하고 공격할 경우에도 마음속에 이 현실은 살아 있는 것이다.

나의 판단으로는 대중의 이 기묘한 정신적 상황을 이해하지 않는 사람은, 오늘날 세계에서 일어나기 시작하는 일에 대해서 무엇 하나 납득할 수 없을 것이라 생각한다. 자질 없는 개인, 인간이라는 그저 그것뿐인 개인이 갖는 주권은 모든 법적 개념, 법적 이상으로 평균인의 심리에 내재하는 것으로 변해 버렸다. 또 일찍이 이상적이었던 것이 현실의 한 부분이 되어 버렸을 때 그것이 더 이상 이상이 아닌 게 되는 것은 어쩔 수 없다. 이상이라는 것의 부대조건이고 또한 모든 인간에게 영향을 주는 특권이나 위압적인 마술은 사라지고 없어지는 것이다. 민주주의 덕에 생겨난 모든 사람을 평등화하는 권리는 동경이나 이상에서 무의식의 욕구와 전제로 변해 버리고 말았다.

그들의 권리가 가진 의미는, 오로지 마음의 내면적 예속 상태에서 인간을 구해내고 주인의식과 존엄성을 불어넣어 주는 것이었다. 이것이야말로 사람들이 바라던 것이 아닐까? 결국 평균인이 자신과 자기 삶의 주인, 소유자, 지배자라고 느끼는 것을 원하고 있었던 것은 아닐까? 이제 그 욕구는 충족되었다. 30년 전의 자유주의자, 민주주의자, 진보주의자들이 불평을 말할 근거가 있는 것일까? 아니면 그들은 어린아이처럼 어떤 것을 원하지만 그 결과는 원하지 않는 것일까? 평균인이 주인이기를 바란다면, 그들이 스스로 나아가 행동하고, 모든 즐거움에 대해 권리를 요구하고 결연하게 의지를 주장하고, 모든 예속을 거부하고, 누구에게나 복종하지 않고, 자신의 몸과 여가를 소중하게 생각하고, 몸가짐에 조심한다고 해서 이상할 것은 하나도 없다. 스스로를 믿는 마음으로 항상 함께하는 속성이기 때문이다. 오늘날 우리는 이 속성이 평균인 안에, 대중 속에 존재하고 있음을 발견한다.

지난날 상위 소수자의 전유물이던 주요 활동들이 이제는 평균인의 삶을 이루고 있다. 평균인은 각각의 시대에서 역사가 움직여 가는 영역을 대표하고 있다. 역사에서 이 영역이 가진 의미는 지리적으로 해수면이 가지고 있는 의미와 비교할 수 있다. 그렇다면 만약 오늘날의 평균 수준이 이전에는 귀족만이 누렸던 부근에 있다고 한다면 그것은 역사의 수준이 갑자기—지층 아래에서 오랜 준비를 마친 다음이지만 그 출현은 갑작스럽다—한 세대 상승한 것을 의미한다는 것은 명명백백한 사실이다. 인간의 삶은 전체적으로 상승한 것이다. 이를테면 오늘날의 병사는 장교의 특성을 많이 지니고 있다. 인류라고 하는 군대 집단은 오늘날엔 장교로 구성된 셈이다. 모든 개인이 인생을 살고, 즐거움을 붙잡고 자기의 결정을 밀어붙이는 그 에너지와 결단을 보면 그것은 분명할 것이다.

현대와 이것에 계속되는 장래의 모든 선과 모든 악은 이 역사 수준의 전반적 상승으로 그 원인, 근원을 가지고 있다.

그러나 전에는 고찰하지 않았던 하나의 생각이 지금 떠올랐다. 그것은 삶의 평균적 수준이 옛날 소수자의 수준이라는 것은 유럽에서는 새로운 사실일지 모르겠지만 미국에서는 헌법에 명시된 자연스런 사실이었다는 것이다.

나의 의도를 확실히 이해하기 위해서 법적 평등이란 의식에 관해서 독자가 생각해 주길 바란다.

자신이 스스로의 소유자, 주인이고 다른 어떠한 개인과도 평등하다는 이 심리상태는, 유럽에서는 탁월한 사람들의 그룹이 겨우겨우 획득한 것이지만 미국에서는 18세기 이후 즉 사실상 처음부터 계속 존재하고 있었던 것이다.

더욱 재미있는 우연의 일치가 있다! 유럽에서 평균인에게 이러한 심리상태가 나타났을 때, 그리고 전체의 생활수준이 상승했을 때, 유럽인의 생활방법이나 분위기는 모든 점에서 '유럽은 미국화되어 간다'는 양상을 급하게 띠어 왔다. 이에 생각이 미친 사람들은 이 사실에 큰 의미를 두지 않았다. 문제는 습관이나 유행에 나타난 작은 변화라 믿고 외견에 현혹되어 이 변화를 뭔지 모를 미국이 유럽에게 준 영향 탓으로 했다. 나는 사실 훨씬 미묘하고 놀라야만 할 심각한 문제가 이렇게 별 볼일 없게 취급되었다고 생각한다.

나는 사실 유럽은 미국화 되었다, 이것은 미국이 유럽에서 받은 영향에 의한 것이라 말하고 싶다. 그러나 그렇지는 않다. 유럽이 미국화된 것도 아니고 미국에게 큰 영향을 받은 것조차 없다.

어쩌면 이런 현상은 지금 시작되고 있을지도 모르지만 현대의 모태가 된 아주 가까운 과거에서 그런 일은 일어나지 않았다. 실로 이점에서 이러한 잘못된 생각이 어쩔 수 없을 정도로 두터운 층을 형성해 우리, 즉 미국인과 유럽인의 시야를 가리고 있는 것이다. 유럽에서 대중의 승리와 그에 따른 생활수준 향상이 나타난 것은 두 세기에 걸친 대중에 대한 계몽적 교육의 진보와 사회의 경제적 번영이라는 내적 원인 때문이다.

그러나 그 결과는 가장 두드러진 미국의 생활 특징과 같다. 결국 유럽 평균인과 미국인의 정신적 상태가 같기 때문에 전에는 수수께끼이자 신비로웠던 미국의 생활을 유럽인이 처음으로 이해할 수 있게 된 것이다.

그러니까 문제는 누가 영향을 받았는지 등이 아니다. 아직 생각하지 못한 현상, 즉 평준화이다. 유럽인은 삶의 평균 수준은 구대륙보다도 미국 쪽이 높다고 어렴풋이 느끼고 있다. 이 사실에 관해서는 분석에 의한 것이 아니라 분명 직관적인 파악에서부터, 미국은 미래의 나라라고 결코 의문시당할 일 없는 항상 시인되는 사고방식이 생겨났다. 이렇게 사람들의 마음에 스며든 생각이 바람에 실려 온 것이 아니라는 것은 알 것이다. 그렇다면 난은 뿌리가 없어도 공기 중에서 자란다는 것과 같은 말이 될 것이다.

그 생각의 근거는 바다 건너의 평균 생활수준이 비교적 높게 보인다는 것에 있다. 그러나 이 평균수준과 대조적으로 미국의 최고위층 소수자의 생활은 유럽의 그들에 비하면 낮다. 그러나 역사는 농업과 마찬가지로 산꼭대기가 아니라 골짜기에서 만들어지고, 탁월한 계층이 아니라 사회의 중간 계층에 의해 만들어지는 것이다.

우리는 평준화 시대에 살고 있다. 재산과 각 사회계급의 문화가 평준화되고 남녀도 평준화되어 있다. 게다가 또 대륙 간의 차도 평준화되고 있다. 유럽인의 생활은 지금보다 낮은 상태에 있었기 때문에 이 평준화에 의해 이익을 얻은 것이다. 그렇기 때문에 그 점에서 보면 대중의 소란은 생명력과 가능성의 훌륭한 증가를 의미하는 것이다. 그러나 이와는 완전히 반대로 우리는 자주 유럽의 몰락에 관해서 듣고 있다.

이 말은 애매하고 조잡하여 무엇을 말하고 있는지 잘 모르겠다. 유럽의 국가를 두고 말하는 것인지, 유럽 문화를 두고 말하는 것인지, 아니면 이들의 내부에 있는 훨씬 더 중요한 것, 즉 유럽의 생명력에 관해서 말하고 있는지 분명치 않다. 유럽의 국가나 문화에 관해서는 나중에 조금 다루기로 하고—그것들에 관해서는 아마 몰락이라는 말이 들어맞을지도 모른다—생명력에 관해서 만큼은 완전히 오역된 것이라는 것을 밝혀둘 필요가 있다.

30년 전보다도 지금이 평균적 이탈리아 인, 평균 에스파냐 인, 평균 독일인의 생명력은 미국인이나 아르헨티나 인과 차이가 없어졌다고 나는 말할 것이다. 동시에 이것은 미국 대륙의 사람들이 잊어서는 안 될 데이터이다.

〈주〉

＊1 이 과정의 비극성은 이러한 밀집이 생겨나고 있는 사이에 시골에서는 이농현상이 시작되어 제국 인구의 절대적 부족을 초래했다는 점이다.

＊2 《무기력한 에스파냐》(처음 〈엘 솔〉지에 연재한 것이 1921년) 참조. 내가 쓴 문서에 관해서 무언가를 쓰게 되어 첫 발행날짜를 정확하게 하는 것에 가끔 곤란을 느끼는 외국 사람들에게 내 대부분의 작품은 처음 신문 지면을 빌려 발행되었기 때문에 책으로 출판되기까지 많은 시간이 걸렸음을 알려드린다.

(1) 에스파냐 어로 '사회'는 sociedad이고 '사교계'는 la sociedad이다.

3 시대의 높이

대중의 지배는 역사 수준의 전반적인 상승을 의미한다는 점에서 바람직한 면을 가지고 있고 또 오늘날의 평균 생활 수준이 과거보다 향상되었음을 보여 주기도 한다. 이는 삶에 서로 다른 높이가 있을 수 있다는 것, 또 시대의 높이에 대해서 사람들이 말할 때 보통 무의미하게 반복되는 이 어구에도 실은 깊은 의미가 있다는 것을 우리에게 확실히 가르쳐 주고 있다. 그렇다면 이 문제는 우리 시대의 가장 놀랄만한 특징 중 하나를 분명하게 할 열쇠를 제공해 주는 것이기 때문에 잠시 생각해 볼 필요가 있다.

예를 들면 이런저런 사정은 시대의 높이에 어울리지 않는다고 한다. 실제로 역사 기록상 추상적인 시대에는 전혀 고저가 없이 언제나 평평했지만 삶의 시대, 즉 각 세대가 '우리 시대'라고 부르는 시대는 어떤 높이를 가지고 오늘은 작년보다 높거나 또는 같은 높이를 유지하거나 또는 낮아진다. 몰락이란 말에 포함되어 있는 떨어진다는 이미지는 이 직관에서 생겨난 것이다.

사람은 저마다 뚜렷하든 흐릿하든 자기 자신의 삶이 그가 살고 있는 시대의 높이와 어떤 관계가 있는지를 생각한다.

현대의 생활양식에서 마치 자신은 수면 위에 떠오를 수 없는 난파선의 조난자인 것처럼 인식하는 사람들이 있다. 오늘날 모든 것이 변화하는 속도와 일이 이루어지는 추진력과 에너지는 구식인 사람을 불안하게 한다. 이 불안이 그 사람의 맥박 빠르기와 시대의 높이 차이를 재는 척도이다. 한편 현재의 모든 생활방식에 흡족해하며 열심히 사는 사람은 우리 시대의 높이와 과거 시대의 높이 관계를 잘 아는 사람이다. 이 관계란 도대체 무엇일까?

어떤 시대에 속한 사람이 과거가 단순히 지나간 시대라고 말하는 이유 때문에 과거가 항상 그들의 시대보다도 낮은 수준에 있다고 생각하는 것은 잘못일 것이다. 호르헤 만리케(Jorge Manrique)가 "지난 시절이 더 좋았다"[1]라고 한 것을 상기하면 납득할 수 있을 것이다.

그러나 이것도 진실이 아니다. 모든 시대가 과거의 어느 시대보다 자신이 열등하다고 느낀 것도 아닐뿐더러, 모든 시대가 기억에 남은 모든 과거 시대보다 우월하다고 생각한 것도 아니다. 역사상의 각 시대는 삶의 높이라는 그 이상한 현상을 앞에 두고 저마다 다른 느낌을 기록하고 있다. 그렇기 때문에 사상가나 역사가들이 이만큼 명백하고 실체적인 사실에 관심을 기울이지 않았다는 사실이 나에게는 이상한 것이다.

분명 호르헤 만리케가 표현한 느낌이 가장 일반적인 것이다. 대부분의 시대는 그 시대가 옛 시대보다 뛰어나다고 보지 않는다. 그렇기는커녕 사람들이 기억 속의 희미한 과거를 더 좋은 시대, 더 완벽한 시대로 상상하는 것이 더 일반적이다. 그리스나 로마에서 가르침을 받은 자가 그 시대를 '황금 시대'라 부르고, 오스트레일리아의 미개인들은 꿈의 시대(Alcheringa)[2]를 말하는 것이 그 예이다. 이것은 자신들 삶의 맥박이 활기가 떨어지고 노쇠하여 혈관에 충분히 피가 흐르지 않는다고 생각했음을 나타낸다. 이런 이유에서 과거의 '고전' 시대를 존경했으며, 그 삶은 자신의 시대보다도 무언가 더욱 깊이가 있고 풍요롭고 더욱 완전하고 엄숙한 것처럼 보였다. 이들은 과거를 되돌아보고 보다 용맹스런 세기를 회상하면서, 자신들이 그 시대를 압도하기는 커녕 뒤처져 있다고 생각했다. 이는 마치 온도에 의식이 있다면, 온도가 자기 안에서 더욱 높은 온도를 포함하고 있지 않고, 오히려 높은 온도 속에 자신보다 이상의 칼로리가 있다고 느끼는 것과 마찬가지이다. 삶이 수축하고 작아지고 노쇠하여 맥박이 떨어진다는 이 인상이 기원 150년 이래 로마제국 안에서 점차 늘어났다. 호라티우스는 일찍이 이렇게 노래했다. '우리 할아버지보다도 열등했던 아버지가 더욱 열등한 우리를 낳았으며, 우리는 더욱 무능한 자손을 낳겠지.'(《송가》제3서 제6절)

그로부터 200년이 지나서는 제국 안에 백인대장(centurion) 직책을 감당할 용감한 이탈리아 인이 부족했기 때문에 이 임무를 맡기기 위해서 크로아티아 인을, 나중에는 다뉴브, 라인 지방의 야만족을 용병으로 고용해야 했다. 그러는 사이에 여인들은 불임이 늘어나 이탈리아 인구가 줄었다.

그럼 이제 위의 시대와 정반대라 여겨지는 활력이 넘치는 시대를 조사해 보자. 이것은 규명해 만한 흥미로운 현상이다. 불과 30년 전만 해도 군집 앞에서 정치가가 연설할 때 정부의 여러 수법이나 일탈행위를 진보한 현대에 어울리지 않는 것이라고 해서 공격하곤 했다.

그러나 흥미롭게도 트라야누스가 플리니우스에게 써 보낸 편지에 이와 같은 표현을 쓰고 있는 것을 생각해 보면 재미있다.

그는 플리니우스에게 "그것은 우리 시대의 것이 아니다"[3]라는 익명의 투서 때문에 그리스도교인을 박해해서는 안 된다고 했다.

그러니까 역사 속에는 스스로의 시대를 충분한 결정적인 높이에 달했다고 생각한 시대와, 여로의 끝에 달하여 옛날부터의 희망을 성취했다고 생각한 시대가 있었던 것이다. 그것은 '시대의 충실'이자 역사적 생명의 성숙이다.

사실 30년 전에 유럽인은 인간의 삶이 마땅히 그러해야만 하는 높이, 곧 오랜 세월에 걸쳐 바라고 또 영원히 유지되어야만 하는 높이에 도달했다고 생각했다. 충실한 시대는 항상, 많은 준비 시대, 즉 자신보다도 열등하고 그렇게까지 충실하지 않았던 시대 다음에 나타난 것이고 그것들의 과거 시대 위에 지금이야말로 완전히 개화한 자신들의 시대가 있다고 생각한 것이다.

그 시대의 높이에서 보면 그때까지의 준비기에는 충만하지 않았던 희망과 환상을 품고 사람들이 살아가고 있었던 것처럼 보였다. 그 준비기는 채워지지 않는 기원의 시대, 열기에 들뜬 선각자의 시대, '아직 먼' 시대, 희망은 확실히 있지만 이와 일치하지 않은 현실과의 사이에 안타까운 대조가 있는 시대처럼 보였다.

중세에 대한 19세기의 관점은 이런 것이었다. 그러던 어느 날 드디어 오랜 기간 때로는 1천 년에 달하는 소원이 성취된 것처럼 보였다. 현실이 이 소원을 받아들이고 이에 복종했다. 우리는 예전에 훔쳐본 높은 곳에, 예상하고 있던 목적에, 시대의 정상에 도달했다! '아직 먼'에서 '드디어'라는 느낌으로 바뀐 것이다.

이것이 우리 아버지의 세기가 스스로의 삶에 관해서 품었던 감정이다. 우리 시대는 충실한 시대 다음에 온 시대라는 이 사실을 잊지 말아야 한다. 그러니까 현대의 건너편에 살고 있는 사람, 즉 그 직전의 충실했던, 시대에만 매달리고 무엇이든 과거라는 색안경을 끼고 보려했던 사람들이 도망쳐 물에 휩쓸린 것처럼 옳고 그름의 판단 없이 충실에서 떨어져 나온 시대이며 몰락의 시대라고 느끼는 것도 어쩔 수 없을 것이다.

그렇기는 하지만 항상 역사를 애호하는 자, 시대의 맥박을 고집스럽게 계속하는 자는 이러한 환상 위의 역사의 충실에 대해서, 광학적 현상에 대해서 착각을 일으킬 이유가 없다. 앞에서 말한 것처럼 '시대의 충실'이 존재하기 위한 본질적 조건은 어떤 세기를 열망해 손꼽아 기다려온 낡은 희망이 드디어 어느 날 충족되었다는 것에 있다. 그리고 실제로 충실한 시대는 자기만족의 시대이자 사실 때로는 19세기처럼 대만족의 시대이다.*[1]

그러나 지금 우리는 이처럼 만족스런 성취를 이룬 시대란 내부가 죽은 시대라는 것을 알아차렸다. 참된 삶의 충실은 만족이나 성취나 도달에 있는 것이 아니다. 세르반테스는 말했다. "길은 여관보다 항상 낫다."

희망과 이상을 만족시킨 시대란 더 이상 아무것도 기대하지 않는, 희망의 샘이 말라버린 것을 의미한다. 이를테면 그 충분한 충실이란 현실적으로 하나의 결말인 것이다. 희망을 다시 살려낼 줄 몰라 마치 행복한 수벌이 혼인의 비상 뒤 죽은 것처럼 만족하고 죽어 버린 세기들이 있다.*[2] 그렇기 때문에 이른바 충실했던 시대는 그 의식의 바닥에 특수한 비애를 느낀다는 놀라운 사실이 있는 것이다.

그토록 긴 세월 계속 품어 드디어 19세기에서 실현한 것처럼 보인 희망은 요약해서 '근대문화'라고 이름 붙인 것이다. 어느 시대가 스스로 근대라고 명명하는 것은 이름 자체로도 온화하지 않다. 그것은 마지막이고 결정적이라는 것으로 그에 비하면 그 외의 시대는 모두 완전하게 과거이고 근대문화

를 목표로 한 조심스런 준비와 기원의 시대라는 것이다. 이 얼마나 과녁을 빗나간 힘없는 화살인가.[*3]

이 점에서 이젠 우리 시대와 지금 막 과거가 되어 저편으로 가버린 그 시대 사이에 본질적인 차가 터득되지 않는 것인가? 실제로 우리 시대는 지금이 마지막이라고 생각하지 않는다. 그뿐 아니라 최종적으로 안전한 영원하게 결정(結晶)인 시대는 없다는 직관, 그렇지 않고 어떤 삶의 자세[4]—이른바 '근대문화'—가 마지막이라는 주장은 믿기 어려울 정도로 시야를 흐리게 하고 좁게 하는 것이라는 직관이 어렴풋하게나마 현대의 근원으로 남아 있다.

그리고 이렇게 느낄 때 우리는 갑갑한 밀실에서 도망쳤다는 감각, 모두가 결국 어떠한 좋은 일도 나쁜 일도 일어날 수 있는 세계에서, 심오하면서도 두려운, 예측불허의 끝없는 현실세계로 들어섰다는 감미로운 감동에 젖는 것이다.

근대문화에 대한 믿음은 음침한 것이었다. 그것은 본질적으로 내일이 오늘과 같고, 진보란 이미 우리가 걸어온 길과 같은 길을 영원히 걸어 나아가는 것을 의미하고 있다. 이러한 길이란 오히려 우리를 해방시켜 주지 않는 끝없는 감옥이다.

로마제국의 초기에 교양 있는 지방 출신인 누군가—예를 들면 루카누스[5]나 세네카 같은—가 도시에 도착해서 영구적인 권력의 상징인 당당한 제국의 건물을 보았을 때 심장이 움츠러든다고 느꼈을 것이다. 세계에는 이후 아무것도 새로운 것은 일어나지 않을 것이다. 로마는 영원하다. 그리고 폐허로 변한 건물을 보면서 고인 물에서 독수(毒水)가 솟아오르는 것처럼 치미는 우울한 마음이 있겠지만 이들 감수성 둔한 촌사람은 로마를 보고 그에 못지 않은 짓눌리는 듯한 우울함을 느꼈을 것이다. 폐허에서 느낄 수 있는 우울과는 다른 것이지만 그들은 건물의 영원성에서 우울함을 느낀 것이다.

이러한 감동에 비하면 우리 시대의 감정은 학교를 빠져 나온 아이들의 즐거운 설렘과 비슷하지 않겠는가? 지금은 미래에 무엇이 일어날지 알 수 없다. 그리고 그것이 우리를 살짝 즐겁게 한다. 그것은 예측할 수 없는 일, 지평선은 항상 모든 가능성에 대해서 열려 있다는 것, 그것이야 말로 진정한 삶이고, 충만한 삶이기 때문이다.

이 판단에는 분명히 반쯤 빠져 있는 부분이 있지만 현대의 많은 작가가 쓴 글 중에 흐느끼고 있는 몰락의 탄식과 이 판단과는 대조적인 것이다. 문제는 여기에 많은 원인에서 생겨난 하나의 시각상의 잘못이 있다는 것이다. 또 다른 기회에 그 원인을 조사하기로 하고, 지금은 더욱 명확한 요인을 끄집어 내 서술해 보고 싶다.

그것은 이미 케케묵은 이데올로기의 신봉자가 역사에 관해서 그 정치적 또는 문화적 면만을 주목했기 때문에 이것이 역사의 겉모습에 지나지 않는다는 것을 알아차리지 못했다. 역사적 현실이란 이것들 보다 이전에, 그리고 이것들 보다 깊은 삶에의 순수한 희구이고 우주적 에너지와 비슷한 에너지이다. 단 비슷하다고는 하나, 같은 것은 아니다. 즉, 자연의 힘은 아닌 것이다. 그러나 바다에 파도가 일게 하고 짐승을 잉태시키고 나무에 꽃을 피우고 별을 반짝이게 하는 에너지의 형제와 같은 힘이다.

몰락이라는 판단에 대해서 나는 다음과 같은 고찰을 추천한다.

당연하지만 몰락이란 상대적인 개념이다. 높은 상태에서 낮은 상태를 향해 떨어지는 것이다. 그럼 이 비교는 상상할 수 있는 범위의 여러 각도에서 시험할 수 있다.

호박(琥珀) 담뱃대를 만드는 제조업자는 이제 거의 호박 담뱃대로 담배를 피우지 않기 때문에 세상이 몰락해 간다고 생각한다.

이보다 낫다는 다른 각각의 견해도 엄밀히 말하면 제멋대로이고 일방적인 것이라서 지금 그 가치를 평가하려는 삶 그 자체에 있어서는 관계가 멀다. 시인할 수 있는 자연스런 견해는 하나밖에 없다. 그 삶 속에 몸을 두고 그것을 내부에서부터 조망해서 삶이 스스로 몰락했다고, 다시 말하면 감소하고 약해지고 무미건조해졌다고 느끼고 있는지 어떤지를 살펴보는 것이다.

그러나 삶 그 자신의 내부에서 보았다고 해서 몰락했다고 느끼는지 아닌지를 어떻게 알 수 있을까? 다음의 결정적인 조짐에 있어서는 어떠한 의심도 끼어들 여지가 없다. 즉 어떠한 과거의 어떠한 삶도 흥미를 가지지 않고 따라서 자신이 좋다고 생각하는 삶은 진정한 의미에서 몰락했다고 할 수 없다. 시대의 높이에 관한 문제를 둘러싼 나의 사색은 모두 이 점에 귀착한다. 우리 시대는 진정 이 점에서 기묘하고 별난 감정을 맛보고 있는 것이다. 이 감정은 내가 알고 있는 지금까지 알려진 역사 안에서 유일하다.

지난 세기 사교계의 살롱에서는 귀부인과 그녀들의 취향에 길들여진 시인이 서로에게 다음과 같은 질문을 하는 것이 관례였다. "당신은 어느 시대에 태어났으면 좋았겠어요?" 그러면 모두들 자신의 삶을 끼워 넣기 좋은 시대를 찾아 역사의 흐름을 머리 속에서 상상해 보는 것이다. 그리고 자신이 충실한 삶 속에 있다고 생각하면서도 또는 그렇게 느끼는 것에 따라서 그 19세기는, 실제로는 과거와 묶여 있었던 것이고, 과거의 어깨에 올라타고 있다고 믿고 있었고, 사실, 자신은 과거에서부터 다 올라온 정상에 있다고 보고 있었다. 그렇기 때문에 현대의 많은 가치가 준비된 상대적으로 고전적인 시대—페리클레스 시대나 르네상스—를 아직까지 믿고 있는 것이다. 이것은 우리가 충실의 시대를 상상하는 데 충분할 것이다. 충실의 시대에서는 자신의 시대에 와서 정상에 도달한 과거를, 머리를 감싸 쥐고 응시하고 있는 것이다.

그럼 누구라도 좋으니까 오늘날을 대표하는 인물에게 앞에서 한 것과 비슷한 질문을 한다면 어떻게 진지한 대답을 해 줄까? 모든 과거는 예외 없이 숨도 쉴 수 없을 정도로 좁고 답답한 구석 같은 인상을 줄 것이다. 그렇게 느낄 것이 분명하다고 나는 믿고 있다. 현대의 인간은, 자신의 삶은 모든 과거의 삶보다 풍부하다고, 바꿔 말하면 과거 전체를 다 합쳐도 현 인류는 작다고 느낄 것이다. 오늘날 우리의 삶에 관한 이 직감은 그 근본적인 명석함에 따라서 몰락에 관한 모든 부주의한 사유를 깨부수고 만 것이다.

우리 삶은 우선 지난 모든 삶보다 풍부하다고 느끼고 있다. 그러면 왜 스스로를 몰락했다고 느끼는 것일까? 사실 그 정반대이다. 스스로를 한층 충실한 삶이라고 느끼는 것에 따라서 과거에 대한 모든 존경과 관심을 모두 잃어버린 것이다. 그렇기 때문에 여기서 비롯된 모든 고전을 무시하는 시대, 과거 속에 모범이나 규범이 존재할 가능성을 인정하지 않는 시대, 끊임없이 진화를 완수한 기성세기 뒤에 나타나면서 게다가 초기, 새벽, 시작, 유아기에 있는 것처럼 보이는 시대에서 우리는 정면을 향하고 있는 것이다. 우리는 뒤를 돌아본다. 그 유명한 르네상스도 우리에게는 실로 좁고 답답한, 촌스런, 허무한 몸짓을 지닌 겉만 번지르르한 시대로 보인다.

나는 얼마 전에 이 상황을 다음과 같은 형식으로 정리한 적이 있다.

"과거와 현대와의 이 심각한 분리는 우리 시대의 보편적인 현상이다. 이 속에 꽤 막연한 의혹이 담겨 있고 이것이 최근에 있어서 삶의 특유한 혼란을 낳은 것이다. 우리 현대 인간은 갑자기 지상에 혼자 남겨졌다고, 죽은 자들은 죽은 척을 하는 것이 아니라 완전히 죽은 것이기에 이제 우리를 도울 수 없다고 느끼는 것이다. 남아 있던 전통적인 정신은 모두 증발해 버렸다. 과거의 모범이나 규범, 기준은 우리에게 아무 도움이 안 된다. 우리는 자신의 문제—예술이든 과학이든 정치이든—를 과거의 도움을 받지 않고 현실 속에서 해결해야 한다. 유럽인은 그 옆에 살아 있는 영혼도 없이 고독하다. 마치 페터 슐레밀(Peter Schlemihl)이 자신의 그림자를 잃어버린 것처럼. 이것은 한낮이 되면 언제나 일어나는 일이다."*4

결국 우리 시대의 높이는 어떨까?

그것은 충실의 시대는 아니다. 그럼에도 과거의 모든 시대보다 위에 있고 알려진 모든 충실보다도 위에 있다고 느낀다. 우리 시대가 스스로 느끼고 있는 인상을 공식화하는 것은 쉽지 않지만, 현대는 다른 시대보다 풍요하다고 믿는 것과 동시에 하나의 시작이라고 느낀다. 그런 주제에 자신이 지금도 죽을 것 같다는 것을 부정할 자신도 없다.

그 인상(印象)을 나타내는 데는 어떤 표현을 선택하면 좋을까? 이렇게 부르는 것은 어떨까? 현대는 다른 시대보다 위에 있지만 자기 자신보다는 아래라고.

매우 강력하면서 동시에 자기 운명에는 불안을 느낀다. 스스로의 힘에 자부심을 가지면서도 그 힘을 두려워한다.

〈주〉

*1 하드리아누스 황제(재위 117~138) 시대의 화폐에는 다음과 같은 문구가 쓰여 있었다. '행복한 이탈리아, 황금의 세기, 안정된 토지. 축복받은 시대'(Italia Felix, Saeculum aureum, Tellus stabilita. Temporum felicitas) 코헨(1808~1880, 프랑스의 고전(古錢)학자)의 화폐에 관한 대저서 외에 로스토프체프(1870~1952, 러시아 태생의 국 역사가)의 저서에 채록되어 있는 몇 개의 화폐를 참조해 주길 바란다. (로스토프체프의) 《로마제국의 사회경제사 *The social and Economic History of the Roman Empire*》(1926, 제52도와 588쪽 주6).

*2 만족한 시대에 관해서는 헤겔의 《역사철학》이라는 훌륭한 논술을 반드시 읽을 것. 에

스파냐 어 역은 《레비스타 데 옥시덴테Revista de Occidente》 제1권, 41쪽 이하.

*3 최근의 시대는 '근대적''근대성'이라는 이름을 스스로 붙였지만 본디 의미는 내가 지금 분석하고 있는 '시대의 높이'라는 감각을 매우 둔하게 표현하고 있다. '근대적'이란 양식 modo에 따르고 있는 것으로 과거에 쓰인 전통적인 낡은 양식에 대해서 이 시대에 완성된 새로운 양식, 개량, 유행을 의미한다. 따라서 '근대적'이라는 말은 옛날의 삶보다 훌륭한 새로운 삶의 의식을 표현하고 그와 동시에 그 시대의 높이로 있으라는 명령을 나타낸다. '근대인'에게 근대적이 아니라는 것은 역사의 수준 이하로 내려가는 것과 같다.

*4 《예술의 비인간화La deshumanización del arte》

(1) 에스파냐의 시인 만리케(1440경~1479)의 저명한 시 《아버지의 죽음을 애도하다》 (1476)에서 인용.
(2) 오스트레일리아의 원주민이 선조의 영혼이 살고 있다고 생각한 세계.
(3) Nec nostri soeculi est.
(4) 저본(底本)에서 이용한 전집본에서는 tiempo(시간)로 되어 있지만 에스파사 카르페 사(社)의 아우스트랄 총서에서는 tipo(형태, 자세)로 되어 있어 이쪽이 더 적당하다고 생각했기 때문에 '자세'라고 했다.
(5) Lucanus(39~65, 로마의 서정시인) 세네카와 함께 에스파냐의 코르도바 출신이다.

4 삶의 확장

대중의 지배와 그것이 보여주는 높아진 삶의 수준 그리고 시대의 높이는 더욱 포괄적이고 보편적인 하나의 사실을 나타내는 징후에 지나지 않는다. 그 사실은 너무나 단순했기 때문에 이상하고 믿기 어려울 정도이다. 그것은 간단히 말해 세계가 갑자기 커져 세계와 함께, 그리고 세계 안에서 삶도 커졌다는 것이다. 삶은 현실에서 세계화된 것이다.

내가 하고 싶은 말은 오늘날 평균적인 인간의 삶이 온 지구와 관계하고 있으며, 한 사람 한 사람의 개인은 매일 세계와 더불어 살고 있다는 것이다. 겨우 1년 전의 일이지만 세빌리아 사람들은 북극을 탐험하고 있는 2~3명의 남자들에게 일어나는 일에 대해서 신문을 통해 끊임없이 추적했다. 즉 안달루시아의 작열하는 평원에 얼음덩어리가 떠다니고 있는 것과 다름없었다.

어떠한 지역도 이제 지리적인 좁은 장소 안에 격리되어 있는 것이 아니라 지구의 다른 지역에 작용하여 인간의 삶에 중대한 영향을 미치고 있는 것이다. 물체는 그것이 작용하고 있는 지점에 존재한다는 물리학의 원리에 따르면, 오늘날 지구상의 어떠한 지점도 지금까지 없었던 실질적인 편재성(偏在性)을 인식하게 될 것이다. 이렇게 멀리 있던 것이 가까이 있다는 것, 부재물의 존재가 한 사람 한 사람의 삶의 규모를 놀랄 정도로 넓힌 것이다.

그리고 또 세계는 시간적으로도 증대했다. 선사학이나 고고학은 환상적인 확대를 갖는 역사적인 영역을 발견해 왔다. 얼마 전까지만 해도 이름조차 몰랐던 제국이나 문명이 마치 신대륙처럼 우리 기억에 연결되었다. 일반인들도 그림 있는 신문이나 영화를 통해 아득히 먼 과거의 단편을 직접 눈으로 볼 수 있게 되었다.

그러나 세계의 이 시공간적인 증대는 그 자체로는 아무런 의미도 없다고 말할 수 있을 것이다. 물리적인 공간과 시간은 이 우주에서 어리석은 것들이다. 그렇기 때문에 일시적인 것이긴 하지만 속도를 숭배하는 현대인들이 일반적으로 믿고 있는 것보다도 더 정당한 것처럼 보인다. 공간과 시간에 의해 결정되는 속도는 그 성분인 시간과 공간에 열등한, 시시한 것이지만 그것들을 말살하는 것에는 도움이 된다. 어떤 어리석음은 또 다른 어리석음과 함께할 때 비로소 극복되는 법이다.

아무 의미도 없는 우주 공간과 시간을 정복하는 일은 인간에게 명예가 걸린 문제였다.[*1] 그렇기 때문에 공간을 말살하고 시간을 교살하는 공허한 속도를 가지고 노는 데 어린아이 같은 즐거움을 기억하고 있다고 해서 놀랄 일은 아니다. 시간과 공간을 무화시킴으로써 오히려 시공에서 삶을 부여받고 삶에 이익을 주는 일이 가능하게 되었다. 또한 우리는 이전보다 많은 장소에 있는 것이 가능해져 보다 많은 왕래를 향락하고 적은 삶의 시간에 보다 많은 우주적 시간을 소비할 수 있게 되었다.

그러나 세계가 실질적으로 증대하는 것은 결코 시공이 커지는 것이 아니라 보다 많은 사물을 포함하는 것이다. 하나하나의 사건—이 말을 가장 큰 의미로 받아들여 주길 바란다—은 희망하고 의도하고 만들고 부수고 조우하고 향락하고 배척할 수 있는 무엇이다. 즉 사물은 삶의 활동을 의미하는 모든 관념에 대응한다.

우리의 행동을 무엇이든 좋으니 일례로 들어보자. 예를 들어 물건을 산다는 것. 두 사람이 있는데 한 사람은 현재에, 다른 한 사람은 18세기에 살고 있다고 가정하자. 그리고 두 시대에 있어서 화폐가치와 비교해 동등한 재산을 가지고 있다고 가정하고 각각 살 수 있는 물품 목록을 비교해 보자. 그 차이는 가히 믿을 수 없을 정도이다. 오늘날의 구매자에게 주어진 가능성은 실로 무한대에 가깝다. 시장에 존재하지 않는 물건을 사고 싶어하는 경우는 드물며, 반대로 한 사람이 시중에 나온 모든 물건을 다 사고 싶어하는 것도 가능하지 않다.

상대적으로 동등한 재산을 가지고 있어도 오늘날의 사람은 18세기의 사람보다 많은 물건을 살 수 없다고 하는 사람도 있을 것이다. 그러나 그것은 거짓이다. 산업의 발달로 거의 모든 제품이 싸졌기 때문에 오늘날에는 훨씬 많은 것을 살 수 있다. 그러나 18세기의 사람보다도 많은 것을 살 수 있는 것은 아니라는 의견이 맞다 해도 결국, 나의 견해에는 영향을 미치지 않을 것이다. 오히려 내가 말하려는 것을 강조하게 될 것이다.

구매행위는 사려는 대상을 결정하는 것으로 종결된다. 그러나 구매 행위는 사전에 선택 활동이 있고 그 선택은 시장이 제공하는 많은 가능성을 파악하는 것에서 시작된다. 그러니까 '구매'의 측면에서 삶을 말하자면 삶이란 우선 첫 번째로 구매의 가능성에 의해 살아 있는 것을 증명하게 되는 것이다. 우리 삶을 이야기할 때, 내가 생각하는 가장 근본적인 결점은 우리 삶이란 어떤 순간이나, 무엇보다 우선 어떤 것이 가능한지에 대한 의식을 잊고 산다는 것이다.

만약 매 순간마다 우리 앞에는 단 하나의 가능성밖에 없다면 그것은 가능성이라고 부를 의미를 잃게 될 것이다. 오히려 그것은 순연한 필연성일 것이다. 그러나 문제는 거기에 있다. 우리 삶의 불가사의한 이 사실에는 본디 삶이란 자신 앞에 몇 개인가의 출구를 갖고 있다는 근본적 조건이 있다. 그 출구는 몇 개나 되기 때문에 많은 가능성 안에서 무엇인가 결정을 해야 하는 것이다.[2]

우리가 살고 있다는 것은 많은 특정한 가능성의 환경 속에 있다는 말과 같다. 이 환경을 보통 '상황'이라고 부른다. 삶은 모두 '상황' 즉 세계의 내부에서 자기를 발견하는 것이다.[3] 왜냐하면 이것이 '세계'라는 개념의 본디 의미이기 때문이다. 세계는 우리 삶의 가능성의 총계이다. 따라서 세계는 우리의 삶과 동떨어진 아득한 것이 아니라 삶의 진정한 테두리인 것이다.

세계는 존재의 가능성과 삶의 잠재력을 나타낸다. 이 잠재력이 실현되기 위해서는 하나의 구체적인 형식을 취해야 한다. 다르게 말하면 우리는 될 수 있는, 가능성이 있는 것의 아주 일부분에 지나지 않다. 그렇기 때문에 세계는 그렇게 거대하게 보이고 그 안에 있는 우리는 이렇게 작게 보이는 것이다. 세계도, 우리의 가능성도 언제나 우리의 운명이나 현실의 삶보다 크다.

그러나 우리에게 관심은 인간의 삶이 잠재력 측면에서 얼마나 증대했는가 하는 점이다. 그것은 예전에 없던 터무니없이 큰 가능성을 부여받고 있다. 지적인 면에서는 보다 많은 가능한 사고방식, 보다 많은 문제, 보다 많은 자료, 보다 많은 과학, 보다 많은 문제점을 발견했다. 원시생활에서는 일이나 직업이 거의 다섯 손가락에 꼽을 정도—목동, 사냥꾼, 전사, 주술사—였는데 반해 오늘날 가능한 일의 종류는 엄청나게 많다.

향락에 있어서도 같은 일이 일어나고 있다. 그 내용은 실제로는 삶의 다른 측면과는 다르게 다양하지는 않지만 말이다(이 현상은 상상하고 있는 것보다 훨씬 중요하다). 그럼에도 도시에 사는—도시는 현대생활을 대표한다—중간 계층의 사람들에게 향락의 가능성은 한 세기 동안에 엄청나게 증대되었다.

그러나 삶의 잠재력 증대는 지금까지 서술한 것에 그치지 않는다. 더 직접적인 의미로도 증대한 것이다. 스포츠에서 신체가 단련됨에 따라 과거보다 훨씬 성적이 좋아졌다는 사실은 끊임없이 보고되고 있어 누구나 알고 있는 사실일 것이다. 그 하나하나에 감동하거나 달성된 기록에 주목하는 것만으로는 충분하지 않고 그 빈번함이 우리의 마음에 부여하는 인상에 주목해야 한다. 그 빈번함에 우리는 우리 시대 인간은 지금까지의 어느 시대보다도 뛰어난 체력을 가졌다고 확신을 해 버리는 것이다.

왜냐하면 그와 비슷한 일이 과학에도 일어나기 때문이다. 불과 10년 사이에 과학은 믿을 수 없을 정도로 스스로의 세계를 확대해 나갔다. 아인슈타인의 물리학은 너무나 광대한 공간에서 전개되고 있기 때문에 뉴턴의 낡은 물리학은 지붕 밑의 작은 다락방 정도의 크기를 차지하고 있는 것에 지나지 않다.[*4] 또한 이런 공간의 확장은 과학의 정밀성이 집중적으로 증대된 데서 기인한다. 아인슈타인의 물리학은 옛날에는 중요하지 않다고 무시되어 계산에는 집어넣지 않았던 매우 근소한 차이에 주목하여 탄생한 것이다. 결국 어제의 세계에서 최소 단위였던 원자가 오늘날에는 하나의 태양계에 비유될 정도로 커진 것과 같다. 그러나 나는 위에 서술해 온 모든 것이 문화를 완성시킨 다음에 중요한 의의를 갖는다는 것을 강조하고 싶은 것이 아니라—나는 지금 그것에 관심이 없다—이 모든 것이 상정하는 주체적 잠재력의 확장이다. 아인슈타인의 물리학이 뉴턴의 물리학보다 정확하다는 것이 아니라, 아인슈타인이라는 인간이 뉴턴이라는 인간보다 뛰어난 정신의 자유*5와 엄밀성을 가지고 있었다는 점이다. 그것은 마치 오늘날의 권투선수가 더 강한 펀치를 날리는 것과 같다.

영화나 화보가 지구에서 멀리 떨어진 토지를 평균인의 눈앞에 보여 주듯이, 신문이나 대담은 새로 발명된 진열장의 정교한 기구가 입증하고 있는 지적인 업적의 뉴스를 평균인에게 알려주고 있는 것이다. 이 모든 것은 이들의 머릿속에 우리는 훌륭한 힘을 갖고 있다는 인상을 심어 준다.

그렇다고 오늘날 인간의 삶이 다른 시대보다 우수하다고 말할 생각은 없다. 내가 말한 것은 현대의 삶의 질에 관한 것이 아니라 단순히 양적이거나 잠재적인 측면에서 삶의 증대와 발전에 관한 것이다. 그러므로 나는 현대인의 의식, 즉 삶의 특색을 엄밀하게 기술했다고 믿고 있다. 그 특색이란 현대인이 전에 없던 큰 잠재력을 가졌다고 느껴 모든 과거를 외소하다고 간주하는 점이다.

이상의 기술은 몰락에 관해서, 특히 서유럽의 몰락에 관해서 이 10년간 만연해 온 사상으로 진행을 중지하기 위해 필요했다. 내가 행한 고찰을 상기해 주기 바란다. 나에게는 자신의 고찰이 단순하다고 말해도 좋을 정도로 명백하다고 생각한다. 무엇이 몰락하는지 생각하지 않으면 몰락에 관해 말해도 의미가 없다. 이 비관적인 말은 문화를 가리키는 것일까? 유럽 문화의 몰락이라는 현상이 있는 것일까? 아니면 유럽 국가의 조직의 몰락만이 있는 것일까? 그렇다고 해보자. 그것만을 근거로 서유럽의 몰락을 말할 수 있을까? 당치도 않다. 왜냐하면 이것들의 몰락은 역사의 이원적 요소—즉 문화와 국가—에 관한 부분적인 감소이기 때문이다.

절대적인 몰락은 단 하나밖에 없다. 삶의 감소에 따른 몰락이 그것으로, 그것은 그 감소가 자각시킬 때만 존재한다. 이런 이유로 나는 보통 놓치고 있는 현상, 즉 모든 시대가 스스로의 삶의 높이에 관해서 가지고 있는 의식 내지 감정을 고찰함에 시간을 들인 것이다.

거기서 나는 다른 세기보다도 충실하다고 느낀 세기도 있고, 반대로 더욱 높은 곳에서 떨어진, 고대의 반짝이는 황금 시대로부터 쇠퇴해 왔다고 스스로를 간주한 시대도 있다고 말했다. 그리고 결국 나는 지극히 명료한 다음 사실을 강조했던 것이다. 즉, 우리 시대는 모든 과거 시대보다도 풍요롭다는 기묘한 자부심에 의해서, 아니 그뿐 아니라 과거 전체를 무시하고 고전적 규범적인 시대를 인정하지 않고 자신이 그 어떤 과거의 시대보다도 훌륭하여 과거로 환원되지 않는 새로운 삶이라고 간주하고 있는 것에 의해 특징지어 졌다.

이 고찰을 확실히 파악하지 않고 우리 시대를 이해할 수 있으리라고는 생각하지 않는다. 왜냐하면 이것이야말로 진짜 현대의 문제이기 때문이다. 만약 한 시대가 몰락하고 있다고 느낀다면 다른 시대를 보다 더 우월한 시대로 보기 때문이다. 다시 말해 다른 시대를 존중하고 찬미하며 그 시대가 제공하는 원리를 존중하기 때문이다.

우리 시대가 만약 그러하다면 가령 실현될 수 없다 해도 명백하고 확고한 이상을 가질 터이다. 그러나 진상은 완전히 이와 반대이다. 이상을 실현할 터무니없는 능력은 엄청나게 가지고 있다고 생각하는데 어떠한 이상을 실현해야만 하는지 알 수 없는 그런 시대에 우리는 살고 있다. 만물을 지배하고 있지만 자신의 지배자는 아니다. 자신의 풍부함 안에서 어찌할 바를 모르고 있다. 결국 현대세계는 전에 없는 자산, 지식, 기술을 가지고 있으면서도 전에 없이 불행한 시대처럼 떠돌고 있는 것이다.

여기에 현대인의 영혼을 사로잡고 있는 힘과 불안이라는 그 불가사의한 이원성이 있다. 현대인은 마치 루이 15세가 어릴 때 섭정했던 오를레앙 공에 관해서 들은 것, 즉 그는 모든 재능을 가지고 있었으나 정작 그것을 쓸 재능은 없었다는 이 말은 현대인에게도 들어맞는 이야기다. 19세기에는 진보에 대한 신앙은 확실히 지켜지고 있었지만, 많은 것이 이미 이룰 수 없는 것처럼 생각되었다. 오늘날에는 모든 것이 가능하게 보이도록 하기 위해서 우리는 최악의 일, 즉 퇴보와 야만, 몰락도 가능할 것이라고 예감하고 있다.[6]

이것은 그 자체로 나쁜 징후는 아닐 것이다. 그런 예감을 갖고 사는 것은 모든 삶의 부속물인 그 불안감과 재차 접촉하는 것을 의미하기 때문이다. 그 불안감은 만약 우리가 삶의 밑바닥까지, 이른바 고동치고 피비린내나는 작은 내장까지 생명을 지니는 것이 가능하다면 그것은 삶의 각 순간에 포함될 비통과 함께 감미로운 위구심(危懼心)이다.

보통 우리는 명 짧고 자그마한 심장을 끊임없이 진지하게 살리고 있는, 그 두려운 고동에 손을 대는 것을 피한다. 우리는 안전을 확보하려 노력하고, 운명을 근원적으로 드라마틱한 본질 위에서, 습관, 풍습, 상투어 등의 마취약에 취해 그에 관해 무감각해지려고 노력한다. 그렇기 때문에 거의 3세기가 지난 지금 우리가 다시 내일 무슨 일이 일어날지 모른다는 의식을 가지고 있는 것에 놀라는 것은 좋은 일이다.

스스로의 생존 속에 진지한 태도를 취하고 생존에 대해 완전하게 책임을 지려고 하는 사람은 모두 그들에게 끊임없이 긴장을 안기는 불안감을 기억할 것이다. 로마 군대에서는 보초의 졸음을 쫓기 위해 검지를 입술에 대고 있게 하는 규정이 있었다. 이러한 자세는 나쁘지 않다. 미래의 은밀한 태동을 들을 수 있도록 밤의 고요를 더욱 고요하게 만드는 것처럼 보인다.

충실한 시대의 안심감—앞의 세기가 그랬다—이란 시대의 방향키를 우주의 역학에 맡겨 버려 장래에 관한 관심을 흐리게 만드는 시각상의 착각이다. 마르크스의 사회주의에서도, 진보적 자유주의에서도 그들이 꿈꾸는 최선의 미래는 천문학과 닮은 필연성을 가지고 달성시키는 것을 전제로 하고 있다. 그들은 이런 이념에 도취되어 역사의 키를 놓고, 긴장을 늦춘 채 민첩함과 능률을 잃고 말았다. 그리하여 삶은 그들의 손에서 벗어나 걷잡을 수 없이 되어 버려 정처 없이 떠돌고 있다.

진보주의자들은 그 관대한 미래주의라는 가면을 쓰고 정작 미래에 대한 배려를 게을리하고 있다. 진보주의자들은 미래에는 놀랄 일도 비밀도 없고 중대한 사건도 본질적인 혁신도 없다고 확신하며, 또 세계는 우회도 않고 후퇴도 않고 그저 똑바로 전진할 것이라고 생각해 미래에 대한 불안을 떨치고 불변의 현재라는 시점에 안주하고 있는 것이다. 오늘날의 세계에는 계획도 예정도 이상도 없다며 놀랄 필요는 없다. 그것들을 준비하려고 마음먹은 사람은 아무도 없었다. 항상 대중의 반란과 상반된 지도적인 소수파의 탈락은 이렇게 일어난 것이다.

그러나 이제 슬슬 대중의 반란으로 이야기를 되돌릴 때가 되었다. 대중의 승리가 갖는 바람직한 측면만을 살펴보았으니 이번에는 더욱 위험한 다른 측면으로 내려가 볼 필요가 있다.

〈주〉

*1 진정 인간의 삶의 시간은 유한하기 때문에, 진정 인간은 죽을 수밖에 없기 때문에 거리와 시간을 이겨낼 필요가 있다. 존재가 무한인 신에게 자동차는 의미가 없을 것이다.

*2 최악의 경우, 세계에 출구가 단 하나가 된 것처럼 보여도 항상 두 개는 있을 것이다. 즉 그 출구란 세계에서 나올 것이다. 그러나 문이 방의 일부인 것처럼 세계의 출구도 세계의 일부이다.

*3 나의 첫 저서 《돈키호테를 둘러싼 사색 *Meditaciones del Quijote*》(1916)의 머리말에도 이렇게 썼다. 《라스 아틀란티다스 *Las Atlántidas*》에서는 지평(horizon)이라는 단어를 사용했다. 《관찰자 *El Espectador*》 제7권에 수록된 〈국가의 스포츠 적 기원 *El origen deportivo del Estado*〉(1926)이라는 논문도 참조.

*4 뉴턴의 세계는 무한했다. 그러나 그 무한성은 크기가 아니라 공허한 일반화, 추상적이고 허무한 유토피아였다. 아인슈타인의 세계는 유한하지만 그 모든 부분에 걸쳐 충실하고 구체적이다. 그러니까 더욱 풍부하고 실제로 크기에 있어서도 더 낫다.

*5 정신의 자유, 즉 지적 능력은 전통적으로 분리할 수 없는 개념을 분해하는 능력에 따라 측정할 수 있다. 개념을 분해하는 것이 그들을 융합하는 것보다 훨씬 힘들다는 것은 쾰러(1887~1967 독일의 심리학자. 《유인원의 지능시험》)가 침팬지의 지능 검사에서 증명하고 있다. 인간의 오성(悟性)은 지금보다 더 많이 분해하는 능력을 가진 적이 없었다.

*6 이것이 몰락 조짐의 근본적인 원인이다. 우리가 몰락하고 있는 것이 아니라 모든 가능성을 인정할 용의가 있기 때문에 몰락의 가능성을 부정하지 않는 것이다.

5 어떤 통계적 사실

이 논문은 우리 시대, 즉 오늘날 우리의 삶에 대해서 어떻게든 진단을 내리는 것을 목표로 하고 있다. 지금까지 서술해 온 그 처음 부분을 다음처럼 요약할 수 있겠다.

가능성의 총계로써 우리 삶은 멋지고 풍요하며, 역사상 알려진 다른 어떤 삶보다 나아졌다. 그러나 현대의 삶은 그 규모가 매우 커서 전통으로부터 물려받은 모든 기초, 원형, 규범, 이상을 뛰어넘는다. 현대의 삶은 이전의 모든 삶보다도 충실한 삶이지만, 그렇기 때문에 더욱 큰 문제를 잉태하고 있다. 과거에 맞춰 방향을 결정할 수는 없다.*¹ 스스로 운명을 창조해나가야 한다.

어찌되었든 지금은 진단을 마무리할 때이다. 삶은 무엇보다도 가능성의 산물로서 여러 가능성 안에서 현실적으로 우리가 그렇게 되려고 하는 것을 선택하는 것이다. 상황과 선택이 생을 구성하는 두 가지 근원적 요소이다. 상황—여러 가지 가능성—이란 우리의 삶에 주어진 것이다. 이것이 우리가 말하는 세계를 구성한다.

인생은 자신이 스스로 선택한 것이 아니다. 산다는 것은 그대로 결정되어 교환할 수 없는 세계, 즉 지금의 이 세계 안에 있는 것이다. 세계에는 우리 삶을 구성할 숙명이 펼쳐져 있다. 그러나 이 숙명은 기계적인 법칙에 따르는 것은 아니다. 궤도가 이미 결정되어 있는 탄환처럼, 우리는 실존 속에 발사된 존재가 아니다.

우리가 이 세계—그것은 항상 이 세계, 현존의 이 세계이다—에 태어나면서부터 우리가 짊어진 숙명은, 그와 정반대이다.

숙명은 우리에게 하나의 궤도를 강요하는 것이 아니라 여러 궤도를 부여한다. 거기에서 우리는 선택을 강요받는 것이다. 우리의 삶은 얼마나 놀랄만한 것일까? 산다는 것은 우리가 자유를 행사하는 것에 대해서, 즉 이 세계 안에서 우리가 그렇게 되려고 하는 것에 대해 선택할 것을 숙명적으로 강요당한다고 느끼는 것이다. 단 한 순간이라 할지라도 우리는 선택하는 행위를 쉴 수는 없다. 절망하고 될 대로 되라고 할 때조차도 선택하지 않는다는 선택을 한 것이다.

그렇기 때문에 삶에서 '상황이 결정한다'는 것은 거짓이다. 그와 반대로 상황이란 항상 새로운 딜레마이고 그것에 직면 할 때마다 우리는 선택해야 한다. 어쨌든 실제로 선택한다는 것은 우리의 인격이다.

이것들은 모두 집단의 삶에도 들어맞는다. 거기에도 우선 가능성의 확대가 있고 다음으로 집단의 생존에 유효한 방법을 선택하고 결정한다는 결단이 있는 것이다. 이 결단은 사회가 가지고 있는 성격 또는 그 사회에서 지배적인 인간에게서 나온다. 우리 시대는 대중적인 인간이 지배하고 있기 때문에 결정하는 것 또한 그들이다. 그런 일은 민주주의, 즉 보통선거의 시대와 함께 이미 있었다는 등의 이야기는 하지 말아 주길 바란다.

보통선거에서 대중은 결정을 하는 것이 아니다. 대중의 역할은 소수자 중 누군가에 의한 결정에 찬동하는 것이었다. 소수자는 '프로그램'—이 얼마나 멋진 말인가—을 보여 주었다. 프로그램은 실제로 집단의 삶에 대한 프로그램이었다. 대중은 그 프로그램에 초대되었으나 그것은 결정된 계획을 받아들이기 위함이었다.

오늘날에는 완전히 다른 일이 일어나고 있다. 대중의 승리가 가장 눈에 띄는 나라들—그것은 지중해에 있는 나라들이다—의 사회적인 삶을 보면 이들 나라에서는 놀랍게도 정치는 하루살이인 것이다. 이 현상은 심히 기묘하다. 공적 권위는 대중의 한 대표자의 손에 쥐어져 있다.

대중은 너무나 강력해서 일어날 수 있는 모든 반대를 제거해 버렸다. 대중이 소유하고 있는 권력은 비교할 수 없는 최고의 형태이며, 이처럼 강력한 통치 상황은 역사상 찾아보기 어려울 정도이다. 그러나 이 공적 권위, 다시 말해 정부는 하루살이 같은 존재에 지나지 않아 양양(洋洋)한 미래를 예상할 수도 없고, 미래에 대한 명쾌한 예고를 하는 것도 아니어서 진보와 발전의 결과를 예상할 수 있는 뛰어난 무언가를 시작할 조짐도 보이지 않는다. 간단히 말하면 삶의 프로그램도, 계획도 없이 살고 있는 것이다. 자신이 어디로 가는지도 알지 못한다. 왜냐하면 엄밀하게 말해 어딘가를 향해서 나아가는 것이 아니고 예정된 길, 즉 사전에 결정된 궤도조차도 가지고 있지 않기 때문이다.

이 공적 권위는 자신을 정당화하려 할 때, 미래에 관해서는 결코 아무것도 언급하지 못하고, 반대로 현재에 틀어박혀 다음과 같은 것을 너무나 진지하게 말하는 것이다. "우리 정부는 현상에 의해 어쩔 수 없이 만들어진 비정상적인 형태의 정부이다." 즉, 그 정부는 현재의 시급성 때문이지 미래를 고려한 것이 아니라는 것이다. 그렇기 때문에 그 활동은 가능한 한, 시시각각 일어나는 분쟁을 피하는 것이다. 분쟁을 해결하는 것이 아니라 미봉책에 의해 바로 뒤에 더욱 큰 분쟁이 일어나는 것도 개의치 않고, 어떠한 수단을 써서라도 분쟁에서 도망치려 하는 것이다.

공적 권위란 대중이 직접 행사하면 항상 이런 식이었다. 전능하면서도 단명했다. 대중이란 삶의 계획 없이 파도 위를 떠다니는 인간이다. 그렇기 때문에 그들의 가능성과 권력이 거대하더라도 그 무엇도 건설하지 않는다.

그리고 이러한 형태의 인간이 우리 시대를 결정하고 있기 때문에 우리는 그 성격을 분석해 보아야 한다.

수년 전에 위대한 경제학자 베르너 좀바르트(Werner Sombart)가 매우 단순한 사실을 뚜렷하게 보여 줬다. 현대의 많은 문제에 마음이 사로잡혀 있는 모든 두뇌가 이에 유의하고 있지 않다는 것은 이상한 일이다. 그가 지적한 매우 단순한 이 사실은 그것만으로도 현재의 유럽에 대한 우리 시야를 밝게 하는데 충분하다. 만약 충분하지 않다고 해도 우리를 계몽의 길로 인도할 것이다.

그 사실이란 다음과 같다. 6세기에 유럽의 역사가 시작된 이래 1800년까지—즉 12세기에 걸쳐—유럽 인구가 1억 8천만 명 이상이 된 적은 없었다. 그러나 1800년부터 1914년까지—겨우 1세기 사이에—유럽 인구는 1억 8천만에서 4억 6천만 명으로 급증했다!

이 수치를 비교해 보면, 지난 세기의 인구 증가가 엄청난 것이었다는데 의심할 여지가 없다. 이 3세대 동안 생산된 거대한 인간의 무리는 역사의 평야에 격류처럼 내던져져 범람한 것이다. 반복하지만 이 사실은 대중의 승리를 이해하고 그에 반영되는 문제를 이해시키는 데 충분할 것이다. 이 사실을, 내가 앞서 밝힌 삶의 증대 사실에 더욱 구체적인 자료로 덧붙여야 한다.

그러나 동시에 이 사실은, 미국처럼 신생 국가들의 인구 증대를 추켜 세우는 찬사가 얼마나 근거가 없는 것인가를 보여 준다. 미국이 1세기동안 인구 1억에 달한 심한 증식에 우리는 감탄하고 있지만 정말 감탄해야만 하는 것은 유럽인의 번식력이다. 유럽의 미국화라는 환상을 바로잡기 위한 또 하나의 이유가 여기에 있다. 미국을 특징짓는데 더욱 명료한 특색이라고 생각되고 있는 현상—인구 증가의 속도—그 자체도 미국만의 특유한 것은 아니다. 유럽은 한 세기 동안 미국보다 훨씬 많은 인구가 증가했으며 미국은 유럽 인구의 잉여로 만들어진 나라이다.

그러나 나의 흥미를 끄는 것은 인구 증가 그 자체가 아니라 그 숫자적 차이에 의해 부각된 어지러울 정도로 빠른 증가의 속도이다. 이것이 우리에게 중대한 문제인 것이다. 그렇다는 것은 이 어지러울 정도의 속도가 역사 속에 수두룩한 인간을 엄청난 기세로 잇달아 내던졌다는 것으로 이는 그들을 전통적 문화로 채워주는 것이 쉽지 않다는 것을 의미하는 것이기 때문이다.

또 사실 유럽의 현재 평균형 인간은 19세기 사람보다도 건강하고 강한 영혼을 가지고 있지만 그들보다는 훨씬 단순하다. 이로써 해를 거듭해 온 문명에 생각지도 못한 원시인이 출현한 듯한 인상을 준다. 지난 세기 학교는 큰 자랑이었지만, 대중에게 현대적인 삶의 기술을 가르쳤을 뿐 계몽시키지는 못했다. 대중에게 씩씩하게 살아가기 위한 도구는 주었지만 위대한 역사적 사명감은 심어 주지 못했다. 근대의 많은 수단에 관한 긍지와 힘을 허겁지겁 전해 주었지만 그 정신은 심어주지 못했다. 그래서 정신과 서로 관계되는 것을 싫어하는 것이다. 이렇게 해서 새로운 세대는 세계가 과거의 흔적이 없고, 전통적이고 복잡한 문제가 없는 천국이라고 믿어 이 세계의 지배권을 거머쥘 마음이 생긴 것이다.

따라서 지난 19세기는 역사의 표면에 갑자기 대규모 군중을 풀어 놓았다는 영예와 책임을 동시에 안고 있다. 이 사실은 지난 세기를 공정하게 평가하는 데 가장 적절한 견해를 부여해 줄 것이다. 당시의 그런 환경에서 인간이라는 열매가 저만큼 수확된 것이니까 전 세기에는 무언가 비정상으로, 비교를 초월한 무엇이 있었던 것은 분명하다. 이 놀랄만한 사실을 충분히 이해하고 소화하려 노력한 증거를 보이지 않는 이상 과거의 다른 시대를 움직이게 한 많은 원리에 편중하는 것은 모두 경박하고 우스꽝스러운 짓이다.

지금까지의 역사는 모두 '인간'이라는 식물에게 가장 적절한 사회생활의 처방을 손에 넣기 위해 생각할 수 있는 한도 내에서 온갖 실험을 한 거대한 실험실처럼 보인다. 그리고 모든 잘못된 실험 뒤에 억지 부리는 것을 그만두고 정직하게 말하면, 인간의 종자를 자유민주주의와 기술이라는 두 원리에 근거한 실험을 했을 때 유럽인이 단 한 세기만에 3배로 늘어난다는 사실을 발견했다.

이만큼 압도적인 사실에 직면하면 바보가 아닌 이상 다음과 같은 결론을 끌어낼 수 있다. 우선 첫 번째로 기술적 창조 속에 틀이 잡힌 자유민주주의는 지금까지 알려진 공적 생활 중에서 가장 좋은 본보기라는 것. 두 번째로 이 삶의 본보기가 최고는 아닐지도 모르겠지만 좋은 본보기라면 앞서 말한 원리의 본질을 가지고 있어야 한다는 것. 세 번째는 19세기보다도 열등했던 생활 형태로 돌아가는 것은 자살행위라는 것이다.

이것을 사실 자체가 요구하는대로 명백하게 받아들인다면 19세기에 대해 반격을 가할 필요가 있다.

만일 19세기에 무언가 비정상적인 비교를 초월하는 특별한 것이 분명히 존재한다면, 삶이 처한 곳의 모든 원리 자체를 위기로 몰아넣는 인간들의 카스트—반란하는 대중인—를 낳았다는 점에서 이 시대는 얼마 간의 근본적인 악, 즉 얼마 간의 구조적 결함을 가지고 있었음에 틀림없다는 것도 그처럼 분명한 것이다.

만약 이런 유형의 인간이 유럽을 지배하고 최종적으로 결정권을 행사한다면 30년 정도만 지나면 우리 대륙은 또 야만 상태로 돌아가 버리고 말 것이다. 법적, 물질적인 기술이 증발해 없어져 버리는 것은 몇 번이나 반복해서 기계 제조의 비밀을 잃어버리는 것처럼 이유가 없는 것이다.[2] 삶은 위축될 것이고 현재의 풍부한 가능성들은 실질적인 감소와 결핍 그리고 고통스런 무기력으로 변하고, 몰락을 겪게 될 것이다. 왜냐하면 대중의 반란은 라테나우(Rathenau)[1]가 '야만인의 수직적 침입'이라고 부른 것과 같은 형편이기 때문이다.

그렇기 때문에 최대 선과 최대 악의 잠재력인 이 대중을 철저히 이해하는 것이 굉장히 중요하다.

〈주〉

*1 그렇지만 가령 적극적인 방침이 아니라도 과거에서 어느 정도의 소극적인 충고를 어떻게 받아들일지를 우리는 볼 수 있을 것이다. 과거는 우리에게 무엇을 해야만 하는지를 말하지는 않지만 무엇을 피해야만 하는지는 가르쳐 줄 것이다.

*2 현대의 가장 위대한 물리학자 중 한 사람인 아인슈타인의 협력자이자 계승자인 헤르만 베일(1885~1955, 독일의 수학자)이 사적인 대화에서 항상 말하고 있는 것으로 만약 열 명이나 열두 명의 저명한 물리학자가 갑자기 죽는다면 현대 물리학의 경이가 인류에게서 사라지고 말 것이라고 한 것은 맞는 말이다. 물리학자의 추상적인 이론이 두뇌를 적응시키기까지는 수세기의 준비가 필요했다. 그러나 작은 사건으로 인해 인류의 경이적인 가능성을 근절시킬 수는 있을 것이다. 게다가 이 가능성이 미래 기술의 기초

인 것이다.

(1) Walther Rathenau(1867~1922, 독일의 실업가, 정치가, 저술가). 제1차 세계대전 뒤 독일의 난국 타개에 성공했지만 암살당했다.

6 대중 해부의 시작

오늘날 사회생활—정치적인 의미로도 비정치적인 의미로도—을 지배하고 있는 이 대중은 도대체 어떠한 인간들일까? 어째서 그런 인간일까, 즉 어떻게 태어난 것일까?

이 두 문제는 한쪽이 분명해지면 다른 한쪽도 분명해질 것이므로 이 두 질문에 함께 답하는 것이 좋을 것이다. 현재 유럽의 삶을 이끌려 하는 인간은 19세기를 이끈 인간과는 전혀 다르다. 그러나 그들은 19세기에 태어나고 준비된 인간이다. 1820, 1850, 1880년의 민감한 두뇌는 누구나 선험적인 추리에 의해 지금 역사적 상황의 심각성을 예견할 수 있었을 것이다. 게다가 100년 전에 예언되지 않은 새로운 사실은 실제로 무엇 하나 일어나지 않았다.

"대중이 전진한다!"고 '묵시록'처럼 헤겔은 말했다. "새로운 정신력 없이는 혁명적인 시대인 우리 시대는 파국을 맞이할 것이다"라고 오귀스트 꽁트는 표명했다. "허무주의의 밀물이 밀려오는 것이 보인다"고 수염 기른 니체는 엥가딘의 바위에 올라 소리쳤다. 역사는 예지할 수 없는 것이라는 말은 거짓말이다. 셀 수 없을 정도로 몇 번이나 그것은 예언되어 왔다.

만약 미래가 예언을 받아들이지 않는다면, 예언이 실현되어 과거가 되었을 때에도 이해할 수 없을 것이다. 역사가가 뒤돌아선 예언자라는 것은 역사철학을 요약해 주는 관점이다. 미래에 관해서는 그 일반적 구조밖에 예지할 수 없다는 것이 사실일지도 모른다. 그러나 일반적인 구조야말로 우리가 진실에서 과거나 현대에 관해 이해할 수 있는 단 하나인 것이다. 그렇기 때문에 만약 당신이 자신의 시대를 잘 보고 싶다면 멀리서 봐야 한다. 어느 정도 거리가 좋을까? 대답은 매우 간단하다. 클레오파트라의 코가 보이지 않게 될 만큼의 거리에서 보면 된다.

19세기에 점차 대량으로 생산된 이 수많은 인간의 삶은 어떤 모습을 하고 있을까? 먼저 모든 면에서 파고든 물질적 편의를 거론할 수 있다. 일찍이 평균인이 이렇게까지 쉽게 자기 자신의 경제적 문제를 해결할 수 있었던 적은 없었다. 큰 재산은 비교적 감소했고 산업노동자의 생활은 전보다 힘들어졌지만 모든 사회계급의 평균인은 날마다 경제적인 전망이 호전되어가는 것을 발견했다. 그들의 생활수준의 목록에는 매일 새로운 사치품이 더해졌다. 그 입장은 날마다 안정되고 타인의 제멋대로인 의지에서 독립하여 갔다. 이전에는 행운의 은혜라고 간주되고 운명에 대한 겸허한 감사를 불러일으켰던 것이 감사해야만 하는 권리가 아니라 요구해야 할 당연한 권리로 바뀌었다.

1900년 이후, 노동자도 그 삶을 확대하고 안정시키기 시작했다. 그러나 그렇게 되기 위해서는 싸워야 한다. 평균인의 경우처럼 사회나 국가 같은 경이로운 조직이 그들 앞에 풍요로운 생활을 대령할 리가 없기 때문이다.

이 경제상의 편의와 안전에 육체적인 편의와 안전, 즉 쾌적함과 사회적 질서를 더해 보자. 삶은 편안하게 레일 위를 달리게 되고 폭력과 위험이 개입해 올 것 같은 기색은 없다.

이처럼 자유롭게 개방된 상태는 필연적으로 그들 평균인의 영혼 가장 밑바닥에 생에 관한 어떤 생생한 인상을 불어넣었다. 그것은 "카스티야(에스파냐 중부의 고원지대)는 넓다"[1] 말한 우리 조상의 표현에서도 찾아볼 수 있다. 즉 삶은 새로운 인간에게 있어서 앞에 말한 근본적, 결정적인 모든 면에서 장해가 없다는 것을 나타낸다.

이 사실과 그 중요성을 이해하기 위해서는 삶의 자유는 과거의 평민들에게는 전혀 존재하지 않았다는 사실을 떠올리는 것이 좋을 것이다. 오히려 그들에게 삶은—경제적으로도 육체적으로도—매우 힘든 운명이었다. 그들에게 산다는 것은 태어났을 때부터 참을 수밖에 없는 장해의 퇴적이었기 때문에 그저 그 장해에 적응하고 주어진 좁은 한쪽 구석에 몸을 맡길 수밖에 없었다.

그러나 이 대조적인 상태는 물질적인 면에서 시민적, 도덕적인 면으로 눈을 돌리면 더욱 확실해진다. 19세기 중엽 이후 평균인은 자신들 앞에 놓인 어떤 사회적 장해물도 인정하지 않는다. 결국 이제는 태어날 때부터 사회생

활의 여러 방면에 대한 어떤 방해도 제한도 받아들이지 않는 것이다. 그들의
삶을 억제하려는 강압은 아무것도 없다. 그래서 또, "카스티야는 넓다"가
적용되기 시작한 것이다. '신분'도 '카스트'도 없고, 시민으로서 특권을 가진
자는 아무도 없다. 평균인은 모든 인간이 법적으로 평등하다는 것을 알게 되
었다.

역사를 통해서 인간이 이 같은 조건에 의해 결정된 삶의 상황과 조금이라
도 비슷한 생활환경에 놓인 적은 결코 없었다. 실제로 그것은 19세기에 심
어진 인간의 운명에 놓인 근본적인 혁신과 같은 것이다. 인간에게 새로운 무
대, 육체적으로도 사회적으로도 새로운 무대가 만들어졌다. 이 새로운 세계
를 가능하게 한 세 가지 원리가 있다. 자유민주주의, 과학실험, 산업이다.
뒤에 둘은 한마디로 표현하면 과학기술이라는 한 가지 원리로 요약할 수 있
을 것이다.

이들의 원리 중 어떤 것도 19세기에 발명된 것이 아니고 그 이전의 두 세
기에 걸쳐 계승되어 온 것이다. 19세기의 영예는 이 원리들을 발명한 점에
있는 것이 아니라 그것을 퍼뜨린 데 있다. 이를 모르는 사람은 아무도 없을
것이다. 그러나 추상적으로 인식하는 것만으로는 충분하지 않고 그것이 가
져온 냉정한 결과라는 것을 확실히 알아둘 필요가 있다.

19세기는 본질적으로 혁명적이었다. 그 혁명적인 특징은 바리케이드의 풍
경에서 찾아서는 안 된다. 바리케이드는 그 자체로 혁명을 만들어 내지는 못
한다. 하지만 19세기는 그런 광경을 통해 평균인―사회대중―을 그때까지
그들을 둘러싸고 있던 상황과는 전혀 다른 상황에 놓이게 만들었다. 시민생
활은 뒤집혀 버린 것이다.

혁명이란 기존의 질서에 대한 반란이 아니라 전통적 질서를 부정하는 새
로운 질서의 수립이다. 그렇기 때문에 19세기에 태어난 인간은 사회생활 면
에서 보면 다른 모든 시대의 인간과는 다른 인간이라고 말해도 과언은 아닐
것이다. 물론 18세기의 인간은 17세기에 지배적이었던 인간들과는 다르고,
또 17세기인은 16세기를 특징지었던 사람들과도 다르다. 그러나 19세기의
새로운 인간이 그들과 마주한다면 이 사람들은 모두 친척이자 유사하고 본
질적으로는 동일하기까지 하다. 모든 시대의 '평민'에게 '삶'이란 무엇보다도
우선 제한이자 의무이고 예속이었다. 그것은 한마디로 말하면 압력이었다.

만약 원한다면 압박이라고 말해도 좋다. 단 여기서 말하는 압박이란 법적 사회적인 의미만이 아니라 우주라는 의미도 포함하고 있는 것을 이해해 주기 바란다. 우주적 압박이란 1백 년 전에 과학적인—즉 물리적, 행정적인—기술이 사실상 무제한적인 발전을 시작하기 전까지는 언제나 존재하고 있었기 때문이다. 이전에는 부자나 권력자에게도 세계는 빈곤과 곤란과 위험으로 가득한 곳이었다.[*1]

이 새로운 인간을 태어날 때부터 둘러싸고 있는 세계는 어떠한 점에서도 그들이 스스로를 제한하는 것을 강화하지 않고, 어떠한 거부도 반대도 하지 않을 뿐더러 오히려 무한하게 증대하는 그 욕망을 자극한다. 그럼—굉장히 중요한 것이지만— 19세기 및 20세기 초의 세계는 완전성과 넓이를 현실에서 소유하고 그뿐 아니라 마치 자연에서 무한하게 진보가 행해진 것처럼, 내일은 더욱 부자가 될 것이고 더욱 완전하게 더욱 풍부해지리라는 확신을 제시한 것이다.

오늘날 이 절대적 신앙에 작은 금이 생기기 시작했음에도 자동차는 5년 안에 더욱 쾌적해지고 가격이 싸질 거라는 데에 이의를 제기하는 사람은 매우 적다. 태양이 내일 또다시 떠오른다는 것을 믿듯이 그 사실을 믿고 있다. 이 비유는 정확하다. 왜냐하면 일반인은 기술적, 사회적으로 이렇게 완벽한 세계에 태어났기 때문에 그것을 자연의 산물이지 탁월한 사람들의 천재적인 노력의 산물이라고는 결코 생각하지 않기 때문이다. 더구나 모든 생활의 편리는 사람들의 노력에 의해 유지되는 것이고 언제라도 그 사람들의 작은 실수에 의해 훌륭한 건물이 금방 사라져 버릴 수 있다는 것을 인정하지 않을 것이다.

이러한 사실로 현대 대중의 심리분석표에 두 가지 중요한 특징을 써넣을 수 있다. 하나는 삶의 욕망, 곧 개성의 무제한적인 확대이고, 다른 하나는 생활을 편리하게 해 준 모든 것에 대한 철저한 배은망덕이다. 이 두 특성은 응석받이 어린아이의 심리를 구성하는 특징이기도 하다. 그리고 실제로 현대 대중의 마음을 들여다보는 데 어린아이의 심리를 대조해 보면 틀림없다. 아주 오래된, 또 자비로운—영감과 노력을 아끼지 않았던—과거의 계승자인 새로운 평민은 주위 세계로부터 귀여움을 받아왔다. 응석부린다는 것은 욕망을 제한하지 않는다는 것, 무엇이든 허락되고 어떠한 의무도 갖지 않는다는 인상을 사람들에게 심어 준다. 이러한 체제에 놓인 사람은 자신의 한계에 봉착해 본 경험이 없다. 주위에 있는 모든 압력과 타인과의 모든 충돌은 제거되어 있기 때문에 정말로 자신만이 살아 있다고 믿게 되고 타인은 고려하지 않는 것, 특히 자신보다 위대한 사람을 고려하지 않는 일에 익숙해져 버렸다.

타인의 우월성에 대한 감각은 그들보다도 강해서 그들에게 있는 욕망을 포기하게 하고 자신을 제한하고 억제할 것을 강요하는 사람이 있어야 비로소 생기는 것이다. 그런 것이 있다면 다음의 근본적인 교훈을 배우게 될 것이다.

"여기서 나는 끝나고 나보다 능력 있는 사람이 시작한다. 세계에는 분명 두 부류의 인간이 있다. 그것은 나와 나보다 뛰어난 타인이다."

다른 시대의 평균인은 이 근본적인 지혜를 세계로부터 시종일관 배워 왔다. 이는 세계의 조직이 매우 조잡했기 때문에 파국이 잦았고, 안전하고 풍요롭고 안정된 것이 없었기 때문이다. 그러나 새로운 대중은 가능성으로 가득하고, 게다가 안전한 환경, 우리가 어깨에 짊어지지 않고도 태양이 하늘에 높이 떠 있는 것처럼 아무런 노력 없이도 모든 것이 준비되어 있는 세계에 살고 있다.

자신이 호흡하는 공기에 대해 남에게 감사하는 사람은 아무도 없다. 공기는 누군가가 만든 것이 아니기 때문이다. 그것은 '그곳에 있는', 없어지는 일이 없기 때문에 우리가 '당연하다'고 부르는 것 중에 하나이다. 이러한 것들이 충족된 대중은 공기처럼 마음대로 쓸 수 있는 물질적, 사회적인 조직이 결코 소멸하지 않기 때문에, 자연과 거의 같을 정도로 완벽하며 동일한 기원을 갖는 것이라고 믿을 정도로 어리석다.

그렇기 때문에 내가 주장하는 명제는 다음과 같다. 즉 19세기가 삶의 생활 영역에서 너무나도 완벽한 조직을 부여한 것에서, 그로 인해 이익을 받아들인 대중은 그것을 조직이 아닌 자연이라고 간주한다는 것이다. 그 대중이 나타내는 불합리한 심리 상태는 이렇게 설명되고 정의될 수 있다. 그들은 자신의 복리에만 관심이 있고, 동시에 그 복리의 원인에 대해서는 무관심하다. 그들은 문명의 은혜 배후에는 엄청난 노력과 세심한 배려를 통해서만 유지할 수 있는 거대한 발명과 건설이 있다는 것을 알지 못하기 때문에, 자신의 역할은 그런 은혜를 마치 자연의 권리처럼 집요하게 요구하는 것이라고 생각한다. 식료품이 부족하여 일어나는 폭동 때에 일반 대중은 빵을 원하는 것이지만, 그들의 행동은 빵집을 파괴하는 것이 보통이다. 이 예는 오늘날의 대중이 그들을 부양해준 문명을 앞에 두고 광범위하고 복잡한 규모로 반응하는 행동의 상징으로써 보여 주는 것이라 할 수 있다.*2

〈주〉

*1 어떤 개인이 타인에 비해 훨씬 부자라도 온 세계가 가난하다면 그 사람이 자신의 부로 손에 넣을 수 있는 편의와 안락의 범위는 제한적이다. 평균인의 삶은 다른 시대의 어떤 권력자보다도 편리하고 쾌적하고 안전하다. 만약 세계가 부자이고 그에게 멋진 도로, 철도, 전화, 여관, 육체적 안전, 아스피린을 제공해 준다면 다른 사람보다 부유하지 않다고 해서 무슨 차이가 있는가?

*2 맘대로 할 수 있게 한다면 대중—그것이 평민이건 귀족이건 같다—은 열심히 살기 위해 반대로 삶의 근원을 파괴할 경향이 항상 있다. 이 '살려고 하여 반대로 그 근원을 잃는다'(propter vitam vivendi perdere causas)는 경향을 풍자한다고 생각해 온 사건이 있다. 그것은 카를로스 3세의 대관식이 거행된 1759년 9월13일, 아르메니아 근처의 니하르 마을에서 일어났다. 그날 마을 광장에서 즉위의 선포식이 거행되었다. '곧이어 마을 사람들은 그곳에 참가한 모든 군중을 위해 마실 것을 가지고 오게 했다. 그들은 77 아로바(약 900kg)의 와인과 네 부대의 독주를 다 마셔버렸다. 그들은 알코올에 취해 만세를 부르며 우선 공동 곡식창고에 몰려가 저장해 둔 밀과 금고에 있던 900레알을 창 밖에 내던졌다. 그리고 담배 전매점에 가서 월 납부금과 담배를 내던지라 했다. 의식의 권위를 돋우기 위해서 모든 가게에도 똑같이 음료와 식료품을 흩뿌리도록 했다. 성직자들도 그 열기에 휩싸여 여자들에게 집에 있는 것을 모두 내던지도록 부추겼고, 그녀들은 그것들을 아무 생각 없이 내팽개쳤다. 그래서 집집마다 빵, 밀, 밀가루, 보리, 접시, 냄비, 절구, 의자 등이 남아나지 않았으며 마을은 폐허가 되고 말았다.' 이 일은 산체스 데 토카가 소장하고 있는 당시의 기록에 있는 이야기로, 이것을 마누엘 단빌라가 저술한 《카를로스 3세의 치세Reinado de Carlos Ⅲ》(제2권, 10쪽 주2)에서 인용했다. 이 마을은 제왕의 즉위를 축하하고 즐거움을 살리기 위해 자신들을 죽이고 말았다. 찬탄에 마지 않는 니하르여! 장래는 너희 것이다!

(1) '사양하지 말고 원하는 대로 하자' 또는 '사양하지 말고 좋을 대로 하시오' 또는 '장해 없이 행동할 수 있다'는 의미로 쓰임.

7 고귀한 삶 평범한 삶 또는 노력과 게으름

우선 우리는 세계에서 하라는 대로 현재의 모습이 되었고, 우리의 마음에 주요한 특징은 마치 거푸집에 넣어서 형체가 만들어진 것처럼 근본적으로 우리 세계의 흔적이 찍혀 있다. 그것은 당연한 것이다. 산다는 것은 바로 세계와 관계를 맺는 일이기 때문이다.

세계가 우리에게 보여주는 일반적인 양상은 우리 삶의 일반적 양상이다. 그렇기 때문에 나는 오늘날의 대중이 태어난 세계는 역사상 근본적으로 새로운 모습을 하고 있다는 것을 강하게 주장하고 있는 것이다.

과거에 평균인의 삶이 주위의 곤란, 위험, 결핍, 운명의 제한, 예속을 발견하는 것을 의미했지만, 새로운 세계는 실제로 무한의 가능성을 가지고 있어 안전하고 누구에게도 예속되지 않아도 되는 환경처럼 보인다.

과인들의 정신이 현대의 세계 속에 형성된 것처럼, 현대인들의 정신도 기본적이고 지속적인 이런 인상 속에서 형성되어 간다. 왜냐하면 이 근본적인 인상은 사람의 마음 가장 깊은 곳에 끊임없이 무언가를 속삭이고 하나의 삶의 정의를 끈질기게 암시하는 내부의 목소리로 변하기 때문이며 이 정의는 동시에 명령이 되기도 하기 때문이다.

전통적인 인상이 "산다는 것은 한계를 느끼는 것이고 그렇기 때문에 우리를 제한하는 것을 고려해야 하는 것이야" 말했다고 하자. 그러면 새로운 목소리는 "산다는 것은 어떤 한계에도 부딪히지 않는 거야. 그러니까 아무렇지 않게 자기 자신에게 응석부리는 거지. 사실상 불가능한 것, 위험한 것은 아무것도 없어. 그리고 원칙적으로 인간 사이에 우열관계는 없는 거야" 소리친다.

이 근본적 경험은 대중의 전통적, 영속적인 구조를 완전히 바꿔 버릴 것이다. 왜냐하면 대중은 그 입장에 있고 물질적 제한, 상위의 사회적 권력에 항상 직면하고 있다고 느끼기 때문이다. 그들의 눈으로 보면 이것이 삶이었던 것이다. 만약 자신의 처지가 개선되고 사회적 신분이 상승할 경우 그것은 특별히 주어진 행운을 우연으로 돌렸다. 그렇지 않으면 그것을 엄청난 노력의 대가라고 생각했지만, 그것을 위해 얼마만큼의 희생을 치렀는지 자기도 잘 알고 있었던 것이다. 어느 쪽의 경우도 삶과 세계의 정상적인 상태에 있어서 하나의 예외였다. 예외라고 말한 이상 매우 특별한 원인에 근거한 것이었다.

그러나 새로운 대중은 삶의 완전한 자유를 어떤 특별한 원인에 의한 것이 아니라, 주어진 생득적인 상태라 보고 있다. 한계를 인식하도록 만드는, 따라서 언제라도 다른 권위, 특히 상위의 권위를 고려한 것처럼 시키는 것은 아무것도 없다. 중국의 농부는 얼마 전까지 자기 삶의 행복은 황제가 가지고 있는 개인적인 덕에 의존하고 있다고 믿었다. 따라서 그 삶은 그가 의존하는 최고 권위와 언제나 관계 맺어져 있었던 것이다.

그러나 지금 분석하고 있는 인간은 자신 이외에는 어떠한 권위에도 스스로 호소하는 습관을 가지고 있지 않다. 있는 그대로에 만족하고 있는 것이다. 자랑하려는 것이 아니라 천진난만하게, 이 세상에서 가장 당연한 것으로 자신 안에 있는 것, 즉 의견, 욕망, 취향, 취미 등을 좋게 생각하는 것이다. 앞에서 본대로 그들이 2류의 인간이고 아주 적은 능력밖에 가지고 있지 않다는 것, 또 자기 자신에게 있어서 저런 긍정적 판단의 근거가 된 그 풍요와 만족감을 그들의 삶에 주고 있는 조직 그 자체를, 스스로 창조하는 것도 보존하는 것도 불가능하다고 하는 것을, 그들에게 가르쳐 주는 사람도 사물도 존재하지 않는데 어떻게 그렇지 않을 수가 있겠는가?

대중은 상황이 폭력적으로 억압하지 않는 한 자신 이외의 어떤 자에게도 호소하는 일은 없을 것이다. 오늘날 상황이 강제하지 않기 때문에 영원히 대중은 그 성격대로 이미 어떠한 권위에도 의지하는 것을 그만두고 자신을 자기 삶의 주인으로 느끼고 있다. 그에 반해 선택된 인간, 즉 우수한 인간은 자신보다 뛰어난, 자신보다 우월한 어떤 규범에 스스로 호소하려 하고 그것에 기꺼이 봉사하려고 한다.

뛰어난 인간을 평범한 인간과 구별하는 것은, 뛰어난 인간은 자신에게 많은 것을 요구하는 반면에, 평범한 인간은 자신에게 아무것도 요구하지도 않고 자신의 상태에 만족하고 있는 것을 기뻐하고 있다고 처음에 말한 것을 상기해 주길 바란다.[1] 일반적인 생각과 반대로 기본적으로 봉사하며 살아가는 사람은 우수한 인간이지 대중이 아니다. 우수한 인간은 무언가 탁월한 것에 봉사하는 삶을 만들어 내지 않으면 그에게 삶은 의미가 없다. 따라서 봉사의 필요성을 압박이라고 생각하지 않는다. 만약 우연히 그 필요성이 없어지면 그는 불안을 느껴 자신을 억압할 더 복잡하고 까다로운 규범을 만들어 낼 것이다. 이것은 수행이라는 삶이고, 곧 고귀한 삶이다.

고귀함은 권리가 아니라 의무를 동반한다. 곧 고귀한 의무이다.[1] '제멋대로 살아가는 것은 평민의 삶이고 귀족은 규정과 법칙을 동경한다.'(괴테) 귀족의 특권은 본디 양도나 은총에 의해 주어진 것이 아니라 힘에 의해 획득된 것이다. 그리고 귀족의 위치를 유지하기 위해서 그 특권을 가진 자는, 필요할 때, 그리고 타인과 그 특권을 놓고 다툴 경우에는 언제라도 다시 한 번 오직 힘으로 빼앗아 올 능력이 있어야 하는 것이 우선 전제조건이다.[*2] 개인의 권리 내지 특권이란 그저 수동적으로 소유하고 단순히 향유하는 것을 의미하는 것이 아니라 개인의 노력에 의해 도달할 수 있는 기준을 나타내는 것이다.

반면에 공공의 권리는 '인간과 시민'의 권리와 같이 수동적인 재산이자 불로소득의 산물이며 운명이 가져다 주는 관대한 선물이다. 그 운명을 향수하려면 호흡을 하고 광인이 되지 않도록 하는 것 말고는 할 일이 없다. 그렇기 때문에 나는 이처럼 무인격의 권리는 주어진 것이고 인격적인 권리는 유지해야 하는 것이라 말하고 싶다.

마음을 뒤흔드는 '귀족'이란 말이 본디 의미를 잃고 변질된 채 쓰이고 있으니 분통 터질 일이다. 많은 사람들에 의해 세습적인 '귀족 혈통'이라는 의미로 쓰이고 있기 때문에 귀족이라는 것이 공공의 권리에서 즉 생명이 없는 것처럼 받아들여지거나 전해지거나 하는 정적이고 수동적인 성격으로 변해버리는 것이다. 그러나 '귀족' 본디 의미, 즉 어원은 본질적으로 역동적이다. 고귀한 사람이란 '알려진 사람'이라는 의미로 세간에 알려진 사람이나 무명의 대중보다 특출하기 때문에 자신의 이름을 알려 유명인이 된 사람이다. 고귀하다는 것은 그를 저명하게 만든 범상치 않은 노력이 있었다는 것을 의미한다. 따라서 고귀한 사람이란 노력하는 사람, 또는 탁월한 사람이라는 말이 맞을 것이다. 아들이 귀족이거나 유명하거나 하는 것은 그저 은혜이다. 아들이 알려져 있다는 것은 아버지가 자기 자신을 유명하게 했기 때문이다. 그것은 부모의 후광에 의한 유명세이다. 실제로 세습귀족은 간접적 성격을 가지고 있어서 거울에 비친 빛이고 죽은 자에 의해 만들어진 허상의 귀족이다. 세습귀족에게 유일하게 남아 있고 살아 있으며 동적인 것은 선조가 완수해낸 노력을 유지하도록 자손을 분발시키는 자극뿐이다. 이렇게 완전히 귀족의 본디 의미를 잃은 경우에도 고귀한 신분은 의무를 동반하는 것이다. 처음 귀족이 된 사람은 스스로 의무를 부여했고 세습귀족은 상속에 의해 의무가 부여되었다.

그러나 첫 귀족이 그 후대에게 귀족이라는 칭호를 세습하는 것은 모순이 있다. 그 점에서는 중국의 경우가 계승의 순서가 거꾸로 되어 있으면서 윤리적이다. 즉 아들을 아버지가 귀족으로 만드는 것이 아니라 아들이 노력하여 귀족권을 따냄에 따라 그것을 선조들에게 부여하여 그들의 천한 가계를 명문가로 만드는 것이다. 그렇기 때문에 귀족의 호칭을 받을 때 그 특권을 몇 대까지 거슬러 올라갈 수 있는지에 따라 등급이 정해지는 것이다. 그중에는 아버지만을 귀족으로 만드는 경우도 있고 자신의 명성으로 5대, 10대 조부까지 귀족으로 만드는 경우도 있다. 선조들은, 현재 살아 있는 사람, 그 현실에서 활동 중인 귀족, 즉 귀족이었던 사람이 아니라 귀족인 사람에 의해 살아 있는 것이다.[*3]

로마제국까지는 '귀족'이라는 단어가 공적인 의미로 쓰이지 않았다. 게다가 그 말은 이미 몰락하기 시작한 세습귀족에 대립하는 것으로 사용되기 시작했다.

나에게 귀족이란 노력하는 삶과 동의어이고 항상 자신을 이겨내고 스스로 완수해 낸 의무와 요청의 세계에서 현실을 극복해 나가는 삶이다. 그렇기 때문에 고귀한 삶은 평범한 삶, 즉 정적으로 자신의 내부에 틀어박혀 외부의 힘이 나오라고 강요하지 않는 한 영원히 고요하게 멈춰 있을 운명에게 있는 평범한, 또는 타성의 삶과 대치되어 있다. 우리는 이런 삶을 사는 사람을— 많기 때문이라기보다 오히려 그것이 타성적으로 살기 때문이라는 이유로— 대중이라고 부른다.

나이를 먹음에 따라 대부분의 남자는—그리고 여자도—외적인 강제에 불응하지 않고 따르는 노력 이외에는 노력할 힘이 없다는 것을 뼈저리게 느낄 것이다. 그렇기 때문에 우리가 알고 있는 사람 중에 자발적으로 눈부신 노력을 할 능력이 있는 한 줌의 사람들은 우리의 경험 안에서 점점 고립되어 마치 기념비 같은 존재가 된다.

그들은 선택된 사람, 고귀한 사람, 능동적으로 살고 있는 사람들로 그 사람들에게 산다는 것은 긴장의 연속이고 끊임없는 훈련이다. 훈련은 수행

(áskesis)이다. 즉 그들은 수행자인 것이다. (2)

방금 말한 것은 본론에서 빗나간 것처럼 보일지 모르겠지만 놀랄 필요는 없다. 오늘날의 대중은 어느 시대에나 있는 대중이었지만, 탁월한 자들을 대체하길 원하는 오늘날의 대중을 정의하기 위해서는 그들 안에 섞여 있는, 순수한 두 부류, 즉 진정 고상한 자인 용감한 자와 일반 대중을 비교해 봐야 한다.

우리는 이미 오늘날의 세계에 위세를 떨치고 있는 인간의 틀을 푸는 열쇠, 또는 내가 심리 방정식이라고 생각하는 것을 손에 쥐었으니 지금부터 서둘러 앞으로 나갈 수 있다.

지금부터 논하는 모든 것은 하나의 근본적 장치에 의한 결과 내지는 당연한 결과이다. 그 장치란 요약하면 19세기에 조직된 세계는 자동적으로 새로운 인간을 생산함과 동시에 그들 안에 무시무시한 욕망을 심어 주었기 때문에 이를 만족시키기 위한 유력한 수단—경제적, 육체적 수단(위생과 어떤 시대보다 뛰어난 평균적 건강), 시민적, 기술적 수단(현대 평균인은 가지고 있지만 과거의 평균인에게는 항상 부족했던 풍부한 지식의 단편과 실제적 능률을 이 말로 표현한다)—을 부여하는 것이다.

19세기에는 새로운 인간 속에 모든 힘을 쏟아 부은 뒤 (그들을) 내버려 두었다. 그러자 평균인은 본디 습성에 따라 자기세계로 들어가 문을 닫아 버렸다. 그 결과 오늘날 우리가 목격하고 있는 대중은 어떤 시대보다도 강력하지만 전통적인 대중과는 다른, 자신의 내부에 틀어박혀 흡족하다고 믿어 무엇에도, 어느 누구에게도 관심을 기울이지 않는다. 한마디로 말해 고집불통 대중이다.*4

이후 모든 일이 오늘날과 같은 상태로 계속된다면 온 유럽에서—또 그 반영으로써 온 세계에서—대중이 어떠한 면에서도 지배에 따르지 않는 현상이 날이 갈수록 두드러지게 되는 것은 당연한 일일 것이다. 그러나 유럽 대륙에 힘든 시대가 도래하고 있기 때문에 대중은 서둘러 걱정하고 긴급한 사안에 대해서는 뛰어난 소수자의 지배를 받아들이겠다는 기특한 마음을 품게 될 때가 올지도 모른다.

그러나 이 기특함도 결국 순조롭지 않을 것이다. 왜냐하면 그들 마음의 근본적 구조는 폐쇄성과 고집불통으로 구성되어 있어서 세상사에 대해서든 사람에 대해서든 자신들을 뛰어넘은 존재에 대해 복종하는 기능은 선천적으로 갖추고 있지 않기 때문이다. 그러니까 뒤따라가려고 마음먹어도 불가능할 것이고, 누군가의 말을 듣고 싶어도 자신이 귀머거리라는 사실을 알게 될 것이다.

한편 오늘날 평균적 인간의 생활수준이 다른 시대보다 훨씬 높아졌다 해도 그들이 스스로 문명의 진로를 지배하게 될 것이라고 생각하는 것은 착각이다. 나는 진로라고 했지 진보라고 하지 않았다. 현대문명의 진로를 유지하기만 하는 데도 측정할 수 없을 정도의 예민함이 요구된다. 따라서 문명의 도구를 사용할 수 있을지라도 문명의 원리 그 자체를 근본적으로 무시하는 평균인이 그 진로를 결정하는 것은 적당치 않다.

여기까지 인내심을 갖고 읽어 준 독자에게 거듭 말하지만 위에 서술한 모든 내용을 정치적인 의미로 해석하지 말아야 한다. 이는 중요하다. 정치적 행동은 사회생활 안에서 가장 유효하고 눈에 띄기 쉬운 것이지만 내적으로 더욱 알아내기 힘든 다른 행동 뒤에 올 것이 정치적 행동의 결과이다. 따라서 정치적인 고집도 만약 더욱 깊게, 더욱 결정적인, 지적·도덕적 고집에서 유래하지 않는다고 한다면 그 정도로 중대하다고 하지 않을 것이다. 그렇기 때문에 그것을 분석하지 않는 한 이 글의 논지는 분명하게 드러나지 않을 것이다.

〈주〉

＊1 어떤 문제에 직면해서 머릿속에 그 상황이 만족할 만큼 잘 정리되는 사람은 지적인 면에서의 대중이다. 그에 반해서 사전에 노력하여 얻을 수 있었던 것이 아니라 그저 머릿속에 있는 것을 가볍게 여기고 그들의 위에 있는 것만을 자신에게 어울리는 것이라고 받아들여 그곳에 도달하기 위해서 새롭게 발돋움하는 사람은 우수한 사람이다.

＊2 《무기력한 에스파냐》(1922) 156쪽 참조.

＊3 여기에서는 '귀족'이라는 말을 상속을 배제하는 근원적인 의미로 돌리는 것만을 문제 삼고 역사상 '귀족 혈통'이 빈번하게 나타났다는 사실에 관해서는 연구를 할 여유가 없다. 따라서 이 문제는 손대지 않고 남겨 둔다.

＊4 대중, 특히 에스파냐 인들의 고집불통에 대해서는 《무기력한 에스파냐》(1922)에서 언급되어 있다.

(2) 원어는 asceta. 아스케시스áskesis는 그리스 어로 '훈련'을 의미. 에스파냐 어인 아세타는
   '수행자'의 뜻으로 어원적으로 아스케시와 같다. 《관찰자》 제7권에 있는 '국가의 스포
   츠적 기원'을 참조.

8 왜 대중은 모든 일에 폭력적으로 개입하는가

법 이외에 역설적인 현상이 일어난 것, 그러나 그것은 정말 지극히 당연한
것이라는 사실을 앞에서 설명했다. 평범한 사람은 세계와 삶이 널리 펼쳐져
있다는 사실에 마음을 닫아 버린다. 나는 실로 평균인의 폐쇄성에서 대중의
모반이 기인하고, 대중의 모반에서 오늘날 인류에게 도전하는 거대한 문제
가 생겨난다고 주장한다.

많은 독자가 나와 같은 생각이 아니라는 것은 잘 알고 있다. 그것은 아주
당연한 일이고 오히려 내가 말하는 바가 맞다는 것을 입증할 것이다. 예를
들어 나의 의견에 결정적인 실수가 있다고 해도 나와 의견을 달리하는 많은
독자가 이렇게 복잡한 문제를 5분 동안이나 생각해 주었다는 사실에는 변화
가 없기 때문이다. 이런 사람들이 어떻게 나와 같은 생각을 할 수 있겠는
가? 미리 하나의 의견을 만들어 내려고 노력하지 않고 그 문제에 관해서 의
견을 가질 권리가 있다고 생각하는 것은, 내가 '반란하는 대중'이라고 부른
인간의 바보 같은 삶의 방식으로 그 사람이 살아 있다는 것을 분명히 나타내
고 있다. 그것은 진짜로 마음을 폐쇄하고 밀봉한 것으로 이를 지성의 폐쇄라
고 말해도 좋을 것이다.

인간은 관념의 창고를 가지고 있다. 그리고 당연히 관념들에 만족하며 자
신이 지적으로 완벽하다고 생각한다. 자신의 밖에 있는 것의 필요성을 느끼
지 못하기 때문에 이 관념의 창고에 결정적으로 안주한다. 여기에 자기폐쇄
의 메커니즘이 존재한다.

대중은 자신이 완벽하다고 생각한다. 선택된 인간이 스스로를 완벽하다고
느끼기 위해서는 특히 허영심이 필요하다. 자신의 완벽함을 믿는 것은 그의
체질에는 맞지 않을 뿐더러 솔직한 것은 아니다. 그것은 허영심에서 나오는

것으로, 허구적이고 환상적이며 의심스러운 성질을 가졌다.

거기서 허영심이 강한 사람은 타인을 필요로 하고, 타인에게서 자신이 가지고 싶은 개념의 확증을 찾는 것이다. 이 병적인 상태에 놓여서조차, 바꿔 말하면 허영심으로 '맹목적'이 되어서조차 고귀한 인간은 정말로 자신이 완벽하다고 느낄 수가 없는 것이다.

그에 반해서 우리 시대의 평범한 인간, 즉 새로운 아담은 자신의 완벽성을 의심할 마음이 일어나지 않는다. 그 자신감의 정도는 마치 아담처럼 낙천적이다. 천성적인 영혼의 폐쇄성이 자신의 불완전함을 발견하기 위한 전제조건, 즉 타인과 비교를 불가능하게 만들어 버리는 것이다. 비교한다는 것은 잠시 자신으로부터 떨어져 이웃에게 몸을 맡기는 것이다. 그러나 평범한 사람은 이동—숭고한 스포츠—을 할 수 없다.

따라서 어리석은 자와 혜안을 지닌 자 사이에 영원히 존재하는 차이와 같은 것을 여기서 보는 것이다. 혜안을 가진 자는 자신이 어리석은 자와 종이 한 장 차이라는 것을 알고 놀란다. 그렇기 때문에 눈앞의 멍청함을 피하기 위해서 노력하고 그 노력 안에 지성이 존재한다. 그에 대해 어리석은 자는 자신의 일을 의심해 보지 않는다. 자신의 분별력이 뛰어나다고 생각한다. 바보가 자신의 어리석음 안에 안주하는 그 부러운 평안함은 여기서 태어난 것이다. 우물 안 개구리와 같기 때문에 어리석은 자를 그 우행(愚行)에서 해방시켜 잠시라도 그 어둠에서 나오고 언제나 어리석은 견해를 더욱 날카로운 견해와 비교해 보도록 강제할 방법은 없다. 어리석은 자는 평생 그렇게 빠져 나갈 구멍이 없다.

그렇기 때문에 아나톨 프랑스(Anatole France)는 어리석은 자는 사악한 자보다 더 나쁘다고 말했다. 즉 사악한 인간은 가끔 사악하지 않을 때가 있지만 어리석은 자는 죽을 때까지 고쳐지지 않기 때문이다.[1]

대중이 어리석다는 것은 아니다. 완전히 반대로 현대의 대중은 영리하고 다른 어떤 시대의 대중보다 지적 능력을 가지고 있다. 그러나 이 능력은 아무런 도움이 되지 않는다. 엄밀히 말해 그것을 소유하고 있다는 막연한 감각은 더욱 자기 내부로 숨어들고 그것을 사용하지 않는 것에만 도움이 된다. 이미 정해져 있는 관용문구, 편견, 관념의 변죽 울리기, 간단히 말해 우연히 그의 머리에 쌓인 공허한 말을 소중히 하고, 천진난만하기 때문이라고밖에 이해할 수 없는 대담함으로 그런 말을 여하튼 밀어붙이는 것이다. 이것은 제 1장에서 우리 시대의 특징으로 말한 것이다. 그 특징은 범인(凡人)이 자신은 탁월하고 평범하지 않다 믿는 것이 아니라 범인이 평범함의 권리를, 바꿔 말하면 권리로써의 평범함을 선언하고 밀어붙이는 것이다.

오늘날 사회생활상에서 지적인 평범함이 휘두르고 있는 위력은 아마 현재 상황에서 가장 새로운 요소이자 과거로 환원시키기 가장 어려운 요소일 것이다. 적어도 오늘까지의 유럽 역사에서 범인이 세상사에 대해 '사상'을 갖고 있다고 믿는 적은 한 번도 없었다.

신앙, 전통, 경험, 격언과 관습적인 것에 대한 사고방식은 있었지만 세상사가 어떠한지, 어때야만 하는지, 이런 것들에 관해서—예를 들면 정치나 문학에 관해서—자신이 이론적인 견해를 갖고 있다고 상상하지 않았다.

평범한 사람은 정치가가 계획하고 행동하는 것을 좋다고 생각할 때도 있고 나쁘다고 생각할 때도 있다. 그것을 지지하거나 반대하거나 하였지만 그 행위는 타인의 창조적 행동에 대해서 긍정적 또는 부정적으로 반응하는 것에 그치고 있다. 정치가의 '사상'에 자신의 사상을 대입시켜 본다거나 정치가의 '사상'을 자신이 소유하고 있는 다른 '사상'의 장에서 판가름해 본다거나 하는 생각은 꿈에도 하지 않았다.

예술에서도 그 밖의 사회생활면에서도 마찬가지였다. 자기 재능의 한계에 대한 의식, 이론화 할 능력이 없다*²는 타고난 의식이 이렇게 하는 것을 금지시킨 것이다. 그러므로 당연한 결과로써 대체로 이론적 성격을 가지고 있는 사회적 활동에 대한 어떤 것도 범인들은 결정할 생각이 없었던 것이다. 그에 반해 오늘날의 평균인은 세계에서 일어날 일, 틀림없이 일어날 일에 관해서 훨씬 단정적인 '사상'을 가지고 있다. 이렇게 해서 듣는 습관을 잃어버렸다. 만약 이미 필요한 것을 모두 자신이 가지고 있다면 들어서 뭐하는가? 이제 듣는 시대가 아니라 반대로, 판단하고 판결하고 결정하는 시대이다. 눈이 보이지 않고 귀가 들리지 않음에도 그들이 참견하고 '의견'을 밀어붙이지 않는 사회활동은 이제 하나도 없게 되었다.

그러나 이것은 하나의 이점이 아니겠는가? 대중이 '사상'을 갖는다는, 즉 교양이 있다는 것은 커다란 진보를 나타내는 것이 아닌가? 절대로 그렇지 않다. 평균인이 갖는 '사상'이라는 것은 진짜 사상이 아닐뿐더러 그것을 갖는 것은 교양이 아니다. 사상이란 진리에 대한 공격수인 것이다. 사상을 가지려고 하는 자는 그 앞에 진리를 원하고 진리를 요구하는 유희의 규칙을 인정할 준비가 되어 있어야만 한다.

의견을 규제할 권위, 즉 의논을 할 때 의지할 곳이 될 일련의 규제가 인정되지 않는 곳에서는 사상 등을 논할 수가 없다. 이 규제들은 문화의 원리가 된다. 그것이 무엇이든 나에겐 상관없다. 내가 말하는 것은 우리 동지들이 기댈 수 있는 규제가 없는 곳에 문화는 존재하지 않는다는 것이다. 호소해야만 하는 법률의 원리가 없는 곳에 문화는 존재하지 않는다. 의론에 임해 상대의 최종적인 지적 입장을 존중하지 않는 곳에 문화는 존재하지 않는다.*3 경제관계를 보호할 거래의 규제가 지켜지지 않는 곳에 문화는 존재하지 않는다. 미학상의 의론을 행하는 데 예술작품을 변호할 필요성을 인정하지 않는 곳에 문화는 존재하지 않는다.

이러한 것이 모두 결여되어 있을 때는 문화가 존재하지 않고 더욱 엄밀한 의미에서 야만성만이 있다. 그리고 이 야만 상태가 대중의 반란이 왕성하게 됨에 따라 유럽에 존재하기 시작한 것이다. 이에 관해서 안일한 생각은 그만두지 않겠는가? 야만국에 도착한 여행자는 그 지역에서는 의지해야만 할 원리가 없다는 것을 알게 된다. 본디 야만적 규범이란 없다. 야만이란 규범도 의지해야 할 원리도 없는 상태인 것이다.

문화의 정도가 많고 적음은 규범의 정밀함에 의한다. 정밀하지 않으면 규범은 삶을 엉성하게 규제한다. 정밀하면 모든 행동에도 세세하게 규제를 한다. 에스파냐의 지식문화의 빈약함, 즉 지성의 바른 규율에 대한 단련 내지는 연마의 빈약함은 지식의 많고 적은 것이 아닌 쓰거나 말하거나 하고 있는 사람의 눈에 평범하게 받아들여지는 진리에 대해 맞서는 조심성과 주의력이 대개의 에스파냐 사람에게 결여되어 있다. 그러니까 바른 판단을 하고 있는지 아닌지가 아니라—진리란 우리에게 버거운 것이다—신중함이 결여되어 있기 때문에 바르게 판단하기 위한 근본적인 필요조건을 갖추지 못한 것이 문제이다.

우리는 상대인 마니 교도가 무엇을 생각하고 있는지 조사할 노력을 하지 않고 의론으로 상대를 굴복시키고 득의양양하고 있는 목사와 여전히 똑같은 사람들이다.

몇 년 전부터 유럽에 '기묘한 일'이 일어나기 시작한 것을 눈치채지 못한 사람은 없을 것이다. 이 기묘한 일의 예로써 생디칼리슴(syndicalisme : 급진적 사업 조합주의)과 파시즘(fascism : 정치적으로는 독재주의, 경제적으로는 노사 협조주의, 대외적으로는 민족주의) 같은 어떤 종류의 정치운동을 들어보자. 그것이 그저 새롭기 때문에 기묘하게 보인다고 할 수 없다. 유럽 인은 혁신에 대한 열정을 타고났기에 이제까지 알려져 있는 역사 가운데 가장 파란만장한 역사를 낳은 것이다. 이 새로운 사실이 기묘하다는 것은 새롭기 때문이 아니라 기상천외한 모습을 지니고 있기 때문이다. 생디칼리슴과 파시즘이 전개되면서 유럽에서는 처음으로 이유를 늘어놓아 남을 설득하려고도, 정당화하려고도 하지 않고 오로지 자신의 견해를 강요하는 태도를 취하는 타입의 인간이 나타난 것이다. 이것은 새로운 사실이다. 이유를 달지 않을 권리, 곧 도리 없는 도리이다.[1] 이 새로운 사실 속에서 나는, 능력도 없으면서 사회를 지배하겠다는 결심을 한 대중의 새로운 존재 방식을 발견한다. 그들의 정치적 행동에는 가장 생생하고 확실한 형태로 새로운 정신 구조가 나타나지만, 그것을 풀 열쇠는 지성의 폐쇄성이다. 평균인은 마음속에 '사상'을 발견하지만 사상을 만들어 내지는 못한다. 사상에 생명을 불어 넣는 매우 세밀한 요소가 무엇인지에 대해서는 관심이 없다. 그들은 사상을 밝히고 싶어하면서도 의견을 표명하기 위한 조건이나 전제를 받아들이는 것은 싫어한다. 그렇기 때문에 그들의 '사상'은 연애시곡(戀愛詩曲) 같은 것으로 말을 토해내고 싶다는 욕망 이외에는 아무것도 없다.

사상을 갖는다는 것은 사상의 근거가 되는 이유를 소유하고 있다고 믿는 것으로, 따라서 이성[2]이, 다시 말해 이해 가능한 진리의 세계가 존재한다고 믿는 것이다. 사상을 낳는다는 것, 즉 의견을 갖는다는 것은 그러한 진리라는 권위에 호소하고 그것에 복종하고 그 법전과 판결을 받아들이는 것과 같고 따라서 공존의 최선의 형식은 우리 사상의 근거가 될 이유를 의논하는 대화에 있다고 믿는 것과 같다.

그러나 대중은 의론(토론)을 하게 되면 어찌할 바를 모르게 될 것이기 때문에 그들의 바깥에 있는 그 최고 권위를 존중해야 하는 의무를 본능적으로 꺼리는 것이다. 따라서 유럽의 '새로운' 현상은 '의론의 중지'이다. 모든 공존 형식은 대화에서 학문을 거쳐 의회에 이르기까지 그 자체의 객관적인 규범을 존중하는 것을 의미하기 때문에 그들이 꺼리는 것이다.

이는 어떤 규범하에서의 공존인 문화적 공존을 거부하고 야만적인 공존으로 퇴화하는 것을 의미한다. 모든 정당한 수속은 없애고 자신들의 욕망을 직접 밀어붙이기 시작한다. 앞에서 본 것처럼 대중을 몰아 모든 사회생활에 개입시키는 근원인 마음의 폐쇄성이 단 하나의 개입 수단으로 같은 대중을 불응 없이 이끌어 간다. 그것은 직접 행동이다.

우리 시대의 기원을 복원할 날이 오면, 현대의 기묘한 멜로디의 제1절은 1900년경 프랑스의 생디칼리스트나 리얼리스트, 즉 '직접행동'의 방식을 발명한 사람이자 동시에 그 말의 발명자이기도 한 사람들 사이에서 흥얼거려질 것이다. 옛날부터 사람들은 언제나 폭력에 호소해 왔다. 한때 폭력이라는 수단은 단순한 범죄에 지나지 않았다. 우리는 그것에 흥미가 없다. 때때로 폭력은 자신의 도리나 정의를 옹호하기 위한 모든 수단이 완전히 바닥나버린 자가 호소하는 수단이었다.

인간이 때로 부득이하게 이런 형식의 폭력으로 흐르는 것은 개탄할 일이지만, 이 폭력 형식이 이성과 정의에 최대의 경의를 의미한다는 것은 부정하기 어렵다. 이처럼 형식의 폭력은 분노하는 이성 이외에는 아무것도 아니기 때문이다. 힘은 실제로 최후의 이성이었다. [3] 이 표현은 어리석게도 비아냥거림을 섞어 이해되어 온 것이지만 이것은 이성적 규범에 힘이 경의를 표하고 있는 것을 잘 나타내고 있다.

문명이란 힘을 최후의 이성으로 환원할 시험이다. 오늘날 우리는 이 일을 명백하게 이해하기 시작했다. 왜냐하면 '직접행동'은 순서를 바꿔서 폭력을 최초의 이성이라고, 엄밀히 말하면 유일한 이성이라고 선언하는 것이기 때문이다. 직접행동은 모든 규범의 폐기를 제안하고, 의도와 강요 사이에 어떠한 중간 항목도 인정하지 않는 규범이다. 이것은 야만인의 대헌장이다.

대중이 여러 이유로 사회생활에 개입했던 때는 언제나 '직접행동'의 형태로 개입했었다는 것을 상기하는 것이 좋다. 즉 이것은 항상 대중 행동의 자연스런 태도였다. 그리고 사회생활에서 대중의 압도적 개입이 수시로 일어나는 현상에서 바른 현상으로 변한 지금 시대에는 '직접행동'이야말로 공공연하게 인정되고 있는 규범처럼 보인다는 명확한 사실이 이 에세이의 논지를 입증해 준다.

인간의 모든 공동생활은 간접적 권위에 호소하는 것을 그만둔 새로운 체제로 계속 몰려들었다.

사회관계에서 '예의범절'은 사라졌다. '직접행동'으로서의 문학은 무뢰한 언사가 등장하고 성관계에서는 복잡한 절차가 생략된다.

수속, 규범, 예절, 간접적 방법, 정의, 이성! 무엇을 위해 이렇게 귀찮은 것이 창조된 것일까? 그것은 결국, '문명'[4]이라는 말로 요약되며, 문명이란 '키비스'[5] 즉, 시민이라는 개념 안에 본디 의미가 분명하게 나타나 있다. 이 모든 것에 따라 도시, 공동체, 공동생활을 가능하게 하려는 것이다. 그러니까 지금 열거한 문명의 소도구 하나하나의 안을 들여다보면 그것들의 알맹이는 모두 같다는 것을 발견할 것이다. 실제로 이것들 모두는 한 사람 한 사람이 타인을 고려한다는 근본적, 전진적인 염원을 전제로 하고 있는 것이다. 문명은 무엇보다 우선 공동생활을 향한 의지이다. 타인을 고려하지 않을수록 비문명적인 야만인 것이다. 야만은 해체를 지향한다. 그렇기 때문에 모든 야만 시대는 인간이 분산하는 시대이고 서로 분리하여 대시하는 소집단이 만연하던 시대였다.

정치적으로 공존의 의지가 가장 높게 표현되는 형식은 자유민주주의이다. 이것은 이웃을 고려한 결의를 극대화시킨 것이며 '간접행동'의 원형이다. 자유주의란 공적 권위가 만능임에도 불구하고 공권 자체를 제한하는 정치적 권리의 원칙이고 또 공권과 똑같이, 즉 최강자, 다수자와 똑같이 생각하지는 않고, 또 느끼지도 않는 사람들도 살아갈 수 있도록 공권이 지배하는 국가 안에 설령 희생을 치르더라도 여지를 남겨두려고 노력하는 정치적 권리의 원칙이다.

자유주의는—오늘날 다음의 일을 상기하는 것은 중요하다—최상의 관대한 제도라는 사실이다. 왜냐하면 그것은 다수가 소수의 권리를 인정하기 때문이며, 그렇기 때문에 지구상에 메아리친 가장 고귀한 외침이다. 그것은 강한 적뿐만 아니라 약한 적과의 공존을 선언하는 것이다. 인간이라는 종족이 이토록 아름다운, 이토록 역설적인, 이토록 우아하며 아슬아슬한, 이토록 반자연적인 것을 떠올렸다는 것은 믿기 어려울 정도이다. 그렇기 때문에 그와 동일한 인간이 곧 그것을 폐지하겠다고 결정한다 해서 놀랄 일은 아니다. 이 지상에 확립하기에는 너무나 난해하고 복잡한 제도이다.

적과 함께 산다! 반대자와 함께 통치한다! 이런 친절한 마음은 이제 이해하기 어려워지기 시작한 것은 아닐까? 반대자와 공존하는 나라가 점차 줄어만 간다는 사실만큼 오늘날의 감춰진 모습을 확실히 보여주는 것은 없다. 거의 모든 나라에서 하나의 동질적인 대중이 공적 권위를 좌지우지하고 반대파를 짓밟고 전멸시키고 있다. 대중은—단결한 다수의 이 인간들을 보았을 때 아무래도 그런 식으로 보이지는 않으나—대중이 아닌 것과의 공존을 바라지 않는다. 대중은 자신이 아닌 모든 것을 필사적으로 싫어한다.

〈주〉

*1 몇 번이나 나는 다음 질문을 생각해 보았다. 옛날부터 많은 사람에게 인생에서 가장 큰 고통 중에 하나는 타인의 어리석은 행동에 부딪치거나 충돌하는 것이다. 그런데 이에 관한 연구, 즉 어리석은 행동에 관한 에세이를 쓰는 실험이—내가 본 바로는—한 번도 없었다고 하는 것이 어떻게 가능할까?

*2 이 문제를 얼렁뚱땅 넘어가려고 해선 안 된다. 의견을 갖는다는 것은 모든 것을 이론화하는 것이다.

*3 우리와 의론하는 어떤 사람이 진리에 도달하는 데에 흥미가 없거나 진리를 추구할 의지를 가지고 있지 않으면, 그 사람은 지성의 면에서 야만인이다. 실제로 이것이 평소에 말하거나 강연하거나 글을 쓰는 대중의 태도이다.

(1) 돈키호테에서 한 말.
(2) razón. '이유'의 의미도 있음.
(3) ultima ration. '최후의 수단'이라고 번역함. 그러나 본디 의미는 '최후의 이성' '최후의 의론'이란 뜻.
(4) civilización
(5) civis

9 원시성과 기술

우리는 본질적으로 애매한 하나의 상황—오늘날의 상황—에 메스를 대고 있다는 것을 여기서 재확인할 필요가 있다. 애매하기 때문에 처음으로 오늘날의 모든 현상, 특히 대중의 반란은 두 가지 측면을 가지고 있다는 것을 암시하고 있다. 오늘날의 현상은 어떤 것을 취해도 유리하게도 불리하게도 될 수 있는 이중적인 해석을 허용하기만 할뿐 아니라 오히려 그것을 요구한다. 그리고 이런 모호성은 우리의 판단에 있는 것이 아니라 현실 그 자체에 있다. 한편에서 보면 좋게 보이고 다른 측에서 보면 나쁘게 보이는 것이 아니라 오늘날의 상황은 그 자체로 승리와 죽음이라는 양면적 가능성을 잉태하고 있는 것이다.

나는 이 논문에 역사학을 담을 생각은 없다. 그러나 내가 여러 기회를 통해 서술해 온 철학적 신념의 토대 위에 이 논문을 계속 쌓아 나가는 것은 물론이다. 나는 절대적인 역사 결정론을 믿지 않는다. 그뿐 아니라 모든 삶은, 역사적 삶도 순수한 순간의 연속상에서 완성되는 것이고 각각의 순간은 상대적이라고 보기에 그 이전의 순간에 의해 결정된 것은 아니라고 생각한다. 그렇기 때문에 실제의 삶은 매 순간마다 망설이고 같은 얼마만큼의 가능성 속에서 어떤 것을 결정해야만 하는지 망설이고 있다. 이 형이상학적 망설임이 삶과 관련된 모든 것에 불안과 전율이라는 분명한 특징을 부여하고 있다.

대중의 반란이란 실제로 인류의 전례 없이 새로운 조직으로의 이행으로 이끌 수 있지만 마찬가지로 인류의 운명을 파국으로도 이끌 수 있다. 전진하고 있다는 현실을 부정할 이유는 없지만 이 진보가 보증되어 있다는 생각은 고쳐야 한다. 퇴화나 후진에 의해 협박당하지 않는 진화나 안전한 진보는 없다고 생각하는 편이 사실에 가깝다. 역사에서는 모든 것이 가능하다―이겨서 자랑스러운 무한의 진보도 있는가 하면 주기적인 퇴보도 있다. 그렇다는 것은 개인이든 집단이든 또 사람의 삶이든 역사이든 삶이라는 것은 우주 안에서 본질적으로 위험한 단 하나의 실체이기 때문이다. 삶은 변하기 쉬운 덧없는 것으로 형성되어 있다. 엄밀히 말하면 그것은 드라마이다.[1]

이러한 것은 보편적인 진리이지만 오늘날과 같은 '위험한 시대'에는 점점 강렬한 양상을 띠게 된다. 그렇기 때문에 현실의 대중지배하에서 나타나기 시작하고 있는 위험의 조짐, 즉 우리가 '직접행동'이라는 명칭으로 일괄한 새로운 행동의 조짐은 미래 세계가 완전하게 되는 것을 예고하고 있는지도 모른다. 모든 낡은 문화가 노쇠한 조직이나 적지 않게 각질화된 부분 등, 삶을 방해하는 유독한 성분을 끌고 나아가는 것은 분명하다. 삶을 방해하는 유독한 성분이란 죽어 버린 제도, 살아남았지만 곧 의미가 없어질 가치나 존경, 부당하게 복잡한 해결법 등, 구체성을 잃었다는 것이 증명된 규범 등이다.

간접행동 즉 문명의 이러한 모든 요소는 만사가 단순화된 현대를 열렬히 갈구하고 있다. 낭만주의 시대의 프록코트(frock coat : 緊箒)는 현대의 평상 복이나 '간편한 차림'에 의해 복수를 당하고 있다. 이 경우에 단순화는 위생 적이고 더 나은 만족을 뜻한다. 그렇기 때문에 이 단순화는 적은 수단으로 많은 것을 얻을 수 있다는 점에서 보다 좋은 해결법이기도 하다. 낭만주의의 사랑 나무도 가지에 붙은 가짜 꽃을 꺾어내고 얽히고설킨 넝쿨에서 벗어나 충분히 햇볕을 받을 수 있도록 가지치기를 해 주어야 한다.

일반적으로 사회생활, 특히 정치는 시급히 진실의 자세로 돌아가야 한다. 유럽 사람들은 만약 벌거벗지 않으면, 즉 미래의 자신으로 바꿀 때까지, 자기 자신과 하나가 될 때까지 쓸데없는 것을 버리고 몸을 가볍게 하지 않으면 낙관론자가 요구하는 것 같은 탄력 있는 도약을 할 수 없을 것이다. 알몸이 되어 본디 모습으로 돌아가려는 노력에 대해서 내가 느끼고 있는 정열과 가치 있는 미래로 날아오르는 것이 불가피하다는 의식에 따라 나는 과거 전체를 앞에 두고 완전한 발상의 자유를 회복하는 것이 가능할 것이다.

과거를 지배해야만 하는 것은 미래이고, 미래에게서 과거를 근거로 한 우리의 행동에 대한 명령을 받아들이는 것이다.*2

그러나 19세기를 지도했던 사람들의 가장 큰 잘못을 다시 범해서는 안 된다. 그 잘못이란 책임감 부족으로 인해 긴장을 늦추고 준비하지 않은 것이다. 여러 사건들의 흐름 속에서 나타난 유리한 측면에 의존해서, 아무리 밝은 시대라고 해도 있었던 위험이나 나쁜 면에 무감각한 것은 실로 책임감 있는 사람에게 부과된 사명으로 돌아가는 것이다.

오늘날에는 책임을 느끼는 능력이 있는 사람들이 책임에 관해 예민한 감각을 불러일으킬 필요가 있다. 그중에서도 가장 긴급한 일은 현대병의 각각의 증상 안에 명백하게 불길한 면을 강조하는 것이다.

우리의 사회생활을 진단하기 위해서 여러 요소를 저울에 달아서 예고하고 약속된 미래를 고려해 계산하면 이점보다도 불리한 요소가 훨씬 많을 것은 의심의 여지가 없다.

삶이 유럽의 운명에 나타난 가공할 문제에 직면하여, 지금까지 경험해 온 것 같은 구체적인 가능성마저 폐기될 위험에 처해 있다. 앞에 말한 것을 여기서 한 번 더 요약해 보면 이 가공할 문제란 사회의 주도권이 문명의 원리에 전혀 관심이 없는 타입의 인간들에게 주어졌다는 것이다. 문명의 어떤 특정한 원리에, 관심이 없다는 것이 아니라—오늘날 판단할 수 있는 한에서—아예 문명의 모든 원리에 흥미가 없다는 것이다. 물론 마취제나 자동차, 그 밖에 몇 가지 흥미를 가지고 있기는 하다.

그러나 이것은 오히려 문명에 대한 근본적인 무관심을 확인해 주는 것일 뿐이다. 그렇다는 것은 그들이 가진 것은 단순한 문명의 산물에 지나지 않고 그들이 이것에 열중하면 할수록 보다 더 생생하게 그것을 낳은 원리에 대한 무감각을 부각시키는 것이기 때문이다. 이것을 확실히 하는 데에는 다음 사실을 지적하는 것으로 충분할 것이다.

이를테면 새로운 학문인 자연과학이 생기고 나서 이 학문—즉 르네상스 이후—에 대한 관심은 시대와 함께 상승가도를 달려 왔다. 가장 구체적으로 말하면 자연과학의 순수한 연구에 종사하는 사람의 비율은 시대와 함께 늘어났다. 그 사람들이 줄어드는—반복하지만 모든 인구에 대한 그 사람들의 비율적 감소를 말한다—첫 예는 현재의 20, 30대 젊은이에게서 찾아볼 수 있다. 학생들은 순수과학 연구실에 매력을 잃기 시작했다. 게다가 그 현상은 산업이 최고 발달을 보이고 있는 시대, 과학이 만들어낸 도구나 약을 사용하는 일에 사람들이 최대 관심을 보이고 있는 시대에 일어나고 있는 것이다.

너무 쓸데없이 말이 길어지니 더는 예를 들지 않겠지만 정치에서도 예술에서도 도덕, 종교, 일상생활의 영역에서도 이와 비슷한 부조화 현상을 지적할 수 있을 것이다.

이렇게 역설적인 상황은 도대체 무엇을 의미하는 것일까? 나는 이 논문에 이 질문에 대한 답을 준비한 셈이다. 결국 오늘날의 유력한 인간은 원시인이고 문명세계에 출현한 자연인(Naturmensch)이라는 것을 의미한다. 세계는 문명화되었지만 거기에 살고 있는 인간은 미개인이다. 그들은 자신들의 세계 속에 있는 문명을 들여다볼 마음조차 없고 문명을 마치 자연물인 것처럼 취급하고 있다. 새로운 인간은 자동차를 원하고 이것을 즐겨 사용하고 있지만, 자동차는 에덴동산의 사과와 같은 자연물이라고 생각한다. 문명이 믿기 어려울 정도로 인공적인 성격을 가지고 있다는 것을 마음으로는 이해하지도 않고, 문명이 생산한 도구에 대한 애착은 크나 이와 같은 도구를 만들어 낼 수 있었던 원리까지는 관심을 갖지 않는다. 앞에 라테나우의 말을 빌려 우리는 '야만인의 수직침투'를 목격하고 있다고 말했을 때 독자는 그것을 단순한 '경구(警句)'에 지나지 않는다고 판단했을지도 모른다. 아마도 그런 식으로 생각하는 것이 보통일 것이다. 그러나 지금은 그 표현에 진상이 담겨 있는지 아닌지는 둘째 치고 이것은 '경구'가 아니라는 것, 즉 하나의 복잡한 분석을 이끌어 낸, 제대로 된 정의라는 것을 알았을 것이다. 실로 현대의 대중은 실제로 원시인이고 이 원시인이 문명이라는 낡은 무대의 뒤 배경에서 미끄러져 나온 것이다.

이무렵 기술의 놀랄만한 진보가 항상 화제가 되고 있지만, 그 경우에 사람들이 진짜로 극적인 기술의 장래성에 관해서 의식하고 말한다고는 생각할 수 없다. 아주 훌륭한 사람이라도 그렇다. 저렇게 예민하고 심오한 슈펭글러조차도—그는 굉장히 편집광적이기도 하지만—이 점에서는 너무나 낙관적인 것처럼 보인다. 왜냐하면 그는 '문화' 뒤에 '문명'의 시대가 계속될 것이라는 사실을 믿고 이 문명이라는 말에서 특히 기술을 의미하고 있기 때문이다. 슈펭글러가 '문화'나 역사 일반에 관해서 안고 있는 사상은 이 논문에서 제기하고 있는 사상과 너무나 다르기 때문에 설령 그의 결론을 수정하기 위해서라도 여기에 그의 결론을 예로 내놓는 것은 쉽지 않은 일이다.

슈펭글러는 문화의 원리에 대한 관심이 사라진 뒤에도 기술은 계속 살아 있을 것이라 믿고 있다. 나는 그런 것을 믿을 마음이 없다. 기술은 과학과 일심동체로 과학은 그 순수한 모습에, 즉 과학 그 자신에 사람들의 흥미가 없어지면 존재하지 않게 되고 만약 인간들이 문화의 일반적 원리에 정열을 계속 가지지 않으면 과학에 대한 흥미는 없어지고 말 것이다.

이 정열이 만약 닳아 둔해지면—실제로 그렇게 될 것 같지만—기술은 아주 짧은 기간만, 즉 기술을 창조한 문화적 자극의 타성이 계속되고 있을 동안만 살아 있을 것이다. 사람은 기술을 사용하고 살아가지만 기술에 의해 살고 있는 것은 아니다. 기술은 자기 자신에게 영양을 주고 숨을 불어넣은 것이 아니다. 기술은 자신의 힘만으로 스스로를 길러낸 것이 아니라 비실리적이고 비실험적인 관심이 생겨났고 실리적이고 실제적인 과실이다.[3]

여기에서 기술에 관한 오늘날의 관심은 기술의 진보 그 자체나 기술의 존속에 관해서는 무엇 하나 보증하고 있지 않다는 것을 확실히 말해 두고 싶다. 기술 만능주의를 '근대문화'의, 즉 물질적으로 응용할 수 있다는 것을 알게 된 과학 분야를 포함해 오늘날 문화의 전형적인 특색이라고 생각하는 것은 다행이다. 그렇기 때문에 19세기에 뿌리를 내린 삶의 가장 새로운 모습을 그려내는 데 나는 자유민주주의와 기술이라는 두 특징만을 든 것이다.[*4]

거듭 말하지만 사람들이 기술을 말할 때 그 핵심은 순수과학이고, 그것을 지속시키는 조건은 순수과학적 훈련을 가능하게 하는 조건과 같다는 것을 망각하고 있음에 놀라는 것이다. 진정한 '과학자'를 계속 배출해 내기 위해 정신적으로 무엇을 계속 추구해야 하는가를 사람들은 생각해 본 적이 있을까?

달러가 있는 동안은 과학이 있다고 진짜로 그렇게 생각하는 것일까? 많은 사람이 그렇게 생각하고 안심하고 있는 이 생각이야말로 그들이 원시적이라는 것을 증명할 또 하나의 예밖에 되지 않는다.

서로 다른 무관계한 요소를 잔뜩 모아서 셰이커(shaker)에 넣어서 흔들어 봐도 물리·화학이라는 카테고리가 만들어질 리 없다. 물리·화학의 형성이라는 문제를 대충 생각하기만 해도 넓은 세계 안에서 또 긴 역사 안에서 이 학문은 런던, 베를린, 빈, 파리를 묶는 작은 사각형 안에서만 창조되고 확립된 것이라는 지극히 명백한 사실만이 확실해진다. 그리고 이 사각형 안도 19세기만으로 만들어져 있다. 이는 실험과학이 역사 안에서 만들어진 가능성이 지극히 낮은 산물 중 하나임을 나타내고 있다. 주술사, 신관, 전사, 목자 등은 언제 어디에나 많이 있다. 그러나 이 실험하는 인간의 종족이 태어나기 위해서는 유니콘을 만드는 상황보다도 더욱 예외적인 상황이 필요하다. 이렇게 가능성이 희박한 가운데 이루어졌다는 것은 과학적 영감이라는 휘발성과 증발성을 생각하지 않을 수 없을 것이다.[*5] 만일 유럽이 사라지더라도 미국인이 과학을 존속시킬 것이라고 믿는 사람은 어딘가 이상한 사람이다.

이 문제를 깊이 파고들어 실험과학과 기술을 낳은 삶의 역사적 조건은 무엇인가를 정밀하게 분석하는 것이 중요하다. 그러나 문제가 명백히 밝혀졌다고 해서 대중이 그것을 이해할 것이라고 기대하지 않기를 바란다. 대중에게는 이론적 고찰을 존중할 마음이 없다. 그들은 자기의 육체적 경험을 통해서만 배울 뿐이다.

지금 서술한 이야기는 이론적 고찰에 근거하고 있기 때문에 빈틈이 없겠지만 이러한 설교의 효과에 관해서 환상을 품는 것을 삼가야 할 이유가 하나 있다. 그 이유란 오늘날의 상황 속에 평균인이 남에게 설교를 듣지 않고도 당연히 물리, 화학이나 그와 같은 생물학에 큰 정열을 느낄 것 같지만 그렇지도 않다는 것이다. 그것은 너무나 불합리하지 않은가? 요즘 상황이 어떻게 되어 있는가를 생각해 주길 바란다.

문화의 모든 측면—정치, 예술, 사회적 규범, 그리고 도덕 그 자체까지—이 의문시되고 있는 속에서 단 하나의 의문도 끼워 넣을 여지가 없는 매우 타당한 일로 대중에게 감명을 주어 날마다 그 훌륭한 효용을 증명하고 있는 것이 있다. 바로 실험과학이다. 매일 새로운 발명품이 나오고 평균인이 그것을 이용한다. 매일 새로운 진통제나 백신을 만들어 내고 평균인에게 그 혜택을 준다. 만약 과학적 영감이 없어지지 않는 한 실험을 3배로, 10배로 늘리면 부와 생활용품, 건강과 복지가 자연히 증가할 것이라는 사실은 누구나 알고 있다.

삶의 원리로써 이보다 놀랄만한 문구를 붙이지 않은 선전을 생각할 수 있을까? 그럼에도 과학을 진흥시키기 위해서 금전적 희생을 치르고 과학을 소중히 하려고 하는 기색이 대중들 사이에 보이지 않는 것은 대체 왜일까? 그뿐 아니다. 제1차 세계대전 종전 뒤에는 과학자를 사회의 새로운 천민으로 만들어 버렸다.

그러나 나는 여기서 물리학자, 화학자, 생물학자에 관해서 말하고 있는 것이지 철학자에 대한 것이 아니라는 점은 확실히 해 두고 싶다. 철학은 대중의 보호도 주목도 동정도 필요로 하지 않는다. 완전히 비실용적인 측면을 중요하게 생각하고*6 따라서 평균인에 대한 모든 종속에서 완전히 벗어나 있다. 철학은 스스로 문제의 본질을 알고 있고, 신의 새로써 자유로운 운명을 밝게 품고 자신을 걱정해 달라고 누구에게도 부탁하지 않고 자기를 선전하는 일도 자기변호를 하는 일도 없다.

만일 누군가가 철학을 잘 이용한다면 철학은 단순히 인간적 공감으로부터 기뻐하겠지만, 타인에게 도움이 되기 위해서 살아 있는 것이 아니기에, 그런 것을 기대하지도 바라지도 않는다.

철학이란 자신의 존재를 의심하는 것에서 시작하여 자기 자신과 싸우고 자신의 생명을 줄이면서 살 수밖에 없는 것이라고 한다면, 사람들이 그것을 진지하게 받아들이도록 요구할 수가 있을까? 그러니까 철학은 잠시 보류하기로 하자. 그것은 다른 차원의 문제이니까…….

그러나 실험과학은 대중을 필요로 한다. 물리·화학이 없다면 지구는 오늘날 존재하는 인구를 유지할 수 없기 때문에 대중도 마찬가지로 물리·화학을 필요로 하고 있다.

이들 인간이 타고 다니는 자동차나 고통을 기적적으로 진정시키는 몰핀 주사에서 얻을 수 없는 것을 어떤 이론이 가져다 줄 수 있겠는가? 과학이 사람들에게 주는 확실한 혜택과 과학에 대해 사람들이 나타내는 관심은 크게 엇갈려 있다. 따라서 이런 식으로 행동하는 인간에게 우리가 자신을 속이고 허무한 희망을 가지거나 야만 상태 이외의 것을 기대할 수는 없다. 특히 머지않아 보게 될, 과학 그 자체에 대한 무관심이 아마도 가장 명백하게 인정받게 될 것은 그 기술자─의사, 기사 등등의─라는 대중일 것이기 때문에 어쩔 도리가 없다. 이들이 자신의 직업에 종사할 때의 정신 상태는 자동차를 운전하거나 아스피린을 사는 것으로 만족하는 무리와 비교해도 본질에서는 똑같고, 과학이나 문명의 운명과는 조금도 연대감을 가지고 있지 않다.

갑자기 눈에 띄게 된 야만의 조짐은 더욱 적극적인, 즉 수동적이 아니라 행동적인 성격 때문에 더욱 남의 눈에 띄기 쉬운 화려한 광경을 연출할 것이다. 이러한 징후를 보고 공포를 느끼는 사람도 있을 것이다. 그러나 내가 더욱 두려운 것은 평균인이 과학에게서 받는 혜택과 과학에 바치는─오히려 바치지 않는─감사 사이의 불균형이다.*7

아프리카의 오지에서 원주민들 역시 자동차를 몰고 아스피린을 복용한다는 것을 기억하는 것만으로도, 평균인에게 감사의 마음이 결여되어 있음을 잘 설명할 수 있을 것이다. 문명을 지배하기 시작한 유럽 인─이것은 나의 가설이다─은 그들을 만들어 낸 복잡한 문명과 관련하여 원시인이고 별안간 등장한 야만인이며 '수직적 침입자'라고 말할 수 있을 것이다.

〈주〉

*1 이 표현을 진심으로 받아들이는 사람은 거의 없을 것이고 가장 호의적으로 생각하는 사람조차도 아마 이것을 단순히 감동적인 비유 정도로 이해할 것이라는 것은 말할 필요도 없다. 단지 아주 조금은, 삶이란 무엇인지, 적어도 삶이 아닌 것이 무엇인지를 확실히 알고 있는, 믿을 수 없을 정도로 소박한 독자만이 나의 말의 주요한 의미를 긍정

하겠지만, 진짜 그런 사람이야말로 이 표현—그것이 진실인지 거짓인지는 제쳐두고—을 이해할 사람인 것이다. 그 이외의 사람들이라도 열렬한 의견 일치를 볼 수 있다고 생각할 수 있겠지만 그것은 다음 문제에 따라 달라진다. 그 사람들은 진지하게 말해, 삶이란 마음의 실존 과정이라고 생각하거나, 삶이란 화학적 반응의 지속이라고 생각하거나 둘 중 하나일 것이다. 삶이라는 말의 근본적 첫 번째 의미는 생물학(biologia)이 아니라 전기(傳記)(biografia)의 의미이고 그것을 사용할 때에 나타난다, 이런 식으로 표현하는 것에 의해 요약해도 완전히 마음이 폐쇄적인 독자들 앞에서는 나의 입장이 나아질 거라고 생각하지 않는다. 모든 생물학은 결국 전기의 한 장에 지나지 않기 때문에, 생물학자들이 일생 동안 기록할 수 있는(biografiable) 삶에서 이루어 낸 것이다. 그 외의 것은 추상이자 환상이며 신화이다.

＊2 과거를 앞에 두고 이런 행동을 하는 자유는, 성급한 반란이 아니라 반대로 '비판의 시대'에 부과된 명백한 의무이다. 내가 19세기 자유주의를 가차 없이 공격하는 대중으로부터 그것을 지킨다고 해서 그것은 자유주의 자체를 앞에 두고 내가 완전한 자유를 거부한다는 의미가 아니다. 반대로 말하면 이 에세이에서 최악의 모습을 드러낸 원시주의는 한편으로는, 또 다른 의미로 역사의 큰 도약에 있어서 항상 필요한 조건이 되기도 한다. 꽤 예전에 쓴 〈야만주의의 역설〉이라는 논문에 이에 대한 것을 다루었으니 참조하길 바란다. (《관찰자》 제3권, 《생물학과 교육》에 수록)

＊3 그렇기 때문에 나의 판단으로는 '기술'로써 미국을 정의하는 것에 의해 무언가를 말한 것이라고 믿는 사람은 아무것도 말하지 않는 것과 같다고 생각한다. 유럽의 의식을 가장 혹독하게 어지럽히고 있는 원인 중 하나는 미국에 관한 일련의 유치한 판단, 가장 교양 있는 사람도 가지고 있는 기묘한 판단이다. 이것은 나중에 설명하겠지만 현대 문제의 복잡성과 인간의 두뇌 용량 사이의 불균형을 나타낸 좋은 예이다.

＊4 엄밀하게는 자유민주주의와 기술이란 서로 밀접한 의미를 내포하고 있기 때문에 한쪽이 없다면 다른 한쪽도 생각할 수 없다. 그렇기 때문에 이들을 한마디로 표현하는 제3의 더욱 포괄적인 명칭을 원하는 것이다. 그 말은 19세기에 대한 진정한 명칭이자 고유명사가 될 것이다.

＊5 현재, 대부분의 과학자들조차도 오늘날의 과학이 당면한 심각한 위험에 관해서는 조금의 의심도 가지고 있지 않다는 것을 여기서는 이야기하지 않기로 한다.

＊6 아리스토텔레스, 《형이상학 Metaphysics》 893a.10.

＊7 앞에서 지적한 것처럼 다른 모든 삶의 원리—정치, 법률, 예술, 도덕, 종교—가 실제 그 자체로써 위기에, 적어도 일시적인 실패에 직면하고 있다는 사실은 이 공포를 배가시킬 것이다. 과학만이 실패 없이 약속한 것을 아니, 그 이상의 것을 매일 완수해 내고 있다. 그렇기 때문에 경쟁할 상대는 없는 것이고, 평균인이 문화 중 다른 무언가에 정열을 쏟는 바람에 깜박했다고 해서 과학에 대한 무관심을 용서할 수는 없다.

10 원시성과 역사

자연은 항상 그 자리에 있다. 자연은 자급자족한다. 자연 안에, 정글 안에 있으면 우리는 떳떳하게 미개인으로 있을 수 있다. 미개인이 아닌 인간이 찾아올 위험조차도 없다면 우리는 미개인인 채로 있을 수 있다. 원칙적으로 말해 영원히 원시적인 상태의 민족도 생각할 수는 있다. 그리고 그것은 사실 존재한다. 그러나 결국 브라이지히[1]가 '영원한 여명의 민족'이라고 부른 것처럼 한 번도 한낮을 향해 나아가지 않고 새벽(역)에 정체되어 있는 민족이다.

이것은 자연 상태인 세계에서만 일어난다. 우리 세계와 같은 문명의 세계에서는 일어나지 않는다. 문명은 거기에 있는 것이 아니고 자급자족하는 것도 아니다. 그것은 인공적인 것[2]이기 때문에 예술가[3]나 기술자[4]를 필요로 한다. 만약 당신이 문명의 혜택을 바라면서도 문명을 이어나갈 배려를 하지 않는다면……, 당신은 궁지에 몰릴 것이다. 얼마 안 있어 당신은 문명을 잃고 말 것이다. 조금이라도 주의를 게을리하면 주위의 모든 것이 증발해 버릴 것이다! 밀림은 언제나 원시이다. 그리고 그 반대도 진실이다. 즉, 원시적인 것은 모두 밀림인 것이다.

모든 시대의 낭만주의자들은 반인반수의 생물이 하얀 살결의 여성을 짓누르고 욕보이는 광경에 열광했다. 떨면서 레다를 품은 백조(제우스)를 묘사하고 또 파시파에와 정을 통한 황소나 사티로스 아래에 누워 있는 안티오페를 묘사했다. 이것을 일반화하면 문명을 나타내는 기하학적인 돌이 야생식물의 포옹 아래에서 질식하고 있는 유적(遺跡)의 광경을 미묘하게도 음란하게 본 것이다. 한 사람의 낭만주의자가 어떤 건물을 내려다볼 때, 그의 눈이 처음 찾는 것은 발코니나 지붕 위에 무성한 '노란 야생겨자'이다. 요컨대 이 식물은 모든 것이 대지이고 어디에서나 밀림이 새롭게 시작된다는 것을 이야기하고 있다.

낭만주의자를 조소하는 것은 어리석은 일일 것이다. 낭만주의자도 또 그 나름의 논리를 가지고 있을 것이다. 숨김없이 드러낸 퇴폐적인 이미지 속에 거대한 영원의 문제가 맥을 잇고 있다. 즉, 문명과 그 배후에 남겨진 것―자연―사이의, 합리성과 우주 관계의 문제이다. 이 문제는 다른 기회에 다루기로 하고 적당한 때에 나 자신도 낭만주의자가 될 자유를 예약해 두자.

그러나 지금은 그와 반대의 입장에 있다. 밀림이 침입해 오는 것을 저지하는 일로 바쁘다는 것이다. 선인장이 땅을 점령하고 인간을 바다로 몰아내는 것은 아닌가 하는 우려가 오스트레일리아의 모든 주에서 일어나고 있으나 '선량한 유럽인'도 이와 같은 문제의 해결에 뛰어들어야 한다. 1840년대에 유럽 남부에서 이민간 한 사람이 자신의 고향—말라가든 시칠리아든—풍경을 그리워하여 보잘것없는 선인장 한 그루를 오스트레일리아로 들여왔다. 그 결과, 오늘날 오스트레일리아는 대륙으로부터 침입하여 매년 1km 이상의 대지를 점유해 가는 선인장과의 싸움에 거액의 예산을 쏟아 붇고 있다.

대중은 자신이 그 안에서 태어난 문명, 자신이 이용하고 있는 문명을 자연계처럼 자연발생적으로, 저절로 생겨난 것이라고 생각한다. 그리고 실로 그러한 사실에 의해 그들은 원시인이 되어 버린다. 그들에게 문명은 밀림처럼 보이는 것이다. 그것은 이미 앞에서 말했지만 여기서 더욱 정확히 할 필요가 있다.

문명세계—우리가 이어나가야 하는 것은 이 문명세계이다—를 지탱하고 있는 모든 원리는 현대의 평균인에게 존재하지 않는 것과 마찬가지이다. 그들은 문화의 기본적인 가치에 흥미가 없고 그 가치를 지키려고 하는 공동의 책임감도 없으며, 그를 위해서 봉사할 마음도 없다. 왜 이렇게 된 것일까? 많은 원인이 있으나 지금은 하나만 지적하자.

문명은 진보하면 할수록 복잡해지고 어려워진다. 오늘날, 문명이 내고 있는 문제는 굉장히 복잡하게 얽혀 있다. 이것들의 문제를 이해할 수 있을 정도로 지능이 발달한 인간은 날이 갈수록 적어질 것이다. 제1차 세계대전 시대는 그에 관해서 지극히 확실한 예를 제공하고 있다. 유럽의 재건은—지금 우리가 그것을 목격하고 있는 것처럼—너무나도 복잡한 문제이기 때문에 평범한 유럽 인은 이토록 어려운 사업에는 능력이 별로 없다는 것을 폭로하고 있다. 해결을 위한 수단이 부족한 것은 아니다. 두뇌가 부족한 것이다. 더 정확하게 말하면 적기는 해도 어느 정도의 두뇌가 있기는 하지만 중앙 유럽이라는 평범한 신체는 어깨 위에 그것을 올려놓으려 하지 않는 것이다.

문제의 복잡 미묘함과 지능 사이의 이 부조화는 만약 어떤 대책을 강구하지 않으면 점차 더 커져서 문명의 근본적인 비극이 될 것이다. 문명을 구성하는 모든 원리는 풍요하고 확실하기 때문에 그 결실은 양적으로도 질적으로도 증대하여 결국 보통 인간의 수용량을 능가해 버릴 것이다. 과거에는 이런 일이 일어난 적이 없었다. 과거의 모든 문명은 그 원리가 충분치 않아 멸망했다. 그러나 지금의 유럽 문명은 반대의 이유로 멸망하려 하고 있다.

그리스와 로마는 인간이 실수한 것이 아니라 원리가 실수한 것이다. 로마 제국은 기술의 부족에 의해서 와해되었다. 팽대한 인구가 어떤 제도를 달성하고 이 커다란 사회가 기술에 의해서만 구원받을 수 있다는 물질적 긴급사태에 대한 해결책을 강요받았을 때 고대세계는 퇴화하고 후퇴하고 소멸하기 시작한 것이다.

그러나 오늘날에는 인간이 자신들 문명 자체의 진보를 따라가지 못하고 실수하는 것이다. 비교적 교양 있는 사람이 오늘날의 가장 근본적인 문제에 관해서 이야기하는 것을 들으면 전율이 일어난다. 그것은 마치 재주 없는 굵은 손가락으로 책상 위의 침을 집으려고 하는 거친 농부와 닮아 있다.

예를 들면, 그들이 오늘날의 정치나 사회 문제를 다룰 경우에 무기로써 사용해야 할 개념은 지금과 비교하면 1/200의 복잡함만을 해결할 수 있는, 200년 전의 사태를 처리하는 데에나 도움이 되었을 법한 둔중한 개념인 것이다.

진보한 문명이란 곤란한 문제를 둘러싸고 있는 문명밖에 안 된다. 그렇기 때문에 문명은 진보하면 할수록 그만큼 위험한 상태가 되는 것이다. 삶은 점점 훌륭한 것이 되어 가지만 분명 복잡해져 가는 것이다. 문제가 복잡해지면 그것을 해결할 수단 또한 정밀해지는 것은 당연한 일이다. 그러나 새로운 세대가 저마다 진보한 수단을 획득해야 한다. 이 수단 중에는—조금 구체적으로 말하면—문명의 진보에 그대로 묶여버린 하나의 수단이 있다. 그것은 그 배후에 많은 과거를, 많은 경험을 갖는다는 것이다. 즉 그 수단이란 역사를 아는 것이다.

역사의 지식은 노쇠한 문명을 유지하고 계승하기 위한 제1급 기술이다. 그것이 삶의 갈등의 새로운 측면—삶은 항상 이전의 삶과는 다르기 때문에 언제나 새로운 것이다—에서 적극적인 해결책을 부여하기 때문이 아니라 이전 시대의 소박한 오류의 반복을 피하기 때문이다.

만약 당신이 나이를 먹어 그 때문에 당신의 삶이 곤란해지기 시작했을 뿐 아니라 과거의 기억을 잃어버려 예전의 경험을 활용할 수 없게 된다면 결국 모든 것이 불리해진다. 나는 이것이 유럽의 현재 상황이라 믿고 있다.

오늘날은 가장 '교양 있는' 사람도 믿기 어려울 정도로 역사에 무지하다. 오늘날 유럽의 지도자는 18세기나 17세기 사람들에 비해 훨씬 역사를 모른다고 나는 감히 주장한다. 소수의 지도자—넓은 의미로 지배자를 말하지만—가 가지고 있는 훌륭한 역사적 지식이 19세기의 풍요로운 진보를 가능하게 한 것이다.

19세기 정치는 실로 지난 모든 정치 오류를 피하기 위해—18세기에—연구하고 그 오류를 염두에 두어 고안한 것이다. 따라서 이 정치에는 참으로 긴 경험이 요약되어 있다. 그렇다고는 하지만 19세기에는 과학으로서의 역사학이 전문가에 의해 큰 발전을 이루었지만 '역사 문화'는 이미 잃어버리기 시작했다.*¹ 오늘날 우리를 압박하고 있는 19세기 특유의 오류 대부분은 역사 문화를 포기한 데서 비롯한다. 19세기도 그 세기가 끝나기 30여 년 전부터—아직 겉으로는 나타나지 않았지만—퇴화라고 할까, 야만 상태로의 후퇴라고 할까, 다시 말해 과거를 유지할 수 없는, 또는 과거를 잊어버린 인간의 천진함과 원시성을 향한 후퇴가 시작되었다.

그렇기 때문에 유럽과 그 인접지역에서 일어나고 있는 두 '새로운' 정치적 시험, 즉 볼셰비즘과 파시즘은 본질적인 후퇴의 명백한 사례가 된다.

내가 후퇴라고 말하는 것은 그들이 주장하는 내용 때문이 아니다. 그 주장에도 당연히 얼마쯤은 진리가 있을 것이다. 세상에 조금도 진리를 가지고 있지 않은 것은 없다. 후퇴란 오히려 그들이 자신들의 진리를 논증하려고 할 때의 반역사적이고 시대착오적인 방법에 대해서 말하고 있는 것이다. 대중의 행동은 평범하고 시대에 부응하지 못하며, 예전의 기억도 '역사 의식'도 없는 사람에 좌우되는 특징이 있다. 그들은 처음부터 마치 모든 것이 지나간 것처럼, 지금 일어나고 있는 일이 마치 과거에 속해 있는 것처럼 행동하는 것이다.

문제는 공산주의자인가 볼셰비키인가가 중요한 것이 아니다. 나는 강령에 관한 의논을 하고 있는 것이 아니다. 시대착오로 인해 이해하기 힘든 것은 1917년에 그들이 혁명에 몸을 내던졌을 때 그 형식이란 예전에 있던 혁명과 동일했고 이전 혁명의 결함이나 오류를 전혀 고치지 않았다는 것이다. 그래서 러시아에서 일어난 일은 역사적으로 흥미가 없다.

엄밀한 의미로 그것은 인간적인 삶의 시작과는 반대이다. 그것은 실로 이전 혁명의 단조로운 반복이고 과거 혁명의 완전한 재탕인 것이다. 인간의 오랜 경험에 의해 말해 온 혁명에 대한 여러 관용어 중에 유감스럽게도 이 러시아 혁명에 딱 맞아떨어지는 말이 하나도 없다는 것은 그 정도로 참혹했다는 것이다.

'혁명은 혁명 자신이 낳은 자식을 삼켜버린다' '혁명은 온건파가 시작하여 바로 과격파에 넘어가서 곧 복고주의로 후퇴한다' 등이 그 예이다. 이렇게 유명하고 흔한 표현은 아니지만 그럴듯한 진실한 표현들이 있다. 예를 들어 혁명은 15년 이상은 계속되지 않는다는 말도 그 중 하나로, 다시 말하면 혁명이 한 세대의 활동 기간만큼밖에 계속되지 않는다는 말이다.*2

사회적 또는 정치적으로 새로운 현실을 창조하려는 진정한 야심을 가진 사람은 무엇보다 우선 지금 말한 것 같은 역사적 경험에서 나온 재미없는 상투구(常套句)를 그가 창조할 새로운 상황에 따라 무효화시키는 데 관심을 가질 필요가 있다. 어느 정치가가 활동을 시작하기가 무섭게 대학의 역사교수들이 자신들 학문의 '법칙'이 모두 무효가 되고 분석되어 산산조각 나는 것을 보고 정신이 돌기 시작했다고 한다면, 나는 그 정치가를 천재라 부르고 싶다.

볼셰비즘의 징후를 치환하면, 파시즘에 관해서도 비슷한 말을 할 수 있을 것이다. 그 어떤 시도도 '시대의 높이' 정상까지는 다다르지 못했다. 모든 과거를 압축하고 자신 안에 도입하는 것은 과거를 넘어서기 위한 불가결한 조건임에도 그렇게 하지 못했다. 우리가 과거와 몸을 맞대고 싸울 것까지는 없다. 미래가 과거를 이긴다는 것은 과거를 삼켜버리는 것이기 때문이다. 만약 과거를 삼키지 않고 남겨두면 미래가 지는 것이다.

볼셰비즘과 파시즘은 둘 다 가짜 여명이다. 미래의 아침을 가져오는 것이 아니라, 몇 번이나 경험해 온 지나간 날의 아침을 가져오는 것이다. 그것들은 원시적이다. 과거의 모든 것을 소화하려 하지 않고 그 일부와 격투를 벌이는 것이다.

우리가 19세기 자유주의를 극복해야 한다는 것은 의심의 여지가 없다. 그런데 그것은 참으로 파시즘과 같이 반자유주의를 선언할 인간에게는 불가능한 것이다. 왜냐하면 그것은—즉, 반자유 또는 비자유주의는—자유주의 이

전의 인간이 취하고 있던 상태이기 때문이다. 자유주의가 일단 승리했기 때문에, 앞으로도 자유주의의 승리가 반복되거나 모두—즉, 자유주의와 반자유주의 둘 다—유럽의 파멸과 함께 소멸될 것이다.

삶의 연대기는 냉정하다. 이 연대기에서 자유주의는 반자유주의 이후 혹은 동시에 오는 것이다. 그것은 마치 나중에 발명된 대포가 창보다 더욱 뛰어난 무기인 것처럼 자유주의는 비자유주의보다 훌륭한 삶이라는 것을 의미한다.

얼핏 보면 어떤 것에 반대하는 태도는 그 어떤 것보다 뒤에 온다고 생각된다. 반대는 무언가에 대한 반작용을 의미하고, 이전에 무언가가 있었다는 것을 전제로 하기 때문이다. 그러나 이 반대가 의미하는 개혁은 공허한 부정의 동작으로 끝나고 말아, 긍정적인 내용으로써 나중에 남겨지는 것은 하나의 '고물'에 지나지 않는다. 가령 누군가가 반베드로를 선언한다고 하자. 그 태도를 긍정적인 표현으로 바꾸어 말하면 그는 베드로가 존재하지 않는 세계를 지지한다는 것과 같다.

그러나 베드로가 존재하지 않는 세계란 베드로가 아직 태어나기 전의 세계를 말한다. 반베드로주의자는 베드로보다 앞서 등장하려고 영화 필름을 과거로 돌리지만 이것을 상영해 보면 영화의 끝에는 가차 없이 베드로가 다시 등장하는 것이다.

따라서 이는 모든 반대자(antis)에서 일어나는 일로, 전설에서 전해지는 공자에게 일어난 것과 마찬가지 일이다. 공자는 말할 것도 없이 그의 아버지보다 나중에 태어났다. (5) 그러나 어떻게 된 일인지 그는 태어날 때 이미 80세였고 당시의 아버지는 막 30세에 불과했다. 모든 반대는 그저 공허한 부정에 지나지 않는다.

부정이라는 말로 우리가 과거를 깨끗하게 말살할 수 있다면 모든 문제는 매우 간단할 것이다. 그러나 과거는 본질적으로 말해 현재의 세상으로 되돌아오는 망령인 것이다. 아무리 내버려도 그것은 지치지도 않고 되돌아온다. 그렇기 때문에 단 한 번에 과거를 초월할 방법은 그것을 버리지 않는 것이다. 바꿔 말하면 그것을 염두에 두는 것이다. 그것으로부터 피하고 도망치기 위해서는 그에게 눈을 떼지 않은 채로 행동하는 것이다. 요컨대 역사적 현상에 예민한 의식을 갖고서 '시대의 높이'로 살아가는 것이다.

과거는 그 나름의 정당한 이유를 가지고 있다. 과거는 스스로가 가지고 있는 이유가 인정되지 않으면 인정하라고 몇 번이고 요구할 것이고, 더불어 가지고 있지도 않은 정당성까지 밀어붙이려고 할 것이다. 자유주의도 어떤 정당성을 가지고 있을뿐더러 그 정당성은 어떤 시대라도 인정받아야 한다. 그러나 그것이 모두 정당했던 것은 아니니까 정당하지 않은 부분은 제거해야만 한다. 유럽은 이러한 자유주의 본질을 이어나가야 한다. 이것이야말로 자유주의를 극복하는 조건이다.

이 장에서 파시즘과 볼셰비즘을 거론했으나 정면으로 문제삼은 것은 아니고 그저 그것들의 시대착오적인 면만을 주목해 보았다. 이 시대착오라는 것은 오늘날에 활개치는 것처럼 보이는 모든 것들과 끊을래야 끊을 수 없는 관계가 있다고 생각한다. 오늘날 활개치고 있는 것은 대중이고 그렇기 때문에 그들에 의해 세력을 부여받은 그들의 원시성 충만한 계획만이 외관상의 승리를 향유할 수 있기 때문이다.

그러나 혁명과 진화 사이에 있는 영원한 딜레마를 해소할 의도를 나는 가지고 있지 않으니 파시즘과 볼셰비즘에 관한 의논은 이만 멈추고 그 내용에 대해서도 의논하지 말기로 하자. 이 논문에서 내가 감히 주장하려고 하는 것은 혁명과 진화는 역사적 현상에 기반을 두어야 하고 시대착오가 되어서는 안 된다는 것이다.

이 논문에서 내가 추구하고 있는 명제는 정치적으로 중립이다. 그것은 나의 명제가 정치나 정치적 갈등보다 훨씬 심층적인 문제이기 때문이다. 급진주의자도 보수주의자도 대중이라는 점에는 변함이 없다. 서로 의견이 다르더라도—어느 시대나 이들의 차이는 지극히 표면적인 것이지만—이들이 같은 인간이자 반란하는 대중이란 사실을 조금도 방해하지 않는다.

유럽의 운명이 진정한 '동시대인들', 자신의 발밑에 역사적 지각 전체가 고동하고 있는 것을 느끼고 오늘날에 있어서 삶의 높이를 분별하고 고대적이고 야만적인 모든 움직임을 꺼리는 사람들이 물러나지 않으면 유럽에 구원은 없다. 역사에서 도망쳐 그 안에 빠지지 않을 수 있을지를 보기 위해서는 총체적인 역사가 필요하다.

〈주〉

＊1 여기에서 어떤 시대의 모든 과학과 문화 상태의 차이를 보고자 하는 것이지만, 그에
   관해서는 나중에 생각하기로 하자.

＊2 한 세대가 활동하는 시기는 거의 30년이다. 그러나 이 활동은 2단계로 나뉘어 두 가지
   형태를 갖는다. 대개 활동기의 처음 반 동안은 신세대가 그 관념, 편애, 기호 등을 선
   전하고, 결국 뒤에 반 동안 그것이 효과를 발휘해 지배적으로 된다. 그러나 이 사람들
   의 지배하에서 교육받은 세대는 또 다른 관념, 편애, 기호를 갖게 되어 그것을 세상에
   주입하기 시작한다. 지배하고 있는 세대의 관념, 편애, 기호가 과격하고 혁명적이면
   새로운 세대는 반과격파이고 반혁명적이 되어 실질적으로는 복고적인 생각을 갖게 되
   는 것이다. 복고라는 말에서 '옛날로 돌아가는 것'만을 이해해서는 안 된다. 복고
   (restauractión, 재건)가 옛날로 돌아간 적은 한 번도 없다.

(1) Kurt Breisig(1866~1940) 독일의 역사가, 역사철학자.

(2) artificio

(3) artista

(4) artesano

(5) 노자가 81세로 태어났다는 전설이 있으나 그것은 공자의 전설이 잘못 전해진 듯하다.

11 자만에 빠진 철부지 시대

앞에 말한 것을 요약해 보자. 내가 여기서 분석하고 있는 것은, 유럽의 역
사는 이제야 비로소 실제로 평범한 사람들의 결정에 맡기고 있는 것처럼 보
인다는 새로운 사회적 사실이다. 수동형이 아니라 능동형으로 말하면 이전
에는 지배당하던 평범한 사람이 세계를 지배하기로 결심한 것이다. 사회의
전면으로 밀어 올리려고 하는 이 결의는 평범한 사람에 의해 대표될 새로운
인간 타입이 성숙하자마자 자연스럽게 그들 마음속에 생겨난 것이다. 사회
생활의 모든 사실에서 주의(注意)를 털어 내면서 이 대중의 심리구조를 연
구하면 다음과 같은 사실을 알게 된다.

(1)대중은, 삶은 쉽고 넘칠 정도로 풍요로우며 비극적인 제한은 없다고 태
어날 때부터 느끼고 있다. 따라서 평균인은 내면에 지배의식과 승리감을 품

고 있는 것이다.

(2) 그리하여 있는 그대로의 자신에게 확신을 가지고 자신의 도덕적, 지적 자질은 뛰어나고 완전하다고 생각하게 된다. 이 자기만족에 의해 외부의 권위로부터 자기를 폐쇄하고 귀를 닫고 자신의 의견에 의심을 품지 않으며 타인을 고려하지 않게 된다. 끊임없이 그들의 내면에 있는 지배의식에 자극받아 지배력을 행사하고 싶어한다. 그래서 자신과 그 동료만이 세계에 존재하고 있는 것처럼 행동하게 될 것이다.

(3) 따라서 신중함도 숙고도 수속도 보류도 없이 이른바 '직접행동'의 체계에 따라 모든 일에 개입하고 자신의 평범한 의견을 밀어붙이려 할 것이다.

여기에 제시한 특징에서 '응석받이 아이', 반란하는 원시인, 즉 '야만인'이라는 결함 있는 인간을 상기시킨 정상적인 원시인은, 이와는 반대로 종교, 터부, 사회적 전통, 습관처럼 상위의 권위에 대해서 가장 순종적인 인간이다. 이 같은 인간을 향하여 내가 험담을 퍼붓는다고 해서 놀랄 까닭은 없다.

이 논문은 승리에 도취한 인간들을 향한 최초의 공격 시도이자 동시에 누군가 유럽 인이, 잘난 체하는 전제자에 대해 언젠가 강력한 반항을 할 것이라는 예고에 지나지 않는다. 철저한 공격은 논문이 취하고 있는 형식과는 매우 다른 형식으로 얼마 안가 곧 나타날 것이다. 철저한 공격은 대중이 방어할 준비를 못하도록, 즉 눈앞에서 보면서도 그것이 철저한 공격이라는 것을 알아차릴 수 없는 방법으로 행해져야만 한다.

오늘날 모든 곳을 돌아다니며 어디에서나 그 정신적 야만성을 밀어붙이고 있는 인물은 실로 인류의 역사에 나타났던 응석받이 어린아이이다. 응석받이 어린아이는 유산을 상속받는 일 이외에는 아무런 능력이 없는 상속인이다. 여기에서 그들이 상속받을 것은 문명, 즉 여러 가지 편의나 안전, 한마디로 문명의 혜택이다. 지금까지 살펴본 것처럼 문명이 이 세계에 만들어낸, 안일한 생활 속에서만 그러한 특징을 가진, 그러한 성격이 심어진 인간이 출현할 수 있다는 것이다.

이러한 인간은 풍요가 인류에 만들어 낸 하나의 기형이다. 우리는 착각 때문에, 풍요로운 세상에 태어난 삶이, 마치 결핍과 싸워야 하는 삶보다 낫고 더욱 충실하며 우수한 삶이라고 믿는 경향이 있다. 그러나 사실은 그렇지 않다. 내가 그렇지 않다고 말하는 데에는, 엄밀하고 본질적인 이유가 몇 가지 있으나 지금은 말할 때가 아니다. 여기서는 그 이유 대신에 세습귀족의 모든 비극의 근원이 된, 항상 반복되어 온 하나의 사실만 상기하는 것으로 충분하다. 귀족이 뭔가를 상속한다는 것은 자신이 창조하지 않은 삶, 따라서 자신의 개인적인 삶에 유기적으로 결합하고 만들어진 것이 아닌, 삶의 인생 조건들을 부여받는다는 것이다.

태어났을 때 졸지에 영문도 모른 채 자신이 부와 특권을 거머쥐고 있는 것을 발견한다. 그것들은 그에게서 비롯한 것이 아니기 때문에, 본디 그와는 어떠한 관계도 없다. 이 부와 특권은 다른 인간, 다른 생물, 결국 그의 선조가 남긴 거대한 갑옷이다. 게다가 그는 상속자로 살아야 한다. 다른 사람의 갑옷을 걸쳐야만 하는 것이다. 그래서 어떻게 되는 것일까? '세습귀족'은 자신의 삶을 살 것인가 아니면 선조 귀족의 삶을 살 것인가. 그 어느 쪽도 아니다. 그는 타인을 연기하는 운명, 따라서 타인도 아니고 그 자신도 아닌 운명을 짊어지는 것이다. 그의 삶은 불가피하게 진실성을 잃고 다른 삶을 연기하는 삶, 또는 다른 삶을 꾸미는 것으로 변화한다. 의무로써 그가 감당해야 하는 재산이 너무나 많아, 그 자신의 개인적인 운명을 살 수 있도록 내버려두지 않고 그의 삶을 위축시킨다.

모든 삶은 자기 자신으로 살기 위한 싸움이자 노력이다. 내가 자신의 삶을 실현하는 과정에서 부딪치는 어려움은 실로 나의 활력과 능력을 일깨워 주고 활용하게 해 준다. 만일 내가 내 몸의 무게를 느끼지 못한다면 나는 걸어 다닐 수 없을 것이다. 만약 대기가 나에게 압력을 가하지 않는다면 내 몸은 이리저리 떠다니는 유령과 같은 느낌이 들 것이다. 그와 마찬가지로 '세습귀족'은 자신의 삶을 사용하고 노력하는 일이 없기 때문에 그 인격이 날로 멍청해져 간다. 그 결과 생겨나는 것은, 오래된 귀족가문 특유의 어리석음만 남는다. 이 비극적인 메커니즘—모든 세습귀족을 어쩔 수 없는 퇴화로 이끈 어리석음만 남는 사람은 엄밀한 의미에서 한 사람도 없다.

위에서 말한 것은, 단순히 과다한 재산이 삶에 좋은 조건이라고 믿기 쉬운 우리의 우둔한 경향을 억제하는 것에 지나지 않다. 사실은 정반대이다. 넘쳐날 정도로 풍부한 가능성을 가지고 있는*¹ 세상은, 인간의 생존양식에 심한 기형과 사악한 타입의 인간을 자동적으로 생산해 낸다. 그 사람들을 '상속인'이라는 일반적인 분류에 넣을 수 있다. '귀족'은 그 특별한 일례에 지나지 않고, 그리고 응석받이도 있으며, 또 더욱 숫자가 많은 중요한 예는 우리 시대의 대중이다. (한편, 이상에서 말한 귀족에 관한 고찰을 더욱 진행해서 모든 시대의 모든 민족에게서 볼 수 있는 '귀족'의 특징적 성질이 얼마나 많은 대중 안에 싹터 있는가를 볼 수 있을 것이다. 예를 들어 삶의 중심적인 관심을 도박과 스포츠에 두는 경향, 자신의 육체에 대한 강한 관심—위생과 의복의 미에 대한 관심, 여성과의 관계에 있어서 로맨티시즘의 결여, 지식인과의 교류를 즐기지만 마음속으로는 그들을 존경하지 않고 하인이나 간수에게 채찍을 치라고 명하는 것, 자유토론의 제도보다도 절대적 지배자의 밑에서 사는 것을 원하는 일*2 등등)

충심으로 유감스러운 마음에서 강조하는데, 교양이라고는 찾아볼 수 없는 가장 최근의 야만인은 근대문명의, 특히 19세기 문명이 취한 형식의 필연적인 산물이다. 이 야만인은 5세기의 '위대한 하얀 야만인'처럼 외부에서 문명 세계를 찾아온 것도 아니고, 아리스토텔레스가 말했듯이 연못 속 올챙이처럼 신비한 자연의 힘에 의해 이 세상에 태어난 것도 아니다. 그들은 문명 세계 안에서 당연히 태어나야만 했기 때문에 태어난 것이다.

여기서 고생물학이나 생물지리학이 입증하고 있는 법칙, 즉 인간의 삶은 그가 이용할 수 있는 수단과, 그가 인식하는 여러 가지 문제와 균형을 유지하고 있을 때에만 생성 발전했다는 법칙을 확인할 수 있다. 이 법칙은 육체에 관해서도 정신에 관해서도 진리이다.

육체적 삶의 지극히 구체적인 영역에 관해서 말하자면, 인류는 지구상에서 더운 계절과 극도로 추운 계절이 반복되는 지역에서 발생했다는 사실을 상기해 주길 바란다. 열대에서는 인간이 퇴화한다. 반대로 열등한 인종—예를 들면 피그미족—은 그들보다 나중에 출현한 고등 인종에 의해 열대 지방으로 밀려난 것이다.*3

19세기의 문명은 평균인이 잉여세계에 살 수 있도록 한 성격을 가지고 있었다. 그들은 그 세계 안에 풍부한 수단만을 보고 고뇌는 발견하지 못했다. 훌륭한 도구, 고마운 약, 선견지명이 있는 국가, 쾌적한 권리 등에 둘러싸여 있다. 그러면서도 그들은 약이나 도구 발명의 어려움이나 앞으로 그것들의 생산을 보증하기 어렵다는 것에 대해서는 무관심하다. 또 국가라는 조직이 불안정하며 자신에게도 책임이 있다는 것을 알지 못한다.

이런 불균형이 그들을 겉만 번지르르하게 만들고, 삶의 본질 그 자체와의 접촉을 잃게 만들어, 살아 있는 것으로써 존재의 바닥에 있는 그들을 어떻게 해서라도 열악하게 만들어 버린다. 이러한 삶은 절대적으로 위험하거니와 근본적인 문제인 것이다. 인간의 삶에서 가장 모순된 형태는 '자만한 도련님'이라는 형태이다. 그렇기 때문에 이런 사람들이 지배적인 인간상이 되려 할 때, 경종을 울려 삶이 퇴화의 위기에 놓여 있다는 것, 지금이라도 죽을 것 같다는 사실을 알려야만 한다.

사실 오늘날 유럽이 나타내는 삶은 인간의 과거 어떤 삶보다도 높은 수준에 있지만 미래를 전망해 보면 그 높이를 유지하는 것도, 높은 수준을 만들어 내는 것도 불가능할 뿐 아니라 반대로 후퇴하여 이보다 낮은 수준으로 떨어지는 것은 아닐까 염려스럽다.

이제 '자만한 도련님'이 얼마나 터무니없는 비정상인가 확실히 알았을 것이라고 생각한다. 왜냐하면 그들은 자신이 하고 싶은 대로 하기 위해 태어난 인간이기 때문이다. 실제로 '온실 안 아들'은 자신이 좋아하는 일은 뭐든 해도 좋다는 착각을 가지고 있다. 그 이유가 무언가를 우리는 이미 알고 있다. 즉, 가족 안에서는 아무리 심한 죄를 저질러도 결국은 모두 무죄가 되기 때문이다. 가족의 세계란 다분히 인공적이어서 꼼짝없이 도망칠 수 없는 아무리 큰 범죄를 저질렀더라도 가족 안에서는 모두 용서받을 수 있다. 그러나 '도련님'은 집 바깥도 집 안과 같다고 믿는 인간으로 치명적이고 되돌릴 수 없거나 지울 수 없는 것은 무엇 하나 없다고 생각한다. 그렇기 때문에 좋아하는 일은 무엇이든 해도 좋다고 믿는 것이다.[*4] 아주 큰 착각이다.

한 포르투갈 동화에 다음과 같이 앵무새에게 말하는 대목이 있다. "당신은 당신을 데리고 가는 곳으로 가게 될 거예요." 이것은 자신이 하고 싶은 일을 하면 안 된다는 것이 아니라 해야만 하는 것 외에는 할 수 없다고 말하는 것이다. 단 하나의 가능성은 해야만 하는 것을 거부하는 것이다. 그러나 거부한 바, 우리가 하고 싶다고 해서 다른 것을 할 자유를 부여받을 수 있는 것은 아니다. 이 점에서 우리는 부정적인 의지의 자유(Voluntad)만을 소유하고 있을 뿐이다. 우리가 본디 운명으로부터 벗어날 수 있을지라도, 결국 그보다 열등한 운명에 사로잡히는 몸이 될 뿐이다.

나는 여러분 한 사람 한 사람을 알지 못하기 때문에 당신의 완전히 개별적인 운명에 대해서 위에 말한 것처럼 밝힐 수 없다. 하지만 다른 사람의 운명과 동일한 부분에 대해서는 밝힐 수 있다. 예를 들어 현재의 모든 유럽 인은 그들이 표명하는 모든 '사상'이나 '의견'보다도 훨씬 강한 확신을 갖고, 현대의 유럽 인은 자유롭지 않으면 안 된다는 것을 알고 있다. 어떠한 형식이 진짜 자유인지는 여기서 의논하지 않기로 한다. 내가 말하고 있는 것은 그저 어떤 반동적인 유럽 인이라도 지난 세기(19세기)에 자유주의의 이름으로 의도한 것이 지금에는 결국 도망칠 수 없는 사실이 되어 버려 좋든 싫든 상관없이 오늘날 서유럽 인의 존재를 형성하고 있다는 것을 마음속으로 알고 있다는 것이다.

유럽의 운명에 각인되어 있는, 정치적으로 자유라는 도망칠 수 없는 운명을 실현시키려고 노력해 온 지금까지의 구체적인 방법이 모두 가짜이고 꺼림칙한 것이라는 사실이 설령 의논의 여지가 없을 정도로 명백하게 증명되었다고 해도 그 명령이 지난 세기에는 본질적으로는 옳았다는 궁극적 사실은 조금도 변하지 않는다. 이 궁극적 사실은 유럽의 공산주의자나 파시스트가 그 반대의 일을 우리에게 납득시키기 위해서 또 스스로 납득이 가도록 어떤 제스츄어를 해 보여도 그들의 마음속에는 역시 작용하고 있을뿐 아니라 또 마찬가지로 실라부스(syllabus)[1]에서부터 충심을 다하고 있는 가톨릭 교도의 마음 안에도 이 사실이 작용하고 있기 때문이다.*5

자유주의의 모든 형태를 공격할 비판이 정당하다고 해도 그 건너에 자유주의의 불변의 진리가 있다는 것은 누구나 '알고 있다'. 그 진리는 이론적, 과학적, 지적 진리가 아니라 근본적으로 다른, 이들 전부보다도 결정적인 진리—이른바 운명의 진리이다. 이론적 진리는 단순히 논쟁의 대상이 될 뿐만이 아니라 그 진리의 의식과 힘은 그것이 논의된다는 점에 있다. 그것은 논의에서 태어나 논의되고 있는 동안만 살아 있어 오로지 논의되도록 만들어져 있다. 그러나 운명—삶이 그래야 하는 건지, 그래선 안 되는 건지—은 논의되는 것이 아니라 우리가 그것을 받아들일 것인가 말 것인가의 문제이다. 만약 받아들인다면 우리는 참(眞)이고 받아들이지 않는다면 우리는 우리 자신을 부정하고 위조하는 것이 된다.*6 운명은 우리가 하고 싶은 일 안에 없고 오히려 하고 싶지 않은 일을 해야만 한다는 자각 안에 그 엄격한 감춰진 모습을 뚜렷하게 나타내는 것이다.

그런데 '자만한 도련님'의 특징은 어떤 종류의 일은 하면 안 된다는 것을 알고 있으면서도 그렇기 때문에 오히려 그 행동과 말에서 반대의 확신을 가지고 있는 척을 하는 것이다. 파시스트가 머지않아 정치적 자유에 반항해 일어서겠지만 그것은 진짜 정치적 자유는 결국은 패배하지 않는다는 것, 그것은 유럽의 삶의 본질 그 자체 안에 어쩔 도리 없이 뿌리를 내리고 있는 것, 시련의 시기를 맞이해 진짜로 정치적 자유가 필요하다면 사람들은 그곳으로 돌아갈 것이라는 것을 알고 있기 때문이다. 불성실한 농담, 이것이 대중 생활의 기조를 이루는 것이다. 그들은 매사에 필연성을 두지 않고 '온실 안 아들'이 장난을 치는 것처럼 가볍게 처리한다. 그들이 모든 면에서 비극적이고 결론적인 확고한 태도를 취하고 있는 것처럼 보이는 것은 그저 보이기 위한 것이다. 그들은 문명세계에 진정한 비극은 있을 것 같지도 않다고 믿기 때문에 비극을 연기하는 것이다.

어떤 사람이 '저는 이런 사람입니다' 우리에게 보여 주는 것을 그 사람의 진짜 인격이라고 받아들여야 한다면 어찌 될까? 만일 어떤 사람이 2+2는 5라고 강하게 주장하고 있는 경우, 그가 미친 사람이라고 치부할 이유가 없다면 사실은 그렇게 생각하지 않다고 보아야 한다. 설령 그가 아무리 부르짖어도 또 그렇게 주장하기 위해서 죽음을 마다하지 않는다 하더라도 그것에 변함은 없다.

어릿광대극의 대폭풍이 온 유럽을 강타하고 있다. 사람들이 선택하고 공공연히 제창되고 있는 거의 모든 입장은 본질적으로 기만이다. 그들의 유일한 노력은 자기 운명을 회피하고 운명의 분명한 자세에 눈을 감고 그 내부에서 부르는 목소리에 귀를 막고 자신이 취해야만 하는 자세와 대면하는 것을 피하는 것이다. 장난으로 인생을 허비하고 있다. 자신이 쓰고 있는 가면이 비극적일수록 더욱더 희극적인 삶을 살고 있다.

인간이 있는 힘껏, 끝까지 열심히 하는 일이 없는 미지근한 태도로 살아가는 곳에는 반드시 희극이 있다. 대중은 흔들림 없는 운명의 토대 위에 발을 딛는 일이 없다. 오히려 그들은 어중간한 허구의 삶을 허무하게 살고 있는 것이다. 오늘날 무게도 뿌리도 없는 삶―운명의 뿌리 없는 부초(浮草)―이 경박한 풍조에 의해 매우 쉽게 밀려가고 있는 것은 그 때문이다.

지금은 풍류 시대이자 '떠밀려 흘러가는' 시대이다. 관념이건 정치이건 사회적인 습관이건 그 안에 일어나는 피상적인 회오리바람에 대해 대부분의 사람들이 저항을 하지 않는다. 이제껏 볼 수 없었던 수사법이 화려하게 번창하고 있는 것도 그 때문이다. 초현실주의자는 다른 시대의 문인이 '재스민, 백조, 목신(牧神)'을 묘사한 곳에 그 나름의 말을 써넣고는(뭐라고 썼는지 여기서 말할 필요는 없다), 모든 문학사의 수준을 넘었다고 믿는다. 그래서 무엇을 했는가 하면 지금까지 오물 속에 내팽개쳐져 있던 수사를 꺼낸 든 것뿐이다.

현대는 완전히 특수한 측면을 가지고 있지만 현상을 확실히 하기 위해서는 과거와의 공통점을 조사하는 것이 좋다. 예를 들면 지중해 문명이 절정에 이르자마자—기원전 3세기경—견유학자가 나타났다는 점에 주목하자. 디오게네스는 아리스티포스의 융단 위를 진흙투성이의 신발을 신고 돌아다녔다. 학파는 번성하여 어느 장소 어느 신분에도 회원이 있을 정도였다. 그런데 견유(犬儒)가 한 업적을 말하자면 문명을 고의로 방해한 것뿐이다. 그들은 헬레니즘의 허무주의자였다. 무엇 하나 만들어 내지 못했다. 그들의 역할은 부수는 것이었다. 아니 부수려고 의도하였다는 말이 더 적당할지도 모르겠다. 그렇다는 것은 그 목적을 달성하는 것조차 불가능했다는 것을 의미한다. 문명의 기생충인 견유는 문명이 결코 멸망하지 않는다고 확신했기 때문에 문명을 부정하고 살았던 것이다. 견유들이 자신의 역할이라고 여기는 광대 역할을 누구나 자연스럽고 성실하게 연기하는 미개인의 사회에 도입한다면 그들은 어떻게 되었을까? 자유에 대해 험담하는 것을 제외한다면 파시스트는 무엇이겠는가, 또 예술을 모독하는 것을 제외한다면 초현실주의자들은 무엇이겠는가?

너무나 조직적인 세계에 태어나 그 안에서 편의만을 누리고 위험을 느끼지 않는 인간은 대충 사는 것 말고는 행동할 수 있는 것이 없다. 환경에 의해 어리광부리고 있는 것이다. 그들의 환경은 '문명'—즉 가정—이기 때문이다. 또 '온실 속의 아들'은 제멋대로의 기질을 버리고, 자기보다 뛰어난 외부적 권위의 목소리에 귀를 기울일 필요를 조금도 느끼지 않고, 더욱이 피할 수 없는 자기 운명의 본질과 대면해야 할 필요를 조금도 느끼지 않기 때문이다.

<주>

*1 재산의 증가와 과잉을 혼동해서는 안 된다. 풍요조차 과잉과는 다르다. 19세기에는 삶
    의 편의가 증가하고 앞에 기술한 것처럼 삶의 경이적인 증대—양과 질 모두—를 볼
    수 있었다. 그러나 문명세계는 평균인의 능력과의 관계에 있어서 과도하게 풍요롭고,
    쓸데없으며, 과잉한 측면을 가졌다고 말할 수 있는 순간이 다가왔다. 한 예를 든다면
    진보(삶의 이익의 끊임없는 상승)를 제공한 것처럼 보이는 안전함은 그것이 허위이자
    위축되고, 사악한 것이라는 생각을 평균인에게 불어넣어 사기를 저하시켜 버렸다.

*2 이 점에서도 다른 경우와 마찬가지로 영국의 귀족은 예외처럼 보인다. 그러나 마음으
    로 감탄해야만 할 이 예외는, 예외이면서 위의 규제를 확증하고 있는 것이다. 그것을
    알기 위해서는 영국사의 개요를 기술하는 것으로 충분할 것이다. 보통 말하고 있는 것
    과는 반대로 영국의 귀족은 유럽에서 가장 '과잉'이 없고 다른 어떠한 나라의 귀족보다
    도 끊임없는 위험 속에서 생활해 왔다. 그리고 언제나 위험 속에서 살았기 때문에 자
    신을 존경하게 만들 수 있었고 또 그에 성공했다. 이는 그들이 끊임없이 돌파구를 모
    색하고 있었음을 의미한다. 영국은 18세기 중반까지 서유럽에서 가장 가난한 나라였다
    는 근본적인 사실을 우리는 잊기 쉽다. 귀족이 존경을 받은 것은 바로 이런 사실 때문
    이다. 그들은 재산이 넉넉지 않았기 때문에 일찍이 상업이나 공업—대륙에서는 비천한
    직업이었다—에 손을 대야 했다. 다시 말해 일찍이 경제적으로 창조적인 형식으로 산
    다는 것, 특권만으로 의지할 수 없다는 것을 깨달은 것이다.

*3 올브리히트(Olbricht)의 《기후와 진화Klima und Entwicklung》(1923) 참조.

*4 가정과 사회와의 관계를 더욱 크게 한 것이, 국가와 국제사회와의 관계이다. 현행 '도
    련님주의'의 가장 명백하고 동시에 대규모적인 현상 중 하나는 몇몇 나라들이 국제 간
    의 공존관계 안에서 '하고 싶은 것을 하기로' 결정한다는 것이다. 이것을 순진하게도
    사람들은 '민족주의'라고 말한다. 나는 국제주의에 대한 맹종은 반대하지만, 아직 덜
    성숙한 국가들이 일시적인 '도련님 주의'는 어리석은 것이라고 생각한다.

*5 코페르니쿠스적으로 태양은 지평선 아래로 잠기는 것이 아니라고 믿고 있는 사람도 잠
    기는 것을 계속 보고 있다. 여기서 본다는 것은 최고의 확신을 의미하는 것이기 때문
    에 계속 잠긴다고 믿는다. 문제는 과학적 신념이, 항상 최고의 또는 자연스러운 신념
    의 효력을 억누르고 있는 것이다. 마찬가지로 실러버스에 충실한 가톨릭 교도는 교의
    를 향한 신앙을 가지고 진짜 자유인, 신앙을 부정하는 것이다. 가톨릭 교도의 예는 지
    금 내가 말하고 있는 생각을 확실히 하기 위해 인용한 것에 지나지 않고 우리 시대의
    대중, 즉 '자만한 도련님'을 향해 풀어놓은 중대한 비난을 그들에게 돌리는 것은 아니
    다. 양자의 비슷한 점은 단 하나 있다. 게다가 그 부분적인 일치도 외형상의 것이다.
    '자만한 도련님'을 향한 욕설은 그 본질 대부분이 본질이 아니라는 것이다. 가톨릭 교
    도의 본질—좋고 싫음에 관계없이 근대인이라면 누구나 가지고 있는 것—도 어떤 면

에서 본질이 아니다. 왜냐하면 종교적 신앙이란 그들 인격의 다른 현실적인 면에서 충실하려고 하기 때문이다. 그것은 가톨릭 교도의 운명 그 자체가 비극적이라는 것을 의미한다. 또한 이 진짜가 아닌 부분을 받아들일 때 그들의 의무를 완수하는 것이다. 그에 반해 '자만한 도련님'은 완전히 경박함에서 자신을 버리고 모든 것으로부터 도망치려고 하지만, 그것은 모든 비극에서 벗어나기 위함이다.

*6 타락, 비열은 그래서는 안 되는 것이 되는 것을 부정한 사람에게 남겨진 삶의 방식이다. 그의 진짜 본질이 그것에 따라 죽는 것이 아니고, 그림자가 되고 유령이 되어 그를 탄핵하는 것이고 이렇게 해서 그가 짊어져야만 하는 삶에 대비하고, 실제로 짊어지고 있는 삶이 뒤쳐져 있다는 열등감을 끊임없이 기억하는 것이다. 타락한 남자는 살아 있는 자살자이다.

(1) 가톨릭교의 교서요목. 특히 로마교황 비오 9세가 1864년에 공포한 이요목개조서(異要目箇條書)를 가리킬 때가 많고 이 중에 가톨릭 교도가 범해서는 안 될 오류가 지적되어 있다.

12 '전문화'의 야만성

이 책의 주제는 19세기 문명은 자동적으로 대중을 만들어 냈다는 것에 있다. 이 주제의 일반적인 기술을 끝내기 전에 특수한 예를 끌어내어 대중이 만들어진 메커니즘을 분석할 필요가 있다. 그러한 분석에 의해 문제가 구체화되면 이 논문은 더욱 설득력을 갖게 될 것이다.

19세기 문명은 자유민주주의와 기술이라는 두 가지 측면에서 요약할 수 있다고 나는 말했다. 여기서는 후자만을 거론하기로 하자. 오늘날의 기술은 자본주의와 실험과학의 융합에 의해서 태어난 것이다. 그러나 모든 기술이 과학적인 것은 아니다. 쉐레앙 기(期)(1)에 부싯돌과 돌도끼를 만든 사람은 과학을 가지고 있지 않았지만 그래도 하나의 기술을 창조했다. 중국은 물리학의 존재에 대해서는 조금도 몰랐지만 고도의 기술을 발전시켰다.

유럽의 근대 기술만이 과학에 뿌리를 내리고 있고 이 기반에서 무제한적인 진보의 가능성이라는 특수한 성격이 태어났다. 그 이외의 기술은—메소포타미아, 나일 강, 그리스, 로마, 동양의 어떤 기술도—발달의 극한에 도달하자 더 이상 그것을 넘어서지 못하고, 도달하자마자 안타깝게도 퇴화하기 시작했다.

이 놀랄만한 서유럽의 기술이 유럽 종족의 놀랄만한 번식을 가능하게 했다. 이 논문의 출발점이 된 하나의 사실에 대해서 상기해 주시길 바란다. 그것은 6세기에서 1800년까지 유럽의 인구는 1억 8천만을 넘었던 적이 없었는데 1800년부터 1914년까지는 무려 4억 6천만을 넘었다는 사실이다. 이런 비약적 증가는 인류사에 유래가 없는 일이다. 기술이—자유민주주의와 함께—양적인 의미에서 대중을 낳았다는 것은 의심의 여지가 없다. 그러나 이 논문에서는 근대 기술이 대중이라는 말의 질적인 의미, 즉 나쁜 의미로도 대중의 존재에 대해 책임이 있다는 것을 증명하려는 의도를 가지고 있다.

처음에 말했던 것처럼 '대중'이라는 말을 특히 노동자의 의미로만 이해해서는 안 된다. 이는 사회의 한 계급을 가리키는 것이 아니라 오늘날의 모든 사회 계급에서 볼 수 있으며 우리 시대를 대표하고 지배하는 부류의 사람을 말한다. 이 사실로부터 그 증거를 하나하나 찾아보도록 하자.

오늘날 사회적 권력을 행사하고 있는 자는 누구인가? 이 시대에 자신의 정신구조를 강요하고 있는 것은 누구인가? 말할 것도 없이 부르주아이다. 그러면 이 부르주아 중에 가장 뛰어난 그룹, 즉 현대의 귀족이라고 할 수 있는 자는 누구인가? 의심할 필요도 없이 전문직 즉 기사, 의사, 금융가, 교사 등이다. 이 전문직 집단에서도 가장 높은 위치를 점유하고 가장 순수한 형태로 그들을 대표할 자는 누구인가? 물론 과학자이다. 만약 외계인이 유럽에 찾아와서 이 세계를 평가하기 위해 여기에 살고 있는 사람 중에 어떤 사람을 만나면 좋을지를 물어 본다고 하면 유럽 인은 기꺼이 과학자라고 대답할 것이 뻔하고, 그렇게 하면 유리한 결론이 나올 것이라고 믿고 있을 것이 분명하다. 외계에서 온 사람이 묻고 있는 것은 예외적인 개인에 대해서가 아니라 하나의 전형, 즉 유럽 인의 정점에 서 있는 '과학자'라는 종족에 대한 것이다.

그러면 그러한 결과에 의해 현대 과학자는 대중의 전형이라는 말이 된다. 이는 과학자 한 사람 한 사람의 결함이나 우연 때문이 아니다. 과학—즉 문명의 기반—그 자체가 자동적으로 그들을 대중으로 바꾸어 버린 것이다. 이른바 과학자를 원시인으로, 현대의 야만인으로 바꾸어 버린 것이다.

이것은 잘 알려져 있는 일이고 수차례에 걸쳐 확인된 바 있다. 그러나 이 논문에 배치됨으로써 비로소 그 의미가 분명해졌고 그 중요성이 명백하게 드러났다.

실험과학은 16세기 말에 시작되어(갈릴레오), 17세기 말에 제도화되고(뉴턴), 18세기 중엽부터 발전하기 시작했다. 무언가가 발전한다는 것은 그 제도화와는 다른 것으로 별도의 조건에 의해 종속된다. 실제로 실험과학의 집합명사인 물리학의 제도화는 일원화의 노력을 필요로 했다. 뉴턴이나 그 시대 사람들이 하던 일이 그것이었다.

그러나 물리학의 발달에서는 일원화와 반대 움직임이 나타났다. 과학이 전진하기 위해서는 과학자가 전문화되어야 한다. 나는 과학자에 대해서 말하고 있는 것이지 과학 자체를 말하고 있는 것이 아니다. 과학 그 자체는 전문가가 아니다. 만일 그렇게 된다면 그것만으로도 참된 과학은 사라져버릴 것이다. 실험과학도 수학, 논리학, 철학에서 분리해 버리면 진정한 과학이 아니다. 그러나 과학 내부의 작업은 전문화되어야 한다.

물리학의 역사를, 연구자들이 하는 일이 차츰 전문화해 가는 과정을 통해 묘사해 보는 것은 상당히 재미있는 일이고, 그것은 직관적으로 판단하는 것보다 훨씬 큰 의미를 가지고 있다고 생각할 수 있다. 그에 따라 과학자가 세대를 거듭할수록 점차 좁아지는 지적 활동 분야 안에 틀어박히고 독립해 가는 모습을 밝힐 수 있을 것이다. 그러나 그와 같은 역사가 우리에게 가르쳐주는 중대한 사실은 오히려 그것을 뒤집을 때 일어난다. 즉, 과학자는 세대를 거듭할수록 연구 영역을 좁혀야 했기 때문에, 다른 과학 분야나 통합적 우주 해석과의 접촉은 점차 줄게 되었다는 사실이다. 여기서 우주란 유럽의 과학, 문화, 문명에 어울리는 유일한 이름이다.

전문화가 시작된 것은 '백과전서'파를 교양인이라고 부르던 시대부터였다. 19세기가 되자 연구업적 그 자체는 모두 전문화되는 경향이 있었지만, 백과전서파로 살아간 사람의 지도 아래에서 이 세기는 스스로의 운명을 개척하기 시작한 것이다. 다음 세대가 되면 이 밸런스는 무너져 전문화를 위한 각 과학자는 종합적인 교양을 잃기 시작한다. 1890년에 제3세대가 유럽의 지적 패권을 움켜쥐자 우리는 역사상 유래가 없는 새로운 유형의 과학자와 만나게 된다. 이 사람들은 사려 깊은 인간이 되기 위해서 알아야만 하는 것 중에 특정한 과학에 대해서 아는 것이 아니라 그 과학 안에도 자신이 활발히 연구하고 있는 한 줌의 문제만을 잘 알았던 것이다. 자신이 전문적으로 연구하고 있는 좁은 영역의 밖에 있는 것을 알지 못한다는 사실도 하나의 장점이라고 주장할 정도가 되어, 종합적 지식에 대한 흥미를 딜레탕티즘(dilettantism : 아마추어 예술가)이라고 부르게 되었다.

문제는 그들이 자신의 좁은 영역 안에 틀어박혀서는 실제로 새로운 사실을 발견하고, 자신이 대부분 알지도 못하는 과학을 진보시키고, 또 그에 따라 그들이 철저히 무시하고 있는 백과전서파적인 사상을 진보시킬 수 있다는 점이다. 이런 일이 어떻게 가능했는지, 또 어떻게 아직까지도 가능한지 그 답에는 다음의 부정하기 어려운 기괴한 사실이 들어 있다.

실험과학의 발전은 놀라울 정도로 평범한 사람이나, 심지어 평범하지도 못한 사람들의 노력 덕분이었다. 다시 말해 현대문명의 근원이자 상징인 근대과학은 지적으로 비범하다고는 말할 수 없는 사람들을 따뜻하게 맞아들여 성공의 길을 열어 주었다.

그 원인은 새로운 과학과 또 과학에 지배되고 대표되는 문명, 곧 최대의 장점이자 동시대 최대의 위협인 것, 즉 기계화이다. 물리학이나 생물학에서 해야만 하는 대부분은 대다수의 사람이 할 수 있는 기계적인 사고 작업이다. 과학의 무수한 연구목적을 위해서 이것들을 작은 분야로 나누고 그중 하나에 틀어박힘으로 해서 다른 분야의 일은 몰라도 상관없을 것이다. 방법의 확실함과 정확함 덕에 이러한 지혜의 일시적, 실제적인 해체가 가능하다. 마치 기계로 작업하듯 그런 방법으로 연구한다. 풍부한 결실을 맺기 위해서는 그 방법의 의미나 원리를 명확히 알아야 한다. 이처럼 대부분의 과학자는 꿀벌이 벌집에 틀어박히듯이, 고양이가 생선의 주위를 맴돌듯이, 자신의 조그만 실험실에 틀어박혀 모든 과학의 발전을 추진하고 있는 것이다.

그러나 이는 전혀 색다른 유형의 인간을 창조해 낸다. 자연계의 새로운 사실을 발견한 연구자는 자신이 장래가 촉망되는 인간이라는 자신감을 가졌을 것이 분명하다. 자신은 '식자(識者)'라고 생각했다 해도 꼭 틀린 말은 아니다. 또 사실, 그가 가진 지혜가 그에게 없는 지혜와 결합하여 비로소 진짜 지혜가 된다. 이것이 금세기 초 매우 세분화되는 경향을 갖게 된 전문가들의 속사정이다. 전문가는 자기 영역의 아주 작은 한쪽 구석을 굉장히 잘 '알고' 있다. 그러나 다른 일은 도통 모른다.

이러한 전문가야말로 내가 여러 각도에서 정의하려고 해 온 새로운 기묘한 인간의 훌륭한 예이다. 나는 앞에서 이 인간들은 역사상 유래가 없는 유형이라고 말했다. 전문가는 이 새로운 유형의 특징을 구체적으로 나타냄과 동시에 그가 지닌 새로운 것의 본질을 충분히 밝혀준다. 왜냐하면 옛날에는 인간을 유식한 자와 무식한 자, 또는 다소 유식한 자와 다소 무식한 자로 단순하게 분류했지만 전문가는 이 두 범주의 어느 쪽에도 들어가지 않기 때문이다. 그는 자신의 전문 영역 안에 없는 것은 모르는 것이 원칙이기 때문에 지적인 자도 아니다. 그러나 그는 '과학자'이고 자신의 전문 분야에 관해서는 매우 세세한 부분까지 잘 알고 있기 때문에 무식한 사람도 아니다. 그는 무식한 식자라고 말해야겠지만 사안은 중대하다. 이 사람은 자신이 모르는 모든 문제에 대해서 무식한 사람으로 처신하지 않고, 자신의 전공 분야에서처럼 유식한 행세를 하며 거드름을 피우기 때문이다.

또한 실제로 이것이 전문가의 행실이다. 정치, 예술, 사회적 습관, 자신의 전문 이외의 과학에 관해서 그들은 원시적 입장이거나 지극히 무지한 입장이지만 그 태도는 굉장한 자신감으로 가득차 있어서—이것이 역설적인 부분이지만—자신들의 문제에 대해 전문가의 의견을 수용하지 않을 것이다. 문명이 그들을 전문가로 내세웠을 때 그들 스스로의 한계 안에서 만족하게 만들어 폐쇄적이 되고 말았다. 그러나 자신이 기대할 만한 가치가 있는 인간이라는 내적인 감정이 자신의 전문 이외의 분야까지 지배하고 싶어하는 마음을 일으켰을 것이다.

가장 자질이 뛰어난 인간—전문직—중에서 가장 뛰어난 과학자, 즉 대중과 완전히 반대인 인간의 경우조차 지금 말한 것처럼 그는 삶의 거의 모든 영역에서 마땅한 자질도 없이 대중처럼 행동한다.

앞에서 말한 것은 근거 없는 말이 아니다. 오늘날 정치, 예술, 종교, 삶과 세상의 일반적인 문제에 관해서 '과학자'나 또 그 뒤에 대기한 의사, 기사, 금융가, 교사 등이 얼마나 어리석은 생각과 판단과 행동을 하고 있는가에 대해서 누구나 관찰할 수 있다. 내가 계속 대중의 특징으로 거론해 온 '남이 하는 말을 들으려 하지 않고', 높은 권위를 따르지 않는다는 성격은 부분적인 자질만을 가진 이 전문가들에게서 완벽하게 나타난다. 그들은 오늘날 대중에 의한 지배를 상징하고 있고 또 대중에 의한 지배의 주요한 목표이다.

그들의 야만성이야말로 유럽의 타락하게 하는 가장 직접적인 원인이다.

게다가 또 그들이야말로 흐르는 파도에 몸을 맡긴 19세기 문명이 다시 원시성과 야만성을 환생시켰다는 사실을 가르쳐 주는 가장 명백하고 적절한 예이다.

이 밸런스가 무너진 전문화 경향에 의한 직접적인 결과는 오늘날, 전에 없이 많은 '과학자'가 있음에도 '교양인'의 수는 1750년 무렵보다 훨씬 적다는 사실에서 볼 수 있다. 또, 더욱 안 좋은 것은 과학의 각 분야에서 과학인 생선을 맴도는 고양이들이 있던 곳에 과학의 발전은 전혀 보증되지 않는다는 것이다. 과학은 그 발전 과정에서 유기적으로 조종되기 위해 때때로 재편성되어야 하고, 이는 앞에서 말한 것처럼 종합의 노력이 요구되기 때문이다. 그리고 이 일은 점차로 넓어져 모든 지식 영역을 포괄해 갈 것이기 때문에 점점 어려워진다.

뉴턴은 그다지 철학을 모르고도 물리학의 체계를 세울 수 있었지만 아인슈타인은 그 예리한 종합에 도달하기 위해서 칸트와 마하(Mach)에 몰두해야 했다. 칸트와 마하—이 두 이름은 아인슈타인에게 영향을 준 거대한 철학적, 심리학적 사상을 상징하는 데 지나지 않다—는 그의 정신을 해방하고 혁신의 길을 여는 데 도움이 되었다. 그러나 아인슈타인도 이제는 충분하지 않다. 물리학은 그 역사 안에 가장 깊은 위기의 시대에 들어서고 있다. 이 위기에서 물리학을 구해낼 수 있는 것은 예전의 백과전서보다도 더욱 계통적인 새로운 백과전서일 것이다.

그렇기 때문에 한 세기에 걸친 실험과학의 진보를 가능하게 한 전문화 경향은 더욱 훌륭한 세대가 더욱 강력한 새로운 체계를 만들어 주지 않으면 스스로의 힘만으로 진보할 수 없는 단계에 접근하고 있다.

그러나 전문가가 자신이 종사하고 있는 과학을 지배할, 내적 법칙을 모른다고 한다면 과학의 존속에 관해서는, 역사적 조건에 관해서는 더욱 더 무지할 것이다. 다시 말해, 연구자가 계속해서 나오기 위해서는, 사회나 인간의 마음이 어떻게 구성되어야만 하는지에 대해서는, 전혀 알지 못하는 것이다. 앞에 말한 바와 같이 최근에 과학자가 되려는 사람이 줄고 있는 것은, 문명이란 무엇인가에 대한 명확한 사상을 갖고 있는 모든 사람이 우려하는 조짐이다. 게다가 이 사상은 우리 현대문명의 정점에 선 전형적인 '과학자'에게도 결여되어 있는 것이 보통이다. 그들은 또, 문명이라는 대지와 원시림처럼 그저 그곳에 있는 것이라고 믿고 있을 뿐이다.

〈주〉

(1) 인류의 가장 오래된 문화는 조잡한 타제석기의 흔적으로 남아 있다. 현재는 200만 년 전의 석기가 발견되어 있지만 오르테가가 이 논문을 집필했을 때는 쉐레앙(프랑스의 쉐르 유적에 관련된 이름. 현재는 보통 아브빌리안이라고 불린다)이 가장 오래된 구석기 문화로 알려져 있었다.

13 가장 큰 위험은 국가

사회의 모든 일이 제대로 질서를 유지하고 있을 경우에 대중은 스스로 앞장서서 행동하지 않는다. 이것이 그들의 사명이다. 그들은 지도받고, 영향을 받고, 조직되기 위해—나아가 대중으로 있는 것을 그만두기 위해, 또는 적어도 그만두는 것을 갈망하기 위해 이 세상에 태어난 것이다. 그렇지만 그모든 일을 자신만의 힘으로 하기 위해서 태어난 것이 아니다. 그들은 이 삶을 훌륭한 소수자로 구성된 높은 권위에 맡길 필요가 있다.

뛰어난 인간이란 누군가에 대해서 의논하는 것은 좋다. 그러나 그가 누구이건 그 사람들이 없으면 인류가 본질적으로 가지고 있는 것을 잃게 될 것이라는 것은 의심하지 않는 것이 좋다. 예를 들어 유럽이 한 세기 동안 타조처럼 날개 밑에 머리를 숨기고 이렇게 명백한 사실을 보지 않으려고 해봤어도 어쩔 수 없었다. 왜냐하면 그것은 빈도가 의외로 높고 조금이라도 개연성을 가진 사실을 근거로 한 견해가 아니라 뉴턴의 물리학 법칙보다 훨씬 확실한 사회적 '물리학'의 법칙에 근거하고 있기 때문이다.

언젠가 유럽에 진정한 철학*1—이것만이 유럽을 구할 수 있다—이 재차 지배할 날이 오면, 인간은 좋고 싫음에 관계없이 본질적으로 높은 권위를 열망해야만 한다는 것을 또 알게 될 것이다. 그 높은 권위를 자기 자신에게서 찾아낼 수 있는 사람이 있다면 그는 뛰어난 사람이다. 스스로 찾아내지 못한 자는 대중으로서 뛰어난 자의 상층 권위를 받아들여야 한다.

그렇기 때문에 대중이 직접 앞서서 행동하는 것은 자신의 운명을 거스르는 일이다. 그리고 대중이 지금 그러한 일을 하고 있기 때문에 나는 대중의 반란에 대해서 논하는 것이다. 결국 진실로 반란이라고 부를 수 있는 유일한 경우는 각자가 자신의 운명을 받아들이지 않고 자기 자신을 거스르는 것이기 때문이다. 엄밀히 말하면 대천사 루시페르(Lucifer)[1]의 반란은 설령 그가 —신이 될 운명이 아닌데도—신이 되려고 발버둥치는 대신 가장 낮은 천사가 되려고—이것도 그의 운명이 아니다—노력했다 해도 반란이란 점에선 변함이 없을 것이다 (만약 루시페르가 톨스토이처럼 러시아 인이었다면 두 번째 형식의 반란을 선택 했을지도 모른다. 하지만 이 선택 또한 신의 뜻을 거스르기는 마찬가지이다).

대중은 스스로 행동할 때는 다른 방법이 없으니까 다음과 같은 단 하나의 방법을 택하는 것이다. 즉, 린치(사적폭력)이다.

린치법(lynch law)이 미국에서 생겨난 것이 완전히 우연이라고는 말할 수 없다. 미국은 어떤 의미에서 대중의 천국이기 때문이다. 또 대중이 승리를 거머쥐고 있는 오늘날, 폭력이 성하고 이것만이 유일한 이성이자 유일한 교의라고 하는 것은 더욱 놀라운 일이다. 나는 이미 오래 전에 폭력이 규범으로 발전해 온 것에 주목해 왔다.[2] 오늘날, 폭력은 극에 달했다. 이 사실은 이윽고 자동적으로 폭력이 퇴조할 것임을 나타내고 있으니까 좋은 징조이기도 하다. 오늘날 폭력은 이미 시대의 수사(修辭)가 되었으며, 수사학자라는 저 공허한 무리들이 폭력을 전유하고 있다.

수사는 인간 현실의 묘지나 양로원이다. 현실은 죽어도 이름은 남는다. 이름은 단지 말일 뿐이지만 결국, 말이라는 것에는 변함이 없기 때문에 말이 갖는 마술 같은 힘을 항상 가지고 있다.

뻔뻔하게도 규범으로써 확립된 폭력이 그 특권을 잃기 시작했다는 것이 설령 거짓이라 해도 아마 형태를 바꾼 폭력의 지배 아래 우리는 계속 살아갈 것이다.

내가 말하려고 하는 것은 오늘날 유럽 문명을 위협하고 있는 가장 큰 위험에 관한 것이다. 그것은 이 문명을 위협하는 모든 위험과 마찬가지로 유럽 문명에서 생겨났다. 그뿐 아니라 그것은 유럽 문명의 영광 중 하나였다. 그 위험이란, 다시 말해 오늘날의 국가이다. 국가에 관해서도 앞 장에서 과학에 대해 말한 것과 똑같은 문제에 부딪히는 것이다.

원리의 풍요가 과학에 놀랄만한 진보를 가지고 왔지만, 이 진보는 전문화 경향을 추진하여 그 경향에 의해 과학은 질식하기 시작했다고 말했었다.

똑같은 일이 국가에 대해서도 일어나고 있다.

18세기 말에 유럽의 나라들에게 국가란 무엇이었는지 떠올려 주시길 바란다. 그것은 대수롭지 않은 것이었다. 그러나 기술, 합리화된 신기술이 처음으로 승리를 거머쥔 초기 자본주의와 산업조직이 이미 사회를 팽창시키기 시작했다.

한 새로운 사회계급이 그 이전의 모든 계급보다 수적으로 월등하고 강력한 모습으로 출현했다. 그것이 부르주아^(중산
계급)이다. 뻔뻔한 이 부르주아는 무엇보다 우선 하나의 이점, 즉 실질적 재능을 가지고 있었다. 조직을 만들어서 규율에 복종시키고 노력에 계속성과 연관성을 갖게 할 줄 알았다. 그들 안을, 마치 바다 위를 떠가는 배처럼 '국가호'가 위태롭게 항해하고 있었다. 여기서 국가를 배에 비유한 것은 자기들이 전능하여 폭풍을 일으킨 바다라고 생각하는 부르주아에게서 착안한 것이다. 이 배는 보잘것 없었다. 병사도 관리도 돈도 거의 없었다. 이 배는 중세 부르주아와는 전혀 다른 한 계급이 건조했다. 그 계급이란 귀족으로, 용기와 지휘 능력과 책임감이 존경할 만했다. 그들이 없었으면 유럽의 나라들은 존재하지 못했을 것이다.

그러나 이러한 정신적인 덕성은 가지고 있었음에도 언제나 두뇌를 제대로 사용하지 못했다. 다시 말해 지성이 매우 빈곤하여 감상적이고 본능적이며 직관적인, 한마디로 '비합리적'이었다. 그래서 합리성을 요구하는 기술을 발전시킬 수 없었다.

화약을 발명하지도 못했다. 새로운 무기를 발명할 수 없었기 때문에, 부르주아가 동양인가 어딘가에서 가지고 온 화약을 사용해 이유 없이 그들 귀족의 전사를 쳐부수는 것을 말릴 수가 없었다. 이 전사들이란 '기사'들로 어리석게도 쇠로된 갑옷으로 몸을 감싸고 전투에 나가서는 거의 몸을 움직이지도 못했다. 또 그들은 전쟁에 이기는 영원한 비결은 방어가 아니라 공격에 있다는 사실에 생각이 미치지 못했다^(이 비결을 재발견
한 것은 나폴레옹이다.) *3

국가는 하나의 기술—공적 차원의 기술이자 행정적 기술이다—이기 때문에 '구체제' 국가는 18세기 말 모든 부문에서 광범위한 반란에 시달려 약체화되어 버렸다. 당시 국가의 힘과 사회의 힘 사이의 불균형은 너무나 차이가 심했기 때문에 카를대제 시대의 상태와 비교하면 18세기 국가는 퇴화한 것처럼 보였다. 물론 카를왕조는 루이 16세의 국가보다 훨씬 약했지만 이 국가에 비하면 국가를 둘러싼 사회는 조금도 힘이 없었다.*4 사회의 힘과 공권력 사이의 동떨어진 불균형이 프랑스 혁명이나 그 밖의 1848년까지의 혁명을 가능하게 한 것이다.

그러나 프랑스 혁명에 의해서 중산계급이 공권력을 장악했다. 그들의 더할 나위없는 실제적인 미덕을 국가를 위해 살려내고, 한 세대가 지나자 강력한 국가를 만들어 내어 혁명의 숨통을 끊어 놓았다. 1848년 이후, 즉 중산계급의 2대째 정부가 시작된 이후 유럽에는 진정한 혁명이 사라졌다. 정확하게는 혁명을 위한 동기가 사라진 것이 아니라 그 수단이 사라졌다. 공권력이 사회력과 균형을 이루게 된 것이다. 혁명이여, 영원히 안녕. 유럽에는 혁명의 반대, 즉 쿠테타(2)밖에 일어날 수 없게 되었다. 나중에 혁명처럼 보이는 것이 있다고 해도 그것은 가면을 쓴 쿠테타에 지나지 않다.

우리 시대의 국가는 경이적으로 움직이는 무서운 기계가 되었다. 이 기계는 많은 정확한 수단에 의해 훌륭한 효과를 보이고 있다. 그것은 사회의 한 가운데 자리 잡고 있고 단추 하나만 누르면 그 거대한 지렛대를 움직여 사회의 모든 부분에 무시무시한 위력을 발휘한다.

오늘날의 국가는 문명이 만들어 낸 가장 눈에 띄는 산물이다. 또 대중이 국가에 대해 취하고 있는 태도를 보고 있는 것은 굉장히 흥미롭고 시사적이다. 대중은 국가를 바라보고 찬탄한다. 그리고 국가는 그곳에서 그들의 삶을 보호해 준다는 것을 안다. 그러나 국가가 몇 명의 사람들에 의해 창조되었기 때문에 예전 인류 안에 있었던 어떤 종류의 가치와 전제에 의해 지탱되어 와서 이제 미래가 사라질지도 모른다는 것을 의식하지 못하고 있다.

그런데 대중은 국가를 익명의 권력으로 보고, 또 자신이 익명자—평범한 인간—라고 생각하기 때문에 국가를 자신의 것이라고 생각한다. 한 나라의 생활 안에 어려움과 갈등, 문제가 돌연히 발생했다고 상상해 보자. 그렇다면 대중은 국가가 개입하여 그 거대하고 유래 없는 수단을 가지고 직접 해결해 주기를 요구할 것이다.

이것이 오늘날 문명을 위협하고 있는 가장 큰 위험이다. 그것은 곧 삶의 국유화, 국가의 간섭주의, 국가에 의한 모든 사회적 자발성의 흡수이다. 다시 말해 인간의 운명을 결정적으로 지탱하고 키우고 촉진시키는 역사의 자발성을 국가가 근절해버리는 것이다. 대중이 어떤 불운이나 단순히 강한 욕망을 느낄 때 단추를 눌러 국가라는 이름의 강력한 기계를 움직일 수 있다면—노력, 전쟁, 의문, 위험 없이—언제나 무엇이든 안전하게 손에 넣을 수 있다는 가능성이 그들에게 큰 유혹이 되는 것이다.

그래서 대중은 '내가 곧 국가'라고 말하지만 이것은 완전한 착각이다. 국가가 대중이라는 것은 이 둘은 동일한 것이라는 의미일 뿐이다. 오늘날의 국가와 대중이란 익명자라는 점만이 일치하고 있다. 그런데도 대중은 실제로 자신이 국가라고 믿고 있어, 무언가 구실을 붙여서라도 국가의 기능을 작동시켜 국가를 시끄럽게 만드는—정치, 사상, 산업, 그 밖의 모든 면에서 국가를 혼란하게 만드는—모든 창조적 소수파를 없애려고 한다.

이 경향은 점점 강화되어 치명적인 결과를 가져올 것이다. 사회의 자발성은, 국가의 간섭에 의해 계속 봉쇄당할 것이고 새로운 자발성의 씨앗은 결코 결실을 맺을 수 없을 것이다. 사회는 국가를 위해서, 인간은 정부라는 기계를 위해서 살아가는 것은 어쩔 수 없는 일이다. 국가는 결국 하나의 기계에 지나지 않고, 그 기계의 존재와 보존은 그것을 유지할 주위의 생명력에 의존하고 있다. 따라서 사회를 철저히 이용해 골수를 빼먹고 나면 국가는 야위어 쇠약해지고 뼈대만 남아 죽어버릴 것이다. 그 죽음은 녹슨 기계의 죽음으로 생명체의 죽음보다도 더욱 으스스할 것이다.

이것이 고대문명의 가여운 운명이었다. 율리우스와 클라우디우스 황제들에 의해 건설된 제국(3)이 그 이전 귀족들의 공화국보다도 구조적으로 비교할 수 없을 정도로 우수하고 경탄할만한 기계였다는 것은 틀림없다. 그러나—재미있는 일치점이지만—제국이 완전한 발달단계에 도달하자마자 사회는 쇠퇴하기 시작한다. 안토니우스 황제(4) 시대(2세기)가 되면 이미 국가는 삶을 억압하는 지상 권력이 되어 사회를 억압하기 시작한다. 사회가 노예화되기 시작하여 국가에 봉사하지 않고는 살아갈 수 없게 되었다. 삶이 모두 관료주의화되었다. 그래서 어떤 일이 일어났을까?

삶의 관료주의화는—모든 면에 걸쳐서—삶의 절대적인 감소를 가져왔다. 부는 감소하고 출산율이 줄었다. 그래서 국가는 자신의 궁핍을 구하기 위해 인간의 생존에 대해서 관료주의화를 더욱 강화한다. 이 스스로 선택한 관료주의화는 결국 사회의 군대화를 초래한다. 국가는 무엇보다 우선 안전을 이룩해야 한다(이 안전성이 대중을 만들어 냈다는 것을 잊지 말아 주길 바란다). 그렇기 때문에 국가는 무엇보다도 군대가 시급하게 되었다. 아프리카 출신의 세베루스 황제들은 세계를 군국주의화하려고 했다. 이 무슨 헛수고인가. 빈곤은 그 도를 넘고 출산율은 갈수록 떨어졌으며, 군사까지 부족해졌다. 세베우스 황제들의 지배가 끝나고 나서는 군대를 외국에서 모집해야 했다.

국가주의의 역설적이고 비극적인 과정이 어떤 것인지 알겠는가? 사회는 보다 잘살기 위한 하나의 도구로써 국가를 만들었다. 그리고 국가가 우위에 서서 사회는 국가를 위해 존속하기 시작한다.*5 그래도 아직 국가는 그 사회 사람들로 구성되어 있다. 그렇지만 국가를 유지하기 위해서는 이들로는 언젠가 불충분하게 되어 처음에는 달마티아 인, 다음에는 게르만 인이라는 것처럼 외국인들을 충원해야 했다. 외국인들이 국가의 주인이 되고, 본디 인민인 사회 구성원들은 자신들과 어떤 관계도 없는 외국인들의 노예로써 살아야만 하게 된 것이다.

국가의 간섭은 결국, 다음과 같은 결과를 낳았다. 민족은 국가라는 단순한 구조 내지 골격이 자신의 살을 먹어버리는 것과 같다. 건축가가 집 주인이자 거주가가 되는 것이다.

이런 것을 알고 보면, 무솔리니가 천성적인 비위에 거슬리는 말투로 마치 지금 이탈리아에서 대단한 일이 행해지고 있는 것처럼 "모든 것은 국가를 위해서다, 국가 이외에는 아무것도 없고 국가에 반하는 것도 아무것도 없다" 큰소리로 떠드는 것을 들으면 조금 당황하게 된다. 파시즘이 대중의 전형적인 운동이라는 것을 간파하기 위해서는 이것만으로도 충분할 것이다.

무솔리니가 운명적으로 만난 국가는 경탄할 정도로 잘 만들어져 있다. 그 국가는 그가 만든 것이 아니라 그가 대항하고 있던 세력과 사상, 곧 자유민주주의에 의해 만들어진 것이다. 그는 단지 국가를 무절제하게 사용하려고 했을 뿐이다. 지금 그의 업적을 상세하게 평가하는 일은 굳이 하지 않더라도 현재까지 얻은 결과는 정치적, 행정적인 면에서 자유주의 국가에 의해 달성한 결과와 비교할 것이 못될 정도로 적다는 것은 의문의 여지가 없다. 만약 무언가 달성한 것이 있다고 해도 그것은 매우 적고 거의 눈에 띄지 않으며 아무것도 실질적인 것이 없기 때문에, 그 정도로는 국가라는 기계를 그가 극한까지 사용하는 것을 허용하고 있는 이상한 권력의 축적을 보면 비율이 맞지 않는다.

국가주의는 규범으로써 확립된 폭력과 직접행동이 취할 수 있는 최상의 형태이다. 대중이 자신을 위해 활동하는 것은 익명의 기계인 국가를 통해서 또 이것을 수단으로 해서이다.

유럽 국가들은 그 내적인 삶 안에 큰 시련을 안고 있던 시대, 심각한 경제적, 법적 문제, 공공 질서의 문제를 감싼 시대와 마주하고 있다. 대중의 지배 아래 국가가 개인과 집단을 짓눌러 이렇게 결정적으로 미래를 황폐화시키고 있는데 어찌 두려워하지 않을 수 있겠는가?

이런 메커니즘의 구체적인 예로, 최근 30년 동안 나타난 불길한 현상들 중에 찾아볼 수 있다. 그것은 모든 나라에서 경찰력이 엄청나게 증강되고 있다는 것이다. 사회적 팽창은 예외 없이 경찰력의 증강을 가져온다. 우리는 그것에 익숙해져 버렸지만 현대의 대도시 사람들이 안전하게 걸어서 직장에 갈 수 있도록, 교통정리를 할 경찰이 아무래도 필요하다는 무서운 모순을 가슴 깊이에 새겨두어야 한다.

'질서'를 갈구하는 사람이 질서를 위해서 만들어진 이 '사회적 질서를 지키는 권력'은 그들이 좋아할만한 질서를 유지하는 것으로 언제나 만족할 것이라고 생각하는 것은 순진한 생각이라고 할 수밖에 없다. 종국에 경찰력은 자신이 밀어붙이려고 하는 질서, 말할 것도 없이 자신의 형편에 맞는 질서를 스스로 정의하고 결정하게 될 것은 피할 수 없다.

이 문제를 다룬 김에 사회적으로 필요한 제도에 대해서 두 사회가 보여 주는 반응이 각각 다르다는 것을 분명히 할 필요가 있다. 1800년경 새로운 산업이 어떤 인간들—산업노동자—이른바 종래의 인간보다도 범죄적 경향이 강한 인간을 만들어 냈을 때, 프랑스는 서둘러 많은 경찰관을 만들었다. 1810년경 영국에서도 같은 이유로 범죄가 증가하기 시작하자 그때서야 영국인들은 자신들에게 경찰이 없다는 사실을 깨달았다. 당시 영국은 보수주의자들이 정권을 장악하고 있었다. 어떻게 할 것인지 그들은 생각했다. 경찰을 만들 것인가? 당치도 않다. 가능한 한 범죄를 참는 것이 낫다.

"인간은 무질서가 횡행하는 것을 이것도 자유에 대한 대가라 생각하고 체념할 것이다." 존 윌리엄 워드(John William Ward)는 계속해서 이렇게 썼다. "파리에는 칭찬할만한 경찰이 있지만 그러한 실적을 얻기 위해서 그들은 비싼 대가를 치르고 있다. 나는 가택수사를 당하거나 스파이 취급을 당하거나 푸셰가 생각해 낸 나쁜 계략을 도입하기보다 3, 4년마다 예닐곱 명의 목이 잘려 렛클리프 거리에 걸리는 것을 보는 편이 낫다."*⁶ 이것이 국가에 대한 두 가지 상반되는 국가이념이다. 영국인은 국가를 제한하기를 바란다.

〈주〉

*1 철학이 지배하기 위해서는 철학자가 지배하는—플라톤이 최초에 희구했던 것은 이것이다—것도, 제왕들이 철학하는—플라톤이 나중에 더욱 겸허하게 기대했다—것도 필요하지 않다. 그 어느 쪽도 엄밀히 말하면 꺼림칙한 것이다. 철학의 지배를 위해서는 철학이 존재하면 된다. 즉 철학자가 철학자로 있으면 충분하다. 그러나 지난 한 세기 동안 철학자는—정치가거나 교육자거나 문학자거나 과학자이기도 한 적은 있지만—철학자인 것을 포기했다.

*2 《무기력한 에스파냐》(1922) 참조.

*3 귀족의 주권이 부르주아의 지배에 의해 대신할 수 있는 위대한 역사적 변화에 관한 이 간단한 이미지는 랑케에 의한 것이다. 그러나 상징적이고 도식적인 이 진리가 완전한 진리가 되기 위해서는 적지 않은 보충이 필요하다. 화약은 아주 옛날부터 알려져 있었다. 롬바르디아의 누군가가 화약을 총신에 장전하는 발명을 해냈다. 그렇지만 탄환 주조법이 발명되기 전까지 이 화약은 그다지 실효성이 없었다. '귀족'들도 소량의 화약을 사용하기는 했지만 그것은 너무나 고가였다. 경제적인 면에서는 더 나은 부르주아 군대만이 이것을 대량으로 사용할 수 있었다. 부르고뉴의 귀족이 옹립한 중세식 군대가 스위스의 직업군인이 아닌 부르주아가 결성한 신식 군대에 결정적으로 패배한 것은 문자 그대로 진실이다. 이 신식 군대의 실력은 무엇보다 우선 새로운 훈련법을 채용했다는 것과 전술을 새롭게 합리화한 것에 있었다.

*4 이 점을 강조하고, 유럽의 절대군주제 시대는 굉장히 약체인 국가에 의해 경영되었다는 점을 지적하는 일은 의미 있는 것이라고 생각된다. 이것을 어떻게 설명하면 좋을까? 국가를 둘러싼 사회는 이미 성장하기 시작했다. 만약 국가가 전능했다면—그것은 '절대'적이었다—왜 더욱 강해지지 못했을까? 그 원인은 하나, 앞에 기술한 그대로이다. 세습귀족에게는 기술적으로 합리화된 관료주의적인 능력이 없었다. 그러나 그뿐만이 아니다. 게다가 절대주의 국가에서는 그 귀족들이 사회를 희생시켜 국가를 크게 만드는 것을 원치 않았다는 사정이 있었다. 일반적으로 믿고 있는 것과는 반대로 절대주의 국가는 우리의 민주주의 국가보다도 사회를 본능적으로 더욱 훨씬 존경하는 것이다. 우리 민주주의 국가는 절대주의 국가보다도 현명하지만 역사적 책임감에서는 열등하다.

＊5 루시우스 세베루스가 자식들에게 유언한 말을 떠올려 주길 바란다. "항상 힘을 합치거라. 병사들에게 돈을 지불하거라. 그 외의 일은 상관하지 말거라."

＊6 엘리 알레비(Elie Halévy)의 《19세기 영국 국민의 역사*Histoire du peuple anglais au XIX siécle*》(1912) 참조.

(1) 라틴어의 '빛을 노린 자'란 뜻으로 황천에 떨어진 악마, 또는 새벽의 샛별을 가리킨다. '루시페르의 반란'이란 말은 성서에는 '이사야'(14·12)에 딱 한번 나온다. 거기에서 루시페르는 바빌론의 왕이었고, 하늘에 올라가 신의 별들보다 높은 곳 왕좌에 앉겠다고 호언장담을 했지만 결국 하늘에서 황천으로 떨어졌다. 이것을 본 사람들은 예전 대왕이 자신들과 같은 신세가 된 것을 보고 놀랐다고 한다. 보통 루시페르는 땅에 떨어진 대천사라고 생각되어 '누가복음'(10·18) '사단이 하늘에서 번개같이 떨어지는 것을 내가 보았노라'에 나와 있는 사단은 루시페르와 같다고 본다.

(2) golpe de Estado 결국 '쿠데타'는 어원적으로 '국가의 타격'이란 뜻이다.

(3) 카이사르의 양자 아우구스투스의 양자 티베리우스(티베리우스 클라우디우스의 아들)가 AD 14년에 황위에 오른 뒤 폭군 네로가 68년 사망할 때까지, 율리우스 카이사르와 티베리우스 클라우디우스의 계통을 이은 4명의 황제가 로마를 지배했다.

(4) 96년부터 192년까지 7명의 로마황제를 통틀어 안토니우스 황제라고 부른다.

제2부
누가 세계를 지배하는가

14 누가 세계를 지배하는가

유럽 문명은—계속 말해 온 것처럼—자동적으로 대중의 반란을 만들어 냈다. 이 반란이라는 사실을 겉에서 보면 호의적인 현상처럼 보인다. 즉 이미 말한 것처럼 대중의 반란이란 우리 시대에 인간의 삶이 경험한 놀랄만한 증대와 동일한 사항이기 때문이다. 그러나 이 현상의 이면은 어쩐지 두렵다. 즉 이런 측면에서 보면 대중의 반란은 인류의 철저한 타락과 같기 때문이다. 그럼 여기서 이 점을 새로운 관점에서 살펴보자.

1

어떤 새로운 역사 시대의 본질 내지 특징은 내적 변화나—인간과 그 정신의 변화—또는 외적 변화—형식적이고 기계적이라고도 말할 수 있는 변화—에 유래한 것이다. 후자에서는 권력의 교체가 가장 큰 변화라는 사실에는 거의 틀림이 없다. 그러나 권력의 교체는 동시에 정신의 교체와도 직접 관계가 있다.

그렇기 때문에 어느 시대를 이해하려는 마음으로 그 시대를 들여다 볼 때, 가장 처음 해야만 하는 질문은 "누가 세계를 지배하는가?"이다. 그 시대의 인류가 서로 교섭이 없는 몇 부분으로 나뉘어 저마다 폐쇄된 독립 세계를 만들었을 수도 있다. 밀티아데스[1] 시대의 지중해 세계는 극동 땅에 또 다른 세계가 있다는 것은 알지 못했다. 이와 같은 경우에는 개개의 독립 집단마다 "누가 세계를 지배하는가?" 질문해야 한다. 그러나 16세기 이후 온 인류는 통일에의 거대한 걸음을 시작하여 우리 시대에 와서 종착점에 이른 것이다. 이제 인류에게는 떨어져 살아갈 부분은 없다—인류의 떨어진 섬은 사라지고 말았다. 이러한 이유로 16세기 이후에 관해서는 세계를 지배하는 자는 실제로 세상에 권위가 있고 영향을 미치는 자라고 말할 수 있다. 유럽의 모든 민족이 3세기에 걸쳐 완수한 역할은 그러한 것이었다. 유럽이 지배해 온 것이다. 유럽의 일방적인 지배 아래 세계는, 일원적 양식에 의해 또는 적어도 점차 통일되어 갈 양식에 따라 살아온 것이다.

이 삶의 양식은 보통 '근대'라고 불린다. 명확치 않은 이름이지만 그 말에는 유럽이 지배권을 가진 시대라는 현실이 숨겨져 있다.

여기서 말하는 '지배'는 근본적으로 물질적인 힘의 행사, 물리적인 강제력의 행사라는 의미로 사용되고 있는 것은 아니다. 내가 일부러 그렇게 단언하는 것은 어리석음을, 적어도 너무나 잘 알고 있는 명백한 어리석음을 피하고 싶기 때문이다. '지배자'라고 불리는 인간 사이의 안정되고 정상적인 관계는 결코 힘에 의존한 것이 아닌 것으로 그와는 정반대이다. 한 인간, 또는 한 무리의 사람들이 지배력을 행사하기 때문에 그 사람들이 '힘'이라는 사회적 장치 내지 기계를 자유롭게 움직일 수 있는 것이다. 언뜻 보기에 힘이 지배의 기초처럼 보이는 경우도 잘 살펴보면 위의 ^(지배는 결코 힘에 의존한 것이 아니라는) 주장을 뒷받침할 가장 좋은 예라는 사실을 깨닫는다. 나폴레옹이 에스파냐에 침략군을 보내고 상당 기간 이 침략이 계속되었지만 그가 진짜로 에스파냐를 지배한 날은 단 하루도 없었다. 그는 권력을 가지고 있었지만 실로 권력밖에 가지고 있지 않았기 때문이다.

침략이라는 사실 내지 과정과, 지배 상태를 구별해야 한다. 지배란 권위의 정상적인 행사이다. 그것은 항상 여론에 근거한 것으로 지금도, 1만 년 전에도, 영국인도, 보토쿠도족[2]도 마찬가지일 것이다. 일찍이 오로지 여론 이외의 다른 것에 근거하여 지배한 사람은 이 지구상에 아무도 없었다.

그렇지 않으면 여론이라는 주권은, 1789년에 변호사 당통에 의해 또는 성 토마스 아퀴나스에 의해 13세기에 발명된 것일 수도 있다. (여론이라는) 주권의 개념은 어느 시대 어디서든 발견할 수 있다. 그러나 여론이 인간 사회에 지배 현상을 만들어 낸 힘이라는 것은 마치 뉴턴의 물리학에서 중력이 운동을 가능하게 하는 힘이라고 하는 것과 같은 것이다. 여론의 법칙은 정치사의 만유인력(의 법칙)인 것이다.

여론의 법칙 없이는 역사학은 성립될 수 없을 것이다. 그렇기 때문에 흄이 날카롭게 지적한 것처럼 역사학의 과제는, 여론이라는 주권은 유토피아적인 열망이라는 의미는 전혀 없고 인간 사회에, 항상 모든 순간에 현실화된 것이라는 것을 증명하는 데 있는 것이다. 그렇기 때문에 (고대 터키의) 친위대의 힘을 빌려 지배하려고 한 자들조차도 친위대의 여론과 친위대에 대한 주민이 가지고 있던 여론을 따랐다.

친위대로 지배할 수 없다는 것이 진실이다. 그렇기 때문에 탈레랑(Talleyrand)은 나폴레옹에게 다음과 같이 말했다. "폐하, 총검으로는 못할 것이 없으나, 단 한 가지 할 수 없는 것은 그 위에 앉는 것입니다." 지배한다는 것은 권력을 탈취하는 행위가 아니라 그것을 조용히 행사하는 것이다. 결국 지배한다는 것은 왕위, 교관, 의회 각료, 주교의 자리에 앉는 것이다. 지배한다는 것은 삼류소설 같은 철없는 상상과는 반대로, 주먹(으로 때리는 것)보다 자리의 문제이다. 국가란 결정적으로 여론의 상태이자 균형 상태, 정적인 상태인 것이다.

실제로는 가끔 여론이 존재하지 않을 때가 있다. 사회가 서로 반목하는 몇 그룹으로 나뉘어 그 여론의 힘이 서로에게 부정되어 지배력을 만들 여지가 없어져 버리는 것이다. 여론의 지지를 받지 못해 생겨난 이 공백 상태는 자연이 진공 상태를 싫어하듯 이내 난폭한 세력이 여론 부재 세력을 대신하는 것이다.

따라서 역사적 중력 법칙으로 여론 법칙을 정확히 정의하고 싶다면, 여론 부재의 경우를 고려해야 한다. 그렇게 하면 주지의 존중해야 할 진실을 따른 상투구, 즉 "여론을 거스른 지배는 있을 수 없다"라는 공식에 도달하게 될 것이다.

이러한 사실에서 지배란 어떤 의미의, 따라서 어떤 정신의 우세를 의미하는 것이고, 결국 지배란 정신적인 권력과 다르지 않다라는 것을 우리는 알게 된다. 역사적 사실이 이것을 자세히 증명해 준다. 모든 원시적 지배는 종교적인 것을 기초로 하기 때문에 '신성한' 성격을 가지고 있다. 종교적인 것이야말로 (지배의) 최초의 형태이고, 그 형식은 나중에 정신, 사상, 의견이 되어 결국은 비물질적, 형이상학적인 것이 등장하는 것이다.

중세에는 이와 같은 현상이 대규모로 확산되었다. 유럽에서 형성된 최초의 국가 내지 공적 권위는 특수한 '정신 권력'의 성격을 가진 교회였다. 정치 권력은 그 자체가 본디 정신적 힘밖에 안되고, 또 어떤 종류의 사상이 구체적인 형식을 가진 것이라는 사실을 교회에서 배워 신성 로마 제국을 건설하게 된다.

이렇게 두 정신 권력이 투쟁하는 것이지만, 본질적인 차이를 구별할 수 없기 때문에—둘 다 정신적이니까—각각 하나의 시간적 범주를 점하는 것으로 합의에 도달했다. 그 범주란 현세적 시간과 영원적 시간이다. 현세적 권력도 종교적인 권력도 모두 정신적이다. 그러나 전자는 시간의 정신—이 세상을 변화하는 여론—인 반면, 후자는 영원의 정신 즉 신의(神意)로 신이 인간과 그 운명에 대해 가지고 있는 생각이다.

그렇기 때문에 어느 때에 어떤 사람이 또는 어떤 민족이 또는 모든 민족의 어떤 동질적인 그룹이 지배하고 있다는 것은 어느 때에 어떠한 여론—즉 사상, 편애, 열망, 목적—의 체계가 세상에서 우월하다는 것과 같은 것이다.

이 여론의 지배라는 것을 어떻게 이해해야만 하는 것인가? 대부분의 인간은 견해를 가지고 있지 않기 때문에 기계에 윤활유를 치듯이 외부에서 주입해야 한다. 따라서 정신이—어떤 정신인가는 상관없다—힘을 가지고 견해를 갖지 않은 사람—사실상 대부분—이 견해를 갖도록 그 힘을 행사할 필요가 있다.

견해가 없다면 인간의 공존은 곤란에 빠질 것이다. 아니, 그뿐 아니라 역사의 공허가 초래될 것이다. 견해가 없으면 인간의 삶은 구조도 유기성도 잃을 것이다. 그렇기 때문에 정신 권력 없이는, 결국 누군가 지배하는 인간이 없으면, 또 그것이 부족하면 할수록 혼란이 인류 세계를 지배할 것이다. 또 마찬가지로 모든 권력자의 교체, 즉 모든 지배적 요소의 교체는 동시에 여론의 교체를 의미하고, 그 결과 역사적 중력의 교체를 의미한다.

그럼 다시 출발점으로 돌아가자. 이 수세기 사이에 유사한 정신을 가진 민족 집단이 유럽 세계를 지배해 왔다. 중세에는 아무도 현세적 세계를 지배하지 않았다. 역사상 모든 중세는 이와 같았다. 따라서 이 시대는 비교적 무질서와 비교적 야만, 여론 결핍을 상징한다. 이 시대는 사랑하고, 증오하고, 열망하고, 반발하고, 게다가 그런 강도가 센 시대였다. 그와 반대로 사람들의 견해는 그다지 없었다. 그렇다고 이런 세상에도 즐거움이 없었던 것은 아니다. 그러나 위대한 시대에 인류는 실로 견해를 가지고 살며 그렇기 때문에 질서가 있는 것이다. 중세 이전에도 근대처럼 지배자가 존재한 시대를 발견했다. 그것은 로마 시대이다. 지배한 지역이 세계의 제한된 부분이었다 해도 로마인은 위대한 지배자였다. 로마는 지중해와 그 주변에 질서를 확립했다.

제1차 세계대전이 끝나자 사람들은, 유럽은 이미 세계를 지배하고 있지 않다고 말하기 시작했다. 그렇지만 그런 사람들은 이 판단이 갖는 중요성을 알고 있었을까? 그것은 권력의 교체를 암시하는 것이다. 그럼 권력은 어디로 이동하는 것인가? 누가 유럽에 이어 세계를 지배하는가?

그런데 누군가가 유럽의 뒤를 계승한다는 것은 틀림없는 것일까? 만약 아무도 없다면 어떻게 되는 것일까?

2

세상에는 매순간에, 따라서 지금 이 순간에도 무수한 사건이 일어나고 있다는 것은 분명한 진실이다. 그렇기 때문에 세상에서 지금 무엇이 일어나고 있는지를 모두 말하려 한다는 것은 자기 자신을 우롱하는 것이다. 그러나 현실의 모든 것을 직접 알 수는 없기 때문에 우리는 하나의 현실을 임의로 구성하고, 사물은 지금 어떤 상태라는 것을 상상하는 것 말고는 아무것도 할 수 있는 것이 없다.

이렇게 하는 것에 따라 우리는 하나의 도식을, 즉 하나의 개념 내지는 모든 개념의 틀을 짤 수 있는 것이다. 이에 따라 진짜 현실을 내려다볼 때 비로소 현실의 대략적인 모습을 알게 된다. 이것이야 말로 과학적 방법이다. 그뿐 아니라 모든 지성은 이처럼 쓰일 수 있는 것이다.

정원의 작은 길로 걸어오는 친구를 보고 "저 사람은 베드로로군" 이렇게 말할 때, 우리는 고의든 역설적이든 하나의 잘못을 범하는 것이다. 왜냐하면 베드로는 우리에게 육체적, 도덕적인 행동양식의 도식적 전체—'인격'이라고 불리는 것—를 의미하기 때문이다. 현실의 친구 베드로가 때에 따라서는 '친구 베드로'라는 개념과 닮지 않을 수도 있다.

개념이란 것은 아무리 간단해도, 아무리 복잡해도 모두 기하학적으로 깎인 다이아몬드가 손가락에 끼워진 금반지의 틀 위에 끼워져 있는 것처럼, 그 자신의 역설 안에, 편안히 웃고 있는 치열 안에 들어 앉아 있다.

개념은 진지한 얼굴로 말한다. "이것은 A이고 저것은 B이다." 그러나 이 진지한 얼굴은 웃음을 참는 얼굴이다. 폭소를 삼키고 만약 입을 잘 막지 않으면 내뿜고 말 것 같은 불안한 진지함이다. 개념은 이것은 A가 아니라고 단정할 수 없고, 또 하나는 궁극의 B가 아니라는 것을 잘 알고 있는 것이다. 개념이 엄밀하게 생각하고 있는 것은, 그것이 말하고 있는 것과 조금 다른 것으로 이런 이중성에 역설이 놓여 있다.

개념이 실제로 생각하고 있는 것은 다음과 같다. 이것은 엄밀하게 말해서 A가 아니고, 그것은 B가 아니라는 것을 나는 알고 있다는 것이다. 그러나 A와 B라고 다루면서 그것들을 나의 목적과 관련시켜 이해하고 그에 대한 실제적 행동을 취한다.

이러한 이성의 인식론을 그리스 인이 듣는다면 화를 낼 것이다. 왜냐하면 그리스 인은 이성과 개념 안에서 현실 그 자체를 발견했다고 믿었기 때문이다. 그에 대해서 우리는 이성, 개념은 삶이라는 지극히 복잡, 곤란한 현실 안에 있어서 인간이 자기 자신의 상태를 명확히 하기 위해 필요로 하고 사용하는 일용품이라 믿고 있다.

삶이란 우리가 사물 안에 있어서 스스로를 유지시켜 나가기 위한 사물과의 투쟁이다. 개념이란 사물의 공격에 대응하기 위해서 우리가 만든 작전 계획이다. 그렇기 때문에 어떤 개념이라도 그것을 밑바닥까지 살펴보면 사물 자체에 관해서는 아무것도 말하지 않고, 어떤 인간이 사물과 더불어 할 수 있는 것과 그것으로 피해를 볼 수 있는 것에 대해 말해 준다는 것을 알 수 있다.

모든 개념의 내용은 항상 삶과 관계하고 있고 항상 한 사람이 가능한 능동 또는 수동을 나타내고 있다는 이 결정적인 견해를 주장한 사람은 내가 알고 있는 한 아무도 없다. 그러나 이것은 칸트에게서 시작된 철학적 사유 과정의 끊임없는 목표였을 것이라고 나는 생각한다. 그렇기 때문에 칸트까지의 철학사를 이 견해에 비추어 조사해 보면, 모든 철학은 근본적으로는 같은 것을 말한 것처럼 보일 것이다. 그런데 모든 철학적 발견은 (발견, 즉 디스커버의 의미로써) 덮개를 여는 것으로, 내부에 있는 것을 표면으로 끌어내는 것에 지나지 않다.

그러나 내가 지금부터 하려는 말은 철학적 문제와 먼 문제이니까 더 이상의 서두는 적당하지 않다. 나는 그저 오늘날 세계에 일어나고 있는—역사 세계의 의미이다—사실, 곧 과거 3세기 동안 유럽이 세계를 지배해 왔지만 이제는 지배하고 있지도 계속 지배할 것 같지도 않다는 사실을 말하려 한다.

현대의 역사적 현실을 구성하는 무한한 사물들을 이같이 단순한 표현으로 정리한다는 것은 과장이다. 그렇기 때문에 나는 좋아하건 말건 상관없이 과장한다는 사실을 독자에게 미리 상기시켜 둘 필요가 있었던 것이다. 과장하고 싶지 않은 사람은 침묵해야만 한다. 아니, 그럴 뿐 아니라 자기 지성을 마비시키고 백치가 될 방법을 찾아야 한다.

세계에서 정말로 일어나고 있는 것은 (유럽이 지배하는 것에/자신을 잃었다는 것) 그것이고 그 이외의 일은 모두 그 일의 결과이자 조건, 조짐이고 에피소드라고 생각한다.

나는 유럽이 지배를 그만두었다고 말하는 것이 아니라, 엄밀히 말해 이 몇 년 간 유럽은 지배를 하고 있는 건지 아닌지, 계속 지배할 것인지 아닌지에 심각한 의문을 품고 있다고 말하고 있다. 지구상의 다른 민족 사이에도 이와 같은 정신 상태가 있다. 다시 말해 현재, 자신들이 누군가에게 지배당하고 있는지 어떤지에 대한 의문이다. 그들도 그에 관해서 확신을 가지고 있지 않다.

최근 몇 년 간 유럽의 몰락에 관해서 논란이 벌어졌다. 유럽 또는 서유럽의 몰락이 화제가 되었다고 해서 독자가 금방 슈펭글러와 같은 순진한 실수를 범하지 않기를 바란다. 그의 책이 출판되기도 전에 온 세계가 그것을 화제로 삼고 있고 또 그 책이 성공한 것은, 잘 알려진 것처럼 그러한 의문이나 걱정이 실로 이런저런 이유와 의미에 의해 모든 사람의 머릿속에 존재하고 있었기 때문이다.

유럽의 몰락이 크나큰 화젯거리가 되었기 때문에 많은 사람들이 그것을 하나의 사실로 생각하게 되었다. 진지하게 근거를 갖고 그렇게 믿는 것이 아니라, 어느 특정한 날부터 그것을 마음속에서부터 확신하게 된 것은 아니지만, 아무튼 유럽의 몰락이 분명하다는 식으로 생각하는 데 익숙해져 버린 것이다. 왈도 프랑크(Waldo Frank)의 최근 저서 《아메리카의 재발견》[3]은 순전히 유럽이 죽음에 임박했다는 전제를 내세워 쓰고 있다. 그런데도 프랑크는 논란의 전제가 되는 그 엄청난 사실에 관해서 분석도, 논의도, 의문도 제기하지 않는 것이다. 별로 탐색도 하지 않고 유럽의 몰락이 확실한 것이라도 되는 양 그런 가정에서 출발하였다. 출발점에서 볼 수 있는 이 순진한 태도는 프랑크가 유럽의 몰락을 확신하고 있지 않다는 것, 그뿐 아니라 그런 문제를 스스로 제기한 적도 없다는 것을 충분히 알 수 있다. 전철에라도 타는 것처럼 그러한 전제를 가볍게 다룬 것이다. 지적(知的) 세계의 교통기관에 있어서의 전철 같은 것이다.

다른 많은 사람들도 프랑크와 마찬가지이다. 민족들 아니, 모든 민족이 그러하다.

현재의 세계가 보여주는 풍경은 전형적으로 아이들 같은 모습이다. 학교에서 누군가 선생님이 어딘가 나가셨다고 알리면, 유치한 아이들 무리는 날뛰면서 규율을 어지럽히고 만다. 누구나 선생님이 계셨기 때문에 느꼈던 압박감에서 해방되어 규칙이라는 목줄을 벗어던지고 날뛰고 자기 운명의 주인이라고 느껴 기뻐 어쩔 줄을 모른다. 그러나 공부나 숙제를 강제할 규율이 없어지고 보면, 이 아이들 무리는 본래의 할 일도 정식 직업도 의미나 계속성이나 목적 있는 과제도 없기 때문에 공중제비 도는 것 이외에는 아무것도 할 일이 없다.

미숙한 민족들이 나타내고 있는 경박스러운 상태는 한탄스러울 지경이다. 유럽이 몰락하고 그 결과 지배를 포기한다고 남이 말하는 것을 듣고 그 작은 나라 사람들은 뛰어오르고 손을 흔들고 물구나무서고 몸을 뒤로 젖히거나 기지개를 펴는 등 그들의 운명을 지배하고 있던 어른들의 흉내를 내는 것이다. 이것이 오늘날 모든 곳에서 곰팡이처럼 널리 퍼지고 있는 '민족주의'의 파노라마이다.

지금까지 모든 장에서 오늘날의 세계에 군림하는 새로운 유형의 인간을 설명하려고 했다. 그리고 이 사람들을 대중이라 부르고, 그 주요한 특징으로 스스로 평범하다고 느낌에 따라 평범함의 권리를 주장하고, 자신보다 상위의 권위를 인정하지 않는다는 점도 지적했다. 만약 이러한 인간이 각 민족 안에서 지배적 위치에 오르게 된다면, 많은 국민을 하나인 전체로 보면, 그 국가 전체를 볼 때도 같은 현상이 생기는 것은 자연스러운 일이다. 또 서로 비교해 보면 대중이라는 것이 있어서 이러한 민족은 역사를 만들어 온 인간 종족의 소수파인 창조적인 위대한 민족에 대해 반란하려고 결의하고 있는 것이다. 몇몇 소국가들이 세계의 한쪽 구석에서 까치발로 서서 유럽을 탄핵하고, 세계사에 있어서 유럽의 면직을 선언하는 모습은 완전 코미디이다.

그 결과는 어떻게 될 것인가? 유럽은 하나의 규범 체계를 만들어 내 그

효율성과 풍요로움이 몇 세기에 걸쳐 증명되어 왔다. 이 규범은 최상의 것은 아니지만 그렇다고 형편없는 것도 아니다. 그러나 다른 규범이 존재하지 않고 그 모습을 보여주지 않는 동안은 이것이 결정적인 규범이라는 것은 의심의 여지가 없다. 이 규범을 능가하기 위해서는 어떻게 해서든 새로운 규범을 만들어 내는 것이 필수적이다. 그러나 대중 민족은 유럽 문명이라는 규범체계가 효력을 잃었다고 결의했지만, 이것을 대신할 체계를 창조할 능력이 없기 때문에 무엇을 해야 좋을지 모르고, 그저 시간을 때우기 위해 공중제비를 돌고 있는 것이다.

이상이 세계를 지배할 자가 없어졌을 때 일어날 첫 결과이다. 사람들이 반란을 꾀하면서도 일도 없고 삶의 계획도 없는 상태로 남겨지는 것이다.

3

어느 집시가 고해성사를 하러 갔는데, 신중한 신부는 우선 하느님의 법률인 십계명을 알고 있는지를 물었다. 그에 집시가 대답하기를 "신부님 저는 그것을 외우려고 했습니다만 이제 그런 것은 폐지된다는 소문을 들었기에……."

오늘날 세계정세가 이와 같지 않은가? 유럽의 계율은 이제 곧 효력이 없어진다는 소문이 있어서 그걸 들은 사람들은—인간도 민족도—이참에 계율 없이 살아가려 하고 있다. 왜냐하면 유럽의 계율 이외에는 다른 계율이 존재하지 않기 때문이다.

현재의 상황은—이전에 몇 번인가 있었던 것처럼—새로운 규범이 생겨나 낡은 규범을 배제하고 신선한 열기가 그 젊은 불 속에서 냉각된 옛날의 정열을 흡수해 버리는 것과는 다르다. 그렇다면 보통의 현상과 다름이 없을 것이다. 옛것이 낡았다는 것은 그 자체가 노화했기 때문이 아니라, 이미 새로운 원리가 존재하기 때문에 낡은 것이 된다. 새로운 원리가 생기기만 하면 선행원리는 곧 노화된다.

만약 자녀가 없다면 우리는 노화되지 않거나 노화되는데 꽤 많은 시간이 걸릴 것이다. 물건도 마찬가지이다. 10년 전의 자동차는 20년 전의 기관차보다도 더 낡아 보인다. 이유는 간단하다. 자동차의 여러 제조 기술이 기관차보다 더 빠른 속도로 발전했기 때문이다. 젊은 청년이 등장함에 따라 일어나는 노화는 건강의 상징이다.

그런데 지금 유럽에서 일어나고 있는 새로운 일은 건강하지 않고 기이하다. 유럽의 계율은 다른 계율이 지평선 위에 나타날 기미도 없는데 벌써 그 효력을 상실해 버렸다. 유럽이—남이 말하기를—지배하는 것을 포기했는데 누가 그를 대신 할지 알 수가 없는 것이다. 유럽이란 본디 프랑스, 영국, 독일의 세 강대국을 의미했다. 지구상에 이 세 나라가 점유하고 있는 지역을 통해 인류의 생존양식이 성숙해지고 세계는 그에 따라 조직된 것이다. 만약 지금 말들 하는 것처럼 이 세 나라가 몰락 중에 있고, 그들의 생활방식이 효력을 잃었다고 한다면, 세계가 퇴화하는 것도 이상할 것이 없다.

그리고 이것은 분명한 진실이다. 온 세계가—국민도 개인도—퇴화하고 있다. 잠시 동안은 이 퇴화가 사람들을 즐겁게 하고 막연한 환상까지 안겨 줄 것이다. 열등한 자들은 자신의 어깨에 놓인 짐을 덜었다고 생각할 것이다. 십계명 그것이 돌과 청동 위에 새겨졌을 때부터 무겁고 괴로운 성격을 가지고 있었다. '지배하다' '명령하다'라는 말의 어원은 '짐을 쌓다' '어떤 사람의 손 위에 무언가를 올려놓다'는 의미에서 왔다. 명령하는 사람은 '짐스러운'[4] 존재이다.

온 세상의 열등한 자는 자신들이 짐을 지고 임무를 맡아 온 것에 질려 성가신 명령에서 해방된 지금의 시대를 축제 기분으로 즐기고 있다. 그러나 축제는 길게 지속되는 것이 아니다. 일정한 방법으로 사는 것을 강제할 규율이 없다면 우리의 삶은 완전히 공황 상태가 되어 버린다. 이것이 지금 세상에서 가장 우수한 청년들이 직면하고 있는 무서운 심리 상태이다.

그들은 속박 없는 자유를 공허하다고 느끼는 것이다. 공황 상태의 삶은 죽음 이상으로 자기 자신을 부정하는 것이다. 왜냐 하면 산다는 것은 무언가 특정한 것을 해야 하는 것—어떤 임무를 완수하는 것—으로, 우리가 우리 삶에서 어떤 짐을 짊어지기를 회피할수록 삶은 공허해지기 때문이다. 곧 지구상에 무서운 비명이 들릴 것이다. 누군가가 또는 무언가가 명령해 주기를, 임무를 부여해 주기를 원하는 목소리는 무수한 개들이 짖는 소리처럼 별에서도 들릴 것이다.

나는 유럽은 이미 지배하고 있지 않다고 아이처럼 아무 생각 없이 우리에게 전하는 사람들에 대해서 말하고 싶다. 지배한다는 것은 사람들에게 일을 주는 것이고, 그들을 자신들의 운명과 궤도로 끌어들이는 것이고, 궤도를 벗어나지 못하게 하는 것이다. 궤도를 벗어난다는 것(5)은 방황,(6) 공허한 삶, 황폐한 것이 보통이다.

유럽이 지배를 포기했다고 해도, 만일 누군가 유럽을 대신할 능력이 있는 자가 있다면 문제는 없을 것이다. 그러나 그런 자는 그림자조차도 보이지 않는다. 뉴욕과 모스크바는 유럽과 비교해서 무엇 하나 새롭지 않다. 둘 다 유럽 규율의 일부여서 나머지와 분리된다면 그 의미를 잃어버릴 것이다.

사실 뉴욕과 모스크바의 이야기를 하기는 싫다. 어느 누구도 그들이 어떤지를 충분히 알지 못하기 때문이다. 다만 알고 있는 것은 그 어느 쪽에 대해서도 결정적인 것은 아무것도 들은바가 없다는 것이다. 그러나 설령 그들이 어떤지 충분히 알지 못해도 그들의 일반적인 성격을 이해할 수는 있다. 실제로 이 둘은 내가 때때로 '역사의 카무플라주(camouflage : 위장) 현상'이라고 부른 것과도 들어맞는다. 위장이란 본질이 겉모습과 다른 현상을 말한다. 위장은 실체를 드러내지 않고 그것을 가린다. 그렇기 때문에 대부분의 사람들은 이에 속아 넘어간다. 단, 사전에 일반적으로 위장이 존재한다는 것을 알고 있는 사람만이 위장이 연출하는 속임수를 피할 수 있을 것이다. 신기루에 대해서도 같은 현상이 일어난다. 개념을 가지고 있을 때만이 시각의 오류를 정정할 수 있다.

역사의 위장이라는 현상 안에는 위아래로 겹친 2개의 현실이 있다. 하나는 심층에 있는 현실적이고 본질적인 실재이고, 또 다른 하나는 외형적이고 우연적이고 표면적인 실재이다. 예를 들면 모스크바는 유럽의 현실과 그 문제를 고려하여 만들어진 유럽 사상—마르크스주의—의 장막이 존재한다. 그 장막 이면에는 유럽 인과는 인종적으로 다를 뿐만 아니라—그보다도 더욱 중요한 것이지만—우리와는 연령이 다른 민족이 감추어져 있는 것이다. 이 민족은 아직도 성장 중에 있는, 즉 젊은 민족이다.

마르크스주의가—산업을 가지지 않은—러시아에서 승리를 거둔다면 그것은 마르크스주의에서 일어날 수 있는 가장 큰 모순이라고 말할 수 있을지도 모른다. 그러나 실제로는 그러한 모순은 존재하지 않는다. 그러한 승리가 없었기 때문이다. 러시아 인은 신성 로마제국의 독일인들이 로마인이었다는 정도만큼 마르크스주의자이다. 새 민족들에게는 이념이 없다. 그들은 낡은 문화의 존재 또는 그때까지 존재하고 있던 환경에서 자라날 때에 낡은 문화가 제공하는 이념으로 몸을 감싼다. 여기에 위장과 위장의 이유가 존재한다.

다른 기회에 몇 번인가 지적했던 것인데, 민족의 진화에는 커다란 두 형태가 있다는 사실을 잊고 있다. 먼저 문명이 전혀 존재하지 않는 '세계'에서 태어난 민족이 있다. 이를테면 이집트나 중국 민족이 그렇다. 이러한 민족에게는 모든 것이 토착적이다. 그래서 그들의 행동은 명쾌하고 직접적인 의미를 가지고 있다. 그러나 한편으로 긴 역사를 갖고 있는 문화가 지배하는 환경에서 태어나 발전하는 민족이 있다. 예를 들면 로마가 그렇다. 로마는 그리스·오리엔트의 문명이 녹아들어 있는 지중해의 한 가운데에서 자라난 것이다. 따라서 로마인의 행동중 반은 독립적인 것이 아니라 습득한 것이다.

학습, 받아들인 행동은 항상 이중성을 가진다. 그 진정한 의미는 똑바르지 않고 비뚤어져 있다. 밖에서 배운 행동을 하는—예를 들면 외국어를 사용하는—사람은 그 배후에 자신의 본디 행동을 하고 있는 것이다. 가령 외국어를 모국어로 번역하는 것이 그렇다. 그렇기 때문에 위장의 정체를 보기 위해서는 비뚤어진 시선으로 들여다보는 것도 필요하게 된다. 사전을 옆에 두고 원전을 번역하고 있는 사람의 시선이 딱 이렇다.

나는 스탈린의 마르크스주의가 러시아사의 서적 안에 번역되어 모습을 드러내주기를 기대하고 있다. (7) 스탈린의 마르크스주의가 가지고 있는 힘은 러시아적인 것에 의한 것이지, 공산주의에서 유래한 것이 아니기 때문이다. 앞으로 어떻게 될 지 아무도 모른다. 단, 한 가지 분명한 것은 러시아가 지배자가 되기까지 아직 몇 세기가 더 필요하다는 것이다.

아직 계율이 없기 때문에 러시아는 마르크스의 유럽식 원리에 속한 것처럼 보일 필요가 있었을 뿐이다. 러시아는 젊기 때문에 그런 허구에 만족할 수 있다. 젊은이는 삶의 이유를 필요로 하는 것이 아니라 다만 구실을 필요로 할 뿐이다.

뉴욕에서도 이와 똑같은 일이 일어나고 있다. 미국의 현재 힘을 그들이 따르고 있는 규율 덕으로 돌리는 것 또한 잘못이다.

그 규율은 결국 기술로 귀결된다. 이 무슨 우연의 일치란 말인가. 기술은 미국이 아닌 18, 19세기의 유럽에서 발명된 것이다. 이 또한 무슨 우연이란 말인가. 이 시기는 미국이 탄생한 시기이다. 그러나 미국의 본질은 실용주의적이고 기술적인 개념에 있다고 정색을 하며 말하는 사람이 있다.

사실 미국은, 식민지가 모두 그렇듯이 낡은 모든 인종, 특히 유럽의 인종이 원상태로 돌아간 것, 젊음으로 되돌아간 것이라고 말해야만 한다. 러시아의 경우와는 이유가 다르지만 미합중국도 또 우리가 '젊은 민족'이라고 부를 특수한 역사적 현실의 한 예이다.

사람들은 '젊은 민족'을 단순히 말에 지나지 않은 것이라고 생각하지만, 이것은 인간의 청춘과 마찬가지로 실제하는 것이다. 미국은 그 젊음 때문에 강하다. 그들은 젊기 때문에 현대의 '기술'이라는 규율을 숭배하는 데 그 젊음을 바쳤다. 만약 불교가 당시의 규율이었다면 그것을 숭배하는 데 젊음을 바쳤을지도 모른다. 그러나 미국은 이를 통해 겨우 그 역사를 막 시작한 참이다. 머지않아 그 고민과 알력과 갈등이 시작될 것이다. 앞으로 여러 가지 일들을 겪어야만 한다. 그 중에는 기술과 실용주의와의 정면 충돌도 있을 것이다.

미국은 러시아보다 젊다. 과장스러워질 것을 두려워하면서도 내가 항상 주장해 온 것이지만 미국은 최근 발명으로 위장한 원시 민족이다.*1 왈도 프랑크가 《아메리카의 재발견》에서 이 점을 공개적으로 솔직하게 인정했다. 미국은 아직 고생해 보지 않았다. 그렇기 때문에 미국이 지배의 덕을 가졌다고 생각하는 것은 환상이다.

아무도 지배할 자가 없어서 역사의 세계가 다시 혼돈 상태가 될 것이라는, 비판적인 결론에 빠지는 것을 피하고 싶은 사람은, 출발점으로 되돌아가 유럽이 몰락해 지배권을 포기하고 물러난다는 것이 정말 확실한지, 이 외견상의 몰락이 유럽을 유럽답게 만드는 좋은 위기는 아닌지 자문해 봐야 한다.

언젠가 다수의 유럽 국가들이 정식으로 통일하여 유럽연방을 창설하는 것이 가능하다고 한다면, 그를 위해서 유럽 국가들의 확실한 몰락이 사전에 필요한 것은 아닌지 그러한 설문은 아무래도 필요한 것이 아닐까?

4

지배와 복종의 기능은 모든 사회에서 중요하다. 사회에서 누가 지배하고 누가 복종한다는 문제가 불확실하다면 그 이외의 모든 일도 어설프고 문란해질 것이다. 특별한 경우를 빼면 각 개인의 가장 깊은 내면마저도 혼란스러워지고 왜곡될 것이다.

만일 인간이 우연히 타인과 공존하는 고독한 존재라면, 어쩌면 지배세력과 권력의 교체와 위기에 의해 일어날 여러 가지 영향은 받지 않을지도 모른다. 그러나 인간은 그 가장 본질적인 특성이 사회적이기 때문에 단지 집단에 직접적인 영향을 주는 데 지나지 않는 변화에 의해서도 자신의 내면은 혼란에 휩싸인다. 따라서 개인만을 따로 분석해 보면 다른 자료의 도움이 없어도 그들의 나라에서는 지배와 복종에 관해 어떤 의식을 갖고 있는지를 추정할 수 있을 것이다.

평균적인 에스파냐 인의 개성을 이 실험에 비추어 보는 것은 흥미 있고 분명 유익할 것이다. 그러나 그 작업은 짜증나기도 할 것이고 아무리 유익하다고 해도 우울할 것이다. 그러니 여기서는 하지 않기로 한다. 그러나 만약 그 실험을 해보면 에스파냐는 몇 세기 동안 지배와 복종의 문제에 관해 더러워진 양심으로 살아온 나라라는 사실이 평균 에스파냐 인 가운데 엄청난 타락과 퇴폐를 불러일으켰다는 점을 볼 수 있을 것이다.

타락이란 부당한 것과 변칙적인 것을 습관적이고 체질적인 것으로 받아들이는 것이다. 본질적으로 죄악이자 비정상적인 것을 건전한 정상적인 것으로 개조할 수 없기 때문에 개인은 부당한 것에 적응하려 하고, 결국 부당함 속에 내재되어 있는 범죄와 변칙성에 완전히 동질화되어 버린다. 이것은 "한 마디 거짓말이 백 마디 거짓말을 만든다"는 속담과 비슷한 메커니즘이다.

지배를 해서는 안 될 인간이 지배하려고 욕심을 부린 시대를 어느 나라 국민이나 경험했다. 그러나 강력한 본능에 따라 국민의 에너지가 한데 뭉쳐 변칙적인 지배권을 거부했다. 일시적인 변칙성을 거부하고 사회도덕을 회복한 것이다.

그러나 에스파냐 인은 그와 반대의 길을 갔다. 에스파냐 인은 자신의 양심이 거절하고 있는 자의 지배에 반항하는 대신, 이 최초의 기만에 잘 적응하도록 자신의 모든 존재를 왜곡시키는 길을 선택했다. 이런 일이 지속되고 있는 한 에스파냐 인들에게 무엇을 기대한다는 것은 헛일이다. 그 국가, 또는 지배 권력이 구조적으로 위선 덩어리인 사회는 역사 안에서 품위를 지킬 수 없다.

따라서 누가 세계를 지배하는가, 이 문제에 하찮은 의심과 단순한 동요가 일어날 때 모든 사람이—사회적인 삶과 개인적인 삶에서—타락하기 시작하는 것은 전혀 이상한 일이 아니다.

본디 인간의 삶은 무언가에 자신을 바쳐야 한다. 즉, 영광스런, 또는 겸허한 사업에, 아니면 빛나는, 또는 평범한 운명에 자신을 바쳐야 한다. 이것은 기묘한 조건이지만, 우리의 생존에 깊이 새겨져 있어서 도망칠 수 없는 조건이다. 산다는 것은 한편으로 각자가 자신을 위해서 무언가를 하는 것이고 다른 한편으로 나의 삶, 나에게만 중요한 삶은 이것을 무언가에 투신하지 않으면 긴장도 '형태'도 없어져서 덜거덕 거리게 될 것이다.

요즘에는 수많은 삶이 몸을 바칠 만한 무언가가 없기 때문에 자기 자신의 미로에서 헤매고 있는 엄청난 광경을 본다. 모든 명령, 모든 규율은 중지 상태에 있다. 이 상황은 경우에 따라서는 이상적으로 보일 것이 분명하다. 그렇다는 것은 한 사람 한 사람의 삶은 자신이 좋아하는 일을 하고 자신의 일에만 몰두할 수 있는 절대 자유를 얻었기 때문이다.

민족에 관해서도 마찬가지다. 유럽은 세계에 대한 압력을 늦추었다. 그러나 그 결과는 예상과 반대로 나타났다. 한 사람 한 사람의 삶은 자유를 얻긴 했지만 자기 자신을 잃어버려 무엇을 해야 할지 모르는 공허한 상태가 되어 버렸다. 그리고 무언가로 자신을 채워야 하기 때문에 내키는 대로 자신을 날조하고 또는 변덕스럽게 위장하여, 자기 내면의 진실에서 기인한 것이 아닌 헛된 일에 몰두한다. 오늘 무언가를 했으면 내일은 다른, 오늘과는 반대인 일을 하겠다고 말한 꼴이다. 혼자 있는 자기 자신을 만났을 때에 어찌할 바를 모른다.

이기주의는 미로이다. 그것도 가장 복잡한 미로이다. 산다는 것은 무언가를 향해서 질주하는 것이고 어떤 목표를 향해서 전진하는 것이다. 그 목표는 내 길도 아니고 나의 삶도 아니다. 그것은 내 삶을 제공해 주는 어떤 것이고, 그렇기 때문에 나의 삶 바깥쪽 저 멀리에 있는 그 어떤 것이다. 내가 이기적으로 나의 내부만을 걸어가려고 결심했다면 나는 앞으로 나아갈 수도 없고 어디에도 이를 수 없다. 같은 곳만 빙글빙글 돌고 있을 뿐이다. 이것이 미로이고 자신의 내부만을 오로지 걸어가는 것이기 때문에 어디에도 도착할 수 없는 스스로의 안에서 길을 잃게 만드는 미로이다.

제1차 세계대전 뒤, 유럽 인은 자기 내부에 틀어박혀 자기를 위해서도 남을 위해서도 할 일을 잃어버리고 말았다. 그렇기 때문에 역사적으로 10년 전과 아무런 변화가 없는 상태에 머물러 있다.

지배는 이유 없이 행사할 수 있는 것이 아니다. 지배란 타인에게 미치는 압력이다. 그러나 그뿐만이 아니다. 만약 타인에 대한 압력에 지나지 않는다면 그것은 폭력과 같을 것이다. 지배하는 것은 누군가에게 명령하는 것과 무언가를 명령한다는 두 가지의 작용을 가지고 있다. 그리고 누군가에게 명령한다는 것은 결국 어떤 사업에, 역사적 거대한 운명에, 그 사람을 참여시키는 것이다. 그렇기 때문에 삶의 계획이 없는, 더욱 정확히 말하면 지배 계획이 없는 지배란 있을 수 없는 것이다. 쉴러는 자신의 시에서 이렇게 노래한다.

왕이 건설을 하면
마부에게 일이 생긴다[8]

따라서 위대한 민족—위인의 경우도 그렇지만—의 활동이 단순히 이기적인 마음에서 이루어진다는 견해를 갖는 것은 좋지 않다. 이기주의자로 있는 것은 생각만큼 쉽지 않고 순수한 이기주의자로써 승리를 거둔 사람은 없다. 위대한 민족이나 위인이 보여주는 이기주의는 하나의 사업에 삶을 모두 건 사람이 지녀야만 하는 행동의 냉혹함 때문이다.

우리가 정말 무언가를 하려고 어떤 기획에 몸을 바쳤을 때, 통행인들 돌보기 위한 시간을 쪼개 달라거나, 이웃사랑을 위해 조금 일해 달라고 우리에게 요구해서는 안 된다.

에스파냐를 여행하는 사람을 기쁘게 하는 것 중에 하나는 거리에서 누군가에게 길을 물었을 때 상대는 친절하게도 가던 길을 멈추고 자신을 희생하여 여행자가 가고자 하는 곳까지 안내해 준다는 것이다. 나는 선량한 켈티베로 인(에스파냐 인의 선조)의 성품이 친절하다는 것을 부정하지 않는다. 그리고 외국인이 그렇게 생각해 주는 그의 행동을 기쁘게 생각한다.

그러나 나는 이러한 일을 듣거나 읽었을 때 정말 그 사람은 어딘가를 가려고 했던 것인가 하는 의심이 드는 것을 억누를 수가 없다. 왜냐하면 에스파냐 인은 어딜 가려 해서가 아니라 아무 계획도 사명도 없이 그저 다른 사람의 삶이 자신의 삶을 조금이라도 채워주지 않을까 하는 생각으로 밖에 나갔을 지도 모르기 때문이다. 나는 우리 동포들이 누군가 안내해 줄 여행자를 만나기 위해서 일부러 밖에 나간다는 것을 알고 있다.

현재까지 유럽에서 행해져 온 세계 지배에 의해 다른 민족을 타락시킨 것은 중대한 일이다. 그러나 이런 답보 상태가 유럽 자체를 완전히 타락시킨 것은 훨씬 더 중대한 일이다. 이렇게 말하는 것은 내가 유럽 인이라는 것과 전혀 관계가 없다. 또 유럽이 미래를 지배하지 않는다 해서 세상의 삶에 대한 나의 관심이 사라질 것도 아니다.

만약 오늘날 유럽 대신 세계에 방향을 제시할 능력을 가진 민족이 존재한다면 유럽의 지배권이 없어진들 상관하지 않는다. 그러나 그러한 민족이 나타나 주기를 희망하지도 않는다. 지배자를 없애기 위해서 유럽 인의 덕과 자질을 일치단결하여 소멸시키려는 것이 아니라면 지배할 자가 없어도 참을 수 있을 것이다.

마지막에 말한 사태는 아무래도 피하기 어렵다. 만약 유럽 인이 지배하지 않는 것에 익숙해져 버리면 한 세대가 반이 지나기도 전에 틀림없이 유럽이 그리고 그 뒤에 온 세계가 도덕적 무기력, 지적 불임, 전체적인 야만 상태에 빠질 것이다. 본디 유럽에 내재한 지배의 꿈과 그 꿈에 의해 고무된 책임감에 근거한 규율만이 서유럽의 혼을 긴장 상태로 유지시킬 수 있다. 과학, 예술, 기술, 그 밖의 모든 것은 지배자로서의 자각에서 생겨난 긴장된 공기를 호흡하며 살고 있는 것이다.

만약 이 자각이 없다면 유럽 인은 추락하고 말 것이다. 그리고 유럽 인의 정신은 모든 면에서 새로운 커다란 이념을 갖기 위해 힘껏 대담하고 집요하게 앞장서 나간 예전의 뿌리 깊은 자신을 잃어버릴 것이다. 유럽 인은 결정적으로 하루살이 인간이 될 것이다. 창조적인 장대한 노력이 불가능해지고 영원히 과거로, 습관으로, 정해진 일로, 추락해 갈 것이다. 쇠퇴기의 그리스 인처럼 비잔틴 시기의 그리스 인처럼 상투적이고 인습적이며 공허한 인간이 되어 버릴 것이다.

창조적인 삶은 엄격한 절제, 위대한 덕성, 존엄한 의식을 불러일으키는 끊임없는 자극을 전제로 한다. 창조적인 삶은 정력적인 삶이고 정력적인 인간이 다음 두 상태 중 어느 한쪽에 있을 때에만 가능하다. 즉 스스로 지배를 할 것인가 아니면 누군가 우리가 완전히 지배권을 인정한 사람이 지배하는 세상에 살 것인가, 다르게 말하면 지배할 것인가 복종할 것인가 하는 것이다. 그러나 복종한다는 것은 참는 것이 아니라—참는다는 것은 천해지는 것이다—그와는 반대로 지배하는 사람을 존경하고 그 사람의 명령에 따라 그 사람과 연대 책임을 지고 그 사람의 휘하에서 열의를 가지고 동참하는 것이다.

5

여기서 이 논문의 출발점, 즉 근래 유럽의 침몰이 그렇게나 화제가 되고 있다는 기묘한 사실로 돌아갈 필요가 있다. 이 몰락이 처음에 유럽 인이 아닌 사람들에 의해 지적된 것이 아니라, 유럽 인 자신이 그 발견을 했다는 사실이 이미 놀랄만한 일이다.

유럽 대륙 이외의 사람은 누구 하나 그것에 대해 눈치 채지 못하고 있을 때 독일, 영국, 프랑스의 몇 사람인가가 우리는 몰락하고 있는 것이 아닌가 하는 암시적인 문제에 눈이 뜨였다. 이 생각은 저널리즘에서 크게 다루어졌기 때문에 오늘에 와서는 온 세계가 유럽의 몰락을 부정하기 어려운 현실에 있다고 이야기한다.

그러나 경박한 몸짓을 하면서 이런 말 하는 사람을 붙잡고 그의 판단이 어떤 구체적이고 명확한 근거에 의한 것인지를 물어보자. 곧 당신은 상대가 미덥지 않은 몸짓으로 팔을 절망적으로 들어 올리는 모습을 볼 것이다. 이것은 바다에서 조난당한 모든 사람이 하는 행동이다. 무엇을 잡으면 좋을지 사실 그들은 알지 못한다.

현재 유럽의 위기를 정의하려고 할 때 별로 정확히 알지 못해도 어쨌든 발견할 수 있는 유일한 것은, 유럽 각국이 오늘날 직면한 경제적 어려움이다. 그러나 이 어려움의 성격을 조금 자세히 들여다보면, 그 어느 것도 부의 창출에 심각한 영향을 미치는 것이 아니라 지금까지도 유럽은 이러한 면에서 훨씬 심각한 위기를 거쳐 왔다는 사실을 발견할 수가 있다.

그러면 오늘날의 독일이나 영국인이 지금까지 더욱 많이, 더욱 좋은 것을 생산할 능력이 있다는 자신감을 가지고 있지 않다고 말하는 것인가? 결코 그런 것은 아니다. 따라서 경제적 차원에서 독일인이나 영국인의 정신 상태를 규명해 보는 것은 매우 중요한 일이다. 그런데 이상하게도 그들의 사기가 저하된 것은 분명하지만, 그것은 능력 부족을 느끼고 있는 것에서 기인한 것이 아니라, 그와 반대로 전에 없는 잠재력을 가지고 있지만 그들이 할 마음만 있다면 얼마든지 할 수 있는 마음을 방해하는 치명적인 장벽에 부딪쳐 있다고 생각하는 데서 기인하고 있는 점이다.

오늘날 독일, 영국, 프랑스 경제에서 치명적인 한계란 각국의 정치적 국경에 있다. 따라서 진정한 어려움은 어떤 종류의 경제 문제로부터 생긴 것이 아니라, 경제적 능력을 발휘시켜야만 하는 사회생활의 형태가 이 능력의 규모와 들어맞지 않는다는 점에 있다.

내 생각에는 부정의 여지가 없을 정도로 요즘 유럽의 활력을 무겁게 짓누르고 있는 쇠퇴와 무력감은, 현재 유럽이 가지고 있는 잠재력의 규모와 그 힘을 발휘해야만 하는 정치 조직의 크기와의 사이에 균형을 잡지 못하는 것에 의한 것이라는 생각이다. 긴급하고 중대한 문제를 해결하려는 의욕은 예전에 없을 정도로 강하지만, 자신이 들어가 있는 새장이 작기 때문에 금방 막혀 버리고 만다. 유럽이 지금까지 작은 나라들로 나뉘어 조직되어져 왔기 때문에 그 작은 나라라는 테두리에 막혀 버리는 것이다. 지금 유럽 대륙의 정신을 무겁게 짓누르고 있는 비관론과 무기력은 날개짓을 하다가 새장에 부딪쳐 날개에 큰 상처를 입은 새와 닮아 있다.

그 증거로 이 어울리지 않는 조직은, 경제라는 요인과는 전혀 상관없는 모든 분야에 걸쳐 일어나고 있는 것이다. 예를 들면 지적 삶에서도 그렇다. 오늘날 독일, 영국, 프랑스의 뛰어난 지식인들은 누구나 자기 나라의 경계 안에서 숨막힐 듯한 답답함을 느끼고 있으며, 자신의 국적이 절대적인 한계라고 생각한다.

독일의 교수는 자신을 둘러싼 독일 교수 사회가 요구하는 업적발표의 형식이 불합리하다는 것을 이미 눈치 채고 있고, 프랑스의 작가나 영국의 수필가가 향유하고 있는 보다 수준 높은 표현의 자유를 부러워하고 있다.

또 반대로 파리의 문필가는 프랑스에 태어났기 때문에 짊어진 문학적 우월감이나 언어의 형식주의의 전통이 메말라 버린 것을 깨닫고, 이 전통의 장점을 보존하면서 그것을 독일 교수들이 가진 몇몇의 장점과 통합할 것을 바라고 있다.

국내 정치에서도 같은 일이 일어나고 있다. 모든 대국의 정치적 삶이 왜 그렇게 혼란스러운 것인지 매우 특이한 문제 또한 철저하게 분석되어있지 않다. 민주주의의 모든 제도는 권위를 잃었다고 한다. 이에 대한 설명이 필요하다. 미심쩍기 때문이다. 어디서나 의회에 대한 험담을 늘어놓는다. 그러나 험담을 늘어놓는 어느 나라들도 그것을 대신할 방안을 마련하고 있는 것 같지 않고, 적어도 관념적으로라도 보다 바람직한 국가 형태에 대해서 유토피아적인 국가 모습이 존재하는 것 같지 않았기 때문에 외견상의 권위 상실이 정말 그런 것이라고 믿어 버려서는 안 된다.

유럽에서 문제가 되는 것은 사회생활의 도구로써의 제도가 아니라 그 제도를 운영하는 일이다. 삶이 유럽의 개인들이 누리는 생활의 실제적인 규모와 균형잡힌 큰 계획이 없다는 것이다.

여기에 시각적 오류가 존재하는데, 이것을 한꺼번에 고칠 필요가 있다. 예를 들어 항상 의회가 무능하다는 말을 듣고 있는 것은 견딜 수 없기 때문이다. 전통적 의회의 운영방식에 관한 반대라면 얼마든지 타당한 의견들이 존재한다. 그러나 그 의견들을 하나하나 검토해 보면 의회를 폐지해야만 한다는 결론을 이끌어 낼만한 것은 하나도 없고, 오히려 의회를 개혁할 필요가 있다는 것을 직접 명료하게 나타내고 있다.

그럼 어떤 일에 관해 인간의 입장에서 말할 수 있는 최선의 방법은 그것을 개선할 필요가 있다고 말하는 것이다. 왜냐하면 개선을 요한다는 것은 그것이 필수불가결한 것이고 또 새로운 삶을 가질 수 있다는 것을 의미하기 때문이다. 오늘날의 자동차는 1910년식의 자동차에 제기한 반대의 결과로서 태어났다. 그러나 대중의 일반적인 의회 경시는 그러한 반대에서 생겨난 것이 아니다.

예를 들어 의회가 능률적이 아니라는 말을 듣는다. 그렇다면 무엇에 대해서 능률적이 아닌지 물어 봐야만 할 것이다. 이렇게 말하는 것은 능률성이란 어떤 도구가 어떤 목적을 달성하기 위해서 가지고 있는 능력이기 때문이다. 의회의 목적이란 각각의 나라에서 공적인 문제를 해결하는 일일 것이다.

그러므로 우리는 의회의 비능률을 외치는 사람에게 현대에서 공공 문제의 해결책이란 어떤 것인지에 관해서 맹백한 개념을 가질 것을 요구할 것이다. 만약 그렇지 않다면 해야만 할 일이 무엇인지, 오늘날 모든 나라에서 이론적으로조차 확립되어있지 않은데도 제도적인 도구를 비능률 취급하는 것은 무의미하기 때문이다.

오히려 19세기 의회제 국가만큼 능률적인, 훌륭한 국가를 만들어 낸 제도는 없었다는 것을 상기하는 것이 좋다. 이 사실을 잊어버리는 것은 자신의 어리석음을 드러내는 것이라고 말해도 좋을 만큼 그것은 명백한 일이다. 그렇기 때문에 입법의회를 '점점' 능률적으로 만들기 위한 근본적인 개혁 가능성, 긴급성을 의회의 무용성과 혼동해서는 안 된다.

의회의 권위 상실은 잘 알려진 의회의 결함과 아무런 관계도 없다. 그것은 정치적인 도구로써의 결함과는 전혀 다른 원인에 의한 것이다. 즉 유럽 인이 이 도구의 운용 방법을 모르는 것, 전통적인 사회생활의 목적을 존중하지 않는다는 것, 결국 자신이 소속되어 갇혀 있는 국민국가에 관해서 꿈을 가지지 않았다는 것에 근거하는 것이다. 잘 알려진 권위 상실의 현상을 조금 주의해서 관찰하면, 대부분 국민이 국가에 대한 존중의 마음을 가지고 있지 않다는 것을 알 수 있을 것이다. 존중받지 못한다는 것은 제도가 아니라 이제 작아져버린 국가 자체이기 때문에, 제도의 세세한 부분을 바꾸어도 전혀 소용없는 일이다.

경제적, 정치적, 지적인 여러 기획에서 처음으로 내 나라라는 한계에 부딪친 결과, 유럽 인은 그들의 기획―즉 삶의 가능성이, 그들의 삶의 양식이―이 자신을 포함하고 있는 집단의 규모와 조화되지 않았다는 것을 느끼고 있는 것이다. 그리고 영국인이나 독일인이나 프랑스 인은 자신이 변방인이라고 말하는 것을 발견한 것이다.

그들은 전보다 '작아졌다'는 것을 알게 되었다. 그것은 이전에는 영국인도 프랑스 인도 독일인도 각각 자신들이 곧 세상이라고 생각했다. 나는 이 점이야말로 오늘날 유럽 인을 고민하게 만든 몰락이라는 인상의 기원이라고 생각한다. 이것은 따라서 순수하게 심리적인 것이고 또 역설적인 기원이다. 왜냐하면 왜소화되었다는 추정은 실로 자기의 능력이 증대하여 이전의 조직과 부딪치면서 더 이상 조직 속으로 들어갈 수 없게 되어 버린 데서 생겨난 것이기 때문이다.

이상에서 말한 것을 명백히 할 확실한 증거를 원한다면 무엇이든 좋으니 구체적인 활동을 예로 들어보면 된다. 가령 자동차의 제조를 생각해 보자.

자동차는 순수하게 유럽에서 발명된 것이다. 그러나 오늘날은 미국산이 더 나아졌다. 그 결과 유럽의 자동차는 점점 몰락하고 있다.

그렇지만 유럽의 자동차 생산자—사무직과 기술자—는 미국의 자동차 산업이 더 나은 것은, 미국인들이 특별한 능력을 가지고 있기 때문이 아니라, 단순히 미국의 산업이 그 1억 2천만 명에게 아무 제약도 없이 자동차를 제공할 수 있다는 장점 때문이라는 것을 잘 알고 있다.

유럽의 한 자동차 제조회사가 유럽의 모든 나라들과 그 식민지와 보호령에까지 시장을 갖고 있다고 상상해 보라. 5억에서 6억의 인구를 고객으로 하는 이 자동차가 '포드' 차보다도 훨씬 뛰어나고 값도 쌀 것이라는 사실을 의심하는 사람은 없다. 미국의 기술이 훨씬 훌륭하다는 것은 틀림없이 시장이 넓고 동질적이라는 사실의 결과이지 그 반대는 아닌 것이다. 산업의 '합리화'는 그 규모에서 오는 필연적인 결과이다.

따라서 유럽은 길고 훌륭한 과거를 거쳐 새로운 삶의 단계에 도달해 지금은 모든 것이 증대되어 있다. 그런데 한편으로는 그 과거에서 살아남은 여러 구조가 왜소해져서 오늘날의 발전에 장해물이 되고 있다. 유럽은 작은 많은 나라들로 이루어졌다. 어떤 의미로 국가라는 사상이나 감정은 가장 유럽적인 성격을 갖는 발명이었다. 그러나 지금은 그 자신을 뛰어넘어야만 하는 숙명에 처해 있다.

이것이 다가올 미래에 상연될 거대한 연극의 줄거리이다. 유럽은 과거의 잔재에서 벗어날 수 있을까, 그렇지 않으면 영원히 그것에 발목 잡혀 있을 것인가? 내가 이렇게 말하는 것은 위대한 문명이 역사상 전통적인 국가 개념을 변혁하는 데 실패하여 죽어버린 예가 있기 때문이다.

6

그리스와 로마의 수난과 멸망에 관해서 이전에 자세히 이야기한 적이 있으니까[*2] 그것을 참조해 주기 바란다. 여기서는 이 문제를 다른 각도에서 다루어 보기로 하자.

그리스 인과 라틴 인이 역사의 무대에 등장했을 때 그들은 꿀벌들이 벌집에 사는 것처럼 도시, 즉 폴리스 안에 살고 있었다. 본서에서는 이 일이 신비적인 기원을 갖는 절대적인 사실이라는 가정이 필요하기 때문에 더 예전으로 거슬러 올라가는 것을 멈추고 이 사실에서부터 출발해야만 한다. 그것은 마치 땅벌은 혼자 이곳저곳을 날아다니며 방랑생활을 하는 데 반해, 황금벌은 벌집을 만들어 집단생활을 한다고 말하는 동물학자의 설명하기 힘든 데이터에서 출발하는 것과 같다.*3

발굴이나 고고학 연구의 덕택으로 아테네나 로마가 존재하기 전에 그곳의 지하에는 무엇이 있었는지 일부를 알게 되었다. 그러나 순수한 전원이고 특징이 없는 이 선사 시대로부터 두 반도에 등장한 새로운 결실인 도시의 출현까지의 진행에 대해서는 역시 신비의 베일에 둘러싸여 있다. 게다가 전설 시대의 민족과 인류문화의 목록에 하나의 큰 혁신을 가져온 그 신기한 공동체와의 사이에 인종적인 연결조차도 알 수 없다. 그 혁신이라는 것은 공공의 광장을 만들어 주위의 벌판에서 떨어져 나간 도시를 만든 것이다.

실제로 도시나 폴리스에 관해서 아무리 정확한 것이라 할지라도 '손으로 구멍 형태를 만드시오, 그리고 확실히 철사로 감으시오, 그러면 총신이 됩니다'라고 하는 것과 지극히 닮아 있는 것이다. 도시나 폴리스는 하나의 공터, 즉 포럼(9)과 아고라(10)에서 시작되었다. 그 이외는 공터를 확보하고 공터의 경계를 확정하기 위한 수단에 지나지 않기 때문이다.

폴리스는 첫 번째 의미로 거주가옥 집단이 아니라 시민의 집회장이고 공공의 기능을 위해 경계를 정한 장소이다. 도시는 오두막이나 저택처럼 비나 이슬을 막아주거나 아이를 낳거나 하는 사적이고 가족적인 목적은 없고 공공의 일을 논의하기 위해 만들어진 곳이다.

이것은 실로 새로운 형태의 공간이, 아인슈타인의 공간보다 훨씬 새로운 공간이 발명되었다는 것을 의미하고 있다. 그때까지는 단 하나의 공간, 즉 벌판만이 존재하고 있었다는 점에 유의해 주길 바란다. 그리고 사람들은 이 공간이 인류의 생활에 가져다 주는 모든 조건에 속박되어 살아갔다. 농민은 아직 식물적이었다. 그들의 생존, 그가 생각하고 느끼고 원하는 것에는 식물의 생활이라고 볼 수 있는 무의식의 졸음이 남아 있다. 아시아나 아프리카의 위대한 문명은 그런 의미에서 위대한 유인식물(類人植物)이었다.

그러나 그리스-로마 문명은 들판에서, '자연'에서, 지질적·식물학적 우주에서, 자신들을 분리하려고 결심한다. 그러려면 어떻게 하면 좋을까? 인간이 들판을 단념할 수 있을까? 만약 대지가 모두 들판이고 들판이 무한하다면 어디로 가면 좋을까? 답은 매우 간단했다. 들판의 일부에 벽을 두르고 무형의 무한한 공간에 반한 둘러싸인 유한의 공간을 만들면 되는 것이다.

이렇게 광장(플라자)이 만들어졌다. 그것은 집처럼 또 들판에 존재하던 동굴처럼, 위가 막힌 '내부 공간'이 아니라 순수하고 단순하게 들판의 부정인 것이다. 광장은 그것을 둘러싼 벽 덕분에 들판의 다른 부분에 대해 등을 돌리면서 다른 부분을 배제하고, 이것과 대립하는 들판 안의 한 조각 들판이다. 무한의 들판에서 분리를 감행하고 들판으로부터 자기를 지키는 이 작은 반란의 공간은 독자적인 들판이고 그렇기 때문에 유례없는 전혀 새로운 공간이다. 여기서 인간은 동물이나 식물과의 공생관계에서 해방되어, 이것들을 밖으로 쫓아내 순수한 인간적인 별도의 세계를 만든 것이다.

이것은 시민적 공간이다. 그렇기 때문에 위대한 도시인이자 폴리스의 결정체라고 할 수 있는 소크라테스가 "나는 들판의 수목과는 아무 관계가 없다. 나와 관계가 있는 것은 도시의 인간뿐이다" 말했던 것이다. 인도인이나 페르시아 인, 중국인, 이집트 인은 이에 대해 아무것도 이해 못할 것이다.

알렉산드로스 대왕과 카이사르의 시대까지 그리스-로마의 역사는 앞에 서술한 두 공간 사이의 끊임없는 싸움이었다. 즉, 이성적인 도시와 식물적인 들판과, 법을 집행하는 자와 백성과, 법과 농업 사이의 끊임없는 싸움이었다.

도시 기원에 관한 이런 주장은 내가 멋대로 만들어 낸 것이지만, 고작 상징적인 진리에 지나지 않는다고 생각하지 말길 바란다. 그리스-로마의 모든 도시 주민은 그 기억의 가장 깊은 구석 안에 시노이키스모스[11]의 기억이 이상하게도 강하게 남아 있는 것이다. 원전을 찾아볼 필요도 없으니까 여기서는 이 말을 번역만 하면 될 것이다. 시노이키스모스란 같이 살자는 합의이고, 따라서 아윤타미엔토[12]이고 이 말의 물리적, 법적인 두 의미와 엄밀하게 일치한다.

들판에 식물적으로 흩어져 살던 시대의 다음에는, 도시로 시민들이 모여드는 시대가 이어진다. 도시란 동물의 서식지나 둥지를 넘어선 것으로, 오이코스(oikos : 家정)보다도 추상적이고 고차원적인 실체가 설정된 것이다. 그것은 남자와 여자에 의해 구성되는 것이 아니라, 시민에 의해서 구성되는 폴리테이아 레푸블리카[13]이다. 이렇게 원시적으로 동물에 가까운 차원에서는 환원되지 않는 하나의 새로운 차원이 인간에게 주어졌다. 여기서는 이전에는 단순한 인간에 지나지 않았던 자들이 최고의 에너지를 발휘한다. 이렇게 해서 도시가 그대로 국가로 태어난 것이다.

어떤 의미에서 지중해 연안지역 전체가 언제나 이 국가 형태를 목표로 한 자발적인 경향을 나타내 왔다. 순수함의 정도는 다르지만 북아프리카(카르타고는 도시의 의미이다)가 마찬가지 현상을 되풀이했다. 이탈리아는 19세기까지 도시국가의 상태에서 빠져 나오지 못했고(에스파냐 지중해 연안의) 레반테 지방도 걸핏하면 지방분리주의에 빠졌다. 이것은 몇천 년에 걸친 전통의 영향이었다.*4

도시국가는 그 구성요소가 비교적 적기 때문에 국가 원리의 특성을 명료하게 보여 준다. 한편으로 '국가'(14)라는 말은 역사적 모든 힘이 균형잡힌 안정적인 상태에 들어갔다는 것을 나타낸다. 이런 의미로 국가는 역사적 운동에 대립하는 것이다. 즉 국가란 안정되고 제도화되고 정적인 공동생활이다. 그러나 부동성과 정적으로 완결된 형태를 갖는 국가의 성격은 모든 균형 상태에서 볼 수 있듯이 그 국가를 탄생시키고, 지탱하고 있는 원동력을 안에서 잉태하고 있다.

요컨대 이러한 성격 때문에 기초가 확고해진 국가는 그것을 건설하기 위해 투쟁하고 노력을 지불한 그 이전의 운동의 결과라는 것을 우리는 쉽게 잊는다. 건설된 국가 앞에는 건설 중인 국가가 있었고 후자는 운동의 원리에 따라 움직인 것이다.

여기서 내가 하고 싶은 말은, 국가란 어디서 뚝 떨어지는 것이 아니라 뼈를 깎는 고통으로 만들어 나가야 하는 사회 형태란 것이다. 그것은 유목민이나 종족이나 그 밖에 인간의 노력 없이 자연이 만들어 낸 혈연관계에 근거한 사회와는 다르다. 그와는 반대로 국가는 인간이 피의 연결에 의해 결정된 자연사회로부터 도망치는 것을 동경할 때 시작된다. 혈연 대신에 다른 자연원리를 무엇이든 상관없으니 예를 들어보자. 언어를 예로 들어보면, 본디 국가는 몇 개의 언어와 몇 개의 혈통이 섞여 만들어진다. 그것은 모든 자연사회를 넘어선 혼혈적이고 다언어적인 것이다.

이처럼 도시는 여러 민족의 결합에 의해 태어난다. 동물학적인 다양성 위에서 법적인 추상적인 동질성이 만들어진다.*5 물론 법적인 통일을 열망하는 것이 국가의 창조적 운동을 재촉하는 것이 아님은 잘 알고 있다. (국가를 만들려고 하는) 충동은 어떤 법보다도 실질적이고, 또 작은 혈연사회에서 가능한 사업보다 큰, 삶의 사업을 목표로 하고 있다. 모든 국가의 초창기에는 언제나 위대한 사업가가 나타나거나 그 존재를 추측할 수 있는 일이 나타난다.

국가의 탄생 직전에 볼 수 있는 역사적 상태를 관찰해 보면 언제나 다음과 같은 도식을 발견할 수 있을 것이다. 몇 개의 작은 집단이 있고, 그 사회구조는 각각의 집단이 자신의 내부만을 지향하고 살아가도록 만들어져 있다. 이 집단 하나하나의 사회 형태는 내적인 공생관계만을 위해 도움이 된다. 이것은 과거에는 집단이 서로 격리되어 있었고, 각각 독립해서 자력으로 살고 있었으며, 인접한 집단과의 접촉은 예외적인 일이었다는 것을 나타내고 있다.

그러나 고립 상태에 이어서 외부와의 공생관계, 특히 경제적인 면에서 사실상의 공동생활이 등장했다. 각 집단의 성원은 이제 그 집단만을 의존해서 생활하는 것이 아니라 그 삶의 일부는 물적, 지적인 거래관계에 있는 다른 집단의 성원들과 연결되게 되었다. 거기서 내적, 외적 두 공생관계 사이에 불균형이 나타났다. 확립된 사회 형태―법, '습관', 종교―는 내적 관계를 재촉하는 반면, 그것보다 더욱 넓고 새로운 관계에서는 장애가 된다.

이러한 상황에서 국가 원리는 내적 공생관계의 사회 형태를 단절시키려하고, 새로운 외적 공생관계에 적합한 사회 형태를 여기에 대치하려고 하는 운동이 된다. 이 일을 현재 유럽에 비추어 보면 이 추상적인 표현에 형태와 색을 더할 수 있을 것이다.

만약 특정 민족이 공생관계의 형태에 있어서 전통적인 구조를 버릴 수 없는데다 지금까지 존재한 적이 없는 새로운 구조도 상상할 수 없다면 국가 건설이란 있을 수 없다. 그렇기 때문에 국가 건설은 진정한 창조이다. 국가는 절대적으로 상상력에 의한 산물이다. 상상력은 인류가 자신을 해방한 힘이다. 한 민족이 국가를 형성하는 힘은 상상력을 발휘할 수 있는 능력에 비례한다. 그렇기 때문에 모든 나라들은 국가라는 진화의 한계를 가지고 있고 이 한계는 실로 자연에 의해서 각 나라의 상상력에 부과된 것이다.

그리스-로마인은 분산된 농민사회보다 뛰어난 도시를 상상할 능력은 가지고 있었으나, 도시를 둘러싼 벽 안쪽에만 머물렀다. 그리스-로마인의 지성을 더욱 발전시키고 그 지성을 도시에서 해방시키려고 노력한 사람도 있었으나 그것은 허무한 노력이었다. 브루투스로 대표되는 로마인이 가진 상상력의 한계는 고대에서 가장 상상력이 풍부한 카이사르를 암살했던 것이다.

오늘날 우리 유럽 인들은 부디 이 역사를 떠올릴 필요가 있다. 우리의 역사도 이와 같은 단계에 이르렀기 때문이다.

7

명석하다는 말이 딱 어울릴만한 뛰어난 사람은 온 고대를 통틀어 아마도 두 사람밖에 없을 것이다. 테미스토클레스와 카이사르, 두 사람 다 정치가였다. 일반적으로 정치가는 저명한 사람을 포함해 실로 어리석어 정치가가 되는 것*6이기 때문에 이것은 놀랄만한 일이다.

물론 그리스와 로마에는 많은 분야에 대해서 명석한 사상을 가지고 있던 사람들—철학자, 수학자, 박물학자—이 있었다. 그러나 그들의 명석함은 과학적인 차원의 명석함으로, 바꿔 말하면 추상적인 일에서의 명석함이다. 과학이 대상으로 하는 모든 사물은 추상적이고, 추상적인 것은 항상 명쾌하다. 그렇기 때문에 과학의 명석함은 과학자들의 두뇌가 아니라 그들이 말하는 사물 안에 존재한다.

구체적인 삶의 현실은 본질적으로 혼란하고 복잡하다. 이 안에 정확하게 자신이 가야만 하는 방향을 응시하는 사람, 모든 삶의 상태가 나타내는 혼돈 속에 매 순간마다 숨은 특징을 꿰뚫어 보는 사람, 요약하면 인생의 길을 잃지 않는 사람이 진정으로 명석한 사람이다.

여러분 주위에 있는 사람들을 보면 얼마나 많은 사람들이 자기 인생의 길에서 헤매고 있는지 알 수 있다. 그들은 실제로 우리에게 무엇이 일어나고 있는지를 조금도 생각하지 않고 행복한, 또는 불행한 운명 안을 몽유병 환자처럼 헤매고 있다. 그들이 자기 자신이나 주위의 일에 대해서 단정적인 말투로 이야기하는 것을 들으면 그들은 모든 것에 견해를 가지고 있는 것처럼 보일 것이다.

그러나 그 견해라는 것을 조금 분석해 보면 언뜻 그들이 언급하고 있는 것처럼 보이는 현실에 그 사상이 애당초 반영되지 않았다는 것을 알 수 있다. 더욱 깊이 분석해 보면 그러한 현실에 타협하지도 않는다는 것을 발견할 수 있다. 그와는 반대로 개인은 자기 삶의 현실을 자기 눈으로 보지 않아도 되도록 그 견해를 사용하고 있는 것이다. 삶이란 본디 인간이 헤매게 되어 있는 혼돈이기 때문이다.

사람은 그러한 사실을 알고는 있으나 이 두려운 현실에 얼굴을 마주하는 것이 무서워 모든 것이 명석한, 사상이라는 환상의 휘장으로 현실을 감추려고 하는 것이다. 그에게는 자신의 '견해들'이 진실하지 않다는 것은 중요하지 않다. 다만 자신의 삶에서 몸을 지키는 참호로써, 또 현실을 쫓아낼 허수아비로써 그 견해를 이용하는 것이다.

명석한 사람이란 환각적인 '견해'에서 해방되어 삶을 직시하고 삶에 포함된 모든 의문을 이해하고 자신이 헤매고 있다는 것을 자각하는 사람이다. 이것은―즉 산다는 것은 자신이 헤매고 있다는 자각을 하는 것은―순수한 진리이기 때문에 이 진리를 받아들이는 사람은 이미 자기 자신의 진정한 현실을 발견하기 시작한 것이고, 견고한 지반에 서 있는 것이다. 그들은 이제 조난자처럼 본능적으로 붙잡을 것을 찾아 헤맬 것이다.

문제는 자신을 건져내는 것이기 때문에 그들은 그 비극적이고 굳게 단절된 절대적인 진지한 눈초리를 가지고 삶의 혼돈을 잠재울 것이다. 이것만이 진정한 생각이고 결국 조난자가 가져야 할 사상이다. 그 이외에는 모두 수사(修辭)이고 꾸밈이고 자기기만이다. 자신이 헤매고 있다는 것을 정말로 자각하지 않는 사람은 좋건 싫건 자신을 잃고 말 것이다. 다시 말해 결코 자기 자신과 마주칠 수 없고 진짜 진실과 만날 수도 없는 것이다.

이것은 모든 면에서 명확하다. 삶에서 도피한 과학에도 들어맞는다(대부분의 과학자들은 자신의 삶과 맞닥뜨리는 것이 두려워 과학에 전념해 온 것이다. 그들은 명석한 사람들이 아니다. 그렇기 때문에 이미 알고 있는 것처럼 구체적인 상황에 대해서 어리석은 것이다). 우리의 과학적인 사상은 어떤 문제에 대해서 망설이고 있음을 자각하여 그 의심스런 성격을 충분히 지켜보고 기성의 사고방식, 처방전, 표어나 말에 의지할 수 없다는 것을 이해하는 정도에서 대응하는 데 가치가 있는 것이다. 새로운 과학적 진리를 발견할 자는 예전에 배운 거의 모든 것을 말살해야 한다. 그리고 무수한 상식을 살육한 피투성이 손으로 더듬어 그 새로운 진리를 찾아야 할 것이다.

정치는 인간 바람과는 상관없이 갑자기 나타나는 유일한 상황이기 때문에 과학보다 훨씬 현실적이다. 그렇기 때문에 정치는 누가 명석한 사람인지, 누가 평범한 사람인지를 보다 손쉽게 구별할 수 있는 주제이다.

카이사르는 심각한 혼돈의 순간 앞에서, 이른바 인류가 경험한 최대의 혼돈 앞에서 실질적인 현실의 모습을 붙잡는 재능을 가진 사람으로 우리가 알고 있는 최고의 인간이다. 또 운명은 그의 훌륭함을 더욱 눈에 띄게 만들고 싶어한 것처럼 그의 한쪽 옆에 놀랄만한 지능을 놓아 두었다. 그것은 바로 키케로였다. 사물을 혼돈스럽게 만드는 데 일생을 바친 사람이다.

당시 로마의 정치조직은 지나친 행운 때문에 이완되어 있었다. 이탈리아, 에스파냐, 북아프리카, 고전적인 헬레니즘의 오리엔트 지배자인 티베르 강의 도시들은 와해 직전의 상태였다. 그 정치구조의 실체는 시회였고 마치 나무의 요정이 수호자인 나무를 떠나서는 살 수 없는 것처럼 정치구조는 도시와 불가분의 관계였다.

민주주의는 그 유형과 발달 정도가 어떠하든가 간에 하나만 취하기엔 부족한 기술적 세목에 의해 건전함이 좌우되었다. 그 세목이란 선거제도이다. 그 이외의 것은 2차적이다. 만약 선거제도가 빈틈없이 현실에 들어맞는다면 모든 것은 순조로울 것이고, 그렇지 않다면 다른 것이 이상적으로 움직여도 모든 것이 엉망이 된다. 기원전 1세기 초에 로마는 전능하고 부유하여 가는 곳마다 적이란 없었다. 그럼에도 어리석은 선거제도를 지키는 데 급급하여 파멸 직전에 놓인 것이다.

선거제도란 그것이 기만행위에 사용될 때에는 터무니없는 것이 되고 만다. 당시는 도시에서 투표를 하게 되어 있었다. 그렇기 때문에 들판에 사는 시민들은 투표할 수 없었다. 게다가 로마 전역에 흩어져 살고 있는 자들에게 투표란 더욱 거리가 먼 이야기였다. 진짜 선거는 불가능했기 때문에 그것을 조작하지 않으면 안 되었다. 후보자들은 곤봉 든 폭력단—군대의 베테랑이나 격투장의 격투사들—을 조직하여 투표함을 부수게 했다.

일반투표로 지탱되는 민주주의에서 진정한 투표가 이루어지지 않는다는 것은 공중누각과 같다. 말이란 공중누각과 같은 것이다. "공화정은 말에 지나지 않다" 이것은 카이사르의 말이다. 사법관 가운데 권위를 가진 자는 없었다. 좌파와 우파의 장군들—마리우스와 술라—이 공허한 집정관직을 거머쥐고 허세를 부려보았지만 그것은 아무것도 되지 못했다.

카이사르는 결코 자신의 정치를 설명한 적이 없다. 그저 정치를 실행하는 데만 몰두했다. 그러므로 카이사르의 정치는 그 자신이었지, 나중에 등장하는 카이사르의 제왕학 입문서 내용이 아니다. 그의 정치를 이해하기 위해서는 그 행적을 알아보고 그것에 이름을 붙이는 것 말고는 할 수 있는 것이 없다. (이것을 이해할) 비밀은 그의 주요한 공적인 갈리아 정복에 있다. 이 정복에 나서기 위해서는 기존의 권력에 대해 반기를 들어야만 했다. 그것은 왜일까?

당시 권력을 구성하는 것은 공화주의자, 즉 보수주의자로 도시국가를 신봉하는 자들이었다. 이들의 정치는 둘로 요약할 수 있다. 첫 번째는 로마가 혼란하게 된 것은 수많은 정복사업으로 인해 과도하게 팽창되었기 때문이다. 도시 로마는 그렇게 많은 나라를 지배할 수 없다. 모든 새로운 정복은 공화정에 대한 반란죄인 것이다. 두 번째는 모든 제도의 와해를 막기 위해서는 프린켑스(princeps : 제1인자)가 필요했다.

우리가 사용하는 '프린시페(príncipe : 군주)라는 말은 로마인이 생각하고 있던 '프린켑스'의 의미와는 거의 정반대이다. 로마에서는 프린켑스를 시민과 동일하지만 공화국의 모든 제도를 운영할 최고의 권한을 부여받은 자로 해석했다. 키케로는《공화국론》에서, 살루스티우스는 카이사르 회고록에서, 그가 시민의 제1인자, 최고 공직자, 조정자가 되어 주길 요청하는 내용을 썼지만, 이것은 당시 모든 저술가의 생각을 요약한 것이었다.

카이사르의 해결책은 보수주의자의 해결책과는 정반대였다. 그는 그때까지 로마의 정복활동 결과를 바로잡기 위해서는 로마가 짊어진 원기왕성한 운명을 철저히 받아들여 정복을 계속하는 것 말고는 방법이 없다고 생각했다. 그중에서도 새로운 민족을, 즉 가까운 장래에 노쇠한 오리엔트의 나라들보다도 위험하게 될(서방의) 민족을 정복하는 것이 급선무였다. 카이사르는 서방의 야만족을 철저히 로마화할 필요가 있다고 역설한다.

그리스와 로마인은 시간을 인식할 수 없었으며, 자기의 삶이 시간 속에 확장되는 것을 보지 못했다고 말한다(슈펭글러). 이 말은 그들이 현재의 순간에만 충실했다는 것이다. 나는 이 진단은 잘못되었으며, 적어도 두 가지 일을 혼동하고 있는 것이 아닐까 생각한다. 그리스와 로마인은 장래에 대해서 놀랄 정도로 맹목적이어서 색맹에게는 적색이 보이지 않는 것처럼 미래가 보이지 않았던 것이 아닐까?

그 대신 그들은 과거에 뿌리를 내리고 살았다. 그들이 무언가를 하려고 할 때 투우사 라가르티호가[(15)] 소의 숨통을 끊기 전에 하는 것처럼 한 발 물러선다. 과거에서 현재 상황의 모델이 될 만한 일을 찾아서 지혜를 얻어, 과거의 모델이라는 훌륭한 잠수복으로 몸을 보호하고 자세를 바꾸어 현재 안으로 잠입하는 것이다. 그렇기 때문에 그들의 삶의 방식은 어떤 의미로 재생하는 것이다. 이것은 회고적으로, 고대인은 거의 항상 회고적이었다는 것이다.

그러나 이것은 시간에 대한 무감각과는 다르다. 회고적 삶이란 미래를 향해서 퍼득거리는 날개가 발육이 부진한 것으로 과거의 날개가 비대한 불완전한 시간 감각을 의미할 뿐이다. 유럽 인들은 옛날부터 미래를 중요하게 보아서 미래야말로 실질적인 시간의 차원이고 시간이라는 것은 '그 앞에'가 아니라 '그 뒤'에 따라 시작되는 것이라고 느껴왔다. 그래서 그리스-로마의 삶이 우리에게는 시간적 개념이 없는 것처럼 보이는 것도 무리는 아니다.

현재의 모든 것을 과거 모델의 핀셋으로 집어 올린다는 편집광적인 삶은 고대인에게서 현대의 문헌 학자에게 전해졌다. 문헌학자도 미래에 대해서는 맹목적이다. 이들도 과거로 돌아가서 모든 현상에 대한 전례를 찾고 그것을 목가적인 아름다운 말로 '샘'(泉)이라고 부른다.

내가 이렇게 말하는 것은, 이미 고대의 카이사르 전기 작가도 이 위대한 인물을 이해하려 하지 않고, 그가 알렉산드로스 대왕의 흉내나 내려했다고 생각하기 때문이다. 그들은 다음과 같은 방정식을 사용했다. 만일 알렉산드로스가 밀티아데스의 (마라톤 전투에서의) 승리를 생각하면서 잠들지 못했다면 카이사르도 알렉산드로스의 승리를 생각하느라 잠 못 이루는 밤을 보내야만 했을 것이다. 이렇게 이야기는 계속되어 간다. 언제나 한 발짝 물러서서 지금의 발이 과거의 발자국 위를 걷게 하는 것이다. 현대의 문헌학자는 고대의 전기 작가와 같은 방법으로 일을 하고 있다.

카이사르가 알렉산드로스가 했던 대로 따랐다고 믿는 것은—거의 모든 역사가가 믿어온 것이지만—그를 이해하려는 생각을 단념한 것과 같다. 카이사르는 사실 알렉산드로스와 거의 반대이다. 세계국가라는 이념만이 두 사람의 비슷한 점이다. 그러나 이 이념은 알렉산드로스의 것이 아니라 페르시아에서 건너온 것이다.

카이사르가 알렉산드로스에게 자극을 받았다면 그는 동방과 영광스런 과거를 향해 나아갔을 것이다. 그러나 그는 서방에 집착했고 그래서 자주 마케

도니아 왕과 대립하려는 의지를 드러냈다. 게다가 카이사르가 의도한 것은 단순한 세계국가가 아니었다. 그의 의도는 심오한 것이었다. 그가 원한 로마 제국은 로마로 살아가는 것이 아니라 주변 속주에 기반해 살아가는 것이었고, 그래서 로마가 도시국가를 완전히 초월하게 되는 것이었다. 다양한 민족이 협력해 모든 민족이 연대감을 자각하는 국가를 생각했던 것이다.

그것은 중앙은 지배하고 주변은 복종하는 것이 아니라, 각 요소가 국가의 수동적이자 능동적인 주체가 되는 거대한 사회 조직체였다. 근대국가가 이러한 것으로, 미래를 예견한 카이사르의 천재성이 얼마나 시대에 선구적이었는가를 보여 주는 놀랄만한 예이다.

그러나 그러한 국가를 만드는 데에는 로마의 테두리를 넘어선 반 귀족적인 권력이 필요했다. 그것은 공화국의 과두정치 위에 훨씬 높이 치솟고 같은 동료들 사이의 1인자[16]에 지나지 않는 프린켑스를 뛰어넘는 것이어야만 했다. 세계적 민주주의를 집행하고 대표할 그러한 권력은 로마의 외부에 근거를 둔 군주정에서만이 가능하다.

공화정과 군주정! 이 두 말은 역사 안에서 끊임없이 의미를 바꿔왔다. 그렇기 때문에 이 말들이 각 시대에 실제로 의미하는 것을 확인하기 위해서 자세하게 분석해야만 한다.

카이사르가 신뢰한 사람들, 가장 가까이서 그를 보필한 심복들은 로마시의 유서 깊은 명사들이 아니라, 새로 등장한 속주민이자 활력적이고 유능한 인물들이었다. 그의 진정한 오른팔이었던 코르넬리우스 발부스는 카디스 출신의 상인, 즉 대서양인이자 '식민지인'이었다.

그러나 이 새로운 국가는 너무나 시대를 앞서갔다. 머리 회전이 둔한 라티움[17] 인들은 그러한 대전환을 따라갈 수 없었다. 감각적인 물질주의로 가득찬 도시 분위기는 로마인들로 하여금 이 최신의 사회적 조직체인 이 새로운 조직을 이해하지 못하게 만들었다. 도시에 살고 있지 않은 사람이 어떻게 하나의 국가를 형성할 수가 있었겠는가? 종잡을 수 없는 신비한 그 통일이란 대체 어떤 것일까?

다시 한 번 되돌아보자. 우리가 국가라고 부르는 현실은 혈연관계로 묶인 인간들의 자발적인 공생관계가 아니다. 본디 떨어져 살고 있던 집단이 공동으로 생활하도록 강제당할 때 비로소 국가가 성립된다. 이 제도는 노골적인 폭력이 아니라 분산한 몇 개의 집단에게 제시된 치밀한 계산과 공통의 과제를 전재로 하고 있다. 무엇보다 앞서, 국가는 한 행위의 계획이자 협동작업의 프로그램이다. 그것은 함께 무언가를 하자고 사람들에게 호소한다. 국가는 혈연관계도 단일한 언어도 지역적 통일체도 거주지의 인접관계도 아니다. 그것은 물질적인 것도 타성적인 것도 아니고 주어진 것도 한정된 것도 아니다. 그것은 순수한 동력—무언가를 모두 함께하자는 의지—이다. 그 덕으로 국가라는 개념은 어떠한 물적인 조건도 제약받지 않는 것이다.*7

사아베드라 파하르도(18)의 유명한 정치적 표장(標章)은 심히 통렬하다. 한 개의 화살표가 그려져 있고 그 밑에 '상승인가 아니면 하강인가'라고 쓰여 있다. 이것이 국가이다. 국가는 하나의 사물이 아닌 운동이다. 국가는 매순간에 어딘가에서 와서 어딘가로 가버리는 것이다. 모든 운동과 마찬가지로 국가는 기점과 목표를 가지고 있다.

진정한 국가라고 말할 수 있는 국가의 삶을 어떤 시점에서 잘라 보면, 혈연과 언어와 '자연 경계'와 같은 물질적인 속성에 기초를 둔 것처럼 보이는 하나의 공동생활을 하는 통일체가 나타날 것이다. 정적인 측면에서 보면 이것이 '국가'가 되는 것이다.

그러나 금방 우리는, 이 인간 집단은 공동으로 무언가를 하고 있다는 것을 알아차린다. 다른 민족을 정복하거나 식민지를 만들거나 다른 국가와 동맹을 하거나, 바꿔 말하면 물질적인 단일성의 원리로 보인 것을 극복하려고 항상 노력하고 있는 것이다. 이것이 도달해야 할 목표이고 진정한 국가이다. 진정한 국가의 단일성은 바로 주어진 모든 단일성을 극복하는 데 있다. 전진하려는 충동이 멈추면 국가는 자동적으로 붕괴되고 말아 물질적으로—인종과 언어와 자연 경계에 의해—기초되어진 듯 보인 기존의 단일성은 아무런 도움이 되지 않는다. 국가는 분해되고 분산되고 원자화되는 것이다.

국가 안에 있는 이 이중적인 원리—기존의 단일성과 이들이 만들려고 계획하고 있는 더욱 큰 단일성—에 의해서만 국민의 본질을 이해할 수 있게 해 준다. '국민'이라는 이 말에 현대적인 의미를 부여하려고 했을 때 그 개념이 아직 확립되지 않았다는 것을 우리는 알고 있다. 도시국가는 명료한 개념이어서 이것은 눈으로 확인할 수 있다. 그러나 갈리아 인이나 게르만 인에게서 싹튼 새로운 형태의 사회적 단일성과 서유럽의 정치적인 기운에 의해 생겨난 단일성은 계속 막연하고 종잡을 수 없는 것이다.

오늘날의 역사가에 해당하는 당시의 문헌학자는 본디 회고적이라지만 그들이 이 놀랄만한 사실을 보고 느끼는 당혹감은 마치 카이사르와 타키투스가 알프스, 라인 강 저편까지, 결국에는 에스파냐에까지 미치는 초기의 국가를 로마 어로 표현하려고 했을 마땅한 말을 찾지 못한 당혹감과 마찬가지일 것이다. 키비타스(civitas : 도시), 겐스(gens : 씨족), 나치오(natio : 종족집단)[19]로 표현해 보았지만, 그 어느 것도 적절하지 못하다는 것을 알게 된다.[8] 도시가 아니라는 간단한 이유에 의해 그것은 키비타스가 아니다.[9] 이 말의 의미를 확대하고 한정된 지역을 암시하려고 해도 쉽지 않다. 이 새로운 민족은 매우 쉽게 거주지를 바꾸고 적어도 현재의 거주지를 확대하거나 축소한다. 그것은 겐스와 나치오라고 할 만한 종족적인 단위가 아니다.

아무리 멀리까지 거슬러 올라가도 새로운 국가는 유래를 찾아 볼 수 없는 독립된 혈연집단으로부터 형성된 것이 분명하다. 결국 그것은 서로 다른 혈연 결합체이다. 혈연적 공동체도 아니고 어떤 지역에 귀속된 것도 아닌, 이런 것들과는 완전히 다른 것이라면 '국민'이란 대체 무엇이란 말인가?

언제나 그렇지만 이 경우에는 사실을 있는 그대로 받아들임으로써 이해의 열쇠를 줄 수 있다. 프랑스, 에스파냐, 독일 같은 '근대국가'라면 어디라도 좋다. 그 진화를 대강 훑어볼 때 우선 눈에 들어오는 것은 무엇인가? 답은 간단하다. 어느 시대에는 국민성의 원리처럼 보이던 것이 다음 시대에는 부정되는 것이다.

우선 처음에 한 부족이 국가인 것으로 보였다. 옆에 있는 부족은 아직 그 국가에 속하지 않았다. 그 다음에는 두 부족이 국가로 구성되고, 그 뒤에 하나의 지방이 되고, 이윽고 백작령이나 공작령 또는 '왕국'이 국가가 된다. 우선 레온은 국가이나 카스티야는 여기에 속하지 않는다. 다음에 레온과 카스티야가 한 국가를 만들지만 아라곤은 이에 속하지 못한다.

여기에 두 가지 원리가 존재하고 있다는 것이 확실해진다. 하나는 변화하기 쉽게 점차 극복되는 것—각각의 언어 내지 방언을 가진 부족, 지역, 공작령, '왕국'—이다. 다른 하나는 항구적인 원리이자 모든 한계를 자유롭게 뛰어넘어 처음의 원리에서는 실로 근본적인 대립물이라고 간주되던 것을 단일한 것으로 생각한다.

문헌학자들—오늘날 '역사가'라고 자칭하는 사람들을 나는 이렇게 부른다
—이 2, 3세기 동안에 완성된 서유럽의 나라들을 근거로써 베르킨게토릭
스[20]나 엘 시드 캄페아도르(el cid Campeador)가 각각 생 말로에서 슈트라
스부르크에 이르는 프랑스를, 피니스테레에서 지브롤터에 이르는 에스파냐
를 만들려고 했다는 상상을 하는 것은 참으로 우스꽝스럽기 짝이 없는 코미
디일 것이다.

이들 문헌학자들은—순진한 희극작가처럼—거의 항상 그들이 다루고 있
는 영웅이 마치 30년 전쟁을 위해 출정한다는 식의 줄거리를 쓰는 것이다.
그들은 프랑스나 에스파냐가 어떻게 형성되었는가를 우리에게 설명하기 위
해서 프랑스나 에스파냐는 프랑스 인과 에스파냐 인의 영혼 안에 하나의 단
일체로써 미리 존재하고 있었다고 가정한다. 마치 프랑스나 에스파냐가 등
장하기에 앞서 프랑스 인과 에스파냐 인이 존재하고 있었던 것처럼, 마치 프
랑스 인과 에스파냐 인은 2천년 동안 같은 노고 속에서 단련되고서야 비로
소 완성된 것이 아닌 듯한 말투다!

당연한 것이지만 현재의 나라들은 영원히 자신을 극복해야 하는 운명을
짊어진 가변적인 원리가 지금 나타난 것에 지나지 않는다. 그 원리란 여기서
는 혈연도, 언어도 아니다. 예를 들어 프랑스나 에스파냐의 경우, 혈연공동
체와 언어공동체는 국가 통일의 결과이지 원인이 아닌 것이다. 그 원리는 현
재에 와서는 '자연 경계'이다.

외교관이 설전을 벌일 때 이 '자연 경계'라는 개념을 자기 논지의 마지막
보루로 제시한 것도 괜찮은 일이다. 그러나 역사가는 그것이 마치 불변의 거
점인 것처럼 그 뒤에 숨어서는 안 된다. 그 개념은 항구적이지도 않고 무엇
하나 특별하지도 않다.

우리가 엄밀한 의미로 제기하고 있던 문제가 무엇이었는지 잊지 말아주기
바란다. 우리가 문제로 하고 있던 것은 도시국가라던가 반대의 의미로 극단
적인 아우구스투스가 건설한 제국*[10]과 같이 다른 형태의 국가와는 구별되는
국민국가—오늘날 이것을 국가라고 부르는 것이 보통이다—란 무엇인가 하
는 것이다.

이 주제를 더욱 명료하고 정확하게 표현한다면 다음처럼 말하면 된다. 프
랑스, 영국, 에스파냐, 이탈리아, 독일이라고 부르는 공적 권력의 주권 아래

수 백만의 인간들이 공동생활을 하고 있지만, 현실의 어떠한 힘이 이러한 결과를 가져다 주었는가?

그것은 이전에 있었던 혈연공동체와는 다른 것이다. 이들 집단 어디에나 굉장히 이질적인 피가 흐르고 있기 때문이다. 그것은 언어적인 통일도 아니었다. 왜냐하면 오늘날 하나의 국가로 통일되어 있는 모든 민족은 예전에는 다른 언어로 말을 했고 지금도 그렇기 때문이다. 현재 그들이 향유하고 있는 인종 또는 언어의 상대적인 동질성은—그것을 향유물이라고 말할 수 있다면—그것 이전의 정치적 통일의 결과이다.

따라서 혈연이나 언어가 국민국가를 만드는 것이 아니라, 오히려 국민국가에서 적혈구나 음절 발음의 근본적인 차이를 해소시켜 준다. 언제나 그렇다. 국가가 이전부터 추구한 혈연이나 언어의 정체성과 일치하는 예가 전무하다고는 할 수 없지만 매우 적다. 에스파냐가 오늘날 국민국가인 것은 그 전역에서 에스파냐 어를 쓰기 때문이 아니며,*¹¹ 마찬가지로 아라곤과 카탈루냐가 국민국가였던 것도 한때 각각의 주권이 미치는 지역이 아라곤 어와 카탈루냐 어의 분포지역과 일치했기 때문이 아닌 것이다. 모든 현실에 관련된 특수한 예외를 염두에 둔 뒤에 다음과 같이 추측하는 편이 진실에 가까울 것이다.

어느 정도의 넓은 지역에 언어가 통일되어 있다면, 그것은 모두 거의 확실히 과거의 정치적 통일의 결과이다.*¹² 국가는 항상 위대한 통역관이었다.

이것이 밝혀진 것은 오래 전이다. 그렇기 때문에 혈연과 언어를 국가의 근본으로 보는 것에 고집하는 사람들을 이해하기 어렵다. 그것은 적절치 못할 뿐 아니라 배은망덕하기도 하다. 왜냐하면 프랑스 인은 오늘날의 프랑스에 대해, 에스파냐 인은 오늘날의 에스파냐에 대해, 어떤 X라는 원리의 혜택을 받고 있고 그 원리를 움직이는 힘은 실로 혈연과 언어라는 협소한 공동체를 뛰어 넘으려는 방향으로 움직이고 있기 때문이다. 그렇기 때문에(그들 식으로 생각하면), 지금의 프랑스와 에스파냐는 이 나라들을 가능하게 한 원리와는 반대의 원리 위에 기반을 두고 있는 것이다.

혈연과 언어로는 얻을 수 없었던 단일성의 원리를 '자연 경계'라는 지리적인 신비 속에서 찾아 국가의 개념을 지역이라는 일반적인 개념으로 설정하려고 하는 경우도 유사한 오류를 범할 것이다. 여기에도 앞서 얘기한 것과 같은 시각상의 오류가 있다. 넓은 대륙의 토지와 가까운 섬으로 구성된 이른 바 국가라는 것이 존재하는 것은 현재의 시점에서 우연한 것이다. 이 현재의 경계를 무언가 결정적이고 정신적인 것이라고 생각하려는 것이다. 그리고 이 경계를 '자연 경계'라고 이름 붙이고 있다. 더욱이 '자연'이라는 말로 역사가 마치 마법처럼 지형에 따라 결정된다는 의미를 부여하는 것이다.

그러나 이 신화도 혈연과 언어공동체를 국가의 기원으로 보는 사고를 타파한, 앞의 논리에 따라 검토해 보면 곧 흔적 없이 사라질 것이다. 여기서도, 몇 세기를 거슬러 올라가 보면 프랑스나 에스파냐가 작은 나라들로 나뉘어 있었고, 저마다 필연적인 '자연 경계'를 가지고 있었다는 사실을 맞닥뜨리게 될 것이다. 당시 국경을 만든 산맥은 피레네나 알프스만큼 높지 않고 경계를 이루는 라인 강이나 도버 해협이나 지브롤터 해협만큼 넓지도 않았을 것이다. 그러나 이 국경의 '자연성'이라는 것은 단순히 상대적인 것이라는 사실을 명백하게 할 뿐이다. 국경은 경제적, 군사적인 수단에 좌우되는 것이다.

일반적으로 받아들이기 쉬운 '자연 경계'도 그 역사적 사실은 A민족이 B민족으로 발달해 가는 데 장애가 되는 요소일 뿐이다. 그것은 A에게는 장애—공생관계 또는 전쟁에 대한 장애—이지만 B에게는 방어에 도움이 된다. 그렇기 때문에 '자연 경계'라는 개념은 국경보다 오히려 더욱 자연스러운 것이고 민족 사이의 제한 없는 팽창과 통합의 가능성을 솔직히 드러내는 것이다. 물질적 장애만이 민족의 팽창과 통합에 제동을 거는 것처럼 보인다.

오늘날 우리에게는 프랑스 또는 에스파냐의 과거가 두 나라의 기반이 된 것처럼 보이지 않는다. 오히려 반대로 국경은 국가라는 개념이 통일 과정에서 만난 하나의 장애로 보인다. 그럼에도 교통과 전쟁이라는 새로운 수단에 의해 장애로써의 국경 기능이 사라졌다고는 하나 그래도 우리는 오늘날의 국경에 대해서 결정적이고 근본적인 성격을 부여하고 싶은 것이다.

국경이 국민성을 형성하기 위한 적극적인 기반이 아니었다면 어떤 역할을 한 것일까? 문제는 명료하고 또 도시국가에 대한 국민국가를 정말로 움직인 것은 무엇인가를 이해하는 데 매우 중요하다. 국경은 이미 달성되어 있는 정치적 통일을 견고하게 하기 위한 역할을 끊임없이 해 왔다. 그렇기 때문에 국경은 국가의 시작(始)이 아니라 반대로 처음에는 그를 위한 장애였고 나중에 국경이 확정되고부터는 통일을 지키기 위한 중요한 수단이 되었다.

또 인종이나 언어가 했던 역할도 이와 같았다. 국가를 구성한 것은 본디 존재하던 인종이나 언어에 의한 자연공동체가 아니라 그 반대이다. 즉 국민국가가 통일을 위해 노력해 가는 도중에 부딪친 많은 장애 중에 하나가 인종이나 언어였던 것이다. 이 장애를 강하게 제압하여, 혈연과 언어가 꽤 통합되었고 이것이 단일성을 강화하는 데 도움이 되었던 것이다.

따라서 전통적으로 국민국가라는 개념이 받아온 오류를 바로잡고 국가를 구성한다고 믿었던 앞의 세 요소가 실은 나라를 건설하는 데 가장 큰 장애가 되었다고 생각할 수밖에 없다. 이렇게 오류를 바로잡으려고 하는 내가 다른 오류를 범하고 있는 것처럼 보이겠지만 그래도 어쩔 수 없는 일이다.

국민국가의 정체를, 국가가 되려고 하는 독자적인 움직임 안에 즉, 정책 자체 안에서 추구해야만 하는 것이지 생물학적 또는 지리학적인 특징처럼 무관계한 원리 안에서 추구할 것이 아니라는 결의를 공고히 할 필요가 있다.

근대국가를 이해하기 위해서는 인종, 언어, 영역 등의 자연적인 요인을 고려해야만 한다고 믿는 사람들이 생긴 것은 왜일까? 이유는 아주 간단하다. 이 요소들에서 고대국가에서 볼 수 없었던 개인과 공적 권력이라는 근본적인 친밀성, 연대성을 발견했기 때문이다. 아테네나 로마에서는 아주 적은 몇몇 사람만이 국가였고 그 밖의 사람들—노예, 동맹시민, 속주민, 식민지인—은 신민에 지나지 않았다. 그러나 영국, 프랑스, 에스파냐에서는 국가의 신민에 불과한 자는 없었고 누구나 항상 국가와 함께 하는 참여자였다.

이런 국가와의 결합 형식, 특히 법적 형식은 시대에 따라 매우 달랐다. 비교적 큰 특권을 가진 계급과 특권이 적은 계급 사이에는 개인의 지위와 권리에서 커다란 차이가 있었다. 그러나 만일 각 시대의 정치 정세에 의한 실정을 이해해서 그 시대의 정신을 되살려본다면, 어떤 시대에나 모든 개인이 국가의 능동적 주체이자 참여자이고 협력자라고 느끼고 있었다는 것은 분명해진다. 국가는—한 세기 이상 전부터 서유럽에서 이 말이 가져온 의미로—공적 권력과 그것이 지배하는 집단의 '본질적 연합'을 의미한다.

국가는 그 형태가 어떻든—원시적이든 고대적, 중세적, 근대적이든 간에—항상 하나의 사업을 공동으로 실시하기 위해 어떤 인간 집단이 다른 인간 집단에게 건넨 초대장이다. 이 사업의 목적은 그 중간 절차가 어떠했던 간에 결국 일정 형태의 공동생활을 조직하는 것이었다. 인생 계획, 사업 기획, 행동 등의 말은 국가와 불가분의 관계를 가진다.

국가에도 여러 종류가 있는 이유는 국가를 경영하는 집단이 다른 집단과 협력관계를 구축하는 방법이 다르기 때문이다. 예를 들면 고대 국가는 다른 집단과 융합하는 일이 절대 불가능했다. 로마는 이탈리아 주민이나 속주민을 지배하고 교육하기는 했지만, 그들이 자신들과 결합할 정도로 향상시키지 않았다. 로마 시 안에서도 시민들 간의 정치적 융합은 불가능했다. 공화정 시대를 통해서 로마는 엄밀히 말해 두 개의 로마, 즉 원로원과 평민으로 나뉘었다는 사실을 기억해야 한다.

국가적 통일에서도 그것은 서로 떨어져 관계 없는 몇 개의 집단을 단순히 연결한 단계를 넘어서지 못했다. 그렇기 때문에 국가가 위험에 처한 때, 다른 집단의 애국심을 기대할 수 없었고 오로지 통치와 전쟁을 위한 관료주의 수단으로 자기를 방위해야 했다.

그리스와 로마의 집단이 모든 다른 집단과 융합할 수 없었다는 이 사실은 여러 가지 근본적인 이유에서 기인한다. 그것을 여기서 자세히 검토하는 건 적절치 않지만, 어쨌든 그것을 하나의 이유로 요약할 수는 있을 것이다. 결국 고대인은 국가를 만들어 내는 협력관계를 단순하고 초보적이고 조잡한 방법으로 해석했다는 것이다. 다시 말해 국가는 지배자와 피지배자라는 이원 체제로 되어있다는 의미로 해석한 것이다.*13

로마의 역할은 복종이 아닌 지배였고, 그 나머지의 역할은 지배가 아닌 복종이었다. 이처럼 국가는 포모에리움,(21) 즉 몇 개의 벽에 의해 물리적으로 구분된 인간의 집단으로 형성된 것이다.

그러나 나중에 출현한 새로운 민족들은 국가에 관해서 비물질적인 해석을 내놓았다. 만약 국가가 공동의 사업 계획이라면, 국가의 실체는 순수하게 동적인, 즉 국가란 하나의 활동이고 행동하는 공동체이다. 이러한 생각에서 본다면 사업에 참가하는 모든 것이 국가의 능동적 부분을 형태짓고 정치적인 주체가 되고 인종과 혈연, 지리적 귀속관계, 사회계급은 2차적인 위치에 머무는 것이다.

정치적인 공생관계를 가능하게 한 것은 결코 과거의 전통적인 아주 옛날의 공동체—요약하면 숙명적이거나 개혁 불가능한 공동체—가 아니라 실제로 행동하는 미래의 공동체이다. 우리가 미래에 함께 하려고 하는 행위가 국가라는 틀 안에 우리를 규합한 것이다. 그렇기 때문에 서유럽에서는 낡은 국가 안에 가둬둔 모든 경계를 정치적 통일체가 뛰어 넘는 자유분방함이 생겨난 것이다. 유럽 인은 고대인과 비교해 미래를 향해 열려 있고, 미래를 의식하면서 살아가며, 미래를 내다보고 현재 행동을 결정한다.

이러한 정치적 경향은 끊임없이 넓어져 갈 것이고, 이 경향을 가로막는 것은 원칙적으로 아무것도 없을 것이다. 이 융합의 능력은 무한하다. 단순히 민족과 민족의 융합만 있는 것이 아니라 더욱 특징적인 것은 국민국가에서 볼 수 있는 융합, 즉 각 정치체제 내부에 있는 사회계급의 융합을 뜻한다. 국가가 지역적 민족적으로 커짐에 따라 내부적인 협력은 점점 일원적이 되어 간다. 국민국가는 그 근원부터 민주적이고 정부 형태에서 볼 수 있는 어떤 차이보다도 민주적이라는 것이 결정적인 의미를 가진다.

과거의 공동체에 기반을 둔 나라를 정의할 때 결국 르낭(Renan)의 방식을 최상의 것으로 채용하는 것은 흥미롭다. 최상이라고 생각하는 것은 공통의 혈연과 언어, 전통에 '일상적 국민투표'라는 새로운 속성이 더해졌기 때문이다. 그러나 이 표현이 무엇을 의미하고 있는지 잘 이해되고 있는가? 지금 여기서 르낭의 주장과는 반대가 되겠지만, 그것보다 더욱 진실에 가까운 내용을 내놓을 수는 없는 것인가?

8

"과거에 대해서는 공통의 영광을, 현재에 대해서는 공통의 의지를 가지고 위대한 사업을 함께 완수하고 추진하기 위해 노력하는 것이 한 민족의 근본 조건이다……과거로부터는 영광과 회한의 유산을 받고 미래에 대해서는 동일한 계획을 실현한다……국가의 존재는 일상적 국민투표이다."[22]

매우 유명한 르낭의 선언이다. 이것이 이상하게도 성공을 거둔 것은 어떻게 설명해야 할까? 말할 것도 없이 마지막 표현의 교묘함 때문이다. 나라가 일상적 국민투표에 기초를 둔다는 그 생각은 마치 해방 선언처럼 들린다. 공통의 혈연과 언어, 공통의 과거는 정적이며 숙명적, 경직된 불활성적인 원리이다. 이것은 감옥이다.

만일 국가를 구성하는 요소가 이것들뿐으로 그 외에는 아무것도 없다고 한다면, 국가란 우리의 배후에 있는 것으로 그에 관해서 우리는 아무것도 할 수 없다는 말이 된다. 그렇다면 국가란 존재하는 그 무엇이지 행동하는 그 무엇이 아닌 것이다. 설령 국가가 공격당한다고 해도 방어한다는 것은 아무 의미가 없을 것이다.

인간의 삶은 좋건 싫건 장래에 대해 끊임없이 관심을 갖는다. 우리는 현재의 순간을 살면서 앞으로 일어날 일에 관심을 갖는다. 그래서 산다는 것은 중단도 없고 휴식도 없이 항상 활동하는 것이다. 사람들은 왜 활동이 모두 미래의 실현을 의미하는 것이라는데 관심을 갖지 않을까? 우리가 과거를 회상하는 것도 그렇다. 우리가 무엇인가를 회상하는 것은 설령 그것이 과거를 다시 살아가는 즐거움뿐이라고 해도 계속 무언가를 얻으려고 하는 것이다. 이 고독하고 아주 작은 기쁨은 얼마 전까지 바람직한 미래로 보였던 것이고 그래서 우리는 회상을 하는 것이다. 어찌되었던 미래와 관계없는 것은 인간에게 아무런 의미도 없다는 것을 명심해 주길 바란다.*14

만일 국가의 기초가 과거와 현재만 있다면, 다른 나라의 침략으로부터 국가를 지키려고 신경쓸 사람은 아무도 없다. 그렇지 않다고 하는 사람은 위선자거나 멍청이일 것이다. 그렇지만 국가의 과거는 미래에 매력—진실의 또는 환상적인 매력—을 줄 수는 있을 것이다. 우리의 국가가 미래에도 계속 존재하는 것이 바람직하다고 생각하기 때문에 우리는 나라의 방위에 스스로 나서는 것이고 혈연이나 언어나 공통의 과거 때문은 아니다.

국가를 지키는 것은 우리의 내일을 지키는 것이지 어제를 지킨다는 것이 아니다. 르낭의 말 중에 높이 평가되고 있는 것은, 내일에 대한 훌륭한 계획으로써의 국가이다. 국민투표가 미래를 결정한다. 이 경우, 미래가 과거의 연속이라고 인정하는 것은 문제의 초점을 조금도 흐리지 않는다. 그것은 르낭의 정의도 회고적이라는 것을 나타낼 뿐이다.

그래서 국민국가는 고대의 폴리스나 혈족으로 한정된 아랍의 '부족'보다도 국가에 관한 순수한 개념에 가깝다. 실제로 국민국가의 개념은 과거, 영토, 인종에 대한 귀속의식이 존재한다. 그러나 그렇기 때문에 이 개념 안에서 삶을 자극하는 계획을 중심으로, 인간을 통일하는 순수한 원리가 우위를 점한다는 것은 놀라운 일이다. 그뿐 아니라 과거의 부담과 물질적인 원리에 의해 어느 정도 제한되고 있다는 생각은 서유럽의 정신에 자연스럽게 생겨난 것이 아니라, 국가 개념에 대한 낭만주의자가 부여한 박학다식한 해석에서 유래한 것이라고 나는 말하고 싶다.

만일 중세에 국가에 관한 이런 19세기적인 개념이 존재했다면, 영국도 프랑스도 에스파냐도 독일도 생겨나지 않았을 것이다.*15 왜냐하면 낭만주의적인 해석은 한 나라에 숨결을 안겨주고 그 기반을 쌓는 원리와 단순히 이것을 견고하게 유지하는 원리를 혼동하고 있기 때문이다. 확실히 말하면 국가를 만든 것은 애국심이 아니다. 애국심이 국가를 만들었다고 믿는 것은 이미 지적했듯이 얼빠진 생각이다. 르낭의 그 유명한 정의에도 이 생각이 담겨 있다.

국가가 존재하기 위해서는 어떤 인간 집단이 공통의 과거에 의존할 필요가 있다면, 지금의 시점에서 보면 과거인 것을 일찍이 현재로써 살았던 사람들의 집단을 뭐라고 부르면 좋을지 물어보고 싶다. '우리는 국가이다' 말할 수 있기 위해서는 마치 이 공동생활이 죽음을 견디고 과거가 되어야만 하는 것이 필수 조건인 것처럼 보인다.

이러한 사고방식에는 문헌학자나 고문서 관계에 있는 무리들의 나쁜 습관, 즉 과거의 일이 아니면 항상 진상을 잘못 보는 직업적인 시각의 결함이 있는 것은 아닐까? 문헌학자란 그들이 문헌학자로 있기 위해서 무엇보다도 과거라는 존재가 필요한 사람들이다.

그러나 국가는 공통의 과거를 갖기 전에 그 공동체를 창조해야 했고, 공동체를 창조하기 이전에 그것을 꿈꾸고 바라고 계획해야만 했다. 국가가 존재하기 위해서 계획을 갖는다면 그걸로 충분하다. 가령 계획이 달성되지 못하고 실패하더라도 상관없고 사실 그러한 예는 얼마든지 있다. 그런 실패를 한 나라를 '요절한 나라'라고 불러도 괜찮을 것이다(예를 들면 부르고뉴 왕국).

에스파냐는 중남미의 여러 민족과 같은 과거, 인종, 언어를 가지고 있다. 그런데도 그들과 함께 국가를 형성하고 있지 않다. 왜 그럴까? 본질적으로 생각할 수 있는 하나의 사실은, 결국 미래가 달랐기 때문이다. 에스파냐는 동물학적으로는 비슷하지만, 이들 민족의 관심을 끌만한 미래의 계획을 만들어 내지 못했다. 미래를 위한 국민투표는 에스파냐에게 불리했다. 그래서 고문서도 기억도 조상도 '조국'도 아무런 도움도 되지 못했다. 같은 미래가

있다면 이 모든 것이 응집력을 발휘했겠지만 그 이상은 아닌 것이다.*16

이러한 이유로 나는 국민국가에서 국민투표의 역사적 구조를 보는 것이다. 이것을 제외한 다른 요소들은 모두 일시적이고 변화하는 가치이고 국민투표가 끊임없이 요구하는 내용, 또는 형태 또는 종합정리를 가리키는 데 지나지 않다. 르낭은 풍부한 광채의 마술적인 말을 찾아낸 것이다.

우리는 이것을 (사물을 투과하는) 음극선(陰極線)으로 사용함으로써 국가의 궁극적인 본질을 들여다볼 수 있다. 그것은 두 가지로 구성되는데, 하나는 어떤 공동 사업에 의한 공동생활 계획이고, 다른 하나는 이 매력적인 계획을 모든 사람이 지지하는 것이다. 모든 사람의 지지가 국민국가를 고대국가 전체와 구별시켜 주는 내적인 강인함을 제공해 준다.

고대국가의 통일은 분산되어 있는 집단에 대한 국가의 외적 압력에 의해 만들어지고 유지된 것에 비해, 국민국가에서는 '국민'의 자발적이고 뿌리 깊은 응집력으로부터 국가의 힘이 생겨난다. 실제로 국민은 이미 국가이고 그들이 국가를—이것이 국가의 새로움이자 훌륭한 점이다—무관한 것으로 생각할 수 없게 되었다.

그럼에도 르낭은 국민투표라는 말을 이미 만들어져 있는 국가에 관계지어, 그 영속을 결정하는 것처럼 소극적 의미의 내용을 부여함에 따라 그의 정의의 타당성을 거의 쓸모없게 만들어 버렸다. 나는 오히려 국민투표의 부호를 반대로 돌려 탄생 중인 국가에 대해서 그 위력을 발휘시키고 싶다. 이것이야 말로 중요한 관점이다.

왜냐하면 국가는 사실 완성되어 있는 것이 아니기 때문이다. 그 점에서 국민국가는 다른 형태의 국가와 다른 것이다. 국민국가는 언제나 형성 중이거나 해체 중에 있으며, 제3의 가능성은 없다. 국가가 활발한 사업을 현재 제시하고 있는지 아닌지에 따라 지지를 얻거나 잃는다.

그렇기 때문에 서유럽 집단의 열정을 끊임없이 북돋아 온 일련의 통일 사업을 살펴보면 매우 유익할 것이다. 그렇게 함에 따라 단순히 공적인 면만이 아니라 더욱 사적인 생활의 면에서도 유럽 인이 어느 정도 그 사업에 의해 살아 왔는지 알게 될 것이다. 눈앞에 보이는 사업이 있는지 없는지에 따라 그들의 사기가 어떻게 앙양되었거나 저하되었는가를 알 수 있을 것이다. 그 연구는 한 가지를 더 명확하게 할 것이다. 고대인들의 국가사업은 그 사업의 대상인 인간 집단들의 지지를 전제하지 않았다는 점과, 또 이른바 국가가 숙명적인 한계—부족 또는 도시—의 제약을 받았다는 이유로, 사실상은 무제한적이었다.

어떤 민족—가령 페르시아 인, 마케도니아 인 또는 로마인—은 지구상의 어떤 지역도 자기의 지배권 안에 넣어 통일시킬 수 있었다. 그러나 이런 통일은 진정한 통일이 아니었고 내부적, 결정적인 통일도 아니었기 때문에, 그것은 정복자들의 군사적, 행정적인 유능함 이외에 의지할 것이 없었다.

그러나 서유럽에서는 국가적 통일 과정으로 어쩔 수 없이 일련의 단계를 거쳐야 했다. 유럽에서는 페르시아 제국이나 알렉산드로스 대왕 또는 아우구스투스 황제의 제국 같은 대규모 제국을 만들 수 없었다는 사실이 우리를 더욱 놀라게 한다.

유럽의 국가건설 과정은 항상 다음과 같은 흐름으로 이루어졌다.

제1기 국가란 다양한 민족이 단일한 정치적, 도덕적 공동생활로 융합된 것이라고 생각한 서유럽 특유의 본능이 지리적, 종족적, 언어적으로 가장 인접한 집단에 작용하기 시작한다. 이 인접 관계가 국가를 만드는 것이 아니라 인접 집단들 사이의 차이가 처리하기 쉬웠기 때문이다.

제2기 신생 국가의 테두리 바깥쪽에 사는 다른 민족을 이민족으로 생각해 거의 적으로 간주한다. 국가형성 과정에서 내부도 집결하는 배타주의 측면이, 오늘날 말하는 국가주의라 부르는 것이 나타난다. 그러나 다른 민족을 정치적으로는 이민족이자 경쟁자라고 생각함에도 현실적으로는 경제적, 지적, 정신적인 면에서 그들과 공생관계에 있다. 국가주의 전쟁은 기술적, 정신적인 격차를 평준화시키는데 기여했다. 종래의 적들이 역사적으로 동질화되어 간다.[17] 적들도 우리 국가와 같은 인간 범주에 속해 있다는 의식이 조금씩 지평선 너머로 모습을 드러내기 시작한다. 그럼에도 여전히 그들을 이민족이자 적이라고 생각한다.

제3기 국가는 기초를 갖추었다. 그래서 새로운 사업은 시작된다. 즉 어제까지 적이었던 민족을 융합하는 것이다. 그들이 습관이나 이해관계에 있어서 근친자이자 그들보다 더욱 멀리 떨어진, 더욱 관계가 먼 집단에 대해서 하나의 국가권을 우리와 함께 만들 수 있다는 확신이 늘어간다. 이렇게 해서 새로운 국가 이념이 성숙되어 간다.

예를 들어 보면 내가 말하고자 하는 것이 보다 분명해질 것이다.

엘 시드 시대[23]의 에스파냐—스파냐(Spania)—는 하나의 국가 개념이었다고 생각해, 이 주장을 뒷받침할 근거로 그 몇 세기 전인가 성 이시도로[24]가 '모국 에스파냐'에 관해서 말한 것을 덧붙이는 것이 보통이다. 그러나 나는 이 역사적 전망은 심각한 오류라고 생각한다.

엘 시드의 시대에는 레온-카스티야 국가 건설이 계획되기 시작해서 이 레온과 카스티야의 통일이 당시 국가의 이념이자 정치적으로 유효한 사고방식이었다. 그에 비해 스파냐는 본디 학자들의 개념이었다. 스파냐는 언젠가 로마제국이 서유럽에 종자를 뿌린 풍요한 개념 중 하나였다.

'에스파냐 인'은 로마에 의해 하나의 행정 단위로써 즉, 후기 제국의 한 구역으로써 통일된 것에 길들여져 있었다. 그러나 이 지리적 행정적인 개념은 단순히 받아들여진 것으로 내부에서 끓어오른 것이 아니었고 더욱이 희망하던 것도 아니었다. [25]

11세기에 있어서 에스파냐라는 개념에 아무리 현실성을 부여하고 싶어도, 그것은 4세기 그리스 인이 가지고 있던 헬라스(Hellas)라는 개념만큼 강하거나 정확하지 않았다는 사실을 인정해야 할 것이다. 헬라스는 결코 국가 개념이 아니었다.

실제로 역사적 상대관계를 말한다면 오히려 4세기 그리스 인의 헬라스나, 11세기 내지 14세기 '에스파냐 인'의 스파냐는 19세기 '유럽 인'의 유럽과 같다고 할 수 있다.

국가 통일 과업은 음향이 모여 멜로디가 되듯이 점차 참된 통일에 가까워져 간다는 것을 이것이 보여 주고 있다. 어제의 단순한 친화력이 국가의 숨결로써 응집되기 위해서는 내일까지 기다려야만 할 것이다. 그러나 그럼에도 불구하고 그 시대가 다가 온 것은 거의 확실하다.

바야흐로 유럽 인에게 유럽이 진정한 국가 개념으로 변환될 때에 이르렀다. 오늘날 이런 생각을 하는 것은 11세기 에스파냐나 프랑스의 통일을 예언하는 것보다 훨씬 현실성이 있다. 서유럽의 국민국가는 그 참된 본질에 충실하면 할수록 확실한 하나의 거대한 대륙국가의 결정(結晶)이 되어 갈 것이다.

9

서유럽 국가들이 오늘날과 같은 모습을 드러내자마자 이들의 배경처럼 유럽이 배후에 출현했다. 유럽이야말로 르네상스 이후 그 속에서 활동을 펼쳐온 단일한 풍경이며, 그런 국가들 자체가 유럽의 풍경을 이룬다. 그들은 자신도 모르는 사이에 호전적인 성격을 버리기 시작했다.

프랑스, 영국, 에스파냐, 이탈리아, 독일은 서로 싸우고 동맹을 맺고 대립하고 그것을 파기하고 또 다시 체결을 거듭한다. 그러나 이 모든 것은 전쟁도 평화도 서로 평등한 공생관계를 만드는 것이었다. 이는 로마가 켈트이베리아(^{이베리아} ^{반도의 켈트}), 갈리아, 브리튼, 게르만 인들과 평화로울 때나 전시에나 한 번도 만들어 본 적이 없는 관계였다.

역사는 무엇보다도 먼저 갈등을, 또 일반적으로는 정치를 중시해 왔다. 그러나 이 정치라는 것은 통일의 과실이 열리기까지 가장 시간이 걸리는 분야이다. 한 곳에서 전쟁이 벌어지는 사이에 백 곳에서는 적과 교역을 하여 사상이나 예술양식이나 신조의 교류가 진행되었다. 전투의 떠들썩함은 단순한 장막이고, 그 뒤에는 평화의 방직기가 고집스럽게 계속 움직여 적대관계에 있는 나라와의 삶을 이어 맞추고 있다고 말해도 좋을 것이다.

세대를 거듭하면서 사람들의 정신의 동질성이 증가했다. 더욱 정확하고 신중하게 말하고 싶다면 프랑스 인, 영국인, 에스파냐 인의 정신은 과거에도 달랐고, 지금도 미래에도 다르겠지만, 그들은 심리적으로 수준 내지 구조가 같고, 무엇보다 공통의 내용을 획득해 나가고 있다고 말하면 될 것이다. 종교, 과학, 법률, 예술, 사회적 가치, 애정의 가치를 공유해 간다. 게다가 실로 이것들이야말로 사람이 살아가는 데에 필요한 정신적인 것들이다. 그 결과 동일한 주형에 맞춰 만들어 진 경우보다도 정신의 동질성이 더 클 것이다.

만약 오늘날 우리의 정신적 내용—의견, 규범, 희망, 자부심—의 결산서를 만든다고 한다면, 이것들의 대부분은 프랑스도 에스파냐도 아닌 유럽이라는 공통의 샘에서 얻었다는 사실을 알게 될 것이다. 오늘날 우리 한 사람 한 사람에게는, 예를 들면 프랑스 인이나 에스파냐 인만이 가진 다른 나라 사람에게 없는 부분보다도 유럽 인으로써 공통된 부분이 실제로 훨씬 많아졌다.

만일 우리가 순수하게 '국민'으로써 가지고 있는 것만으로 살아야만 한다는 상상의 실험을 한다면, 그리고 순수하게 상상의 세계에서, 평균적 프랑스인이나 다른 유럽 나라에서 받아들인 모든 습관, 사고, 감정을 완전히 제거해 버린다면 두려움을 느낄 것이다. 그들은 자신이 가진 것만으로는 살 수 없다는 사실과 그가 지닌 정신적 자산의 4/5는 유럽의 공유 재산이라는 사실을 깨닫게 될 것이다.

지구의 이곳(유럽)에 살고 있는 우리가 4세기에 걸쳐 유럽이라는 말이 의미해 온 약속을 실현하지 못하게 되면 다른 어떤 중대한 일을 할 수 있을지 전혀 생각할 수 없다. 옛 '국가'들의 편견, 즉 과거지향적인 국가 개념만이 이에 반대할 뿐이다. 유럽 인 또한 롯의 아내의 자손들로써 뒤를 돌아보면서 역사 만들기를 고집할지 어떤지를 곧 알게 될 것이다.

로마에 관해 또 일반적으로 고대인에 관해 말한 것은, 우리 자신에게 교훈으로써 도움이 되었다. 어떤 유형의 인간에게는, 한번 머릿속에 주입된 국가라는 개념을 버리는 일이 매우 어려울 수 있다. 그러나 다행히도 유럽 인이 스스로 알고 있는지 어떤지는 제쳐두고, 그들이 세계에 안겨 준 국민국가라는 개념은 누군가가 가르쳐 준 귀찮은 문헌학적인 현학적 개념이 아니다.

그럼 여기서 이 논문의 주제를 요약해 보자. 오늘날의 세계는 심각한 타락에 빠져 있다. 이것은 몇몇 징후로 나타나고 있는데, 그중에서도 대중의 터무니없는 반란이 눈에 띈다. 이 반란의 원인은 유럽의 타락이다. 유럽의 타락에는 많은 원인이 있지만, 그 주요한 것 중 하나는 유럽이 자신과 외부 세계에 휘둘렀던 권력이 어디론가 사라져 버린 것이다. 유럽의 지배가 불확실해지고, 나머지 세계의 피지배도 불확실해졌다.

역사적인 주권이 흩어져 버린 것이다.

이제 '시대의 충만함'은 없다. 왜냐하면 그러기 위해서는 19세기에 그랬던 것처럼 명료하고 사전에 정해진 틀림 없는 미래가 전제되어야 하는데 지금은 그렇지 않기 때문이다. 당시의 사람들은 내일 무슨 일이 일어날지 안다고 믿었다. 그러나 지금이야말로 또 다시 지평선은 새로운 미지의 방향을 향해 열려 있다. 누가 지배할지, 세계에 권력이 어떻게 조직될지 알지 못하기 때문이다. 누가 지배하는가 하는 것은 예를 들어 어떤 민족이나 민족 집단이, 어떤 이데올로기가, 어떤 경향, 규범, 삶의 충동이 지배하는가 하는 것이다.

가까운 미래에 어떤 방향으로 인간사의 문제 중심이 옮겨갈지 알 수 없다. 그렇기 때문에 세계의 삶은 일시적인 상태에 몸을 맡기고 있다. 오늘날 공적, 사적인—마음속에 있는 것까지 포함해—사항으로 되어 있는 것은 과학의 몇몇 분야를 빼면 모든 것이 일시적이다. 오늘날 선전되고 과장되고 시험되고 있는 모든 것을 믿지 않는 사람이 현명한 사람일 것이다. 그런 것은 모두 나올 때와 같은 속도로 곧 사라져 갈 것이다.

모든 것이, 스포츠에 대한 열광(열광이지 스포츠 자체가 아니다)으로부터 정치적 폭력까지, '신예술'로부터 해수욕장의 익살스런 일광욕까지, 모두 마찬가지일 것이다. 이것들은 어느 것이나 뿌리 없는 풀이다. 그것은 모두 나쁜 의미의 발명품으로 경박한 변덕과 같다. 그것은 삶의 본질에서 창조된 것이 아니다. 진짜 열망이 필요한 것도 아니다. 결국 모든 것은 삶의 본질에서 보면 기만이다. 여기에 진실성을 주장함과 동시에 가짜라는 모순된 생활양식이 존재한다.

우리가 무언가 삶의 행위가 절실하게 필요하다고 느낄 때 비로소 생존 안에 진실이 생긴다. 오늘날에는 자신의 정치적 행위가 불가피한 것이라고 느끼는 정치가는 한 사람도 없다. 몸짓이 허풍스러울수록, 경박할수록, 운명의 강제를 덜 받을수록, 불가피성을 덜 느끼는 것이다. 불가피한 무대들로 구성된 삶만이 자기의 뿌리를 가진 삶이자 진짜 삶이다. 그 외의 삶, 즉 취하고, 버리고, 되돌리는 등 우리 생각대로 되는 것은 틀림없이 위조된 삶이다.

현대의 삶은 하나의 공백기, 즉 과거와 미래, 두 가지 역사 지배 조직 사이에 있는 공백의 시기에서 생겨난 산물이다. 따라서 이 삶은 본질적으로 일시적인 것이다. 그리고 남자들은 어떤 진실한 제도에 봉사해야만 하는지를 알지 못하고, 여자들은 어떤 유형의 남성이 진짜 바람직한지를 알지 못한다.

유럽 인들은 어떤 거대한 사업이 없다면 살아 갈 수가 없다. 이런 사업이 없으면 열악해지고 무기력해지고 혼이 빠져버린다. 이런 현상이 우리 눈앞에 펼쳐지기 시작했다. 오늘날까지 국가라고 불러온 몇 개의 구획은 채 한 세기도 되기 전에 최대 규모로 부풀어 오르고 말았다. 그 구획을 극복하지 못하면 어떻게 할 수가 없다. 이 구획은 유럽 인의 주위나 배후에 누적되어 가는 과거만 있고, 유럽 인을 죄수로 만들어 그 짐이 무거워져 있다.

전에 없는 삶의 자유를 소유했으면서도 우리 모두는 각각의 국가 안에서 호흡 곤란을 느끼고 있다. 그것은 공기가 밀폐되어 있기 때문이다. 이전에는 개방되어 공기가 잘 통했던 광대한 환경에 있던 나라가 주(州)와 같은 것이 되어 '실내'가 되어 버렸다.

우리가 상상하고 있는 초국가 유럽에서는 현재의 다원성이 없어지는 일은 있을 수 없고 없어져서도 안 된다. 고대국가는 민족의 차이를 절멸시키고 활성화 시키지 않고 기껏 미이라를 만들어 보존하고 있었던 것에 반해, 가장 순수하게 역동적인 국가 개념은 지금까지 서유럽의 생명으로 존재해 온 이 다원성을 적극 유지시킬 것을 요구하는 것이다.

누구나가 무엇보다 먼저 삶의 새로운 원리를 굳건히 세워야 한다고 생각한다. 그러나 일부는 노쇠해 버린 원리를 극단적이고 인위적으로 강화해서 현 상태를 살리려 하고 있다. 이것이 최근의 '국가주의' 대두를 의미하고 있는 것이다. 거듭 말하지만 언제나 그래 왔다. 양초의 마지막 불꽃이 가장 길고, 임종 직전의 숨이 가장 깊은 것과 마찬가지이다. 군사적·경제적 국경은 사라지기 직전에 더욱 긴장을 고조시킨다.

그러나 국가주의는 막다른 길에 와 있다. 만일 국가주의를 미래에 투사해 보면 그 결함을 알아챌 것이다. 이 길은 어디로도 통하지 않는다. 국가주의란 항상 국가 창조의 원리에 대립하는 방향으로 지향했다. 국가 창조의 원리는 포용적인 데 반해 국가주의는 배타적이다. 그럼에도 국가 통합의 시기에는 국가주의가 적극적인 가치를 가지는 높은 규범이었다. 그러나 유럽에서는 모든 국가의 통합이 넉넉하게 진행되었기 때문에, 국가주의는 창조의 의무와 대사업의 의무를 피하기 위한 구실이자 광기에 지나지 않다. 국가주의가 사용하고 있는 수단의 단순함, 그것이 칭송하고 있는 인간의 유형을 보면, 이것은 역사 창조와 반대라는 것을 잘 알 수 있다.

유럽 대륙의 모든 국민을 하나로 한, 거대한 국가를 건설하는 것만이 유럽의 심장을 재차 고동치게 만들 수 있을 것이다.

그럴 때 유럽은 다시 자신감을 되돌릴 수 있을 것이고, 그러면 자연히 스스로 많은 요구를 하면서 자진해서 단련을 시작하게 될 것이다.

그러나 현재의 상황은 보통 평가되고 있는 것보다도 훨씬 심각하다. 해를 거듭할수록 유럽 인이 현재 살고 있는 작은 존재의 규모에 익숙해지고 세상을 지배하지도 않고 지배받지도 않는 데 길들여져 버릴 위험이 있다. 그럴 경우에는 유럽 인의 뛰어난 장점도 능력도 모두 사라질 것이다.

그러나 유럽의 통합에 대해서, 국가 형성 과정에서는 항상 일어나는 것처럼 보수계급이 반대한다. 이것이 그들 자신의 파멸을 가져올 수도 있다. 유럽을 결정적으로 타락하게 하고 그 역사적 에너지를 완전히 잃어버릴 일반적인 위험에, 구체적인 위험이 하나 더 추가되었기 때문이다.

공산주의가 러시아에서 개가를 올렸을 때, 많은 사람들은 온 서유럽이 적색의 시류로 물들었다고 생각했다. 나는 그러한 예언을 한 바가 없다. 그렇기는커녕 당시 나는, 러시아의 공산주의가 개인주의라는 비장의 카드에 역사의 모든 노력과 열정을 바친 유럽 인에게는 동화하기 어려운 내용을 가졌다고 썼다. 그러는 사이 몇 년이 지났다. 그 당시 공포에 떨던 사람들도 다시 평정을 되찾았다. 그들은 마음의 평정을 완전히 잃을 수도 있는 바로 그 시기에 평정을 되찾았다. 그렇다는 것은 지금이야말로 공산주의가 흘러들어 유럽을 석권하고 승리를 거둘 수 있다는 것이다.

나의 추측은 다음과 같다. 지금도 전처럼 러시아식 공산주의 강령은 유럽 인의 흥미를 끌지 못하고 매력도 없고 바람직한 미래를 그려 주지도 않는다. 그러나 그것은 모든 사도와 마찬가지로 완고하고 귀머거리이고 성실함 없는 (러시아 공산주의) 사도가 항상 주장하고 있는 것처럼 사소한 이유 때문은 아니다. 오로지 금리에만 의존하고 그것을 자손에게 물려주는 인간은, 설령 공산주의 사회가 되지 않아도 이미 앞날이 길지 않다는 것을 서유럽의 부르주아 자신도 잘 알고 있다.

러시아의 신념에 대해서 유럽을 면역시키고 있는 것은 그런 것이 아니며 공포는 더욱 아니다. 20년 전에 소렐이 폭력 전술의 기초로 삼았던 임의의 전제는 오늘날에는 상당히 우스꽝스러워 보인다. 유산계급은 그들이 믿고 있던 것처럼 비겁하지 않고 현재에는 근로자 이상으로 폭력적인 경향이 있다. 러시아에서 볼셰비즘이 승리를 거둔 것은 러시아에서는 유산계급이 없었기 때문이라는 것을 모르는 사람은 없다.*18 하나의 쁘띠부르주아 운동인 파시즘은 모든 노동운동자를 모은 것 이상으로 폭력적이라는 것이 밝혀졌다.

따라서 유럽 인이 공산주의로 피신하는 것을 막아 주는 것은 공포가 아니다. 그에 앞선 훨씬 더 간단한 이유가 있다. 즉 유럽 인은 공산주의 조직에 의해 인간의 행복이 증진된다고는 생각하지 않기 때문이다.

다시 말하지만 다음 수년 동안 유럽이 볼셰비즘에 열광하게 될 가능성이 다분히 있어 보인다. 그것은 볼셰비즘 때문이 아니라 볼셰비즘임에도 불구하고 말이다.

소비에트 정부에 의해서 강력하게 추진되고 있는 '5개년 계획'이 그 목표를 달성하고, 거대한 러시아 경제가 단순히 재건될 뿐만이 아니라 번영할 것이라고 상상해 주길 바란다. 볼셰비즘은 내용이 무엇이든 인간이 행하는 거대한 사업임을 내세운다. 그 안에서 인간은 운명을 결연히 받아들이고 그들에게 주입된 신념의 규율 아래 긴장하며 살아가는 것이다.

만일 인간의 노력을 받아들이지 않는 자연의 힘이, 그들의 의도를 좌절시키지 않고, 자유로운 길을 제공해 준다면, 그들의 거대한 사업이 가진 눈부신 빛은 유럽 지평선에 불타오르는 새로운 혜성처럼 밝게 빛날 것이다.

반면에 유럽 인이 만약 요즘처럼 불명예스럽고 식물적인 생활을 계속하고 훈련의 부족 때문에 신경이 둔해지고 어떠한 새로운 삶의 계획도 가지지 않는다면, 어떻게 소비에트의 그토록 거대한 사업의 영향력을 피할 수 있겠는가?

유럽 인이 소비에트 공산주의의 깃발에 대항하고, 펄럭이게 내걸어야 할 깃발을 가지고 있지 않은 현재, 그러한 새로운 행동으로 몰아넣는 목소리를 무감동하게 흘려듣는다고 생각한다면 그것은 유럽 인을 모르고 하는 소리이다. 삶의 의의를 갖게 하는 것에 봉사하고, 생존의 공허함에서 탈피하게 해 준다면, 유럽 인이 공산주의에 대한 반대를 철회하기란 어렵지 않다. 공산주의 내용에 의해서가 아니라, 도덕적인 태도에 자신이 끌려가고 있다고 생각하기 때문이다.

하나의 거대한 국민국가로써의 유럽을 건설하는 것이야말로 '5개년 계획'의 승리에 대항할 수 있는 유일한 사업이라고 나는 생각한다.

정치경제학 전문가들은 5개년 계획의 성공 가능성은 매우 적다고 확신한다. 그러나 반공산주의자가 모든 것을 자신들의 적이 직면하고 있는 물질적 곤란에 기대를 거는 것은 비열한 생각이다. 그런 것에 의한 그들의 몰락은 세계의 파멸, 모든 사물과 모든 현대인의 파멸을 의미하게 될 것이다.

공산주의는 기묘한 '도덕'—유사한 도덕—이기 때문이다. 이 슬라브족의 도덕에 대해 서유럽의 새로운 도덕, 즉 새로운 삶의 계획을 향한 의욕으로 맞서는 편이 더욱 공명하고 풍부한 결실을 맺을 수 있지 않겠는가?

〈주〉

＊1 《관찰자》 제7권의 논문 〈헤겔과 아메리카 *Hegel y América*〉(1930) 참조.

＊2 《관찰자》 제6권의 〈로마의 죽음에 대해서 *Sobre la muerte de Roma*〉(1927) 참조.

＊3 이 일이 물리학적·생물학적 이성을 '자연적 이성'으로 만드는 것이고 이로써 그것은 '역사적 이성'보다도 이성적이지 않다는 것을 증명하고 있다. 왜냐하면 이 책에서도 그렇게 하고 있는 것처럼 사물을 흘려보는 것이 아니라 밑바닥까지 자세히 조사하면서 보면, 역사적 이성은 어디까지나 사실을 절대적으로 보지 않는다. 이러한 이성에 있어서 추론한다는 것은 모든 사실을 그 근원까지 거슬러 올라가 발견하고 유동화시키는 것이다. 나의 글 《체계로써의 역사 *Historia como sistema*》(제2판) 참조.

＊4 대립하는 두 힘이 합쳐져 카탈루냐(에스파냐 동부의 지중해 연안 지방)에서 어떻게 작용하는가를 밝히는 일은 흥미진진할 것이다. 그 힘이란 유럽적인 국가주의와 오래된 지중해적 인간의 경향이 남아 있는 바르셀로나의 도시주의이다. 앞에서 레반테 인(동부 에스파냐 인)은 이 반도에 사는 태고인(Homo antiquis)의 잔당이라고 말한 적이 있다.

＊5 법적 동질성이지만 반드시 중앙집권주의를 의미하지는 않는다.

＊6 뜬금없이 이렇게 단언했지만 그것은 '좋은' 정치에서 '나쁜' 정치에 이르기까지 정치란 무엇인가에 대해 전반에 걸쳐 명료한 개념을 갖고 있다는 것을 전재로 한다. 이것에 관해서는 나의 글 〈개인과 사람들 *El Hombre y la Gente*〉라는 사회학 논문에서 서술해 두었다.

＊7 《관찰자》 제7권(1930)의 〈국가의 스포츠적 기원〉 참조.

＊8 돕슈(Dopsch)의 《유럽문명의 사회 경제적 기초 *Economic and Social Foundations of European Civilisation*》(제2판, 1924년, 제2권) 참조.

＊9 야만인의 취락이 아무리 조밀해도 로마인은 그것을 '도시'라고 부르지 않았다. 결국 어쩔 수 없이 그것을 '농민촌락(sedes aratorum)'이라고 불렀다.

＊10 아우구스투스의 제국은 그의 양부 카이사르가 세우고자 했던 것과 반대라는 것은 알려진 사실이다. 아우구스투스는 카이사르의 적이었던 폼페이우스의 방식에 따랐다. 이 문제에 관한 현재까지의 최고의 서적은 에드워드 메이어(Eduardo Meyer)의 《카이사르의 군주정과 폼페이우스의 원수정 *La Monarquia de César y el Principado de Pompeyo*》(1918)이다.

＊11 모든 에스파냐 인이 에스파냐 어를 말한다거나 모든 영국인이 영어를, 모든 독일인이 표준 독일어를 사용한다는 것조차도 순수한 진실이 아니다.

＊12 물론 한 국가의 언어가 아니라 코이논(koinón)은 1, 2세기에 사용된 공통어로써의 그리스 어. 링구아 프랑카(lingua franca, 공용어)의 경우는 국제어로써 예외이다.

*13 제국의 모든 주민에게 시민권을 주었다는 것은 얼핏 생각해보면 모순처럼 보이지만, 그것은 이 사실을 뒷받침하고 있다. 그러나 이 시민권은 국가에 대한 단순한 부담 또는 봉사 내지는 단순한 시민 권리의 면허증으로 변해서 정치적 성격을 잃어갔다. 노예제가 원칙적으로 받아들여지는 문명에서 그 이상의 것을 기대할 수는 없었다. 그에 비해 우리 '국가들'에 있어서 노예제는 사라져 가는 잔재에 지나지 않았다.

*14 이 견해에서 보면, 인간은 어쩔 수 없이 미래지향적인 체질을 가지고 있다. 즉 무엇보다 인간은 미래 속에서 미래를 위해 살아가는 것이다. 그러나 나는 고대인을 유럽인에 대치하여 전자는 미래에 대해 비교적 폐쇄적이고, 후자는 비교적 개방적이라고 말했다. 그러므로 두 주장에는 모순이 있는 것처럼 보일 것이다. 이것은 인간이 이중적인 존재라는 실체를 잊고 있기 때문이다. 한편으로 인간은 있는 그대로의 존재이고, 다른 한편으로는 본래의 자신과 거의 합치하는, 자기 자신에 대한 관념을 가지고 있다. 사실 우리의 관념이나 선택이나 희망은 우리의 진정한 존재를 무효하게 만들 수는 없지만, 그것을 복잡하게 하고 조절할 수는 있다. 고대인도 유럽 인도 똑같이 미래를 생각하고 있지만, 전자는 미래를 과거의 체제에 예속시키는 반면, 우리는 미래나 그와 유사한 새로운 것에 보다 많은 자율성을 준다. 존재가 아니라 선호에서 나타나는 이 대립은 유럽 인을 미래파로 고대인을 과거파로 분류하는 것의 정당함을 뒷받침한다. 유럽 인이 잠에서 깨어 자신을 파악하자마자, 자신의 삶을 '근대(Epoca moderna)'라고 부르기 시작한 것은 암시적인 것이다. 알고 있는 것처럼 '근대'라는 것은 새로운 것이자 옛 관습을 부정하는 것이다. 이미 14세기 종반에 와서는 당시에 가장 민감하게 사람들의 관심을 끌고 있던 문제에 대해서 근대성(modernidad)을 강조하기 시작했다. 예를 들면 근대적 신심(devotio moderno)라는 말이 있는데 이것은 '신비주의 신학'에서 하나의 전위운동이었다.

*15 국가의 원리는, 연대적으로 말해 낭만주의 초기(18세기 말) 징후 중 하나이다.

*16 바야흐로 우리는 거대한, 그리고 실험실 내에 관찰되는 것처럼 명료한 하나의 사례를 보려고 하는 참이다. 즉 영국이 그 제국의 산하에 있는 여러 가지 부분에 매력적인 계획을 세우고 이것들을 공생관계에 있는 하나의 권력 아래 잘 묶어둘 수 있는지 어떤지를 보려고 하는 것이다.

*17 이 동질성이 모든 조건의 복수성을 존중하고 그것을 타파하지 않는다는 조건이 있다면 이렇게 말할 수 있다.

*18 마르크스의 사회주의와 볼셰비즘이 조금도 공통된 차원을 가지고 있지 않은, 별개의 역사적 현상이라는 것을 깨닫는 데에는 이것으로 충분할 것이다.

(1) Miltiades(BC 550~489). 그리스의 정치가, 군인.

(2) 보토쿠도(Botocudo)족. 남미 열대우림에 사는 미개부족.

(3) 프랑크(1889~1967) 미국의 비평가, 소설가. 《아메리카의 재발견*The Rediscovery of America*》(1928)는 《우리들의 아메리카*Our America*》(1919)와 함께 널리 호평을 받았다.

(4) cargante. cargar(짐을 쌓다)에서 파생.

(5) extravagancia.

(6) vagancia.

(7) 스탈린의 마르크스주의를 쓰는 것이 아니라, 혁명을 달성한 러시아 민족의 역사가 쓰이는 것을 희망한다는 의미일 것이다.

(8) 실러의 《칸트와 그 해석자들》(1796년 '크세니엔' 53)에 있는 구절. 여기서는 칸트를 왕으로, 해석자들을 인력거꾼으로 비유하고 있다.

(9) forum. 고대 유럽 도시의 중앙 광장으로 시장의 기능도, 또 재판장, 정치 토론장 등의 집회 장소로 사용되었다.

(10) agora. 그리스 어로 '시장의 광장' '집회장'을 뜻한다.

(11) synoikismos. 집주(集住), 즉 모여산다는 뜻.

(12) ayuntamiento. '시청' '시회'의 의미지만 어원적으로는 '하나로 모이는 것'의 뜻.

(13) 폴리테이아(politeia)는 고대 그리스의 도시국가(정체), 레프블리카(republica)는 고대 로마(공화국).

(14) estado. 영어의 state. '상태'라는 의미도 있다.

(15) Lagartijo. 당시 유명한 투우사의 별명. '작은 도마뱀'을 뜻한다.

(16) primus inter pares.

(17) 현재의 로마 남동부에 있었던 고대 국가. 기원전 5세기경부터 로마화되었다.

(18) Saavedra Fajardo(1584~1648). 에스파냐 정치가, 외교관, 사상가. '정치적 사업' 등의 저서가 있다.

(19) 젠스는 라틴 어의 '씨족'으로 에스파냐 어의 '사람들'(헨테)는 여기서 유래한다. 또 나치오는 라틴 어로 '나라' '국민'으로 에스파냐 어의 나시온이 여기서 유래한다.

(20) Vercingetorix. 기원전 46년 사망. 갈리아의 족장. 그의 카이사르에 대한 반항이 갈리아 전투를 촉발하는 계기가 되었다.

(21) pomoerium.

(22) 르낭이 1882년에 소르본에서 한 강연 〈민족이란 무엇인가〉에서 한 말. 카르맨 레비 판의 전집, 제1권, 904쪽 참조. 단 원문에는 '일상적'이 '매일의'라고 되어 있다.

(23) 11세기 후반. 216쪽 참조.

(24) Isidoro(560경~636). 에스파냐의 서고트 시대의 성직자로 중세 유럽의 대표적 신학자. 에스파냐의 교회조직을 집대성했다. 주요 저서로 《어원사전》이 있다.

(25) 8세기 초에 침입해 온 회교도에 의해 이베리아 반도 대부분이 점령되었으나 일부의 그

리스도 교도는 반도 북부의 아스투리아스 지방에 들어가 아랍군에 굴복하지 않았다. 그들은 9, 10세기에 점차 세력을 증대하여 남방의 아랍을 압박하여 이른바 레콘키스타(국토회복)의 싸움이 계속되었다. 10세기에는 아스투리아스 등 몇몇 세력이 합체해 레온 왕국이 생겨났다. 한편 그 동부에서 일어난 카스티야는 레온의 자치를 인정하고 있었으나 그 세력이 점점 강력해져서 오히려 레온을 흡수 합병하여 11세기에는 카스티야 왕국이 되었다. 또 이베리아 반도 동부의 아라곤 지방도 11세기에 독립하여 12세기부터 팽창하기 시작해 13세기에는 발렌시아나 지중해의 섬들을 공격했다. 1469년에 아라곤 왕자 페르난도와 카스티야 여왕 이자벨이 결혼하여 1479년에 아라곤 왕의 죽음과 동시에 두 왕국의 지배권은 하나로 합쳐졌고, 1492년에 아랍의 마지막 아성 그라나다가 함락되어 에스파냐는 사실상 통일을 이루었다.

15 진정한 문제에 이르르다

문제는 유럽에서 도덕이 없어졌다는 사실이다. 대중이 새롭게 출현한 도덕을 존중하고 낡아빠진 도덕을 경시하고 있다는 것이 아니라 그들 삶의 체제 중추에 놓인 어떠한 도덕에도 복종하고 싶어하지 않는다는 것이다.

젊은이들이 '새로운 도덕'에 관해서 말하는 것을 들어도 한마디도 믿어서는 안 된다. 유럽 대륙의 어딘가 한 구석에 도덕을 가장한 새로운 에토스(ethos)를 믿는 그룹이 있다는 둥의 이야기를 나는 머리에서 인정하지 않는다. '새로운 도덕'에 관해서 말할 때 사람들은 한 가지 쓸데없는 부도덕한 행위를 범하고 있는 것이다. 즉 밀조하기 위한 손쉬운 수단을 찾고 있는 것에 지나지 않는다.

이렇기 때문에 오늘날의 인간에게 도덕이 결여되어 있다 말하고 면책하는 것은 어리석다고 할 만하다. 그런 비난을 그들은 신경조차 쓰지 않으며 오히려 기뻐할 것이다. 부도덕은 완전히 흔해빠진 것이 되어 버렸기 때문에 누구도 그것을 거리낌없이 과시한다.

만약 본서에서 해 온 것처럼 과거의 잔재라고 해야 할 그룹─그리스도 교도, '이상주의자', 구 자유주의자 등─을 제외하면 현대를 대표할 모든 그룹 안에서 삶에 대한 태도가 결국 모든 권리만을 갖고 의무는 하나도 감당하지 않으려 한다는 것이다.

반동주의를 가장하려고 혁명주의자인 척을 하는 것은 아무런 관계가 없다. 즉, 어떠한 측면에서 봐도 조금씩 찔러보면 그 정신 상태는 결국 모든 의무를 무시하고 자신은 무제한의 권리를 가졌다고 생각하는 것이 분명하다.

이러한 정신에 어떠한 씨앗이 떨어져도 결과는 언제나 똑같고 구체적인 것에 복종하지 않기 위한 구실이 될 뿐이다. 만약 어떤 인간이 반동주의자 또는 반자유주의자의 자세를 나타낸다면 그것은 조국, 국가를 구하기 위해 다른 모든 규범을 억누르고 이웃을 두들겨 부술 권리가 있다고 주장할 수 있도록 그렇게 하는 것이다.

그러나 혁명파로서 행동하려고 결의했을 경우에도 같은 일이 일어난다. 육체노동자나 비참한 환경에 있는 사람들이나 사회정의 등에게 내보이는 정열은 모든 의무—예를 들면 예절, 성실, 특히 훌륭한 사람에의 존경—를 무시할 수 있는 특권을 얻는 데 도움이 된다. 자기 자신의 마음속에 지성을 경멸하고 그 앞에 머리를 숙이지 않아도 되는 권리를 가질 목적만으로 어떤 노동자 정당에 들어간 사람을 나는 꽤 많이 알고 있다. 그 밖의 독재체제에 관해서도 그것이 대중에게 아첨하고 훌륭한 사람으로 보이는 이들은 모두 발길질하여 내보내는 것을 꼼꼼히 봐 왔다.

모든 의무에서 도피한다는 사실은 현대 세계에서 이른바 '청춘'을 구가하기 위한 기초가 되어 있다는, 절반은 코미디이고 절반은 파렴치한 현상을 얼마간 설명해 준다. 우리의 시대라고는 해도 아마 이보다 이상한 특징은 본적이 없다.

사람들은 우스꽝스럽게도 자신이 '청년'이라고 선언한다. 왜냐하면 그들은 청년은 어른이 될 때까지 무기한 의무를 이행하지 않아도 되기 때문에 의무보다 권리를 더 갖게 된다는 것을 들었기 때문이다.

항상 청년은 청년으로 있는 이상 현재 위업을 달성하거나 과거에 놓인 위업을 달성할 것을 요구받지 않을 것이라고 생각한다. 그들은 항상 신용을 빌려 살아왔다. 신용을 빌려 산다는 특징은 인간성의 본질 안에서 발견되는 것이다.

이것은 이제 청년이 아닌 사람이 젊은이에게 준 반쯤은 비아냥거림이, 반쯤은 애정이 담긴 가짜 권리인 것이다. 그런데도 젊은이들이 이것을 실제 권리라고 착각해 이미 무언가를 완수한 사람만이 누릴 수 있는 모든 권리를 자신의 것으로 하여 그것을 이용하기에 이르러 벌어진 입을 다물 수가 없다.

마치 거짓말처럼 보일지도 모르지만 청춘은 갈취되어 버렸다. 실제로 우리는 보편적인 갈취의 시대에 살고 있다. 이것은 두 보충적인 면을 가지고 있다. 폭력의 갈취와 농담 반의 갈취이다. 양쪽 다 같은 것을 원하고 있다. 즉 열등한 자, 평범한 인간이 실제 복종에서 벗어나려고 하는 것이다.

그렇기 때문에 오늘날의 위기를 노후한 도덕 또는 문명과의 사이에 갈등으로 거론된 것에 따라 이 위기를 그럴듯하게 만드는 것은 불가능하다. 대중은 그저 단순히 도덕을 가지고 있지 않은 것이다. 도덕이란 본질에서 항상 무언가에게 복종의 감정이자 봉사와 의무의 의식이다.

지금 '그저 단순히'라고 말했지만 경우에 따라 이것은 틀렸을지도 모른다. 왜냐하면 이 패거리가 도덕을 무시하는 것만이 문제가 아니다. 아니 그들의 일을 그렇게 쉽게 생각하는 것은 피하자. 도덕을 무시할 수는 없다. 문법적으로도 결함이 있는 말이지만 무도덕이라고 부르는 것은 존재하지 않기 때문이다.

만약 여러분이 어떠한 규범에도 복종하고 싶지 않다면 여러분은 좋던 싫던 모든 도덕을 부정한다는 규범에 복종해야 하는 것이다. 이것은 무도덕이 아니고 부도덕이다. 이것은 다른 도덕에서 허무한 빈껍데기만을 보존하고 있는 부정한 도덕이다.

왜 사람들은 삶의 무도덕을 믿게 되었을까? 말할 것도 없이 근대 문화와 근대 문명이 이런 믿음을 심어주었기 때문이다. 지금 유럽은 그 정신적 태도의 처량한 과실을 줍고 있는 중이다. 멋진, 그러나 뿌리 없는 문화를 맹목적으로 채용하고 말았다.

이 논문에서는 유럽 인이 그들 안에서 생겨난 문명에 대해 어떻게 행동하는가 분석하고, 그에 따른 특정한 유럽 인의 모습을 묘사해 보고 싶었다. 그러한 분석을 해야 하는 이유가 있었다. 그것은 인간이 옛 문명과 싸울 새로운 문명을 대표하는 것이 아니라 문명의 단순한 부정이자 현실의 기생충적 성격을 숨긴 부정을 대표하고 있기 때문이다.

대중은 이렇게 다른 사람이 건설하고 쌓아올린 것을 부정하면서 그 부정에 따라 살아가는 것이다. 따라서 그들의 마음속 풍경이 '근대 유럽 문명의 근본적인 결함은 무엇인가'라는 커다란 문제와 섞여 뒤죽박죽이 된 것은 아니었다. 왜냐하면 긴 안목으로 보면 이 결함에서 오늘날 위세를 떨치고 있는 그 인간들이 태어나고 있는 것은 분명하기 때문이다.

그러나 그 문제를 여기서 다루기에는 너무나 광범위하다. 그것을 다루기 위해서는 이 책에 하나의 복선으로 짜 넣고 암시하고 속삭인 인간의 삶에 대한 가르침을 충분히 발전시켜야 한다. 그 가르침을 큰 소리로 외칠 때가 곧 찾아올 것이다.

Que es filosfia

철학이란 무엇인가

1강
오늘의 철학—진리에 얽힌 기이한 사정,
진리가 오다—역사와 철학의 만남

　나는 예술 활동을 하거나 연애를 하거나 사유를 할 때, 미리 계획을 세워 공표하는 게 그리 큰 의미가 있다고 생각지 않는다. 사유할 때를 한번 생각해 보자. 어떤 주제에 대한 성찰이 착실하고 진정한 것이라면, 성찰하는 본인은 일반적으로 퍼져 있는 여론이나 공론으로부터 불가피하게 멀어진다. 그 까닭은 여러분이 생각하는 것보다 더 중대하다. 엄밀한 의미의 모든 정신적 긴장은 우리를 대중에게서 홀로 격리시켜 스스로의 노력으로 발견한 비밀통로를 통하여 머나먼 외딴 곳, 즉 엄청난 사상체계에 도달하게 한다. 이것이 바로 성찰의 결과이다.

　그런데 계획과 공표는 이런 결과를 미리 짐작할 수 있게 한다. 그 결과에 이르기까지 험난한 과정을 쉽게 만들며, 마침내 성찰을 통해 발견할 종착점을 미리 보여 준다. 한편 뒤에서 알아보겠지만, 그 결과로 이끄는 정신적 통로에서 분리된 고립무원의 외딴섬 같은 사유는 최악의 의미에서 추상이며 따라서 이해할 수 없다. 그렇다면 무언가를 연구할 때 오르지 못할 절벽과 같은 연구계획을 미리 대중에게 제시한다면 과연 어떤 결과가 나올까? 즉 결과에서부터 시작한다면 무엇을 얻을 수 있을 것인가?

　따라서 나는 이 강의의 진행에 관한 강의계획서를 작성하지 않기로 했다. 그 대신 나에게는 어제와 같은 여러분의 오늘을 이 강의에서 먼저 다루려 한다.

　우리가 맨 처음 다룰 문제는 많은 사람들이 익히 아는 표피적이고 대중적인 것이다. 즉 30년 전과 비교하여 오늘의 집단정신 속에서 발견되는 철학은 전과는 아주 다른 상황에 놓여 있다. 철학자들 또한 자신들의 저술과 학술 활동에서 전과 다른 행동양식을 보이고 있다. 전자의 경우, 모든 피상적이고 대중적인 사실들과 마찬가지인 표피적 현상으로 증명된다. 지금 간행되는 철학책들이 30년 전과 견주어 얼마나 많이 판매되는지 통계를 보라. 오늘날 거의 모든 나라에서, 철학책들이 문학책들보다 더 많이 팔리고 있다. 또한 이데올로기에 대한 관심도 그 어느 때보다 높아지고 있다. 다양한 의식 수준을 지닌 사람들로부터 공통적으로 감지되는 이 철학적 호기심과 지적 열망은 두 가지 요인에서 비롯된다. 하나는 대중이 새로운 관념(사상)을 필요로 하게 되었다는 것이고, 다른 하나는 이들이 관념 속에서 '쾌락'을 느끼게 되었기 때문이다.

이 두 사실의 조합은 결코 우연한 것이 아니다. 모든 존재의 외부에서 우연히 발생하는 것이 아니라, 존재 내부에서 싹트는 모든 본질적 필요성은 쾌락을 수반한다. 쾌락은 곧 행복의 '얼굴'이다. 모든 존재는 자신의 목적을 이루었을 때 행복을 느낀다. 즉 자기의 성향과 본질적 요구에 따라 자기를 실현하고, 자기 존재의 진정성을 느낄 때 행복한 것이다. 그래서 슐레겔은 쾌락과 운명의 관계를 교차시켜 이렇게 말한다. "우리는 쾌락을 느끼는 데 뛰어난 기질이 있다." 사람에게 부여된 최고의 활동능력인 기질은 언제나 최상의 쾌락이라는 얼굴을 지닌다. 이 강의를 진행하면서 우리는 무수한 증거를 통해 '저마다의 운명은 동시에 그 존재가 지닌 최상의 즐거움'이라는 사실을 알게 될 것이다. 여러분은 지금은 단지 하나의 낯선 문구로만 느껴지는 이 말이 지닌 진정한 뜻을 발견하면서 틀림없이 놀라게 될 것이다.

과거와 비교해 보자. 현재는 분명히 상대적으로 철학적 기질이 좀더 많다. 즉 지금은 누구나 철학을 즐긴다. 이들은 대중 속에서 철학적 단어들이 날아오르면 바로 귀를 기울인다. 마치 먼 길을 떠났던 여행객이 돌아오면서 가져온 새로운 소식을 듣기 위해 몰려드는 것처럼 철학자들을 에워싼다.

이 상황을 지난 30년 전과 비교해 보라. 30년! 바로 한 세대에 해당하는 시기가 아닌가? 아주 묘한 일치이다. 대중의 정신적 변화와 맞아떨어지는 이 놀라운 사실에서 우리는 오늘날의 철학자가 지난날의 철학자들과는 완전히 대비되는 정신으로 철학을 캐고 있음을 알 수 있다.

내가 말하고자 하는 바는 이런 것이다. 우리는 지난 세기 철학자들을 지배했던 정신과 얼마나 다른 정신으로 철학에 접근하고 있는가?

여기서부터 강의를 시작하여 점차 이 연속 강의가 가리키는 근본 주제로 다가갈 것이다. 그러나 지금 당장 강의 주제를 알리는 것은 오히려 여러분이 강의를 이해하는 데 방해만 될 것이므로, 빙빙 원을 그리면서 천천히 강의 주제에 접근하기로 하겠다. 동심원의 중심을 향해 다가갈수록 그 반지름은 점차 좁아질 것이고, 강도 또한 세어질 것이다. 우리는 추상적이며 그리 특별하지도 않고, 오히려 서늘하기까지 한 나선의 바깥으로부터 지극히 내밀하고 격정적인 원심으로 냉철하게 미끄러져 내려가도록 한다.

중요한 철학적 문제를 해결하려면 유대인들이 여리고 성을 함락시켰을 때와 같은 전술이 필요하다. 성을 직접 공격하지 않고 천천히 포위망을 좁혀가며, 하늘 높이 나팔을 불면서 계속 압박해 들어가는 것이다. 이데올로기적 공략에서 이러한 극적인 멜로디는 사유의 드라마를 이루는 철학적 문제들에 대한 의식을 항상 깨어 있게 한다. 나는 여러분이 한 순간도 긴장의 끈을 놓지 않길 바란다. 이제 막 출발한 이 길은 앞으로 나아갈수록 더욱 매력적일 것이다. 오늘 우리가 다루게 될 표면적이면서 심원한 문제로부터 가장 직접적이고 근원적인 문제인 개별적 삶이란 난제로 내려갈 것이다. 나아가 우리가 삶이라고 생각하고 있지만 사실은 진정한 삶을 감싸고 있는 껍데기에 불과한 것을 뚫고 지극히 내밀한 본연의 존재, 순수한 내적 존재의 영토로 되돌아갈 것이다.

그런데 거듭 말하지만, 막연하기 짝이 없는 머리말로 이 강의를 이끌려는 것이 아니다. 이것은 공표가 아니다. 오히려 그 반대로 너그럽지만 불안정한 이 도시, 우리가 생각하는 것보다 훨씬 더 본질적으로 불안하기 그지없는 이 도시에서 굳이 찾아온 예상보다 많은 사람들을 보면서 내가 취할 수밖에 없는 방비책이다. 나는 '철학이란 무엇인가'라는 제목으로 학술 강의를 개설하여 엄밀하게 학문적인 강의를 진행할 것을 예고했다. 혹시 강좌명을 얼핏 보고 내가 전통적인 철학적 주제나 철학개론을 개괄적으로 단순하게 다룰 것이라고 기대한 사람이 있을지도 모르겠다. 그러므로 나는 지금 여러분의 주의를 엉뚱한 곳으로 돌리거나 기대를 배신할 수 있는 부적절한 요소들을 완전히 없애려 한다. 내가 여러분에게 강의하려는 것은 철학입문 강의와는 정반대이다. 나는 이 강의를 통해 철학하는 행위 자체를 다룰 것이고, 그것에 대한 근본적인 분석을 해 나갈 것이다. 믿지 않을지도 모르겠지만 내가 아는 한 이런 분석은 지금까지 한 번도 없었다. 적어도 우리가 지금 시도하려는 정도의 수준에서는 이루어지지 않았음이 확실하다.

여러분도 짐작할 수 있듯이 이 주제는 일반 대중이 관심을 쏟을 만한 것은 아니다. 오히려 지극히 전문적인, 오직 철학자들에게나 어울릴 법한 것이다. 만일 이 연구를 계획한 대로 계속 진행한다면, 우리는 좀더 시사적이고 인간적인 주제와 마주하게 될 것이다. 철학이란 무엇이고, 철학자의 근본적이고 특별한 사명이란 무엇인가라는 문제를 깊이 있게 연구하면, 어느 순간 갑자기 인간적인 것 가운데서도 가장 인간적인 영역, 따뜻하고 살아 움직이는 삶 안으로 깊숙이 들어와 있음을 깨닫게 될 것이다. 그리고 세상사의 갖가지 문제들, 심지어 침실에서 나누는 은밀한 대화들이 활기차게 우리에게 다가오고 있음을 알게 될 것이다. 이것은 그렇게 될 만한 이유가 있으므로, 기술적 문제를 기술적으로 엄밀하게 풀어나가기만 하면 자연히 그렇게 된다. 이는 결코 내가 문제들을 공표하거나 추구하거나 계획했기 때문이 아니다. 내가 공표하고자 하는 유일한 것은 우리의 탐구가 '초(超)기술적 문제에 대한 기술적 개별 연구'라는 사실이다. 그러므로 나는 이러한 문제들을 다룰 때 흔히 일어나는 어떠한 지적 어려움도 단념하지 않고 자유롭게 다룰 수 있다.

물론 나는 여러분 모두가 철학적 훈련이 되어 있지 않더라도 내 강의를 완벽히 이해할 수 있도록 최선의 노력을 다할 것이다. 나는 늘 명료함이야말로 철학자가 갖추어야 할 예의라고 여겨 왔다. 더욱이 예전과 달리 오늘날의 철학은 다른 개별 학문들과는 달리 무엇보다도 모든 사람에게 활짝 열려 있다는 사실에 큰 의미를 부여한다. 개별 과학들은 저마다 자신들이 거둔 성과물을 자기만이 알 수 있는 무시무시한 괴물 같은 전문 용어로 폐쇄시켜 호기심 어린 일반인의 접근을 막는다. 나는, 철학자들이 진리를 탐구할 때는 방법론적 엄격함을 끝까지 밀고 나가야 한다고 생각한다. 하지만 자신이 추구한 진리들을 대중 앞에 내놓을 때는, 많은 과학자들이 즐기는 냉소적 방법에서 벗어나야 한다고 믿는다. 그들은 마치 헤라클레스가 자기 몸을 과시하듯, 대중에게 자신의 성과물을 으스대고 보여 주며 즐거워한다.

오늘의 철학은 지난 세대의 철학과는 완전히 다르다고 나는 단언한다. 이 말은 진리는 변한다는 사실, 즉 어제의 진리가 오늘은 거짓이 되고 오늘의 진리가 내일은 쓸모없는 것임을 인정하는 것이다. 이것은 우리 고유의 진리가 지닌 가치를 미리 평가절하해 버리는 것은 아닐까? 이 논법은 조잡하기 짝이 없지만 회의주의의 가장 보편적인 표현으로, 의견의 불협화음(*τόν ἀπό*

$\tau\eta\varsigma$ $\delta\iota\alpha$ $\psi\omega\nu\iota\alpha\varsigma$ $\tau\omega\nu$ $\delta o\varrho\omega\nu$)이라는 아그리파의 비유이다. 진리에 대한 견해들의 다양성과 가변성, 그리고 서로 다르면서도 분명히 모순되는 교리들에 대한 집착은 반드시 회의를 부른다. 따라서 먼저 이 유명한 회의주의에 대하여 알아보자.

여러분은 적어도 한 번 이상은 진리에 얽힌 기이한 사정에 대하여 심사숙고해 보았을 것이다. 예를 들어, 중력의 법칙을 보자. 이 법칙이 진리인 이상 언제나 진리였다는 사실은 의심의 여지가 없다. 즉 무게가 나가는 물질이나 유기체는 지상에 존재하기 시작한 이래 중력 법칙의 지배를 받아 왔다. 그러나 이 법칙은 17세기 어느 화창한 날 한 영국 과학자가 그것을 발견하기 전까지는 그대로 묻혀 있었다. 반대로 훗날 사람들이 이 법칙을 완전히 잊어버릴 수도 있는 일이다. 이 법칙에 대해 새로운 의견을 내거나 고치기 위해서가 아니라—이 법칙은 본디부터 분명한 진리이기에—단순히 이것을 잊고 뉴턴 이전의 상태, 즉 이것에 대해 어떤 의문도 던지지 않은 순수한 상태로 돌아가는 것을 말한다.

이처럼 진리는 매우 흥미로운 두 가지 상황에 처하게 된다. 진리 자체는 어떤 변형이나 변화를 일으키지 않고 영원히 앞서 존재한다. 그런데 시간에 얽매인 인간이 이 진리를 발견하면, 이것은 곧 역사적 양상을 띤다. 즉 어느 날 우연히 발견되어 세상에 나타나고 그러다 또 어느 날 연기처럼 사라져 버릴 것이다. 물론 이런 일시성이 진리 자체에 영향을 주지는 않는다. 단지 인간의 정신에 새겨진 그것들의 현전(現前)에 영향을 끼칠 뿐이다. 시간 속에서 실제로 변화한 것은 우리의 진리에 대한 심리적 행위, 말하자면 진리 사유의 뿌리가 되는 정신적 행동이다. 이것은 하나의 실재 사건일 뿐만 아니라 순간의 연속 속에서 일어난 실질적 변화이다. 우리가 진리를 알고 또 잊는 것은 엄밀히 말해 역사성을 띤다고 할 수 있다. 이것은 진정 신비롭고 흥미로운 사실이다. 일시적이고 허무한 현실, 덧없는 세계 안에서 우리는 사유를 통해 영원하고 시간을 뛰어넘는 어떤 것을 소유할 수 있게 되기 때문이다. 그러므로 사유는 대립하는 두 세계가 일치하는 지점이다. 2+2=4라는 사실은 우리의 지적 행위가 이 사실을 더 이상 받아들이지 않더라도 여전히 지속될 것이다. 하지만 "진리는 언제나 진리이다"라는 말은 적절한 표현이 아니다. 언제나 영원히 존재한다는 것은 일련의 연속되는 시간 속에서의 어떤 사물의 영속, 무제한적 지속을 뜻한다. 이는 하루살이의 삶처럼 덧없는 지속일 뿐이다. 지속한다는 것은 시간의 격류 속에, 어느 정도 그 영향을 받으면서 가라앉아 있는 상태이다.

그런데 진리들은 영원하지도 일시적이지도 않을 뿐더러 시간의 강에 몸을 담그지 않는, 어떠한 시간적 속성도 없는 그러한 것이다. 라이프니츠는 이것을 '영원한 진리(vérités éternelles)'라고 불렀다. 그러나 내가 보기에 이것은 그리 적절한 표현이 아니다. 여기에 대해서는 후에 그 근원적인 이유를 알아볼 것이다. 영속성을 시간 자체의 총체성과 같은 지속으로 본다면, 영원한 것은 시간이 시작되기 이전에도 시간이 끝난 다음에도 존재하며, 게다가 사실상 자체 내에 능동적으로 모든 시간을 포함하는 하나의 초지속으로 볼 수 있다. 그러므로 지속은 그것이 무효화되는 순간에도 유지된다. 즉 영원한 존재는 무한한 시간을 살아간다. 무한한 시간이라는 단 한순간을 살아간다는 뜻이다. 이것은 삶을 지속하는 것이 아니라 끝이 없는 삶을, 동시에 완벽하게 총체적으로 소유한다는 뜻이다. 이는 보이티우스가 영원성에 대해 내린 적절한 정의, '무한한 삶의 총체적이며 완벽한 소유(interminabilis vitae tota simul et perfecta possessio)'와 같다.

그런데 진리와 시간 사이의 관계는 긍정적이기보다는 부정적이다. 이는 진리가 시간과 어떤 관계도 없으며, 모든 시간적 특질과 전혀 무관하고, 엄밀하게는 초연대기적이라는 뜻이다. 그러므로 '진리는 언제나 진리'라는 말은 엄밀히 말해 라이프니츠가 다른 목적으로 썼던 그 유명한 '녹색 정의'라고 말하는 것보다 더 부적절하다. 정의의 이념형태에는 '푸름'이라는 속성을 붙들어 놓을 만한 그 어떠한 흔적이나 틈도 없다. 우리가 '푸름'이라는 성질을 정의의 형태에 끼워 넣으려고 하면 할수록 이 성질은 마치 미끄러운 표면에서 떨어지듯이 '정의'에서 미끄러져 버릴 것이다. 정의와 푸름이라는 두 개념을 융합하려는 우리의 의도는 좌절된다. 아무리 우리가 이 두 개념을 동시에 말하려 해도 이것들은 결합할 가능성 없이 고집스레 나뉘어 있다.

따라서 진리를 구성하는 비시간적 존재 방식과, 진리를 찾아내고 사유하는 인간의 시간적 존재 방식 사이에 놓인 이질성보다 더 이질적인 것은 이 세상에 존재하지 않는다. 그런데도 "진리는 언제나 진리"라고 말하는 것은 이것이 실제적으로 중대한 오류를 낳지는 않기 때문이다. 이것은 맘놓고 저지를 수 있는 순진한 실수이다. 바로 이 실수 때문에 우리는 세계에 존재하는 사물을 바라보는 익숙한 시간적 조망 아래에서 진리가 지닌 기이한 존재 방식을 바라보는 것이다. 마지막으로, '그것은 언제나 그러하다'라고 말하는 것은 곧 시간 변화로부터의 독립성과 비소멸성을 뜻한다고 볼 수 있다. 그러므로 시간성의 범위 안에서 순수하게 비시간성에 가장 근접한 성격은, 비시간성의 유사 형태이다.

그래서 플라톤은 시간적 세계의 바깥에 진리—그는 그것을 이데아라고 불렀다—를 두기 위해 초현실적인 유사 공간인 초천계(υπερουρανος τόπος)를 창안해 냈다. 물론 플라톤의 개념에는 많은 문제점이 있다. 그러나 하나의 이미지로서는 상당히 유익한 개념이다. 플라톤은 우리 세계는 아주 다른 실체론적 대기로 둘러싸인 구체이며, 그 바깥 영역에 초시대적인 진리가 무차별적으로 깃들어 있다고 제시한다. 하지만 어느 한순간, 중력의 법칙 같은 초세계에 존재하던 진리 중 하나가 갈라진 틈새를 이용해 우리 세계로 스며들어 온다. 이 사유의 운석은 신의 존재를 믿는 모든 종교의 밑바탕에서 몸부림치는 신의 재림과 하강의 이미지로 인간의 역사적인 내세계(intramundo)로 떨어진다.

그런데 초세계에 존재하던 진리가 우리 세계로 내려오거나 스며든다는 사실은 매우 엄밀하고도 함축적인 문제를 던진다. 부끄럽지만 그 문제에 대해 구명해 보고자 한다. 진리가 우리 세계로 스며들 때 통로로 쓴 갈라진 틈은 바로 인간의 정신이다. 그렇다면 어떤 진리가 다른 진리처럼 시간과는 무관하게 앞서 존재한다면, 왜 그 진리가 어떤 특정한 인간에게 특정한 날에 감지되는가? 왜 이전에는 사유되지 않았고 이후에도 사유되지 않는가? 왜 다른 사람은 그것을 찾아내지 못했는가? 이것은 분명 진리의 형상과 진리의 하강 통로, 즉 인간 주체가 지닌 정신 형태 사이의 본질적인 유사성에 대한 문제이다. 한 사건이 일어나려면 반드시 원인이 있기 마련이다.

뉴턴에 와서야 비로소 중력의 법칙이 발견되었다면, 뉴턴이라는 한 개인과 중력 법칙 사이에 어떠한 유사성(친근성)이 존재했던 것이다. 그렇다면 이 유사성은 어떤 종류의 유사성인가? 단순한 닮은꼴을 말하는가? 이 문제를 간단하게 살펴보는 대신 이것이 지닌 불가사의한 면을 강조하고자 한다. 어떻게 한 인간이 진리와 닮을 수 있는가? 이를테면 기하학적 진리와 조금이라도 닮을 수 있다는 말인가? 피타고라스와 피타고라스의 정리는 서로 무엇이 닮았는가? 피타고라스의 정리를 방금 배운 어린 학생들은 자신들도 모르는 사이에 이 정리와 이것을 발견한 사람을 연관시키려 하면서, 이 정리는 피타고라스가 입던 바지와 닮았다고 농담삼아 말할지도 모른다. 그러나 유감스럽게도 피타고라스는 바지를 입지 않았다. 그 시대에 바지를 입었던 사람들은 피타고라스 정리와는 전혀 상관없는 스키타이인들이었다.

우리는 여기서 처음으로 우리 시대의 철학과 지난 몇 세기 동안을 지배했던 철학을 구분하는 근원적 차이점을 발견하게 된다. 이 차이점을 통해 우리는 근본적인 사유를 한다. 곧, 그 무엇을 보고 상상하고 사유하는 주체와, 주체에게 보여지고 상상되고 사유되는 것 사이에는 비슷한 점이 전혀 없다는 사실이다. 유사성과는 정반대로 주체와 대상 사이에는 타고난 차이가 존재한다. 내가 히말라야 산맥을 생각할 때 생각하는 주체인 나와, 생각하는 나의 행위는 히말라야 산맥과 비슷한 점이 조금도 없다. 히말라야 산맥은 드넓은 장소에 펼쳐진 하나의 거대한 산맥이며, 그 산에 대한 나의 사유는 산과는 아무 관련도 없을 뿐 아니라 그 어떤 공간도 차지하지 않는다. 히말라야 산맥이 아니라 18이라는 숫자를 생각할 때도 똑같다. 나, 나의 의식, 정신, 주관, 기타 무엇이라 이름 붙이든 간에 이들 가운데 나는 18이라는 그 어떤 것도 발견하지 못할 것이다. 더욱이 18이라는 숫자를 사유하는 나의 행위는 그 자체로서 유일한 것이라고 볼 수 있다. 이래도 그것이 서로 유사하다고 생각할 수 있겠는가! 그러므로 문제는 이질적인 실체에 관한 것이다.

그런데 역사의 본질적 과제는, 이것이 앞으로 진정한 학문이 되고자 한다면, 어떻게 특정한 철학 또는 특정한 정치체계가 특정한 시대를 살았던 특정한 유형의 인간들에게 발견되고 발전되고 존재했는지를 밝혀내는 수밖에 없다. 다양한 철학 가운데 왜 '비판철학'만이 칸트의 영혼에 내재하다가 실현되었는가? 이것을 이해하려면 서로 다른 유형의 객관적 관념들과 여기에 맞는 주관적 정신 상태, 즉 관념을 사유할 능력을 갖춘 인간 유형들을 대비시켜 보아야 하지 않을까?

여러분은 여기서 지난 80여 년 동안 사유의 발전을 막아왔던 진부한 잘못을 되풀이하지 않기를 바란다. ―이 말을 '근원적 상대주의를 내포하고 있고, 그래서 진리는 저마다 특정 주체에게만 진리이다'라고 해석해서는 안 된다. 진리는 진리이므로, 만인에게 있어 진리라는 것과 그 중 한두 사람이 특정 시기에만 진리로 인식하고 따르는 것은 완전히 다른 것이다. 이렇게 두 사실이 다르므로 우리는 이것들을 접합하고 조화롭게 해야 한다. 진리의 절대 가치는 인간의 역사에 나타나는 무수한 견해의 변화와는 공존하기 어려운 것처럼 보이는 사유의 불명예스러운 상황을 극복해야 한다.

그러므로 우리는 사유의 변화를, 과거에 진리였던 것이 오늘은 오류로 바뀌었다는 변화로서가 아니라 인간으로 하여금 과거의 진리와는 다른 진리를 인식하게 하는 지향성의 변화로서 받아들여야 한다. 그러므로 변화하는 것은 진리가 아니라 인간이다. 그리고 인간에게 친근한 진리를 선택하고, 그 외의 나머지 진리에는 눈을 감아 버린다. 이것이야말로 역사의 근본적 선험성이라는 사실에 주목하기 바란다. 바로 이것이 인간의 역사가 아닐까?

역사가 연구하고자 하는 시간 속 변화의 주체인 이른바 인간이라 불리는 이 존재는 과연 무엇인가? 인간을 정의하기란 쉽지 않다. 인간의 차이는 광대하고 다양하므로 역사가가 인간을 연구할 때 이 차이가 크면 클수록, 연구는 훨씬 깊이 있고 정확하게 진행될 것이다. 칸트도 인간이고 뉴기니의 피그미족도 인간이며 네안데르탈인도 인간이다. 따라서 두 극단의 인간 종들 사이에는 최소한 공통 요소가 있어야 한다. 또한 우리가 인간성이라 부여한 경계는 인간을 규정하기 위해 어떤 불가항력적인 제한선을 두어야 한다.

고대 및 중세인들은 부끄럽지만 엄밀히 말해 아직 극복되지 않은, 인간은 이성적 동물이라는 최소한의 정의에 부합했다. 우리도 이 정의에는 동의한다. 그런데 문제는 동물이란 무엇이고 이성적이란 무엇인가를 분명히 인식하기가 그리 단순치 않다는 점이다. 그리하여 우리는 역사적 유용성을 참작해 이렇게 정의를 내리고자 한다. 인간이란 의미를 두고 사유하는 모든 생명체이며, 우리는 이 사유들을 이해할 수 있다고 말이다. 인간에 대해 역사가 내리는 최소 가정은 인간이란 역사가 이야기하는 주제를 이해할 수 있는 존재라는 점이다. 그런데 어떤 사물이나 존재는 진리적 차원을 소유하여야만 비로소 이해될 수 있다. 절대적 오류는 이와 다르다. 우리는 이 오류를 절대 이해하지 못할 것이기 때문이다. 그러므로 역사에 대한 깊고 오묘한 가정은 근원적 상대주의와는 정반대이다. 원시인을 연구할 때는 원시인의 문화가 의미와 진리를 내포했고, 앞으로도 이 의미와 진리를 보존할 것을 전제로 하고 있다. 처음 원시인을 접할 때 그들의 행동과 사유가 합리적이지 못할뿐더러 우습게 보이는 이유는 무엇인가? 역사란 바로 무의미하게 생각되는 것에서 의미를 찾아내는 제2의 시각이다.

이렇듯 시대를 불문하고, 심지어 원시시대라 할지라도, 그 시대를 살아간 인간들을 이해하지 않고는 참된 의미의 역사가 아니며 역사 본연의 사명을 완수할 수도 없다. 그런데 만일 그 시대의 인간이 무의미한 삶을 영위했다고 한다면, 그리하여 그의 사유와 행위가 이성적 구조를 지니지 않는다면 역사는 인간을 이해하지 못한다. 그러므로 역사는 모든 시대를 정당화할 의무를 지니게 되며 처음부터 그렇게 되지 않을까 의심하던 것의 반대가 된다. 즉 역사가 인간이 가진 견해의 변화를 우리에게 보여줄 때는 상대주의로 전락할 것처럼 보였다. 그렇지만 지금은 저마다 인간이 취하고 있는 상대적 위치에 충분한 의미를 부여하고 또한 각 시대가 영위했던 불변의 진리를 밝히게 되면, 상대주의 안에 존재하는 인간의 초상대적 운명이나 변하지 않는 운명속에 내재하는 신념은 함께 존재할 수 없는 모든 것을 근본적인 방법으로 이겨 내게 된다. 이렇듯 매우 구체적인 이유 때문에 나는 철학이라는 영원불변한 것을 향한 호기심과, 역사라는 현실가변적인 것을 향한 호기심이 우리 시대 인류 역사상 처음으로 융합되기를 바란다.

데카르트의 관점에서 보면, 인간은 변하지 않는 순수한 이성적 존재이다. 그러므로 그에게 역사란 인간에 내재하는 비인간적인 것의 흐름이며, 인간을 끊임없이 비이성적인 존재로 끌어 내려 인간 이하의 사건 속으로 추락시키는 원죄적 의지로 귀결된다. 18세기와 마찬가지로 데카르트 또한 역사는 긍정적 요소가 전혀 없으며, 인간이 끝없이 저지르는 일련의 오류와 잘못을 형상화한 것으로 보았다.

한편 19세기의 역사주의와 실증주의는 각 시대가 지닌 상대적 가치를 옹호하려고 역사 전체의 영원한 가치를 무시하고 말았다. 우리의 현대적 감성은 일시적인 것과 영원한 것이라는 두 차원을 일치시키고자 한다. 이러한 감성 상태를 파괴하려는 의도는 아무 소용이 없다. 이 두 차원을 융합하는 것이야말로 지금 세대의 중요한 철학적 과제이다. 이 과제를 해결하기 위해 나는 이름 붙이기를 좋아하는 독일인이 '원근법주의(perspectivismo)'라고 부른 하나의 방법론을 사용하고자 했다.[*1]

1840년부터 1900년 사이는 철학에 매우 비우호적이었던 시기 가운데 하나였다. 실로 반(反)철학적 시대였다. 만일 철학이 본질적으로 소멸될 수 있는 것이었다면, 이 수십년 사이에 완전히 사라져 버렸을 것이다. 하지만 인간 정신에서 철학적 차원을 뿌리뽑을 수 없었으므로 반철학적 시대였던 이 시기에 철학은 최소한으로 축소되었다. 그리하여 지금 우리는 이렇게 최소한으로 축소된 철학을 본디 모습으로 복원시키기 위해, 즉 최대한 철학을 확대하기 위한 전면전에 돌입한 것이다. 물론 이 전쟁은 매우 고난스러울 것이다.

왜 이러한 철학의 축소, 철학적 실체의 왜소화가 일어났는가? 다음 강의에서는 이와 비슷한 사실들을 바탕으로 일련의 다양한 원인들을 알아볼 것이다.

〈주〉

＊1 '원근법주의'에 대해서는 내 저서들에서 다소의 차이는 있지만 이미 설명한 적이 있으므로 지금 이 강의에서는 따로 설명하지 않겠다. 대신 앞으로 이어질 강의에서 나는 우리가 현대 철학에서 찾아낼 수 있는 새로운 정신 성향이 무엇인지를 여러분에게 밝히고자 한다.

2강

철학의 축소와 확장, 세대라는 드라마,
물리학의 제국주의, 실용주의

그렇게 급한 일도 아니고 크게 흥미도 없는 몇 가지 외부 사정도 있고 해서 마드리드 대학교에서 시작한 공개강의는 중단해야만 했다. 이 강의는 단지 지적 허영심을 채우는 장식품으로서가 아니라 매우 흥미롭고 새로운 사상들을 탐구하고자 하는 진지한 열망으로 시작한 것이다. 그래서 단편적이고 대수롭지 않은 방해에 굴복하여 강의를 중단하거나 알맹이 없는 강의를 해선 안 된다 생각했고, 그 결과 지금 여러분과 함께 한 것이다.

여러분 대부분은 지난 첫 강의를 들었으므로 그때 했던 이야기를 반복할 필요는 없을 것이다. 대신 두 가지 핵심 문제를 되짚어 보고자 한다.

첫째, 이 강의 제목은 '철학이란 무엇인가'이지만, 내가 다루고자 하는 문제는 결코 초보적인 철학개론이 아니라 오히려 그 반대라는 점이다. 철학 전반, 철학 그 자체에 대해 강의할 것이며, 엄밀히 분석할 것이다. 왜 인간 세상에는 철학자라는 기묘한 무리가 존재하는가? 왜 인간의 사유에는 흔히 '철학'이라 부르는 것이 존재하는가? 여러분도 알다시피 이것은 대중적이고 보편적인 문제가 아니라 전문성이 필요한 문제이다. 그러므로 이 강의는 비록 공개강좌이지만 학문적 성향이 짙은 대학 강의임을 명심하길 바란다. 나는 여러분에게 우리가 나아갈 길을 자세히 제시함으로써 위와 비슷한 문제들을 탐구할 때 이따금 마주치는 난해한 개념들을 별 어려움 없이 설명할 수 있기를 바란다. 이미 앞에서 말했듯이 명석한 판단력이란 곧 철학자가 지녀야야 할 기본 덕목이기에 나는 여러분 모두가 나의 강의를 완벽하게 이해할 수 있도록 노력할 의무를 지닌다. 그러나 이 문제는 매우 전문적인 문제, 아니 전문적인 것을 훨씬 넘어선 문제라서 우리는 이보다 다가가기 쉬운 덜 전문적인 문제부터 전문적으로 짚고 넘어갈 필요가 있다. 바로 '우리의 삶'이란 무엇인지 그리고 일상생활이란 무엇인지를, 그 말이 지닌 직접적이고 원초적인 의미를 분석하고 정의내리는 문제이다.

둘째, 철학에서는 직선으로 뻗은 도로가 언제나 최단거리는 아니라는 사실이다. 중요한 철학적 문제들은 유대인이 여리고 성을 공략할 때처럼 우리에게 주어진 문제들을 둥글게 포위한 뒤 그 중심부를 향해 반경을 시나브로 좁혀갈 때 비로소 정복된다. 그러므로 우리가 다룰 모든 문제는 겉으로는 비록 문학적 양상을 띤다 할지라도 우리가 이것들을 포위하고 반경을 좁혀 들어가면 그 속에서 또 다른 모습을 나타내게 될 것이다. 여러분은 어느 날에는 단지 순수한 문구 또는 수사적 장식에 지나지 않았던 것이 다음 날에는 지극히 어려우면서도 진지한 문제의 형태로 등장한다는 사실을 종종 발견하게 될 것이다.

지난 강의에서 19세기 후반 60년 동안은 철학에 매우 비우호적이던 시기 중 하나라고 말했다. 이 시기는 반철학적인 시대였다. 만일 철학이 모조리 소멸될 수 있는 것이라면 이 기간 동안 철학은 흔적도 없이 사라지고 말았을 것이다. 그러나 문화(교양)에 눈뜬 인간의 정신세계에서 철학적 차원을 제거할 수 없었으므로 19세기 반철학적 시대에 철학은 최소한도로 축소되었다. 그런데 오늘의 철학자들은 철학이라는 드넓은 바다로 새롭게 항해하려는 열정을 품고 철학을 연구하려는 분명한 경향을 보인다. 즉 철학 본연의 상태를 연구함으로써 철학을 최대한 확장하려고 한다. 최근 30년 동안 철학을 연구하는 철학자들의 자세는 지난 세기 철학자들과 분명히 다르다. 철학의 이론적 내용이 30년 전과 다르다는 뜻이 아니다. 오늘의 철학자들은 철학 이론을 펴기 전, 자신들의 연구를 시작할 때부터 이전 철학자들의 내면에 있었던 연구 경향과는 전혀 다른 경향을 보인다는 뜻이다.

이런 변화를 보고 다음과 같은 질문을 던지는 것은 당연하다. 지난 시기에는 왜 철학이 축소되고 철학적 정신이 위축되었는가? 오늘의 철학자들이 위축된 철학 정신을 다시 확장하고 이것을 향한 신념을 되찾고자 공격적이라 할 만큼 적극적으로 철학을 연구하게 된 데에는 어떤 이유가 있는가? 우리는 19세기 후반과 오늘날 유럽인들의 의식구조를 밝힘으로써 이 두 질문에 대답할 수 있다. 인간 영혼의 내면에서 일어나는 잠재적이고 신비스런 변화에 대한 아무런 설명 없이 역사 표면에 나타난 눈에 보이는 변화들에 대해서만 설명한다면 이것은 수박 겉 핥기식의 피상적인 것에 지나지 않는다. 그러나 앞에서 말한 변화에 대한 설명으로는, 우리가 탐구하고자 하는 논지의 한정된 목적을 위해서는 충분할 것이다. 다만 이 설명은 충분치 못하다는 점, 말하자면 역사적 사실에서 그 깊이를 없애고 역사적 과정을 단지 이차원적 평면 위로 옮긴 것일 뿐이라는 점을 명심해야 한다.

철학적, 정치적, 예술적 사유양식의 변화가 왜 일어났는가에 대한 의문을 진지하게 고찰하는 것은 훨씬 큰 문제들을 제기하는 것이다. 시대는 왜 변하는가? 우리는 왜 100년 전 사람들처럼 느끼고 생각하지 않는가? 인류는 왜 항상 동일한 사상과 행동 목록대로 조용히 살지 않고 과거로부터 탈출하고, 마치 모자를 바꿔 쓰듯이 자신의 마음을 끊임없이 바꾸면서 항상 불안하게 방황하고 자신에게 충실하지 않은가? 이는 요컨대 역사는 왜 존재하는가라는 문제이다. 이런 질문들은 매우 광범위하며 대답하기가 쉽지 않지만, 너무 고차원적인 질문이라며 기가 꺾일 필요는 없다. 하지만 역사가들은 지금껏 이 역사적 변화의 가장 근원적 원인을 탐구하지 않았다. 그 점은 밝혀둘 필요가 있다.

바다 풍경을 그리는 화가가 주홍색 물감이 묻은 붓을 대서양에 담가 씻었다고 해서 푸른 바다빛이 변하지는 않는다. 이처럼 몇몇 사람이 새로운 관념이나 감성을 창안했다고 해서 역사의 모양이나 시대의 빛깔이 변하지는 않는다. 하지만 거대한 대중의 무리가 이 새로운 관념을 받아들이고 새로운 감성에 열광한다면 역사의 영토 또는 시대의 얼굴은 새로운 색깔로 칠해질 것이다. 그러나 대중은 단지 설교를 듣는 것만으론 새로운 관념을 받아들이고 새로운 감성에 환호하지 않는다. 그 관념과 감성은 대중 속에 태생적으로 이미 존재하며 모양 역시 이미 결정되어 있다. 만일 대중에게 이런 근본적이며 자발적인 성향이 없다면, 모든 설교자는 사막에서 홀로 절규할 뿐일 것이다.

따라서 역사적 변화는 이미 존재했던 인간 유형과는 어느 정도 다른 새로운 인간형의 탄생을 전제로 삼는다. 즉 세대의 변화를 전제하고 있다. 몇 년 전부터 나는 역사가들에게 세대의 개념이야말로 역사에서 가장 중요한 요소라고 거듭 강조해 왔다. 그리고 현재 새로운 역사 개념으로 무장한 새로운 세대의 역사가들이 분명 탄생하고 있다. 내가 앞에서 말한 새로운 역사 개념들이 특히 독일에서 뿌리 내렸음을 보고 있지 않은가?[1]

세계 안에서 어떤 중요한 변화가 일어나기 위해서는 남성과 여성, 즉 모든 인간의 유형 변화가 필요하다. 또한 기성세대와는 다른 새로운 감수성을 지니고, 상호적이자 동질적인 생활 감성을 지닌 다수의 인간 집단의 출현이 반드시 필요하다. 이러한 동질성을 지닌 인간 집단이 바로 세대이며, 박물학자들이 쓰는 말을 빌리면 엄밀한 의미에서 인간 변종(variedad humana)이다. 세대의 구성원은 앞 세대와 다른, 그들에게 공통적 특성을 부여하는 어떤 전형적인 성격, 성향과 취향을 가지고 세상에 나타난다.

그런데 이 관념은, 마찬가지로 아직 연구되지 않은 기본적인 사실, 즉 역사를 이루는 각 시대에는 단지 한 세대만 존재하는 것이 아니라 청소년, 성년, 노년의 세 세대가 공존한다는 사실에 활력과 극적인 추진력을 별안간 싣게 된다. 이것은 모든 역사적 현실, 모든 '오늘'은 엄밀히 말해 세 개의 서로 다른 시대, 세 개의 다른 '오늘'을 포함하고 있다는 것을 뜻한다. 다시 말해 현재는 살아 움직이는 세 개의 거대한 차원을 포함하는 풍요로운 역사적 시간이다. 세 세대는 현재라는 시간 속에 공존하면서 싫든 좋든 서로 밀접하게 연결되어 있다. 또한 세대는 저마다 서로 다른 감성을 지녔기에 본질적으로 서로 적대적 관계를 보인다. '오늘'이라는 시간은 어떤 이들에게는 20세를, 다른 이들에게는 40세를, 또 다른 이들에게는 60세를 뜻한다. 이렇듯 뚜렷하게 구분되는 세 가지 삶의 방식이 똑같은 '오늘'을 구성해야 하므로 역동적 드라마와 갈등이 생기고, 역사적 바탕뿐만 아니라 현재 공존하는 모든 것의 배경이 되는 충돌이 일어나는 것이다.

이 점에 주의하면서 보면 한 시대의 표면적인 명료함 속에 숨어 있는 모호함이 드러난다. 우리는 1929년을 하나의 단일한 시대로 여긴다. 그러나 1929년이란 숫자는 아이와 어른과 노인이라는 세 세대를 동시에 포함하고 또 각 세대가 내포하는 서로 다른 세 의미를 포괄하고 있다. 1929년이란 결국 서로 다른 세 세대가 존재하는 역사적 시간 단위이다. 우리는 모두 동시대인이며 똑같은 시간대와 분위기에서 삶을 꾸려가고 있으나, 저마다 서로 다른 시간대에서 자기 자신을 형성한다. 오로지 같은 또래만이 서로 일치할 뿐이다. 동시대인이 곧 같은 또래는 아니다. 우리는 역사에서 동시대인과 같은 또래를 구분해야 한다.[*2]

동일한 외적, 연대기적 시간 속에서 세 세대는 함께 거주하며 세 가지 서로 다른 삶의 시간을 살아간다. 이것이 내가 자주 말하는 '역사의 본질적 시대착오'이다. 역사는 이 내적 불균형 때문에 움직이고, 변화하고, 굴러가고, 흘러간다. 만일 모든 동시대인들이 같은 또래라고 한다면 역사는 모든 근본적 혁신의 가능성을 잃어버린 채 경직되고 부패되고, 마지막 표정 그대로 멈춰 화석화될 것이다.

언젠가 나는 세대를 카라반에 비유했다. 인간은 카라반 속에서 마치 포로처럼 걷는다. 그러나 실은 은밀하게 이 카라반 속으로 스스로 뛰어들었으며 그것에 만족한다. 이 속에서 그는 동년배의 시인, 자기 시대의 정치사상, 젊은 시절 인기 많았던 여성상, 심지어는 스물다섯 살 때의 걸음걸이에 이르기까지 자기 시대의 모든 것을 충실히 이행한다. 가끔 그는 생소하고 기묘한 모습의 또 다른 카라반이 자신이 속한 카라반 옆을 지나는 것을 지켜본다. 이 카라반이 바로 다른 세대이다. 아마 어느 축제일에는 이 두 카라반이 함께 손을 잡고 축제를 즐길 것이다. 그러나 다시 일상적인 자기 생활을 꾸려가야 할 시간이 오면 어지럽도록 섞어 즐겼던 축제의 장은 실로 유기적인 두 집단으로 확실히 나뉜다. 개인들 저마다는 마치 개미들이 독특한 후각 능력으로 서로를 구별하듯 자기 집단에 속하지 않은 사람들을 신기하리만치 잘 알아본다.

우리가 숙명적으로 한 특정 연령군에 속해 있고 특정 생활양식에 따라 생활하고 있다는 사실을 찾아낸다는 것은 감수성 풍부한 사람들에게 일어나는 하나의 우울한 경험이다.

세대란 한 개인에게 영원히 각인되는 통합된 실존양식이다. 어떤 미개종족은 문신을 보고 자기 또래를 구별한다. 이들이 젊었을 때 인기 있었던 문신 모양은 단지 그들의 피부뿐만 아니라 그들 존재의 본질에까지 새겨져 있는 것이다.

그런데 모든 숙명이 그렇듯 이 숙명에도 천재적 재능을 지닌 몇몇 사람이 빠져나갈 수 있는 구멍이 몇 개 있다. 늙을 때까지 두 번, 세 번 다시 태어나 자기 변혁을 하는 사람들이 있는 것이다. 이들은 결코 소멸하지 않는 젊음과 사그라지지 않는 유연성을 갖고 있으며, 그로 인해 몇 번이나 다시 태어난다. 이런 사람들은 선구자적 자질을 지녔다. 젊은 세대는 이들 속에서 자신들 세대가 곧 도래하리라 예견하는, 자신들보다 앞선 맏형 같은 존재를 발견한다. 그러나 이런 선구자들은 어디까지나 예외적 존재이며, 특히 생물학 영역에서는 예외가 오히려 법칙이 존재함을 확증하게 된다.

각자가 어떤 특정 세대에 소속되어 있다고 느끼는 이러한 숙명성에서 제기되는 문제는, 내가 삶의 예술이라 부르는 것의 한 실례이다. 어느 누구든 특정 세대에 속한다는 점을 하나의 숙명으로 여긴다. 하지만 몇몇 사람들이 이 숙명으로부터 벗어나 오랫동안 젊음을 누린다는 사실은, 숙명성이란 유연한 것으로서 벗어날 공간이 있으며, 그 유명한 베르그송이 말한 바와 같이 "수정 가능한 숙명(fatalité modifiable)"임을 뜻한다.

여러분의 영혼이 보편적인 이 시대의 특징적 현상을 기이하고 이해불가한 것으로 느낀다면, 이것은 여러분의 정신 속 그 무엇이 노화를 원하고 있음을 의미한다. 개인적 존재이든 사회적 존재이든 모든 유기체는 혁신되어 가는 현재로부터 빠져나와 관습적이며 과거적인 타성으로 돌아가려는 경향, 즉 서서히 자신을 고풍화시키려는 경향을 보인다. 마찬가지로, 오랫동안 운동을 해 온 사람은 50세가 되면 운동을 그만두고 편안하게 살고 싶어한다. 그런데 정말 운동을 그만둔다면 그는 젊음을 잃고 만다. 단단했던 근육은 탄력을 잃고 급속하게 노화가 촉진될 것이다. 그렇지만 쉬고 싶다는 처음 욕망에 저항하여 휴식이 제공하는 편안함의 유혹을 뿌리치고 운동을 계속한다면, 그는 자신의 근육이 뜻밖에도 여전히 젊음의 자본을 지니고 있다는 사실을 발견하게 될 것이다. 내가 말하고자 하는 바는 우리가 특정 세대에 정해진 숙명에 무릎꿇는 대신, 오히려 여기에 맞서 저항하고 뒤에 이어질 삶의 젊은 양식 속에서 스스로를 고쳐 나가야 한다는 것이다.

명심하라. 모든 생명체는 감염이라는 특이성을 지닌다. 생명체는 저마다 자기 주위에 존재하는 다른 생명체에게 질병을 감염시키는 동시에 건강도 감염시킨다. 선과 악이 서로를 감염시키고 젊음과 늙음 역시 서로를 감염시킨다. 여러분도 알다시피 현대 생물학의 최대 화두는 바로 회춘이다.

일정한 테두리 안에서 이미 정해진 육체적·도덕적 위생학에 의해 우리는 영혼을 악마에게 팔지 않고도 젊음을 유지할 수 있다. 노화가 빠르게 진행되는 사람은 스스로 늙기를 원하기 때문이다. 바꾸어 말하면 더 이상 살고 싶은 마음이 없고, 정력적으로 삶을 꾸려나갈 능력이 없기 때문이다. 자신의 운명 속에 깊이 뿌리내리지 않고 그저 자기 삶에 기생하는 사람은 시간이 흐름에 따라 과거의 구덩이 속으로 파묻혀 버린다.

비록 젊음을 연장할 수 없다 할지라도 우리는 남은 삶을 여유롭게 즐기려는 아름다운 결심을 할 수 있다. 또한 다가오는 새로운 삶을 누릴 수 없다 하더라도 다른 사람들이 그 삶을 살아갈 수 있다는 데 행복해 한다. 다가올 미래가 이 시대와는 다르길 바라며, 미래가 젊음과 새로움으로 충만하길 고대할 수도 있다. 그러나 보통 장년기에 접어들면 과거는 우리를 강하게 끌어당겨 우리 마음속에 미래를 향한 원한과 강한 분노를 불러일으킨다. 동시에 그들은 여전히 젊음이 자기 곁에 있다고 느끼고 그 옆에 머물지만 젊음은 이미 떠나 우리의 가장자리를 맴돌 뿐이다. 마치 젊은 시절 화려했던 무훈의 자취가 남아 있지만, 이제는 먼지만 수북이 쌓여 선반 위에 놓여 있는 아무 쓸모없는 창이나 갑옷처럼. 그러나 이것은 그리 중요치 않다. 우리가 자신의 젊음을 돌이킬 수 없다면 또 다른 젊음의 도래를 축복하자! 사하라 사막에는, 작은 오아시스에 물을 구하려 모여든 사람들과 양 떼와 낙타 등 사막 풍경을 수수하게 묘사한 짧은 격언이 있다.

"물을 마셨으면 그 자리를 다른 사람에게 내주어라."

이 격언이야말로 카라반, 아니 세대의 속성을 고스란히 드러낸다.

이 삶의 고등위생학이 우리에게 던져 주는 제목을 듣는 바람에 잠시 샛길로 빠졌다. 나는 단지 현재라는 역사적 시간의 한 단위 속에서 공존하는 세 세대의 연결이 시대의 변화를 불러온다는 사실을 말하고 싶었을 뿐이다. 자식 세대와 부모 세대는 언제나 조금씩 다른 법이다. 자식 세대는 존재의 새로운 수준을 형상화하며 여기에서 자신들의 존재를 느낀다. 일반적으로 자식 세대와 부모 세대의 차이는 그리 크지 않아 차이점보다는 공통 요소가 더 지배적이다. 그래서 자식들은 스스로 자신을 부모가 살아 온 생활 유형의 계승자이며 완성자라고 생각한다. 그러나 때때로 이 두 세대 사이의 차이가 엄청나게 크게 벌어져서 새 세대가 앞선 세대와 어떤 공통점도 발견하지 못하는 경우가 있다. 이러한 시기는 흔히 역사의 위기라 불린다.

우리가 지금 살아가는 현대가 바로 이런 시대로, 게다가 그 위기가 정점에 달해 있다. 변화는 역사의 보이지 않는 깊숙한 밑바닥으로부터 나올 준비를 하고 있었지만, 너무나도 빠르게 역사의 껍질을 뚫고 나옴으로써 최근 몇 년 동안 우리 삶의 양식을 완전히 바꿔 버리고 말았다. 오래 전부터 나는 이 변화가 갑자기 총체적으로 올 것을 예고해 왔다. 그러나 부질 없었다. 어느 누구도 귀 기울이지 않던 나의 말은 결국 연기처럼 사라지고 그 자리에는 비난만이 무성했다. 나의 예고는 단순히 새로운 것에 대한 조바심으로 평가절하되었다. 이런 비난과 악담은 내가 예견한 사실이 생생하게 현실로 나타날 때까지 끊임없이 계속되었다. 지금 여러분 앞에 새로운 삶이 펼쳐졌다. 아니다, 아직 새로운 삶은 오지 않았다. 그 변화는 우리가 지금 보고 있는 것보다 훨씬 더 근원적이며 우리 삶의 밑바닥까지 뚫고 들어갈 것이다. 이 침투는 너무나 큰 것이기에, 내 지난 경험으로 미루어 나는 여러분에게 내가 예견한 모든 것을 말하고 싶지는 않다. 소용이 없을 것이 때문이다. 말해도 여러분은 내 말을 납득하지도 못한 채, 이해를 못해서가 아니라 완전히 오해해서 단지 소스라치게 놀라기만 할 것이다.

우리는 지금 새 시대의 거대한 파도가 밀려오는 것을 바라보고 있다. 자신을 구원하고자 하는 사람은 누구든지 이 파도를 타기 위해 급격히 발전해야만 한다. 반대로 삶의 새로운 형상을 이해하길 거부하며 여기에 저항하는 사람은 누구든—만일 지식인이나 예술인이라면 작품생활에서, 감성적 사람이라면 연애 생활에서, 야심찬 사람이라면 정치생활에서—삶이 지닌 모든 의미와 규범에서 결코 돌이킬 수 없는 과거의 썰물 속으로 가라앉고 말 것이다.

우리가 앞으로 다룰 본격적인 문제들을 이해하는 데에 세대에 관한 주제를 먼저 살펴본 것은 상당히 유용했다. 그렇지만 내가 지금껏 세대에 대해 이야기한 것들은 단지 최초의 접촉, 즉 심오하고 근원적인 사실에 대한 피상적 견해에 지나지 않는다. 우리는 보통 아무 생각 없이 '우리의 삶'이라 말하며 두려운 줄도 모르고 쉽게 보고 있지만, 이 중차대한 문제를 다룰 때가 오면 좀더 강렬하면서도 진중하게 이 문제와 다시 마주할 것이다.

그런데 당면한 문제는, 19세기 후반 60여 년 동안 철학적 정신의 축소를 일으킨 원인과 과거와 반대로 오늘날 철학적 정신을 확장시키고 활기를 띠게 한 가장 직접적 원인에 대해 알아보는 것이다.

모든 학문이나 인식은 그 학문이 인식하고 또한 인식하려는 어떤 고유의 주제를 지니고 있다는 사실에 주목하길 바란다. 또한 저마다의 학문은 자신이 아는 것을 인식하는 특별한 방법론을 갖추었다는 사실도 기억하라. 예를 들어 숫자와 연장을 주제로 삼는 수학은 유기체 현상이라는 고유한 주제를 둔 생물학과는 너무나도 다른 분야의 학문이다. 뿐만 아니라 수학은 인식 방법, 즉 지식의 종류에서 생물학과 구별된다. 수학자에게 인식이란, 궁극적으로 의심의 여지 없는 명증성에 근거한 엄밀한 추론을 통해 하나의 명제를 도출하는 일이다. 반면 생물학은 지각을 통해 알게 된 부정확한 사실에 대한 근사치적인 일반화에 만족한다. 그러므로 두 학문은 인식의 방법과 종류에서 현저한 차이를 보인다. 수학은 명증성을 바탕으로 한 매우 모범적 학문인데 비하여 생물학은 인간의 지각에 바탕을 둔 거칠고 조잡한 학문이다. 다만 수학은 그 대상이 실재적인 것이 아니라 데카르트와 라이프니츠가 말한 것처럼 '상상의 것'이라는 단점이 있다.

그런데 16세기에 하나의 새로운 학문이 시작되었다. 수학의 연역적 엄밀함을 지니면서 동시에 천체 및 일반 물체 같은 실제 대상을 연구하는 갈릴레오의 '신과학'이다. 이것은 유구한 사상사에서 처음 일어난 지적 운동이었다. 정확한 추론으로 얻어진 지식이 동시에 사실에 대한 감각적 관찰을 통해 확증된 인식으로 존재하게 된 것은 인식론 역사상 최초의 일이었다. 이것은 곧 순수한 추론을 통해 어떤 결론에 이른다고 믿으며, 단순한 지각은 순수 이론에 의해 이른 결론을 확증한다고 인정하는 것이다. 16세기에 비로소 이러한 순수추론과 단순지각이라는 확실성의 이중적 규준이 성립되었다. 이 두 규준의 통일은 물리학의 특징인 실험이라는 인식 방법을 이룬다.

이렇게 행복한 조건을 선사받은 과학이 다른 학문과 비교하여 우월성을 확보하고 많은 지식인들의 관심을 모으기 시작한 것은 그리 이상할 것이 없다. 순수 이론적 관점에서나 단순한 이론 또는 엄밀한 인식으로서의 물리학이 하나의 지적 놀라움이라는 것은 확실하다. 그러나 합리적 물리학에서의 연역적 결론과 실험에서의 감각적 관찰 사이의 일치가 부정확하고 근사치적이라는 것은 숨길 수 없는 사실이다. 하지만 이 근사성이 너무 높았으므로 이것이 과학의 실질적 발전을 방해하지 않았다는 것도 사실이다.

실질적 정확성과 지각할 수 있는 사실에 따른 확증(우주가 천문학자들이 규정한 법칙에 맞추어 움직이고, 거대한 우주에서 특정한 시간 특정한 장소에 있어야 한다는 규정에 충실히 따른다는 감격스러운 상황을 꼭 기억하기 바란다)이라는 물리학의 두 가지 특성만으로는 물리학이 그 뒤 얻어낸 승리의 극치에까지 이 학문을 이끌어갈 만큼 충분히 역할을 수행하지 못했다. 그리하여 물리학 인식 방법을 극도로 향상시킨 세 번째 특성이 찾아온다. 즉 물리학의 진리가 그 이론적 사실을 바탕으로 인간 삶의 편의를 위해 유용하게 쓰일 수 있는 조건을 갖추게 된 것이다. 이 진리에 의해 인간은 자연에 개입하여 그것을 자신에게 유용한 형태로 바꿀 수 있게 되었다.

물질의 지배를 위한 실질적 유용함이라는 물리학의 제3 특성은 이론과 인식으로서 물리학이 지닌 완전함도 아니고 미덕도 될 수 없다. 실용적 다산성은 그리스에선 모든 사람에게 결정적 영향을 미치지 못했다. 하지만 유럽에서는 관조적이며 이론적인 것보다는 실제적인 것을 자신의 운명으로 수용한 부르주아적 인간 유형의 지배와 들어맞았다. 부르주아는 이 세계에서 편안하게 살길 원했고, 그 목적을 위해 세계에 개입하여 그것을 자신의 취향에 맞게 고치려고 했다. 따라서 부르주아 시대는 무엇보다 산업화의 승리, 보편적으로는 의학, 경제, 행정과 같은 생활에 쓸모있는 기술의 승리를 자랑으로 삼는다. 물리학은 기계와 의학을 낳음으로써 부르주아 시대 최고의 권위를 얻었다. 일반 대중은 지적 호기심 때문이 아니라 물질적 이해관계 때문에 물리학에 온 관심을 쏟았다. 이러한 분위기에서 '물리학의 제국주의(Imperialismo de la física)'가 태어난 것이다.

이러한 감정 방식을 공유하는 시대에 태어나 교육받은 우리로서는 그 이론적 견해야 어떻든, 다양한 인식 방법론 가운데 물질에 대한 인간의 실질적 지배를 제공하는 물리학에 최고 권위를 부여하는 것이 매우 자연스러워 보인다. 그러나 비록 이러한 시기에 태어났다고 할지라도 지금 우리 내부에서는 새로운 주기가 시작되고 있다. 실질적 유용성을 당연한 진리의 규준으로 보게끔 한 최초의 충동에 더 이상 만족하지 못하기 때문이다. 물질을 지배하고 삶의 편의를 위해 물질이 봉사하기를 바라는 소망, 이 안락하고자 하는 열망을 하나의 원리로 삼으면, 다른 원리들과 마찬가지로 논의할 여지가 있음을 인식하게 된 것이다. 그리고 바로 이러한 의심으로 조심스러워진 우리는, '안락'이 단지 하나의 주관적 편애, 좀더 직접적으로 표현하자면 하나의 변덕스러운 욕망에 지나지 않는다는 사실을 깨닫기 시작했다. 지난 200년 동안 서구인들은 이 변덕스러운 욕망을 실현하기 위해 애썼지만 그 욕망 자체로는 어떠한 우월성도 보여 주지 못했다.

무엇보다 안락한 것을 선호하는 사람이 있는가 하면 그것에 그다지 중요성을 부여하지 않는 사람도 있다. 삶을 편리하게 만든 근대물리학의 바탕이 되는 사상에 전념한 플라톤은, 교통이나 난방시설, 가구 등 일상생활에서는 그 시절 모든 그리스인들이 그러했듯이 미개하고 불편한 삶을 살았다. 같은 시대에 중국인들은 과학적 사유를 하지도 않고 이론 형성 같은 추상적인 것에 관심을 보이지도 않았지만, 섬세하기 이를 데 없는 직물을 짜고 실용적인 물건을 생산하고 일상생활에 편리한 도구들을 만들었다. 아테네에서 플라톤의 아카데메이아가 순수 수학을 창안하였을 때 베이징에서는 손수건을 발명했던 것이다. 그러므로 편리함을 향한 열망이 물리학을 선호하는 궁극적 원인은 될 수는 있을지라도 결코 그것이 다른 인식 방법론보다 우월함을 나타내는 지표가 되지는 않는다는 사실을 마음에 새겨야 할 것이다. 어느 시대 사람들은 이런 열망을 따르지만 다른 시대 사람들은 그것을 결코 따르지 않는다. 우리가 사는 현대를 어느 정도 통찰하는 사람은, 미래는 삶의 도구가 주는 편리함에 열광하는 시대가 되리라고 예견할 것이다. 사람들은 미래에 이 편리함을 일상생활에 도입할 것이고, 더욱 관심을 기울일 것이며, 이로써 얻은 것들을 보존하고 극대화하려고 애쓸 것이다. 그렇지만 사람들은 이 편리함 자체를 열광하거나 그것을 위해서가 아니라 편리하지 못한 것들을 피하기 위해 그렇게 한다.

'안락'에 대한 열망이 결코 진보의 표시가 아니라 역사상 다양한 시대에 우연히 나타나는 것이라면, 그러한 시대가 어떤 점에서 일치하는지를 조사해 보는 것은, 지적 호기심이 있는 사람에게는 매우 흥미로운 작업일 것이다. 다시 말해 인간의 어떠한 조건이 그런 편리하고 쾌적함을 향한 동경을 야기하는가라는 문제이다. 나는 이 연구 결과에는 그다지 관심이 없다. 단지 다음과 같은 일치점만을 지적하고자 한다. 편리함에 가장 큰 관심을 기울였던 곳은 최근 200년간의 유럽과 중국이었다. 비슷한 점이라곤 거의 찾아볼 수 없는 이질적인 이 두 인간세계의 공통점은 과연 무엇인가? 나는 단지 다음과 같은 사실을 알 뿐이다. 지난 200년간 유럽은 삶의 산문적인 면의 의지를 형상화하는 인간 유형, 즉 '선한 부르주아'가 지배한 시기였다. 반면 중국인들은 알다시피 타고난 속물들이다. 이에 대해 나는 어떤 형식을 갖추어 주장하는 것이 아니라 그저 일반적 사실을 이야기하는 것일 뿐이다.*3

부르주아 철학자 오귀스트 콩트(Auguste Comte)는 인식의 의미를 그의 유명한 공식으로 표현했다. "과학은 예견을 낳고, 예견은 행동을 낳는다 (Science, d'où prévoyance ; prévoyance d'où action)." 즉 인식의 의미는 예견하는 것이며, 예견의 의미는 행동을 가능하게 하는 것이다. 결국 행동이라는 것은—물론 유용한 행동을 뜻한다—인식의 진리를 결정하는 주체이다. 실제 지난 세기말의 위대한 물리학자 볼츠만은 이렇게 말했다. "결국 참과 거짓을 결정하는 것은 논리학도, 철학도, 형이상학도 아니다. 오직 행동뿐이다. 바로 이러한 까닭에 나는 현대의 기술 정복을 자연과학이 낳은 단순한 이차적 침전물이 아니라 '자연과학의 논리적 증명'이라고 믿는다. 만일 이러한 실제적 기술 정복에 대한 노력이 없었다면 우리는 어떻게 추론해야 하는지조차 몰랐을 것이다. 실제적인 결과를 부르는 추론보다 정확한 추론은 없다."*4 콩트는 이미 그의 《실증적 정신론 Discurs sur l'esprit positif》에서 기술이 과학을 통제하는 것이지 과학이 기술을 통제하는 것이 아니라고 밝혔다. 따라서 이 사유 방식을 따르자면 유용성은 진리로부터 생긴 우연한 침전물, 이른바 팁이 아니라 진리 그 자체이다.

콩트 이후 금세기 여명기에 콩트의 실증주의 철학은 실용주의를 낳았다. 북미의 실용주의는 모든 신흥국가 국민이 지닌 특이한 성격이 그대로 드러난, '양키' 특유의 상냥한 냉소주의를 띤 채 굳이 다음과 같은 명제를 내놓았다. "어떤 것을 다룰 때 성공 이외에 다른 진리는 없다." 신흥국가 국민들은 언제나 무서운 아이들 같다. 이렇게 대담하고도 솔직한 명제와 함께 천년 철학사상에 북미 대륙이 처음으로 등장하였다.*5

철학으로서 그리고 삶의 보편적 명제로서의 실용주의가 그리 높이 평가받지 못한다는 것과, 순수한 진리 인식과 대조된다 하여 인간의 실제를 색안경을 끼고 주관적이며 편협하게 힐난하는 태도를 혼동해선 안 된다. 지금 우리는 순수 인식으로부터 역동적 질문을 산출해 내지 못한 채 황홀경에 사로잡힌 과학적, 문화적 편협을 위시하여 모든 편협의 목덜미를 비틀기 위해 애쓰고 있다. 이런 노력은 플라톤이나 아리스토텔레스와 같은 고대 사상가들로부터 우리를 근본적으로 떼어 놓으며, 우리 사유의 가장 중요한 주제가 되어야 한다. '우리의 삶'이란 무엇인지를 정의하는 결정적 문제 속으로 뛰어들 때, 우리는 우리 삶을 정관적 삶(vita contemplativa)과 실천적 삶(vita activa), 즉 행동과 정념으로 나누는 예부터의 이중성을 확실히 분석해 볼 것이다.

지금으로서는 물리학의 제국주의적 승리가 인식이라는 특성에 뿌리를 둔 것이 아니라 사회적 사실을 바탕으로 한다는 것을 밝히는 것으로 충분하다. 사회가 물리학에 관심을 기울이게 된 것은 물리학이 지닌 풍부한 유용성 때문이었다. 그리고 이러한 사회의 관심이 한 세기 동안 물리학자의 신념을 비대하게 팽창시켰다. 이는 일반적으로 의사들 사이에서 특히 두드러졌다. 아무도 의학을 과학의 전형으로 생각하지는 않을 것이다. 그럼에도 과거의 마법사들처럼, 병원에서 의사들이 받는 숭배는 그 의사라는 직업과 인격에 안정성을 제공한다. 그래서 그는 이성적 근거도 없이 뻔뻔하게 대담성을 즐긴다. 의사는 과학이 거둔 성과를 이용하고 다루는 사람이지 결코 과학자도 이론적 정신의 소유자도 아니다.

사회적 환경의 지지를 받는 행운은 우리를 과도하게 추켜세우고, 뻔뻔스럽게 만들며, 성급하거나 공격적이게까지 한다. 바로 이러한 일이 물리학에 일어났고, 그런 까닭에 유럽의 지적 생활은 지난 100년 동안 '실험실의 테러리즘'이라 불리는 것으로부터 고통을 당했다.

이런 물리학의 우월성에 기가 눌린 철학자는 물리학자가 아닌 자신을 부끄러워했다. 진정한 철학적 문제는 물리학적 인식 방법으로는 풀 수 없으므로 철학자는 그 문제에서 손을 떼고 철학을 최소한으로 축소시켰다. 그리고 비천하게도 철학을 물리학에 봉사하게 함으로써 자신의 고유 영역마저 포기하고 말았다. 철학의 유일한 주제는 물리학이라는 사실 자체에 관한 명상이며, 철학은 단지 인식론에 지나지 않다고 단정해 버렸다.

이런 태도를 처음 취한 철학자는 칸트였다. 그는 우주가 안고 있는 거대한 문제에 대해서는 직접적으로 관심을 보이지 않은 채 교통경찰이 정지신호를 보내듯, 철학적 교통—지난 2600년간의 형이상학적 사유—을 다음과 같은 말로 정지시켜 버렸다. "선험적 종합판단은 어떻게 가능한가? 이 문제의 해답을 찾을 때까지 모든 철학함을 미루자." 결국 칸트에게 선험적 종합판단이란 물리학, 즉 물리수학적 과학이라는 '사실'이었다.

그러나 이러한 칸트의 문제 제기는 결코 인식론이 아니었다. 이것은 이미 이루어진 물리학적 인식에서 시작한 것일 뿐, 인식이란 무엇인가라는 인식 자체를 문제 제기한 것은 아니었기 때문이다.

〈주〉

＊1 로렌츠(Lorenz), 하르나크(Harnack), 딜타이(Dilthey) 등은 살아 있을 때 '세대 개념'
에 대해 어느 정도 암시했다. 그런데 내가 나의 저서들에서 논했던 방식처럼 세대 개
념을 더욱 근본적 차원에서 다룬 책은 바로 핀더(Pinder)의 《세대에 관한 문제Das
Ploblem der Generationen》(2판, 1928년)이다.

＊2 핀더는 앞에서 말한 그의 저서를 통해 나의 세대론 중에서 그 구별의 중심이 되는 동
시대인과 같은 또래에 대한 구분이 없음을 아쉬워 했다. 이는 그가 내 저작들을 독일
어로 번역된 것만 읽었기 때문이다. 1925년에 출간된 내 저서 《국가의 스포츠적 기원
Origen deportivo del Estado》에서 나는 〈또래의 본능El instinto de coetaneidad〉이라는
제목으로 벌써 이 문제를 다루었다.

＊3 중국인들의 속물근성에 대해서는 카이저링(Keyserling)의 《철학자의 여행일기Das
Reisertagebuch eines Philosophen》를 참조.

＊4 셸러(Scheler)의 《지식의 여러 형식과 사회Wissensformen und die Gesellschaft》 참조.

＊5 이 말이 암시하는 바는, 실용주의가 대담성과 솔직성 말고도 비록 외향적이기는 하지
만 나름대로 심오한 진리를 내포한다는 말이다.

우리 시대 과제, 오로지 상징주의로서의 '과학',
결석하고 있는 모든 과학, 철학은 왜 존재하는가,
과학의 정확성과 철학적 인식

지난 강의는 내가 전개하려던 주제의 문앞에서 끝나고 말았다. 비록 설명이 충분치 못하더라도 왜 지난 세기에는 철학적 정신이 위축되고 협소해 졌는가를, 반면 왜 오늘에는 철학적 정신이 다시 기를 펴는가에 대한 직접적 원인을 말하고 싶었다. 그런데 나는 오직 일차적 차원에서 이 문제들을 설명하는 데 시간을 할애했을 뿐이다. 철학은 물리학 제국주의에 눌려 그 위신이 땅에 떨어져 결국 물리학에 굴복했으며, 실험실의 지적 테러리즘으로 거의 공황 상태에 빠지고 말았다. 이로써 결국 자연과학이 우리를 둘러싼 환경을 지배하게 되었다. 대기 압력이 인간의 신체 형상을 정렬 구성하는 하나의 요소인 것처럼 환경은 우리의 인격을 구성하는 한 요소가 되었다. 만일 대기가 우리를 압박하고 제한하지 않는다면 우리 머리는 호라티우스가 생각했던 것처럼 행성들과 부딪쳤을 것이다. 즉 형태에 한계가 없는 무인격체가 되고 말았을 것이다.

인간 존재의 절반은 그 존재 자체이고 나머지 절반은 삶의 환경이다. 환경이 개인이 지닌 특질과 일치하고 그것에 호의적일 때 우리의 인격은 완전히 실현된다. 그리하여 인격은 환경에 의해 유지되고 확립되며 내적 탄력성 확대에 자극을 받는다. 그러나 그 환경이 우리에게 적대적이면, 그것은 우리를 영원한 분열과 투쟁 상태로 밀어넣으며 압박할 뿐만 아니라 우리가 인격을 성장시키고 완전한 결실을 맺는 데 큰 걸림돌로 작용한다. 바로 이 현상이 실험적인 소비에트의 압제정치에 의해 형성된 분위기 속에서 철학자들에게 일어났던 일이다. 나의 말이 여러분에게는 때때로 과학자들이나 철학자들을 향한 비판으로 들리겠지만, 이는 결코 그들에 대한 도덕적, 지적 비판이 아니다. 그 시대를 살았던 과학자나 철학자는 그 시대가 만든 분위기에서 그럴 수밖에 없었으며 또 그러는 것이 그들에게는 유용했다. 마치 유대인의 정신이 바빌론 유수 이후 보다 섬세하고 흥미로워진 것처럼, 새로운 철학이 지닌 적지 않은 특성들은 이렇게 강요된 굴욕의 시대를 바탕으로 이루어졌다. 우리는 지금 철학자들이 과학자들로부터 '철학은 과학이 아니다'라는 경멸을 당한 뒤 지금은 어떻게 이 모욕적인 말을 오히려 기꺼이 받아들이게 되었는지를 자세히 알아보겠다. 이 모욕은 적어도 나를 기쁘게 한다. "철학은 과학이 아니다. 철학은 과학 그 이상의 것이다."

그러나 먼저 왜 철학자들이 철학에 새로운 열의를 쏟게 되었는지, 철학적 활동의 의미를 확신하고 조금의 부끄러움도 느끼지 않고 대담하면서도 즐겁게 철학자임을 자처할 수 있는 단호한 태도를 보이게 되었는지에 대해 자문해 보아야 한다.

내가 판단하건대 이 변화는 중요한 두 사건 때문에 일어난 것 같다.

우리는 철학이 단순한 인식론으로 축소되었음을 보았다. 1860년과 1920년 사이에 출간된 대부분의 철학서 제목을 보더라도 이 사실을 알 수 있다. 또한 나는 이러한 제목을 붙인 그 어떤 책도 '인식이란 무엇인가'에 대해서 진지하게 질문한 적이 없다는 놀라운 사실도 지적했다. 이것은 매우 기이한 일이다. 여기서 우리는 환경의 압력이 인간에게 일으키는 확고한 맹목화의 경우들을 보았다. 환경의 압력은 논의할 여지조차 없는 분명한 어떤 전제들을, 정확히 말하면 논의하기에 유용하기 이를 데 없는 전제들을 인간에게 부과한다. 이런 맹목화 현상은 시대마다 달리 나타나지만 어느 시대나 항상 존재하며, 오늘날에도 존재한다. 그 이유는 뒤에서 살펴볼 것이다. 이때 우리는 삶이란 우리가 살아가기 위해 딛고 있는, 또는 그곳으로부터 출발하는 대지처럼 언제나 어떤 전제로부터 또는 그 전제 위에 근거한다는 사실을 알게 될 것이다.

이것은 과학, 도덕, 정치, 예술 등 모든 분야에서 나타난다. 관념과 그림은 일정한 전제 또는 관습에 의해 사유되고 그려진다. 이 전제나 관습은 매우 기본적이고 확정적이어서 철학자나 화가는 여기에 관심을 쏟지 않고, 따라서 관념과 그림에 이것들을 끌어들이지도 않는다. 우리 또한 이 관념과 그림에서 이것들을 단지 추정할 뿐 정확히 찾지는 못한다.

이를테면 이것들은 관념이나 그림의 배후에 아무렇게나 내버려져 있다. 이러한 까닭에 우리는 때때로 관념이나 그림을 전혀 이해하지 못하는 경우도 생긴다. 즉 우리는 수수께끼를 풀 수 있는 단서나 비밀스런 관습을 밝힐 수 있는 열쇠가 없기에 관념이나 그림을 이해할 수 없는 것이다.

거듭 강조하지만 모든 시대, 좀더 정확히 말하자면 모든 세대는 이전이나 이후 세대와는 조금 다른 전제를 그 출발점으로 삼는다. 이는 곧 진리체계와 미적, 도덕적, 정치적, 종교적 가치체계는 반드시 어떤 역사적 차원을 지니며, 특정한 인간의 연대기와 관련되어 있어서 그 특정한 인간들에게만 효력을 발휘한다는 뜻이다. 진리는 역사적이다. 그런데 이러한 역사적 특성에도 불구하고 어떻게 진리가 상대적이 아닌 초역사적이며 절대적인 것이 될 수 있고 또 그렇게 되어야만 하는가라는 질문은 정말 난해하기 그지 없다. 나는 예전에 이 문제를 우리가 다룰 수 있는 영역 안에서 해결하는 것이 '이 시대의 주제'라고 주장한 바 있다. 여러분 중 이미 많은 사람들이 이 사실을 알고 있을 것이다.

50년 전 사상가의 피에 녹아 있던, 논의되지 않고 논의할 수도 없었던 전제는 엄밀한 의미의 세계인식은 물리학밖에 없으며, 현실에 관한 진리는 '물리학적 진리' 말고는 없다는 것이었다. 지난 강의를 통해 우리는 또 다른 형태의 진리가 존재한다는 사실과 '물리학적 진리'는 밖에서 바라보기만 해도 확실히 감탄할 만한 두 가지 특성을 지닌다는 점을 잠깐 살펴보았다. 그것은 첫째 정확성이며, 둘째 이 정확성이 합리적 연역과 지각을 통한 확증이라는 확실성에 대한 이중적 규준에 따라 결정된다는 것이다. 그러나 사물을 연구하는 데 이 두 가지 특성이 아무리 훌륭하다 할지라도, 물리학보다 완벽한 형식의 세계인식이란 존재하지 않으며 물리학적 진리보다 고차원적인 '진리 형태'는 존재하지 않는다고 확증하지는 못한다. 이 점을 단언하기 위해서 우리는 '인식하다(conocer)'라는 단어가 내포하는 뜻을 정확히 이해하고 흔히 전형적 인식이라 불리는 진리의 원형이 과연 무엇인가하는 문제를 완전히 해결해야 한다. 총체적인 인식의 의미를 알고 있을 때 비로소 우리는 인간이 지닌 인식이 그 의미를 충족시키는지 아니면 단순히 그 의미에 가까울 뿐인지를 판별할 수 있다. 그렇지 않으면 인식론에 대해 진지하게 문제 삼을 수 없다. 실제로 최근까지의 철학은 인식론이기를 원하면서도 결국은 인식론도 무엇도 되지 못했다.

그러나 물리학은 거듭 성장해 최근 60년 동안 거의 완벽에 가까워졌고 정밀한 정도와 관찰 범위도 거대해져서 자신의 원리를 수정해야 할 정도가 되었다. 학설체계의 수정이 곧 과학의 확고함 결여를 나타낸다고 막연하게 믿는 사람들에게 말한다. 사실은 이와 정반대이다. 물리학이 놀라운 발전을 이룰 수 있었던 것은 갈릴레오와 뉴턴의 원리가 유효했기 때문이다. 그리고 이 발전은 그 원리들을 순화하고 확대해야 할 지경에 이르렀다. 이 때문에 오늘날 물리학은 '원리의 위기(Grundlagenkrise)'를 겪고 있으며, 곧 성장이라는 행복한 질병을 불러왔다. 나는 왜 우리가 '위기'라는 단어를 슬픔의 의미와 관련지어 이해하는지 모르겠다. 위기는 단지 과격하고 거대한 변화일 뿐이다. 이것은 개악이 될 수도 있고 개선이 될 수도 있다.

오늘날 물리학의 위기는 개선으로서의 변화이다. 원리의 위기야말로 과학의 성숙을 가장 잘 나타내는 징후이다. 이는 그 과학이 강한 자신을 갖고 있으므로 자신의 원리에 대한 과감한 수정도 묵인할 만큼 여유롭다는 말이다. 돌이켜 말하면 원리의 위기는 과학이 여전히 모든 원리에 대해 활력과 견고함을 요구하고 있음을 뜻한다. 과학과 마찬가지로 인간의 지적 활력은 소화와 동화의 능력을 가진 회의와 의심의 양으로 측정된다. 견고한 이론은 동요를 모르는 순진한 확신이 아니라 의심으로부터 영양소를 섭취한다. 소박한 확신이 아니라 태풍 속에서 흔들리지 않는 확신, 불신 속의 확신이다. 불신과 싸워 승리를 얻은, 불신을 이겨낸 확신이야말로 지적 활력의 측정 척도가 된다. 반면 정복되지 못한 의심, 소화되지 못한 불신은 '신경쇠약'이다.

물리학의 원리는 이 과학이 딛고 서 있는 발판이며, 물리학자들은 이것을 근거로 연구를 한다. 그런데 이 모든 원리를 개혁해야할 때는 물리학 안에서가 아니라 그 밖으로부터 개혁해야 한다. 토대를 개조하기 위해서는 그 토대를 받치고 있는 아래쪽 토대에 의지해야 한다. 바로 이 점 때문에 물리학자들은 물리학에 대한 철학적 사색이 필요하다는 것을 깨닫게 되었다. 지금 가장 두드러진 사실은 물리학자들이 철학에 큰 관심을 기울이고 몰두하고 있다는 것이다. 푸앵카레, 마흐, 뒤엠부터 아인슈타인, 바일 그리고 그들의 제자들과 추종자들에 이르기까지 물리학자 스스로 나서서 물리학적 인식의 이론을 쌓았다. 이들 모두 분명히 과거의 철학으로부터 큰 영향을 받았다. 그런데 흥미로운 사실은 철학이 인식의 전형으로서 물리학을 지나치게 숭배하는 동안 물리학자들은 물리학을 인식의 하위 형태, 즉 하나의 상징적 인식이라 단정지었다는 점이다.

옷장에 걸린 옷걸이 수를 세는 유명한 사교클럽 쿠르살(Kursaal)의 지배인은 옷걸이에 걸린 외투와 윗도리의 수를 세어보고 회장에 참석한 사람들의 수를 대략 알아낸다. 하지만 그는 옷이나 그 사람들을 직접 본 것은 아니다.

물리학의 내용과 물리적 세계를 비교한다면 우리는 비슷한 점을 하나도 찾지 못할 것이다. 이들은 번역이 필요할 정도로 완전히 다른 두 언어와 같다. 물리학은 단지 상징적 대응물에 지나지 않는다.

물리학이 단순한 상징적 대응물에 불과하다는 사실을 어떻게 아는가? 바로 다른 모든 대응들이 가능하기 때문이다. 즉 사물들을 다양한 형태로 질서에 따라 세울 수 있기 때문이다.

아인슈타인은 1918년 막스 플랑크(Max Planck)의 회갑 기념 연설에서 인식의 방법에 관한 물리학의 입장을 이렇게 정리했다.

"과학의 진화는, 상상 가능한 모든 이론적 구성물에 결정적으로 우월한 하나의 구성물이 항상 존재한다는 사실을 알려 주었다. 이 문제를 연구했던 사람들은 우리의 지각세계가 어떤 이론적 체계를 선택해야 할지 실질적으로 결정한다는 사실을 부정하지 못할 것이다. 그럼에도 그 이론의 모든 원리로 인도하는 논리적 방법은 존재하지 않는다."

즉 다양한 이론들은 똑같은 적합성을 띠지만 어느 특정 이론이 우월하다면 그것은 단지 실제적 동기 때문이라는 말이다. 모든 사실은 이 특정 이론을 권장하지만 논리적으로 강요하지는 않는다.

물리학 학설은 오로지 일정한 점에서만 자연의 실재와 만날 뿐이다. 물리학에서는 실험이 이 일정한 점이다. 실험을 통해 물리학자들은 언제든지 학설을 변경할 수 있다. 실험은 하나의 조작이다. 이 실험으로 우리는 자연에 간섭하여 우리에게 반응하도록 강요한다. 그러므로 실험을 통해 우리가 알 수 있는 것은 고유한 자연이 아니라 단지 우리의 일정한 간섭에 대한 자연의 일정한 반응일 뿐이다. 그러므로 나는 이 사실을 다음처럼 공식적 표현으로 강조하고자 한다. 이른바 물리학적 실재란 절대적 실재가 아닌 의존적 실재, 유사 실재이다. 그것은 조건적이며 인간과 상대적인 것이기 때문이다. 결국 물리학이 실재라 부르는 것은 스스로 조작을 가할 때 생기는 것을 말한다. 그 실재는 오직 작용 안에서만 존재한다.

반면 철학이 추구하는 본연의 실재는 우리의 행위에 종속되지 않고 완전히 독립된 것이다. 오히려 우리 행위가 그 완전한 실재에 종속되어 있다.

철학자들이 다양한 인식론을 이룩한 뒤에야 비로소 물리학자들은 자신들의 물리학적 인식의 성격을 정확하게 규정하였다. 물리학은 인식의 본보기 또는 원형을 대변하기는커녕 자신이 꿰뚫고자 한 대상과는 거리가 먼 하위 이론일 뿐이라는 부끄럽기 짝이 없는 사실을 우리에게 밝혀야만 했다.

결론짓자면 이들 과학, 특히 물리학은 자신들의 한계로부터 개념의 창조적 원리를 형성하면서 진보해 왔다. 그렇다고 하여 발전하기 위해 자신의 그림자를 몽상적으로 뛰어넘거나 자신의 숙명적인 한계를 이겨내려 하지는 않았다. 오히려 반대로 자신의 한계를 기쁘게 수용하고 위에 올라 앉아 과학 고유의 절정을 추구하고자 했다. 지난 세기에는 이와 정반대의 태도가 지배적이었다. 당시의 개별 학문들은 자신의 범위를 뛰어넘어 다른 학문을 포괄함으로써 무한계의 학문이 되고자 갈구했다. 지난 세기에는 음악도—바그너 음악—음악의 자리에 만족하지 않고 철학의 대용물, 심지어 종교의 대용물이 되고자 했다. 물리학은 형이상학이 되고자 갈망했으며 철학은 물리학이 되길 소망했다. 시는 회화나 음악이 되길 원했고, 정치도 정치에 만족하지 못하고 종교적 신조가 되고자 했다. 심지어 인간의 행복을 추구했다는 점은 정말 얼토당토 않은 일이었다.

학문들 저마다가 자기 고유의 영역에 머물려는 이 새로운 행동에서 인간의 새로운 감각에 대한 조짐이 보이지 않는가? 그 조짐은 삶의 문제를 해결하는 데 있어 과거의 지배적 방법과는 완전히 대비된다. 즉 모든 존재나 역할이 자기 고유의 운명을 받아들이고 그 속에 단단히 발을 디디고 서서 다른 영역으로 확장하려는 환상을 접은 채, 포기할 수 없는 자신만의 특성을 영역의 경계에까지 가득 채우는 방법으로 삶의 문제를 해결하고자 하는 것이다. 이 문제에 대해 여기서는 이만 마치고 나중에 다시 본격적으로 다루기로 한다.

그럼에도 이론으로의 물리학이 최근 크게 축소된 사실은 철학자들의 정신 상태에 영향을 미쳐, 철학자들로 하여금 물리학의 예속으로부터 벗어나 철학 고유의 사명에 전념하도록 하는 결과를 불렀다. 실험에 대한 맹목적 숭배를 이겨 내고 물리학적 인식이 얌전히 자기 자리로 물러나자, 정신은 다른 인식 방법을 자유롭게 추구할 수 있게 되었다. 또한 감성은 진정한 철학적 문제를 해결하려 다시 날카로워졌다.

이런 현상이 물리학이 쟁취한 영광을 빼앗지는 않는다. 오히려 이것은 놀랄만큼 견고한 물리학적 특성과 물리학이 이룩한 다산성을 부각시킨다. 물리학은 오늘날 학문으로서 자신이 가진 권력을 인식하고 있으므로 기만에 불과한 신비적 우월성을 스스로 경멸한다. 물리학은 자신이 오로지 하나의 상징적 인식이라는 사실을 알고 있으며 그것에 만족한다. 바로 이점 때문에 오늘날 물리학은 세계에서 일어나는 가장 놀라우며 극적인 그 어떤 것이 되었다.

만일 유럽이 교양이 풍부한 대륙이라면—비록 사실과는 거리가 먼 가정이지만—날마다 수많은 사람들이 물리학 연구 현황을 살피기 위해 신문 판매소로 모여들 것이다. 왜냐하면 물리학은 매우 다산적이며 믿을 수 없는 발견이 줄줄이 밀어닥치기 때문이다. 지금껏 우리를 감싸준 세계와는 근본적으로 다른 새로운 우주 풍경과 새로운 물질 세계의 개념이 갑작스레 우리 앞에 출현하리라는 예언은 조금도 과장된 게 아니다. 상황은 너무나도 긴박하게 돌아가므로 지금 이 순간에도 영국인이나 독일인의 머릿속에 굉장히 새로운 아이디어가 떠오르지 않았다고는 나뿐만 아니라 이 강의를 경청하는 유명한 물리학자들도 단언할 수 없다.

우리는 물리학과 물리학 관련 학문들의 고유한 진리 유형인 이른바 '과학적 진리' 앞에 무릎 꿇은 것은 다름아닌 미신이었음을 보았다.

그런데 철학이 물리학에서 벗어남으로써 또 다른 중요한 사실이 생겨났다.

앞에서 말한 내용을 다음과 같이 정식화할 수 있음을 상기하기 바란다. "개별 과학은 자신의 타고난 한계를 인정하며 그 한계로부터 적극적 방법을 모색한다." 나는 이 말에서 한 단계 더 나아가 다음처럼 표현하고자 한다. "개별 과학은 다른 과학들로부터 외따로 떨어져 있어서 다른 과학의 지배를 받지 않는다."

여기서도 새로운 물리학은 우리에게 가장 유명하고도 분명한 본보기를 제공한다. 갈릴레오가 물리학에 둔 과제는—'일반기하학 법칙 위에' 존재하는—실체를 지배하는 특수 법칙을 찾아내는 것이었다. 갈릴레오는 이 기하학 법칙이 물질적 현상을 지배한다는 사실을 한 치도 의심하지 않았다. 따라서 자연이 유클리드 기하학에 순응함을 증명하는 그 어떤 실험도 하지 않았다. 그는 기하학이 물리학을 지배한다는 사실을 마땅하면서도 필연적인 것으로 받아들였다. 달리 말하면 갈릴레오는 기하학적 법칙이 물리학적 법칙보다 우월하다고 믿었다. 내가 보기에 아인슈타인의 가장 천재적이며 뛰어난 업적은 바로 이 전통적 편견에서 자유로워지고자 한 결단이다. 세계 현상이 유클리드 법칙에 따라 일어나는 것이 아니라는 사실을 관찰하고, 기하학적 영역과 물리학 영역의 지배권 사이에 모순을 발견하자, 아인슈타인은 조금의 망설임도 없이 물리학의 지배권을 선언했다.

아인슈타인의 해결 방법과 로렌츠의 해결 방법을 비교해 보면, 대조되는 두 정신 유형을 발견할 수 있다. 로렌츠는 마이컬슨의 실험을 설명하고자 전통적 견해에 따라 물리학은 스스로 기하학에 적응한다는 결론을 내렸다. 그에 따르면 완전하고 유효한 기하학적 공간이 될 수 있도록 물질은 수축되어야 했다. 반면에 아인슈타인은 기하학과 공간이 물리학과 물질 현상에 스스로를 적응시킨다는 견해를 내놓았다.

이러한 태도는 다른 학문에서도 종종 접할 수 있다. 그러므로 나는 현대 사상에서 보편적으로 두드러지게 나타나는 이 성질이 어디서도 주목받지 못하고 있다는 사실이 놀라울 뿐이다.

이 시대 고전 중 하나인 파블로프의 조건반사 이론과 헤링의 빛의 감각에 관한 이론은 물리학과 심리학으로부터 독립한 생리학을 구축하려는 시도이다. 이 두 이론에서 생물학적 현상은 물리학적, 심리학적 사실의 공통 조건과 거리가 먼 것으로 간주되며, 그것을 다루는 방법도 생리학 특유의 연구 방법으로 이루어진다.

그런데 이 새로운 과학적 기질은 수학에서 가장 선명하게 두드러진다. 수학을 논리학에 종속시키는 경향은 최근 몇 세대 동안 두 학문을 동일화시킬 정도로 진행되었다. 그런데 네덜란드 수학자 브로우웨르가 '배중률'이라는 논리학 공리는 수학적 실체에는 타당하지 않다는 사실을 발견했다. 따라서 '논리학을 뺀' 수학, 즉 오직 수학에만 충실하고 수학적 공리 이외의 다른 공리를 따르지 않는 수학을 창조할 필요가 있음을 발견하였다.

새로운 사상의 이러한 경향을 한 번이라도 보았다면 최근 철학의 권위에 반역하는 신학의 등장에 대해서도 그리 크게 놀라지 않을 것이다. 왜냐하면 이제까지 신학은 계시 진리를 철학적 이성에 적응시키고자 하는 노력과, 그로인해 신비가 지닌 부조리를 이 철학적 이성에 인정받기 위한 의욕에 다름 없었기 때문이다.

그러나 새로운 '변증법적 신학'은 신학의 오랜 학문적 관습과 근본적으로 결별하고, 신에 대한 인식은 독립적이며 '완전히' 자주적인 것이라고 선언한다. 그렇게 변증법적 신학은 신학자들의 학문 방법을 완전히 뒤집어 버렸다. 일찍이 신학자들의 특수 과제는 인간과 인간의 과학적 규범에서 나온 진리를 취하는 것이었다. 이를테면 인간의 눈으로 신을 논했던 것이다. 이것은 인간중심적 신학을 이루어 냈다. 그러나 바르트와 그의 동료들은 이 과정을 본디 상태로 되돌려 신중심적 신학을 형성한다.

인간은 자기 자신, 그 내적 정신으로는 결코 신을 알 리 없다. 단지, 계시를 통해 신이 스스로에 대한 지식을 인간에게 조금씩 보내고, 인간은 이를 수용할 따름이다. 신학자의 일은 신으로부터 인간적 진리와는 비교할 수 없을만큼 신성하기 그지 없는 독립적이고 고유한 신의 진리를 들을 때, 자신의 귀를 씻는 것 뿐이다.

이렇듯 신학은 철학의 지배로부터 자유로워졌다. 그러나 이 변화는 신학의 인간화와 철학에 대한 신학의 예속 정도가 가톨릭보다 훨씬 심했던 프로테스탄티즘 내부에서 일어났기에 더욱 눈길을 끈다.

이처럼 오늘날 모든 학문은 지난 30~40년 전과 완전히 대조되는 경향이 지배적이다. 그 시절 몇몇 학문은 다른 학문을 지배하기 위해 자기 고유의 학문적 방법론을 다른 분야로 확장시키려 했고, 다른 학문들은 이 침범을 겸손하게도 인정하고 받아들였다. 그런데 지금 학문은 저마다 타고난 결점을 기꺼이 받아들일 뿐만 아니라, 다른 학문이 자신을 통제하려는 모든 구실들을 배격하고 있다.*¹

이상이 최근 몇 년 동안 나타난 지적 양식의 가장 중요한 특징들이다. 나는 이것들이야말로 인간 지성의 위대한 시대를 이끌 수 있는 것임을 조금도 의심치 않는다. 다만 여기에는 한 가지 조건이 따른다. 모든 학문이 다른 학문과 어떤 관계도 맺지 않은 채 완고하게 독립적일 수는 없다. 오늘 얻어낸 것을 보존하면서 학문 사이의 융합을 유도하는 것이 필요하다. 이는 한 학문을 다른 학문에 종속시키는 것과는 다르다. 이 일은 학문이 철학의 영역에서 저마다의 기반을 확고히 다질 때에야 비로소 가능하다. 과학자들은 자신의 영역에서 나타나는 긴급한 문제들로 인해 철학의 바다로 뛰어들어가야만 한다고 생각한다. 이런 생각이 늘어난다는 사실은 이들이 새로운 체계화를 향해 나아가고 있다는 분명한 징후이다.

그런데 내가 이 강의에서 다룰 주제는 학문의 미래에 대한 고찰이 아니므로 이 문제는 이만 여기서 마치고자 한다. 내가 학문의 현실을 이야기한 것은 지난 한 세기 동안 위축되었던 철학을 정정하여 다시 본연의 모습으로 돌아오게 한 지적 분위기의 조건들을 알려 주기 위해서였다. 철학자들은 우리를 둘러싼 여론 속에서 자신을 독립시키고 자기가 지닌 운명의 한계에 충실하려는 새로운 용기를 얻고 있다.

그런데 철학이 다시 태어날 수 있게 된 또 다른 강력한 이유가 있다. 각각의 학문들이 자신의 고유한 한계를 수용하고 독립을 선언하려는 경향은 단지 지난 100년 동안 철학적 소명을 마비시켜 온 장애물을 없애는 불충분한 부정적 조건일 따름이다. 그런 분위기가 철학적 소명에 영양분을 제공하거나 활성화시키지는 못한다.

그렇다면 인간은 왜 철학으로 돌아가는가? 왜 철학은 다시 정상으로, 즉 본연의 소명으로 돌아가는가? 그 까닭은 철학에 전념해야만 하는 인간의 본질 때문이다. 만일 그렇지 않다면 이 철학으로의 회귀는 진지함이 결여된 거짓 회귀, 즉 회귀를 가장한 회귀일 뿐이다.

이것으로 우리는 왜 인간은 절대적으로 철학을 하고자 하는가라는 의문을 던지게 된다.

왜 인간은 어제도 오늘도, 그리고 앞으로도 철학을 하고자 하는가? 우리가 '왜' 철학을 하는가에 대한 해답을 얻기 위해서는 이 철학이라는 것에 대해 확실하게 자각해둘 필요가 있다.

우리 학문은 절정기 때 지녔던 모든 특질을 포함한 채 사유의 진보 덕분에 좀더 새롭고 엄밀하게 바뀐 모습으로 다시 나타나고 있다. 우리 눈에 다시 태어난 철학은 어떻게 비치고 있는가?

이 문제에 대해서는 강의를 진행하는 동안 그 전체적 의미를 차근차근 조금씩 드러낼 예정이다.

우선 철학을 우주에 대한 인식이라고 정의하는 것이다. 이 정의에 오류는 없지만, 철학이 지닌 특수한 사실들, 즉 철학 특유의 극적(劇的)인 성질 및 오직 철학만이 누리는 지적 영웅주의의 성격이 모두 제거될 가능성이 있다. 사실 이 정의는 물리학이란 물질에 대한 인식이라고 정의한 것과 대응되는 것처럼 보인다. 그러나 여기에는 중대한 차이가 있다. 물리학자는 물질이라는 가시적이고 현실적인 대상과 마주하지만, 철학자는 그 연구 대상인 우주와 직접 대면하는 것이 아니다. 또한 물리학자는 먼저 물질의 형태에 대해 정의부터 내린 다음에 대상의 내적 구조에 대해 연구하기 시작한다. 수학자역시 같은 과정을 통해 연구를 진행한다. 이처럼 모든 개별 학문은 우주의한 부분을 다른 부분과 구별하여, 즉 문제를 한정하는 것에서 연구를 시작한다. 왜냐하면 이렇듯 문제가 한정될 때에야 비로소 그 문제가 어느 정도 풀리기 때문이다. 다시 말해 물리학자와 수학자는 연구 대상의 범위와 본질적속성을 미리 파악하고 있다. 따라서 이들 연구의 시작점은 문제 제기가 아니라 기존 지식을 교차시키는 것이다.

그러나 철학자는 한낱 모험자로서 대담하게 뛰어든 우주가 무엇인지 모른다. 우주란 '존재하는 모든 것'이라는 엄밀한 개념을 전해 주기보다는 은폐하는, 막연하면서도 광범위한 의미의 몸짓 같은 거대하고 완전한 단어이다. 이 존재하는 모든 것이 곧 우주이다. 주의할 것은, 이것은 그 이상도 이하도 아니라는 점이다. 왜냐하면 '존재하는 모든 것'이라는 개념을 사유할 때 우리는 이 '존재하는 모든 것'이 무엇인지 모르기 때문이다. 우리가 사유하는 유일한 것은 하나의 부정적 개념, 즉 우주의 한 부분, 한 측면, 하나의 조각에 불과한 것의 부정일 뿐이다. 그러므로 과학자들과 달리 철학자는 세상에 알려지지 않은 낯선 것을 향해 항해한다. 그나마 어느 정도 알려진 것은 우주의 일부분, 단편, 파편일 따름이다. 철학자는 다른 학문을 연구하는 학자들과는 다른 태도로 자신의 연구 대상을 마주 본다. 철학자는 그의 연구 대상이 무엇인지 모른다. 단지 다음과 같은 사실만을 안다. 첫째, 그것은 다른 모든 대상 중 하나가 아니라는 점이다. 둘째, 그것은 완전한 대상이요 진정한 전체로 그 바깥에는 아무것도 없으며, 따라서 스스로 만족하는 유일자이다. 그런데 인식되고 추측되는 대상 가운데 이 조건을 충족하는 것은 아무것도 없다. 그러므로 우주는 근본적으로 우리가 알지 못하는 것, 그 긍정적 내용에 대해서 우리가 절대적으로 간과해 버리는 그러한 것이다.

우리는 이런 사실들을 다음처럼 말할 수 있다. 다른 학문에는 그 대상이 주어져 있지만, 철학의 대상은 결코 주어질 수 없는 것이다. 철학의 대상은 전체이기 때문이다. 그것은 주어져 있지 않으므로 더욱 본질적 의미에서 탐구되고, 또 영원히 탐구되는 것이어야만 한다. 이처럼 그 대상을 탐구하는 것에서 시작해야 하는 학문, 즉 그 대상과 주제마저도 막연한 학문이, 다른 학문과 비교해 순탄치 못한 삶을 살 것이라는 것, 이른바 칸트가 말한 '확실한 길(der sichere Gang)'을 누리지 못할 것이라는 사실은 전혀 이상하지 않다. 순수 이론적 영웅주의 같은 철학은 결코 확실하고 순조로운 부르주아적 단계를 거치지 못할 것이다. 철학은 그 대상과 마찬가지로 역시 탐구하는 보편적·절대적인 학문으로서 자리한다. 그래서 철학의 최고 스승인 아리스토텔레스는 철학을 탐구하는 학문(ζητουμένη επιφτήμη)이라 정의하였던 것이다.

앞서 우리는 철학이란 우주에 대한 인식이라고 정의하였다. 이 정의의 인식조차 다른 개별 학문에서의 인식과 구별된다. 엄밀하고 근본적인 의미의 인식은 어떤 문제에 관한 적극적이며 구체적인 해결을 말하며, 주관적 지성에 의해 대상을 완벽히 꿰뚫는 것을 뜻한다. 그런데 만일 인식이 단지 이러한 것에 지나지 않는다면 철학은 여기에 구속될 수 없을 것이다. 우주의 궁극적 현실은 모험적이며 비합리적인 의지로 이루어져 있는 변덕스러운 존재란 사실—이것은 실제로 쇼펜하우어가 발견했다고 믿었던 사실이다—을 증명해야 한다고 상상해 보라. 아마 주체로써 대상을 총체적으로 꿰뚫을 수 없을 것이다. 지성에 있어 이러한 비합리적 현실은 불투명하기 그지없을 것이다. 그럼에도 불구하고 이것의 존재가 사유에 완전히 드러나고 합리주의의 기본 개념인 이성에 따르는 다른 철학들처럼 완전한 철학이라는 데에는 의심의 여지가 없다.

그러므로 우리는 인식이라는 단어의 뜻을 구해야만 한다. 인식이 본원적으로 사유의 우주 속으로 완전히 빠져들어가는 것을 뜻한다면, 인식이 사유와 얼마나 가까이 있는지에 따른 가치 척도가 존재할 것이란 점에 주목해야 한다. 철학은 우선 그 최상의 개념을 정의하는 것에서부터 시작하여 동시에 자신을 보다 열등한, 그러나 결국 하나의 인식 방법론이 될 것들에게까지 열어야 한다. 이러한 까닭에 나는 철학을 우주에 관한 인식이라 정의내릴 때, 절대적 인식을 향한 방법적 노력이 조직화되는 지적 행위의 총체적 체계라고 이해해야 한다고 말하고 싶다. 그러므로 다양한 사유의 복합체가 철학이 되려면 우주에 대한 지성의 반응 역시 보편적이며 완전해야 한다는 것이다. 즉 어떤 절대적 체계를 이루어야 한다.

따라서 철학의 의무는 이론적 입장에 서서 모든 문제와 맞서는 것이다. 그런데 이는 문제를 해결한다는 의미가 아니라 그것을 해결할 수 없다는 사실을 적극적으로 증명한다는 뜻이다. 이것이 다른 학문과 대비되는 철학의 고유한 특성이다. 과학은 해결할 수 없는 문제에 부닥치면 해결하길 포기해 버린다. 반면 철학은 처음부터 세계 자체가 해결되지 않는 문제일 수 있다는 가능성을 인정한다. 그리고 그것을 증명하는 것이야말로 자신의 존재 조건을 엄격히 완수하는 완전한 철학일 것이다.

실용주의를 위시한 이른바 '학문'이라 부르는 모든 것들에 있어 해결 불능의 문제는 문제가 아니다. 이때 해결 불능이란 말은 이미 알려진 방법으로는 해결할 수 없다는 뜻이다. 그러므로 문제는 '해결될 수 있는 것'이며, 또한 해결이란 어떤 조작으로써 이루어지므로 '처리될 수 있는 것'이라는 의미도 포함한다. 사실 실용주의는 모든 이론을 대신하는 실천주의이다. (퍼스 (Peirce)가 실용주의에 내린 정의를 떠올려 보라.) 또한 실용주의는 실천 행위의 부분을 포함하는 개별 학문의 인식 방법이 표출된 진솔한 이론이다. 이때 실천 행위의 부분이란 인식을 향한 순수한 열망도 아니고 문제의 무제한적인 수용도 아니다.

그렇다면 철학의 근본인 우주를 알려는 욕구, 세계의 전체를 알려는 욕구는 어디에서 오는가? 대답은 아주 간단하다. 철학에서만 독특한 것처럼 보이는 이 욕구는 우리 삶에서 태생적이며 자발적인 정신적 행위이다. 분명하든 그렇지 않든 우리는 삶을 살아가는 데 있어 완전한 것으로 느끼고 예지하는 주위의 세계를 지향하며 살아간다. 과학자나 수학자는 살아 움직이는 세계의 전체상(全體像)을 잘라, 그 조각을 다른 것들과 격리시켜 의문을 제기한다. 만일 우주에 관한 인식인 철학이 '과학적 진리'와 같은 유형의 진리를 우리에게 제공하지 않는다면, 과학적 진리는 훨씬 더 저급한 진리가 될 것이다.

"과학적 진리의 특징은 정확성과 가정의 엄밀성이다. 그런데 실험 과학의 이 감탄할 만한 특성은 궁극적이며 결정적인 문제에는 대해 손도 대지 않고 내버려둔 채 부차적 문제에만 매달리면서 얻은 것이다. 실험 과학은 궁극적이며 결정적인 문제에 대한 해결을 포기함으로써 자신의 본질적인 미덕을 이루며, 그로 인해 칭찬 받는다. 하지만 실험 과학은 인간 정신 및 인간이라는 유기체의 얼마 되지 않는 한 부분에 지나지 않는다. 과학이 정지한 곳에서 인간도 정지하는 것은 아니다. 비록 물리학자가 자신의 방법이 끝나는 곳에서 사실을 묘사하는 것을 멈추었다 하더라도, 물리학자 뒤에 숨어 있는 인간은 자신의 의사와는 상관없이, 부서진 아치를 볼 때 시선이 자동적으로 사라진 부분의 곡선을 보충하는 것처럼, 계속 이 다양한 사실들을 묘사하기 위해 애쓸 것이다."

"물리학의 사명은 지금 일어나고 있는 각 사실의 기원, 즉 현재적 사실의 출처가 되는 선행 사실을 탐구하는 것이다. 그런데 이 근원 역시 자신보다 앞선 근원을 딛고 있으며, 이렇게 계속 거슬러 올라가면 최초의 근원에 닿을 수 있다."

"물리학자는 이러한 우주 최초의 근원에 대해 탐구하기를 포기했다. 그리고 이것을 적절한 결정이라 여긴다. 그러나 거듭 말하지만 모든 물리학자 속에 숨어 있는 인간은 결코 이 탐구를 멈추지 않는다. 자신의 의지와는 무관하게 최초의 불가사의한 원인으로 계속 이끌릴 것이다. 이는 매우 자연스러운 일이다. 삶이란 명백히 세계와 관계를 맺고, 세계를 지향하며, 세계 속에서 행동하고, 세계에 참가하는 것이다. 이렇듯 세계에 대한 완전한 개념, 우주의 총체적 관념을 세우는 것을 포기하는 것은 인간의 심리적 필연성 때문에 본질적으로 불가능하다. 세계에 대한 초과학적 형상은 그것이 엉성하고 조잡하든 세련되었든, 또 우리가 동의하건 하지 않건 우리 각자의 정신에 나타나 있으며 과학적 진리보다 더 효과적으로 우리의 실존을 지배하고 있다. 지난 세기는 인간의 정신 활동을 마비시켜 정확성으로 설정된 한계 안에 억압하려던 시대였다. 이러한 폭력과 궁극적 문제에 대한 회피를 지난 세기는 '불가지론(不可知論)'이라 불렀다."

"이러한 시도는 결코 정당화될 수도 없고 인정받을 수도 없다. 실험 과학이 그 고유의 방법으로는 근본적 문제들을 해결하지 못한다는 이유로 마치 높은 가지 위에 달린 포도송이를 바라보는 여우처럼 이 문제들을 '신화'로 치부하거나 포기해야 한다고 주장할 권리는 없기 때문이다. 궁극적이며 극적인 문제를 어떻게 우리가 회피하며 살 수 있는가? 세계는 어디에서 와서 어디로 가는가? 우주의 결정적 능력은 무엇인가? 삶의 본질적 의미는 무엇인가? 우리는 간접적이고 부차적인 문제에 국한된 공간에서는 결코 숨을 쉴 수가 없다. 우리는 일차적이며 궁극적인 것을 모두 포괄하는 총체적 전망을 필요로 한다. 불완전한 전경, 배경이 끊겨 버린 지평선은 필요 없다. 기본적 방위를 정하지 않으면 우리는 어디로 가야 할지 방향을 잃어버릴 것이다. 이 궁극적인 문제들을 해결할 수 있는 방법이 전혀 없다고 주장하는 것은 이 문제들에 대한 감각이 결핍되어 있다는 사실을 정당화하는 충분한 변명이 되지 못한다. 변명하면 할수록 우리 존재의 밑바닥에서는 더욱더 이 문제들로 인한 압박과 고통이 심해진다. 배고픈 사람이 먹을 것이 없다는 사실을 안다고 하여 결코 허기를 잊을 수는 없는 것과 같다."

"이 궁극적 의문들은 아무리 해결하기 어려운 것일지라도 구름 낀 밤하늘에 처연히 떠올라 빛을 발하며 우리에게 눈짓하는 별처럼 계속 우리 정신세계에서 일어나 우리를 자극할 것이다. 하이네가 말했듯이 별은 밤이 소유한 지칠 줄 모르는 황금의 사상이다. 남쪽과 북쪽은 비록 쉽사리 목적지까지 데려다 주는 철도 승차권은 아니지만 우리에게 나아갈 방향을 제시해 준다."

"지금까지 내가 하고자 한 말은, 우리가 결코 궁극적 주제들을 포기할 수 없다는 사실이다. 우리가 원하건 원치 않건 이 주제들은 여러 형태로 우리 안에 존재한다. 과학적 진리는 비록 정확하지만 궁극적이고 완전한 진리는 아니다. 진정 궁극적이고 완전한 진리는 비록 정확하지는 못하더라도 '신화'라고 부를 만한 것이다. 그리하여 과학적 진리는 신화 속에서 움직이며 과학 자체도 전체적으로 볼 때 하나의 경탄할 만한 유럽 신화가 된다."*²

뒤에 붙이는 글

철학의 근원이라고 할 수 있는 세계의 총체적 상으로서 우주를 인식하려는 욕구가 어디에서 기원하는지 묻는다면, 아리스토텔레스는 반드시 확정적이며 단정적인 답변을 내놓아 우리가 다른 생각을 하지 못하도록 만들 것이다. 그에게 이 질문은 단순하기 그지없다. 그는 자신의 대표작 《형이상학 *Metaphysica*》을 이렇게 시작하고 있다. "인간은 본능적으로 인식을 향한 욕구를 느낀다." 인식한다는 것은 우리 앞에 나타나는 그대로의 사물에 만족하는 것이 아니라 그것의 뒤쪽에 있는 '존재'를 탐구하는 것이다. 사물의 이 '존재'란 정말 기이한 조건을 지닌다. 이것은 사물 내부에 분명하게 나타나는 것이 아니라 반대로 항상 사물의 배후, 사물 '저편'에서 고동친다. 우리의 삶은 근본적으로 사물에 둘러싸여 있으므로 우리는 사물이 나타내는 그대로의 모습에 만족한다. 그리하여 아리스토텔레스는 우리가 사물 '저편'에 대해 의문을 품는 것은 '당연하다'고 여겼다. 당장 우리는 그 '존재'에 대해서는 어떤 정보도 얻을 수 없다. 우리는 단지 사물을 받은 것이지 사물의 존재를 받은 것이 아니다. 사물에는 그 배후에 존재를 두고 있다는 어떤 긍정적 징후도 없다. 분명히 사물의 '저편'이란 어떤 형태로도 사물 안에 존재하지 않는다.

인간은 흔히 지적 호기심을 가지고 태어난다고 한다. 아리스토텔레스도 그렇게 생각했다. "왜 인간은 무엇을 알고 싶어 하는가?"라는 질문을 받았을 때 마치 몰리에르(Molière)의 희곡에 나오는 의사처럼 대답했다. "타고났기 때문에." 그는 계속 말한다. "무엇을 인지하고 싶어 하는 열망, 특히 무엇을 관찰하고 싶어 하는 열망이야말로 인간이 호기심을 가지고 태어났다는 표지이다." 여기에서 아리스토텔레스는 과학자와 철학자를 필로테아모네스(philotheamones), 즉 '관찰의 벗', 광경을 지향하는 사람들로 나눈 플라톤을 상기한다. 그런데 관찰한다는 것은 인식한다는 것과 그 의미가 대조적이다. 관찰하는 것은 지금 현재 여기 있는 것을 눈으로 보는 행위를 뜻하는 반면 인식은 보이는 것에 만족하지 않는 것, 즉 사물들의 존재를 추구하는 것이다. 정확히 말해 보이는 것은 불충분하다는 확신, 보이지 않는 것, 즉 '저편'에 존재하는 본질적인 무엇에 대한 요구인 것이다.

아리스토텔레스는 이러한 말과 기타 그가 지은 책들을 통해 인식의 기원에 대한 생각을 펼치고 있다. 그의 논리에 따르면 무엇을 보는 행위가 단지 시각의 기능을 이용하는 것처럼 인식의 원천 역시 인간이 지닌 기관의 단순한 이용 또는 훈련에 있다. 우리는 감각을 지니고 있고, 감각이 모은 자료를 저장할 수 있는 기억을 지녔으며, 그 내부에서 이 기억이 스스로 한 가지를 선택해 어떤 결과를 따르는 경험을 겪었다. 인간이 원하건 원치 않건 상관없이 움직이는 인간 기관의 타고난 메커니즘이다. 하지만 결코 인식은 아니다. 비록 추상하고 비교하고 추측하는 것 같은 인간의 지적인 기능을 여기에 보탠다 하더라도 역시 인식이 아니다. 지성 또는 이 모든 능력의 총체 역시 하나의 메커니즘일 따름이다. 이것들은 인간으로 하여금 자신들이 그 무엇을 본질적으로 부여받았다는 사실을 깨닫게 하면서 인식 행위를 위해 분명하게 힘쓰는 것들이다. 그러나 인식 자체는 결코 타고난 기질도 메커니즘도 아니다. 반대로 인식은 인간에게 부여된 하나의 과제, 그것도 해결할 수 없는 과제이다. 즉 인식은 결코 인간이 지닌 단순한 하나의 본능이 아니다.

우리는 인식할 때 감각 기능을 비롯해 우리가 지닌 기능들을 이용한다. 그것은 이용하고자 하는 욕구 때문이 아니라 단지 필요하기 때문이다. 이 필요성은 인간이 지닌 기능과는 전혀 무관하다. 이 기능들은 우리가 느낀 필요성을 해결하는 데 적합하지 않거나, 적어도 충분하지 않다. 따라서 인식이란 인간이 기능을 써서 얻을 수 있는 것이 아니므로 지적 기능이 아니다. 단지 확실한 것은 인간은 처절할 정도 인식하고자 애쓰며, 현상의 초월적 존재를 탐구하고 그 의미에 이르고자 온 힘을 다한다는 점이다.

인식의 기원에 대한 진정한 질문은 항상 그 메커니즘에 대한 연구로 대체되면서 폄하되었다. 훌륭한 장비를 가졌다고 해서 그것을 잘 활용한다는 보장은 없다. 여러분 집에는 그 용도가 더 이상 관심을 끌지 않아 묵히는 연장들이 꽤 있을 것이다. 후안은 수학적 재능을 타고난 사람이다. 그러나 그는 오직 문학에만 흥미를 보였으므로 수학에 전혀 신경을 쓰지 않았다. 더욱이 내가 이미 말했듯이 인간이 소유한 지적 능력이 인식을 가능하게 하는 것도 아니다. 비록 우리가 아리스토텔레스처럼 인간의 '본성'으로서 그 육체적, 정신적 능력과 기능을 이해했다고 해도 인식은 결코 인간에게 '자연적으로' 주어진 것이 아니라는 사실을 인정해야만 할 것이다. 반면 인간은 자신이 지닌 모든 메커니즘을 이용할 때 '인식'이라는 단어가 나타내는 모든 것을 완전히 얻지는 못함을 경험하게 된다. 인간이 가진 무엇을 알고 싶어 하는 인식적 열망은 인식에 이르기 위해 그가 선택하는 모든 방법과 타고난 자질을 초월한다. 자신이 지닌 모든 도구와 방법을 동원해 무언가를 알고자 하지만 결코 이것들로는, 아니 이것들의 총체로써도 자신이 알고 싶어 하는 것을 만족스럽게 얻지 못한다. 여기서 얻어지는 것은 단지 부분적인 인식일 뿐이다. 따라서 인간은 인식하고 싶어 하는 야릇한 열망을 지녔지만 아리스토텔레스가 '본성'이라 정의내린 그러한 천부적 자질은 아무 도움도 되지 않는다는 것이 현실이다.

우리는 이 사실로부터 인간의 진정한 본성은 매우 폭넓고 특유한 자질을 소유하지만 역시 무언가가 결핍되어 있음을 인정해야 한다. 인간은 자신이 소유한 것과 소유하지 않은 것으로 이루어진 존재이다. 만일 인간이 오랜 기간 필사적으로 그가 지닌 지적 능력을 사용한다면, 이는 단순히 그가 이러한 능력을 소유하고 있기 때문이 아니라 오히려 그에게 부족한 무언가가 필요하기 때문이며, 그것을 얻기 위해 그가 지닌 모든 수단을 동원하기 때문이다. 모든 인식론의 근본적 오류는 인간이 느끼는 인식의 필요성과 이 필요성을 얻기 위해 의지하는 '기능' 사이의 본질적 부조화를 간과한 데 있다. 오직 플라톤만이, 인식의 근원—그 본질 자체라고도 할 수 있다—은 인간이 지닌 능력에 무엇인가가 결핍되어 있다는, 즉 인간은 무지하다는 참담한 사실에 근거한다고 추측했을 따름이다. 신도 짐승도 이런 조건을 갖고 있지 않다. 신은 전지전능하므로 무엇을 더 알고자 하는 갈증을 느끼지 않으며, 짐승은 아무것도 모르므로 인식에 대한 목마름이 없다. 그러나 인간은 언제나 무언가 부족한 생명체이며, 무언가를 알고 싶어 하고 또한 자신이 무지하다는 사실을 뼈저리게 느낀다. 이것은 다음 같은 사실의 분석에 유용한 개념으로 작용한다. 왜 자신이 무지하다는 사실이 인간에게 고통을 심어 주는가? 그가 한 번도 지니지 않았던 한 기관이 어떻게 그에게 고통을 줄 수 있는가?

〈주〉

*1 이런 현상이 현대 예술과 정치에서도 나타남을 주목하라. (원주)
*2 이 마지막 몇 단락은 〈국가의 스포츠적 기원〉을 인용한 것이다.

4강
우주의 인식, 문제 해결에 앞서는 문제 자체의 우월성, 이론적 문제 실천적 문제, 범논리주의와 생적 이성

이 강의는 굽이굽이 흘러내리는 과다아나 강물처럼 어딘가에서 불쑥 솟아올라 흐르다가 곧 사막의 모래 밑으로 사라지고, 마침내 지금 다시 여기 나타났다. 마드리드 대학교에서 진행했던 첫 강의부터 지금껏 나는 갑작스런 화재나 재앙이 일어났을 때 사람들이 무언가를 구해내듯이 단 두 가지 사실만을 구출해 내고자 한다. 하나는 '철학이란 무엇인가'라는 강의 제목을 확실히 나타낸 것이다. 다른 하나는 내가 수 차례 여러분에게 상기시켰던, 우리가 다루고자 하는 주제에 직접 다가가는 것이 아니라 사유를 나선형으로 전개하면서 그 중심을 향해 나아가고자 한다는 의도이다. 이런 방법으로써 우리는 각각의 근본적인 문제를 성글면서도 엄밀하지는 않지만 가장 이해하기 쉬운 형식으로 다룰 수 있으며, 그러한 방법을 선택할 수밖에 없다. 하지만 우리는 나중에 좀더 좁혀진 원 안에서 이 문제들이 보다 정력적이고 다양한 형식으로 다루게 될 것이다. 이렇게 단순한 하나의 문구나 사소한 것처럼 보이는 것들이 뒤에 더욱 진중하고 독창적인 형태로 발전되어 나타나는 일은 수두룩하다.

지난번 강의에서 우리는 나선의 첫 번째 선회를 끝냈다. 그렇다면 지금부터 우리는, 플라톤이라면 제2의 세계일주($\tau \grave{o}\nu \; \dot{\eta}\mu\acute{\epsilon}\tau\eta\rho o\nu \; \delta\epsilon\acute{\upsilon}\tau\epsilon\rho o\nu\pi\lambda o\tilde{\upsilon}\varsigma$)라고 이름 붙였을 항해를 시작해야만 한다. 우리는 앞에서 과학적 진리, 물리학적 진리는 정확성이라는 놀라운 특성을 지녔지만, 불완전하며 궁극적 진리는 되지 못한다는 사실을 알아보았다. 즉 물리학의 진리는 결코 자기 충족감을 갖지 못한다. 물리학의 대상은 부분적이며 단지 세계의 한 조각에 불과하다. 더욱이 물리학의 연구는 완벽한 것으로 주어지는 무수한 전제들로부터 시작된다. 그리하여 물리학적 진리는 자립적이지도 않고, 자신의 내부에 기초와 근원을 지니지도 않은, 즉 근본적 진리가 아니다. 이 때문에 물리학적 진리는 물리학적 진리도 아니고 과학적 진리도 아닌, 진정 궁극적 진리 안에 자신을 통합시키려 한다. 물리학이 끝나는 곳에서 문제가 끝나는 것은 아니다. 과학자의 뒤편에 서 있는 인간은 총체적 진리를 필요로 하며, 좋든 싫든 그의 삶의 구조에 따라 우주에 대한 하나의 전체적 개념이 이루어지는 것이다.

여기서 우리는 과학적 진리와 철학적 진리가 완벽하게 대조를 이루는 모습을 볼 수 있다. 전자는 정확하지만 충분치 않고 후자는 충분하지만 정확치 않다. 결국 부정확한 철학적 진리가 과학적 진리보다 더 광범위한 주제를 가지고 폭넓은 인식의 유형을 지니므로 더 근본적인 진리이며, 따라서 의심할 바 없이 과학적 진리보다 우월한 진리이다. 요컨대 정확치 않은 철학적 진리가 훨씬 더 진정한 진리이다.

이것은 결코 이상한 사실이 아니다. 정확성을 진리의 가치에 영향을 미치는 속성으로 이해하려는 경솔하고도 보편적인 경향은 결코 정당하지도 않고 의미도 없다. 정확성이란 수량적 대상으로, 데카르트의 말을 빌자면 "크고 작음의 차이를 받아들이는 것(quod recipit magis et minus)", 즉 계산되고 측정되는 것에 관해 말할 때만 존재할 수 있다. 따라서 정확성이란 엄밀히 말해 진리의 속성이 아니라 우주에 존재하는 어떤 특정 사물의 속성이다. 결국 정확성이란 양적이고 물질적인 속성이며 근사치적 가치를 지녔을 뿐이다.

한 진리가 매우 정확함에도 불구하고 그것은 보잘것없는 진리에 불과할 수 있다. 예를 들어 거의 모든 물리학적 법칙은 매우 정확하게 표현되지만 이것은 단순히 통계적 계산, 즉 개연성 계산을 통해 얻은 것이므로 단지 개연적 가치만을 지닐 뿐이다. 물리학이 더욱더 정확해 짐에 따라 물리학자들이 물리학을 단순한 개연성의 체계, 즉 이류 진리의 체계, 유사 진리의 체계로 변환시켜 버린 기이한 경우를 여러분은 곧 보게 될 것이다. 이것은 매우 중요하고 논쟁적인 주제여서 따로 다룰 가치가 있다. 이런 사태의 결과가, 새로운 우주적 광경의 위대한 창시자인 현대 물리학자들이 철학자의 진리를 좀더 완벽하면서도 생생한 진리 속에 자리 매김시키기 위해 철학을 하기 시작한 하나의 요인이었다.

지난번 우리는 세계에 존재하는 모든 것이 '우리의 삶'과 이 삶의 지평인 세계를 구성한다는 본질적인 사실과 처음으로 마주했다. 이 만남은 아직 매우 부정확하며 명백히 증명되지 못했다. 이는 마치 막연한 시적 반응 또는 감정적 반응에 지나지 않는 것처럼 보였다. 그럼에도 이것은 우리가 앞으로 나아가야 할 길이 무엇인지를 충분히 짐작할 수 있을 만큼은 암시하고 있다.

1880년대 철학은 되도록 개별 학문의 보완물적인 역할을 하고자 했다. 개별 과학이 아직 분명한 진리를 얻을 수 없다는 한계점에 이르렀을 때 이들 학문은 '모든 학문의 시녀'와 같은 꼴이 되어 버린 가엾은 철학에게 막연하나마 숭고한 선언을 통해 이 과업의 완수를 맡겼다. 사람들은 스스로 물리학 세계에 안주했다. 물리학이 멈추자 철학자는 그것이 남겨놓은 과제를 설명하기 위해 물리학이라는 성 벽 밖에 존재하는 물리학을 이용하여 습관적으로 바로 전진했다. 물리학(física) 저편의 물리학은 형이상학(metafísica), 즉 물리학의 바깥에 있는 물리학이었다(러셀과 화이트헤드 등의 현대 영국 철학이 아직 이러한 물리학이다).

그러나 지난번 내가 여러분에게 말했듯 우리가 나아갈 길은 이와 반대쪽이다. 우리는 물리학자, 수학자, 역사학자, 예술가, 정치인까지도 자신이 부여받은 임무의 한계를 인식했을 때 자기 임무 고유의 영역으로 돌아가게 한다. 이제 물리학자는 스스로 자신이 물리학자가 아니며, 물리학은 그가 인간으로서 살아가면서 행하는 수많은 것들 중 하나라는 사실을 찾아낸다. 물리학자는 존재 근원에서, 또는 그의 마음 밑바닥에서 결국 스스로 하나의 인간이며, 자신의 삶 역시 인간적인 삶이라는 결론을 얻어낸다. 그리고 이 인간적 삶은 우주라고 불리는 총체적 세계와 끊임없이 관련될 수밖에 없는 필연적 조건을 지닌다. 물리학자는 학자이기 전에 한 인간이며, 그렇기 때문에 우주에 관심을 기울인다. 돌이켜 말하면 물리학자는 잘하건 못하건, 인위적이건 자연적이건, 세련된 방법이건 조잡한 방법이건 아무튼 철학을 하는 것이다.

우리의 길은 물리학 저편을 향해 나아가는 것이 아니라 반대로 물리학에서 근본적 삶으로 돌아가고, 거기서 철학의 근원을 발견하는 것이다. 결국 철학을 한다는 것은 후물리학(meta-física)[형이상학]이 아니라 전물리학(ante-física)이다. 철학은 삶 자체에서 싹트며—앞으로 철저하게 살펴보겠지만―삶은 아무리 원초적인 형태를 지닐지라도 철학함을 피할 수 없다. 그러므로 "철학이란 무엇인가?"라는 질문에 대해 우선 이렇게 답변할 수 있다. "철학이란 필연적인…… 그 무엇이다."

지난 강의에서 나는 철학이란 무엇인가라는 질문에 대해 철학적 사유의 형태를 규정하는 일련의 속성, 특징, 면모 등에 대해 서술함으로써 해답을 찾아보기로 약속했다. 그런데 시간이라는 위대한 수확자 때문에 우리가 추구하던 개념이 한참 무르익고 발전되려는 순간 강의를 중단해야 했다. 시간에 쫓겨 어쩔 수 없이 나의 논지 전개를 접어야 했던 것이다.

지난 강의를 떠올린다면 우리는 이제야 겨우 본격적으로 다루어야 할 주제의 문턱만 밟았다는 사실을 알 것이다. 그러므로 이제는 문제의 내부로 들어가 탐구해야 한다. 우리는 철학을 우주에 대한 인식으로 정의내리려 했다. 그런데 이 정의는 언뜻 보기에 전혀 무리없어 보이지만 우리가 철학이라 부르는 지적 양식의 본질적이며 특수한 것이 거기에는 결여되어 있다는 점에 대하여 나는 여러분의 주의를 미리 환기시키려 한다. 엄밀히 말해 이 위험은 정의로부터 비롯된 것이 아니라―이 정의는 정확한 것이다―우리 인간들, 특히 정열적인 사람들이 무엇을 읽고 듣고 할 때의 습관적 방법으로부터 시작된 것이다. 지난 25년 동안 철학을 연구해 오면서―그렇다고 내가 이미 철학계의 원로라고 자랑하는 것은 아니지만 나는 18세부터 철학 저서를 발표했다―나는 에스파냐인이건 아르헨티나인이건 거의 예외 없이 그들에 대한 모든 희망과 환상을 잃고 말았다. 그들이 한 단어의 자연적이며 인상적인 의미에서 다른 의미로 한 문구가 지닌 단순한 의미에서 다음 의미로 옮겨 가는 이상으로 무엇을 읽고 듣는 행위를 이해할 수 있을 것이라는 점에서 말이다. 하물며 이런 방식으로 철학적 표현을 이해한다는 것이 가능이나 할까? 이것은 의심할 바 없는 일이다.

철학은 읽을 수 없다. 이해해야 한다. 즉 철학에서는 반(反)독서가 필수적이다. 우리는 철학적 문구를 하나하나 다시 사유해야 한다. 그것을 구성하는 단어들로 분해하고 그것들을 각각 자세히 다루어야 한다. 또한 그 단어들의 표면적 의미에 만족하는 대신, 그것의 내부로 몸을 던져 침잠함으로써 그 단어가 지닌 의미의 밑바탕까지 내려가 그 해부적 구조와 한계를 충분히 살펴보고, 이 단어가 지닌 내적 비밀의 주인으로서 자유로운 대기 속으로 다시 나와야 한다. 우리가 한 문구에 들어 있는 모든 단어를 이렇게 고찰하면, 이 단어들은 서로 단순히 수평적으로 이어져 있는 것이 아니라, 그 밑바탕에 관념의 동일한 근원으로 이어져 있다는 사실을 알게 될 것이다. 그리하여 비로소 진정 하나의 철학적 문구를 구성하게 된다. 한 단어가 지닌 의미의 밑바탕을 검토하지 않고 표면만 훑어보고 넘어가 버리는 수평적 독서, 말하자면 한 문구를 엄밀히 파헤치지 않고 다른 문구로 넘어가 버리는 단순한 정신적 스케이팅 같은 독서를 멀리하자. 그대신 단어 하나하나의 조그마한 심연에 잠수복 없이 깊이 잠수하여 풍성한 것을 따오는 수직적 독서를 해야만 한다.

그러므로 나는 여러분이 앞의 정의를 구성하는 단어들을 하나하나 순서대로 차분히 생각할 수 있도록 노력할 것이다. 오늘 우리가 나아가야 할 사유의 궤적을 다시 밟기 위해 지금까지 전개해 왔던 강의 내용을 요약해 본다면, 우리는 그 내용들을 재확인하고 그것을 풍성하게 할 절호의 기회를 얻게 될 것이다. 내가 아는 한, 이것은 완전히 새로운 분석이므로 매우 중요하며, 그래서 나 스스로도 이전보다 엄격히 분석할 수 있기를 희망한다.

그러면 이제 우리 과제를 본격적으로 다루어 보자. 우주는 어떤 주제 또는 과제의 한 이름이며, 바로 이 우주를 연구하기 위해 철학이 생겨났다. 철학의 대상인 우주는 매우 기묘할 뿐만 아니라 다른 모든 대상과는 근본적으로 구별된다. 따라서 철학자는 개별 학문들이 저마다 그들의 고유한 연구 대상과 마주할 때 취하는 태도와 전혀 다른 지적 태도로 이것을 마주 대해야만 한다.

나는 우주를 형식적으로 '존재하는 모든 것(todo cuanto hay)'으로 이해한다. 따라서 철학자는 존재하는 사물마다 독자적 존재 또는 사적 존재에 관심을 보이는 것이 아니라 그 반대로 존재하는 모든 것의 전체성에 관심을 기울인다. 즉 사물마다의 위치, 구실, 지위와 같은 여러 사물이 다른 사물들과 맺고 있는 관계 양상, 이를테면 각 사물의 공적인 삶, 즉 우주적 존재의 지극한 공연성(公然性) 속에서 개별 사물이 무엇을 형상화하고 어떠한 가치를 지니는지에 대해서 진정 관심을 기울이는 것이다. 여기서 사물이란 실재적이고 물리적이며 생명적인 것뿐만 아니라 비실재적이고 관념적, 환상적, 초현실적인 것까지도 뜻한다. 그래서 '존재하다'라는 의미를 가장 포괄적으로 내포한 '존재한다(haber)'라는 동사를 택하여 알아보고자 한다. 나는 앞으로

'존재하는 모든 것(Todo lo que hay)'이라는 표현만을 쓰고 '현존하는 모든 것(Todo lo existe)'이란 표현은 쓰지 않을 것이다. '존재한다'라는 동사는 결코 단순한 고통의 외침이 아니며, 존재는 하지만 현존하지는 않는다고 말해야 하는 것까지도 포괄하는 광범위한 말이다. 예를 들어 둥근 사각, 날과 손잡이가 없는 칼, 말라르메(Mallarmé)가 말하는 시계판 저편에 존재하는 시간과 같은 숭고한 시간, 너무나도 이상적인 여성이라 여성이 아닌 최상의 여성과 같은 불가사의한 모든 존재는 결코 현존하지 않지만 존재한다고 말할 수 있다. 둥근 사각의 현존재는 불가능하므로 우리는 단지 그것이 현존하지 않는다고 말할 수 있을 뿐이다. 그런데 이 가엾기 짝이 없는 둥근 사각에 대해 잔혹한 선고를 내리려면, 이미 이것이 우리에게 있다는, 즉 어떠한 의미로 존재해야만 한다는 전제가 붙는다.

수학자와 물리학자는 연구 대상을 제한하고 그것을 정의하면서 연구를 시작한다고 지난 강의에서 밝힌 바 있다. 이처럼 수적이고 양적인 것에 관한 정의, 수학에 관한 연구를 시작하면서 내리려 하는 그 무엇에 대한 정의, 물리적 현상과 물질적인 것에 대한 정의는 그 대상의 가장 본질적 속성을 포함한다.

그러므로 개별 학문은 자신이 마주치는 문제를 분리하고 제한하면서 자신의 연구를 시작한다. 그리고 이렇게 하기 위해 개별 학문은 그 문제의 가장 핵심적이며 중요한 것을 인식하거나 미리 인식한다고 믿으면서 연구를 계속한다. 그 과제는 대상의 내부 구조, 즉 우리가 조직학이라고 이름붙일 만한 대상의 섬세한 내적 조직을 연구하는 것으로 제한된다. 그런 반면에 철학자는 존재하는 모든 것을 탐구하기 시작할 때 근원적 문제, 한계가 없는 문제, 절대적 문제를 받아들인다. 철학자는 탐구 대상인 우주에 대해서는 아무것도 모른다.

그렇다면 철학자가 모르는 것이 무엇인지 정확하게 알아보자. 바로 철학적 문제가 지닌 기이하고도 비교 불가능한 양상을 엄밀하게 정의하는 시도이다.

첫째, 우리는 '존재하는 모든 것'이란 무엇인가라는 질문을 던질 때 '모든 것'이란 무엇인지 전혀 알지 못한다. 우리가 철학에 앞서 이미 알고 있는 유일한 것은 이것, 저것, 그 밖의 것들이 존재한다는, 정확히 말해 우리가 탐구하지 않는 저편의 것들이 존재한다는 사실뿐이다. 우리는 '전체'를 탐구하는데 우리가 소유한 것은 언제나 전체가 아니다. 이 '전체'에 대해 우리는 아무것도 모른다. 아마도 우리가 소유한 전체의 모든 조각들 가운데 우리에게 가장 중요한 것, 존재하는 것 중 가장 중요한 것은 결여돼 있을 것이다.

둘째, 우리는 또한 '존재하는 모든 것'이 실제로 하나의 전체, 즉 우주(universo)인지 아닌지도 모른다. 어쩌면 그것은 다양한 전체, 다원적 우주(multiverso)일지도 모른다.

셋째, 우리는 더욱 아무것도 모른다. '존재하는 모든 것'이 하나의 우주이든 다원적 우주이든 지적인 작업을 할 때 우리는 이 작업이 인식 가능한지, 말하자면 우리가 쥐고 있는 문제가 해결할 수 있는 것인지에 대해서도 아는 바가 전혀 없다. 지금 내가 한 말을 절대 흘려듣지 말길 바란다. 이것이야말로 철학적 사유의 기이한 차원을 구성하는 것이다. 또한 철학의 지적 형태를 다른 모든 것들과 가장 잘 구별하게 하여 철학적 사유 고유의 특징을 이루게 한다.

개별 학문은 그 대상이 인식 가능한 것임에 대해 아무런 의심도 하지 않는다. 오로지 그것을 완벽하게 인식할 수 있는지에 대해서만 의심하며, 그 일반적 문제의 내부에서 해결할 수 없는 약간의 특수한 문제들을 찾아낼 뿐이다. 그리고 이것들을 수학처럼 해결할 수 없는 문제라고 선언하기도 한다. 그러나 과학자는 그 연구 대상의 인식 가능성에 대해 신념이 담긴 태도를 취한다. 이 신념은 막연한 인간적 확신이 아니라 과학 안에 있는 문제를 정의할 때 그 문제에 대해 해결 가능한 일반적 방법론을 확정하는 것과 같은, 즉 과학 자체를 이루는 하나의 구성물이다.

돌이켜 말하면 물리학자에게 문제란 원칙적으로 해결할 수 있는 것이다. 해결은 어떤 면에서는 문제보다 앞선다. 그러므로 물리학자가 문제에 허용되는 처리 방법을 해결 또는 인식으로 이름 붙이는 것도 당연하다. 예를 들어 색깔이나 소리처럼 감각 기관에 인지되는 변화들에 대해 물리학자는 보통 양적 관계밖에 인식하지 못한다. 시공간에서의 상황은 상대적으로만 알 뿐이다. 게다가 이 상대성마저도 도구나 우리의 감각과 기관이 허용하는 근사치일 뿐이다. 그런데 물리학자는 이처럼 근사치에 의해 얻은, 이론적으로 불충분한 결과를 해결 또는 인식이라 부르고 있는 것이다. 반대로 말하면 물리학자는 측정할 수 있는 것과 이 방법적 처리를 받아들이는 것만 물리학적 문제로 여긴다.

오직 철학자만이 자기가 다루는 대상이 인식 불가능할 것이라는 가능성을 자신의 인식 활동에서 본질적 요소로 파악한다. 이는 철학이 주어진 문제를 미리 폭력적으로 길들이지 않고 있는 그대로 수용하는 단 하나의 학문이라는 뜻이다. 철학자는 서커스단의 사육사처럼 맹수를 다루기 전 미리 맹수에게 약을 먹이는 존재가 아니라 야성을 그대로 지닌 채 살아가는 맹수를 정글에서 사냥하는 사냥꾼인 것이다.

그리하여 철학적 문제는 존재하는 모든 것을 끌어안으면서도 그 한계가 없다. 따라서 그 범위가 무한할 뿐만 아니라 그 강도 역시 무한히 문제적이다. 즉 철학적 문제는 절대적인 것에 대한 문제인 동시에 절대적으로 문제이다. 반면 우리가 개별 학문은 상대적이며 부분적인 문제를 다룬다고 말할 때, 이는 무엇을 의미하는가? 개별 학문이란 오직 우주의 한 부분에만 전념하여 그 이상 벗어나지 않는다는 것이 아니라, 그 문제 자체가 이미 인식되고 해결된 상태로 주어진 자료에 의존하기 때문에 부분적인 문제일 뿐이라는 것이다.

바로 지금이야말로 놀랍게도 아직 어디서도 이루어진 적이 없는 근본적인 고찰을 시작해야 할 순간인 듯하다. 우리의 인식 행위 또는 이론적 행위가 문제라면 이 행위는 문제 의식에서 해결 방법의 획득으로 나아가는 정신 작용으로 올바르게 정의된다. 그런데 이 행위의 잘못은, 정신 작용의 모든 과정이 아니라 문제 처리와 해결이라는 마지막 단계만을 중요시하는 경향이 있다는 것이다. 그러므로 학문에 대해 사유할 때 우리는 때때로 그것을 해결의 목록으로 생각해 버린다. 이것은 잘못이다. 왜냐하면 첫째, 엄밀히 말해서—오늘날 분위기가 요구하는 것처럼 이상주의적 경향을 벗어나 말한다면—어떤 문제들이 과연 완전히 해결되는지에 대해 고찰할 때에는 매우 많은 논쟁이 뒤따르기 때문이다. 그래서 우리가 학문이 무엇인지를 정의할 때 강조해야 할 점은 과학이 이르른 그 해결에 있지 않다는 사실이다. 둘째, 학문이란 그 해결점을 향해 열린 유동적인 과정이기 때문이다. 즉 과학이란 그렇게도 원하던 해안에 닿는 일이 아니라 그 해안을 향해 가는 폭풍 속에서의 항해인 것이다. 셋째, 가장 결정적인 점으로, 이론적 행위가 활동화되어 문제 의식에서 문제에 대한 해결로 나아갈 때, 우리는 문제 의식이야말로 가장 중요하고 근본적이라는 사실을 잊어버리기 때문이다.

왜 이렇듯 중요한 사실이 마치 무의미하고 사소한 것처럼 방치되는가? 왜 인간이 문제를 짊어져야만 한다는 사실이 자연스러운 것으로 여겨질 뿐 특별히 숙고해야 할 대상으로는 여겨지지 않는가? 그런데 문제라는 것이 학문의 심장이자 핵심이라는 것은 분명한 사실이다. 그 밖의 모든 것은 문제와 관련해서만 움직이는 이차적이며 부수적인 것이다. 만일 우리가 역설이 언제나 제공하는 지적 쾌락을 잠시 누리고자 한다면, 학문에서 유일하게 문제적이 아닌 것은 바로 과학이 지닌 문제 자체라고 볼 수 있을 것이다. 그 밖의 다른 모든 것, 특히 해결은 언제나 불안정하고 논의의 여지가 있으며 불확실하고 가변적이다. 근본적으로 모든 학문은 저마다 불변적이거나 매우 한정된 범위에서만 변하는 문제들의 체계이다. 여러 세대에 걸쳐 하나의 정신에서 다른 정신으로 계승되는 문제들의 보고이고, 천 년 학문의 역사에서 전통 유산과 그 수호신을 한꺼번에 구성하는 것이다.

그런데 이 모든 것은 근본적으로 좀더 고찰할 수 있도록 그 도약을 뒷받침하는 디딤판 역할만을 할 뿐이다. 우리가 문제 자체인 이론적 행위를 문제의 시작이 아니라 문제의 해결이란 측면에서 파악할 때 생기는 오류는 인간의 내면에 이미 문제가 존재한다는 중대한 사실이 가리키는 불가사의를 인식하지 못하는 기막힌 무지함에서 기인한다. 게다가 사람들은 이 말이 뜻하는 매우 다른 두 의미를 구별하지 못한다. 삶은 언제나 인간에게 문제를 던진다. 그런데 이 문제는 인간 스스로 자신에게 던지는 것이 아니라 밖으로부터 인간에게 떨어지는 것이다. 즉 삶이 인간에게 제기하는 것으로서 실천적 성격을 띤다.

그렇다면 실천적 문제를 제기하는 정신적 태도란 무엇인지 정의내려 보자. 우리는 우주적 실재에 둘러싸여 있으며 그 실재 속에 가라앉아 있다. 이렇게 모든 것을 포괄하는 실재는 물질적이면서 사회적이다. 예를 들어 가는 길을 돌이 막고 있을 때 우리는 갑자기 지금 우리를 둘러싼 실재와는 다른 실재를 요구하고 싶은 충동이나 욕망을 느낀다. 실천적 문제는 기존의 실재를 새로운 실재로 대체하는 데 있다. 즉 돌이 없는 새로운 길로 대체하고자 하는 것이다. 이것은 이전에 존재하지 않던 새로운 것의 창조를 뜻한다. 그러므로 실천적 문제는 실재적인 것의 변형을 계획하고, 아직 없지만 있으면 우리에게 더욱 편리할 것이라고 여겨지는 것을 존재하게 하려는 정신 행위이다.

이것은 이론적 문제를 일으키는 행위와는 전혀 다르다. 이론적 문제는 "이것은 무엇인가?", "저것은 무엇인가?" 이런 의문의 형태로 나타난다. 여러분은 이 정신적 행위의 기묘함에 대해, 이러한 질문이 갖는 특이함에 주목해야 한다. 우리가 "무엇인가?"라고 질문하는 것은 이미 존재하고 있다. 즉어떤 의미에서 그 무엇은 존재를 소유하고 있다. 그렇지 않다면 우리는 그무엇에 대해 질문하는 일이 없었을 것이다. 그런데 우리는 그 무엇이 존재한다는 사실에 단순히 만족해 하지 않는다. 오히려 그것의 존재, 또 그것의 존재 상황 그리고 존재 양상에 대해 불안해 한다. 그렇다면 왜 우리는 그 무엇의 존재로부터 자극을 받는가? 이유는 분명하다. 우리 앞에 존재하는 것이 그 존재 자체만으로는 충분하지 않기 때문이다. 만일 존재하는 것의 배후에 그것을 완성하고 지탱해 주는 그 무엇이 없다면, 우리는 그것을 존재의 이유가 결여된, 단지 외형만이 존재할 뿐인 존재로 여긴다. 따라서 불완전하고, 결국 존재가 아닌 단순한 유사 존재일 따름인, 존재해서는 안 될 존재인 것이다. 그리하여 만일 존재하는 것, 이론의 여지 없이 현존하는 것으로부터 출발하지 않는다면 이론적 문제는 성립할 수 없다. 그럼에도 이런 것으로부터 이론적 문제가 출발한다면 우리는 출발점이 된 존재하는 그 무엇을 존재하지 않는 것, 또는 존재해서는 안 되는 것으로 생각할 것이다. 그러므로 이론은 실재를 부정하고, 실질적으로 세계를 파괴하고 무효화하면서 시작된다. 이렇듯 이론은 기묘하기 이를 데 없는 사실이다. 세계가 존재함이 놀라운 사실이므로, 또 세계 창조의 길을 역방향으로 새롭게 고치는 것이 자신의 목적이므로 이론은 세계를 무의 상태, 즉 창조 이전으로 돌이키고자 하는 하나의 이상이다.

그러므로 실천적인 문제가 우리에게 편리한, 존재하지 않는 것을 존재하는 것으로 만드는 것이라면, 이론적인 문제는 존재하는 것을 존재하지 않게 만드는 것이라고 볼 수 있다. 이 존재의 불충분함이 지성의 자극제가 된다.

나는 일시적으로 존재를 부정하고, 그럼으로써 존재를 하나의 문제로 바꿔서 창조하는 인간이 지닌 이 대담성이야말로 이론적 활동의 특징이요 본질이라고 생각한다. 그러므로 그 어떤 이론 행위도 실천적 목적으로 환원할 수 없다고 본다. 이것은 생물학적이며 공리주의적인 인간의 내부에 실재적인 것을 이용해 삶을 수월하게 하는 대신, 세계의 평온함을 문제들의 존재적 불안으로 바꾸면서 삶을 복잡하게 만드는 대범하면서도 역동적인 또 다른 인간이 존재함을 뜻한다. 이처럼 이론을 지향하는 인간 존재의 근본적 성향이야말로 우리가 우주에서 발견하는 하나의 궁극적 사실이다. 그러므로 우리의 살아 있는 유기적 구조에 관한 다른 모든 것을 이해하기 위해 이용되는 공리주의적 원리의 결과로 이것을 설명하려는 시도는 효과를 거둘 수 없다. 그러므로 우리에게 이론적 문제를 제기하게끔 하는 것이 실천적 필요나 문제라고 말해서는 안 된다. 그렇다면 왜 이 현상은 의심할 바 없이 실천적인 문제를 안고 있고 또 그것을 인식하는 동물에게는 일어나지 않는가? 이론적 문제와 실천적 문제는 근본적으로 그 기원이 다르며 서로 교환을 허용하지 않는다. 왜냐하면 반대로 욕망도 필요성도 기호도 없는, 오직 이론적 문제만 취급하는 단순히 지성일 뿐인 존재는 결코 실천적 문제를 지각할 수 없기 때문이다.

이제껏 우리가 살펴본 근본적 고찰을 철학이란 무엇인가라는 연구에 적용시키면 이렇게 말할 수 있다. 만일 이론적 인간(Homo theoreticus)이 가진 인식 행위의 본질적 속성이 자신의 잠재적인 존재론적 비극을 찾는 데 있어 사물을 문제로 바꾸는 타고난 재능이라면, 의심할 바 없이 문제가 더욱 문제적일수록 이론 행위는 더욱 순수한 것이 될 것이다. 반면 문제가 부분적일수록 과학은 실천 행위, 인식적이 아닌 맹목적 공리주의, 순수정관(純粹靜觀)이 아닌 행위에 대한 갈망의 유물을 그만큼 많이 지닌다. 순수정관은 오로지 이론이며 어원학적으로도 직접적인 이론을 뜻한다.

철학의 문제는 단 하나의 절대적 문제이므로 철학이야말로 진정 근원적으로 이론적인 순수 행위이다. 그것은 최고의 의지가 따르는 인식이며 지적 영웅주의이다. 철학자는 자신의 발 아래 편안한 받침대나 튼튼한 토대를 딛고 있지 않다. 이전의 모든 안전함과 확실함을 버리고 스스로 절대적인 위험에 빠지며, 온갖 소박한 신념을 희생시키고 순수 지성 속에서 다른 모습으로 새롭게 태어나기 위해 살아 있는 인간처럼 자살해 버린다. 철학자는 프란치스코 성인처럼 이렇게 말할 수 있을 것이다. "나는 조금밖에 필요 없으며, 그

중에서도 나는 더욱 조금밖에 필요로 하지 않는다." 또는 피히테(Fichte)처럼 이렇게 말할 수도 있다. "정확히 말해 철학함이란 삶이 아니며, 삶은 철학함이 아니다(Philosophieren heisst eigentlich nicht leben, leben heisst eigentlich nicht philosophieren)." 이어서 우리는 그럼에도 철학이, 적어도 내가 생각하는 철학이 어떤 새롭고도 본질적인 측면에서 삶을 포함하는지 알아볼 것이다.

우리의 문제는 해결되지 못할 것이라 인정하면서 출발했으므로 절대적 의미에서의 문제였다. 우리는 우주 또는 존재하는 모든 것을 인식할 수 없는 것이라고 말했다. 이것은 서로 다른 두 가지 이유 때문에 인식할 수 없다. 하나는 실증주의나 상대주의, 보통 비판주의가 믿듯 우리의 인식 능력이 한정될 수 있다는 점이다. 하지만 기존의 인식론이 모르는 또 다른 이유 때문에 우주는 역시 인식할 수 없다. 즉 우리의 지성이 비록 무한대일지라도 존재와 세계, 그리고 우주 자체가 비이성적이기 때문에 구조적으로 사유에 대해 불투명하다는 점이다.

바로 얼마 전까지 어느 누구도 인식의 문제를 고차원적이며 고전적인 형식으로 다시 문제 삼으려 하지 않았다. 자신의 연구 분야에서 영속적 가치를 지닌 가장 예리한 천재였던 칸트조차 이 문제를 총체적으로 이해하는 데 가장 걸림돌이 되었던 장본인이었다. 오늘 우리는 인식의 문제가 부분적인 형식으로 다루어질 때조차도 일반적 문제를 회피하려는 사실을 기묘하면서도 받아들이기 어려운 것으로 생각하기 시작했다. 만일 나 스스로 인간 주체가 무엇을 그리고 얼마나 많이 인식하는가에 대해 묻는다면, 나는 무엇보다 먼저 인식이란 무엇을 말하며 인식하는 주관은 무엇인지를 탐구해야 한다. 이러한 탐구를 수행해야만 나는 비로소 개별적 인간 주체의 경우, 그것 없이는 어떤 인식도 불가능한 포괄적 조건들이 충족되는지를 알 수 있을 것이다. 오늘날, 특히 위대한 독일 철학자 니콜라이 하르트만(Nicolai Hartmann)의 저서가 최근 출간된 이후 우리는 인식할 수 있는 가능성의 근본적 조건들이 무엇인지를 결정하는 것으로부터 철학을 연구해야만 한다는 사실을 겨우 인정하기 시작했다. 그 유명하고 진부한, 그러나 가장 근본적 의미의 정의에 의하면, 인식이란 '사물과 지성의 일치(adaequatio rei et intellectus)', 즉 사유와 존재의 상호 동화라고 말할 수 있었다. 그러나 이미 우리가 보았듯 이 일치는 전체적이며 완전한 일치가 아니라 최소한의 일치, 단지 상징적 인식만을 부여하는 것이다. 이 상징적 인식으로부터의 실재에 관한 나의 사유는 마치 한 언어가 다른 언어와는 서로 다른 단어들로 이루어져 있는 것처럼 실재와는 아주 다르다. 따라서 우리는 단지 대응적이거나 평행적 의미에 만족할 따름이다. 이 최소한의 일치인 경우에도 만약 서로 다른 두 언어가 궁극적으로 공통되는 형식적 구조, 즉 적어도 부분적으로 공통적인 문법 구조를 갖추고 있지 않다면 서로 다른 언어가 대응되는 일은 없을 것이다.

이러한 사실은 인식에서도 똑같다. 가장 단순한 인식에서조차도 인식 대상과 인식 주체의 사유 또는 인식자의 주관적 상태 사이에는 최소한의 실제적 상호 동화가 있어야 한다. 나의 정신 구조와 세계의 구조 사이에 부분적 일치점이 있을 때, 즉 나의 사유가 어떠한 방법으로든 존재와 일치되는 방향으로 움직일 때에만 비로소 세계는 나의 정신 속으로 들어설 수 있다. 이리하여 과거의 스콜라 철학적 표현은 새롭고도 놀랄 만큼 중요한 의미를 얻게 된다. 나는 스콜라 철학이 지금껏 지켜왔던 경박한 수준의 의미, 즉 지성은 사물을 인식할 때 그것의 유사성을 획득하고 그 사물을 모방한다는 자세를 다루는 것이 아니다. 문제는 바로 인식 활동에 반드시 필요한 근본적 조건들이다. 사실 나의 사유는 실재가 나의 사유와 어떤 유사성을 띠지 못한다면, 실재를 모방할 수도 받아들일 수도 없다. 이 말은 나의 사유와 실재 사이의 일치(adaequatio)는 서로 상호적이어야 한다는 것이다. 즉 나의 사유는 사물과 일치해야 한다. 그런데 이 일치는 사물 자체가 나의 사유 구조와 일치할 때만 가능하다. 나는 이 정식 역시 새로운 것이라고 생각한다.

무의식적이건 또는 자신의 의사에 반하건, 결국 모든 인식론은 하나의 존재론이었다고 할 수 있다. 다시 말해 인식론은 한편으로는 존재란 무엇인가, 다른 한편으로는 한 존재 또는 특수한 사물과 같은 존재 일반에 관한 사유란 무엇인가라는 이론으로, 궁극적으로는 이 두 이론의 비교라고 볼 수 있다. 결국 사유는 어느 때에는 존재의 결과로 여겨졌고(이것이 실재론이다), 또 어느 때에는 반대로 존재의 구조가 사유 자체로부터 유래한다고 판명되었다(이것이 관념론이다). 그런데 이 두 경우 모두 인식을 정당화하려면 사유와 존재 사이의 구조적 동일성을 증명해야 한다는 의식이 분명하게 겉으로 나타나지는 않아도 그 밑바탕에 스며 있었다. 그래서 칸트는 자신의 대표작

《순수이성비판》을 지극히 어려운 전문용어로—오늘날 내가 보기엔 지극히 모호하며, 모호하기 때문에 그만큼 더욱 두드러지고 명료하게—다음과 같은 말로 정리한다. "경험 또는 사유의 가능성이 지닌 조건은 대상 또는 실재의 가능성이 지닌 조건과 똑같다."

거듭 말하지만 오직 이런 방법에 의해서만이 우리는 인식에 관한 문제, 즉 그것이 지닌 모든 이상적이고 지독한 연극성을 진지하게 논박할 수 있다. 존재의 구조는 사유의 구조와 완전히 맞아떨어질 수도 있을 것이다. 존재가 사유와 같은 본질과 기능을 지니는 것이다. 바로 합리주의의 대명제이며 최고의 인식론적 낙천주의이다. 만일 실제로 합리주의의 믿음대로 존재와 사유가 똑같다면, 사유는 단지 스스로에 대해 사유함으로써 인식을 얻을 수 있을 것이다. 즉 사유의 바깥에 존재하는 모든 실재는 사유 또는 로고스와 같은 법칙을 따르므로 확실히 사유의 내적 분석 결과와 일치할 것이다. 그리하여 아리스토텔레스는 우주의 원리인 신을 단지 사유에 대한 사유(nóesis noésis)라는 명제 위에 올려놓았다. 즉 신은 오로지 자기 자신을 사유함으로써 우주를 인식한다고 생각했다. 이것에 따르자면, 훗날 철학사의 한 극을 차지하는 합리주의자이자 범논리주의자인 헤겔이 말하듯, 실재적인 것은 논리적 사실에 기반을 둘 뿐만 아니라 합리적이다.

만일 이 합리주의자들의 철학적 사유양식을 파악하고 싶다면, 라이프니츠의 《인간오성에 관한 새로운 시론 Nouveau essais sur l'entendement humain》의 끝부분에 나오는 구절을 읽어 보자. 이 위대한 낙천주의자는 이렇게 말하고 있다. "내가 미지의 것, 또는 막연히 아는 것을 아는 것 또한 우리에게 분명하게 알려진 것을 아는 것과 같은 방식에 의해서일 뿐이다(Je ne conçois les choses inconnues ou confusément connues que de la manière de celles qui nous sont distinctemente connues)." 라이프니츠는 미지의 것, 이를테면 사유의 저편에 존재하는 실재적인 것이 이미 인식된 실재, 즉 그것의 존립이 우리 사유와 일치한다고 밝혀져 있는 실재의 일부분과 일치하는 존재양상, 존립양상을 가진다고 확신했다. 나는 이것을 지적 유토피아주의라고 부르는 것의, 실재라는 무한한 형체의 어떤 부분을 사유가 꿰뚫고자 할 때 자신과 일치하는 투명한 것을 찾아내리라고 믿는 광신(狂信)의 고전적 예라고 생각한다. 라이프니츠의 주장이 옳다면 나는 미지의 실재에 대한 발견을 기다릴 필요가 없다. 왜냐하면 나는 미지의 실재를 이미 예상하고 있으며, 그것이 어떻게 반응할지를 알기 때문이다.

이 낙천주의의 선두주자와 대치되는 것은 극단적 회의주의이다. 회의론에 의하면 존재는 사유와 전혀 일치하지 않으므로 어떠한 인식도 불가하다. 그리고 가장 침착해 보이는 중간 지점에, 즉 존재의 일부분만이 사유와 일치하며 오직 일정한 대상들만이 사유의 행위양식과 똑같이 논리적으로 행동한다고 생각하는 그 지점에 우리를 놓고 보자. 이 제3의 입장에 선 인식론은 우주와 사유 사이의 일치와 불일치의 경계선을 진중하면서도 진지하게 그리는 데 주의를 기울인다. 또한 사유가 관통할 수 있는 합리적이며 보편적인 지역과 관통할 수 없는 비합리적 지역을 표시한 대상 세계의 지도를 그릴 것이다. 이를테면 수는 로고스와 최대한 일치하는 대상 영역을 형성하므로 사람들은 모든 수학을 합리화하고 그것을 순수 논리로 구성할 수 있다고 믿었다.

그러나 최근 몇 개월 동안 우리는 인류 지성사에서 가장 위대하고 찬란한 지적 전쟁 중 하나를 체험했다. 이것은 현대 물리학과 함께 오랜 시간이 흐른 뒤 우리 시대를 고귀하게 만들 것이다.

나는 브로우웨르와 바일이 수의 확실성과 개념의 확실성 사이의 부분적 불일치를 증명하고, 그리하여 논리적 또는 형식주의적 수학의 불가능성과 그 대상의 특수성에 충실한 이른바 '직관주의적' 수학, 즉 논리적 수학이 아니라 엄밀히 말해 수학적 수학이 필요함을 보여 주려는 시도에 대해 말하고 있는 것이다. 만일 우리가 수학으로부터 물리적 물질, 유기적 삶, 심리적 삶, 사회적 삶, 역사적 삶과 같은 좀더 복잡한 사물로 나아간다면, 순수 사유에 대한 비합리성 또는 불가해성의 정도는 더욱 커질 것이다. 특히 우주를 다루고자 할 경우 순수한 로고스라는 전통적 수단으로 이해하고자 한다면, 우주의 이해할 수 없는 부분이 최대한에 달하게 되는 경우도 충분히 있을 수 있다.

물리학에서 아직도 이성은 여유로이 나아가고 있다. 그러나 경탄할 만한 베르그송의 말과 같이—비록 그렇게 말한 동기는 그리 훌륭하지 못하지만—"물리학의 외부에서 이성은 양식(buen sentido)의 점검을 받아야만 한다." 베르그송이 '양식'이라고 한 것은 내가 더욱 형식을 갖춰 이름붙인 '생적 이성(生的 理性, razón vital)'과 다름없다. 생적 이성은 양식보다 더 광범위한 이성이다. 왜냐하면 기존의 이성, 즉 개념적 이성이나 순수이성에서는 비합리적으로 보이는 많은 대상이 생적 이성에서는 이성적이기 때문이다.

그러나 철학의 정의를 우주 학설로 해석하고, 철학적 총체의 최대를 구축하려는 경향을 낡은 형이상학으로 가는 소박한 귀환으로 보는 것 또한 부적합한 지적 태도일 것이다. 내적 원인에 의해 진보하는 사상에 대하여 외적으로 가해지는 정치적, 교육적, 위생적인 모든 이론(異論)들은 언제나 유치하고 가벼우며―여기에 관해서는 비판을 더 가하고 싶지만―이론적 성실성이 결여되어 있다. 보편적으로 어떤 이론적 작업에 대해 그것과는 무관한 이유로, 즉 '인간에 대한 인간적 논거'에 따라 그 공격하는 모든 사람은 자동적으로 이론가로서의 무능함을 선언하는 것이나 다름없다. 사물의 내면으로 들어가 보지도 않은 채 단지 그 앞에서 겉모습만을 보고 말하는 것은 아무 소용이 없다. 하물며 어떤 판단을 요구하는 문제를 놓고 그것을 회피한 채 전혀 무의미한 말들을 늘어놓는 것은 조금의 가치도 없는 일이다. 나는 에스파냐의 젊은 세대 지성인들에게 힘주어 말한다. 그들이 이런 면에서는 매우 긴박한 상황에 처해 있다고. 왜냐하면 이것은 한 나라에 있어 진중하면서도 진정한 지적 삶을 가능케 하는 본질적 조건이기 때문이다. 에스파냐 소설에 나오는 한 인물이 말하듯 "다른 모든 것은 단지 자동차 차체에 도색하는 것에 지나지 않는다."

앞서 보았듯이 철학을 정의하는 것은 쉬운 일이 아니다. 처음부터 대상을 인식하지 못할 수 있다는 가능성을 인정하는 것이 본질적이기 때문이다. 낡은 형이상학으로 가는 소박한 귀환이라니 당치도 않다. 내가 아는 한 지금껏 철학 연구의 출발점에서 비판정신과 신중함을 이렇게 절실히 요구했던 표현은 한 번도 없었다. 그러나 철학의 본질인 인식과 사유의 영웅적 양상에 원하건 원하지 않건 충실한 우리는 단지 신중함만으로 만족할 수 없고 완전해져야 한다. 그러므로 우리는 신중해야 한다. 신중하면서도 의심하지 말아야 한다. 즉 우리에게는 인위적 신중함이 아니라 자연적 신중함이 필요하다. 시골뜨기처럼 우주를 대할 때 의심해서는 안 된다. 실증주의는 농민의 철학이었다. 헤겔이 말했다. "오류를 저지를 가능성을 두려워하는 것이 이미 오류이다. 이것을 분석하면 그 밑바닥에는 진리에 대한 두려움이 자리잡고 있음을 발견할 것이다."

최대한의 지적 모험을 할 준비가 되어 있으며 자신의 사유를 총체적으로 전개하는 철학자는, 모든 가능한 형이상학에 대한 촌스러운 의심에서도 완벽하게 자유로워야 한다. 그리하여 우리는 그 어떤 비판적 엄밀성도 단념하지 않는다. 오히려 그것을 끝까지 밀고 나간다. 그런데 우리는 여기에 대단한 중요성도 부여하지 않고, 감상적이며 비판적인 행동도 받아들이지 않는다. 그저 단순히 그렇게 할 뿐이다. 현재를 살아가는 모든 동시대인들처럼 우리는 공허하면서도 과장된 태도, 즉 과도한 행위를 혐오한다. 모든 일에서 우리는 자신에 대한 치장이나 과장을 피하면서 본연의 모습대로 존재해야만 한다.

그런데 길을 잃지 않으려고 모든 개념의 전개에 반드시 필요한 아리아드네의 실을 붙잡는다면, 우리는 첫째 정식을 떠올리면서 지금까지 말한 것을 정리할 수 있을 것이다. 그리고 이 정식은 여러분에게 좀더 많은 의미를 지닌 충만한 상태로 다가갈 것이다. 철학은 우주 또는 존재하는 모든 것에 대한 인식이다. 그러나 당장 우리는 존재하는 것이 무엇인지도 모르며 또한 존재하는 것이 단일한 우주를 형성하는지 다원적 우주를 형성하는지, 그리고 그 우주가 인식 가능한지 불가능한지에 대해서도 전혀 알지 못한다.

따라서 이러한 연구는 미친 짓처럼 보일 수 있다. 왜 이러한 연구를 시도하는가? 이것을 그만두고 오직 삶에 전념하면서 철학함을 배제하는 것이 좀더 현명하지 않을까? 그렇지만 고대 로마 영웅들에게 항해는 필수적이었으나 삶을 누리는 것은 그렇지 않았다. 언제나 인간은 두 계급으로 나뉜다. 그 가운데 높은 계급의 사람들은, 사는 데 필요 없는 것이 곧 필수적인 것이라고 생각한다. 근동의 한 작은 집 정원에서 예수 그리스도가 말한다. "마르타여, 마르타여. 실상 필요한 것은 한 가지뿐이다." 성유를 머금은 듯한 달콤하면서도 떨리는 음성이 마치 샘물소리처럼 퍼져 나온다. 예수는 이 말을 통해 부지런하면서도 현실적인 마르타에게, 마리아는 쓸데없는 짓만 하지만 사랑스럽기 그지없노라고 은연중에 말하는 것이다.

5강

철학은 왜 필요한가, 현재와 공재, 근원적 존재, 자율과 전체성, 신비주의자에 대한 신학자의 옹호

철학의 문제를 진술할 때 우리는 철학이란 상상 가능한 가장 근원적 문제, 즉 모든 문제의 원형이라는 사실을 찾아냈다. 한편 문제가 좀더 문제적일수록 그것을 인지하고 탐구하는 인식적, 이론적 행위는 훨씬 순수해진다는 사실을 알아 보았다. 따라서 철학은 탁월한 지성적 노력이다. 철학과 비교하면 순수 수학을 비롯한 다른 모든 과학은 실용주의의 잔재를 포함하고 있다.

그런데 철학을 높이 북돋우는 순수성과 극도의 지성적 영웅주의가 이 학문에 기묘하면서도 열광적인 성격을 부여하고 있지는 않은가? 철학적 문제 같은 터무니없는 문제를 제기하는 것에 제대로 된 의미가 과연 있을까? 개연성의 측면에서 볼 때 우리는 이른바 철학이라 불리는 학문이 목적을 이룰 가능성은 세상에서 가장 희박하다고 인정해야 한다. 굳이 말하자면 철학이란 하나의 정신 나간 시도이다. 그러면 왜 철학을 하려 하는가? 왜 우리는 편안한 삶에 만족하지 않고 철학을 하려 하는가? 만일 철학적 탐구가 성공할 확률이 확실지 않다면 철학은 아무 쓸모도 없을뿐더러 할 필요조차도 없다.

그런데 이 쓸데없는 것이 꼭 필요한 사람들도 존재하기 마련이다. 지극히 유용하고 현실적인 것을 추구하는 마르타와 쓸데없는 짓만 하는 마리아의 신적인 대립을 떠올려 보자. 사실 이러한 결정적 이원성이란 존재하지 않는다. 예수는 바로 이 사실을 암시하며 말했다. 유기적 또는 생물학적 삶을 포함한 삶 자체는 결국 유용성만으로는 이해할 수 없다. 우리의 삶은 스포츠적 성격을 띤 무한한 현상으로 설명할 수 있는 것이다.

그렇다면 철학함이라는, 궁극적으로 아주 중요한 삶의 행위는 꼭 필요한 것인가? 아니면 아무 쓸모 없는 것인가? 만일 '필요함'이란 것이 다른 무엇을 위해 유용하다는 뜻이라면, 철학은 적어도 일차적으로 필요한 것은 아니다. 그러나 유용한 것에 관한 필요성의 정도란 단지 상대적인 것이다. 즉 그 목적에 대해 상대적일 뿐이다. 진정한 필요성이란 새가 날기 위해, 물고기가 헤엄치기 위해, 지성인이 철학하기 위해 필요한, 다시 말해 모든 존재가 존재 그 자체가 되기 위해 느끼는 필요성이다. 우리 존재의 본질을 규정하는 기능 또는 행위를 수행해야 하는 필요성이야말로 이 단어가 지닌 뜻의 최고 수준이자 가장 본질적인 필요성이다.

그리하여 아리스토텔레스는 주저 없이 다음과 같이 말했다. "모든 과학은 필요하다. 하지만 그 가운데 우월한 것은 없다(anankatióterai pâsai, ameínon d'oudemía)."*¹ 플라톤은 그의 사유가 정점에 이르렀던 《대화 *Dialogues*》의 〈소피스트 *Sophistes*〉에서 철학에 대해 다음과 같이 번역할 수 있는, 아주 대담한 정의를 내렸다. "철학이란 스포츠적 학문이다(he epistéme ton eleu-theron)." 플라톤이 이렇게 말했을 때 대체 그에게 무슨 일이 일어났을까? 또한 소크라테스의 원숙한 학식에 매료당한 품격 높은 아테네 청년들이 강연을 들으려고 마치 등불 주위로 몰려드는 불나방들처럼 떼로 몰려들어 철학자를 향해 목을 길게 뽑았던 공공경기장에서, 만일 그가 자신의 학설을 발표했다면 어떻게 되었을까?

하지만 이제 우리 친구 플라톤과는 이별하고 우리의 연인인 진리를 계속 탐구해 보자.

철학은 유용성으로 인해 생겨난 것도 아니며 변덕 때문에 태동된 것도 아니다. 철학은 우리의 지성에 구조적으로 필요불가결한 것이다. 그 이유가 무엇일까? 철학의 근본 특성은 유니콘을 사냥하고, 우주를 파악하는 즉 전체로서의 전체를 탐구하는 것이었다. 어째서 이런 열망이 생겨나는가? 왜 우리도 철학 없이도 세계 안에서 발견하는 것, 이미 존재하는 것, 우리 앞에 분명히 나타나 존재하는 것으로 만족하지 못하는가? 바로 다음과 같은 단순한 이유 때문이다. 존재하는 모든 것, 지금 분명히 우리에게 주어진 모든 것은 본질적으로 단순한 파편이며 단편이고 부분에 지나지 않기 때문이다. 우리는 그것들을 볼 때 반드시 그것들에게서 빠진 것들을 알아채고 아쉬워한다. 모든 주어진 존재 속에서, 세계의 모든 여건 속에서 우리는 그것들의 본질적 특성인 단순한 부분에 불과하다는 특성을 발견한다. 다시 말해 우리는 이 존재론적 단절의 상흔을 보는 것이다. 그 절단의 고통이 우리에게 부르짖으며, 완전체가 되기 위해 자신에게 결핍된 부분을 향한 향수와 성스러운 불만을 토해 낸다. 나는 12년 전 부에노스아이레스에서 열었던 강연에서 불만이란 '사랑받지 못하면서 사랑하는 것, 우리가 가지지 못한 신체에 대해 느끼는 고통 같은 것'이라고 정의 내린 적이 있다. 결국 그것은 우리 본연의 존재가 아닌 것에 대한 아쉬움이며, 우리 존재가 불완전하고 불구적임을 인식하는 것이다.

내가 하고자 하는 이야기는 엄밀히 따지면 다음과 같다.

만일 우리가 세계 안에서 발견하는 대상들 중 하나를 선택해 그것을 눈앞에 두고 주의를 집중한다면, 곧 그것이 단지 하나의 단편일 따름이며 그리하여 그것을 완전하게 하는 다른 실재를 사유하게 만든다는 사실을 이해하게 될 것이다. 예를 들어 우리가 보고 있는 색, 우리 눈앞에서 그토록 아름답고 화려하게 빛나는 색은 우리 눈에 비치는 그대로의 색이 아니다. 즉 우리가 보고 있는 색은 단순한 색깔이 아니다. 모든 색은 어느 정도 자신을 연장(extención)시킨다. 존재란 바로 이러한 연장 속에서 여기저기 흩어져 있다. 따라서 연장이 없는 색이란 존재하지 않는다. 색이란 단지 우리가 색채화된 연장 또는 연장적 색채라 부를 수 있는 전체의 한 부분일 따름이다. 그러나 이 색채화된 연장도 또한 단순히 색채화된 연장일 수만은 없다. 연장이 연장이 되려면 연장이 되는 그 무엇, 즉 연장과 색을 받쳐 주는 실체 또는 기체(基體)를 전제로 한다. 라이프니츠가 데카르트를 두고 한 말처럼 연장은 선행적 연장(extensione prius) 같은 무언가를 필요로 한다. 우리는 이 연장적 색채의 기체를 전통적으로 그러했듯이 물질(materia)이라고 부르자.

물질에 다달았을 때 우리는 비로소 자족적인 무엇에 이른 것 같다고 느낀다. 물질은 이제 다른 어떤 것의 지지를 받을 필요가 없다. 다른 무엇을 바탕으로 존재하며 물질이라는 지지자에 의해 현전(現前)하는 색과 달리 물질은 스스로 존재한다. 그런데 바로 이 점에서 의심이 생긴다. 물질이 일단 존재하게 되면 자족적이지만, 물질은 자신에게 스스로 존재를 부여할 수도 자기 고유의 능력으로 존재에 이를 수도 없다. 활시위를 당긴 손을 보아야 공중을 가로질러 날아가는 화살을 볼 수 있듯이 우리는 물질을 다른 힘에 의해서 존재하게 된 그 무엇으로 보아야만 물질에 대해 생각할 수 있다. 그러므로 물질 역시 그것을 창출한 좀더 넓은 과정의 한 조각, 즉 그것을 완전하게 하는 광범위한 실재의 한 단편에 불과하다. 이 모든 것은 진부하기 이를 데 없지만, 지금 우리가 다루는 것을 분명하게 설명하는 데는 유용하다.

다음에 나오는 또 다른 예가 좀더 분명하고 직접적일 것 같다. 지금 우리가 있는 이 극장은 우리의 지각 속에서는 하나의 전체로서 현전(現前)하고 있다. 적어도 우리 눈에는 완전하고 충족적인 사물로 보인다. 이 극장은 지금 우리가 보고 있는 내부로 이루어질 뿐 다른 무엇도 구성물로 포함하지 않는다. 적어도 우리의 지각 내부에 있는 것을 분석해 본다면 이 극장 내부의 색깔, 빛, 형태, 공간만 있을 따름이며 그 밖에는 아무것도 필요치 않은 듯하다. 그런데 만일 우리가 곧 이 극장을 나간다면 어떻게 될까. 극장 문 앞에서 세상이 끝나고, 극장 바깥에는 아무것도, 심지어 공허한 공간조차 없다는 사실을 발견할 것이다. 이때 우리의 정신은 놀라운 충격을 받을 것이다.

만일 우리 정신에 우리가 이 극장에 대해 본 것 말고는 아무것도 없다면 왜 우리는 그 주위에 주택, 거리, 도시, 대지, 공기 등이 없다는 사실을 깨닫고 곧 놀라는 것일까? 분명히 우리의 지각 내부에는 우리가 보고 있는 것의 직접적 현전과 함께 비록 막연하고 잠재적인 형태이지만 만일 그것이 없다면 아쉽게 느껴지는 밑바탕이 존재한다. 이를테면 이 극장은 우리의 단순한 지각 행위에서조차도 완전한 무엇이 아니라 단지 우리가 암묵적으로 계산에 넣고 있는 막연한 밑바탕 위에 두드러지게 펼쳐진 하나의 전경일 따름이다. 이 밑바탕은 비록 덧붙여진 상태로 은폐되어 있는 것처럼 보여도, 실제 우리가 보는 것들을 모두 끌어 넣으면서 우리에게 이미 존재하고 있다. 이렇게 막연하면서도 포괄적인 밑바탕은 지금 현재하는 것이 아니라 함께 존재하는 것이다. 실제 우리가 무엇을 볼 때 분명히 그것은 항상 어둡고 거대하며 윤곽이 불분명한 잠재적 밑바탕 위에서 나타난다. 이 밑바탕이 곧 세계이다. 우리가 보고 있는 무엇은 이 세계의 한 부분, 세계의 한 단편에 불과하다. 평소 우리가 보는 것은 단지 세계의 잠재적인 다른 부분들이 우리를 향해 불쑥 솟아 나와 잘 보이는 것에 지나지 않는다. 그러므로 우리는 이 고찰을 일반 법칙 수준으로 끌어올려 이렇게 말할 수 있다. "그 무엇이 나타날 때 세계는 언제나 그 무엇과 함께 존재한다."

이와 같은 사실은 우리가 내적 실재, 즉 심리적인 것에 주의를 기울일 때도 생긴다. 우리의 내면적 존재에서 언제나 보는 것은 우리가 지금 사유하는 관념, 우리가 겪는 고통, 우리의 내적 영상에 새겨진 작은 이미지, 우리가 느끼고 있는 감정과 같은 작은 한 부분에 지나지 않는다. 그런데 지금 우리가 우리에 대해 보고 있는 이 빈약한 사물의 모음은 우리의 시선이 언제나 우리 내부로 향할 때 포착되는, 말하자면 완전하고 실질적인 자아의 어깨 같은 것에 지나지 않는다. 이 자아는 큰 계곡이나 거대한 산맥처럼 언제나 그 밑바탕에 숨어 있으며, 우리는 순간순간 그 전경의 한부분만을 볼 뿐이다.

그러므로 지금 우리가 이 단어에 부여하는 의미 면에서 볼 때, 세계는 우리가 앞으로 순서대로 보게 될 사물들의 총체와 다름없다. 지금 우리가 보지 못하는 것들은 우리가 보고 있는 것들의 밑바탕으로써 작용한다. 그러나 그것들도 결국 우리 앞에 직접적이고 분명하게 주어진 상태로 존재할 것이다. 사물이 저마다 단지 하나의 파편에 지나지 않고 세계가 이 파편들의 집합 또는 모음일 뿐이라고 한다면, 세계는 우리에게 주어진 것들의 총체일 것이다. 즉 우리에게 주어졌으므로 '우리의 세계'라고 부를 수 있는 이것 또한 하나의 거대한 파편이다. 아무리 거대하다 할지라도 하나의 단편에 불과할 뿐 그 이상이 아니다. 세계 또한 스스로 자신을 설명하지 않는다. 반면에 우리가 세계와 마주쳤을 때 우리에겐 단지 문제만이 주어지는 것이다.

그렇다면 문제의 문제적 양상은 어디에 있는가? 오랜 예를 하나 들어보자. 물속의 막대기는 만져보면 곧지만 눈으로 볼 때는 휘어져 있다. 지성은 이 현상들 중 하나를 받아들이려 하지만 받아들여지지 않는 다른 현상 또한 똑같은 권리를 내세운다. 지성은 두 현상 가운데 어느 것에도 안주할 수 없음을 괴로워하고 해결을 요구한다. 즉 두 가지 현상 모두 단순한 현상일 뿐이라고 결론 지음으로써 자신을 구원하고자 한다. 문제란 곧 존재와 비존재에 대한 의식, 하나의 모순에 대한 의식이다. 햄릿이 절규했듯 "사느냐 죽느냐 그것이 문제"인 것이다.

마찬가지로 우리가 발견하는 세계는 존재하지만 동시에 스스로 충분치 못하며, 자기 고유의 존재를 지지하지 못한다. 자신에게 없는 것을 부르짖으며, 자신의 비존재를 선언하고 우리에게 철학을 강요한다. 철학을 한다는 것은 세계에 완전성을 부여하고 세계를 우주로서 완성시키며, 세계가 그 안에서 거주하고 쉴 수 있는 어떤 전체를 부분으로부터 건설하는 것이기 때문이다. 세계는 불충분하고 단편적인 대상, 즉 세계 자신과 다른 무엇, 세계 자신에게는 주어지지 않은 그 무엇에 기반을 둔 하나의 대상이다. 그리하여 그 무엇은 엄밀한 의미로 볼 때 창조자로서의 사명을 띠고 있다. 즉 그 무엇은 곧 근원적 존재이다. 칸트는 이렇게 말했다. "조건적인 것이 우리에게 주어지면 무조건적인 것이 하나의 문제로 우리에게 던져진다." 바로 여기에 결정적인 철학적 문제가 깃들어 있으며 우리를 그 문제로 향하게 하는 정신적 필요성이 존재한다.

우리에게 요구되지만 주어지지 않는 이 근원적 존재와 마주할 때 우리에게 일어나는 특수한 상황에 잠시 주목하자. 이 존재는 아직까지는 우리에게 나타나지 않았지만, 내일쯤 우리 앞에 현전할지도 모를 세계 안의 한 사물로서 탐구할 수는 없다. 기초적 존재란 본질적으로 주어지는 것이 아닐 뿐더러 인식을 위해 현전하는 것도 아니다. 바로 모든 현전에 결여되어 있는 것이다. 그렇다면 우리는 어떻게 그것을 인식하는가? 이것은 기묘한 존재를 탐색하기 위한 기이한 모험이다. 모자이크 중 한 조각이 빠져 있을 때 우리는 그 남겨진 빈 공간을 보고 그것을 인식한다.

즉 우리는 그 빠진 조각의 부재를 볼 뿐이다. 이 조각이 현전하는 존재 방식은 결여 또는 부재이다. 마찬가지로 근원적 존재는 영원하고 본질적인 부재이며, 세계 안에서 언제나 결여되어 있는 것이다. 그러므로 우리는 근원적 존재를 볼 때 마치 외팔이의 없는 팔을 보듯 단지 부재가 남긴 상처만을 보는 것이다. 따라서 우리는 상처의 윤곽과 절단선을 묘사하면서 근원적 존재를 정의해야 한다. 근원적 존재는 자신의 본질적 특성상 이차적이며 확정적 존재와는 결코 비슷해질 수 없다. 그것은 본질적으로 완전히 다르고 근본적으로 구별되며 절대적으로 이국적인 것이다.

그래서 나는 근원적 존재와 우리에게 주어진 잘 알려진 사물들과의 근사성이나 유사성을 추구하는 착각에 빠지지 않기 위해 이 근원적 존재가 세계적 존재와 구별되고 비교할 수 없다는 이질성을 강조해야만 하리라 생각한다. 이러한 의미에서—비록 이 의미에서만이긴 하지만—나는 초월적 존재를 우리 이웃 같은 존재, 즉 가정적이며 내부적인 존재로 만들기를 거부하는 사람들에 공감한다. 철학에서는 세계의 근원에 대한 문제가 종교에서는 신의 이름 아래 나타나므로, 우리는 종교에서도 역시 두 가지 태도를 찾아낼 수 있다. 하나는 성녀 테레사처럼 신을 너무 가까이 데려와 마치 주방용품들 사이로 거닐게 할 것 같은 태도이며, 다른 하나는 신을 우리로부터 멀리 떨어뜨려 두는 것이다. 나는 전자보다 후자가 더욱 중요한 의미를 지닐 뿐더러 철학적 기지도 더 우수하다고 생각한다.

이러한 맥락에서 나는 기독교 최초의 위대한 이교적 교주였던 마르키온의 모습을 떠올릴 때마다 감동한다. 교회는 그를 '사탄의 적자'라 부를 수밖에 없었음에도, 교리 문제 말고는 모든 부분에서 모범적인 성직자였기에 언제나 특별한 존경을 표하여 그를 대했다. 모든 그노시스 학파 학자들처럼 마르키온은 모든 세속적 사물이 지닌 제한적, 결함적, 결핍적 특성에 대한 깊은 의식으로부터 출발했다. 따라서 진실하고도 지고한 신이 이 세계와 어떠한 관계를 맺고 있다는 사실을 인정하지 않았다. 신은 이 세계와 절대적으로 구별된 타자(allotrios)이다. 그렇지 않다면 신은 세계의 불완전성과 제한성 때문에 도덕적, 존재론적으로 오염된 존재가 될 것이다. 그리하여 마르키온에 따르면 지고지순한 신은 결코 세계의 창조자가 될 수 없다. 신이 세계를 창조했다면 그는 불완전한 것을 창조한 셈이고 따라서 그 자신이 불완전한 존재가 되기 때문이다. 세계에 대해 우리는 완벽한 충족성을 추구한다.

마르키온의 논리에 의하면 무엇을 창조한다는 것은 결국 피조물에게 오염된다는 뜻이다. 창조자로서의 신은 이차적 권능이며 《구약성서》의 신이요, 세계 내적인 것을 많이 소유한 신이며, 정의와 군대를 거느린 신이다. 정의와 군대를 거느린 신이란 범죄와 투쟁과 끊을 수 없이 연관되어 있다는 뜻이다. 그런데 진정한 신은 공정한 것이 아니라 오로지 선할 뿐이다. 신은 정의가 아니라 자비이며 사랑이다. 신은 세계로부터 영원히 멀리 떨어져 세계와 절대적 거리를 유지하면서, 즉 세계 안에서는 부재(不在)한 상태로 세계와는 그 어떤 접촉도 하지 않고 존재한다. 이런 이유에서만 우리는 신을 '생소한 신(ξένος θεός)'이라고만 부를 수 있다. 그런데 신은 세계와는 절대적으로 다른 존재이므로 세계의 균형을 지키고 보충하며 완성한다. 요컨대 신은 세계와 아무런 관계도 맺고 있지 않기에 세계를 구원하는 것이다.

이것이 그노시스 학파에게는 가장 신성한 과업이다. 즉 이교적 조물주처럼 사악한 세계를 창조하는 것이 아니라, 반대로 '세계를 탈창조화'하고 세계의 구성요소인 악을 무효화하며 세계를 구하는 것이야말로 진정 신성한 과업인 것이다.

만일 우리가 신과 세계 사이의 이러한 구분을 강조할 필요가 있다면, 이것만으로는 충분치 못하다. 그노시스주의는 여기에서 멈추고 만다. 말하자면 그노시스주의는 이 요소, 즉 절대적 신(Deus exsuperantissimus)의 과장인 것이다. 여기에 빠진 것은 돌아가는 길이다. 내가 마르키온주의자라고 고백했다고 결론짓지 말라. 신학의 문제인 신에 대해 이야기했으므로 그렇게 생각될 수도 있으나 마르키온의 논리는 단지 하나의 실례를 들어 증명한 추리일 뿐이다. 우리는 철학 고유의 주제인 근원적 존재만을 이야기할 따름이다.

철학은 우주에 관한, 또는 존재하는 모든 것에 관한 인식이다. 우리는 이미 이 정의가 철학자는 절대적 문제를 스스로 제기할 의무를 진다, 즉 철학자는 편안하게 기존 신념을 자신의 출발점으로 삼을 수 없고 이미 알려진 것을 받아들여서도 안 된다는 사실을 내포한다는 점을 보았다. 알려져 있는 것은 이미 문제가 아니다. 그런데 철학의 바깥에서 철학과는 동떨어진 채 철학보다 앞서는 기지(旣知)는 일반적이 아닌 부분적 관점에서 파악된 것이다. 아울러 그것은 철학적 인식이 자연적으로(nativitate) 활동하는 수준에서는 아무 도움도 되지 않는 저급한 앎이다. 철학적 수준에서 볼 때 다른 모든 지식은 소박함과 더불어 상대적 허위라는 성격을 띤다. 즉 이것들은 다시 문제적이 된다. 그래서 니콜라우스 쿠자누스는 학문을 '무지의 지(docta ignorantia)'라고 일컬었던 것이다.

철학자의 이러한 상황은 극단적인 지적 영웅주의를 동반한다. 만일 철학자가 자신의 불가피한 소명 때문에 이것을 배제한다면 그는 매우 불편한 상황을 맞이할 것이다. 철학자가 처한 이러한 상황은 이른바 자율의 명령을 그의 사유에 부과한다. 이 방법적 원리는 철학자가 철학보다 앞서서 창조할 수 있는 모든 것에 의지하길 단념하고 전제된 진리에서 출발하지 않으리라 맹세하는 것을 뜻한다. 철학은 전제가 없는 학문이다. 나는 이러한 무전제의 학문을 체계의 외부에서 증명된 그 어떤 진리도 기초로서 인정하지 않고 구축된 진리 체계로 풀이한다. 그러므로 철학자가 자기 고유의 방법에 의해 만들지 않아도 되는 철학적 용인 사항은 하나도 없다. 결국 철학은 자신에 대한 지적 법률이며 자율이다. 나는 이것을 자율의 원리라 부른다. 이것이야말로 어떠한 것도 잃어버리지 않고 완벽하게 우리를 철학의 모든 비판적 과거와 이어 준다. 즉 이 자율의 원리는 우리를 위대한 근대 사상가들에게로 다시 돌아가게 하고 데카르트의 마지막 후손 자격을 우리에게 부여한다. 그러나 여러분은 후손이 조상에게 느끼는 정겨움에 의존해서는 안 된다. 머지않아 우리는 조상에 대한 모든 것을 깨끗이 정리할 것이다.

철학자는 자신의 정신을 차지하던 기존 신념을 없애고 진리가 존재하지 않는 섬으로 옮겨서 연구를 시작한다. 그리고 이 섬 안에 자신을 가둔 채 로빈슨 크루소의 방법적 전통에 따라 생활하도록 정해져 있다. 데카르트를 영원히 철학적 인식의 발단에 있게 하는 방법적 회의의 의미가 여기에 있다. 단순히 우리 안에 의심을 일으키는 모든 것을 의심하는 것이 아니라―이러한 것은 지성인이라면 누구나 항상 하는 것이다―사실상 의심스럽지 않지만, 원리적으로는 의심 가능한 것까지 의심하는 것이 회의주의이다. 철학의 수술용 메스와도 같은 이 도구적, 방법적 의심은 의심적인 것을 넘어 의심 가능한 것으로 확장되었기에 인간의 일상적 의심보다 행동반경이 훨씬 넓다. 그래서 데카르트는 그의 유명한 성찰의 제목을 '인간이 의심하는 것에 관해(De ce qu'on revoque en doute)'가 아니라 '인간이 의심할 수 있는 것에 관해(De ce qu'on peut revoquer en doute)'로 했던 것이다.

여기서 여러분은 모든 철학의 특징적 양상의 근원인 역설적 형상을 목격한 것이다. 모든 철학은 역설이며, 살아가면서 우리에게 전혀 문제가 되지 않는 것처럼 보이는 가장 기본적 신념들을 이론적으로 의심스러운 것으로 간주하기 때문에 우리의 삶에서 보통 내세우는 자연적 의견과는 분리되어 있다.

그런데 철학자는 자율의 원리에 따라 이론적으로 의심의 여지가 없고 그래서 스스로를 증명하고 확증하는 극소수의 기초적 진리로까지 일단 물러났다면, 그는 다시 얼굴을 우주로 돌려 그것을 총체로서 정복하고 껴안아야만 한다. 엄밀한 진리의 최소점은 존재하는 모든 것을 포함할 때까지 고무줄처럼 늘어나야만 한다. 신중한 퇴각의 금욕적 원리인 자율과 맞서 그 반대되는 팽창의 원리가 작동한다. 이것이 전체를 향한 지적 열망인 보편주의이다. 나는 이를 일컬어 전체율(pantonomía)이라 부른다.

자율의 원리는 소극적이고 정지 상태이며 신중한 것으로 그것만으로는 부족하다. 이것은 우리를 신중하게는 만들지만 우리가 전진하게끔 하지는 않는다. 우리가 나아갈 방향을 결정해 준다든가 이끌어 주지도 않는다. 우리의 일탈을 막는 것만으로는 부족하다. 우리는 계속 올바른 길로 나아가야만 하며 우리의 문제를 계속 공격해야만 한다. 그리고 이 문제는 존재하는 모든 것 또는 우주를 정의하는 것이므로, 고립 부분 또는 거짓된 전체로서의 부분에만 집중하는 개별 학문의 개념들과 달리 철학적 개념들은 저마다 전체와의 연관선상에서 이루어져야만 한다. 예를 들어 물리학은 우주에 오직 물질만이 존재하는 것처럼, 아니 물질이 곧 우주인 것처럼 단순하게 우리에게 가르친다. 그래서 물리학에는 진정한 철학으로서 궐기하려는 강한 경향이 있다. 이 반란적인 유사 철학이 바로 유물론이다. 반면 철학자는 우주의 한 부분으로서 물질의 가치를 추구할 것이다. 그리고 각 사물의 궁극적 진리와 전체의 기능 안에서 사물이 저마다 지니는 가치를 말할 것이다. 바로 이 개념적 원리를 나는 전체율, 또는 전체성의 법칙이라고 부르는 것이다.

르네상스 이후 오늘날까지 자율의 원리는 무수하게 선언되었다. 그것은 때때로 치명적 배타성을 띤 채 철학적 사유를 마비시킬 정도까지 억제하였다. 반면 전체율 또는 보편주의 원리는, 단지 고대의 일정 기간과 칸트에서 헤겔에 이르는 짧은 기간인 낭만 철학 시기에만 사람들로부터 정당한 주목을 받았다. 나는 오직 이 원리만이 칸트 이후의 체계들 가까이로 우리를 인도한다고 감히 확신한다. 이 이념적 스타일 자체는 우리 시대에 한참 뒤떨어져 있기 때문이다. 그러나 이 유일한 공통점은 실로 중요한 의미를 띤다. 우리와 칸트 이후 체계들의 일치점은, 오류를 피하는 것만으로 만족하지 않는 점과, 우리가 지향하는 바를 얻기 위한 최선책으로 시야를 좁히는 것이 아니라 반대로 모든 것을 사유하고 그 무엇도 외부에 방치해 두지 않으려는 의도를 지적 명령 또는 방법적 원리로 전환시키면서 시야를 최대한 넓히는 점이다. 헤겔 이후 사람들은 철학이란 총체적 사유, 그 모든 장단점을 그대로 지닌 전체적이며 완전한 사유이며, 그것이 없으면 철학이 아니라는 사실을 잊고 말았다.

철학일 뿐 그 밖의 아무것도 아닌 철학, 영광과 함께 고통까지도 자신의 운명을 받아들이는 그러한 철학을 우리는 원한다. 수학적 진리의 정확성이나 물리학적 진리의 감각적 확신 및 실천주의 같은 다른 학문이 가진 인식적 장점을 갈망하고 선망의 시선을 던지지 않는 철학을 바란다. 지난 세기 철학자가 자신의 조건에 충실하지 않았던 것은 우연한 일이 아니었다. 이 시기 서구에서는 자신의 운명을 받아들이지 않고 자신이 아닌 존재가 되기를 바라고 구하는 것이 하나의 특징이었다. 그러므로 지난 세기는 구조적 혁명의 시대였다.

궁극적 의미에서 '혁명 정신'은 언제나 탁월하고 고귀한, 무엇을 향상시키고자 하는 열망이 아니다. 그것은 자기 존재가 아닌 존재 즉 근본적으로 자신이 아닌 타자의 존재가 무제한적으로 될 수 있다는 믿음과, 세계나 사회는 다른 것들과 교환할 수 없는 본질적 구조로 되어 있음을 뜻한다. 그리고 이러한 구조가 우리의 욕망 실현을 제한하며 그것에 따르지 않는 모든 개혁주의에 어떤 경박함을 부여한다는 사실을 보지 않은 채, 최적의 세계 혹은 사회 질서를 실현하기 위해서는 오로지 그것을 사유하기만 하면 된다는 신념을 뜻한다. 유토피아적 방식을 통해 사물을 그것들이 절대 될 수 없는 것, 그렇게 되면 안 되는 것으로 전환시키려는 혁명 정신을 우리는 핀다로스가 서정적으로 설파한 "본디의 너 자신이 되라"라는 위대한 윤리적 원칙으로 맞서야만 한다.

철학은 자신의 본질적 상태인 가난한 존재 그 자체로 만족해야만 한다. 자기 고유의 속성이 아닌 은총들은 다른 방법과 종류의 인식을 장식할 수 있도록 곁으로 치워놓는 것에 만족해야 한다. 철학이 우주를 포괄해 그것을 집어삼키려 할 때 나타나는 과대망상적 양상에도 불구하고 이것은 엄밀히 말해 다른 과학보다 더 신중하지도 덜 신중하지도 않다. 왜냐하면 우주나 존재하는 모든 것은 존재하는 사물들 하나하나가 아니라 단지 사물 하나하나의 보편적 양상, 즉 사물 하나하나의 한 단면이기 때문이다. 오로지 이 의미에서만 철학의 대상 역시 부분적이다. 개개의 사물은 바로 이 부분을 통해 전체에 삽입되며, 따라서 전체의 배꼽 부분에 해당한다고 말할 수 있다. 결국 철학자 역시 우주에 관한 전문가라고 말하는 것도 그릇된 표현은 아닐 것이다.

앞서 아인슈타인이 경험적이며 따라서 상대적인 측정으로부터—얼핏 보면 하나의 제한이요, 정확히 표현하면 오류의 원리라고 할 수 있는 것으로부터—모든 물리학적 개념의 원리를 정립했음을 살펴보았다. 이와 마찬가지로 철학 또한 지적인 방법으로써 우주를 포괄하고자 하는 열망으로부터 관념에 대한 논리적, 방법적 원리를 창안한다. 이 사실은 매우 중요하다. 철학은 결점 또는 무의미한 노력처럼 보이는 것으로부터 엄밀한 자신의 운명과 풍성한 미덕을 창출한다.

철학적 문제에 정통한 사람들로서는 전체를 포괄한다는 이 명령을 논리적 원리라고 말한다는 점이 이상하게 여겨질 것이다. 논리학은 전통적으로 동일률, 모순률, 충족 이유의 원리, 배중률 따위만을 인정한다. 그러므로 내가 앞서 말한 것들은 하나의 이설(異說)이니, 지금은 다만 주의 깊게 보기 바란다. 언젠가 이 이설이 포함하고 있는 진중한 뜻과 중요한 이유들을 살펴볼 때가 올 것이다.

이제 우리는 철학의 개념에 새롭고도 매우 중요한 하나의 속성을 덧붙여야 한다. 이 속성은 공식화될 수는 없을 듯하지만, 그래도 매우 중요한 문제이다. 우리는 철학을 이론적 인식 또는 하나의 이론이라고 부른다. 이론은 개념이란 단어가 지닌 엄밀한 의미에서 개념의 총체라고 할 수 있다. 이 엄밀한 의미는 개념을 말로 나타낼 수 있는 정신적 내용으로 정의한다. 말로 나타낼 수 없는 것은 개념이 아니다. 대상의 말로 나타낼 수 없는 시각에서 이루어지는 인식은 여러분이 원하는 모든 것, 나아가 인식의 최고 형식일 수도 있다. 하지만 이는 결코 우리가 철학이라는 이름 아래에서 의도하는 것이 아니다. 만일 진정한 인식은 의식의 탈아(extasis)이며, 여기에서 의식은 지적 혹은 개념적인 것의 경계를 넘어서 실재와 직접 접촉하고 따라서 개념의 중재나 매개가 필요없다는 것을 개념을 통해 보여주는 플로티노스나 베르그송의 철학체계와 같은 것을 상상한다면, 우리는 이렇게 말할 수 있을 것이다. "비탈아적 방법으로 탈아의 필요성을 증명하는 한 그것은 철학이지만, 개념으로부터 신비적 황홀의 몰입으로 도약할 때는 더이상 철학이 아니다."

신비주의자들이 쓴 글들을 읽을 때 받는 진지한 인상을 떠올려 보라. 그들은 우리를 가장 경이로운 여행으로 인도한다. 그들은 우리에게 자신이 우주의 중심, 즉 절대자의 심장부에 있노라고 말한다. 그리고 자신과 더불어 그 길에 오르자고 제안한다. 우리는 마법에라도 걸린 양 기꺼이 떠날 채비를 하고 순순히 그의 안내를 따른다. 이윽고 우리는 신이나 절대자, 유일자와도 같은 불가사의하고 경이로운 장소와 요소, 또는 크고 중요하기 그지없는 심연으로 가라 앉았던 그가 전혀 비인간화되지 않았으며, 우리와 구별되는 이채롭고 새로운 어조 또한 구사하지 않는 점에 놀라게 된다. 테오필 고티에가

에스파냐 여행을 마치고 파리로 돌아왔을 때 사람들은 검게 그을린 얼굴을 보고 그가 에스파냐 여행에서 돌아온 것을 알았다. 또한 브레타뉴의 전설에 의하면 성 패트릭 연옥에 떨어진 자들은 다시는 웃지 않는다고 한다. 미소를 지으려 애쓰는 노동자와 같은 안면 근육 경직은 그의 연옥행을 확증해 주었다. 그러나 신비주의자는 잠시 그를 덮은 최상의 비투과성 물질 때문에 조금도 변화하지 않고 본디 모습 그대로 돌아왔다. 만일 누군가가 우리에게 자신이 방금 해저에서 돌아왔다고 말한다면, 우리는 무의식적으로 그의 옷을 보며 해초나 산호, 그리고 심해의 동식물 흔적이 묻어 있지는 않을까 기대하게 된다.

그런데 신비주의자가 제안한 여정이 가져다 준 환상은 너무나 컸기에 우리는 일시적인 기이함의 감각에 대해서는 입을 다문 채 굳은 결의로 신비주의자의 길로 나아간다. 그의 말, 그의 로고이(logoi)는 우리를 유혹한다. 신비주의자들은 언제나 가장 경외할 만한 언어의 기술자요 가장 예리한 문인이었다. 앞으로 살피겠지만 세계 모든 언어의 고전주의자들이 바로 신비주의자들이었다는 사실은 매우 흥미로우면서도 역설적이다. 놀라운 연설가인 신비주의자들은 또한 연극에도 재능이 있었다.

연극성(dramatismo)이란 미래의 약속으로 우리에게 공표되는 무언가를 통해 산출되는 우리 영혼의 특이한 긴장이다. 우리는 미래에 매순간마다 다가가고 있으므로, 이 미래에 의해 일어나는 호기심, 공포, 욕구가 스스로 증대되고 새로운 순간마다 누적되어 간다. 만일 그토록 매혹적이면서도 두려운 미래로부터 우리를 분리시키는 거리가 여러 단계로 나뉘어 있다면, 우리는 각 단계에 이를 때마다 우리가 느끼는 긴장은 새로워지면서 증가된다. 사하라 사막을 횡단하고자 하는 사람은 문명이 끝나는 경계에도 호기심이 들지만, 경계 저편의 사막이 본격적으로 시작되는 지점에 더욱 호기심을 느낀다. 마치 최고의 사막이 존재할 것만 같은 사막의 중심부에 대해서는 더더욱 큰 호기심이 발동한다. 이렇듯 호기심은 품으면 품을수록 줄어들기는커녕, 운동을 하면 할수록 근육이 발달하는 것처럼 더욱 크고 풍부해진다. 첫 단계를 뛰어 넘으면 흥미롭고 다음 단계는 더욱 흥미롭다. 이렇게 각 단계를 거칠수록 흥미는 더해 간다.

훌륭한 극작가는 알려진 미래로 향하는 길을 나눌 때 일어나는 역학적 긴장 효과를 잘 인식하고 있다. 그래서 신비주의자들은 탈아로 가는 여정을 실질적으로 몇 단계로 나눈다. 때때로 이것은 상자를 열면 그 속에서 또 조그만 상자가 나오는 일본식 상자들처럼, 겹겹으로 싸인 성벽들로 나뉜 하나의 성처럼 하나가 다른 하나를 안에 품고 있다. 성녀 테레사는 이러한 방법을 선택한 대표적 신비주의자이다. 또 어떤 경우 이것은 십자가의 성 요한네스처럼 틈틈이 휴게소에서 쉬어 가며 산을 오르는 방식으로도 나타난다. 또는 성 요한 클리마쿠스의 영적 사다리와 같이 각 가로대에 오를 때마다 새로운 시각과 풍경을 약속하는 방식으로 나타나기도 한다. 그런데 솔직히 고백하건대, 우리는 이 가로대에 올라설 때마다 어떤 환멸을 느낀다. 왜냐하면 각 가로대에서 우리가 보는 것은 결코 새로운 것들이 아니기 때문이다. 그러나 한 칸 더 올라 다음 가로대에 이르면 생각지 못한 특이하고 장엄한 무엇이 나타나리라는 희망이 우리를 계속 격려한다.

그런데 우리가 마침내 마지막 성벽, 최후의 단계, 카르멜 산 정상에 오르면 그동안 잠시도 쉬지 않고 설명하던 우리의 안내자인 신비주의자는 이렇게 말한다. "이제 당신은 여기 홀로 머무십시오. 나는 탈아의 경지로 들어갈 것입니다. 돌아와 그것에 대해 말씀드리지요." 우리는 신비주의자가 아직 신비의 물방울을 떨어뜨리면서, 피안의 바람에 실려 온 고난의 향기가 채 가시지 않은 여행복을 입은 채 심연으로부터 곧 우리 눈앞에 나타나리라는 환상에 사로잡혀 얌전히 그를 기다린다. 마침내 그가 돌아왔다. 그는 우리에게 다가와 이렇게 말한다. "내가 그대에게 아무 말도 할 수 없음을 그대는 아십니까? 심연에서 내가 본 것은 말로 표현하지 못할, 설명할 수 없는 것입니다." 달변가였던 신비주의자는 결정적 순간에 침묵해 버리고 만다. 또는 엎친 데 덮친 격으로 우리에게 피안의 위신을 떨어뜨리는 진부하기 그지없고 흥미롭지도 못한 소식을 전해 준다. 독일 속담에 이런 말이 있다. "긴 여행 뒤엔 이야깃거리가 생긴다." 그런데 저 먼 피안의 세계로 여행을 떠났던 신비주의자는 그 어떤 이야깃거리도 가져 오지 않았다. 결국 우리는 시간만 허비한 셈이다. 이제 언어의 고전주의자는 침묵의 전문가가 되어 버린다.

이러한 사실에 미루어 내가 지적하려는 바는 다음과 같다. 신비주의자들의 작품에 담긴 어떤 본질적인 것을 분명하게 밝히기 위해 그들을 정신병리학의 한 예로 연구하려는 현학적 접근, 또는 그들에 대해 우선 반론부터 제기하고 드는 태도는 부적절하다는 것이다. 이는 신비주의를 대하는 진중한 자세가 못 된다. 반대로 신비주의자들이 우리에게 제시하는 모든 것, 모든 말을 받아들여야 한다. 신비주의자들은 실재보다 우월한 어떤 인식에 이른다고 주장한다. 만일 그 황홀경에서 야기된 지식의 전리품이 실제 이론적 인식보다 우월하다면, 우리는 조금도 주저없이 이론적 인식을 버리고 신비주의자가 될 것이다.

그러나 신비주의자들이 우리에게 하는 이야기는 매우 고루하며 단조롭기 그지없다. 이에 대해 신비주의자들은 다음과 같이 변명할 것이다. 즉 탈아적 인식은 그 자체의 우월성에 의해 모든 언어 표현을 초월하는 무언(無言)의 앎이라고 말이다. 오직 개인적으로만 스스로 이러한 앎에 도달할 수 있으며, 자신들의 저서가 일반 과학서들과 구별되는 까닭은 그것이 초월적 실재에 관한 학설이 아니라 그 실재에 이르기 위한 지도와 방법에 관한 하나의 담론, 절대자를 향한 정신의 여정이기 때문이라고 말이다. 신비주의적 앎은 양도할 수 없는 앎이며 본질적으로 침묵의 앎이다.

사실 이러한 앎의 침묵성과 양도 불가능성은 아무리 그것이 신비주의에 대한 반론이라 할지라도 가치를 부여할 수는 없다. 우리가 보는 색깔과 우리가 듣는 음은 엄밀히 말해 설명할 수 없다. 실제 색깔의 독특한 색조는 말로 표현될 수 없다. 우리는 그것을 직접 보아야 하고 오직 본 자만이 그것의 참된 의미를 알 수 있다. 우리에게는 분명한 세계의 색수차(色收差)가 1급 시각장애자에게는 전달될 수 없다. 그러므로 신비주의자가 보는 것을 오직 그만이 볼 수 있다는 이유로 경멸하고 무시하는 것은 잘못이다.

세계에는 우리가 아는 것만이 존재한다고 믿는 앎의 민주주의를 우리 인식에서 잘라내야 한다. 현실은 결코 그렇지 않다. 분명히 다른 사람들보다 더 많이 보는 사람이 있다. 이들 역시 자신보다 더 많이 볼 수 있는 사람의 우월성이 분명해졌을 땐 그 우월성을 받아들이는 수밖에 없다. 다시 말해 보지 못하는 사람은 볼 수 있는 사람을 믿어야 한다. 그런데 이렇게 반론할 수도 있을 것이다. "우리가 보지 못하는 것을 누군가 실제로 본다는 점을 어떻게 증명할 수 있는가? 세상은 야바위꾼, 허풍쟁이, 사기꾼, 정신병자로 가득 차 있다!" 여기서 기준을 찾기란 그리 힘들지 않다. 내게는 보이지 않는 우월한 시각이 그에게 분명한 우월성을 부여한다면, 나는 그 사람이 나보다 더 많이 볼 수 있으리라 믿을 것이다. 결국 나는 그것의 결과를 판단하면 된다.

그러므로 신비주의적 앎이 설명과 전달이 불가능하다고 해서 곧 신비주의의 가치를 깎아내리는 것은 아니라는 사실을 명심하자. 우리는 앞으로 그 자체의 확실성 또는 견고함으로 인해 소통할 수 없으며, 어쩔 수 없이 침묵의 감옥에 갇힌 앎들이 실제로 있음을 살펴볼 것이다. 내가 신비주의에 이론을 제기하는 것은, 신비주의적 비전으로부터는 어떠한 지적 은총도 받을 수 없기 때문이다. 다행히도 플로티노스나 에크하르트 그리고 베르그송과 같이 몇몇 신비주의자들은 신비주의자이기 이전에 천재적 사상가들이었다. 이들이 가진 논리적, 표현적 사유의 풍요로움이 탈아적 탐구의 빈곤함과 특이한 대조를 이룬다.

신비주의는 심오함을 탐구하려고 하며 끝없는 심연을 사색하려는 경향을 보인다. 신비주의는 적어도 깊은 것에 열광하며 이끌린다. 그러나 철학은 이와 정반대이다. 철학은 신비주의처럼 깊은 것에 침잠하는 데는 관심이 없다. 반면에 심연에서 표면으로 나오기를 갈망한다. 보편적인 생각과는 대조적으로 철학은 표면성을 향한 거대한 열망이다. 즉 철학은 지하에 있는 신비적이고 잠재적인 것을 되도록 표면으로 끄집어내어 그것을 명확하고 분명히 하려는 위대한 노력이다. 철학은 신비적인 것과 신비주의자의 멜로드라마 같은 행태에 질색한다. 괴테가 말했듯 철학은 자신에 대해 이렇게 말할 수 있다. "나는 모호한 것을 분명하게 하고자 갈망하는 부류에 속하는 사람임을 선언하노라."

철학은 투명함을 지향하는 거대한 욕구이며 밝음을 향한 굳건한 의지이다. 철학의 근원적 목적은 숨겨진 것, 가려진 것을 표면으로 끌어내어 그것을 해명하고 드러내는 것이다. 그리스에서 철학은 발생 초기에 알레테이아(Aletheia)라 불렸다. 이는 숨겨진 것의 껍질을 벗겨 걷어내는 것을 뜻한다. 즉 알레테이아는 그 무엇을 표명(manifestación)하는 것이다. 그리고 표명이란 말하는 것, 즉 로고스와 같다. 신비주의가 침묵을 지키는 것이라면 철학은 말하는 것, 다시 말해 조금도 숨기지 않고 투명하게 사물의 존재를 밝히는 것이다. 결국 철학은 존재를 말하는 존재론이다. 신비주의와 비교할 때 철학은 공공연한 비밀이 되고자 한다.

몇 년 전 나는 다음과 같은 글을 발표했다.

나는 교회가 신비주의자들의 탈아적 모험이 종교의 위신을 떨어뜨리지 않을까 두려워 해 그들에게 보여 온 동정의 결여를 완전히 이해하며 또 어느 부분 공감한다. 탈아론자는 다소 열광적이다. 그러므로 술취한 사람과 비교할 수 있다. 그에게는 신중함과 정신적 명료함이 모자란다. 그는 인간과 신의 관계에 진정한 사제가 지니는 진중하기 이를 데 없는 침착함과는 반대되는 주신적(酒神的) 성격을 부여한다. 사실 유교 선비가 도교적 신비주의에 보내는 경멸은 가톨릭 신학자가 사교승에게 느끼는 경멸과 기이하게도 닮았다. 모든 종파의 광신도들은 사제의, 즉 교회의 명료하고 질서 정연한 지성보다는 신비주의자들의 무질서와 도취를 더 환영한다. 유감스럽지만 나는 진실성의 문제 때문에 광신도들의 이러한 태도를 따를 수 없다. 내가 보기에 모든 신비주의자들의 황홀경을 더한 것보다도 일개의 신학이 신에 관해 훨씬 더 많은 것을, 신성에 대해 좀더 많은 암시와 개념을 우리에게 전하는 것 같기 때문이다.

그러므로 우리는 탈아론자들에게 회의적으로 접근하는 대신, 내가 이미 말한 것처럼, 그의 말을 그대로 받아들이고 그가 자신의 초월적 몰입으로부터 우리에게 가지고 온 것을 그대로 수용해야 한다. 그러고 나서 우리에게 제시된 것이 과연 가치 있는 것인지를 살펴보아야 할 것이다. 신비주의자와 함께 한 숭고한 여행을 통해 그가 우리에게 전달하는 것은 사실 그리 중요하지 않다. 나는 유럽의 영혼이 신에 대한 새로운 경험, 즉 그 모든 것 중에서 가장 중요한 실재에 대한 새로운 탐구로 다가가고 있다고 믿는다. 그렇지만 신성에 대한 우리 관념의 풍요화가 담론적 사유의 밝은 길을 통해서가 아니라 신비주의자들이 파놓은 지하 통로를 통해서 오는 것이 아닌가 하는 회의가 든다. 신학은 결코 황홀경이 아니다.[*2]

이처럼 매우 제한하여 말했다고 해서 내가 신비주의적 사상가들의 저작을 가볍게 여기는 것은 아니다. 다른 의미와 다른 차원에서 그들의 저작은 흥미진진하다. 우리는 지금 다른 어느 때보다도 그들에게서 많은 것을 배워야 한다. 황홀경의 관념—황홀경 자체는 아니다—또한 의미가 있으므로 우리는 이것에 대해서도 연구해야 한다. 다음 기회에 우리는 그것이 지닌 의미를 알아 볼 것이다. 내가 주장하려는 것은, 신비주의 철학은 우리가 철학이란 이름 아래 추구하는 것이 아니라는 점이다. 철학을 근원적으로 제한하는 유일한 것은 철학이 이론적 인식, 개념 체계, 즉 진술된 것의 체계가 되고자 한다는 점이다. 나는 철학과 대비를 이루는 현대 과학의 비교항목을 찾으면서 —앞으로 이런 비교는 계속해 나갈 것이다—이렇게 말할 것이다. 물리학이 측정할 수 있는 모든 것을 포함한다면 철학은 우주에 관해 설명할 수 있는 모든 것의 총체이다.

〈주〉

*1 《형이상학》 983~10.

*2 《사랑에 관하여》〈스탕달의 연애〉, 제7장. 나는 독일에서 새로운 신학이 태동하는 데 대해 큰 기쁨을 느낀다. 특히 카를 바르트의 저작은 바로 이 새로운 신학을 반영한다. 그는 신학이란 신에 대해 입을 다물어 버리는 것이 아니라 신에 대해 말하는 것 ($\vartheta\epsilon\lambda\epsilon\gamma\epsilon\iota\nu$)이라고 강조한다.

6강
신념과 이론, 유쾌함, 직관적 명증,
철학적 문제에 대한 사실들

철학이란 이론적 인식 활동, 곧 우주에 관한 이론과 다를 바가 없다. 세계의 전경을 우리 앞에 펼쳐 보이는 우주라는 단어가, 중요한 의미를 지닌 '이론'이라는 엄숙한 용어가 어느 정도 모습을 드러낸다 하여도, 우리는 우리가 마치 창조주인 듯 우주를 창조하는 것이 아니라, 오직 우주에 관한 이론을 지향할 뿐임을 기억해야 한다.

그러므로 철학은 우주가 아니며, 또한 우리가 삶이라 부르는 우주와의 직접적 교섭도 아니다. 우리는 여러 사물을 실현하고자 하는 것이 아니라 단지 그것을 이론화하고 정관(靜觀)하고자 하는 것이다. 한 사물을 정관한다는 것은 사물의 외부에 서서, 사물과 우리 사이에 존재하는 순수 거리를 유지하도록 결정한다는 의미를 내포한다. 우리는 어떤 이론, 즉 우주에 관한 개념의 체계를 추구할 것이다. 우리가 하고자 하는 것은 다만 이론에 대한 추구일 뿐이다. 어떠한 질서에 정렬되어 있을 이 개념들의 발견에 따라 우리는 세계에 존재하는 모든 사물, 곧 우주에 관해 설명할 수 있을 것이다. 우리는 대단하거나 거대한 무언가를 다루려는 것이 아니다.

철학적 문제들이 비록 그 근원주의적 성격 때문에 감상적일 수는 있지만 철학 자체는 감상적인 학문이 아니다. 오히려 즐거운 운동과도 같은 취미생활이다. 철학은 단지 우리가 이미 가지고 있던 개념을 다른 개념과 결합하고 융합하는 퍼즐게임의 한 부분과 같은 것이다. 이렇게 나는 철학을 신성하면서도 엄숙한 특질을 지닌 것이라기보다는, 하나의 취미생활과 같은 것이라고 여러분 앞에 말하고 싶다. 다른 모든 인간이 하는 모든 소중한 일 마찬가지로 철학은 어떤 스포츠적 차원이며, 이 스포츠에서 순수한 기질과 엄격한 조심성을 온전히 지탱해 나가는 것이다.

혹시 여러분이 이상하게 볼지는 모르겠으나 내 오랜 경험에서 터득한 사실 하나를 말하고자 한다. 이것은 철학뿐 아니라 모든 학문, 엄밀한 의미에서 이론적인 모든 부분에 적합하다. 즉 과학적 연구 경험이 전혀 없는 사람이 처음 과학에 다가서려 할 때, 그가 별다른 어려움 없이 학문에 전념하고 또 무엇을 할지 명확하게 알도록 해 주는 최선의 방법은 이렇게 말해 주는 것이 아닐까. "자네가 앞으로 듣게 될 것, 혹은 제기된 사고가 자신을 납득시킬 것이라고 연연하지 마라. 심각하게 받아들이지 말고 하나의 놀이라고 생각, 초대된 그 놀이에서 여러 규칙을 지키는 것이 필요하다는 것만 생각하라."

그리 엄숙한 것과는 거리가 먼 태도에서 비롯한 정신 상태야말로 과학적 연구를 시작하는 데 가장 좋은 환경이다. 이유는 매우 단순하다. 이제 막 학문을 시작한 사람에게 '납득함', '심각하게 수용함'이란 말은 지극히 확정적·고정적인 정신상태, 매우 습관적이고 뿌리 깊은 것에 마주했을 때만 느껴지는 자기 확신적인 정신상태를 사고해 버린다. 즉 태양은 수평선 너머로 진다거나 지금 보고 있는 우리의 몸은 사실 우리 자신의 바깥에 존재하는 것이라고 믿는 그러한 확신은 너무나 맹목적이며, 우리가 살아가는 공간이자 우리를 형성하는 환경에 너무나 깊이 뿌리 내리고 있다. 따라서 천문학이나 관념철학 등이 여기에 제기하는 반론은 이러한 맹목적인 심리적 타성 속에서 공허한 메아리로만 들릴 것이다. 과학적 확신은 진리와 이성에 뿌리를 두고 있기 때문에 우리 영혼의 표면을 투과하지 않으며, 괴의한 성격을 지니고 있다. 이것은 사실 특정한 이성으로 자신을 판단하도록 되어 있는 순수한 지적 동의에 뿌리를 둔 확신이며, 여러 일정한 이유로 인해 강제된 것이다. 우리 인격의 근원적 중심으로부터 태동하는 신념이나 생생한 믿음 같은 것이 아니다. 과학적 확신은, 만일 진정한 과학적 확신이라면 아리스토텔레스가 말한 것처럼 우리의 외부로부터 다가오는, 바꿔 말하면, 여러 사물에서 다가오는 것이고, 우리 자아 주변에 머물고 있다.

이 주변에 바로 지성이 존재한다. 지성은 우리 존재의 밑바탕이 아니라 그 정반대이다. 지성은 우리의 내부의 용량을 덮고 있는 민감하며 촉각적인 외피와 같다. 엄밀한 의미에서 이 내부는 본질적으로 비지성적이며 비합리적이다. "지성이란 우리의 표면 위에 있는 작은 사물(L'intelligence, quelle petite chose à la surface de nous)"이라 말한 바레스*¹의 표현은 매우 적절한 비유이다. 이렇게 지성은 사물과 존재의 중간에서, 우리 존재의 가장 내밀한 부분 위에 펼쳐진 막과 같이 우리의 표면에 자리잡고 있다. 따라서 그것의 역할은 존재 그 자체가 되는 것이 아니라 그것을 비추며 반영하는 것이다. 비록 사람마다 차이가 나지만 우리 자체가 곧 지성은 아니므로 지성은 누구에게나 똑같다. 결국 우리 모두는 지성이라는 동일한 것을 소유한 셈이다. 2에 2를 더하면 4가 된다는 것은 우리 모두에게 유효하지 않은가? 그래서 아리스토텔레스와 아베로에스*² 학파는 우주에는 오직 유일한 우리(un único nosotros) 또는 지성이 존재한다. 곧 그들에게는 우리가 지성을 소유하는 한 우리 모두는 단일한 지성이라 믿은 것이다.

우리를 개인화시키는 것은 지성의 배후에 존재한다. 그렇지만 나는 지극히 어려운 문제를 다루고 싶지 않다. 지성이 비이성적·습관적인 신념과 그 확신의 힘겨루기 싸움이 헛된 것임을 암시하기에 충분하다. 보편적 신념과 비슷한 신념을 자신의 사유로 견지하는 과학자는 자신이 연구하는 과학에 회의를 품는다. 바로하*³의 어떤 작품에서 한 등장인물은 다른 등장인물에게 다음과 같이 말한다. "이 사람은 필라르 성인을 믿듯이 무정부주의를 믿고 있다네." 그러자 제3의 인물은 이렇게 대답한다. "어떤 일이든, 믿는다는 것은 같은 일이네."

이와 비슷하게 음식에 대한 갈망은 항시 정의에 대한 갈망보다도 심리적으로 보다 강력한 심적에너지를 띤다. 유기체 내에서 어떤 행위가 고무되면 될수록 이 행위는 활력을 잃고 불안정해지며 효력도 축소한다. 영양적 기능은 감각적 기능보다 효력저하가 적고, 이 감각적 기능은 의지적·반성적 기능보다 효력저하가 적다. 생물학자들이 지적하듯이 한 종(種)이 새로이 획득한 한층 복잡하고 높은 수준의 여러 기능은 가장 먼저 그리고 무엇보다 쉽게 잃는다고 한다. 다시 말해 가장 가치 있는 것은 언제나 가장 위험한 상황에 놓여 있다는 뜻이다. 우리는 갈등, 좌절, 열정의 상태에 놓여 있을 때 곧 지성을 잃게 된다. 이는 우리가 지성을 완전히 체질화시키지 못하고 있다는 증거이다. 말하자면 가장 지성적인 사람도 가끔씩 지성을 잃는다.

도덕적 감각이나 미학적 취향도 이와 똑같다. 인간 사이에서는 바로 이러한 본질적 속성상 언제나 우월한 자는 열등한 자보다 효력이 적고, 확고하지 못하며 약하다. 이러한 인간 본성에 관한 기본적 생각을 바탕으로 우리는 세계사를 이해해야만 한다. 우월한 자가 역사 속에서 자신을 체현시키기 위해서는, 열등한 자가 야단법석 떨며 기회를 제공하길 기대할 수밖에 없다. 즉 열등한 자는 우월한 자의 체현을 위한 대리인이며, 맹목적이지만 그에게 비교할 수 없는 힘을 빌려 주는 것이다.

따라서 이성은 결코 존대해선 안 되며 비이성적 힘에 주의를 기울이고 유의해야 한다. 관념이 본능과 맞대결하는 것은 승리할 수 없는 싸움이다. 대신 관념은 헤라클레스처럼 완력이 아니라, 그것을 지니고 있지도 않지만 맹수를 천상의 음악으로 매혹시킨 오르페우스처럼 자신을 서서히 나타내면서 본능을 유혹해 길들이고 정복해야 한다. 그것은 결코 남성처럼 직접적으로 자신을 강요하지 않는다. 그 대신 수동적이지만 분위기를 이용해 자신이 지닌 여성성이라는 불멸의 전술을 구사하여 자신을 관철한다. 여성은 상냥하고 행동하지 않는 듯 자신을 드러내지 않으며, 양보하는 모습을 보인다. 헤벨*4이 말했듯 "고통을 통해 달성한다"이다. 관념 역시 그러하다.

고대 그리스인들은 관념이 맑고 깨끗한 존재이기에 자기 관철과 자기 실현을 믿었다. 곧 로고스, 말만으로도 살이 될거라는 근본적인 오류를 범했다.

이러한 태도는 종교의 외부에서 나타나는 하나의 주술적 신념이며, 역사적 현실은 행복하든 불행하든 주술이 아니다.

우선 지극히 애매하게 지적한 이러한 까닭에 나는 철학이란 심각하고 진지한 것이라고 보지 않는다. 반대로 운동을 하고 싶게끔 만드는, 또는 놀이에 직접 참여하고 싶은 기분을 일으키는 것이라고 본다. 그리고 그러한 정신으로 철학에 다가가는 특이한 태도를 선호한다. 근원적 삶과 비교할 때 이론은 하나의 유희이지 결코 대단하고 근엄하며, 강제적이지 않다.

인간은 마치 신의 손 안에 있는 장난감과 같다. 그리고 신 안에서 하나의 놀이가 될 수 있는 능력이야말로 진정 최선의 존재 방법이다. 그러므로 남성과 여성, 우리 모두는 현재의 지배적 견해와 달리 하나의 놀이로서의 존재가 되기를 갈망해야 한다. 또 가장 아름다운 놀이로부터 진정한 삶의 의미를 창조할 수 있기를 열망해야 한다. 놀이, 장난, 문화는 우리 인간에게 단연코 가장 심각하며 진지한 것임을 긍정하기로 하자.

지금 나는 또 방정맞게 행동하고 말았다. 사실 위 글은 내가 생각한 것도 아니고 이전에 발표한 적도 없으며 또 내가 쓰지도 않았다. 이 글은 다름 아닌 플라톤의 것이다. 더욱이 플라톤이 아무런 주의 없이 아무렇게나 쓴 것이 아니다. 이제 다룰 주제는 플라톤 자신처럼 노년의 원숙기로 접어든 사람이 더 없는 주의를 기울여야 할 그러한 것 중의 하나라고 밝힌 뒤 이어지는 문장이다. 이 글은 늘 자신의 저서 뒤에 몸을 숨기던 플라톤이 마치 무지갯빛 커튼처럼 글쓰기의 찬란한 노정을 반쯤은 열어 둔 드문 공간이다. 그래서 우리는 이 글을 통해 플라톤의 고귀한 면모를 엿볼 수 있는 것이다. 이 글은 플라톤의 미완성 마지막 작품인 《법률Laws》 7권에 나와 있는 구절이다. 플라톤은 한 친구의 죽음에 충격을 받고 이 저서 집필에 매진했으며 결국 이것은 불멸의 작품으로 남게 되었다.*5

　게다가 그 뿐만이 아니다. 플라톤은 그답지 않게 공을 들여, 각자의 생활 속에서 교양인으로 있는 한 기초가 되는 영혼의 상태, 기분, 현재 말로 감정 상태가 어떤 것인지를 결정지으려 한다고 말하고 있다. 고대 그리스인들은 우리가 심리학이라 부르는 것에 관한 한 거의 무지했다. 그에 대해서는 곧 다시 살펴볼 것이다. 그런데 플라톤은 여기에서 지극히 최근의 심리학 연구성과 중 하나를 천재적으로 예견했다. 우리의 모든 생명전체는, 흡사 하나의 종자처럼, 하나의 근본적이고 감정적인 기조에서 싹을 띄우고, 감정적 기조는 각자에게 다른 성격의 기반이 된다고 한다. 슬픔이나 환희, 우울함이나 확신과 같은 상황에 대한 우리의 구체적인 반응은 바로 이 감성적 밑바탕에 따라 결정된다. 그러므로 성숙하고 교양있는 사람이 되기 위해서, 인간은 목수가 배의 용골을 놓듯 자기에게 알맞은 감정적 색조를 스스로 준비해야 한다. 플라톤은 이 책을 쓸 때 자신을 용골을 놓는 목수로 여겼다고 말하고 있다.

　교육의 용골, 그리고 이것을 지지하며 균형을 맞추는 정신 상태는 열정적인 놀이, 또는 스포츠와 성격이 비슷한 진지한 농담, 즉 형식적 농담이다. 이러한 놀이 또는 스포츠는 하나의 노력이다. 그러나 이 노력은 노동과 달리 우리에게 강제로 부여되지 않는다. 유용하지도 않고 대가도 없는 자발적이며 즐거운 노력으로, 우리는 이것을 우리 자신의 의지에 따라 행한다. 또 그 자체에 만족한다. 괴테는 말했다.

목에서 나오는 노래야말로
그 노래를 부르는 이에게 최상의 상이다.

　교육은 유머 감각이 충만한 정신적 기질, 즉 유쾌함 속에서 싹트고 생명을
누리며 번성하고 열매를 맺는다. 심각함, 진지함 같은 것은 우리가 교양에,
여기서 문제시한 교양의 형태 즉 철학에 도달했을 때에 깊숙이 파고든다. 그
러나 지금으로선 유쾌함만이 있을 뿐이다. 즐거움은 결코 무시할 만한 정신
상태가 아니다. 여러분은 즐거움이란 유피테르 신이 지녔던 정신 상태임을
명심하기 바란다. 유쾌함에 익숙해지려면 올림포스 산에 있는 유피테르 신
을 따라해야 한다.
　플라톤은 만년의 저작들에서 의미가 비슷한 두 단어, 곧 문화를 의미하는
'파이데이아($\pi\alpha\iota\delta\epsilon\iota\alpha$)'와 놀이, 농담, 유쾌함이란 의미의 '파이디아($\pi\alpha\iota$-
$\delta\epsilon\iota\dot{\alpha}$)'를 반복해 쓰며 유희를 즐겼다. 이것은 플라톤의 스승 소크라테스의
반어법으로서 플라톤이 말년에 다시 꽃피운 것이다. 이 반어법, 적절하기 그
지없는 이 양의어(兩義語)는 최고의 반의적 효과를 새로 만든다. 그래서 우
리에게 전해진 플라톤 말년 저작의 사본에서 필사가는 파이데이아(문화)와
파이디아(농담)를 혼동하고 있는 것이다.*6
　이렇게 인간은 이미 가장 엄격한 놀이 속으로 깊이 빠져 들었기 때문에 우
리는 이제 엄격하기 그지없는 놀이로 초대받게 된다. 이 즐거운 지적 엄격함
이 바로 이론이며 동시에 이미 내가 말한 것처럼 가련한 작은 사물이자 이론
그 자체인 철학이다.
　우리는 또한 파우스트가 말했던 구절을 기억하고 있다.

　벗이여,
　모든 이론은 회색빛이며 생명의 황금나무는 푸른색이라네.

　회색빛은 금욕적이며 고행적으로 보인다. 이러한 것은 우리의 일상 언어
에서는 상징적 의미이다. 괴테는 바로 이 상징성을 암시하는 것이다. 회색빛
이란, 색이 색임을 포기할 때 얻을 수 있는 극한의 색이다. 반면 사치스러운
표현이지만 삶은 푸른 나무이며, 더 사치스러운 표현이지만 이 나무는 더욱

이 황금빛으로 색칠되어 있다. 황금빛으로 채색된 경이롭고 모순적인 사치와 마주쳤을 때 회색빛 위로 물러나고자 하는 삶에 대한, 이 우아한 의지는 우리를 이론화의 길로 이끈다. 이론의 장에서 우리는 실재를 요괴로 교환한다. 이 요괴가 곧 개념이다. 즉 우리는 실재를 삶으로 영위하는 대신 그에 관해 사유한다. 그러나 엄밀한 사유 자체인 명백한 금욕주의와 삶으로부터의 퇴각 밑바탕에 생명력의 최상 형태이자 지극히 풍요로운 활력과 사치가 숨어 있지 않다고 누가 장담하겠는가! 삶 속에서 사유가 진솔한 삶을 영위하는 데 있어서 삶의 생명력을 연장하고자 하는 숭고한 열정을 더해 주지 않는다고 누가 확신하겠는가!

신비주의자들의 극적 전술에 따라 나는 여러분에게 지금 우리는 이 나선형의 여정에서 두 번째 선회를 마치고 이제 막 세 번째로 접어들었다고 알려야 할 것이다. 그런데 이 세 번째 선회의 특징은, 이전에 우리가 거쳐 왔던 두 번의 선회와는 질적으로 다르다. 우리는 마치 어떤 과제나 계획을 정의하듯 철학이란 이름 아래 우리가 추구하는 것을 정의한다. 철학이란 우주에 대한 인식이다. 그 무제한적인 폭과 주제의 근원적 문제주의에 의해 철학적 사유는 두 개의 법칙 또는 의무를 충족시켜야만 한다는 사실을 말한다. 즉 철학은 첫째 자기 스스로를 구축하지 않는, 그 어떠한 진리도 인정하지 않는 자율적인 것이어야 하며, 둘째 자기 스스로 우주적·보편적 가치를 표현하지 않는, 곧 우주를 열망하지 않는, 그 어떠한 명제에도 만족하지 않는 범자율성을 완수해야만 하는 것이다.

이것이 지난 네 번의 강의를 통해 우리가 유일하게 성취한 것이다.

그 밖의 말들은 단지 이 작은 원리를 분명히 하고 또 거기에 의미를 부여하기 위한 것에 지나지 않았다. 그래서 우리는 이것들을 단순히 암시하는 형태로 애매하게 말하였다. 이것들과 어느 정도 거리를 둔 채, 마치 간접적으로 소문을 듣는 것처럼 대충 생각했다. 곧, 우리가 말해 왔던 주제들은 우리의 정신에 명백하게 나타나지 않았던 것이다. 우리는 지금껏 이런저런 다양한 사물에 대해 논의해 왔다. 그러나 이것들을 이들의 형체와 존재 속에서 직접 관찰할 수 있도록 우리 앞으로 끌고 와서 마주하지는 않았다.

결국 직접 마주하지 않은 그 무엇에 대해 말한다는 것은 명증을 결여한 채 어느 정도 맹목적으로 말하는 것이다. 이론은 명증으로 구성되고 또 명증성으로 진행될 때라야 비로소 진리가 된다. 이론은 조합(combinación)과 개념 그리고 우리가 판단 또는 명제라고 부르는 것으로 구성된다. 만일 여러분이 바란다면 이론이란 진술로 구성된다고 하자. 이 진술의 틀 안에서 우리는 어떤 사물에 대해 그것은 그와 같은 것이고 다른 것은 아니라고 말한다. 그렇다면 어떤 한 진술이 말하는 것과 이 진술이 말하는 대상인 사물을 우리가 대비할 수 있을 때 이 진술은 진정한 진술이다. 그렇다면 우선 진리란 어떤 사물에 대한 진술과 진술된 사물 사이의 일치인 것이다. 진술된 사물 자체는 시각 면에서 우리에게 현전(現前)한다. 그런데 색이나 음처럼 감각적일 경우에는 감각적 시각으로 현전할 것이다. 반면 정신 상태, 기쁨과 슬픔 등 내적상태, 혹은 기하학적 삼각형, 또는 정의나 선, 관계 등 비감각적인 것일 경우에는 비감각적 시각으로 현전할 것이다.

그러므로 하나의 진술은 진술된 사물이 보여질 수 있느냐에 따라 진리가 된다. 우리가 이해하는 단어의 의미 그대로를 간직한 사물을 보고 있다는 사실에 의거하여 내놓은 진술의 진리를 인정할 때 이 진술은 명백하게 증명된 진리이다. 명증이란 우리가 한 진술 또는 다른 진술을 고수하도록 우리를 충동하는 어떤 감정이 아니라 오히려 그와는 정반대의 것이다. 만일 명증성이 단지 감성일 뿐이라고 한다면, 그것은 어떤 종류의 감성이 되었든 간에 우리로 하여금 강제로 한 명제를 진리로 받아들이게 할 것이다. 그렇지만 이때의 이 진리는 거짓된 진리이다. 명증성은 감성과는 아무런 관련도 없다. 질병이나 사고 때문이 아니라 처음부터 장님으로 태어난 것 같은 감성과 명증성은 완전히 대조적인 것이라고 확언할 수 있다. 돌이나 식물에 눈이 없듯 기쁨과 슬픔, 열정과 고뇌, 사랑과 증오에도 눈이 없다. 이들은 장님이다. 사랑은 장님이라고 말할 때 더불어 여러 가지 어리석은 것들도 이야기된다. 이 어리석은 것들 중 하나는, 사랑은 스카프로 눈을 가린 채 나타난다는 말이다. 말하자면 사랑이란 마치 볼 수 있는 사람이 눈을 가린 것과 같다는 것이다. 그러나 사랑 그 자체는 장님이 아니라 아예 눈이 없다. 눈이란 것을 단 한번도 가져본 적이 없다.

이와 대조적으로 명증이란 우리가 어떤 사물을 직접 봄으로써 판단하거나 진술을 통해 단언한 것을 내보일 때 얻는 특성이다. 우리는 '보다' 또는 '시각'이라는 단어처럼, 명료함이나 엄밀함처럼 의미도 없는 단어에 기대하고 집착할 필요는 없다. 이 단어에 대해 우리는 단지 다음과 같은 단편적 지식만 견지하고 있을 뿐이다. 즉 색이라는 대상이 우리 앞에 직접적으로 현전할 때, 즉 실물로 존재할 때 우리는 색을 본다고 말한다. 반면 우리가 색을 보는 것이 아니라 그것에 대해 사유할 때, 이를테면 지금 우리가 사하라 사막의 모래색을 장밋빛으로 생각할 때 이 색은 직접적으로 우리 앞에 있는 것이 아니다. 다시 말해 이 색을 이루는 그 어느 속성도 우리 앞에 존재하지 않는다. 존재하는 것은 오로지 그것에 대한 우리의 사유, 즉 우리를 그것으로 인도하고 주목하게끔 하는 우리의 정신 행위이다. 시각이 문제되는 것은 단지 대상이 직접적으로 제시하는 주관적인 상태의 명백한 사례를 우리가 가지고 있다는 것이다. 청각에서도 마찬가지이다. 즉 소리는 청각을 통해 우리에게 직접적으로 현전하기 때문이다. 대체로 모든 감각 기능은 직접적 제시를 한다.

실증주의가 엄밀한 인식을 우리 앞에 나타내는 것으로 환언하려 했다는 점에서는 타당했다. 그런데 색, 소리, 냄새, 촉감과 같은 감각적 대상의 현전만 인정하는 오류를 범하고 말았다. 실증주의는 '실증적인 것'만을, 다시 말해 사물 자체의 현전만을 요구했다는 점에서는 옳다. 하지만 사물 자체의 현전은 감각론으로 환언되었기에 실증주의는 결코 이 현전을 경험해 보지 못한, 오류의 인식론이었다.

감각론 역시 태동된 이래 인간에게서 수많은 새로운 감각이 발견됨에 따라 입지가 좁아졌다. 옛 실증주의는 전통적인 인간의 오감에 만족했다. 그러나 현재는 인간의 감각 행위가 더욱 폭 넓어졌고, 이에 따라 우리는 적어도 11개 이상의 감각을 누리고 있다.

그러나 실증주의의 이러한 부적합함과 무능함은 제쳐 두자. 우리가 비판하고자 하는 면은 실증주의의 악순환이다. 왜냐하면 실증주의는 이렇게 말하기 때문이다. "그 어떤 것도 만일 그것이 우리 앞에 현전하지 않는다면, 우리는 진정 그것이 존재한다고 말할 수 없다. 그리고 우리는 현전에 의해 감각적으로 지각할 수 있다." 감각적 존재와 우리 앞에 현전하는 존재는 매우 다른 두 관념이란 사실에 주의를 기울이자. 색과 소리는 가끔씩 우리에게 현전해서가 아니라 색과 소리라고 하는 감각적 조건을 지니고 있기에 감각적 존재이다. 반면 정의로움이나 순수 기하학적 삼각형은 비록 우리 앞에 실

물로 현전할지라도 색이나 소리, 냄새가 아니기에 결코 감각적으로 지각될
수 없다. 실증주의는 감각적 대상의 현전 이외에는 그 어떤 현전도 존재하지
않는다는 사실을 증명해야만 했다. 만일 그랬다면 타당한 인식론이 되었을
것이다. 그런데 이 사실을 증명하기 위해 실증주의는 자신이 증명해야 할 것
을 자신의 원리로 미리 확정하면서 시작한다. 결국 실증주의는 선결 문제 요
구라는 거짓(petitio principii)을 저질렀고, 자기를 스스로 악순환 또는 순환
적 논증(circulus in demonstrando) 속에 가두어 버렸다.

  거듭 말하지만 현전과 감각은 서로 어떤 관계도 없는 다른 것들이다. 현전
은 현재, 직접적으로 우리 앞에 사물들이 존재하는 방식을 의미하는 것으로
우리 정신과 관련된, 즉 우리에게 현전(presentados)되는 것이 아니라 형상
화(representados)되는 것이다. 말하자면 우리에게 현전하는 것은 사물 그 자
체가 아니라 그것의 복사물 또는 필사본처럼 그 사물의 이미지와 같은 사물
들의 존재 방식이 대조되는 것이다. 그에 비해 감각은 다른 사물과의 비교를
통해 파악되는 사물의 하나로서, 우리와 관계된 그 사물들의 존재 방식을 결
코 암시하지 않는다. 엄격히 따지면 우리에게 '소리를 보아라', '색을 들으
라' 요구하는 게 명확한 오류이듯, 본질적으로 비감각적인 것의 직접적 현전
의 가능성을 부정하는 것 또한 심각한 오류이다. 이미 데카르트는 그 누구도
면이 수천 개인 다각형을 보지는 못했지만, 이것이 단순한 사각형처럼 우리
에게 직접적으로 현전할 수 있는 가능성에 대해서는 그 어떤 의심도 없다는
사실을 지적했다. 이는 우리가 '면이 수천 개인 다각형'이란 말의 의미를 분
명하게 이해하고, 또 결코 이것보다 면이 더 많은, 또는 더 적은 다면체와
이것을 혼돈하지 않는다는 사실로 증명될 수 있다.

  따라서 우리는 직접적 현전이라는 실증주의의 명령을 실증주의의 편협성
으로부터 지켜 보존해야 할 것이다. 어떤 대상에 대한 진리를 말하기 위해서
는 우리는 이것을 현전하도록 요구하자. 따라서 이 현전을 대상의 특수성에
맞도록 어떤 변형도 하지 말고 그대로 놓아 두자. 이 현전은 실증주의의 근
본적 확장과 절대적 실증주의를 의미한다. 나는 몇 년 전 어떤 글에서 현대
철학은 부분적이며 국한적인 실증주의와는 대조되는 절대적 실증주의로 특
징지어진다는 말을 쓴 적이 있다. 앞으로 더 살펴보겠지만 이 절대적 실증주
의는 철학사를 오염시켰던 감각주의의 폐혜를 처음으로 수정하고 극복하는

철학이다. 어느 시기에 철학은 흔히 영국 철학처럼 충실하게도 형식적·의식적인 감각주의에 빠져 있었다. 또 다른 어느 시기에 철학은 이 상태를 벗어나려 했지만 플라톤이나 아리스토텔레스처럼 끝내 이 노예 사슬 같은 감각주의를 완전히 떨쳐 버리지는 못했다. 그것이 아니었다면 중세에서 보편적인 문제라고 하는 큰 문제는 생성되지 않았을 것이다. 그러나 이 문제는 지금 여기서 다룰 사항은 아니다.

우리에게 지금 가장 중요한 문제는 명증성에 기초를 둔 진리 말고는 엄정한 이론적 진리가 존재하지 않음을 강조하는 것이다. 사물에 대해 말하기 위해서 우리는 그것을 직접 본 것을 요구해야 하며, 그럼으로써 사물이 부과하는 확실성의 방법에 따라 그것이 우리 앞에 현전함을 이해할 수 있는 것이다. 따라서 우리는 편협하면서도 제한적인 의미인 시각(visión)이란 말 대신 직관(intuición)이란 말을 쓰려 한다. 직관은 그 모든 사물에서 신비주의나 주술과는 무관하기 때문에, 우리에게 사물이 현전해 있는 정신 상태를 의미한다. 그러므로 감각적 직관도 존재하겠지만 동시에 비감각적 직관도 존재할 것이다.

오렌지색에 대한 직관이 있으면, 과일로서의 오렌지 자체에 대한 직관도 있고 또한 오렌지의 둥근 형태에 대한 직관도 있다. 그 모든 경우에 직관이란 단어는 언제나 자세히 설명되는 것처럼 '직접적 현전'을 뜻한다. 그렇다면 오렌지색, 과일로서의 오렌지, 오렌지의 형태인 원형이라는, 우리에게 현전한 이 세 대상을 비교해 보자.

프리즘이 나타내는 화려한 스펙트럼에서 우리는 '오렌지색'이라는 이름에 맞는 것을 직접 눈으로 보고 찾을 수 있다. 우리의 시각으로 이 명백한 색을 발견해 내는 것이다. '오렌지색'에 대한 우리의 사유는 우리가 견지하는 시각 속에서 직관적으로 충족되고 이루어지며 또한 완성된 상태로 존재하게 된다. 오렌지색에 대해 사유할 때, 우리는 사유와 오렌지색 사이에 그 어떠한 것도 더하거나 빼지 않고 오직 이것에 대해서만 사유했다. 이렇게 사유하여 그 자체를 볼 수 있기 때문에 우리는 소유하게 된 개념과 본 것이 똑같다고, 다시 말해 오렌지색에 대해 알맞은 완벽한 직관을 얻게 되었다고 말할 수 있다.

그런데 '오렌지'라는 대상에 대해서는 이러한 현상이 일어나지 않는다. 우리가 오렌지에 대해 사유하는 것은 무엇인가? 그것에 대해 사유할 때 우리가 정신적으로 언급하는 것은 무엇인가? 우리가 사유하는 것은 다양한 속성을 지닌 하나의 사물이다. 즉 오렌지는 그 고유의 색 말고도 어느 정도 견고한 물질로 구성된 원형체이다. 우리가 사유하는 오렌지는 내부와 외부가 있고 또한 원형체여서 두 개의 반구로 분리할 수 있을 것이다. 그러면 실제로 우리는 이 모든 것을 볼 수 있을까? 우리는 아무리 노력할지라도 우리 앞에 있는 오렌지의 모습 가운데 절반밖에는 보지 못한다는 사실을 깨닫게 된다. 결코 변하지 않는 시각 법칙 탓에 우리가 눈앞에 두고 보는 절반의 오렌지는 그 나머지 절반을 자신의 뒤에 숨길 것이다. 우리는 처음 오렌지를 보았던 것과는 다른 시각 행위를 통해, 즉 위치를 바꾸어 오렌지의 숨겨진 절반을 볼 수 있다. 그러나 이때는 다시 처음 보았던 오렌지의 절반 부분을 볼 수 없게 된다.

이 두 반구는 결코 하나의 완성체로 우리 눈앞에 존재하지 않을 것이다. 더욱이 보이는 것은 오렌지의 외부뿐 그 내부는 표면에 가려져 있다. 우리는 오렌지를 여러 조각으로 잘라 역시 새로운 시각 행위를 통해 그 내부를 볼 수 있지만, 이 잘린 조각들은 얇게 썰리지 않았을 터이니 엄밀히 말해 우리가 사유한 그대로의 오렌지 전체를 보았다고는 할 수 없다. 이 사실들은 우리가 오렌지를 보았다고 말할 때 우리가 오류를 범하고 있다는 명백한 증거이다.

우리가 오렌지에 대해 말할 때 그것이 하나의 시각이든 다양하고 부분적인 시각이든 우리가 발견한 명백한 것들은 결코 그것에 대한 우리 사유의 총체가 아니다. 우리는 언제나 오렌지에 대해 우리 앞에 현전하는 본연의 상태보다 더 많은 것을 사유한다. 또한 오렌지에 대한 우리의 개념은 언제나 시각이 우리에게 드러내 주지 않는 어떤 것을 전제로 한다. 이는 오렌지에 대해, 아니 형체가 있는 모든 사물에 대해 우리의 직관이 완전치 못하며 적합하지 않음을 뜻한다.

모든 순간에 우리는 직접 본 어떤 사물에 대해 새로운 시각을 더할 수 있다. 즉 우리는 오렌지를 더 얇게 잘라 이전에 숨겨져 있던 것을 명확히 볼 수 있다. 하지만 이 사실은 어떤 형체나 물질적 사물에 대한 우리의 직관이 비록 무한대로 완벽해질 수는 있지만 결코 전체가 될 수 없음을 뜻한다. 이 부적합한 직관, 그러나 언제나 완성할 수 있고 완벽한 존재에 끊임없이 가까이 다가서는 이 직관을 나는 '경험(experiencia)'이라 부른다. 따라서 물질적인 것에 대해서 우리는 오직 경험을 통한 인식, 즉 단순히 근사치적이며, 항상 보다 접근 가능한 인식만이 존재하게 된다.

오렌지색은 형체도, 물질적 사물도 아니었다. 그것은 오렌지라고 하는 사물이 지닌 것과는 분리된, 즉 자신에게 물질적이며 형체적 존재를 부여한 오렌지에 대한 하나의 추상으로 그저 순수한 색일 뿐이었다. 결국 오렌지색이란 단지 추상적 대상이었으므로 우리는 그것을 완벽하다고 간주할 수 있었던 것이다.

그러면 지금부터는 앞서 예시한 세 번째 대상, 기하학에서 문제시 되는 원형 혹은 구(球)에 대해 살펴보자. 우리는 곧 물질적으로 존재하는 또는 공과대학 강의실 칠판에 그려진 원이나 기하학 책에 나오는 원처럼 우리가 그릴 수 있는 그 어떤 원도 엄밀하면서도 정확하게 원에 대한 우리의 개념을 그려낸 것은 아니라는 사실을 발견한다. 그러므로 '원'이라는 대상은 감각적 지각의 형식에서는 볼 수 없으며, 우리의 육안으로 파악불가능하다. 하지만 그것이 우리에게 현전한다는 데에는 의심의 여지가 없다.

우리가 보고 있는 원으로부터 원에 대한 관념을 얻지 못했다면 원에 대한 관념은 어디에서 유래했을까? 개념이란 결코 발명되는 것이 아니며 무(無)로부터 추출되지도 않는다. 개념 혹은 관념은 언제나 그 무엇에 대한 관념이며, 또한 그 무엇은 우리가 그것을 사유할 수 있기 위해 어떠한 방법으로든지 우리에게 미리 현전해야 한다. 심지어 우리가 무에서 창조할 수 있다 할지라도 우리는 가장 먼저 사물을 창조해야 하며, 그런 뒤 현전하고 있는 것을 파악하고, 사유해야 한다. 사실 우리는 원에 대한 직접적인 직관을 갖추었다. 어떤 순간에도 우리는 근사치에 지나지 않는 원의 이미지에 안주하지 않고, 언제나 우리 정신에서 원을 찾아낸다. 그리고 원에 대한 우리의 개념과 원 자체를 비교할 수 있다.

수학적 대상에 대한 이 비감각적인 순수한 직관이 어디서 성립되었는지를 분석하려면 많은 시간이 필요하다. 그러나 지금으로서는 다음 설명만으로도 충분할 것이다. 우선 원은 하나의 선이며, 선은 무한한 점들의 연속으로 이루어진 것이다. 선이 아무리 짧고 유한할지라도 그것에 대해 우리가 사유하는 바는 그것이 무한한 점들의 집합이라는 사실이다. 그렇다면 '무한한 점들'이란 무엇을 의미하는가? 우리가 '무한한 점들'이라는 개념에 대해 사유할 때 우리는 얼마나 많은 점들에 대해 생각하는가? 여러분은 '이는 필시무한의 점이다'에 대해 생각한다고 대답할 것이다. 그런데 여기서 묻고자 하는 바는 무한한 것을 사유할 때 이 무한함을 구성하는 각각의 점과 모든 점을 실제로 사유하느냐 하는 것이다. 우리는 분명 그렇게 사유하지 않는다. 단지 점들의 유한 개수를 사유할 뿐이며, 여기에다가 우리가 사유할 수 있는 무한한 점들을 더하는 것이다.

그러므로 무한수에 대해 사유할 때 우리는 결코 사유를 멈출 수 없다. 무한의 개념이란 우리가 추구하는 모든 것을 포괄할 수 없다는 것에 대한 인식이다. 다시 말해 우리는 우리가 사유하는 사물, 즉 무한이 그것에 대한 우리의 개념을 초과하고 인식한다는 사실을 내포하면서 사유하는 것이다. 그런데 이것은 우리가 무한적인 것에 대해 사유할 때마다 우리의 개념을 그 무한의 대상 그 자체, 즉 그 현전과 비교하고 있음을 분명히 한다. 이 비교로 인해 우리의 개념이 부족한 것임을 우리 스스로 발견한다는 뜻이다. 선과 같은 하나의 수학적 연속에 대한 직관에 문제가 있을 경우, 우리는 이 직관, 즉 현전하는 것은 개념과 일치하지 않는다는 점을 본다. 반면에 오렌지의 경우 직관은 사유 안에 존재하던 것 이상을 제시한다. 실제로 연속적인 것, 우리가 '무한'이라고 사유하고 부르는 것에 대한 직관은 개념이나 이성으로 되돌릴 수 없다. 말하자면 연속적인 것이란 비합리적이며 초개념적 혹은 초논리적이다.

그 본질적 속성상 환영에 대한 교만한 삶인 합리주의는, 최근 수학적 무한성을 개념 또는 이성으로 되돌릴 수 있는 환영을 스스로 창조하고자 했다. 합리주의는 19세기처럼 투박하면서도 제국주의적 방식으로 자신의 영역을 거대하게 넓히면서 순수 논리를 통해 수학을 확대했다. 그런데 이 확장 과정은 문제 자체에 대한 맹목을 통해 이루어졌다. 그래서 수학자들이 다시 신중할 수 있도록, 또 가정적인 수학적 논리로부터 직관으로 돌아갈 수 있도록 그 유명한 '전체의 이율배반'과 같은 근본적이면서도 해결할 수 없는 모순에 의미를 부여해야 했다. 매우 중요한 이 지적 움직임은 지금 활발히 진행되고 있다. 새로운 수학은 대상 안에 존재하는 비합리성의 부분을 인정한다. 즉 새로운 수학은 논리에 그 고유한 특권을 부여하는 한편으로 대상의 고유하면서도 양도할 수 없는 운명을 받아들이는 것이다.

그러므로 수학적 대상은 그것이 가장 기이하고 신비로우며 연속적인 것이라 할지라도 직접적인 형식으로 현전하는 것이 된다. 그리고 우리는 이런 여러 대상에 대해 우리가 사유하는 대로의 적절한 직관, 혹은 우리가 생각하는 것보다 훨씬 풍부한 내용을 지닌 직관일 때 비로소 만나는 것이다. 그런데 최대가 있는 곳에는 최소도 함께 있기 마련이다. 우리가 가진 명제의 진리를 뚜렷이 인식하기 위해서는 현재로는 명제에서 사유된 모든 것이 직관에 존재하기만 하면 된다. 이 직관이 우리가 사유할 수 없거나 사유하기를 원하지 않는 다른 요소들을 포함할 수 있다는 사실은 진리의 근원적 의미에 어떤 영향도 미치지 않는다. 엄밀히 말해 직관은 항상 우리가 사유하는 것 이상을 포함하고 있다. 앞에서 우리가 분석했던 세 가지 경우 가운데서 가장 단순한 '오렌지색'의 경우가 그러하다. 우리가 본 색은 우리의 개념이 규정하지 않는, 즉 우리가 사유할 수도 이름붙일 수도 없는 어떤 색조를 항상 지니고 있다. 왜냐하면 오렌지색이란 빨간색과 노란색 사이 어딘가에 있는 것이므로, 그것은 말 그대로 무한대인 오렌지 색조의 다양성을 제시하기 때문이다. 스펙트럼 역시 연속체이며, 이는 질적인 것으로 수학적 연속은 아니다.

그렇다면 이제 우리는 알맞은 직관을 통해 우리에게 현전된 모든 것에 대해 근사치가 아니라 엄밀한 진리를 말할 수 있다. 다시 말해 우리는 그것에 대해 언제나 타당하고 엄밀한 인식을 갖추게 된 것이다. 이것이야말로 바로 철학에서 말하는 숭고하면서도 유치하고 어리석기 짝이 없는 선험적 인식이라는 것이다. 이런 의미에서 수학은 오렌지에 대한 인식처럼 실험적 또는 경험적인 것이 아니라 선험적 인식이다. 오렌지와 같은 대상은 결코 자신의 모습을 온전히 드러내지 않는다. 언제나 자신의 내부에 보여질 수 있는 부분을 감추어 둔다. 따라서 우리는 이것이 결코 제한적이지 않다는 사실을 인정하면서 보여질 수 있는 것에 의지해 인식해야만 한다. 그러므로 이것은 각각의 새로운 시각에 의해 제한된 것이며, 이미 이루어진 각 관찰의 상대성에 속하는 후험적인 인식이다.

반면 삼각형을 한번 보자. 그것은 우리가 형성하고자 하는 모든 직관 속에 완전한 형태로 제시된다. 삼각형은 자신의 어떤 형태도 숨기지 않고 완벽한 상태로 분명하게 드러낸다. 삼각형에 대한 단 하나의 직관에서 추출할 수 있는 모든 정리를 사유하려 한다면 아마도 한 세기가 넘게 걸릴 것이다. 이 목적을 위해 우리는 직관을 계속, 끊임없이 새롭게 해야 한다. 그러나 마지막으로 획득한 직관은 최초의 직관에 그 어느 것도 덧붙이지 않을 것이다.

철학의 근본적 철저함은 적합한 직관을 토대로 전체적 명증 이외에는 그 어떤 형태의 진리도 허용하지 않는다. 이것이 바로 내가 이 강의 대부분을 우리 시대의 가장 특징적인 철학의 배경이 되는 직관적 명증이라는 주제에 할애한, 변명의 여지 없는 이유이다. 내가 보기에, 이렇게 난해하기 그지없는 질문을 이보다 더 간단하게 표현할 수는 없다. 그렇지만 이제 번잡스런 단계는 지났다. 다음 강의부터는 우리의 가슴에 한발 가까우며 따뜻한 주제를 평이하고도 편안하게 다루길 바란다. 물론 바라는 바대로 될 것이란 확신은 없지만 말이다. 그 난해함에도 불구하고 명증성에 대해 지금껏 살펴본 것은 다음 단계 연구를 위한 필수 과정이었다. 왜냐하면 이미 말했듯이 우리가 지금 들어가고자 하는 단계에서는, 사물을 볼 때 우리로 하여금 그것을 보게끔 강제하는 유의 사물에 대해 연구할 예정이기 때문이다. 그 이전 단계와는 전혀 다른 것이다. 연주가가 공연 전에 조율할 목적으로 연습 삼아 연주하듯, 우리도 지금껏 철학 속으로 들어가기 위한 준비만을 해왔다. 그러나 자, 이제는 본격적으로 철학 속으로 들어가 보자.

우리가 출발했던 나선형의 출발점으로 돌아가 중심 테마인 철학의 정의에 대해 다시 한 번 살펴보자. 반복하건대 철학이란 우주에서 존재하는 모든 것에 관한 인식이다. 나는 이제 이 말들이 그 범위와 극적 강도에 있어 지적 전류로 완전히 충전된 상태로 여러분에게 전달되고 있으리라 생각한다. 우리는 이미 우리 문제에 대한 근원주의와 철학적 진리의 유형을 결정하는 요구의 근원적 특성을 인식하고 있다. 문제의 근원주의란 우리 자신이 증명하고 확인하지 않은 그 어떤 것도, 우리 자신이 진리의 기반을 구축하지 않은 그 어떤 것도 진리로 받아들이지 않는 것이었다. 그러므로 전제 또는 우리가 존립하고 있는 바탕을 구축하는 가장 관습적이며 개연적인 우리의 신념은 정지 상태에 있게 된다. 이런 의미에서 철학은 반자연적이며 이미 말했듯이 그 근원에서 역설적이다. Doxa라는 단어는 자발적인 관습적 의견이며, 더욱이 자연적인 의견이다. 철학은 이러한 의견에서 벗어나 그 배후 혹은 근저로 전진하여, 자발적인 것보다 그 이상으로 확고히 다른 의견과 Doxa를 추구해야 한다. 따라서 철학은 곧 역설(paradoxa)이다.

우리의 문제가 존재하는 모든 것, 즉 우주를 인식하는 것이라면 우리에게 무엇보다 필요한 것은 우리가 존재한다고 확신할 수 있는 존재들 가운데 과연 무엇이 존재하는지를 결정하는 것이다. 아마 우주에는 우리가 모르는, 우리가 영원히 모를 존재가 무수히 많을 것이다. 그런데 우주에 무수한 사물이 존재한다고 믿지만 실은 우주에 존재하지 않는 그저 우리의 잘못된 믿음, 즉 환영에만 존재하는 것들도 있을 것이다. 사막의 목마른 상인들은 사막 저 건너에 신선한 물줄기가 굽이치는 수평선이 아른거린다고 믿는다. 그러나 이 축복의 물은 사막이 아니라 오직 그 상인의 환상 속에서만 존재할 뿐이다.

그러므로 우리는 사물을, 첫째 우리가 그것에 대해 인식하든 아니든 우주에 존재할 만한 것들, 둘째 우리가 존재한다고 믿지만 사실 존재하지 않는 것들, 셋째 우리가 우주에서 그 존재를 확신하는 것들—세 가지로 분류해야 한다. 이 중 세 번째에 해당하는 것들이 우주와 우리의 인식에서 동시에 존재하는 사물일 것이다. 그리고 이것들이 바로 존재하는 모든 것에 대해 우리가 명백하게 가지는 것이며, 우주에 대해 물을 필요도 없이 우리에게 주어진 것으로, 우리는 이것들을 우주의 사실이라고 요약할 수 있다.

모든 문제는 사실의 존재를 전제로 삼는다. 사실은 문제가 아닌 것을 뜻한다. 우리가 이미 앞서 언급한 물속의 막대기라는 전통적인 예에서, 막대기가 곧다는 사실을 우리에게 알려 주는 촉각에 따른 인상도 사실이며, 막대기가 휘어져 있다는 사실을 우리에게 알려 주는 시각에 따른 인상도 사실이다.

그런데 문제는 명백히 어긋나는 이 두 사실이, 문제를 구성하지 않는다는 점에서가 아니라 실질적이며 의심할 수 없는 사실이란 점에서 일어난다. 이미 앞에서 살펴보았듯 모든 문제는 바로 이 상호 모순적 성격에 있다. 사실은 우리에게 부분적이며 불충분한 현실을 나타내 주는 한편, 원하지 않지만, 그 자체가 상호 모순적인 그 무엇을 제시해 준다. 즉 하나의 똑같은 현실에서 물속 막대기는 곧은 동시에 휘어져 있는 것이다. 현실이 좀더 분명할수록 이것은 더욱 받아들이기 어려우며, 또한 더욱 문제적이고 더욱 비존재적이 된다.

사유하기 위해서는 사유 앞에 문제가 존재해야 한다. 또한 문제가 존재하기 위해서는 사실이 존재해야만 한다. 만일 그 무엇이 우리에게 주어지지 않는다면 우리는 그것을 결코 사유하지 않을 것이다.

만일 우주에 존재하는 그 모든 것이 우리에게 주어진다면 사유할 필요가 없기에 또한 우리는 사유하지 않을 것이다. 문제는 중간적 상황을 전제로 삼는다. 우리에게 주어진 것, 우리에게 불완전하게 부여된 것은 그 자체로 무언가 부족하다. 우리가 그 무엇을 인식하지 않는다면, 그것이 무엇인가가 결핍된 불충분한 존재라는 사실을 인식하지 못할 것이다. 또한 우리가 이미 소유한 것이 요구하는 또 다른 것들이 결여되어 있다는 사실 역시 모를 것이다. 이것이 바로 문제에 대한 의식이다. 문제에 대한 의식이란 우리가 충분히 알지 못한다는 것에 대한 인식이며 우리가 무지하다는 사실에 대한 인식이다. 이것이 바로 엄격한 의미에서 소크라테스가 말했던 "무지하다는 사실을 아는 것"이 지닌 깊은 의미였다. 그는 이것을 자신의 유일한 자긍심으로 여겼다. 문제에 대한 의식이야말로 과학의 시작이라는 것은 부인할 수 없는 명백한 사실이다.

그래서 플라톤은 이렇게 자문한다. "어떤 존재가 인식 활동을 할 수 있는가?" 그것은 짐승은 아닐 것이다. 짐승은 모든 것에 대해 무지하며 심지어 자신이 무지하다는 사실조차도 모른다. 그리고 그 어떤 것도 짐승을 무지에서 벗어나게 할 수는 없다. 신 또한 인식 활동을 하지 않는다. 그는 이미 모든 것을 다 알고 있으며 그래서 무엇을 알고자 노력할 이유가 없다. 신과 짐승 사이에 위치하며 자신이 무지하다는 사실을 인식하는 능력을 부여받은 중간자적 존재만이 스스로 무지에서 벗어나고자 하는 충동을 느끼며 무지로부터 격렬하면서도 열정적으로 인식을 향해 나아간다.

이 중간자적 존재가 바로 인간이다. 그러므로 자신이 무지하다는 사실을 안다는 것은 인간만이 누리는 특별한 영광이다. 이 사실이야말로 인간을 문제로 가득한 신성한 짐승으로 만드는 요인이다.

우리의 문제란 우주 혹은 존재하는 모든 것에 관한 것이다. 따라서 우리는 우리가 발견한 우주에 관한 사실이란 무엇인지를, 다시 말해 존재하는 모든 것들 중 우리에게 확실하게 주어진, 그래서 추구할 필요가 없는 것이 무엇인지를 확정해야 한다. 우리가 추구해야 하는 것은 분명히 말해 우리에게 주어지지 않았으므로 우리에게 없는 것이다.

그렇지만 철학에서 사실이란 무엇인가? 철학을 제외한 다른 학문은 그 진리의 유형 면에서 철학적 진리보다 덜 근원적이며, 사실의 확정이라는 측면에서도 역시 철학적 사실의 확정보다는 덜 근원적이다. 그런데 철학은 그 첫 단계에서 자신의 지적 영웅주의를 한껏 발휘해야 하며 또한 그 엄밀성을 최대한 견지해야 한다. 왜냐하면 철학의 어귀에서, 비록 사실들이란 문제가 아니지만, 우주의 사실들에 관한 거대하고도 참을 수 없는 문제, 즉 의심할 여지 없이 확실히 존재하는 것은 무엇인가에 관한 문제가 생기기 때문이다.

〈주〉

＊1 Barrès(1862~1923) : 개인주의와 극단적 국가주의를 주장한 프랑스의 작가, 정치가.

＊2 Averroës(1126~1198) : 이슬람의 종교철학자. 아리스토텔레스 철학을 발전시켰다.

＊3 Pío Baroja(1872~1956) : 에스파냐 98세대의 대표적 작가. 니체, 쇼펜하우어 등의 작품에 심취하면서 창작 활동을 시작, 대단한 다작가로 수십 권의 작품집을 남겼다. 대표작으로는 소설 《과학의 나무 El árbol de la ciencia》(1911).

＊4 Hebbel(1813~1863) : 독일의 극작가. 그의 희곡 이념은 개체와 전체와의 변증법적 대립, 상극에 있으며, 결국 개체가 전체에 포괄됨으로써 전체의 발전을 위해 일해야 한다는 범비극주의의 양상을 띠고 있다. 대표작으로는 중세 독일의 전설을 극화한 《니벨룽겐 Die Nibelungen》(1861)이 있다. 19세기 독일 사실주의의 완성자, 근대극의 선구자로 평가받는다.

＊5 《법률》 7권 803c. (원주)

＊6 스텐첼(Stenzel), 「플라톤의 개시에 대한 개념 Der Begriff der Erleuchtung bei Platon」 《고대 Die Antike》, Ⅱ 256. (원주)

7강
우주의 사실들, 데카르트적 회의,
의식의 이론적 우수성, 매와 같은 자아

지난 강의에서 말했듯 우리는 사물을 세 가지로 분류해야 한다. 첫째, 우리가 그것을 인식하든 말든 우주에 존재할 만한 것들, 둘째, 우리가 존재한다고 믿지만 사실은 존재하지 않는 것들, 셋째, 우리가 우주에서 그 존재를 확신하는 것들로 말이다. 이들 중 세 번째에 해당하는 사물들이 우주와 우리의 인식에 동시에 존재한다. 이렇게 사물을 세 가지로 분류하는 작업은 매우 중요하다.

그런데 이미 말했듯이 우리는 이 세 번째에 해당하는 사물을 또 분류해야 한다. 우주에서 어떤 대상의 존재에 대해 우리가 확신할 수 있는 것에는 두 종류가 있다. 우리는 때때로 이론이나 증명 그리고 확고하고 정당한 추론에 기초해 어떤 대상이 존재한다고 단정한다. 즉 연기가 솟아오르는 광경을 보면 비록 불을 직접 보지 않았을지라도 그곳에 불이 났을 거라고 추정하는 것과 같다. 나무 줄기에 긁힌 자국 같은 선이 나 있는 것을 보면 우리는 사람이나 무엇인가가, 이를테면 나무를 기어 오르면서 문자와 비슷한 형태를 새겨 놓는 신기한 곤충이 이전에 여기에 살았을 것이라고 추론한다.

추론과 증명 그리고 이론에 따른 확실성은 다른 대상의 선행적 확실성으로부터 출발해 한 대상의 존재를 확실하게 된다. 그래서 불의 존재를 단정하는 것은 우리가 연기를 보았다는 사실을 전제로 삼는다. 그러므로 추론이나 증명을 통해 어떤 대상의 존재를 단정하기 위해서는 다른 대상의 좀더 근원적이며 일차적인 확실성에서 출발해야만 한다. 이 확실성은 증명이나 추론을 요구하지 않는 확실성의 한 유형이다. 따라서 우리가 그 존재를 증명할 수 있고 또 그러한 증명을 필요로 하는 사물은 존재한다. 그런데 이것은 우리가 그 존재를 증명할 수 없고, 증명을 필요로 하지 않는 사물이 존재한다는 사실을 전제로 삼는다. 왜냐하면 이러한 사물은 스스로 자신을 증명하기 때문이다. 우리는 단지 의심할 수 있는 것만 증명할 수 있으며, 의심을 허용치 않는 것은 증명할 필요가 없고 증명할 수도 없다.

그 존재를 의심할 수 없는, 모든 의구심을 물리치며 그 의미를 없앨 수 있는 사물들, 비판의 융단폭격에도 끄떡없는 사물들, 이것들이 바로 우주에 관한 사실들이다. 다시 말하지만, 이 사실은 우주 안에 존재하는 유일한 것도, 확실하게 존재하는 것도 아니다. 그것은 의심할 여지 없이 존재하는 유일한 것이며, 그 존재가 매우 특수한 확실성, 의심할 수 없는 확실성, 즉 원형적 확실성에 기초를 두고 있는 것이다.

이러한 우주에 관한 사실들을 지금부터 살펴보자.

몇 년 전 나는 에스파냐의 현대 시인인 후안 라몬 히메네스[*1]의 시 한 편을 읽었다.

정원에는 분수가 있네
분수에는 키마이라가 있고
그리고 괴물에게는 슬픔으로 죽어간
연인이 있다네.

이 시를 보면, 정원이 있는 이 세계에 키마이라 또한 존재한다. 키마이라는 지나가는 시인으로 하여금 시를 쓰게 하는 능력이 있다. 만일 키마이라가 없다면 어떻게 그것에 대해 말하고 그것을 다른 존재와 구별할 수 있겠는가? 또 어떻게 그것의 형태에 대해 정의내리고 묘사해 정원의 분수대에 새길 수 있겠는가? 키마이라는 그와 비슷한 모든 형태의 전형이므로 우리는 켄타우로스와 트리톤, 그리푸스, 유니콘, 페가수스, 그리고 불을 뿜는 미노타우로스에 대해서도 말할 수 있다. 그러나 우리는 너무나 성급히, 여기서 다루는 것은 우주에 실제로 존재하지는 않고 단순히 우리의 상상 속에 가상적으로 존재하는 것이라고 말하면서 키마이라에 대한 의문을 해결한다.

이처럼 우리는 연못에서 한가로이 헤엄치는 백조와 함께 존재하고 시인과 함께 유희를 즐기려는 키마이라를 실제 존재하는 정원에서 끌어내어 정신, 영혼 또는 마음속에 집어넣는다. 이러한 과정에서 우리는 키마이라 및 그와 비슷한 수많은 것들에 대한 무거운 짐을 놓아 두기에 적합하고 충분한 공간을 찾았다고 생각한다.

실제 우리는 키마이라의 존재에 대해 확실히 의심하고 있다. 또한 그것의 존재란 거의 비현실적이어서 많이 생각할 필요도 없으므로, 이처럼 곧바로 그에 대한 의문을 해결하는 것이다. 그러나 이때 우리 정신의 밑바닥에는 키마이라를 떠나보내는 데서 느끼는 희미한 아픔이 남는다. 이 아픔에 대해서 나는 이미 앞서 언급한 바 있다. 이것이 오늘 우리가 하는 논의를 방해하거나 어떤 심각한 영향을 미쳐서는 안 된다는 이유로 여러분의 머릿속에서 이 문제를 지워버리는 것에 대한 불안함에서 오는 아픔이다. 이 아픔은 내가 오래전 돈키호테를 감싸고 돌면서 표현했던 것과 매우 비슷하다. 풍차를 거인으로 여기는 돈키호테라니, 정말 웃긴 광경이 아닌가! 확실히 그가 본 것은 거인이 아니라 풍차였다. 그런데 인간이 어떻게 거인에 대해 알고 있는 것인가? 거인은 어디에 있었고 또 지금은 어디에 있는가? 그런데 거인이 존재하지 않는다면, 혹시 존재하지 않았다면, 인류는 역사상 존재하지 않았던 거인을 발견한 것이 된다. 그리고 이 역사적 순간에 인간은 진정한 돈키호테, 키마이라와 같은 돈키호테가 된다.

사실 수천 년 동안 인간에게 우주는 근본적으로 거인과 키마이라로 이루어진 공간과 같은 것이었다. 이것은 가장 실제적 사실이며 또한 우리 삶의 지배자였다. 그렇다면 어떻게 이런 일이 가능했고 또 가능한 것일까? 여기 호기심의 바람에 실은 아픔, 우리의 의문에 아무런 영향도 미치지 않을 아픔이 있다. 이 아픔보다 더욱 더 큰 아픔을 여기에 덧붙여야 할 것이다. 그러나 이것 역시 넘겨버릴 수 있다. 지금 우리는 키마이라가 존재하는지 또는 존재할 수 있는지에 관해 논의하는 것이 아니기 때문이다. 진정 우리의 관심을 모으는 것은 만일 키마이라가 반드시 존재한다면 그것들의 존재는 확실하므로 우주에 관한 근원적 사실로서는 무가치하다는 사실이다.

물리학자들이 우주에는 중력, 원자, 전자가 존재한다고 단언하는 것은 더욱 심각한 일이다. 그들의 확신대로 과연 이것들은 두말할 필요 없이 실제로 존재할까? 우리는 곧 이 물음에 대해 논의하는 물리학자들의 말을 들을 수 있을 것이다. 그런데 이것은 이들 존재에 관하여 적어도 의심은 할 수 있음을 의미한다. 그렇지만 비록 물리학자들이 모두 단합해 우리가 볼 수 없는 중력, 원자, 전자가 실재한다는 사실을 우리에게 믿게 하려 한다 해도, 우리는 이들의 반대편에 서서 다음과 같이 주장할 것이다. 원자란 비록 실제로 존재하는 것이긴 하지만, 어떤 이론의 마지막에 비로소 우리에게 나타나는 대상이라고.

원자의 존재가 진리가 되기 위해서는 그에 앞서 모든 물리적 이론이 진리여야 한다. 물리적 이론은 비록 그것이 진리라 할지라도 일련의 긴 추론에 뿌리를 내리고 있는 문제적 진리이다. 따라서 증명될 필요가 있다. 그러므로 물리적 이론은 일차적이며 자기 명증적 진리가 아니라, 파생적이며 추론적인 이론에 지나지 않는다. 이것이 우리로 하여금 키마이라는 오직 우리의 상상 속에서만 존재한다고 언급했던 것과 비슷한 결론을 내리도록 이끈다. 그러므로 실제 원자가 존재한다는 것은 의심스러운 일이다. 원자는 오직 이론과 물리학자의 사유에서만 존재한다. 원자는 물리학에서의 키마이라와 같다. 시인이 날카로운 발톱의 키마이라를 상상했듯이 켈빈 경*2은 원자에 갈고리나 손톱이 있다고 여긴 것이다.

원자 또한 키마이라처럼 의심할 수 없는 존재가 아니므로 우주에 관한 사실이 아니다.

그렇다면 지금부터는 사물들 중에서 좀더 우리에게 가깝고 덜 문제적인 것들을 찾아보자. 모든 자연과학의 결과가 비록 의문의 여지가 있다 할지라도 우리를 둘러싼 사물들, 우리가 보고 만지며 또한 실제적 사실로서 과학 연구의 출발점이 되는 사물들은 분명히 그 존재를 소유하고 있을 것이다. 시인이 보고 있는 키마이라가 실제로 존재하지 않는다 할지라도 적어도 정원은 확실히 존재할 것이다. 실제 우리가 보고 만지고 향기를 맡을 수 있으며, 사고팔 수 있고 산책을 하고 꽃과 나무를 가꿀 수 있는 정원은 반드시 존재한다.

그런데 내가 정원에서 초봄의 자연을 만끽하며 사르르 눈을 감는다면 마치 정원이 사라지라는 주문을 외면서 마술지팡이를 만진 것처럼 정원은 눈깜짝할 사이에 사라져 우주에서 소멸될 것이다. 우리의 눈꺼풀은 무수한 목을 내려친 단두대처럼 정원을 우주로부터 잘라 버릴 것이다. 정원은 말할 것도 없고 꽃과 나무를 싸고 있는 부드러운 흙과 꽃잎 그리고 나뭇잎 하나 남지 않고 사라져 버린다. 그러나 눈을 뜨는 순간 정원은 곧바로 다시 내 눈앞에 펼쳐진다. 뛰어난 실력을 뽐내는 무용수처럼 정원은 비존재에서 존재로 도약해 순간적으로 사멸했던 자취도 없이 우아하게 내 앞에 다시 나타난다. 보는 것뿐만 아니라 냄새를 맡거나 만질 때도 우리가 이에 걸맞은 감각 기관을 작동시킨다면 같은 현상이 일어난다.

그런데 이보다 더 확실한 경우가 있다. 정원에서 쉬다가 슬며시 잠들었을 때 자신이 정원에 있는 꿈을 꾸었다고 하자. 꿈속의 정원은 잠들기 전 쉬던 정원처럼 현실적이다. 고대 이집트어로 정원은 천국을 뜻했다.

술을 마셨을 때도 비록 깨어 있기는 하지만 꿈속에서 보았던 정원과 같은 정원을 보게 된다. 이러한 정원은 환각의 정원, 즉 사람이 만들어 낸 천국이다. 환각의 정원은 실제 정원과 아무런 차이가 없다. 즉 두 정원 모두 진짜 정원인 것이다. 나를 둘러싼 모든 것들, 내가 살아가고 있는 외부세계는 어쩌면 단지 하나의 거대한 환각일지도 모른다. 적어도 지각할 수 있는 내용물들은 일반적 지각에서나 환각에서나 같은 것이다. 그런데 환각은 그 대상이 현실에 존재하지 않는다는 특징을 지닌다. 일반적 지각 역시 이러하지 않다고 확신할 수 있겠는가? 일반적 지각이 환각과 다른 점은, 그것이 환각보다 단지 좀 더 지속적이고 그 내용이 나와 다른 이에게 상대적으로 공통된다는 것이다. 그렇다고 해서 이 사실이 일반적 지각에서 있을 수 있는 환각적 특징을 없애버리는 것은 아니다. 단지 실제적인 지각은 환각 그 자체가 아니라 지속적이고 공통적인 환각, 즉 다른 지각들보다 훨씬 저급한 지각이라고 말할 수 있을 뿐이다.

그러므로 감각에 대한 사실이라 불리는 것들은 우리에게 그 어떤 확신도 주지 않을뿐더러 또한 스스로 그 존재를 보증하지도 않는다. 이것을 바탕으로 보면 우리의 삶이란 정확하면서도 단조로운 꿈이거나 보편적이면서도 끈질긴 환각에 지나지 않는 것이다.

방법적 회의는 마치 질산처럼 방울방울 떨어져 견고함, 즉 외부세계의 확실성을 부식시키다 결국 증발하고 만다. 다시 말하면 회의는 해저의 역류처럼 거세게 몰아쳐 우리를 둘러싼 총체적 세계를, 그곳에 존재하던 모든 사물과 사람을 끌어들여 빠뜨린다. 심지어는 세계를 구하기 위해, 세계가 의심할 바 없이 존재하는지 확신하기 위해 우리가 헛되이 더듬었던 우리의 육체마저도 의심의 해일 속에 파묻어 버린다. 회의는 세계를 완전히 수장시켜 버리고 결국 세계는 산산조각난 채 해일 밑에서 소멸해 버린다. 중국인들은 이를 두고 죽은 자가 '강 밑으로 갔다'고 말한다.

이제 여러분은 우리에게 주어졌던 결론의 중요성을 충분히 납득했을 것이다. 지금까지 내가 앞에서 한 말은 이렇게 정리할 수 있다. 사물, 자연, 인간, 총체적 외부세계는 명백한 존재가 없다. 그러므로 이것들은 근원적 사실이 아닐 뿐더러 반드시 우주 속에 존재하지도 않는다. 우리를 둘러싼 세계, 우리를 지탱해 주며 또한 우리가 살아가는 세계, 가장 단단하고 굳으며 확실해 보이는 이 세계, 가장 확고한 곳임을 증명하기 위해 우리가 발을 구르는 이 단단한 대지는 결국 의심스러운 존재, 또는 적어도 의심할 수 있는 존재인 것이다.

그러므로 철학은 우리의 생적 신념의 출발점인 이 외부세계의 존재에 관한 사실로부터 출발하지 않는다. 삶에서 우리는 추호의 의심도 없이 우주라는·총체적 실재를 그대로 받아들인다. 그러나 다른 학문이 진리라고 보여 준 것을 진리로 받아들이지 않는 철학은 삶이 믿는 것을 더욱 수용하지 않는다.

어떤 의미로 볼 때 철학을 한다는 것은 삶을 살아가는 것이 아니라는 사실에 대한 매우 구체적인 예가 여기에 있다. 왜 철학은 그 구성으로 볼 때 역설적인지에 대한 확실한 본보기가 바로 여기에 있는 것이다. 철학을 한다는 것은 삶을 살아가는 것이 아니다. 그것은 의식적으로 생적 신념으로부터 벗어나는 일이다. 그렇다면 이 탈출은 실제적이며 지적이고 오로지 이론 창출만을 위해 작동해야 하고, 또 할 수밖에 없는 그러한 것이다. 따라서 철학을 한다는 것 자체는 이론적이다.

철학을 함이란 바로 이러하기에 나는 처음부터 심각한 표정을 지으며 사람들을 철학으로 이끄는 것이 기이하다고 생각한다. 외부세계가 존재하지 않는다는 주장을 진지하게 받아들여 주기를 과연 어떤 사람이 바랄 수 있겠는가? 철학적 확신은 생적 확신이 아니다. 그것은 하나의 유사 확신, 지적 확신인 것이다. 그리고 진중함은 철학자에게는 심각함이 아니다. 그것은 단지 우리의 개념을 연속과 질서 안에 두려는 하나의 가치이자 힘이다.

하지만 무엇보다도 다음 사실에 주목하기 바란다. "외부세계는 근원적 사실이 아니며 그 존재는 의심할 수 있다. 외부세계의 실재를 확신하는 모든 명제는 명확한 명제가 아니기 때문에 증명이 필요하다. 즉 최상의 상황에서 이 명제가 의존할 수 있는 근원적 진리가 필요하다." 철학은 이것을 표명하는 것에서부터 시작된다. 앞서 말했다시피 철학은 외부 세계의 실재를 부정하는 것이 아니다. 그렇게 되면 의심을 품을 수 있는 다른 것에서부터 다시 시작해야 하기 때문이다. 엄밀히 말하자면 철학은 오직 다음과 같은 사실들을 말할 뿐이다. 주변 세계의 존재와 비존재, 어느 하나도 분명치가 않다. 그러므로 우리는 이것들로부터 연구를 시작할 수 없다. 만약 그렇게 한다면 가정에서부터 연구를 시작한다는 의미가 되기 때문이다. 우리는 전제로부터가 아니라 그 자체만으로 충분한 것, 즉 우리에게 부과된 것으로부터만 연구를 시작해야 한다.

여기서 다시 세계와 친구들, 그리고 우리의 몸마저 휩쓸고 간 저 심해의 역류가 소용돌이치는 극적 상황으로 돌아가 보자. 엄청난 역류가 모든 것을 휩쓸고 지나간 뒤 우주에 남는 것은 무엇일까? 의심할 바 없이 우주 안에 존재하는 것은 무엇일까? 세계와 심지어 온 우주에 대해 의심할 때 남아 있는 것은 무엇일까? 그것은 단지 의심과 내가 의심한다는 사실뿐이다. 즉 내가 세계의 존재를 의심한다면 나는 내가 의심한다는 것을 의심할 수 없는 것이다. 바로 여기에 모든 의심의 한계가 있다. 우리가 의심의 영역을 아무리 넓힌다 하더라도 의심은 스스로 자신과 충돌할 것이며, 마침내 붕괴될 것이다. 우리는 의심할 바 없는 무엇을 찾고자 하는가? 그렇다면 이 의심이라는 것이 있다. 모든 것을 의심하고자 한다면 나는 내가 의심한다는 사실을 의심하지 말아야 한다. 의심은 자신을 건드리지 않는 조건 아래에서만 가능하다. 자기 자신을 깨물다가 자기 이를 부러뜨리고 말 것이다.

그러나 데카르트는 좀더 위대한 다른 관념의 연출에만 있는 이러한 사유를 기초로 근대 철학을 연구하기 시작했다. 이것은 매우 기본적인 사실이므로 모르는 사람은 없을 것이다. 여러분이 이미 충분히 이해했을 것이라고 생각되는 이 강의의 전반부에서 제시한 다른 것들과 마찬가지로, 데카르트로부터 근대 철학이 시작되었다는 사실을 거듭 말하는 데에는 여러 가지 이유가 있다. 그 이유에 대해서는 이 강의를 계속하는 동안 언젠가 밝힐 것이다. 우리는 이미 이 강의의 비밀을 밝히면서 그 지하통로에 내려서는 수준에 이르렀다. 그래서 나는 이제 지난 25년 동안 공인으로서 말하기 꺼려 왔던 것을 밝히고자 한다. 이것은 바로 한 신문기자의 작품, 좀더 보편적으로 말해 지상 계단의 수와 같은 수의 지하 계단이 숨겨져 있는 파리 오페라하우스와 같은 총체적 의미에서의 한 인간의 삶이라고 생각한다. 이렇게 말하면서 앞으로 살펴보게 될 근대성의 아버지인 위대한 데카르트 형상 앞을 지나가는 것은 결코 우연이 아니다.

그렇지만 지금은 좀더 급박한 문제에 대해 논의해 보자. 성 아우구스티누스의 철학처럼 우리가 의심한다는 사실에 대해서는 의심할 바 없다는 이 사소한 사실—데카르트가 근대를 열었음을 믿는 사람은 데카르트적 사유가 제시하는 거대한 혁신에 대해 추호의 의심도 품지 않는다. 그래서 그는 결국 근대성의 근원을, 즉 근대성의 전체 의미를 잊어버리고 만다.

하지만 의심 자체를 의심하지 않기 위해서 의심이라는 사실에 과연 어떤 특권이 있는지를 분명하게 알아보는 것 또한 중요하다. 다시 말해 왜 바깥세계와 같은 거대하고 중요한 사물은 의심할 수 있으면서 의심 그 자체라는 사소한 것에 대한 의심의 화살은 점점 무디어지는지에 대해 주의를 집중해 보아야 한다. 내가 의심할 때, 나는 의심의 존재에 대해서는 의심할 수 없다. 그러므로 이것은 근원적 사실이며 의문의 여지가 없는 우주의 현실이다. 그 이유는 무엇인가? 지금 나는 강의 중인 이 극장의 존재도 의심할 수 있다. 혹시 내가 환각에 빠져 있는지도 모른다. 젊음의 혈기가 넘치던 시절 나는 극장에서 대중 앞에 서서 철학 강연을 하는 꿈을 꾼 적이 있다. 지금 이 순간 그 꿈이 이루어진 것인지, 아니면 이 순간이 그 꿈이고 지금 내가 꿈을 꾸고 있는 것인지 알 수 없다. 지금 이것은 실제세계와 꿈의 세계가 그 내용상 근본적인 차이가 없음을 말해 준다. 중세 때, 베르길리우스*3의 정원이 외부의 다른 세계와 공기라는 장벽으로 분리되어 있을 뿐이라고 한 것처럼 우리는 그 어떤 변화도 없이 실제세계에서 꿈의 세계로 옮겨갈 수 있다. 그리고 이 구체적인 사례로 보아 내가 마드리드 시민들에게 철학을 가르치는 것이 내 삶의 꿈이라는 데에는 어떠한 의심도 없다.

그러므로 나는 이 극장의 실재에 대해 의심할 수 있지만 그것에 대해 내가 의심한다는 사실은 의심할 수 없다. 거듭 말한다. 왜 나는 내가 의심한다는 사실을 의심할 수 없는가? 이 의문에 대해서는 이렇게 대답할 수 있다. 의심한다는 것은 어떤 것이 의심스럽거나, 문제가 있다는 생각이 들게 한다는 뜻이다. 나에게 그 무엇이 그렇게 생각되는 것과 그것을 사유하는 것은 같다. 의심은 결국 사유이다. 그런데 사유의 존재를 의심하기 위해서는, 사유에 실재성을 부여할 목적으로 그것을 소멸시키려는 행동과 동일하게 사유에 대해 사유하고 그것에 우주적 존재성을 부여해야 한다. 다시 말해 부정한다는 것은 곧 사유하는 것이다. 그러므로 사유는 우주에서 그 존재가 결코 부정될 수 없는 유일한 것이다. 내가 사유하는 사물은 우주에 존재하지 않을 수도 있다. 그러나 그 사물에 관한 나의 사유는 의심할 수 없다.

거듭 말하지만 의심스러운 존재는, '나에게 그렇게 보이는 것'이다. 우주에 존재하는 모든 것은 '나에게 그렇게 보이는 것'을 제외하면 '나에게 의심스럽게 보일 수' 있다. 이 극장의 존재는 문제적이다. 왜냐하면 나는 극장을 나로부터 독립하여 존재하는 것으로 이해하기 때문이다. 내가 눈을 감으면 극장은 나에게서는 그 존재를 중단하지만, 우주 내에서는 나로부터 떨어져, 나의 외부에서 계속 존재한다. 즉 극장은 그 자체로 계속 존재하는 것이다. 그런데 사유는 그것이 되고자 하는 것, 즉 그 존재가 나에게 그 무엇처럼 보이는 것, 다시 말해 나에 대한 존재로 환원되는 기이한 특권을 가지고 있다. 그리고 지금 이 순간 나는 오직 사유로만 이루어져 있으므로 우리는 사유란 존재, 그 실재가 오직 그 본질 자체에 존재하는 유일한 것이라고 말할 것이다. 그리하여 사유는 그 무엇처럼 보이는 것 그 이상도 이하도 아니다. 즉 사유는 본질처럼 보이는 것이다. 이렇게 사유는 자신의 외관에서 그 본질을 소진한다.

이 극장의 예에서 볼 때 상황은 사유와 대조적이다. 내가 극장을 보았을 때, 극장의 본질 또는 극장이 되고자 하는 존재는 자신의 외관에 의해 소진되지 않는다. 반면에 내가 그것을 보지 않을 때에도, 내 앞에 나타나지 않을 때에도, 극장의 본질은 계속 존재하고자 한다. 그런데 '내가 본다는 것'은 내가 지금 보고 있다고 생각하는 행위에서 그 존재적 갈망을 소진하는 것이다. 즉 내가 무엇을 본다는 행위는 그 존재의 주장이 나의 앞에 분명하고 직접적으로 나타나는 것이다. 만일 지금 내가 어떠한 환각에 빠져 있다면 이 극장은 실제로 존재하지 않을지도 모르지만 이 극장을 바라보는 나의 행위는 여전히 유효하다.

이러한 사실은 우주의 모든 존재 가운데 사유만이 사유 그 자체로서 존재한다는 뜻을 내포한다. 사유는 주어진 존재이기에, 순수 현전(現前)이기에,

순수 외관이기에, 즉 나에게 그렇게 보이는 것이기에 의심할 바 없이 존재하는 것이다. 이것이 바로 데카르트의 결정적이고 위대한 발견이다. 그 발견은 중국의 만리장성처럼 철학사를 고대 및 중세와 근대라는 두 부분으로 나누었다.

그러나 나는 지금까지 말한 것에 결코 만족하지 않는다. 여러분이 알다시피 우리는 매우 중요한 문제들인 정신과 영혼, 의식, 자아, 일반 사실로서의 주관성, 즉 우주의 근원적 사실에 관하여 알아보았다. 그리고 이것이 근대가 그리스 철학의 소중한 유산에 부가한 위대한 관념이라는 사실을 알게 되었다. 그러므로 근대의 관념을 계속 탐구하고, 또 그것을 최대한 명확하게 밝히는 것은 무척 보람된 일이다. 우리는 광기에 이를 만큼 명확성을 추구해야 한다. 아니 명확성의 광기에까지 이르러야 한다. 그러므로 나는 정신, 의식, 사유, 주관성, 영혼, 자아의 본질에 대해 여러분을 완벽히 이해시켜야 한다. 그러기 위해 서로 다른 형식을 추구하며 이 주제를 되풀이하여 다루더라도 이해해 주기 바란다.

우리는 우주에 대한 근원적 사실들을 추구했다. 그런데 이 사실들은 누구에게 주어지는 것일까? 당연히 인식이다. 이러한 사실은 인식의 결여된 부분을 추구하는 출발점으로 삼기 위해 인식에 부과해야 할 어떤 것이다. 그렇다면 우리는 언제 그 무엇이 인식에 주어진다고 말할 수 있는가? 그것은 그 무엇이 우리의 인식 속으로 완전히 들어갈 때, 우리가 어떤 신비나 의심을 품지 않고 분명한 이해 속에서 그 무엇을 발견할 때, 우리의 인식이 그 무엇을 의문의 여지 없이 소유할 때이다. 그런데 내가 그 무엇에 관해 인식할 수 있는 소유의 장으로 들어가기 위해서는 어떻게 해야 하는가. 그 무엇이 총체적으로 나에게 분명해야 하며, 자신을 이루는 그 어떤 것도 숨김없이 본질적 상태인 존재 그대로의 모습으로 내 앞에 나타나야 한다. 더구나 존재하려는 그 모든 것이 내 앞에 나타나지 않으면 결국 사실이 아니란 점이 분명해진다. 그런데 이러한 현상은 내 고유의 사유나 정신이 아닌 모든 사물에 똑같이 일어난다. 그 무엇이 내 앞에 나타나기 위해서는 나는 어떠한 방법으로든지 그것을 나의 내부에 소유하고 있어야 하며 또한 그것을 사유해야 한다. 나의 사유로부터 분리된 모든 것은 나의 사유 밖에 존재하고자 한다. 즉 이것들은 나에 대한 현전(現前)과는 분리되어 존재하려는 것이다. 그러므로 내가 그 무엇을 목격하는 일은 없다. 그러나 보여진 대로 보이는, 들려진 대로 들리는, 상상한 대로 상상되는, 생각한 대로 생각되는 그것들이 현전하는 한 내 앞에 나타난 사물들 그 자체인 사유는 스스로 자신을 완전하게 소유한다. 내가 2 더하기 2는 5라고 한다면 이는 오류이다. 그러나 내가 그렇게 사유하고 있다는 사실은 결코 오류가 아니다.

사유는 근원적 사실이다. 그것은 언제나 자신을 소유하며, 스스로 현전하는 유일한 것이고, 또한 자신의 내부에서 자신을 발견하기 위해 존재하는 것이기 때문이다. 이제 우리는 어째서 의심에 대한 농담같은 말투는 단순한 농담이 아니라, 사실은 그보다 포괄적인 하나의 관념에 대한 재치 있고 응축된 날카로운 표현인지를 이해할 수 있다. 의심을 의심할 수 없다는 것은 의심의 특수한 성질 때문이 아니라 의심이 사유이고 사고이기 때문이다. 의심에 대해 우리가 말한 것과 같은 사실은 보고, 듣고, 상상하고, 생각하고, 느끼고, 사랑하고, 미워하고, 좋아하고, 싫어하고, 치통으로 고통받는 것 등에 대해서도 그대로 적용된다. 이 모든 것은 공통적으로 자신의 본질 그대로 존재하는 특성을 지니고 있다. 이가 아프다고 우리가 생각한다면 '치통'이라 불리는 사실은 우주에 분명히 존재한다. 치통이 절대적으로 존재하기 위해서는 그것이 스스로 존재하는 것처럼 보이는 것만으로도 충분하기 때문이다. 우주에 이가 있느냐 없느냐 하는 것은 여전히 문제적이다. 따라서 하이네는 한 여인에게 주의를 주며, 우리는 가끔씩 고통을 호소할 때, 그 고통의 뿌리를 혼돈하지만, 고통 그 자체는 틀림없이 존재한다고 말했다. "부인, 나는 가슴에서 치통을 앓고 있답니다."

나는 오랜 강단 경험에 의해 지중해인들은 사유와 주관성을 이루는 특별한 성격, 즉 우주에 존재하는 모든 것들 가운데 유일한 것을 잘 인식하지 못한다는 사실을 깨닫게 되었다. 그런데 지중해인들과 달리 북유럽인들은 이것을 쉽고 명확하게 인식한다. 내가 이미 말한 것처럼 주관성의 관념은 근대 전체를 관통하면서 하나의 기본적인 원리로 작동했다. 따라서 우리 지중해인들이 왜 완벽하게 근대인이 되지 못했는가 하는 것은 북부 유럽인들과는 다르게 주관성의 구성적 특성을 잘 이해하지 못했다는 사실 때문이었다. 그것이 하나의 원인이었음을 여러분에게 제시하면서 강의를 계속하려 한다. 시대는 저마다 삶을 고쳐하고 구성하는 몇 가지 원리가 지배하는 하나의 사조와 같다. 이 사조가 국민에게 걸맞지 않을 때 그 국민은 척박한 환경 속의 식물이 최소한의 삶으로 축소되듯이 삶에 대한 관심을 잃는다. 스포츠 용어로 말하자면 컨디션이 흐트러지는 것이다. 이 현상이 바로 근대기에 에스파냐인들에게 일어났다. 삶의 근대적 유형은 에스파냐인들에게 걸맞지 않았으며 그래서 그들은 여기에 대한 관심을 잃어버린 것이다. 이 현상과 맞서서 고쳐나가는 방법은 없다. 다만 이것의 종말을 기다릴 뿐이다. 그러나 근대성의 뿌리인 주관성이라는 관념이 이보다 더 심오하고 확고한 관념에 밀려 부분적으로 혹은 완전히 폐기되면서 극복되었음을 상상해 보라. 이것은 새로운 사조, 새로운 시대가 열림을 의미할 것이다. 이 새로운 시대는 이전 시대의 근대성에 대한 부정을 의미하기에, 근대 기간 동안 소외되었던 사람들은 새로이 도래한 시대에 그 위대한 부활의 가능성을 얻게 될 것이다. 에스파냐는 다시 한 번 그 삶과 역사를 완전히 일깨우게 될 것이다. 이 강의의 결론 가운데 하나가 우리가 이처럼 상상하는 것들이 현실화되었다는 사실, 즉 주관성에 대한 관념이 훨씬 다른 심오한 관념으로 극복되고, 근대성이란 것이 근본적으로 끝났다는 확신을 주는 것이라면 과연 어떨까?

그러나 주관성에 대한, 또는 우주의 일차적 사실로서의 정신 내지 의식에 대한 관념은 너무나 거대하고 확고한 것이라서 그것을 쉽게 이겨내리라는 환상을 품을 수가 없다. 이와 대조적으로 우리는 그 관념 속으로 들어가 그것을 완전히 이해하고 지배해야 한다. 만일 이렇게 하지 않는다면 우리는 이 관념을 극복하려는 시도조차 꿈꾸지 못할 것이다. 지난 역사를 통해 볼 때 극복 또는 정복이란 동화를 전제로 한다. 우리는 극복하려는 대상을 완전히 꿰뚫어 볼 수 있어야 하며 포기하고자 하는 것을 우리 의식에 선명히 각인시켜야 한다. 세 번째 계단이 첫 번째 계단과 두 번째 계단을 그 아래에 두기 때문에 오를 수 있는 것이듯이 정신적 삶에서도 오로지 간직된 것만이 극복된다. 만일 첫 번째 계단과 두 번째 계단이 사라져 버린다면 세 번째 계단은 바로 첫 번째 계단으로 내려앉고 말 것이다. 근대를 넘어서기 위해서는 철저히 근대적이 되는 수밖에 없다. 에스파냐의 가톨릭 신학교들은 결코 근대적 관념을 극복하지 못했다. 이들은 근대적 관념을 실제로 받아들이기는커녕 한 번도 그것에 대해 숙고하거나 동화하려는 노력도 없이 고집스럽게도 자신들 사유세계의 밖에 그것을 방치해 버렸기 때문이다. 육체적 삶과는 대조적으로 정신적 삶에서는 새로운 사유, 즉 이전 세대의 사유가 낳은 자식 세대의 사유는 자신의 몸 속에 부모 세대의 사유를 항상 품고 있다.

그럼 다시 사유라는 근원적 사실로 돌아가 보자.

방법적 회의, 즉 의심이 지적 의미를 지닌 한 의심한다는 결정은 데카르트에게는 그의 의심의 확실성에 관한 시초적 공식과 같은 우연한 발상이 아니었다. 보편적 회의의 해결은 오로지 환질명제(換質命題) 또는 또 다른 좀더 명확한 해결, 즉 우리가 증명할 수 없는 그 무엇도 과학의 내용으로 받아들이지 않는 해결의 도구일 뿐이다. 그런데 과학과 이론은 증명된 명제의 체계에서 실재에 대한 모사일 따름이다. 그러므로 방법적 회의는 결코 철학이 하는 어떤 모험이 아니다. 그것은 자기 고유의 타고난 조건을 인식하고 이루는 철학 그 자체이다. 모든 증명은 저항에 대한 증명이다. 그리고 이론은 하나의 명제가 의심에 부여하는 저항에 대한 증명이다. 따라서 의심하지 않으면 증명도 인식도 존재하지 않는다.

이런 방법적 회의는 역사적으로도 또한 오늘도 인식을 위해서는 사유 자체가 근원적 사실이어야 한다는 커다란 발견을 이끌어냈다. 다른 그 무엇에 대하여도 그것이 존재하려면 내가 그것을 오로지 사유하는 것만으로 충분하다고 말할 수 없다. 키마이라와 켄타우로스를 상상하는 것이 즐겁다고 해서 그것들이 존재한다고는 할 수 없으며, 마찬가지로 내가 이 극장을 보고 있기 때문에 이 극장이 존재한다고도 말할 수 없다. 이 극장은 존재하지 않는다. 왜냐하면 내가 이것을 보고 있기 때문이다. 반면 내가 이것 혹은 저것에 대해 사유하고 있음을 사유하는 것만으로도 사유가 존재하는 데 충분하다. 따라서 사유는 자기 자신에 존재를 부여하는, 스스로 사실이 될 수 있는 능력이라는 고유의 특권을 지닌다. 다시 말해 다른 모든 사물에 있어 그 존재와 그것을 사유하는 '나'라는 존재는 판이하게 다른 두 사실이다. 따라서 이 사물들은 언제나 문제를 던지며 또한 사실이 아니다. 그러나 나의 사유가 존재하기 위해서는 내가 그것을 사유한다는 사실을 사유하는 것으로 충분하다. 여기에서 사유와 존재는 같다. 사유에 대한 실재는 바로 내가 사유하고 있다는 사실을 인식하는 데 있다. 즉 존재란 자신을 인식하고 자신을 의식하는 데 따라 존재하는 것이다. 그러므로 인식 혹은 의식의 근원적 사실은 바로 자신을 인식하는 것이라 말할 수 있다.

우리가 사유 또는 인식이 우주 안에 존재한다고 믿을 때 의지하는 확실성의 정도는 존재에 관한 그 어떤 확신들과는 비교하지 못할 정도이다. 우리는 이를 발견한 이상 우주에 대한 모든 인식의 기초를 여기에 두어야만 한다. 이론에서 실재적인 것에 관한 첫째 진리는 '사유는 존재한다'는 사실이다. 외부세계의 실재를 철학 연구의 출발점으로 삼을 수는 없다. 우리를 에워싼 모든 것, 우리를 포함한 모든 실체는 이것들이 스스로 존재하려는 의도가 무엇인지, 이것들이 우리의 사유로부터도 독립적으로 존재하는지 의심스러운 존재들이다. 반면에 나의 관념, 나의 인식으로서 나의 사유 안에 이것들이 존재한다는 것은 조금도 의심할 여지가 없다. 결국 정신이 모든 실재의 중심이며 축대이다. 나의 정신은 사유한 것을 근원적인 것으로 받아들일 때, 즉 자기 고유의 관념으로 취할 때 사유에 확고한 실재를 부여한다. 이 원리는 분명히 사유와 관념이 아닌 모든 것을 사유되거나 관념화된 것으로 해석함으로써 모든 존재에 관한 설명의 한 체계를 구성하려 한다. 이 체계를 관념론이라 하며, 데카르트 이후의 근대 철학은 본디 이 관념주의 철학이었다.

　외부세계의 독립적 존재를 의심할 때 우리가 이것을 거대한 역설이라고 이름짓는다면, 이 외부세계를 단순한 나의 사유로 전환시키는 직접적인 결과는 근대 철학을 생적 신념에 관한 의식적인 부정으로 환원시키는 원형적 역설이 될 것이다. 사실 데카르트 이후 철학은 처음부터 우리의 정신적 기질과는 반대되는 방향으로 삶의 흐름을 거슬러 나아갔다. 그 뒤 더욱 급속히 삶과 계속 멀어지면서 라이프니츠, 칸트, 피히테, 헤겔에 이르러서는 이제 거꾸로 보이는 세계, 즉 선행적 시작이 있어야만 이해할 수 있는 장엄한 반자연적 원리, 선행된 원리, 비밀스러운 지식, 비교주의(秘敎主義)의 수준에 이른다. 사유가 세계를 삼켜버리고 세계 안에 존재하던 사물은 이제 단순한 관념으로 변질되어 버렸다. 조금 전 인용했던 하이네의 글에서 시인은 자신의 여자 친구에게 이렇게 묻는다. "당신은 관념의 본질에 대한 관념을 가지고 있습니까? 이렇게 질문하는 까닭은 어제 내가 나의 마부에게 관념이란 무엇이냐고 물었더니 그는 '관념이라, 관념이라…… 그건 어떤 사람의 머릿속에 들어 있는 여러 가지 것들이지요'라고 대답했기 때문이에요." 하이네의 마부는 지난 300년간의 전근대를 관통하면서 관념철학이라 불리는 휘황찬란한 바로크풍의 마차를 몰았던 것이다. 우리 시대의 문화는 여전히 이 마차

좌석에 앉아 나아가고 있다. 지적인 성실함으로써 이 마차에서 내릴 수 있는 그 어떤 방법도 우리는 찾지 못했다. 몇몇 사람들이 이 마차에서 내리려 해 보았지만 끝내 수포로 돌아갔다. 이들이 한 일이라곤 그저 마차의 창문 밖으로 머리를 내미는 정도였다. 그러나 하이네의 마부가 말한 대로 사물이 들어 있는 이 머리는 산산조각이 났을 뿐이다.

관념론의 우월성은 다른 모든 사물과는 근본적으로 다른 존재 방식을 지닌 한 사물을 발견한 데서 비롯한다. 우주 안에 존재하는 그 어떤 사물도, 심지어 존재한다고 우리가 가정하는 사물도, 기본적으로 자신을 인식하는 데 자신의 존재적 기반을 두지는 않는다. 색이나 형체, 원자 등 그 어떤 사물도 스스로 존재하지는 않는다. 색의 존재란 희게 되는 것, 푸르게 되는 것, 파랗게 되는 것이지 결코 본질적으로 희거나 푸르거나 파랗지는 않다. 물체는 중력과 무게를 지닌다. 그렇지만 물체 자체에 무게가 있는 것은 아니다. 마찬가지로 플라톤의 사상 또한 스스로 자신을 인식하는 것은 아니다. 선 또는 평등에 대한 사상 자체는 선이 무엇인지, 평등이 무엇인지를 모른다. 아리스토텔레스적 형식 또한 그 자체를 스스로 인식하지 않으며, 그의 신에 대한 개념 또한 비록 그가 정의를 내렸지만—이 정의를 언젠가는 살펴보았으면 한다—개념 자체가 자기 인식을 포함하는 완결적인 것은 아니다. 필론이나 플로티노스, 성 요한의 로고스, 그리고 토마스 아퀴나스의 영혼 역시 마찬가지이다. 이것이 바로 근대성을 규정하는 가장 특징적 개념이다.

만일 여러분이 나를 총체적으로 이해한다면 나는 이렇게 말하겠다. 모든 사물의 존재 방식은 자신을 인식하는 데 있는 것이 아니라 오히려 남에 대해 존재하는 데 있다고 말이다. 붉은색은 그것을 보는 사람에게 붉은 것이다. 또한 플라톤적인 완벽한 선(善) 역시 그것을 사유할 수 있는 사람에게 선인 것이다. 그래서 알렉산드리아의 신플라톤주의자들은 그 누구에 대해 존재하는, 혹은 존재해야만 하는 플라톤의 이상적 대상을 추구했고, 또 이것을 불확실하면서도 막연한 신적 정신의 내용으로 생각했다. 신플라톤주의자들을 통해 고대 세계는 이렇게 역사의 한 막을 내리게 되었다. 전반적으로 고대 세계는 유일한 존재 방법, 즉 자신을 외부화하는, 다시 말해 자신을 보이거나 나타내는, 자신을 외부로 지향시키는 데 토대를 둔 존재 방법만을 인식했다. 이러한 존재의 계시, 즉 진리인 이것을 고대인들은 '발견' 또는 표명, 노출($\alpha\lambda\eta\vartheta\epsilon\iota\alpha$)이라 이름지었다. 그러나 데카르트적 사유는 고대 철학과는 달리 스스로 존재하고, 스스로 자신을 인식하는 데 그 존재적 토대를 둔다. 그러므로 근대적 사유는 스스로 자신의 내면을 반영하고 자신을 그 고유한 내면에 두면서 존재적 근거의 기초를 잡는다. 고대인들이 인식하던, 외부를 향하며 현시적이고 외적인 존재에 대하여 본질적으로 자기 내부적 존재, 순수 내성적, 자기 반영적 존재 위에 이루어진 이러한 근대의 존재 방법이 솟구쳐오른 것이다. 이렇게 기이한 실재를 설명하기 위해서는 새로운 이름을 찾아야 했다. 그렇지만 '영혼'이란 단어는 이때 아무런 역할도 하지 못했다. 고대의 영혼은 아리스토텔레스의 경우처럼 육체와 마찬가지로 외적인 것이었으며 토마스 아퀴나스에게도 육체적 생명력의 원리로 이해되었다. 그래서 영혼에 대하여 아리스토텔레스가 내린 정의가 육체적 생명력을 포괄하고 있으므로 토마스 아퀴나스에게 있어 중요했던 문제는 육체가 없는 영혼뿐인 천사를 어떻게 정의하느냐 하는 것이었다.

인식은 육체와 어떤 관련도 맺지 않는다. 나의 육체는 우선 나의 영혼이 소유하는 하나의 관념일 뿐이다. 영혼은 나의 육체 안에 또는 나의 육체와 함께 존재하지 않는다. 육체에 대한 관념이 나의 정신, 나의 영혼 안에 존재하는 것이다. 더욱이 만일 육체가 나의 외부에 존재하는, 실질적으로 물질적이며 비관념적인 실재라고 밝혀진다면 이는 영혼과 육체, 정신과 물질이 서로 아무런 연관성도 없으며 접촉조차 할 수 없거나 혹은 직접적으로 관련 맺을 수 없다는 사실을 의미할 것이다. 역사상 처음으로 데카르트에 이르러 물질적 세계와 정신적 세계는 그 자체의 본질적 속성에 의해 나누어졌다. 즉 외적 존재와 내적 존재는 서로 양립 불가능한 것으로 정의된 것이다. 고대 철학과 이토록 대조적이며 서로 다른 주장을 내세운 철학은 역사상 그 유례가 없었다. 아리스토텔레스와 마찬가지로 플라톤에게 있어 물질과 정신이라고 불리게 된 것, 데카르트의 손자에 해당하는 우리에게 유사 정신이라고 하는 것은 마치 우리가 오른쪽과 왼쪽, 겉과 속을 정의하는 것처럼 그렇게 정의되었다. 다시 말해 플라톤은 물질이 정신을 수용하고 정신은 물질에 형태를 부여하는 것이라고 간주했다. 그러므로 고대 철학은 둘 중 하나를 배격함으로써 하나를 다른 하나에 대치되는 것으로 정의하는 근대 철학과는 달리 하나를 다른 하나에 대해 존재하는 것으로 정의했던 것이다.

데카르트 이후 스스로 존재하는, 즉 자신을 스스로 인식하는 것으로서의 사유에 부여된 이름이 바로 의식이다. 자신을 스스로 인식하는 사유에 영혼, 정신, 또는 '공기', '호흡'을 뜻하는 프시케라는 이름은 적합하지 못했다. 이것은 마치 바람을 가득 안은 돛이 힘차게 배를 밀고 나가듯 육체를 고무시키고 삶을 불어넣어 왕성한 활동을 하게끔 하기 때문이다. 그러므로 스스로 자신을 인식하는 것인 의식이란 말이 가장 적합했던 것이다. 이 표현 속에는 자신을 인식하는 것, 자신을 스스로 파악하는 것, 스스로 자신을 반영하는 것, 자신의 내부를 지향하는 것, 내적 존재 등과 같은 사유의 구성적 요소가 분명하게 공개적으로 나타나 있다.

의식은 곧 반성이자 내면성이며, 그 밖의 아무것도 아니다. 우리가 자아라고 말할 때 우리는 우리 자신을 밝히는 것이다. 내가 자아라고 말할 때 나는 곧 나 자신에게 말하는 것이다. 즉 나는 나의 존재를 오로지 나 자신에 대해서만, 다시 말해 나 자신을 오직 나에게 귀결시킴으로써만 상정하는 것이다. 나는 외부로 나아가지 않고, 반대로 영원한 회귀의 몸짓으로 나 자신에게 돌아갈 때만, 내 고유한 존재에 의지할 때만 비로소 나인 것이다. 이것은 이 가시적인 무언극에서 우리의 비가시적인, 회귀적이며 반영적인 본질을 상징화하는 것이다. 언제나 물질적 관념화를 추구했던 스토아 학파는 인간의 원초적 영혼, 자아가 그의 흉골에 깃들어 있다는 증거를 인간의 행위에서 보았다. 만일 주인의 팔이 곧 매라고 한다면 자아는 항상 주인의 팔로 돌아가는 매와 같을 것이다. 그러므로 자아란 자신의 내부로 향하는 회귀의 비행 행위에 근거하는 것이다. 푸른 하늘을 뒤로 하고 자신에게로 돌아와 자신의 내부로 들어가 버리는 새의 날개는 날개이면서 자기 고유의 영공이기도 하다. 이 새는 자신을 향해 날아감으로써 창공을 무효화시킨다. 이때 우리는 이 새의 비행을 자연적 비행의 파기라 말할 수 있다. 의식과 같은 기이하기 이를 데 없는 실재를 발견하는 것은 삶으로부터 등을 돌리는, 우리가 삶을 살아가면서 우리에게 자연스러운 것과는 완전히 대조되는 태도를 취한다는 의미를 내포하지 않을까? 외부세계를 지향하는 삶을 사는 것, 외부세계의 실재를 믿는 것, 존재 위에 떠다니는 우리를 지탱해 주는 견고한 아치와도 같은 저 경이로운 지평선의 영역에 의지하는 것, 이것이 매우 자연스럽지 않을까? 인간은 대체 어떻게 의식을 발견하였을까? 인간은 어떻게 반자연적 왜곡을 실행함으로써 자신으로 돌아가고, 자신의 내성을 발견하면서 반성, 내면성만을 인식할 수 있는가?

그런데 훨씬 심각한 문제가 있다. 만일 의식이란 것이 내면성이며 자기 자신을 스스로 보고 포착하는 것이라면, 이는 자아와의 배타적이며 독점적인 교섭일 것이다. 결과적으로 데카르트는 궁극적으로 분명하지 않은 상태에서 세계와 우리를 융합하고 엮어 주던 밧줄을 잘라 하나하나의 영혼을 사적 영역으로 바꾸어 버렸다. 그렇지만 그는 다음과 같은 사실이 의미하는 바를 간과해 버렸다. 즉 사적 영역으로 바뀌었다는 것은 그 어떤 외부적인 것도 영혼 안으로 들어갈 수 없으며, 세계는 자신의 그 풍요로운 실재를 우리에게 보내지 않는다는 의미가 있을 뿐 아니라 그 반대의 의미 역시 내포하고 있다. 즉 정신은 오로지 자아와만 교섭하며 자아로부터 결코 도망칠 수 없는 것이다. 결국 의식이란 고유한 사적 영역일 뿐만 아니라 자신을 스스로 가두는 하나의 유폐인 것이다. 그러므로 우리가 자아라는 진정한 존재를 발견할 때 우리는 이 우주에 홀로 남겨져 있다는 사실을 접하게 되는 것이다. 다시 말해 각각의 자아는 본질적으로 근원적 고독이라는 사실과 마주치는 것이다.

이러한 사실을 밝힘으로써 우리는 미지의 땅에 발을 들여놓았다. 이 강의를 시작할 때 나는 내 안에서 숙성된 여러 새로운 사상을 전달할 것이라고 미리 밝혔다. 나는 다시 한 번 철학의 근원적 혁신에 대하여 논의할 것을 약속한다. 다음 강의에서는 이 미지의 땅을 향하여 출발하자.

〈주〉

＊1 Juan Ramón Jiménez(1881~1958) : 20세기 에스파냐의 대표적 시인. 19세 때 마드리드에서 그 시대 최고 시인인 루벤 다리오, 바예잉클란과 어울리면서 활발한 시작 활동을 펼쳤다. 산문집 《플라테로와 나Platero y Yo》(1917) 등으로 호평을 받고, 1956년 노벨 문학상을 수상했다.

＊2 Kelvin(1829~1907) : 스코틀랜드의 공학자, 수학자, 물리학자. 본명은 윌리엄 톰슨이다. 물리학 여러 분야와 그 응용 부문, 공업기술 등 여러 면에 걸쳐 연구를 했으며, 661종의 논문, 저서, 발명품을 남겼다. 카르노의 열기관 이론을 바탕으로 절대온도눈금(켈빈온도)을 도입하여 열역학 제2법칙을 정식화했다.

＊3 Vergilius(기원전 70~19) : 로마의 위대한 시인. 그의 작품 《전원시Eclogae》는 비현실

적이고 양식화된 세계로서의 목가적인 전원을 그린 도피적 작품이다. 그러나 한편 직접적 또는 비유적으로 목가적 세계를 현실세계에 접근시킴으로써 전원시라는 장르에 새로운 방향을 제시했다.

8강
주관론 발견, '황홀경'과 '고대 유심론',
근대 주관론의 두 뿌리, 기독교의 초월신

　의식과 주관론, '자아'에 관한 발견은 데카르트에 이르러서야 달성되었다. 우리가 앞서 살펴보았듯이 이 발견은, 우주에 존재하거나 존재하길 갈망하는 사물들 속에서 다른 것들과는 근본적으로 구별되는 것 즉 사유가 있다는 것이었다. 우리가 이 극장은 실존한다라고 이야기할 때에는 과연 무엇을 말하고자 하는가? 결국 이러저러한 해석을 통해 마침내 우리는 사물들의 존재를 어떻게 이해하는가? 이 극장은 존재한다고 했을 때, 이것은 여기 있다는 것이다. 그런데 이때 '여기'란 무엇을 의미하는가? '여기'는 '세계에서의 여기', '우주에서의 여기', 즉 현실의 일반 범주 안에서의 '여기'를 뜻한다. 이 극장은 존재한다는 것은 마드리드의 일부라는 것, 그것은 카스티야에 의지하고, 카스티야는 또 지구라 불리는 행성의 일부로, 이것이 또 천문학적 관계에 의지하고 있다. '여기 존재하는' 한, 사물의 존재란 한 사물이 다른 사물에 의지하는 것이다. 그리하여 한 사물은 다른 사물의 내부에 존재하기도 하며, 그 위에 존재하기도 한다. 그 존재는 이런 의미에서 정적인 것, 한 사물이 다른 사물 위에서 쉬고 깊이 잠자는 것이라고 표현해도 좋을 것이다. 우리가 '여기 있다'란 것에 대하여 쉽게 생각할 수 있을 것이다.

　반면에 나의 사유가 존재한다고 말할 때, 그 존재를 통해 '여기 있음'을 생각하는 것이 아니다. 이와는 정반대로 나의 사유는 내가 그 사유를 깨달을 때, 즉 그 사유를 인식하기에 존재한다. 말하자면 내가 그 사유를 사유할 때 나의 사유는 존재한다. 그러므로 나의 사유는 그 자체로서 스스로 존재하는 것이다. 그런데 나의 사유가 오로지 내가 그것을 사유할 때 그리고 사유하므로 존재한다면—즉 내가 사유할 때에만 나의 사유가 존재한다면—사유의 존재란 편안히 누워 푹 잠자는, 남에게 의지해 존재하는 수동적 존재인 사물의 존재와는 다른 것이란 결론이 나올 것이다. 사유의 존재란 단순히 겹겹이 쌓여 있는 사물들의 한 부분을 형성하는 것도 아니며, 어떤 적막한 영역을 이루는 것도 아니다. 그 반면에 사유는 능동적이며 적극적인 존재일 것이다. 그러므로 사유는 여기 또는 저기에 단순히 있는 존재가 아니라 계속 자신을 창조하는 끝없는 행위의 연속이다. 이 사실은, 사유만이 갖는 특수성에 관한 발견은 동시에 사물의 존재와 근본적으로 구분되는 존재 방법의 발견을 수반한다는 사실을 뜻한다. 만일 우리가 사물을 어느 정도 정적인 것이라고 이해한다면, 사유의 존재는 이와 대조적으로 순수 행위, 지극한 명민함, 자기 발생적 운동으로 성립한다. 따라서 사유는 유일하게 자동적인 것이다.

앞서 이미 말했지만 사유는 반영성, 그 자체에 대한 반영, 그 자체에 대한 인식에 존재 기반을 둔다. 그러나 이 사실은 사유가 '반영된 사유'와 '반영적 사유'라는 이원성 혹은 이중성을 지녔음을 전제로 삼는다. 주체, 나, 의식의 내용 등과 같은 현대 철학에서 자주 사용되는 여러 개념을 분명히 하기 위해 우리는 모든 사유를 이루는 최소한의 요소들을 짧게나마 분석해야 한다. 사유란 확실히 자신뿐만 아니라 다른 사물도 인식하기 때문에 우리는 이 개념들을 다른 어떤 것으로도 오염되지 않은 순수한 상태라고 확실하고 분명하게 이해해야 하는 것이다.

지금 우리는 극장을 본다. 극장을 보기만 할 때, 이 극장을 보는 행위에서, 극장은 우리로부터 떨어져 나가 외부에 존재하는 것으로 생각한다. 그러나 이미 앞서 살펴보았듯이 이것은 모든 무의식적 사유 행위에 속하는, 자아를 무시하는 사유의 모든 행위에 속하는 문제적 신념이었다. 극장의 환각도 그 당사자에게는 지금 우리가 보고 있는 극장과 똑같이 현실적으로 실재하고 있는 것처럼 생각된다. 이를 통해 우리가 본다는 것은 주체가 자신에게서 빠져나오는 것이 아니라 현실 그 자체와 마술처럼 접촉한다는 것이라는 사실을 깨닫는다. 환각으로서의 극장과 실제 극장은 모두 오로지 나의 내부에서만 존재하는 것이다. 곧 내 정신의 상태이자 사고이며 사유인 것(cogitations)이다. 지난 18세기 말부터 지금까지 언급되듯이, 이것들은 의식, 자아, 생각하는 주체의 내용이다. 우리가 순수하게 우리의 관념으로서 얻을 수 없는 실재 이상의 사물들의 실재는 문제적이며, 고작해야 우리가 가진 의식의 내용인 근원적 실재에서 파생된 것에 지나지 않는다. 외부세계는 우리 내부, 우리 관념에 존재한다. 거칠기 그지없는 쇼펜하우어가 조잡하게 말했듯이, 세계는 나의 표상이다. 실재란 곧 관념성이다. 엄밀히, 또 순수한 진리에 있어서 오로지 관념의 주체, 사유의 주체, 의식의 주체인 자아, 나 자체(me ipsum)만이 존재하는 것이다.

물론 나의 내부에 매우 다양한 광경이 펼쳐진다. 내 주위에 존재한다고 소박하게 믿었던 모든 것, 거기에 내가 있고 나를 지지하고 있다고 믿을 수 있는 것들이 지금 나의 내부에서 동식물로 다시 태어난다. 이것들은 나의 주관성의 상태이다. 본다는 것은 자아로부터 나온다는 뜻이 아니라 자아 내부에서 이 극장의 이미지, 우주의 이미지의 한 부분을 발견하는 것이다. 의식이란 언제나 그 자신이며, 마치 세입자임과 동시에 주택과도 같은, 자아와 더불어 존재하는 자아의 근원적이며 가장 친밀한 내성이다. 이 내성은 내가 존재적 기반을 두고 있고 외부에 대해 나를 폐쇄적 존재로 만들며, 창문은커녕 조그마한 틈새도 없다. 만일 나의 내부에 창문이나 틈새가 있다면 바깥의 공기가 그곳을 통해 들어올 것이고, 외적 실재가 나를 침범할 것이다. 그리하면 나의 내부에는 나와는 거리가 먼 사물들과 사람들이 존재하게 될 테고, 결국 나의 순수한 배타적 내성은 존재하지 않을 것이다. 그런데 사물들 사이에 있는 하나의 외적 사물로 나를 보는 대신, 나로 하여금 나 자신과의 접촉을 즐길 수 있도록 해 주는 내성으로서의 나의 존재를 보는 것은, 이러한 장점에도 불구하고 동시에 단점도 있다. 나를 나의 내부에 유폐시키고 감옥에 가둠과 동시에 수감자로 만들어 버리는 것이다. 다시 말해 나는 영원히 내 자아의 내부에 갇히는 것이다. 나는 우주이다. 그러나 그 때문에 나는 다시 혼자가 된다. 동시 나를 구성하고 직조하는 것은 바로 고독이라는 실이다.

지난번 강의에서 우리는 바로 여기에 도달했다. 근대를 관통하며 문화를 지배했던 관념론적 명제는 의심의 여지 없이 확고부동하다. 그러나 이것을 건전한 부르주아나 일상생활의 관점에서 바라본다면 이것은 광적이다. 이보다 더한 역설은 없을 것이다. 왜냐하면 관념론은 비철학적 삶에서 익숙했던 우주에 대한 사유 방식을 완전히 뒤엎어 버린 것이기 때문이다. 또한 관념론은 내가 지난번 강의에서 철학의 특징으로 제시했던 지적 영웅주의의 대표적 예이다. 이것은 인정사정 없이 우리의 이성이 요구하는 최종 목적지에 도달하는 것이며 순수 이론이 이끄는 머나먼 곳으로의 여행이다. 또한 이것은 언제나 인간 고유의 인성의 바탕 위에서 삶을 살아가는 건전한 부르주아가 부조리한 것으로 여겨 수용하길 거부하는 지점으로 우리를 이끌고 갈 수도 있다.

그런데 관념론적 명제는 그 출발점이나 주관성 같은 것의 발견, 자신의 내부에 관한 사유에 대한 발견 등과 같은 매우 기이한 요소들을 지닌다. 고대인들은 그러한 주관적이며 반영적이고 내적이면서 고독한 존재 방법에 대하여 전혀 몰랐기 때문이다.

나는 고대인들이 자기 고유의 존재, 즉 주관성을 전혀 몰랐다든가 또는 근대인들이 전혀 기대하지 않았던 대륙을 발견한 것처럼 자아를 발견했다는 사실 가운데서 무엇이 가장 흥미로운지는 잘 모르겠다. 이것은 새롭고도 중요한 주제이지만 다루기가 매우 어렵다. 내가 여러분에게 이것을 분명히 밝힐 수 있으리라고는 장담할 수 없다. 단 한 가지, 확실히 말할 수 있는 것은 내가 이 주제를 충실히 다루겠다는 것뿐이다.

먼저 우리가 의식, 즉 주관적이며 자아 중심적 존재를 발견한 현대의 사유 방법으로 탐구하기 시작하면서 우리의 내성을 원형(圓形)으로 제시한다면, 이 원은 우리 내부에 존재하고 일어나는 모든 것으로 가득 채워질 것이다. 이 원의 중심은 우리가 '자아'라고 부르는 우리 의식의 요소로 상징화될 것이다. 즉 이것은 보고 듣고 상상하고 생각하고 사랑하고 증오하는 것 같은 우리의 모든 행위의 주체 역할을 하는 것이다. 모든 정신적 행위는 모든 행위에서 현재적이며 활동적인 중심점으로부터 유출되어 방사되는 것처럼 생각된다. 시각 행위에서 누군가는 본다. 사랑하는 행위에서 누군가는 사랑한다. 사유 행위에서 누군가는 사유한다. 이 '누군가'를 우리는 '나' 즉 자아라고 부른다. 보거나 사유하는 자아는 보는 행위와 사유 행위로부터 분리된 실재가 아니라 주체라는 모든 행위의 부분을 이루는 하나의 요소에 그칠 뿐이다.

만일 '나'가 우리 의식의 중심, 우리 이해의 중심으로 상징화될 수 있다면 원의 주변부는 '나'의 내부에서 '나'가 아닌 것들, 즉 색, 형태, 소리, 물체의 이미지와 같은, 다시 말해 우리를 둘러싼 것으로서, 자연이나 우주라 불리는, 현전(現前)하는 모든 외부세계에 점령 당한 것이다.

인간의 삶에서 물질적 사물로 이루어진 우주의 둘레는 끊임없는 주의(注意)를 요구할 것이다. 주의는 '나'의 근본적 행위로써 '나'의 모든 나머지 행위를 이끌고 조정하는 근본적인 행위이다. 그러므로 무언가를 보고 듣기 위해서는 그것이 눈앞에 존재하는 것만으로는 부족하다. 폭포 옆에 사는 사람은 어느 순간 폭포 소리를 듣지 못할 수 있다. 그리고 이 극장 안에 있는 우리는 바로 지금 여기서 보이는 것 중 단지 일부만 볼 수도 있다. 그렇다면 우리가 보고 있는 일부란 무엇인가? 그것은 바로 우리가 시선을 집중하는 부분, 즉 우리가 주의하는 부분이다. 모든 시각 행위는 눈을 통해 찾는다. 청각 행위 역시 귀를 통해 주의를 기울인다. 그리하여 나는 자연 즉 외부세계란, 끊임없이 인간에게 존재와 방어 문제를 제기하면서 긴박하게 주의를 환기시키는 것이라고 말하고자 한다. 무엇보다도 인간은 원시시대에 자연 또는 사물과 끊임없는 전쟁을 벌였으며, 개인은 자신의 물질적 생활을 유지시켜 주는 것 외의 다른 일에 전념할 수 없었다. 이 사실은 인간은 자기 존재의 주변부에서 볼 수 있는 실체적인 것에만 주의를 기울인다는 뜻이다. 즉 인간은 우주의 주변부만 인식하면서 삶을 살아간다. '나'는 '나'가 주의를 기울이는 곳에 존재한다. '나'가 주의를 기울이지 않는 것은 '나'에게는 존재하지 않는 것이다. 우리가 조금 전 하나의 상징으로 제시했던 원의 경우 원의 형상을 완성하는 선만이 유일하게 존재한다고 말할 수 있을 것이다. 따라서 주관성이란 곧 원주(圓周)라고 할 수 있을 것이다. 가끔 육체적 고통과 내적 고뇌는 주의를 원의 주변부에서 내부로, 자연에서 자아로 돌린다. 그러나 원의 내부와 자아로 집중했던 주의를 돌리는 것은 지속적인 것이나 빈번한 것이 아니라 순간적이다. 그 속성상 내부를 향하기에 부적합한 주의는 언제나 자신이 처음 그리고 습관적인 방향으로 가고자 하며 주위의 사물로 다시 자신을 집중시킨다. 우리는 이를 일컬어 의식의 '자연'적 행위라고 할 수 있을 것이다. 여기에는 오로지 형체적 사물로 이루어진 우주적 세계만이 존재할 뿐이다. 인간은 자연에 흡수된 채 외부를 엿보면서, 즉 외부세계에 집중하며 자아의 변경 지역을 경계하며 삶을 살아간다. 문제의 소지가 있다 해도 만일 동물에게 영혼이 있다고 상상한다, 우리는 동물들의 내적 상황이 어느 정도 자연적인 인간의 내적 상황과 비슷하다고 말할 수 있다. 동물은 언제나 경계를 늦추지 않고 있음을 떠올려 보자. 초원에 사는 말의 두 귀는 살아 있는 안테나 또는 잠망경 같은 구실을 한다. 이는 동물이 언제나 끊임없이 불안해하며 자신을 둘러싼 환경에 집중함을 나타낸다. 레티로 공원에 있는 원숭이를 떠올려 보자. 우리 안에 갇힌 유인원이 주어진 상황 속에서 살아가는 모습은 실로 놀랍기 그지없다. 원숭이의 주변에서 어떠한 일이 일어나도 그의 주의를 벗어나지 않는다. 황홀경이란 단어는 어원적으로 자아의 외부에 존재한다는 뜻이다. 이런 의미에서 동물은 황홀경 속에서 살아간다. 외부적 위험이라는 긴박성으로 말미암아 자신의 외부에 억류된 채 살아가는 것이다. 동물에게 있어 자기 자신, 즉 자아로 돌아간다는 것은 외부에서 발생한 일을 잊는다는 것을 뜻하며, 이러한 방심은 결국 죽음이라는 결과를 초래할 것이다. 자연은 본질적으로 사납고 포악하다. 그것은 자신에게 시선을 떼는 것을 결코 용납하지 않는다. 따라서 우리는 환경의 변화에 적절히 맞서고 그 변화를 되도록 빨리 받아들일 수 있도록 주의를 집중해야만 한다. 자연에 주의를 기울이는 것은 활동적인 삶이다. 순수 동물이란 순수한 행위적 인간이다.

이처럼 원시인은 자신의 고유 존재를 등 뒤에 방치한 채 우주라는 무대에 자신의 주의를 기울이며 전호선에서 살았다. 여기서 '나'는 직접적으로 사물과 관련을 맺게 된다. 마치 태양광선이 크리스털을 관통하는 것으로 멈추지 않듯이 '나'는 사물을 향하고, 사물에 얽매여 자아의 내부를 가로지른다. 생물학적 시각으로 볼 때 인간이 자신을 모른다는 것이 왜 자연적이며 일차적인지에 대한 이유가 여기 있다.

궁금해하고, 설명을 요구하는 이 놀라운 사실은 위의 사실과는 정반대된다. 근본적으로 원심적이고 주변부를 지향하는 주의가 어떻게 '나'로 하여금 나를 둘러싼 환경으로 혹은 자아를 거짓말처럼 반전시켜 자아의 내부로 눈을 돌리게 하는가? 여러분은 바로 이 내향적 현상이 주체로 하여금 외부에 대한 관심을 멈추도록 자극하고, 주체로 하여금 자신의 내부에 주의를 기울이도록 하는 두 가지 사실을 전제로 삼는다는 생각을 하게 될 것이다. 존재하는 사물은 다른 사물이 없으면 그 존재가 충분하지 않다는 점을 주의하자. 그런데 외부로부터 잠시 관심을 돌리는 단순한 행위는 결코 내부에 대한 발견과 선호를 가져오지는 않는다. 남자가 한 여인의 사랑을 받고자 한다면 그 여인이 다른 남자를 사랑하지 않는 것만으로는 충분치 못하다. 그 여인을 자신의 연인으로 삼기 위해 남자는 그 여인의 주의를 끌어야만 한다.

그렇지만 인간성의 지극히 결정적인 급회전을 짧게나마 분명하게 밝히기 전에, 우리는 그리스 철학, 아니 고대 철학에서 지배적이었던 사유 방법을 이해하기 위해 지금까지 살펴보았던 타고난 근원적 정신 행위를 다시 한 번 살펴보아야 한다. 역사, 특히 철학사에서 최근 수십 년 사이에 얻은 가장 큰 성과는 우리가 고대 사상가들을 이해하지 못한다는 사실을 인정하는 사치를 허락했다는 점이다. 언제나 그러하듯 우리의 자아와 함께하는 이 성실함은 사실상 충분히 보상을 받았다. 우리가 고대 사상가들을 이해하지 못한다는 사실을 인정한 순간, 우리는 처음으로 그들을 참되게 이해하기 시작했던 것이다. 즉 우리는 역사상 최초로 고대 사상가들이 우리와 다른 방식으로 사유했다는 사실을 깨달았으며, 그래서 우리는 그들 사유 방법의 열쇠가 되는 결정적 법칙을 추구하기 시작한 것이다. 따라서 이것은 그들의 학설이 현대 철학과 다소 떨어져 있다는 것이 문제가 아니라, 그들의 정신 행위가 우리와 완전히 다르다는 것이 문제이다.

고대인은 본질적으로 원시인들과 같은 범주에 있었다. 원시인처럼 사물과 관련된 삶을 살았던 것이다. 그리하여 그들에게 존재했던 유일한 우주는 사물에 관한 우주였다. 그들은 우연히 자신의 내성을 엿볼 수 있었겠지만 그것은 불안정하고 우연한 일이었다. 그러므로 그리스인들의 정신 행위는 엄밀히 말해 원시적이었다. 단지 외부세계에 주의를 집중하는 것에 만족하지 않고 나아가 그것을 철학적으로 사유했다는 점이 그들과 원시인의 차이점이었다. 또 그들은 자신들을 에워싼 모든 실재를 순수 이론으로 전환시키는 개념들을 세밀히 다졌을 뿐이다. 그리스의 관념들은 외형적인 사물들로 이루어진 어떤 실재 속에 주조되었다. '이데아'란 단어를 비롯해 그와 비슷한 단어들은 '보이는 것' 또는 '외관'이란 뜻을 내포한다. 물체 이외에도 자연에는 물체의 움직임과 변화가 존재하기에 그리스인들은 움직임과 물체적 변화의 원인이 되는 비가시적이며 비물질적인 다른 사물들에 대하여 사유해야만 했다. 이 비물질적인 사물은 최후에는 도깨비처럼 희박해진 물질적 사물로 여겨졌다. 그리하여 동물은 유기화된 물질이며 자신의 내부에 있는, 물질에 숨겨진 어떤 사물 즉, 영혼에 의해 움직이는 존재이다. 그러나 이 영혼에는 그 어떠한 내적 자아도 없다. 그것은 육체 안에 숨겨져 있다는 뜻에서, 다시 말해 육체 안에 가라앉아 있어 보이지 않는다는 뜻에서 단지 내부라고 할 따름이다. 즉 영혼은 하나의 호흡, 가벼운 미풍($\psi\upsilon\chi\eta$, spiritus)이며, 혹은 탈레스의 물이나 헤라클레이토스의 불이다. 비록 근대인들이 발견한 내면을 부르기 위해 'spiritus'란 단어를 고수하더라도 그리스인들과 라틴 민족은 이것을 물체와 마찬가지로 물체에 속하는, 우주 안에 머무는 하나의 힘으로 이해했다는 사실에 주목해야 한다. 확실히 식물의 영혼에는 없는 어떤 능력을 동물의 영혼이 지녔듯이, 아리스토텔레스에게 있어서 인간의 영혼이란 확실히 동물의 영혼에는 없는 어떤 능력을 갖추었다. 그러나 영혼에 관한 그리스인의 사유를 보면 인간의 영혼은 식물의 영혼과 동격이다. 그러므로 인간의 영혼은 동시에 각각의 이성적 능력도, 식물적 성장능력도 갖추고 있다. 그러고 보면 아리스토텔레스가 영혼의 학문인 심리학을 생물학의 한 부분으로 여긴 것은 전혀 이상할 이유가 없다. 아리스토텔레스는 자신의 심리학에서 인간과 식물을 동시에 다룬다. 왜냐하면 그에게 영혼이란 내성의 원칙이 아니라 육체적 생명력에 대한 우주 원리였고, 다소의 차는 있지만 역시 움직임과 변화의 원리였기 때문이다. 그러므로 그에게는 광물의 영혼 뿐만 아니라 모든 천체의 영혼까지 존재한다. 영혼에 대한 그리스인의 개념은 숨겨진 신비한 능력과 꽤나 비슷하다. 그렇지만 그가 생각하는 영혼이란 본질적으로 외적이다. 그리하여 우리는 단순하게도 눈으로 볼 수 있는 사물이 끌어당기는 자력(磁力)을 설명하기 위해 그것을 자성과 관련된 문제라고 상상한다. 지금까지도 영성(靈性)이란 단어의 현대적 의미를 통해 아리스토텔레스의 유심론을 진지하게 거론하는 것은, 만약 그것이 정말로 진지하다면 그저 역사적 무지의 산물일 것이다. 만약 누군가가 무리해서 원전을 의식의 근대적 개념을 아리스토텔레스적 정신 개념에 도입하려 한다면 그러한 시도가 무의미하다는 사실도 밝히지 못할 것이다. 아리스토텔레스는 별에도 영혼 즉 의식이 있다고 했다. 그렇지만 근대적 개념에서의 의식이란 오로지 자신에 대한 순수한 이해에만 기초한다. 그런데 어떻게 이러한 의식이 저 거대한 우주를 움직일 수 있겠는가? 그리스인은 자아를 향한 내적 시각에서 출발해 영혼을 발견한 것이 아니라, 자아의 외부에서 유사 형체적 실체로서 그것을 발견했다. 그리하여 그는 감각적 인식과 모든 지적인 삶을 물체 사이의 충돌로 해석한다. 즉 그는 지적인 삶이란, 형체적 사물이 영혼이라는 사물과 부딪혀 자기 형상의 흔적을 남기는 것으로 설명한다. 영혼은 사물과 충돌하기 이전에 그 어느 것도 포함하지 않은, 비유하자면 아무도 손대지 않은 왁스판과 같은 것이었다. 내성이나 자기 자신의 존재와도 거리가 먼, 텅 빈 상태로 존재할 수 있으며 은신처도 소유하지 않는 그리스인 영혼은 외부를 지향하는 하나의 사진판과 같은 것이다. 그 사진판에는 단지 외부로부터 들어온 것, 즉 자연이 흘려보내 저장시켜 놓은 것만 새겨져 있다. 이러한 영혼과 그 어떤 것도 들어갈 수도 나올 수도 없으며, 스스로 자신의 삶을 살아가는, 그 고유의 내성적 풍요로움을 더욱 비옥하게 만드는 원천과도 같은 라이프니츠의 바로크적인 단자(monad) 사이의 거리는 엄청난 것이다. 언젠가 이 고대의 사유 방법에 대해 좀더 자세히 다루게 될 것이다. 하지만 오늘은 다시 우리가 다루던 주제로 돌아가자.

본질적으로 중심에서 멀어지는 성격을 지닌 주의력이 어떻게 태도를 180도 바꾸면서 자아에게로 돌아가겠는가? 이를테면 어떻게 주의가 외부를 지향하는 대신 주체 그 자체에 시선을 고정시키게 되었는가? 무슨 사건이 일어났기에 망가진 인형의 눈이 자신의 머릿속을 바라보듯 인간의 시선이 자신의 내부로 향하게 되었는가?

어떤 핏자국도 소리도 없이, 심벌즈 소리나 분위기를 한껏 북돋는 나팔 소리도 들리지 않았고, 그 어떤 시인도 이에 관한 시를 쓰지 않았지만, 의심할 나위 없이 우리가 살아가는 지구를 배경으로 전개된 가장 중요한 사건 중의 하나였다. 고대인들은 여전히 자신들의 형제인 동물과 더불어, 동물처럼 언제나 외부세계에 관심을 쏟는 삶을 살았다. 반면 근대인들은 우주적 무의식으로부터 깨어나 자아 속에 자아를 집어넣었고 그렇게 자기 자신에게로 돌아갔다. 즉 야채나 해조류나 포유동물에서 꼬리를 끌며 남아있던 잠에서 깨어나 자아를 소유하게 되었다. 결론적으로 근대인들은 자아를 발견하게 된 것이다. 어느 날 그는 보통 때처럼 걸어가다가 몹시 기묘한, 지금껏 알려지지 않은 낯선 것과 부딪혔다는 사실을 깨닫게 된다. 비록 그것을 뚜렷이 볼 수 없음에도 불구하고 그는 그것을 붙잡을 것이다. 그러다 곧 그것을 붙잡을 때, 그것이 자신에게 아픔을 느끼게 하고 자신이 잡는 것과 동시에 잡힌다는 사실을 알게 될 것이다. 결국 그는 자신과 부딪힌 것이다. "나는 고통을 느낀다. 고로 나는 존재한다." 이 얼마나 악마적인 모험인가! 악마적이라고? 오히려 성스러운 것이 아닐까? 이처럼 지극히 특이한 사건에 신이 매우 특별하게 관여했다고 말하는 것이 가장 그럴듯하지 않을까? 그렇다면 신이란 어떤 신인가? 기독교적 신인가? 그렇다. 오직 기독교의 신만이 이러한 사건에 관여한다. 그런데 하나의 씨앗과 같았던 이 특별한 근대적 발견에 개입할 수 있었을까? 이 가능성은 기독교인들을 혼돈으로 밀어넣는 한편 반기독교인들, 즉 근대인들을 자극한다. 기독교의 신은 반근대적이다. 그는 근대성에 대하여 영원히 반대하는 것이 적절하다. 그는 결코 근대성을 받아들이지 않는다. 그에게 근대성은 사탄의 딸이기 때문이다. 그리고 그는 지금 근대성이란 신을 향한 무르익은 관념의 열매라는 것이 밝혀졌다. 그러나 기독교의 신에게 근대는 반기독교의 산물일 뿐이다. 그러나 지금, 그는 근대인이기에 자신이 신의 아들임을 인식해야 한다는 기대를 받는다. 이 사실이 그를 자극한다. 이것은 역사의 주체를 전복시키며 신념의 변화를 말해 준다. 반기독교와 반근대는 모두 타성만을 선호하고 변화를 거부한다. 앞서 살펴보았듯 존재란 순수한 민첩성, 부단한 움직임이다. 그렇지만 반기독교와 반근대는 움직임과 존재를 거부한다. 그리하여 이것들은 반(反)존재의 상태에 만족한다.

주관성의 발견은 깊은 역사적 뿌리 두 줄기를 내리고 있다. 하나는 부정적인 것이며 다른 하나는 긍정적인 것이다. 회의주의가 바로 부정적인 것이며 기독교주의가 긍정적인 것에 해당한다. 기독교주의가 부재한 회의주의, 회의주의가 부재한 기독교주의 그 어느 것도 이러한 결과를 초래하지는 못했을 것이다.

우리가 앞서 살펴보았듯이 의심 또는 회의(σκέψις)는 과학적 인식의 조건이다. 회의론은 틈새를 만들고 증명이 그 틈새를 메운다. 이론화의 거장들이었던 그리스인들은 모범적으로 이 의심의 미덕을 실천했다. 무엇보다도 회의주의 학파라고 불렸던 철학자들은 후세대가 무엇을 할 필요가 전혀 없을 정도로 의심의 가치를 최대한 철저히 실현했다. 어느 누구도 아카데미아의 사람이 의심했던 것보다 더 심하게 의심할 수는 없었을 것이다. 데카르트나 흄, 칸트마저도 그리스의 회의론자들보다 의심을 체질화하지는 못했다. 긍정적인 면에서나 부정적인 면에서나 이들은 인식의 환각적 특성을 유감없이 증명했다. 우리는 사물이란 무엇인가를 알 도리가 없다. 우리가 말할 수 있는 것은 기껏 사물이 우리에게 어떻게 보이느냐일 뿐이다. 그렇지만 분명한 것은 그리스 회의론자들이 결국 그리스인이었다는 사실이다. 인식이란 존재에 관한 인식이었고, 그리스인에게 존재란 곧 외부세계를 말하였으므로 모든 그리스 회의론은 우주적 실재를 향한 우리의 인식과 관계를 맺고 있을 뿐이다. 그리스 회의론자들은 놀랍게도 그 어떤 근대인보다도 더 근접하게, 말 그대로 근대라는 원리에 이르렀다. 예를 들어 키레네 학파는 "우리는 결코 실제적인 것을 인식할 수 없다"고 말할 것이다. 그들은 영혼을 밖으로 나올 수 있는 것이 아니라 자신의 상태 속에 갇혀($\varepsilon\iota\varsigma$ $\tau\grave{\alpha}$ $\pi\acute{\alpha}\theta\eta$ $\chi\alpha\tau\acute{\varepsilon}\chi\lambda\varepsilon\iota$-$\sigma\alpha\nu$ $\acute{\varepsilon}\alpha\upsilon\tau o\grave{\upsilon}\varsigma$)[*1] 마치 포위된 도시에서 살아가는($\acute{\omega}\sigma\pi\varepsilon\rho$ $\acute{\varepsilon}\nu$ $\pi o\lambda\iota o\rho\chi\acute{\iota}\alpha$) 것처럼 여겼기 때문이다. 이것은 곧 내성을 찾아냈다는 말이 아닌가? 주체적 존재에 대해 이 이상의 엄밀하고 입체적인 표현이 있을까? 단도직입적으로 말해 이러한 생각은 큰 잘못이다. 이렇게 사유했던 그리스인은 그 속에 숨은 긍정적 요소를 보지 못했다. 이같은 표현을 통해 그는 우리가 실재적인 것으로부터 벗어날 수 없다고 생각했다. 그러나 외부를 지향할 수 없는 불가능성과 이 갇힌 존재 속에 새롭고도 더욱 확고한 근본적인 실재가 존재한다는 사실을 간과해 버렸다. 철학사에서도 새로운 사실을 발견하는 데 지적인 예리함만으로는 부족하다는 사실을 보여 주는 실례는 그다지 많지 않다. 새로운 것을 발견하기 위해서는 열정, 즉 새로운 것에 대한 애정이 먼저 있어야만 한다. 이해는 마치 손전등과 같다. 손전등을 쓰기 위해서는 그것을 들고 갈 손이 있어야 하며, 손 또한 모든 사물을 향하는 열망을 먼저 필요로 한다. 요컨대 우리는 오로지 우리가 찾고자 하는 것만 발견할 뿐이며, 이해란 사랑이 추구하는 것에 의해 발견되는 것이다. 따라서 모든 학문은 대상에 대한 애호에서 시작되었다. 그런데 현대의 현학은 애정이란 단어가 지닌 의미를 폄하해 버렸다. 그러나 애호야말로 사물에 대한 최상의 형태 또는 적어도 그 모든 것의 싹이다. 우리는 애호가라는 뜻의 프랑스어 '딜레탕트'에 대해서도 똑같이 말할 수 있다. 사랑은 이해를 발견하기 위해 그 무엇을 추구한다. 이것은 어떻게 그 무엇을 추구하는 존재가 곧 사랑의 본질인지를 증명하는 길고도 생산적인 대화에 있어서 매우 중요한 주제이다. 추구하는 행위의 놀라운 구성에 대하여 생각해 본 적 있는가? 무언가를 추구하는 사람은 그가 추구하는 것을 소유하지도 않았을 뿐더러 자신이 무엇을 추구하는지도 모른다. 한편 그 무언가를 추구함은 추구하는 대상을 미리 소유함이며 그것의 존재를 가정함을 전제로 한다. 결국 추구하는 행위는 아직 존재하지 않는 실재의 존재를 미리 얻고 그것의 출현을 준비하는 것이다. 보통 그렇듯이 사랑을 눈뜨게 하고 그것을 사라지게 만드는 것에만 사람은 결코 사랑이 무엇인지 모른다. 만일 아름다움 때문에 한 여인을 사랑한다면, 그 아름다움을 즐기는 것이 사랑, 사랑하고 있다는 것의 본질이 될 수 없다. 한번 가슴 속에서 사랑이 싹트면 그것은, 오래도록 호의적이고 부드러운 분위기를 풍기는 대상의 속성이 드러나도록 또한 우리가 그것을 인식하도록 성실하고 따뜻한 빛과도 같은 것을 내뿜는다. 반면 증오는 그 대상을 부정적인 빛 아래에 두어 우리는 오직 그 결점들만을 볼 수 있다. 따라서 사랑은 그 대상이 지닌 가능한 완전성을 준비하며 미리 예정해 놓는 것이다. 그리하여 사랑은 그 대상이 없다면 우리가 보지 못하는 것을 보게 함으로써 우리를 더욱 풍요롭게 한다. 무엇보다도 한 여인을 향한 남자의 사랑은 마치 이주(移住)를 시도하듯, 즉 우리를 넘어선 저편으로의 여행과 같아서 우리에게 나그네와 같은 성향을 정착시킨다.

그렇지만 잠시 흥미로운 항해는 접어두고 다시 우리가 다루던 주제로 돌아가자. 우리는 지금까지 회의주의가 어떻게 인간으로 하여금 외부세계의 실재를 믿지 않도록, 다시 말해 외부세계에 관심을 기울이지 않도록 가르쳤는지 살펴보았다. 그러나 이 최초의 행위에서 인간은 장님이 된 채 내적 인간으로 들어가는 문 앞에 서 있다. 헤르바르트*2는 이렇게 말했다. "모든 선량한 초보자는 회의주의자이다. 그러나 모든 회의주의자는 단지 초보자에 지나지 않는다."

회의주의자에게는 긍정적 동기와 주체성, 최고의 자리를 확보하는 데 필요한 주체성을 향한 관심이 부족하다. 이 관심이 자기 자신에게도 주의를 돌리게 하며, 주관성을 등장시키는 것이다. 이 결여가 바로 기독교적 실천이다. 그리스 신들은 최고의 우주적 권위, 외부 실재의 꼭대기, 드높은 자연적 권능이었다. 피라미드를 보면, 그 정점이 모든 피라미드를 지배하나, 동시에 이 정점은 피라미드의 일부이다. 이와 마찬가지로 그리스 종교의 신들은 세계 위에 존재했으나, 그와 동시에 세계의 한 부분을 이루었고 세계의 정화(精華)다. 강의 신, 숲의 신, 곡식의 신, 번개의 신은 이 속세적 실재의 성스러운 정수(精粹)였다. 유대의 신은 천둥과 번개와 함께 걸어갔다. 그러나 기독교의 신은 번개나 강, 곡식이나 천둥과는 아무런 관계도 없다. 기독교의 신은 초월적이며 내세적 신으로서 그의 존재 방식은 그 어떤 우주적 실재와도 비교할 수 없다. 그에 대한 어떤 것도, 심지어 그의 발톱 끝마저도 이 세계의 한 부분이 아니며 이 세상과는 아무런 연관성이 없었다. 그러므로 기독교의 최고의 기적은 성육신(成肉身)이다. 이처럼 세계와는 무관한 신이 이 세계 속에 자신을 새기고 또 우리 곁에 머무는 것은 최고의 역설이라고밖에 할 수 없다. 논리적으로 따져 볼 때 기독교에서 신비적인 것이 그리스 신화에서는 일상사였다. 올림포스 산의 신들은 언제나 현세적이었고, 때로는 인간 이하의 모습을 취해 레다*3의 몸 위에서 부르르 떠는 백조가 되는가 하면 황소가 되어 에우로파*4를 등에 태우고 질주했다.

그러나 기독교의 신은 초월적인 신, 즉 전지전능한 신(deus exsuperantissimus)이다. 기독교는 인간에게 바로 이러한 신과의 교통을 제안한다. 그런데 이런 교통이 어떻게 가능할까? 세계와 속세의 사물을 통한 교통은 말할 것도 없고, 이 세계의 모든 것이 신과의 교통에서는 약점이 되거나 방해물이 된다. 신과 함께 존재하기 위해서는, 신에게 아무런 가치가 없는 우주적이며 현세적인 것을 존재하지 않는 것으로 받아들이면서 실질적으로 제거해야만 한다. 바로 여기에, 영혼이 신과의 교통을 향한 열망으로 신에게 구원받기 위해 회의론자가 그 방법적 회의론에 의하는 것과 마찬가지이다. 이 행위에서 세계와 세계에 존재하는 다른 것들, 국가, 사회, 그리고 인간의 육체에 대한 실재는 부정된다. 그리고 인간은 이 모든 것을 제거했을 때에야 자신이 진정 살아 있으며 존재한다고 느낀다. 그 이유는 무엇일까? 정확히 말하자면 영혼은 홀로, 오로지 신과 단 둘이만 남겨져 있기 때문이다. 기독교는 영혼의 본질로서의 고독을 발견했다. 나는 형식상 '영혼의 본질로서'라고 말하고자 한다. 내 강의를 듣는 여러분 가운데 아무도 지금 이 말을 이해하지 못할 것이다. 본질로서의 고독! 도대체 이것이 무슨 뜻인가? 이것을 완벽하게 이해하기 위해서는 당분간 인내해야 한다. 내 강의의 이 단계에서는 여러 가지 정확함이 결여되어 있을 지도 모르지만, 분명함에 대한 열의는 결여되지 않았다. 그러므로 내가 위의 표현을 알맞은 때에 분명히 하리란 사실에 대해서는 조금도 의심하지 말라.

영혼이란 실로 세계로부터 벗어나, 세계가 없는 외딴 곳에 남겨졌을 때, 다시 말해 고독할 때 존재할 수 있는 것이다. 왜냐하면 고독에 의하지 않고서는 신과 교통할 수 있는 방법이란 없으며, 고독을 통해서만 영혼은 유일하게 자신의 진정한 존재와 만날 수 있기 때문이다. 이른바 기독교 철학이 아니라(곧 살펴보겠지만 기독교 철학은 기독교라는 종교가 끌고 가는 슬프고도 불필요한 하나의 사슬이다) 기독교라는 종교적 측면에서 볼 때 신, 신과의 대면, 그리고 고독한 영혼이야말로 진정한 실재이며 그 밖의 실재는 아무 의미도 없다. 거듭 말하지만 기독교에는 신과 영혼, 이 두 실재만이 존재한다. 기독교 신자에게 인식이란 언제나 실제적인 것을 향한 인식이기에 모범적인 인식은 바로 신과 영혼에 대한 인식이라 할 수 있다. 그래서 아우구스티누스는 이렇게 말했던 것이다. "나는 신과 영혼에 대하여 알기를 열망한다. 내가 그 이상의 것을 원하는가? 그 외에는 아무 것도 원하지 않는다."

아우구스티누스가 내성으로서의 인식과 존재라는 사실을 통찰하고 또한 의심하는 행위 그 자체는 의심할 수 없다는 진리를 인식한 첫 사상가라는 점은 결코 우연이 아니다. 기독교 이념의 창시자와 근대 철학의 창시자가 완전히 일치한다는 점은 매우 흥미롭다. 아우구스티누스에게 있어서도 '나'는 '나'를 스스로 인식하는 한 존재하는 것이다. 즉 '나'의 존재란 곧 자기 자신을 인식함인 것이다. 이러한 사유의 실재는 모든 이론적 진리에서 최상의 위치를 차지한다. 그의 사유에 따른다면, 우리가 기반을 두어야 할 것은 바로 이러한 실재이지 우주의 문제적 실재와 외적인 것이 아니다. 아우구스티누스는 말한다. "더 멀리 나아가지 마라. 자기 자신 안에서 찾아라. 진리는 인간 안에 있다." 여기에도 역시 절대적 내부로서의, 즉 내성으로서의 인간이 나타나고 있다. 또한 기독교 이념의 창시자는 데카르트와 마찬가지로 인간 내성의 밑바탕에서 신을 본다. 테레사 데 헤수스가 모든 기독교인을 '영혼의 밑바닥(fondo del alma)'이라고 표현한 것을 우리에게 말한다는 점에서 합치된다는 사실은 매우 흥미롭다. 이들은 바로 이 영혼의 밑바닥에서 결코 벗어나지 않은 채 신을 발견한다. 기독교의 신은 분명히 세계에 대해서는 초월적이지만 '영혼의 밑바닥'에 내재하고 있다. 먼지가 쌓인 이 은유 속에 과연 어떤 실재가 감추어져 있을까? 지금 곧 대답할 수 없는 것은 더 묻지 말기로 하자.

하지만 아우구스티누스 안에 데카르트가 이미 태동하고 있었다고 단언하는 것은 부적절할 뿐 아니라 오류를 범하는 행위이다. 둘의 일치점이 많으면 많을수록 두 사람 사이의 거리는 더욱 멀어질 것이다. 아우구스티누스는 종교적 감수성을 지닌 천재였다. 종교적 직관을 통해 반영적 자아를 발견했고, 철학자로서는 자신의 직관을 정의하고 학문의 내부에 걸맞은 위치에 이것을 부여하려고 했다. 그러나 그는 데카르트와 같은 위대한 철학자는 아니었으므로, 모든 고대 이념을 뒤엎고 근대 관념론을 세우는 천재적인 통찰은 결여되어 있었다. 그런데 아우구스티누스를 데카르트와 구분시키는 근본적인 사실이 또 하나 있다. 아우구스티누스는 이미 카이사르와 더불어 우리에게 근대인처럼 여겨지며 고대 지중해 세계에서 유일하게 근대인으로 간주된다 하더라도 결국 근대인이 아니라 고대인이라는 사실이다. 고대의 정신 행위는 그의 새로운 관념과 더불어 결코 그 관념에서 떨어져 나가거나 멀어지는 일 없이 존속했던 것이다. 그래서 그의 철학은 혼돈되어 있었다. 따라서 그는 교회의 아버지였지 결코 고전 철학의 아버지는 아니었다.

한편으로 책을 많이 읽는 철학자는 아니었던 데카르트가 과연 아우구스티누스의 작품을 알고 있었다거나 그의 관념을 받아들였다는 사실은 아직 증명되지 않았다. 그러나 이것은 그리 중요한 문제가 아니다. 아우구스티누스의 사유는 근대가 시작되기 전 이미 널리 퍼져 있었다. 그 관념은 중세를 꿰뚫으며 스콜라 학파 안에서 성숙해 갔다. 그런데 사람들은 스콜라 철학을 스콜라 학파의 잔존자들조차 그 어떤 의무적 형식으로도 이것을 연구하지 않았기 때문에 경멸했다. 그러나 우리는 아우구스티누스로부터 시작해 클레르보의 베르나르두스 성인,*5 빅토리아 학파, 성 보나벤투라,*6 프란체스코 학파,*7 둔스 스코투스,*8 오컴,*9 오트르쿠르의 니콜라 성인*10을 거쳐 데카르트에 이르는 연결 고리를 다시 짜 맞출 수 있다. 이 변화 중에서 의식에 대한 관념은 오로지 토마스 아퀴나스에게서만 단편적으로 나타날 뿐이다. 그런데 그는 근본적으로 기독교적인 이 관념을 고대적 사유의 틀 안에 가두어 아리스토텔레스의 우주적 영혼으로 돌이키기 위해 기독교의 기원인 이 관념을 단념하였다. 근대는 기독교로부터 태어났다. 모든 시대가 균열 없이 멋지게 화합하면 좋지 않겠는가! 오늘 나는 바로 이 지점에서부터 강의를 시작해야할 것이다. 다음으로 지난 강의에서 우리가 이르렀던 '미지의 대지'에 대해 탐험을 계속하자.

〈주〉

*1 플루타로코스 《콜로테스에 대한 반박》 24, 2.

*2 Herbart(1776~1841) : 독일의 철학자이자 심리학자, 교육학자. 19세기 새로이 전개된 사실주의를 주도했고, 근대 과학적 교육학의 창시자로 꼽힌다.

*3 Leda : 그리스 신화에 나오는 스파르타의 왕비. 백조의 모습으로 변해 접근한 제우스와 관계를 맺은 뒤 두 개의 알을 낳았다고 한다.

*4 Europa : 그리스 신화에 나오는 페니키아의 왕 아게노르의 딸. 에우로파의 아름다움에 반한 제우스가 흰 소로 변신하여 접근해 그녀를 등에 태우고 크레타로 데려갔다.

*5 Bernardus(1090~1153) : 프랑스의 성직자이자 신비주의자. 이성보다는 《성서》나 교부의 권위를, 논증보다는 기도를 강조함으로써 수도원 문화를 대표했다.

*6 Bonaventura(1221~1274) : 중세를 대표하는 이탈리아의 스콜라 신학자, 성직자. 새로 도입된 아리스토텔레스 등의 철학을 이해하는 견해를 밝혔으나, 아우구스티누스의 전통을 따라 신비적인 사색을 존중했다.

*7 스코투스 학파라고도 불린다. 아우구스티누스의 사상을 바탕으로 아리스토텔레스의 사상도 받아들였다. 토마스 아퀴나스의 학설을 따르는 도미니쿠스 수도회를 신랄하게 비판함으로써 대립적 입장을 취했다.

*8 Duns Scotus(1266 즈음~1308) : 영국 프란체스코 수도회의 실재론 철학자이자 스콜라 신학자. 논증의 예리한 의미와 섬세한 검토 때문에 정묘박사(精妙博士)라는 명성을 얻었다. 프란체스코 학파의 전통적인 아우구스티누스주의를 대표하면서 토마스 학파와 대립했고, 아리스토텔레스 철학을 수용하여 독자적 체제를 수립했다.

*9 Ockham(1285~1349 즈음) : 영국의 프란체스코 수도회 철학자이자 신학자, 정치저술가. 논리학과 인식론을 발전시켜 후세에 큰 영향을 미친다. 유명론(唯名論)을 펼쳐, 중세의 사변신학 붕괴기에 근세의 경험론적 사상을 준비했다.

*10 Nicolas(1300 즈음~1350 이후) : 중세 회의론을 극단적인 논리적 결론으로 끌고간 것으로 유명한 철학자이자 신학자.

9강
우리 시대의 주제, 철학의 근본 혁신, 우주에 관한 기본적 사실, 세계에 대한 자아와 나에 대한 세계, 우리 저마다의 삶

　우리는 오늘, 모든 철학이 단순한 현학에서 벗어나 진정한 철학함이고자 할 때 반드시 들이마셔야 할 유쾌하고도 스포츠적인 분위기에서 진지하기 이를 데 없는 과제와 마주하고 있다. 이 순간 우리는 지금 살펴보는 우리의 개념들을 그 어느 때보다도 예리하게 다듬어서, 순수하고 오염되지 않은 것으로 만들어 두어야 한다. 이 개념들은 우리가 기존 철학에 대한 외과 수술을 집도하는 데 유용한 도구로 쓰일 수 있기 때문이다. 지금까지 강의를 통해 우리는 근대성을 고무하는 관념론적 명제의 사유를 순수하고 충실하게 좋아 왔다. 이 사유 속에서 우리 모두는 직접적으로 또는 이 사유와는 대조되는 방향으로 교육 받아 왔다. 이 사유는 아직도 여전히 인류 문화의 지배적 권력으로 존재한다. 외부세계의 실재를 허공에 떠 있도록 내버려 둔 채 의식과 주관성에 대한 근본적 실재를 발견하면서 관념론은 철학을 새로운 차원으로 끌어올렸다. 이제 철학은 최악의 의미로 퇴행의 고통을 깨달은 것이 아니라면, 거기서 뛰어 내릴 수는 없을 것이다. 의심할 수 없는 우주적 사물의 존재로부터 출발한 고대 실재론은 철학적 순진함의 단계 또는 천국적인 죄이다. 모든 순진하고 천진난만한 것은 천국적이다. 왜냐하면 모든 죄 없는 사람, 즉 의심도, 저주도, 회의도 하지 않는 사람은 자연과 우주적 전경, 정원에(이것이 바로 천국이다) 둘러싸인 채 원시인과 고대인 사이에서 자신을 발견하기 때문이다. 의심은 인간을 천국으로부터, 외부 실재로부터 추방한다. 그렇다면 절대적 존재인 아담—사유—은 자신이 우주에서 추방 당했을 때 어디로 향해야 하는가? 그가 어디로 가든지 간에 자기 자신을 움켜잡아야 하며 자기 자신 안에 틀어박혀야만 한다. 적절한 외부세계를 향해 주의를 기울이는 어린아이 본연의 천국으로부터 인간은, 자기 침잠, 젊음의 우울로 이전했다. 근대는 감상적이며 근대의 모든 시기는 어느 정도 낭만적이다. 자신이 관심을 기울였던 모든 분야에서 큰 발자취를 남긴 첫 번째 낭만주의자였던 성 아우구스티누스는 철학적으로는 순진했다.[*1]

철학적 혁신과 발전에 대한 우리의 의도나 계획이 무엇이든 간에, 우리는 관념론으로부터 그리스나 스콜라 철학의 소박한 실재론으로 다시 돌아갈 수 없다는 점은 분명하다. 여기 지금 우리에게 알맞은, 크롬웰의 병사들이 소리 높이 외쳤던 신조가 있다. "전진 만이 있을 뿐! Vestigia nulla retrorsum." 우리는 지금 관념론의 저편으로 가고 있다. 그러므로 관념론을 우리가 이미 지나온 길에 새겨진 흔적처럼, 우리가 한때 살았으며 그래서 영원히 우리의 영혼에 머무는 도시처럼 우리의 배후에 남겨 두고 잘 유지해야 한다. 관념론은 우리에게 지적 상승의 디딤판이었다. 지금 우리는 관념론의 아래가 아닌 그 위로 발걸음을 떼고 있다. 단 이를 위해서는 관념론을 외과 수술대 위로 올려야 한다. 관념론의 명제에 의하면 '자아', 곧 주체는 외부세계를 삼켜버린다. '자아'는 외부세계를 모두 집어삼키면서 부풀어 오른다. 관념론적 주체는 이제 하나의 종양이 되어버렸다. 그래서 우리는 관념론에 퍼져 있는 종양을 제거하는 수술을 해야 하는 것이다. 우리는 이 수술에, 더할 나위 없이 청결한 무균상태에서 집도할 것이다. 진작에 필요했던 수술이다. '자아'는 심하게 병들어 있었다. 그리스인에게 '자아'는 우주의 일부 같은 것이었다. 그래서 플라톤은 '에고(자아)'라는 단어를 거의 쓰지 않았다. 만일 자신을 뜻하는 단어를 써야 한다면 기껏 사회적 집단, 모든 아테네 시민, 또는 자신의 철학을 따르는 소수 집단을 뜻하는 '우리($\eta\mu\epsilon\hat{\iota}s$)'라는 단어를 사용할 것이다. 아리스토텔레스에게 '자아—영혼'이란 우주를 더듬는 손($\dot{\omega}s$ $\chi\epsilon\iota\rho$), 우주에 대한 정보를 자신에게 알리기 위해 우주에 의해 자신의 형태를 만들어 가는, 마치 자기 주위의 사물들을 알기 위해 그것을 더듬는 장님의 손과 같다. 그러나 데카르트에 있어서 '자아'는 일차적 이론적 진리의 위치로 올라섰다. 그리고 라이프니츠가 이것을 자신 속에 가둔 채 마크로코스모스(대우주)로부터 분리된 단자를 창안했을 때 '자아'는 내적인 작은 세계, 미크로코스모스(소우주) 또는 라이프니츠 자신이 표현한 대로 작은 신(petit Dieu, vnicroteos)으로 변모했다. 나아가 피히테에 다다라 관념론이 정점에 이르렀을 때 '자아'는 운명의 정상에 오르며 전체적 우주, 곧 만물로 확장되었다. '자아'는 영광으로 충만한 가도를 달려왔다. 그리하여 '자아'는 여기에 대해서 어떠한 불만도 제기할 수 없다. 자신이 향유할 수 있는 영광은 모두 누렸으므로 '자아'에게는 더 이상 누릴 영광도 없다. 그럼에도 불구하고 '자아'는 정당한 불만을 나타낸다. 자신의 내부로 세계를 삼켜버리고 나서 근대적 '자아'는 구성적으로 홀로 남겨졌기 때문이다. 이와 비슷한 예로 중국의 황제를 들 수 있다. 그는 지극히 높은 자리에 있는 탓에 친구를 사귈 수 없다. 친구를 사귄다는 것은 곧 상대와 동등함을 뜻하기 때문이다. 그래서 중국 황제를 '고독한 인간'이라 부르기도 한다. 관념론의 '자아'는 유럽의 중국 황제이다. '자아'는 가능하다면 전지전능한 존재가 되길 포기하는 한이 있더라도 자신의 타고난 고독을 이겨 내려 한다. 다시 말해 지금 '자아'는 좀더 풍요로운 삶을 누리기 위해 현재 상태보다 조금 낮은 존재가 되길 원한다. 즉 '자아'는 자신과 구별되는 사물, 자신과 대화를 나눌 수 있는 또 다른 '자아', 말하자면 '너'와 '그'를 원한다. 특히 '자아'는 '자아'와 가장 잘 구별되는 '그녀'인 '너', 또는 여성인 '자아'에게는 '그'인 '너'를 갈망한다. 요컨대 '자아'는 자신의 내부로부터 나오지 않으면 안 된다. 그리고 자신을 둘러싼 세계를 발견해야 한다. 관념론은 활력의 원천을 간과해 삶의 탄성을 완전히 약화시키는 지경에까지 다다랐다. 왜냐하면 인간을 둘러싼 모든 것은 오로지 그의 이미지에 지나지 않는다고 완벽하게 인간을 설득하는 데 성공했기 때문이다. 한편 일차적이며 자연적이고 교정할 수 없는 정신은 모든 것을 우리와 구별되는 유효한 실재로 제시하고 있다. 따라서 관념론은 삶을 역행하는, 완강하면서도 고집스런 행보를 취했으며 삶이란 그 본질과 자연적인 어떤 오류나 어떤 시각적 환상으로 인해 고통 받는 것이라고, 확신시키려는 집요한 교육적 노력이었다. 만일 한 구두쇠가 금화는 단지 금조각의 이미지, 즉 위폐라고 생각한다면 그는 더 이상 기뻐하지 않을 것이다. 만일 한 사내가 자신이 사랑하는 여인이 그동안 생각했던 그 사람이 아니라 단지 그녀의 이미지, 즉 사랑의 환상이었다고 확신하게 되면 그는 곧 그 여인에 대한 사랑을 접을 것이다. 그 밖의 다른 것들은 사랑이 아니라 자신을 사랑하는 것, 자기애 이외에는 없을 것이다. 사실 우리가 사랑하는 여인이 막상 우리가 생각했던 그런 여인이 아니라 단지 우리 스스로 형성했던 고결한 이미지라는 사실을 깨닫게 되면 곧 환멸이라는 재앙이 밀어닥친다. 시간이 좀더 있다면 나는 내가 지금까지 한 말이 결코 과장이 아니며 이 삶의 세부적인 항목들이—삶은 세부적인 항목들로만 이루어진다—관념론에게서 생기를 빼앗겨 부식된 상태로 스며 있다는 사실을 여러분에게 증명해 보이고 싶다.

그러나 지금 우리는 관념론의 배를 가르는 더없이 어려운 수술을 하고 있다. 관념론이라는 매우 특수한 감옥에 갇힌 '자아'를 해방시켜 '자아'를 둘러싼 세계를 '자아'에게 제공해야 하는, 자기 침잠의 상태에 빠진 '자아'를 치료해 그 상태로부터 빠져나오게 해야 하는 지극히 어려운 작업을 떠맡고 있는 것이다. 즉 우리는 '별을 보기 위해 그곳에서 나와야(E quindi uscimmo a riverder le stelle)'*² 하는 것이다. 그런데 '나'는 어떻게 자신으로부터 다시 나올 수 있을까? 자아로부터 밖으로 나온다는 것은 고대의 순진함으로 되돌아감을 뜻하지 않을까? 이 질문에 대해 나는 먼저 다음과 같이 대답하겠다. '자아'가 자신으로부터 다시 나온다는 것은 사실 '다시' 나오는 것이 아니다. 고대 세계에서 순진한 '자아'는 결코 자신으로부터 나온 적이 없다. 정확히 말해 이 순진함이란 '자아'가 결코 자아 속으로 들어간 사실이 없다는 데서 성립하기 때문이다. 자아가 밖으로 나오기 위해서는 미리 자신의 내부에 존재해 있어야만 할 것 아닌가. 이것은 단순한 말장난이 아니라 분명한 사실이다. 앞서 살펴보았듯이 '자아'란 내성이다. 지금 우리는 이러한 '자아'가 자신의 내성을 간직하면서 어떻게 자신으로부터 나오는지를 살펴보고 있다. 이것은 하나의 모순이 아닐까? 그런데 우리는 이미 이 강의에서 무엇을 수확할 단계에 이르렀다. 이전에 우리가 가꾸어 왔던 것들을 이제 직접 거두어들이기에 알맞은 때를 맞이한 것이다. 따라서 이 모순은 결코 우리를 당혹스럽게 만들지 않는다. 모든 문제는 우리 앞을 막아서는 뿔 두 개의 모순, 즉 우리 앞에 나타나는 하나의 딜레마라는 사실을 이미 알고 있기 때문이다. 그러므로 이러한 모순은 존재하지 않는 것처럼 꾸미며 날카로운 두 뿔을 갈아 없애는 대신 이렇게 하면 어떨까. 마치 모순을 지닌 문제적 존재인, 매우 사납지만 우수한 혈통을 지닌 투우용 황소를 다루듯이 '자아'란 은밀한 존재이며, 자신의 내부에 스스로 존재하는 것이라는 문제가 지닌 날카로움을 통해 오히려 이 모순을 정식화하자는 것이다. 그런데 '자아'는 자신의 내성을 잃지 않으면서 자신과는 근본적으로 구별되는 세계를 발견하고 자신의 외부인이 세계를 향해 나아가야 한다. 그리하여 '자아'는 은밀하면서도 낯설고, 닫힌 내부 공간이면서도 광활한 들판이며, 또한 감옥이면서도 자유로워야 한다. 문제란 모든 사람을 놀라게 하기 위한 것이다. 만일 우리가 외과 수술을 하겠다고 발표했다면, 사납게 돌진하는 황소 앞에 선 투우사처럼 위험을 무릅쓰는 것처럼 보일 것이다.

물론 누군가가 우리는 관념론을 극복해야 한다고 말한다면, '자아'는 감금된 삶에 불만을 토로하고 있다고 말한다면, 인간이 흥분에 겨워 어느 경이로운 날에 발견했던 관념론은 이제 우리의 삶에서 해로운 단계에 이르렀다고 말한다면, 이러한 관념론에 대한 비판은 결코 관념론적 명제에 대한 맹목적인 반대가 아니라는 사실을 이해해야 한다. 만일 관념론의 명제가 궁극적 진리라면, 즉 그 자신의 내부에 이론적 난해함을 수반하지 않는다면, 관념론은 위와 같은 비판에도 불구하고 반박되지도 않고 반박할 수도 없는, 확고한 명제로 계속 그 권위를 유지할 것이다. 욕망과 열망 그리고 진리가 다른 것이 아니면 안 된다는 생적 필요성은 지성을 향해 불꽃을 흩뿌리며 부서질 것이며 결코 지성에 가까이 이를 수 없을 것이다. 진리가 진리인 것은 누군가가 그것을 탐하기 때문이 아니다. 그런데 누군가가 욕망하지 않으면 진리는 발견되지 않는다. 진리란 욕망이 있으므로 추구하는 것이기 때문이다. 그러므로 진리에 대한 우리의 욕구에는 무관심하고 독립적인 특성이 지속된다는 것도 사실이지만, 또한 한 인간 또는 한 시대가 우리를 진리로 이끄는 관심 덕분에 다양한 진리를 발견하게 되는 것 또한 사실이다. 이런 관심이 없다면 역사는 존재하지 않을 것이다. 아무 관련이 없는 진리가 예상치 못한 형태로 인간의 정신에 떨어질 것이며, 인간은 이렇듯 갑자기 다가온 진리로 무엇을 해야 할지 모를 것이다. 아인슈타인의 진리는 갈릴레오에게 어떤 유용성을 제공했겠는가? 진리란 오로지 그것만을 추구하며 갈망하여 그의 내부에 진리가 머물 수 있는 정신적 공간을 마련해 놓은 사람에게만 전해진다. 상대성 이론이 나오기 전 25년 동안 인간은 절대적 시공간이 부재한 사차원적 물리학을 가정했다. 아인슈타인 자신이 분명히 밝혔듯 그의 이론의 근거로 제시한 빈 공간은 푸앵카레의 이론에 이미 존재하고 있었다. 회의주의적 경향을 지닌 사람은 진리의 가치를 폄하하려고 욕망이 진리의 아버지라고 말한다. 그런데 다른 모든 회의론처럼 이것 역시 무의미하고 부적절한 말이다. 만일 누군가 어떤 결정적 진리를 바란다면, 그가 이것을 갈망하는 까닭은 그것이 실제로 진리이기 때문이다. 어떤 진리를 향한 욕망은 자신을 뒤로 한 채 자신으로부터 초월해 그것을 추구한다. 인간은 자신이 언제 진리를 탐하는지, 언제 스스로 오로지 환상만을 붙잡길 원하는지, 즉 자신이 언제 거짓을 바라는지를 완벽하게 알고 있다.

그리하여 우리 시대는 근대성과 관념론을 극복해야 한다. 이를 비하한 말이나 죄인과 같은 태도가 아닌, 좀더 숭고하면서도 진지하게 표현해야 할 것이다. 관념론의 극복은 위대한 지적 작업, 우리 시대의 고귀한 역사적 사명, 즉 '우리 시대의 주제'라고. 왜 우리 시대는 혁신과 변화와 극복이 필요한가? 왜 이 열망, 새로운 것에 대한 갈망, 변화하고자 하는 욕망, 새로운 흐름을 주도하고자 하는 소망이 필요한가? 라고 이전에 나에게 향했던 수많은 비판들처럼 그 누군가가 격앙된 모습으로 또는 경멸적인 태도로 이렇게 묻는다면, 나는 그에게 다음과 같이 대답해 줄 것이다. 모든 시대는 엄밀한 의미에서 그 고유의 과제, 사명을 가지고 있으며, 혁신에 대한 의무를 지니고 있음을 이 강의 또는 다음 강의에서 분명히 볼 수 있을 것이라고, 아니 그뿐만이 아니다. 문자 그대로의 의미로 시대, 시간이란 그 궁극적 진리에서 볼 때 시계의 시침과 분침이 움직이며 쌓이는 것이 아니라, 그것 이상의, 아니 그것과는 비교할 수 없는 의미를 지닌 하나의 과제이며 사명이고 혁신이다, 라고.

관념론을 극복하기 위한 시도는 결코 가벼운 것이 아니다. 그와는 반대로 우리 시대의 문제점과 운명을 기꺼이 받아들이는 태도이다. 그러므로 우리 앞에 놓인 문제들과 과감하게 맞서 싸우자. 우리가 살아가는 이 시대가 우리 앞에 풀어놓은 성난 미노타우로스와 같은 철학적 황소와 정면으로 맞서자.

지금 우리는 나선의 마지막을 돌고 있다. 새로운 단계에 들어서면 언제나 그렇듯이, 우리는 우주 또는 존재하는 모든 것에 대한 인식인 철학에 대한 근본적 정의를 반복하고 있다. 무엇보다도 우리가 먼저 해야 할 일은 존재하는 것들 가운데 무엇이 의심의 여지 없이 존재하는지, 즉 우주로부터 우리에게 주어진 것이 무엇인지를 찾아내는 것이다. 소박한 정신적 태도에 있어서 원시인과 고대인 혹은 철학을 하지 않을 때의 우리 자신에게, 우주, 사물, 자연을 비롯한 모든 형체적인 것은 주어진 것이며 또 실재적인 것처럼 보인다. 이것이 바로 우리가 처음으로 실재적인 것, 존재적인 것으로 받아들이는 것이다. 고대 철학자는 사물의 존재를 추구하고 이 존재의 방법을 해석하는 개념을 창안했다. 그러나 관념론은 사물과 외부세계, 우주와는 다른 어떤 하나의 실재, 즉 이것들에 대한 우리의 사유라는 문제적 존재를 소유한다고 인식한다. 이렇게 관념론은 실재의 새로운 형식, 진정 근원적이며 확실한 존재의 형식, 즉 사유의 존재를 발견한다. 사물의 존재 방식이란 어떤 움직임도 없이 자신의 본질을 그대로 간직하는 정적인 특성을 지닐 때 우주적 실재로서의 이 존재는 결코 변경되지 않는 불변의 운동이다. 즉 운동 자체는 어떠한 움직임도 없다. (나는 진정 열광적인 사람들에게, 플라톤의 《파르메니데스》와 《소피스테스》, 아리스토텔레스의 《형이상학》 12권, 그리고 그의 경이로운 원작들을 추천한다. 단 경이로운 원문으로, 강습회 용의 축약본이 아니다. 이것은 훌륭한 고대철학을 어리석게 잘라놓아 둔화된 형태밖에 전달할 수 없다.) 반면 사유의 존재는 단순히 존재하는 것에서 성립하는 것이 아니라 스스로 존재하는 것, 스스로 자신을 인식하는 것, 스스로 존재하는 것처럼 보이는 데서 성립한다. 여러분은 사유의 존재 방식과 사물의 존재 방식 사이의 근본적인 차이를 깨달을 수 있는가? 우리가 이론적 그리고 학문적으로 이 실재, 즉 우리가 사유라고 이름붙이는 것을 이해하고 파악하기 위해 근본적으로 새로운 개념들, 말하자면 고대의 것과는 확연히 구분되는 새로운 개념, 관념과 범주가 필요하다는 사실을 볼 수 있지 않은가? 그런데 우리는 단지 이 사실을 직관할 뿐이다. 따라서 이것이 어떤 진정성을 갖추고 있음을 깨달았지만, 손에 꼭맞는 장갑처럼 이것을 정확하게 표현하고 기술할 수 있는 훌륭한 단어는 아직 찾지 못하고 있다. 그러나 우리에게 결핍된 것은 개념이 아니다. 언어 또한 우주적 존재를 위한 자연 정신이 창조했다. 따라서 고대 철학 역시 언어의 본질적 개념들을 세련되게 하는 데에만 전념했다. 우리도 이러한 이념적 전통 속에서 만들어졌다. 그리고 고대적 관념과 단어들이 관습에 의해 이 새로운 무언가가 근대인이 발견한 존재 방식의 해석자로 제시되었다. 그리하여 지금 우리는 '존재'라는 개념의 전통적 의미를 무효화하는 작업을 하고 있으며, 이 무효화 작업은 곧 철학의 뿌리와 다름없으므로 존재에 대한 관념의 혁신은 철학의 근본적 혁신을 뜻한다. 오래전부터 유럽에서는 많은 지식인이 이 지극히 어려운 과제에 매달려 왔다. 나는 본 강의를 통해 이 작업의 일차적 성숙 단계에 있는 결과물이 무엇인지 알리고자 한다. 살롱 렉스, 인판타 베아트리스 극장의 청중 여러분에게 이야기할 철학의 혁신은 결코 사소한 것이 아니리라 본다.

이제 여러분에게 말하겠다. 존재에 관한 전통적 개념, 즉 우리 정신의 전통에 존재하는 고색창연하면서도 계속적이고 진지한 개념에 대한 경의를 거두라. 그렇다, 나는 플라톤, 아리스토텔레스, 라이프니츠, 칸트, 그리고 당연히 데카르트의 존재 개념에 대한 총체적 공격을 선언하는 것이다. 따라서 내가 혁신하고자 하는 '존재'란 단어의 전통적 뜻을 고수하려는 사람은 앞으로 내가 이야기하는 내용을 전혀 이해하지 못할 것이다.

사유는 자기 자신과 관계되는 한 실재하고 존재한다. 즉 사유 자신을 인식하는 데서, 스스로 존재하는 것처럼 보이는 데서, 자기를 반영하는 데서 성립한다. 그리하여 사유란 단순한 정적 존재가 아니라 반영인 것이다. 어떤 이는 이렇게 반론할 수도 있다. "조금 전만 해도 운동이란 궁극적으로 단지 운동일 뿐 그 밖에 아무것도 아닌 정적인 존재라고 말하지 않았습니까? 만일 사유가 곧 반영이라는 공식이 성립한다면 반영 역시 고정적이며 불변적이고 정적인 견고함을 지니지 않았겠습니까?" 어느 의미로는 맞는 지적이다. 그러나 반영은 단지 나의 사유일 뿐이며, 나에게 반영적 존재로 보이는 사유된 존재 또는 실재에 지나지 않는다. 이렇게 연속적으로 모든 영역에 걸쳐 우리는 단지 자신을 지시하고 자신을 스스로 창조하는 존재를 발견한다. 즉 우리가 찾게 되는 것은 불안뿐이다. 이 말을 은유적으로 풀이하지 말고 액면 그대로 이해하자. 사유의 존재는 불안한 것이다. 이것은 결코 정적인 존재가 아니며 활동적으로 존재를 자신에게 스스로 부여하는 존재이다.

하나의 사유가 존재하려면, 즉 존재를 소유하려면 사유는 사유되는 것만으로도 충분하다. 자세히 말해 사유를 사유함이란 곧 그것을 창조하는 것이며, 그것에 존재를 부여하는 것이다. 그리고 오로지 내가 그것을 사유하고, 창조하고, 실행하고, 활성화하는 동안 사유는 존재한다. 사유가 정적인 상태에 머물러 있다면 이것은 곧 내가 사유 행위를 멈추는 것이며, 따라서 사유는 그 존재를 잃어버리고 말 것이다. 지금 이 기이한 존재 방식을 이해하지 못한다고 당혹스러워할 필요는 없다. 그 누구도 수천 년 동안 쌓여온 사고 관습을 한순간에 극복할 수는 없다. 이 강의를 들으면서 여러분은 어느 한순간 모든 것이 명료하게 자신에게 다가왔음을 확실히 느꼈을 것이다. 그러나 곧 여러분의 직관은 뱀장어처럼 빠져나가 버리고, 여러분은 본질적으로 불안한 존재보다는 정적인 존재를 원하는 정신적 요구에 다시 빠져 버렸다. 하지만 이 사실은 그리 중요하지 않다. 이것들은 우리에게 곧 완전하고도 유연하고 또 이해 가능한 형태로 다시 나타날 것이기 때문이다.

따라서 지금 당장은 그리 어렵지 않으면서도 분명한 주제로 되돌아가자. 오직 자기 자신을 인식하는 데에만 성립하는 사유는 자신의 존재에 대해서 의심할 수 없다. 만일 내가 A를 사유한다면 A에 관한 나의 사유는 분명히 있다. 그러므로 존재하는 것에 관한 일차적 진리는 다음과 같은 사실이다. "사유는 존재한다(Cogitatio est)." 이 진리를 통해 우리는 지금까지 이끌었던 이전 단계의 연구를 끝마칠 수 있다. 다른 모든 진리는 환상일 것이다. 그러나 환상 그 자체, 나에게 이것 또는 저것처럼 보이는 것, 즉 사유는 의심할 바 없이 선명하게 존재한다.

이러한 논리를 따라 데카르트는 자신의 철학을 펼쳐 나간다. 그러나 앞서 우리가 말한 대로 이렇게는 말하지 않는다. "사유는 존재한다(Cogitatio est)." 대신 다음과 같이 표현한다. "나는 생각한다. 고로 나는 존재한다(Cogito ergo sum)." 그렇다면 데카르트의 이 명제는 우리가 제시했던 명제와 어떻게 다른가? 그의 명제에는 주체가 둘이다. 한 주체는 이렇게 말한다. "나는 생각한다(Cogitatio est)." 그리고 또 다른 주체는 이렇게 말한다. "고로 나는 존재한다." "나는 생각한다"라는 말과 "사유는 존재한다"라는 말은 똑같다. 따라서 데카르트의 명제가 우리의 명제와 구분되는 점은, 우리로서는 충분하다고 여겨졌던 것에 데카르트는 만족하지 않는다는 사실이다. 수학의 방정식을 풀듯 "나는 생각한다"를 "사유는 존재한다"로 바꾸면 우리는 데카르트 명제의 의미를 좀더 분명히 이해할 수 있다. "사유는 존재한다. 고로 나는 존재한다."

우리는 지금 한창 외과 수술을 집도하고 있다. 이미 '생각하는 나(Cogito)', 즉 관념론의 내부에 메스를 댔다. 더욱더 주의를 기울여 수술에 임하자.

우리에게 사유가 존재한다는 말은 나의 '자아'가 존재한다는 사실을 내포한다. 사유란 사유되는 대상을 포함하듯이 필연적으로 사유를 사유하는 주체를 자신을 구성하는 하나의 요소로서 포함하기 때문이다. 그리하여 만일 사유가 존재한다면, 그 사유가 존재하는 의미에 있어 주체 또는 나와 대상이 동시에 존재해야만 한다. 존재하는 것처럼 보이는, 내게 있어서의 존재라는, 이러한 존재의 의미는 사유에 관한 새롭고도 진정한 것이다. 나의 사유는 나에 있어서의 사유이다. 즉 나는 내가 존재한다고 생각하기에 존재하는 것이다. 이것이 바로 진정한 관념론으로서 관념론이 시도하고자 했던 혁신이다. 관념론에서 그 나머지는 단지 마술일 뿐이다.

그러나 데카르트는 비록 사실을 발견했고 이른바 '사유'라는 것을 충분히 직관했음에도 불구하고 결코 우주적 범주에서 벗어나지 못했다. 그리고 자신이 보는 것에 직면해서는 그 신중함을 잃어 버렸다. 이를테면 그는 단지 '그렇게 보이는 것', 순수의 잠재 가능성, 반영의 역동성에 성립하는 존재 앞에서는 냉정을 잃은 것이다. 그런데 고대인이나 토마스 아퀴나스적인 스콜라 학파 철학자들처럼 그는 좀더 견고한 우주적 존재에 의지해야 한다고 느꼈다. 그리고 단지 자기 자신에게 그렇게 보이는, 자기 자신을 지시하는, 스스로를 인식하는 데에 성립하는 사유의 존재 뒤에서 존재―사물, 정적인 개체를 추구한다. 그에게 사유란 이제 더는 실재가 아니다. 데카르트가 사유를 일차적 실재로 발견하는 순간 사유는 잠재적이고 정적인 다른 실재의 단순한 표명 또는 특질로 바뀐다. 우리는 이 말을 데카르트적 언어로 이렇게 표현할 수 있다. 사유는 의심할 바 없이 존재한다. 그러나 그것은 단순히 자기 자신에게만 그렇게 보일 뿐이다. 그것은 단순한 형상에 성립하는 것이기에 전통적 의미에서의 존재, 즉 실재가 아니다. 나처럼 그 모든 것을 의심했던 데카르트는 고대의 틀에 갇힌 진리를 의심한다는 점에서 나와는 견해가 다르다. 그리하여 특히 나는 그가 지녔던 존재에 대한 고전적인 소박한 개념을 이단논법으로 추론하고자 한다. 만일 사유의 형상이 존재한다는 것에 의심의 여지가 없다면 우리는 이 형상 속에 나타나는 이 형상을 지지하고 진정한 형상 그 자체인 잠재적 실재가 존재함을 인정해야 한다. 이 실재를 나는 '자아'라고 부르겠다. 나는 이 실제적인 나의 '자아'를 보지 못하며, 이것 역시 나에게 명확하게 존재하지도 않는다. 그러므로 비록 직접적 형태이긴 하지만 어떤 결론을 통해 '자아'의 의미를 이끌어내야만 할 것이다. '자아'의 존재를 단정하기 위하여 나는 '고로'라는 다리를 지나야만 한다. "나는 생각한다. 고로 나는 존재한다(Je pense, donc je suis)." 그러나 존재하는 '자아'란 누구인가? 바로 사물이다! '자아'는 사유 자체가 아니라, 사유가 하나의 속성이며 표명이고 현상인 사물인 것이다. 우리는 다시 그리스 실체론의 비활성적 존재로 되돌아가 버렸다. 데카르트는 자신이 발견한 새로운 세계를 우리에게 보여 주면서 말했던 방식과 그가 취했던 행동 그대로 이 세계를 취소시키고 무효화시켜 버린다. 그는 스스로 존재하는 존재를 볼 수 있는 직관과 시각을 지녔다. 그러나 이 존재를 그리스 실체자들처럼 본질적인 존재로 생각해 버렸다. 이러한 이중성과 내적 모순, 자아와의 고통스러운 부조화가 바로 관념론이자 근대성이며 유럽 대륙이었다. 오늘에 이르기까지 유럽은 그리스 문화의 마법이 걸려 황홀경에 빠진 삶을 이끌어 왔다. 실제로 그리스 문화는 매력적이었다. 그러나 우리는 그리스 문화에서 오직 오디세우스만을 모방해야 한다. 그리고 오디세우스로부터는 그가 육감적인 자태로 의자에 앉아 있는 레카미에 부인*3만큼 매혹적인 지중해의 마녀 키르케와 칼립소의 마법에서 그리고 세이렌에게서 빠져나올 수 있었던 지혜만을 따라야 한다.*4 호메로스가 우리에게 전해 주지 않았지만 지중해를 항해하는 선원이라면 누구나 알고 있었던 오디세우스의 지혜란 무엇인가? 영혼을 빼앗는 세이렌들의 노래로부터 벗어날 수 있는 방법은 거꾸로 세이렌들을 향해 노래 부르는 것뿐이었다. 덧붙여 말하자면 오디세우스는 최초의 돈 후안*5이다. 그는 자신과 함께 삶을 꾸려 나가던 아내 페넬로페에게서 빠져나와 지중해의 모든 매혹적인 존재들을 만나고 사랑을 나눈 뒤 다시 그들로부터 도망친다.

이제 그리스의 영향력은 마침표를 찍었다. 그리스인들은 결코 고전적이지 않다. 단순히 고풍스럽고 고전적인 데 지나지 않는다. 매우 낡았다……그러나 역시 언제나 훌륭하다. 그리하여 우리는 그리스인들에게 그렇게도 지대한 관심을 기울이는 것이다. 이제 그리스인들은 우리가 본받아야 할 교육적인 대상의 역할을 접고 우리의 벗이 될 것이다. 우리는 그들과 대화할 것이며 가장 본질적인 문제에 대한 반론을 제기할 것이다.

의심할 바 없이 철학에서 가장 중요하고 난해하며 더욱이 절대적으로 새로운 질문은 다음과 같은 사실에서 나온다. 여기서 잠깐, 나는 마드리드 시민을 대상으로 한 이 첫 번째 대중 강연에서 철학의 가장 난해하면서도 이해하기 어려운 문제만을 다루고 있음을 말해 둔다. 또 다른 대중 강연의 기회가 생기면 좀더 쉬운 주제를 다룰 것을 여러분에게 약속한다. 이제 다시 우리의 주제로 돌아가자.

우리의 주관성을 발견하기 전, 우리는 오직 직접 목격하는 사물이라는 실재만이 존재한다는 것을 사유한다고 상상해 보자. 그러면 이제 이 사물에 대해 우리가 어떤 관념을 갖게 되는지 살펴보자. 예를 들어 경마장에서 우리가 보는 말은 하나의 존재인가? 아니면 말이라 부르는 하나의 사물인가? 우리는 이 말의 생김새, 색깔, 몸의 저항을 보고 있다. 이것이 말의 존재이며 실재인가? 그렇기도 하고 그렇지 않기도 하다. 말이란 단순히 그 생김새만으로 이루어진 것이 아니다. 왜냐하면 그것은 색깔과 그 밖의 것으로 이루어진 존재이기 때문이다. 색과 생김새, 그리고 우리가 그것을 만질 때 우리에게 반응하는 저항의 몸짓은 서로 뚜렷하게 구분된다. 말은 이 모든 것의 통일체이며 하나의 단위 또는 저마다 서로 다른 지각적인 것들이 합쳐진 통합적 사물이다. 그런데 색깔과 생김새 등이 합쳐진 이 사물은 이제 비가시적인 것이 되어 버린다. 나는 말이라는 사물을 가정하고 발명한다. 이것은 그러한 색과 생김새가 합하여 나타나는 지속성에 성립하는 관찰 가능한 사실에 대한 나의 해석이다. 말의 진정한 존재는 분명히 나타나는 가시적이며 유형적인 요소들의 이면에 존재한다. 즉 이것은 색, 생김새 등과 같은 현재 존재하는 사물 아래에 놓인 잠재적 사물인 것이다. 그리하여 내가 말의 특질들이라고 부르는 다른 사물들의 통합적인 기초로 여겨지는 사물은 정확히 말해 말 자체는 아니다. 따라서 이 동물의 진정한 존재는 가시적이며 분명한 존재가 아니라 반대로 그 내부에서 외형들의 기초가 되는, 즉 특질들을 뒷받침하는 존재, 이 특질들 밑바탕에 존재하는 존재, 말하자면 잠재적 존재 또는 본질 그 자체이다. 따라서 본질은 내가 사물로부터 또는 외형으로부터 보는 것의 이면에 존재하는 그러한 것이다.

더욱이 말은 세월이 흐름에 따라 털색과 생김새도 변하는 데다가 계속 움직인다. 따라서 말의 외형은 무한하다고 할 수 있다. 만일 말의 존재가 그 외형으로 성립한다면, 말은 그냥 말이 아니라 환경에 따라 계속 변하는 하나하나 서로 다르면서도 무한한 말일 것이다. 이것은 말이 이런 말, 저런 말이 될 수 있다는 뜻이다. 그러므로 이 말도 저 말도 그 어떤 말도 결정적인 말이 될 수는 없다. 그렇지만 이 외형의 밑바탕에 비가시적이고 영원하며, 저마다 서로 다른 외형을 낳는 그 무엇이 있다고 가정해 보자. 이럴 경우 이 변화들은 유일하면서도 불변적인 존재인 '말'이라 불리는 본질의 변화라고 말할 수 있을 것이다. 이 말의 형체가 변할 때나 외형이 변할 때도 말은 실재에서 정적이며 불변적인 존재이다. 본질은 각 특질들의 기초이면서 그 변화 또는 우연히 얻은 성질에 대한 항구적 주체이다.

그리스적 존재 개념을 가장 특징적으로 나타내는 표현으로 우리는 잠재적 또는 본질적 존재, 부동적이며 불변적 존재란 말을 쓸 수 있다. 심지어 모든 변화와 운동의 출발점인 궁극적 본질에서나 아리스토텔레스적 신의 개념에서나 우리는 다른 존재로 하여금 움직이게 하지만 자기는 움직이지 않는 부동의 원동력(κινοῦν ἀκίνητον)을 발견할 수 있다. 이 본질적이며 정적인 존재에 대한 관념은 만일 이 세계에 외부로부터 우리에게 도달한, 우리가 지각할 수 있는 실재만이 존재한다고 하면 무엇보다 정확한 불멸의 관념이 될 것이다. 왜냐하면 사실 외부적 사물에 대하여 우리는 우리 앞에 존재하는 사물의 외형만을 소유할 수 있기 때문이다. 그러나 우리가 말을 눈으로 볼 수 있다고 해서 말이 존재하는 것은 아니다. 우리가 보는 말의 겉모습은 단순히 겉모습일 뿐 실재는 아니기 때문이다. 하나의 실재, 즉 스스로 충분하며 스스로 자신을 뒷받침하는 그 무엇으로서의 순수 색을 생각해 보라. 곧 배면이 없는 표면, 밑이 없는 위는 존재할 수 없는 것과 마찬가지로, 불가능하다는 사실을 알게 될 것이다. 색은 그것을 완성하는 실재의 한 부분으로, 그것을 장식하고 따르는 물질의 단편으로 자신을 드러낸다. 그러므로 존재할 수 있는 실재이지만 우리가 발견하거나 가정할 수 없는 실재의 경우 우리는 이것이 결정적이며 진정한 존재가 아니라고 단정할 수 있을 것이다. 강의 초반에 나는 이미 이 문제에 대해 예를 들어 가면서 언급했다. 이것은 철학사를 이해하기 위해 반드시 짚어야 할 가장 전통적이며 대표적 예이기 때문이다. 여러분이 알듯이, 지난 강의에서 많은 문제들에 대해 나중을 기약하며 깊이 있게 논의하지 않았다. 이 주제 또한 그러한 것 중의 하나였다.

이것이 바로 데카르트가 사유란 자신에 대한 자기 스스로의 현현(顯現)이 성립한다는 사실을 보았을 때, 사유는 충분히 이루어지지 않고 맹목적이며 기계적으로 본질에 대한 고대적 범주를 적용해 사유의 밑바탕에서 사유를 내뿜고 발산하며 사유 내부에서 자신을 드러내며 본질적인 것을 추구한 이유이다. 이렇게 데카르트는 사유의 존재란 사유 자체가 아니라 사유를 사유하는 어떤 사물(recogitans) 안에 존재한다는 근원적 사실을 발견한 것으로 생각했다. 그에게 있어서 존재한 그것이 실존하기 위해 다른 무언가를 필요로 하지 않는 것(qvod nihil aliud in digeat ad existendum)이었다. 한편 사유는 의심할 바 없이 존재하는 유일한 것이다. 사유가 존재하려면 단지 외형을 갖추어 나타나기만 하면 충분하기 때문이다. 다른 한편 사유가 존재하려면 잠재적이며 비외형적인 지지대, 즉 사유하는 사물 또는 사유의 주체가 필요하다. 여러분은 느끼지 못하는가? 우리가 보는 것의 배면에 우리가 보지 못하는 그 자체가 수수께끼인 어떤 존재, 즉 외형적이며 분명한 것을 설명해 주는 하나의 실체가 존재한다고 가정하는 자성(磁性)의 관념, 마술적 성향을 따르고 있다는 사실이? 사실 어느 누구도 본질에 대한 직관을 소유하지 않았다. 데카르트는 자신의 명제 "나는 생각한다. 고로 나는 존재한다"에서 '사유는 존재한다'라는 의미를 분명히 포함한 첫 번째 문구를, 그 본질상 문제적이며 유용하지도 않고 사유 주체의 존재 방법을 응고시키고 마비시키면서 실체적 존재 또는 사물로 전환하여 고유의 본질을 없애 버리는 두 번째 문구로 대체해 버린다. 이것은 큰 오류이다. '자아'와 사유는 하나의 똑같은 사물이 아니다. 사유가 존재하기 위해서는 그 무엇도 필요 없다. 만일 사유가 존재하기 위해 그 무엇이 필요했다면 데카르트는 첫 번째 문구 "나는 생각한다"를 받아들지 못했을 것이다. 또 '생각하는 나'나 '사유는 존재한다'라는 사실을 말할 수도 없었을 것이며 이 진리에 "그러므로 나는 존재한다"라는 자신의 결론은 기초를 둘 수도 없었을 것이다.

데카르트의 정식은 그 단순성에도 불구하고 천재적이며 그것이 이끄는 모든 독창적 진리를 정립하는 데 너무도 유용하다는 사실을 우리는 인정해야 한다. 아울러 이 정식이 세부적인 면에서나 전체적인 면에서 모순되는 사실들로 얽혀 있다는 것도 알아야 한다. 그래서 이 정식이 등장한 지 300년이 지난 시점까지도 거의 모든 사람이 이것을 완벽하게 이해하지 못했던 것이다. 그리고 정직하게, 초기에는 데카르트 정식을 이해하지 못했다고 인정할 줄 아는 사람이야말로 참으로 이 정식을 이해했다고 할 것이다. 나는 3년 동안 독일의 한 도시에서 살았는데, 그곳 사람들은 데카르트 전문가라고 자처했다. 그곳에 있는 동안 나는 이들의 논리 아래서 순종적으로 훈련을 받았다. 그러나 마르부르크의 그 누구도 마르부르크 학파가 지향한 관념론의 뿌리인 데카르트의 철학을 제대로 이해한 사람은 없다고 여러분 앞에서 장담한다. 이 학파의 빈약한 사상은 지성의 끊임없는 질병으로부터 비롯되었다. 마르부르크 학파는 조금 과격한 방식으로 한 문구에서 의미를 가려내려 했다. 이들은 이렇게 가려낸 의미를 곧 문구에 대한 이해라고 이름 붙였다. 한 문구를 이해하려면 여기에서 뽑아낸 의미가 과연 이 문구가 가지는 유일한 의미인지, 즉 이 의미가 문구의 총체적 의미에 어울리는 유일한 것인지를 스스로 물어보아야 한다. "나는 생각한다. 고로 나는 존재한다." 이 문장은 수많은 의미를 내포하고 있다. 그러나 사실 이것은 오로지 하나만을 이야기한다. 그리고 이 사실을 이해하는 것이 중요하다.

데카르트는 사유하는 주체를 본질화한다. 이렇게 함으로써 주체를 사유의 외부에 둔다. 즉 그는 주체를 우주적인 외적 사물로 바꾼 것이다. 주체란 사유되는 존재에서 성립하는 것이 아니라, 오로지 사유되는 동안 자기 자신을 창조하며 자아에 존재를 부여하면서 자신의 내부에 존재하는 데서 성립하기 때문이다. 사유라는 것은 돌이나 말과 같은 실체들이 스스로 자신에게 돌이나 말처럼 보이지 않는 것처럼 자신에 대해 사유하지 않는다. 그렇다면 나는 근본적으로 나에게 나처럼 보이는 나에 지나지 않는다. 그 밖의 모든 것은 마술일 뿐이다.

자신이 주장한 명제를 충실히 완성할 수 있는 새로운 존재 방법을 발명하지 못한 관념론의 무능함은, 우리가 사유의 주체로부터 대상에 대해 시각을 옮긴다면 더욱 분명하게 드러난다. 관념론은 이 극장이 내 정신의 외부에 실제한다는 것을 믿지 말라고 제안한다. 관념론은 내게 이 극장은 단지 사유일 뿐이며 이 극장에 대한 하나의 시각 또는 상상일 뿐이라고 말한다. 그리하여 이 극장은 우리가 앞서 살펴보았던, 실제 정원에서 끄집어내어 분수 속, 즉 정신에 삽입했던, 그래서 상상적 존재로 분류했던 키마이라와 같은 것이 되어버린다. 사물은 무엇보다도 '의식의 내용'과 다름없다.

이 용어는 바로 19세기에 철학 분야에서 가장 많이 쓰인 것이다. 그런데 이것은 데카르트의 그 어느 저서에서도 찾아볼 수 없다. 반드시 등장해야 하는 용어임이 분명한데도 말이다. 이 용어는 칸트의 저서에서 비로소 싹을 틔웠다. 칸트 덕분에 우리는 외부 실재라는 것을 취하게 되었으며 이것을 우리의 정신 내부에 두었다.

관념론의 모순을 밝히기 위해서는 좀더 침착하게 탐구해야 한다. 관념론의 이 기본적 명제에서 무엇이 확고한 것이며 무엇이 우리가 받아들일 수 없는 것인지를 살펴보자. 세계에 대한 가정적인 외적 실재가 단지 가정임은 확실하다. 따라서 나로부터 독립된 그 자체로서의 실재가 매우 문제적이란 사실은 부인할 수 없다. 그러므로 철학은 이 실재를 받아들일 수 없다. 이것은 무엇을 뜻하는가? 이는 단지 외적 실재는 사실에 대한 나의 인식으로부터 격리되어 존재하지 않는다는, 즉 외부세계는 외부세계에 존재하는 것이 아니라 그에 대한 나의 인식에 존재함을 뜻할 뿐이다. 그렇다면 우리는 이 실재를 어디에 두어야 하는가? 바로 나의 인식, 나의 정신, 나의 사유이다. 관념론은 이 문제를 하나의 딜레마로 여긴다. 즉 관념론에 의하면 이 극장은 그 절대적 실재를 나의 현실이나 나의 내부에 가지고 있다. 존재하기 위해서는 어느 공간에 존재하여야 하며 이 공간에 그 무엇이 존재한다는 사실에 대해서는 의심할 여지가 없다. 그런데 나는 나로부터 나와 나의 외부로, 이 가정적인 절대적 실재를 향해 나아갈 수 없으므로 이 극장이 나의 외부에 존재한다고 확신하지는 못한다. 그리하여 나는 나의 내부에 정신적 내용물로서 이 극장이 존재한다는 점을 인정하는 수밖에 없다.

그러나 관념론은 논지를 보다 조심스럽게 펼쳤어야만 했다. 실재가 나의 외부 또는 나의 내부에 존재한다는 두 가능성을 결정하기 전에 관념론은 침착하게 다음 사실을 숙고했어야 했다.

이 극장에 대해 말할 때 '의식내용' 또는 '정신적 내용'이라는 표현을 쓴다면, 그것은 이해할 수 있는 의미를 갖고 있을까? 아니면 이 표현은 완전히 무리한 해석, 즉 '둥근 사각형'과 같이 서로 맞서는 두 단어의 조합일까?

다음 사실을 살펴보자. 내가 '이 극장'이라고 말할 때 이것은 무엇을 뜻하는가? 나는 이 극장에 대해 무대의 막이 녹색이며, 무대 배경그림 같은 것들이 있고, 폭과 넓이가 꽤나 넓고, 천장 높이가 20미터 이상인 어떤 것으로 이해한다. 만일 내가 이것이 나의 의식의 내용이라고 말한다면, 이는 곧 높이가 20미터인 푸른색 그리고 기타의 것으로 구성된 그 무엇이 나의 연장적인 어떤 것을 실제로 형성한다고 말하는 것이다. 그런데 만일 이것이 나의 부분을 형성한다면 나는 적어도 부분적으로 나의 나, 나의 사유 또한 그 정도로 높고 넓다고 말할 수 있을 것이다. 결국 나는 연장을 소유하고, 나의 사유는 공간을 차지하며, 나의 일부는 푸른색인 것이다. 그런데 이것이 어딘가 어긋난다는 사실은 곧 분명해져서 관념론자들은 다음과 같이 스스로를 변호한다. "'의식의 내용으로서의 극장'이란 표현을 거두고자 합니다. 대신 나의 사유나 나의 의식의 내용이라는 것은 오로지 극장에 대한 나의 사유, 그것에 대한 나의 이미지 또는 내가 극장을 상상하는 것 자체라고 해두지요." 이제 나는 사유라는, 상상이라는 확신에는 그 어떤 불합리한 부분도 없다. 나의 사유와 상상은 나의 내부에서 한 부분을 이루며 존재하는 내용물이라는 사실은 조금도 낯설지 않다. 그렇지만 여기서 말하는 것은 극장이 아니다. 우리는 극장을 외부로 밀어버린 것이다. 그러므로 외부냐 내부냐 하는 것은 거짓이다. 언제나 외부에 존재하는 외적 실재인 극장은 나의 내부에 존재하지 않는다. 세계는 나의 표상이 아니다. 쇼펜하우어의 이 문구가 단어들을 저마다 대부분의 관념론처럼 모호한 이중적 의미로 쓰이고 있다는 사실을 조금만 주의한다면 이것은 쉽게 이해될 것이다. 나는 스스로 세계를 표상한다. 여기에서의 나의 세계가 곧 표상의 행위이며 이것이 표상이란 단어가 지닌 분명한 뜻이다.

그러나 내가 스스로 표상하는 세계는 내가 표상하는 것이 아니라 표상되는 것이다. 그러나 나의 것은 표상하는 것이지 표상되는 것은 아니다. 쇼펜하우어는 사유와 사유되는 것이라는, 엄밀히 말해 서로 논쟁적인 두 의미를 '표상'이라는 한 단어로 혼동하는 근본적 오류를 범하고 있다. 바로 이러한 까닭에 지난 강의에서 그의 유명한 작품 제목인 이 유명한 문구를 매우 조잡하다고 말했던 것이다. 그런데 사실 그것은 훨씬 더 조잡하다. 아이들은 이를 가리켜 시시하다고 할 것이다.

그렇다면 결정적으로 극장은 어디에 존재하는가? 해답은 분명하다. 극장은 내 사유의 한 부분을 이루면서 나의 안에 존재하지 않는다. 또한 극장은 외부에 있으므로 이것과 사유 사이에 그 어떤 관계도 없다고 여겨진다 할지라도, 내 사유의 밖에 존재하지 않는다. 극장은 이것에 관한 나의 사유와 불가분의 관계에 있는, 즉 나의 사유의 내부 또는 외부에 존재하는 것이 아니라 나의 사유와 함께 존재한다. 이는 마치 앞면과 뒷면, 왼쪽과 오른쪽의 관계와 같다. 비록 오른쪽은 왼쪽이 아니고 앞면은 뒷면이 아니지만 언제나 더불어 존재해야만 비로소 의미가 있기 때문이다. 우리가 관념론의 명제에 이를 때까지 그것을 뒤쫓으면서 행했던 추론화의 유형을 떠올려 보라. 내가 정원을 보다가 눈을 감으면 정원이 보이지 않게 된다. 여기에 대해서는 그 어떤 논의의 여지도 없다. 그럼 무슨 일이 일어났는가? 내가 정원을 보는 행위와 정원, 나의 의식과 그 대상, 즉 나의 사유와 사유된 것이 동시에 끝나 버렸다. 그런데 내가 눈을 뜨면 정원은 다시 나타난다. 그러므로 사유, 즉 보는 행위가 존재하기 시작하면 그 대상, 즉 보여지는 것도 함께 존재하기 시작한다. 이것도 논의의 여지가 없는 분명한 사실이다. 철학은 그러한 논의의 여지가 없는 분명한 사실로만 구성되기를 갈망한다. 따라서 우리는 사물을 있는 그대로 취해야 하며 다음과 같이 말해야 한다. 즉 외부세계는 나의 사유 없이 존재할 수 없다. 그러나 외부세계가 곧 나의 사유는 아니다. 나는 극장도 아니며 세계도 아니다. 나는 극장과 마주하고 있으며 세계와 함께 존재한다. 그리하여 우리는 세계이며 자아이다. 이것을 일반화시켜 우리는 다음처럼 말할 수 있다. 세계는 나로부터 독립해 스스로 존재하는 자립적 실재가 아니다. 이것은 나에 대해 존재하는, 나와 마주하여 존재하는 것일 뿐이다. 지금까지는 관념론과 동조해 왔다. 그런데 여기에 다음 사실을 하나 덧붙여야 한다. 세계란 단지 나에게 그렇게 보이기에 이것은 단순한 외형적 존재이며 나로 하여금 이 외형의 밑바탕에 존재하는 실체를 추구하게끔 강제할 어떤 이유도 없다. 나는 고대인들처럼 지지대로서의 우주 안에서 이 실체를 추구할 필요도 없고 내가 보고 만지고 냄새 맡고 상상하는 것을 그 내용과 표상으로 수반하는 실체를 나 자신으로부터 창출할 이유도 없다. 그런데 이것은 현대 철학이 반드시 없애야 할 거대한 고대적 편견이다. 우리는 지금 이 극장 안에 있으며 어떤 매개도 없이 이 극장과 직접적으로 마주하고 있다. 이 극장은 내가 봄으로써 존재하며 내가 보는 방식에 따라 의심의 여지 없이 존재한다. 그리하여 극장은 그 외형 속에서 자신의 존재를 샅샅이 규명하는 것이다. 그러나 극장은 나의 내부에 존재하지도 않고 나와 한데 섞이지도 않았다. 나와 극장 사이의 관계는 순수하며 명확하다. 나는 지금 극장을 보고 있는 주체이며 극장은 지금 내가 보고 있는 대상이다. 극장 또는 그러한 사물들이 없다면 나의 보는 행위는 존재하지 않으며 결국 나 역시 존재하지 않을 것이다. 대상(객관)이 존재하지 않으면 주관 또한 존재하지 않기 때문이다. 관념론은 나의 주체성 역시 대상의 존재에 의존한다는 사실을 생략한 채 사물은 그것을 사유하는 나에게 종속된다는, 즉 나의 주체성에 대한 사물의 의존을 강조함으로써 스스로 주관론으로 되돌아가는 오류를 저질렀다. 즉 관념론은 나와 세계라는 두 존재가 나눌 수 없으며 직접적이고 일체적인 동시에 서로 다른 존재라는 사실을 잊은 채, 나로 하여금 세계를 삼켜버리게 하는 오류를 저지른 것이다. 푸른색 대상물이 나를 통해 보이므로 이것은 나의 존재, 즉 내 자아의 일부분이라고 말하는 것만큼이나 내가 푸른색 대상물을 보고 있기 때문에 나는 푸른색이라고 말하는 것은 얼토당토않은 이야기다. 나는 언제나 나의 자아와 함께하며, 나라고 하는 것은 나의 존재를 사유하는 존재와 다름없고, 또한 나는 나로부터 빠져나올 수가 없다. 그런데 나와 구별되는 이질적인 세계를 만나기 위해 나는 나로부터 나올 필요가 없다. 세계는 언제나 나와 함께 있으며 나의 존재는 세계와 똑같은 존재이기 때문이다. 나는 매우 내적인 존재이다. 그리하여 그 어떤 초월적 존재도 나의 내부로 들어올 수 없다. 그러나 동시에 나는 세계가, 즉 내가 아닌, 나와는 이질적인 것이 존재 그대로의 모습으로 나타나는 공간이기도 하다. 외부세계, 즉 우주는 나에게 직접적인 존재이며 바로 이 의미에서 나에게 친밀한 존재이다. 그러나 세계는 '자아'가 아니며 이 의미에서 세계는 나와 거리가 먼 이질적인 존재이다.

그러므로 철학의 출발점을 수정하자. 우주의 근원적 사실은 사유하거나 생각하는 '자아'가 존재하는 것이라는 단순한 사실이 아니다. 만일 사유가 실제로 존재하는 것이라면 '사유하는 자아'와 '내가 사유하는 세계'가 존재하며, 따라서 분리하지 못할, 타자와 함께 존재하는 주체가 존재한다는 것이다. 그러나 나는 근원적 존재가 아니며 세계 역시 근원적 존재가 아니다. 나와 세계가 활동적으로 공존 관계를 맺고 있는 것이다. 즉 나는 세계를 바라보는 존재이고 세계는 나를 통해 보게 되는 존재이다. 나는 세계를 위해 존재하며 세계는 나를 위해 존재한다. 만일 나에게 보고, 생각하고, 상상하는 대상이 없다면 나는 볼 수도, 생각할 수도, 상상할 수도 없다. 즉 자아는 존재할 수 없는 것이다.

(라이프니츠가 선배인 데카르트를 비판한 저작 한 구석에서 그는 우주에 관한 유일하면서도 일차적인 진리가 존재하지 않는다고 말한다. 그 대신 동

질적이면서도 나눌 수 없는 두 진리가 존재한다고 주장한다. 이 진리 중 하나는 사유가 존재한다(sum cogitans)는 것이다. 그리고 다른 하나는 많은 사물이 나를 통해 사유된다(plura a me cogitantur)는 것이다. 그런데 놀라운 일은 오늘까지 그 누구도, 심지어 라이프니츠 자신마저도 이 위대한 정신적 발견을 진보시키지 않았다는 것이다.)

요컨대 우주에 대한 근본적 사실이란 무엇인가에 대한 의심과 회의를 심화시키면서 우주 안에 분명히 존재하는 것이 무엇인지를 추구했을 때, 나는 자기 자신을 확신하는 일차적이며 근본적인 사실이 존재한다는 점을 발견했다. 이 사실이란 나 또는 주체성과 세계가 더불어 존재하는, 즉 두 존재의 공존인 것이다. 한쪽이 없이는 다른 한쪽도 존재할 수 없다. 나는 대상 또는 환경을 인식할 때 비로소 나 자신을 인식할 수 있다. 내가 사물을 사유하지 않으면 나는 사유하는 것이 아니다. 따라서 나를 발견할 때 나는 언제나 내 앞에 존재하는 세계를 발견하는 것이다. 주체성과 사유에 연관되는 한 나는 나 자신이 어떤 이중적 사실의 한 부분이라는 것을 알게 된다. 나라는 주체와 더불어 이 이중적 사실을 이루는 또 다른 부분은 다름아닌 세계이다. 그리하여 기본적이면서도 부정할 수 없는 사실은 내가 존재한다는 사실이 아니라 세계와 내가 공존한다는 사실이다.

관념론의 비극은 마치 연금술사처럼 세계를 주체의 내용으로 변형시켜 이 주체를 자신의 내부에 가두어 버린 데서 비롯한다. 이렇게 관념론은 주체 스스로 자신을 가둠으로써 이 극장이 단지 나의 이미지요 한 부분이라고 한다면, 어떻게 해서 이것이 나와는 완전히 구별되는 존재로 나타나는지에 대해 분명하게 설명할 방법을 잃어버렸다. 그러나 지금 우리는 이와 뚜렷이 다른 새로운 상황에 이르렀다. 그러므로 우리는 조금도 의심할 여지 없는 명확한 사실이란 사유를 하는, 인식의 주체와 인식의 대상이라는 서로 나눌 수 없는 두 관계라는 사실을 알게 된 것이다. 의식적 자아는 지속적으로 내적인 특징을 지닌다. 그러나 지금 '나'라는 주체는 나의 주체성뿐만 아니라 명백한 세계인 객체성과 내적이며 직접적으로 연결되고 있다. 의식적 자아란 결코 유폐나 감금 같은 것이 아니다. 이와는 대조적으로 우리가 가정할 수 있는 다른 모든 실재와 구별되는, 내가 사물과 세계를 인식할 때 비로소 나는 나라고 하는 사실에 성립하는 기이하기 이를 데 없는 실재이다. 이것이야말로 우리 정신이 지닌 최고의 특수성이다. 우리는 이 사실이 지니는 놀랍기 그지없는 기이함을 있는 그대로 받아들이고 자세히 살펴 묘사해야 한다. 자아란 폐쇄되어 있기는커녕 경이로울 만큼 열린 존재이다. 이 극장을 보는 행위는 자아가 아닌 것을 향해 자아를 연다는 의미이다.

이 새로운 상황은 이미 더 이상 역설이 될 수 없다. 이것은 정신의 타고난 행위와 일치하는 것으로 이 행위를 간직하며 이 행위가 가지는 긍정적 의미를 인식한다. 그리고 우리가 발견한 이 새로운 상황은 고대 철학의 바탕이었던 실재론적 명제로부터, 즉 외부세계는 환영, 환상, 주관적 세계가 아니라는 명제의 본질에 빠져드는 것에서 구원해 준다. 철학에 대한 이 새로운 견해는 나에게 존재하는 듯 보이는 것만이 유일하게 의심할 바 없이 존재한다는 사유를 결정적으로 확신하는 관념론의 명제를 순화하는 동시에, 지속적으로 받아들이면서 앞에서 언급한 그 모든 것을 성취한다. 후대의 사상이, 또 새로운 진리가 어떻게 자신의 내부에 선대의 사상, 오랜 진리, 풍요로운 고대의 진리를 내포하는지 여러분은 지금 보고 있다. 거듭 말하지만 우리가 마음에 새겨야 할 사실은, 모든 극복은 곧 보전이라는 것이다. 근본적으로 의식과 사유, '나'만이 존재한다는 것은 진리가 아니다. 내가 나의 세계와 함께 존재하며 이 세계 안에서 내가 존재한다는 사실이 진리이다. 즉 나는 나의 세계에 관여하고, 세계를 보고 상상하고 사랑하고 미워하고 슬퍼하고 즐거워하는 데에 그 존재의 기초를 둔다. 또 세계를 통해 세계 안에서 행동하고 세계를 변화시키며 고뇌한다.

만일 세계가 나와 함께, 내 앞에서, 내 주위에서 나와 공존하지 않는다면 어떨까? 또한 세계가 자신을 나타내지도 않고 나를 압박하지도, 열광시키지도, 나에게 슬픔을 주지도 않는다면 나는 그 어떤 행위도 할 수 없다. 이것들은 도대체 무엇인가? 우리가 아무 생각 없이 접촉하는 이것들은 무엇인가? 어느 것을 보고 사랑하고 증오하며 어떤 세계를 욕망하는 그 누구, 이 세계 안에서 행하고 세계에 의해 고통받으며 세계에서 자신을 발전시키기 위해 노력하는 그 누구에 대한 이 근원적 사실을, 우리는 가장 광범위하면서도 일반적인 의미에서 '나의 삶(mi vida)'이라고 부른다. 그렇다면 삶이란 무엇인가? 그것은 극히 단순한 근본적 실재, 모든 사실에 대한 사실, 우주에서의 사실, 나에게 주어진 것……그것이 나의 삶이 아닌가? '나의 삶'이라는 것은 자아를 가리키는 것도 아니고 신비한 나의 의식을 말하는 것도 아니다. 이것은 관념론적 해석이다. '나의 삶'은 나에게 주어지는 것이며, 무엇보다 이 세계에서 나를 찾아내는 것이다. 이것은 그저 막연한 발견이 아니다. 내가 지금 이 세계에 존재하는 것을 발견하는 것이다. 이것은 막연하게 극장 안에 있음을 발견하는 것이 아니다. 지금 이 순간, 내 생적 세계의 한 부분인 이 극장 안에서 내가 행함을 행하는, 즉 내가 철학함을 발견하는 것이다. 추상은 이미 막을 내렸다. 의심할 바 없는 사실을 추구할 때 내가 발견하는 것은, 사유라고 하는 발생적인 것이 아니라 근원적 사실을 사유하는 지금 여기서 철학을 하는 나이다. 바로 이러한 까닭에 철학이 처음 발견하는 것은 철학을 하고 있는, 우주를 사유하고자 하는, 그래서 의심할 바 없이 그 무엇을 추구하는 누군가에 대한 사실인 것이다. 그런데 철학이 발견하는 것은 어떤 철학 이론이 아니다. 지금 철학 행위를 하고 있는 한 인간이라는 사실에 집중하라. 이 철학자는 연구를 마친 뒤 연구실을 나와 감상에 젖어 길거리를 배회하는 자신을, 나이트클럽에서 춤추는 자신을, 복통으로 고생하는 자신을, 또는 거리를 활보하는 아름다운 여인에게 마음이 끌리는 자신을 발견하게 될 것이다. 말하자면 철학자는 철학 행위와 이론 행위를 통해 생적 행위와 사실로, 삶을 향하여 그리고 삶 자체에서, 거대하면서 행복하기도 하고 슬프기도 하며 또 희망을 주기도 하는 두려운 삶에서 여러 가지 항목으로 발견하는 것이다.

따라서 '나의 삶', '우리의 삶', '저마다의 삶'을 정의하는 것이야말로 철학이 가장 먼저 해야 할 일이다. 삶은 근원적인 존재 방식이다. 내가 삶에서, 삶 속에서 발견하는 다른 모든 사물과 존재 방식은 삶에 대한 하나의 세부 항목이며 삶과 관계되는 것이다. 즉 삶에서 다른 모든 것은 삶을 위해 존재하는 것이다. 가장 어려운 수학 방정식, 가장 고귀하고도 추상적인 철학의 개념, 우주, 심지어 신 그 자체 등 모든 것은 내가 삶에서 발견하는, 그 삶을 꾸려 나가는 사물들이다. 그러므로 이 사물들의 기본적이며 일차적인 존재는 나를 통해 그 삶을 꾸린다는 것이다. 그리고 나는 '삶'이란 무엇인가를 탐구하지 않고서는, 나를 통해 삶을 꾸려 나가는 것들이 무엇인지 그 정의를 내릴 수가 없다. 생물학자들은 유기적 존재의 현상을 나타내기 위해 '삶(생명)'이란 말을 쓴다. 유기적인 것은 단지 우리가 삶에서 발견하는 사물의 한 종류로써 무기적 사물이라 불리는 또 다른 사물의 종류와 공존하는 것이다. 생물학자가 우리에게 유기체에 대하여 알리는 것은 매우 중요하다. 그런데 우리가 삶을 꾸려 나간다고 말할 때, '우리의 삶'에 대하여 말할 때, 우리는 삶이라는 단어에 좀더 직접적이며 광범위하고 결정적인 의미를 부여한다. 야만인과 무지한 사람은 생물학이 무엇인지 알지 못한다. 그럼에도 이들은 자신들의 삶에 대해 이야기할, 그리고 이 삶이란 말 밑바탕에는 생물학과 과학, 문화에 앞선 거대한 사실, 즉 모든 사실이 가정하고 내포하는 신기하고 근원적이며 놀라운 사실이 존재한다는 것을 이해하고 있다. 생물학자는 자기 고유의 삶에서 이 삶의 항목으로 '유기적 삶'을 발견한다. 결국 이것은 생물학자의 생적 임무 그 이상도 그 이하도 아니다. 다른 모든 학문처럼 생물학 또한 삶의 활동 또는 형식이다. 철학이란 무엇보다도 철학을 하는 것이고, 철학한다는 것은 분명히 삶을 꾸려나가는 것이다. 그것은 달리고 사랑하고 골프를 즐기고 정치에 격분하고 사회생활에서 한 성숙한 여인이 되는 것과 마찬가지로 삶을 꾸려 나가는 것이다. 이 모든 것은 삶의 방법이자 형식이다.

그러므로 철학의 근원적 문제는 이러한 존재 방법, 우리가 '우리의 삶'이라 부르는 일차적 실재를 정의하는 것이다. 삶이란, 남이 나를 대신해 그 무엇인가를 해 줄 수 없는 것이다. 즉 삶은 남에게 넘길 수 없는 것이다. 또한 삶은 추상적 개념이 아니라 가장 개인적인 존재이다. 이렇게 삶을 철학의 첫째 원리로 설정함에 따라 우리는 처음으로 철학 연구를 추상이 아닌 지점에서 시작할 수 있게 되었다.

이것이 내가 공표했던 새로운 전경이다. 사실 그 무엇보다도 가장 오래된 이 전경을 우리는 늘 우리 뒤에 방치해 왔다. 철학은 자신의 연구를 수행하기 위해 자신의 등 뒤로 돌아가 자신을 구체적이고 진정한 본연의 모습인 삶의 한 형식으로 바라본다. 요컨대 철학은 삶으로 돌아가 그 속에 자신을 침잠하는 것, 즉 우리 삶의 성찰이다. 그렇게도 오랜 전경이 가장 새로운 전경으로 우리 앞에 나타나고 있다. 우리 시대의 이 거대한 발견은 정말 새로운 것이다. 이 전경은 오랜 철학적 전통에서 창출된 어떤 개념도 설명할 수 없었던 새롭기 그지없는 것이다. 삶이라는 이 존재 방식은 고대적인 우주적 존재의 범주가 아닌 새로운 범주를 요구한다. 즉 전통적 범주로부터 벗어나 삶의 범주, '우리 삶'의 본질을 발견하고자 하는 것이다.

여러분은 오늘 강의가 진행되는 동안 모든 것이 이해하기 어렵고 난해하며 공허한 언어적 유희로만 보일지 모른다. 그러나 마치 스스로 이것에 대해 무수히 사유한 듯, 분명하고도 직접적인 형태로 어떻게 다시 나타나는지를 보게 될 것이다. 이것은 너무나 명확하고 직접적이어서 때에 따라서는 도를 넘을지도 모른다. 여기에 대해서는 미리 양해를 구하고자 한다. 이 강의를 들을 때 여러분은 매우 혼란스러우며 난처할 것이다. 다음은 우리 각각의 삶에 대한 비밀을 다룰 것이기 때문이다. 이제 삶의 비밀을 적나라하게 밝혀보자. 삶은 비밀이다.

〈주〉

＊1 성 아우구스티누스는 최초의 낭만주의자였으며, 모든 분야에서―자신의 낭만주의를 포함해, 자아에 대해 번뇌할 수 있고 자학할 수 있으며 당당한 로마제국과 가톨릭이라는 날카롭게 휘어진 독수리의 부리로 자신의 가슴을 쩨쩨를 수 있는 능력에 있어서―놀라운 거인이었다. 천국에 있는 아담은 사유에 빠진 모습으로 등장한다. 사실 〈창세기〉에서 아담과 이브가 낙원에서 추방되었을 때 가장 처음 발견한 것이 그들 고유의 인격이라고 기록되어 있는 것은 정말 흥미로운 사실이다. 그들은 자아를 인식했으며, 자신들의 존재를 발견했고, 그래서 벌거숭이라는 사실을 깨닫고는 부끄러움을 느꼈던 것이다. 이렇게 자신들이 벌거숭이라는 것은 발견했으므로 그들은 가죽으로 몸을 가렸다. 자신을 그 무엇으로 가린다는 것은 자신을 발견한 데 따른 직접적 결과임을 주의해야 할 것이다. 우리가 보기에 인간은 의식 또는 주관성을 발견하고 나서는, 이 의식이나 주관성이란 결코 열린 환경 속에서는 존재할 수 없는, 자세히 말해 바위나 식물 또는 동물과 같은 외부세계와 접촉할 때는 존재가 불가능한, '나'라는 인간의 자아는 그것을 둘러싼 환경으로부터 분리되고 또한 자아 속에 자아를 가두기에 고유한 것이라는 사실을 인식하게 된다. '나'는 내적이며 감추어진 존재이다. 그리고 '나'를 가리는 옷은, '나'와 나를 둘러싼 세계를 분리하는 경계의 상징과도 같다. 자신을 가린다는 것은 자신의 발견에 대한 직접적인 결과라고 위에서 말했지만, 사실 이 말이 그리 정확한 것이라고는 볼 수 없다. 어떤 것과 다른 것 사이에는 언제나 제3자가 들어간다. 아담은 자신을 발견했을 때 자신이 부끄러웠고, 이렇게 부끄러움을 느꼈기에 자신을 가렸다. 직접적이란, 자신을 발견하는 것이란, 자신에 대해 부끄러움을 느끼는 것이다. 이 사실은 무엇을 뜻하는가? 진정 부끄러움이란 것은 '나'를 발견하는 형태이며 자신에 대한 진정한 의식이다. (원주―이상의 내용은 강의에서는 생략되었다)

＊2 단테의 《신곡》, 〈지옥〉편 34곡 13쪽.

＊3 Madame de Récamier : 19세기 초 프랑스 최고 미인으로 불린, 프랑스 사교계를 지배한 전설적 여인. 자크 루이 다비드와 프랑수아 제라르가 그린 그녀의 초상화가 유명하다.

＊4 호메로스의 서사시 《오디세이아 Odyssey》에 나오는 이야기. 주인공 오디세우스는 그리스인들 사이에서 벌어지는 인간관계의 위기를 해결하는 데 가장 적합한 인물로 등장한다. 마녀 키르케와 요정 칼립소, 아름다운 노래로 뱃사람들을 유혹하여 난파시켰다는 마녀 세이렌은 오디세우스가 페넬로페의 남편이자 이타카 왕으로서의 지위를 되찾기까지의 방황 중에 만나는 인물들이다.

＊5 Don Juan : 중세 에스파냐 민간 전설에 나오는 바람둥이 귀족.

10강
새로운 실재와 그 실재에 대한 새로운 관념,
결핍된 존재, 삶은 세계 안에 있는 것,
삶은 우리의 미래 존재를 끊임없이 결정짓는 것

지난번 강의에서 우리는 우주에 관한 근원적 사실을 발견했다. 그것은 근본적 실재로서 고대인들의 철학 연구의 출발점이었던 우주적 존재와는 다르며, 근대인들의 사유 활동에서 시발점이었던 주관적 존재와도 구별되는 완전히 새로운 그 무엇이었다.

그런데 이 강의를 듣는 사람들이 우리가 이전에는 알려지지 않았던 어떤 실재 또는 새로운 존재를 발견했다는 설명의 의미를 완전히 이해하지는 못할 것이다. 우리가 발견한 이 실재란 기존에 인식하던 사물들과는 다른 새로운 사물이긴 하지만, 최종적으로 분석하면 결국 다른 사물들처럼 기껏 하나의 사물이라고 여러분은 생각할 것이다. 다시 말해 여러분은 이 실재는 비록 이미 알려진 존재나 실재와는 다른 존재, 또는 실재이긴 하지만 결국 '존재' 또는 '실재'라는 단어가 언제나 내포하는 의미에 상응할 뿐이라고 생각할 것이다. 그러므로 이 새로운 실재의 발견은 비록 중요한 사실이긴 해도 여러분에게는 동물학에서 새로운 동물을 발견하는 것과 같은 의미를 지닐 것이다. 이 동물은 우리가 이제껏 보아 온 동물과는 전혀 다른 새롭고 낯선 것이다. 그러나 궁극적으로는 기존 동물들처럼 하나의 동물일 뿐이다. 그러므로 이것은 여전히 '동물'이라는 개념에 적합한 존재인 것이다.

따라서 지금껏 우리가 논의해 온 것이 위의 사실보다 훨씬 중요하며 결정적이라고 여러분에게 말할 수밖에 없다. 우리는 새롭고도 근원적인 실재, 즉 철학에서 기존의 것과는 근본적으로 다른, 따라서 전통적인 실재와 존재 개념으로는 설명할 수 없을 뿐만 아니라 아무런 의미도 지니지 않는 어떤 것을 발견했다. 이러한 사실에도 여전히 우리가 전통적 개념들을 사용한다면 이는 새로운 실재를 발견하기 전이나 이것을 발견할 때 우리가 전통적인 것과는 다른 개념들을 소유하지 않았기 때문이다. 어떤 개념을 형성하기 위해서는 기존의 것과는 완전히 구별되는 새로운 무엇인가를 미리 파악하고 잘 살펴보아야만 한다. 그래야만 비로소 그 무엇에 대한 발견은 새로운 실재가 될 수 있을 뿐 아니라, 존재에 대한 새로운 관념, 새로운 존재론, 새로운 철학의 시작이 될 수 있다. 그리고 삶에서 철학의 영향력을 확대함에 따라 이러한 발견은 새로운 삶을 북돋우는 시초가 되는 것이다.

지금 단계로서는 누구보다 경험이 많은 사람이라도 이 발견이 포함하고 있고 포함하게 될 계획과 전망을 완전히 이해할 수 없다. 나 또한 이것을 역설할 필요는 없다고 생각한다. 지난번 강의에서 우리가 논했던 것이 어느 정도 가치가 있는 것인지 지금 이 강의에서 평가할 필요가 있을까. 여기에 이성적 판단을 부여하는 것은 그리 서두를 사항이 아니다. 이성이란 정시에 출발하는 열차와 같은 것이 아니다. 응급환자와 야망으로 가득한 인간만이 다급할 뿐이다. 내가 바라는 단 하나는, 이 강의를 듣는 젊은이 가운데 강인한 정신력을 가졌으며 지적 모험에 매우 민감한 이들은 지난번 강의의 내용을 마음에 새기고 또 충분한 시간이 지난 뒤에도 간직하는 것이다.

고대인들에게 실재, 존재는 '사물'을 뜻했다. 반면 근대인에게 존재란 '내성'과 '주관성'을 뜻했다. 그렇지만 우리에게 그것은 '삶'을 가리킨다. 그러므로 존재는 주체 및 사물과 함께하는 내성을 뜻한다. 이제 이 강의가 처음 시작했을 때보다 우리의 정신 수준이 훨씬 고양되었음을 확인할 수 있다. 우리가 우리의 발끝, 즉 '삶'이라는 본 강의의 출발점을 바라본다면, 고대와 근대가 그곳에 여전히 보존되어 있으면서도 서로가 서로에게 통합되고 대체되는 장면을 다시 볼 수 있기 때문이다. 우리는 도달한 현재보다 높은 고유의 단계에 이르렀고 시대의 정점에 서 있다. 시대의 정점이란 단지 하나의 문구가 아니라 바로 알 수 있듯이 어떤 하나의 실재이다.

근원적인 사실로서, 우리가 우주에 대한 근본적이며 의심할 수 없는 실재로서의 '삶'을 발견하게 된 과정을 간단히 되짚어 보자. 나로부터 독립적인 존재로서의 사물은 문제가 있다. 그리하여 우리는 고대 실재론자들의 명제를 포기했다. 반면 내가 사물을 사유한다는 것, 나의 사유가 존재한다는 것은 조금도 의심할 여지가 없으며 따라서 사물의 존재는 나로부터 독립적인 것으로서 곧 사물에 대한 나의 사유이다. 이것이 관념론적 명제의 제1부를 장식하는 분명한 부분이다. 그래서 우리는 이 명제를 받아들였다. 그러나 이 것을 참으로 받아들이려면 확실하게 이해해야만 했다. 그래서 다음과 같은 의문을 던졌다. 내가 사물을 사유할 때 사물은 어떤 의미와 방법으로 나에게 의존적인가? 내가 사물이란 단지 나의 사유라고 말할 때 이 사물은 과연 무 엇인가? 관념론은 이 질문에 대해 다음과 같이 대답했다.

사물이란 내 의식, 내 사유의 내용이자 내 자아의 상태라는 의미에서 나에 게 의존하며 그러므로 나의 사유 그 자체인 것이다. 이것이 관념론적 명제의 제2부로 우리는 이것을 받아들일 수 없었다. 우리가 이것을 받아들일 수 없는 이유는 간단 명료하다. 그것은 매우 부정확한 해석이어서 아무런 의미도 없기 때문이다. 즉 우리는 관념론적 명제의 제2부를, 이것이 진리가 아니라서라기 보다는 좀더 근본적인 이유 때문이다. 어떤 명제가 진리가 되지 않으려면 의 미를 지녀야 한다. 그래야만 이 문장의 지적 의미에 대해 진리가 아니라고 말 할 수 있다. 2×2=5가 진리가 아닌 것은 바로 이 때문이다.

그런데 관념론적 명제의 제2부는 아예 의미가 없는 것으로 마치 '둥근 사 각형'과도 같다. 이 극장이 극장인 이상, 이 극장은 나의 '나'가 포함한 내용 이 될 수는 없다. 나의 '나'는 연장도 아니며 푸른색도 아니다. 반면 이 극장 은 연장이며 푸른색을 띠고 있다. 내가 포함하는 것, 즉 나의 현존은 단지 극장에 대한 나의 사유 또는 극장을 보는 나의 행위일 뿐이다. 사유와 이 사 유 대상 사이의 관계는 관념론이 추구하듯 나의 구성 성분으로서 나의 내부 에 대상을 소유하는 것이 아니다. 이와 반대로 나와는 구별되며 나의 외부에 존재하는 대상을 발견하는 것이다.

그러므로 의식적 자아란 폐쇄적 존재이다. 단지 자신에 대해서만, 자신의 내부에 있는 것만 인식한다고 말하는 것은 옳지 않다. 이와는 대조적으로, 이를테면 내가 별을 보고 있다거나 별에 대해 사유한다는 것을 인식할 때 나 는 내가 사유하고 있음을 인식한다. 따라서 내가 인식하는 것은 별을 바라보 는 나와 나를 통해 보여지는 별이라는 서로 다른 두 존재가 서로 꼭 붙어 존 재한다는 사실이다. 별은 나를 필요로 하지만 동시에 나 또한 별을 필요로 한다. 만일 관념론이 사유, 주체, 자아만이 존재한다고 하면 이는 비록 불완 전하긴 하지만 어느 정도는 진리임을 말해 준다. 그런데 이는 관념론의 명제를 충족시키지는 못한다. 관념론의 명제를 완성하려면 '오로지'란 단어를 덧붙여 오로지 사유, 주체, 자아만이 존재한다고 말해야 한다.

그러나 이것은 오류이다. 만일 주체가 존재한다면 객체 또한 주체와 불가분하게 존재한다. 그 반대도 똑같다. 사유하는 '자아'가 존재한다면 내가 사유하는 세계도 존재하는 것이다.

그러므로 근원적 진리는 나와 세계의 공존이다. 존재란 근본적으로 공존이다. 존재는 내가 아닌 그 어떤 것을 보는 것이며, 내가 아닌 타자를 사랑하는 것이고, 사물로부터 내가 고통을 받는 것이다. 따라서 사물은, 나의 소유라는 관계 형식은 관념론이 발견했다고 믿는 일방적인 의존 관계가 아니다. 즉 사물이란 내가 사유하고 느끼는 것일 뿐만 아니라 사물과 이 세계에 의존하는 반대의 관계도 성립하는 것이다. 따라서 사물과 나는 상호 의존, 상호 관계, 즉 공존 상태에 있는 것이다.

'사유'에 대해 매우 역동적이면서도 명확하게 직관했던 관념론은 왜 사유를 이다지도 부정확하게 인식하고 왜곡했을까? 그 이유는 매우 단순하다. 관념론은 사유에 관해 어떠한 논의도 하지 않고 존재 개념에 관한 전통적 의미를 있는 그대로 받아들였기 때문이다. 이것에 의하면 존재란 곧 완전한 독립을 뜻한다. 그러므로 고대 철학자들에게 유일한 존재란 존재론적 독립의 최상 형태를 형상화하는 절대적 존재였다. 앞에서 말한 바와 같이 데카르트는 실체를 "자신의 존재를 위해 다른 어떤 것도 필요로 하지 않는 것"이라고 정의했다. 존재에 대한 관념을 이전의 학자들과는 비교가 되지 않을 만큼 뚜렷하게, 거의 냉소적으로 정식화한 것이다. 즉 존재가 존재하기 위해서는 그 어떤 다른 것도 요구하지 않는다. 그리하여 본질적 존재는 독립적 존재, 즉 스스로 충족하는 존재이다.

관념론이 의심할 바 없이 확실한 근원적 실재로서 사유하는 나와 나에 의해 사유되는 사물이라는, 어떤 이중성 즉 상호관련성이라는 명확한 사실을 발견했을 때, 관념론은 이 근원적 실재를 어떠한 편견도 지니지 않고 공평하게 인식하는 대신 이렇게 말한다. "나는 주체와 객체라는 통합된, 즉 상호 의존하는 두 사물을 발견했으므로, 이 둘 가운데 무엇이 독립적이며, 타자를 요구하지 않고, 자기 충족적인지를 결정해야 한다." 그러나 우리가 존재란 단지 '자기 충족적인 존재'만을 뜻한다는 전제를 버텨 낼 확실한 토대를 발견할 수 없다. 반대로 우리가 발견한 확실하고 유일한 존재는 사물이란 나에 대하여 존재하는 것이며 나는 사물에 의해 고통받고 영향받는 존재라는, 나와 사물의 상호 의존성이며, 그리하여 의심할 바 없이 확실한 존재는 자기 충족적인 것이 아니라 '결핍적 존재'라는 사실이다. 존재한다는 것은 곧 타자를 필요로 하는 것이다. 더 구체적으로 말해 나는 사물을 필요로 하며 사물은 나를 필요로 한다.

존재에 대한 전통적인 의미를 이렇게 변형하는 것은 아주 중요한 작업이다. 그러나 이 작업은 그리 심오하지 않은 피상적인 것으로 너무나 뚜렷하고도 단순한 것이라서 부끄러울 정도이다. 여러분은 어떻게 하여 철학이 피상성을 향한 의지에 대한 연대기인지 지금 보고 있지 않은가? 여러분은 철학이란 자신에게 돌아온 카드패를 상대에게 보여 주는 게임이라고 생각하지 않는가?

앞서 말했듯이 우주의 근원적 사실은 나와 사물이 함께 존재하는 것이다. 그러나 이 순간 우리는 내가 세계와 더불어 존재하는 방식을, 일차적이며 일원적이면서 동시에 이중적인 실재를, 본질적인 이중성이라는 이 놀라운 사실을 '공존'이라고 명명하는 것이 하나의 오류를 범하는 것임을 인식한다. 공존이란 단지 한 사물이 다른 사물과 함께 존재하는 것이며, 사물은 따로따로 저마다의 존재를 지님을 의미할 뿐이기 때문이다. 현존과 존재라는 오래된 두 개념이 지닌 정적인 특성은 우리가 표현하고자 하는 것을 왜곡한다. 우리가 공존이라는 용어를 통해 하려는 말은 세계가 스스로 나와 함께 존재하며 나 또한 세계와 함께 존재한다는 단순한 위치상의 관계가 아니다. 세계란 무엇인가. 세계란 나와 마주쳐 나에게 대항하는 역동적 성격을 지닌 나에 대해 상대적으로 존재하는 것이고, 나 또한 세계 위에서 행하며 세계를 바라보고 그것을 꿈꾸고 그것에 대해 고뇌하며 그것을 사랑하고 혐오하는 존재란 사실이다.

존재에 대한 정적 개념은 이제 마무리될 수 있으며 활동적 존재로 바뀌어야 한다. 정적 존재 개념의 하위 역할이 무엇인지는 나중에 살펴볼 것이다. 우리는 세계라는 존재가 나와 마주보고 있기 때문에 나에 대해 작용하는 것이며, 이와 마찬가지로 나의 행위 또한 세계에 대해 작용하는 것이라고 말할 수 있다. 그런데 '내'가 세계를 바라보고, 그것을 사유하며 그것과 접촉하고, 그것을 사랑하거나 혐오하고, 그것에 열광하거나 싫증을 내고, 그것을 변형하고 보전하며, 그것에 대해 고뇌하면서 성립하는 실재는 우리가 언제나 '삶', '나의 삶', '우리의 삶', '우리 각각의 삶'이라고 이름붙여 온 바로 그것이다.

그러므로 존재, 공존, 현존이라는 높고 고상한 단어들 대신 우주에 존재하는 일차적이며 근원적인 것은 '우리의 삶'이고, 이것 외에 존재하는 또는 존재하지 않는 다른 모든 것은 우리 삶의 내부에 존재하는 것이라고 공표하자. 이제 우리는 사물들, 우주, 신 자체 역시 나의 삶의 내용이라고 말할 수 있다. '나의 삶'은 혼자만의 나, 주체로서의 '나'가 아니라 세계를 포함하고 있기 때문이다.

우리는 지난 몇백 년 동안 우리의 정신세계에 적극적으로 영향을 끼쳐 온 관념론을 극복했다. '나'는 자신의 내적 감옥으로부터 탈출했다. 그래서 더는 이 세계에서 유일한 존재자가 아니고 지난 시간에 살펴보았던 유일성(唯一性)이라는 고독으로부터도 고통받지 않게 되었다.

우리는 이제 내부를 바라보는 은둔으로부터도 빠져 나왔다. 이 은둔지는 외부세계의 빛이 전혀 들지 않는 어두운 곳, 열정과 욕구의 날개가 쉴 만한 공간도 없는 곳으로, 우리는 이곳에서 근대인으로서의 삶을 꾸려 왔다. 그러나 이제 자아라는 좁은 공간으로부터, 우리 자신의 모습만 비추는 거울이 있는 병든 은둔자의 방으로부터 빠져나와, 그 밖에 서 있다. 그래서 다시 한번 우주의 신선한 산소를 마실 수 있도록 우리의 심장과 폐는 열려 있고, 높이 날 수 있도록 우리의 날개는 활짝 펴졌으며, 또한 우리의 가슴은 사랑하는 것을 향해 있는, 자유로운 대기로 충만한 외부 공간에 서 있는 것이다. 세계는 또다시 활시위처럼 호를 그리며 펼쳐진 해안선과 같이 생생한 지평선으로 우리에게 다가온다. 이것은 우리가 삶에서 느끼는 고통과 즐거움을 꿰뚫어, 붉은 피가 가득한 우리의 심장을 꿰뚫는 화살이 되게끔 용기를 북돋운다. 세계 속에서 우리 자신을 구원하자. "사물 속에서 우리 자신을 구원하자." 관념론의 메카인 독일에서 공부하던 스물두 살 무렵, 어렴풋이 나는 미래의 성숙이 다가옴을 짐작하면서 처음으로 전율을 느끼며 이 표현을 썼다.

무엇보다도 우리는 삶이라는 일차적이며 진정한 존재가 어떠한 특수성을 가지는지 탐구해야 한다. 이 탐구에서 전통적 철학의 개념이나 범주는 아무런 쓸모도 없다. 지금 우리가 보고 있는 것은 새로운 것이다. 따라서 이것을 새로운 개념을 통해 이해해야 한다. 우리는 세계에 새로운 개념을 처음 소개하는 행운을 얻었다. 그러므로 현재 상황에서 고대 그리스인들이 분명히 느꼈을 즐거움을 충분히 이해할 수 있을 것이다.

그리스인들은 사물을 정확한 관념에 알맞게 빚으면서 정신이 사물에 부여하는 독창적이고도 특별한 애정인 과학적 사유와 이론을 맨 처음 발견했다. 이들은 과학적 사유로 풍성했던 과거를 배경으로 두지도 못했고, 기존 개념이나 정화된 기술적 용어를 알지도 못했다. 가진 것이라곤 스스로 발견한 존재뿐이었다. 손에 들고 있던 것이란 저마다가 이웃들과 대화를 나눌 때 쓰는 일상어뿐이었다. 그런데 갑자기 이 수많은 일상어 중에서 한 단어가 놀랍게도 자신들이 발견한 매우 중요한 실재를 표현하는 데 알맞은 말이 되어 버렸다. 이 수많은 것 중 하나였던 단어는 속어와 잡담의 수준에서 급상승했으며 기술적 용어로 바뀐 데에 자부심을 느꼈다. 그리고 귀부인을 태운 말처럼 최고의 관념이 주는 무게를 자랑스러워 했다.

새로운 한 세계가 발견되면 이 세계를 표현하기에 알맞은 단어들은 커다란 행운을 얻는다. 심오한 과거의 계승자인 우리는 과학의 세계 안에서는 성스럽고 고귀하며 엄밀한 용어들만 다룰 수 있도록 운명 지어진 것처럼 보인다. 그러나 이러한 용어들은 너무나 오랫동안 존중되어 온 탓인지 우리는 이것들을 믿지 못할 지경이 되었다. 가장 진부한 단어 위에 숭고한 불꽃처럼 내려오는 과학적 관념의 성령강림을 그리스인들은 얼마나 즐거워했겠는가! 직각삼각형의 빗변(hipotenusa)이라는 단어를 처음 듣는 어린아이의 귀에 이 단어가 얼마나 어렵고 딱딱하며 무감각한 데다 금속처럼 차가울지 상상해보라! 어느 화창한 날, 그리스 해변에서 평범한 음악가가 아닌 피타고라스학파라 불리는 지성적이고 천재적인 음악가들이 하프의 가장 긴 현과 가장 짧은 현 사이에, 두 현이 내는 음향과 정비례한 비율이 있음을 알아냈다. 이 하프가 바로 빗변이라는 가장 길고 가장 확장된 현으로 닫혀진 삼각형이다. 오늘 과연 누가 엄숙한 선생님의 얼굴을 한 이 끔찍한 '빗변'이라는 단어에서 드뷔시의 왈츠 〈렌토보다 느리게(La plus que lente)〉를 떠올리게 하는, 단순하면서도 달콤한 '가장 긴 선'이란 이름을 느낄 수 있겠는가?

지금 우리는 이와 비슷한 상황에 놓여 있다. '삶'의 특수함을 정확히 표현하는 개념과 범주를 찾고 있기 때문이다. 일상어의 바다에 손을 담가 삶을 알맞게 표현하는 단어를 건져 올리자. 즉 어떠한 과학적 용어로도 쓰인 적 없는 하찮고 평범한 단어가 갑자기 과학적 관념의 빛 속에서 점화되어 기술적 용어로 바뀌는 사실에 놀라자는 것이다. 이런 자세는 행운의 징표이며, 이것으로 하여 우리는 누구도 다녀간 흔적 없는 해안에 처음 발을 디딜 수 있다.

'삶'이란 단어는 이 해안 아래 가면을 쓴 채 애절하게 자신의 존재도 알리지 않으면서 숨겨진 무언의 심연으로 우리를 이끌었을 뿐이다. 우리는 용기를 내어 이 심연 속에 발을 들여놓아야만 한다. 비록 끝없는 수렁 속으로 한없이 빠져들지라도 말이다. 그런데 끝을 알 길 없는 그 순수한 깊이로부터 우리를 건강하면서 밝은 존재로 회복시켜 존재의 외부로 돌려보내는 것도 있다. 그것 자체가 심연이므로, 또 그곳에서 우리 자신을 잃어 버리기에 때때로 그것과 마주하고 접촉해야만 하는 근본적 사실들이 존재한다. 이에 어울리는 예수의 거룩한 말이 있다. "오직 자신을 잃는 자만이 자신을 발견할 수 있다." 만일 여러분이 매우 주의 깊게 나를 따라온다면 곧 여러분 자신을 잃게 될 것이다. 바다 밑에서 진주를 따서 입에 물고 다시 해면으로 올라와 웃음 짓는 코로만델 해안의 어부처럼, 우리도 존재의 표면으로 돌아오기 위해 이 존재의 심연으로 깊이 잠기자.

우리의 삶, 나의 삶이란 무엇인가? 이 질문에 생물학적 정의로써 답변한다거나, 세포, 신체 기능, 소화 작용, 신경 체계와 관련해 대답하는 것은 매우 순진하고 적절치 못한 일이다. 이 모든 것은 생물학이 구축한 훌륭한 토대를 바탕으로 한 가설적인 실재이다. 그런데 생물학은 내가 그것을 연구하고 그것에 관한 연구에만 전념할 때 내 삶에서 하나의 활동일 뿐이다. 나의 삶이란 밤에 바라보는 조그마한 황금점인 나의 별들에서 일어나는 것처럼 내 세포에서 일어나는 그 무엇이 아니다. 나의 육체 자체는 단지 내가 나 자신을 발견하는, 나에게는 여러 이유로 인해 중요하기 그지없는 세계의 항목일 뿐이다. 그리하여 나의 육체란 내가 이 세계에서 나 자신과 마주해 발견하는 무수한 것들 가운데 하나란 사실을 결코 부정할 수 없다. 내 신체 구조에 대해 어떠한 말을 해도, 내 심리 구조에 관해 그 무슨 심리학적 설명을 늘어놓는다 해도, 결국 이것들은 내가 삶을 살아간다는 사실과 이 삶에서 나는 육체—사물, 정신—사물이라는 것을 발견하고, 보고, 분석하고 연구하고 있는 사실을 전제로 하고 있다. 그러므로 삶이란 무엇인가라는 질문에 대한 이런 종류의 대답은 우리가 정의하려는 근원적 실재와 아무런 관계도 없다.

그렇다면 삶은 무엇인가? 이 해답을 결코 멀리서 찾으려 말자. 또한 다른 사람에게서 배운 그 어떤 지식도 떠올리려 하지 말자. 근본적 진리는 언제나 우리 가까이에 존재해야만 한다. 우리 가까이에 존재해야만 그것들은 근본적일 수 있기 때문이다. 우리가 탐구해야 하는 진리는 특별하면서도 부분적이고 부차적이면서 고립된 것으로 결코 근원적인 진리는 아니다. 삶이란 우리 존재와 행위의 본연적 상태이다. 따라서 삶은 우리 각자와 가장 가까운 곳에 존재하는 모든 사물로 이루어진다. 삶이란 것에 손을 얹어 보라. 그러면 그것은 길이 잘 든 새처럼 여러분의 손에 잡힐 것이다.

이 강의를 듣기 위해 이곳으로 오는 도중 만일 누군가가 여러분에게 어디 가느냐고 물었다면, 여러분은 분명 철학 강의가 있어서 강의를 들으러 간다고 대답했을 것이다. 실제로 여러분은 지금 내 강의를 듣고 있다. 이것은 결코 중요한 사실이 아니다. 그런데 사소한 이런 일이 바로 지금 여러분의 삶을 구성하고 있는 것이다. 여러분에게는 미안한 이야기지만 지금 현재 여러분의 삶은 그다지 중요하지 않은 일들로 이루어지고 있다. 그러나 만일 우리네 삶을 진지하게 헤아려 본다면 우리 존재의 대부분은 이와 비슷하게 별로 중요하지 않은 것으로 구성됨을 알 수 있을 것이다. 우리는 어디론가 가고, 어디로부턴가 돌아오고, 이런 저런 일을 하고, 무엇을 생각하고, 무엇을 좋아하거나 싫어한다. 그런데 가끔 우리 삶은 최고 수위에 달해 집중도가 강해지고 또한 그 밀도가 강화되는 등 갑자기 긴장에 휩싸일 때도 있다. 이것은 곧 우리의 주의를 집중시키는 거대한 고통 또는 열망이다. 이때 우리는 매우 중요한 사건이 우리에게 일어났다고 말한다. 그러나 여러분은 우리 삶에서 이 중요도의 변화, 즉 중요성을 갖는가 또는 갖지 않는가라는 문제는 결코 보통 때와 다르지 않다는 사실을 기억하기 바란다. 기쁨과 흥분의 상태가 최고조에 이른 시간 또한 일상적이며 일반적인 시간처럼 결국 우리의 삶이기 때문이다.

그러므로 삶의 순수 본질에 관한 이 연구에서 우리가 가장 먼저 목격하는 사실은, 삶이란 텅 빈 집에 가구를 갖추어 놓는 것과 같이 지속적으로 일어나는 행위와 사건의 총체라는 점이다.

우리는 삶에 대한 연구를 삶의 가장 외부에서부터 가장 내부로, 삶의 주변부로부터 고동치는 중심부로 진행하면서 그 안의 모든 속성을 차례로 살펴볼 것이다. 삶의 내부로 들어가면서 우리는 각 단계에 따른 삶의 정의를 잇따라 발견하게 될 것이다. 이 각각의 정의는 이전의 삶에 대한 정의를 잘 유지하는 동시에 좀더 깊어지게 할 것이다.

이 연구를 시작하면서 우리가 발견하는 첫 번째 사실은 다음과 같다.

삶이란 우리가 행하는 것이며 우리에게 일어나는 것이다. 사유하는 것, 꿈꾸는 것, 감동하는 것 등으로부터 주식투자를 하거나 전쟁에서 승리하는 것에 이르기까지 모두가 곧 삶이다. 물론 우리가 이 사실을 인식하지 못한다면 우리가 행위하는 그 무엇도 우리의 삶이 될 수 없다. 이것이 우리가 발견하는 삶의 결정적인 첫 번째 속성이다. 즉 삶은 스스로 존재의 특권을 지니는 기이하면서도 유일한 실재이다. 모든 삶은 자기 고유의 삶이며, 자신이 살아있음을 느끼는 것이고, 자신이 존재하고 있음을 인식하는 것이다. 여기서 인식이란 지적 인식이나 특별한 지식을 뜻하는 것이 아니라 우리 한 사람 한 사람이 고유의 삶을 지닌다는 저 놀라운 현전(現前)을 뜻한다. 이 사실을 알지도 인식하지도 못한다면 사랑니로 인한 치통은 결코 고통일 수 없을 것이다.

돌은 자신이 돌이라는 사실을 스스로 느끼지도 알지도 못한다. 즉 돌은 자신에 대해서는 다른 모든 것처럼 완전한 장님이다. 반면 삶은 우선 하나의 계시로서 자신의 존재에 대해 단순히 만족하는 것이 아니라 자신의 존재를 보고 이해하는, 즉 자신을 인식하는 것이다. 삶은 우리 자신과 우리를 둘러싼 세계에 대한 끊임없는 발견이다. 그렇다면 우리가 '우리의 삶'이라고 말할 때 쓰는 '우리의'라는 소유격에 대해 살펴보자.

삶은 우리의 것이다. 삶이란 존재는 우리 것일 뿐만 아니라, 우리는 삶이 이처럼 우리의 것이란 사실과, 삶이란 그런 것임을 인식하고 있다. 우리 자신에 대해 인식하고 느낄 때 우리는 우리를 소유한다. 그리고 언제나 우리를 소유하고 있다는 사실을 발견하는 것은, 그리고 영원히 현전하는 것은 우리의 행위가 무엇이고 존재가 무엇이건 우리를 다른 모든 생명체와 구별시켜 준다. 긍지가 대단히 높은 과학, 성숙도 높은 학문, 이것들도 결국 삶의 기반인 이 일차적 계시를 이용하고 특질화하며 조직화할 뿐이다.

이 사실을 잘 인식하기 위해 고대 이집트 신화를 살펴보자. 오시리스가 죽자 그의 연인 이시스는 그를 다시 살리고자 호루스라는 매의 눈알을 그의 입에 넣어 삼키게 한다. 이때부터 매의 눈은 모든 이집트 문명의 신성문자에서 삶의 첫째 속성, 즉 자신을 바라보는 행위로 형상화되어 나타난다. 그 뒤 이 눈은 지중해 세계뿐만 아니라 동방 세계에도 커다란 영향을 미치면서, 모든 종교는 이것을 자신을 바라보는 삶 자체의 본질적이고 일차적인 속성, 즉 신의 섭리의 일차적 속성으로 묘사하게 되었다.

이렇게 자신을 보거나 느끼는 것은, 나에게 삶을 소유하게 하는 즉 삶을 나의 것으로 되게끔 하는 나에 대한 내 삶의 현전은 미친 사람에게는 없다. 미친 사람의 삶은 그의 것이 아니다. 아니 엄밀히 말하자면 미친 사람의 삶은 이미 삶이 아니다. 미친 사람을 보는 것 자체가 꺼림칙한 이유가 여기에 있다.

겉으로 보면 미친 사람도 인간으로서 어디 하나 흠잡을 데 없다. 그러나 이것은 단지 가면일 뿐, 그 뒤에는 진정한 삶이 결여되어 있다. 실제로 미친 사람과 만나면 마치 어떤 가면과 마주한 것 같지 않은가? 이 가면은 본질적이면서 결정적인 것이다. 미친 사람은 자신을 인식하지 못하므로 자아를 소유하지 못한다. 다시 말해 그는 자아를 잃어버린 것이다. 잃어버리고 빼앗기고 남의 소유가 되는 것은 광기의 옛 이름이 뜻하는 것이었다. 흥분과 발광은 모두 광기를 뜻한다. 우리가 "그는 자기 밖에 있다", "그는 자신으로부터 뛰쳐나왔다", "그는 소유되었다"라고 할 때 이는 곧 "그는 다른 사람의 소유가 되었다"라는 사실을 뜻한다. 삶은 자신을 스스로 인식하는 것이다. 이는 분명한 사실이다.

무엇보다도 삶이 최우선이며 철학은 그 다음이라는 말은 매우 적합하다. 엄밀히 따지면 여러분이 지금 보는 이것이 내 모든 철학의 원리이다. 그러므로 우리가 '삶이 최우선'이라고 하는 것은 알맞은 말이다. 그러나 삶의 뿌리와 심장은 자신을 인식하고 이해하는, 자신과 우리를 둘러싼 것들을 깨닫는, 즉 자신을 완벽히 인식하는 데 기초를 둔다는 점을 우리는 언제나 기억해야 한다. "삶이란 무엇인가?" 우리는 이 질문에 큰 어려움 없이 다음과 같은 대답을 할 수 있었다. ─삶이란 우리가 행위하는 것이고, 우리가 행위하는 것을 인식하는 것이다. 결국 세계 안에서 자기 자신을 발견하고, 세계 안의 사물들과 존재들에 전념하는 것이다.

'자기 자신을 발견하는 것', '세계', '전념'이라는 일상언어들은 이제 새로운 철학의 전문용어가 되었다. 이 용어들에 대해서는 오랜 시간 이야기할 수 있을 것이다. 그러나 나는 이들에 대한 설명을 다음의 정의 정도로 끝마치고자 한다. "삶은 세계 안에서 자신을 발견하는 것이다." 나는 이 정의를 지금 하고 있는 이 강의를 꿰뚫는 다른 모든 나의 근본적 사유들처럼 이미 출간된 나의 저서에서 밝혔다. 그런데 무엇보다도 내가 그 시대적 우월성을 주장했던 존재론과 관련해 이 사실을 여러분에게 알리는 것은 매우 중요하다고 생각한다. 그리하여 나는 삶을 그 누구보다도 깊이 분석한 이가 마르틴 하이데거라는 사실에 흡족해 한다.

지금 우리는 무엇보다 위험한 해안으로 다가가고 있다. 그만큼 더 날카롭게 보아야 할 것이다.

삶은 세계 안에서 자신을 발견하는 것이다. 하이데거는 그의 천재성을 유감없이 드러낸 최근 저서에서 우리에게 이 말들이 지닌 거창한 의미에 귀기울이라고 말한다. 이것은 단순히 우리가 우리의 육체를 다른 형체적 사물들 속에서 발견하고, 우리가 세계라고 부르는 거대한 실체나 공간에서 이것을 발견한다는 그런 문제가 아니다. 만일 육체만 존재한다면 삶은 존재하지 않을 것이며, 이때 육체는 타인에 대해 무관심한 채 그 존재를 인식하지 못하고 당구공이나 원자처럼 이리저리 움직이면서 서로 분리될 것이다.

우리가 자신을 발견하는 공간인 세계는 우리에게 호의적인 것과 비호의적인 것, 잔악한 것과 자애로운 것, 안전한 것과 위험한 것 등으로 구성되어 있다. 중요한 사실은 사물들이 육체이냐 아니냐 하는 문제가 아니라, 그것들이 우리에게 영향을 미치고 관심을 기울이며, 우리를 사랑하고 위협하고 괴롭힌다는 것이다. 우리가 육체라고 하는 것은 본질적으론 우리를 막아서고 방해하며, 지탱하고 지지하는 그 무엇이다. 따라서 육체는 우리에게 호의적 또는 비호의적인 것이다.

세계는 엄밀히 말해 우리에게 영향을 미치는 그 무엇이다. 삶은 우리 각자가 우리에게 영향을 미치는 주제와 사건의 영역 속에서 자신을 발견하는 것이며, 스스로 자신을 발견하는 동시에 세계를 발견한다. 그러나 삶은 자신이 어떻게 자신과 세계를 동시에 발견하는지 모른다. 그것이 대상이든 창조물이든 만일 세계가 이러한 사물들로 채워지지 않았다면 삶이란 것도 없다. 삶은 이 사물들과 전경들을 보고 그것들을 사랑하거나 증오하고, 욕망하거나 두려워하는 것이다. 모든 삶은 자신이 아닌 그 모든 것에 관심을 기울이고 전념하는 것이며 환경과 더불어 삶을 살아가는 것이다.

따라서 삶은 단지 우리 자신만이 아니라 우리 세계의 한 부분을 형성한다. 즉 우리의 삶은 사물에 전념하는, 또는 사물과 함께하는 인격에 기반을 두고 있다. 또한 우리의 삶이란 존재는 분명히 우리의 인격과 우리의 세계라는 존재에 의존한다. 그러므로 우리는 '우리의 삶'을 세계와 자아를 이어주는 하나의 영역으로 형상화할 수 있다. 그러나 자아와 세계 가운데 특히 우월한 것은 없다. 즉 자아와 세계는 동시적 존재로 동등한 지위에 있는 것이다.

따라서 이 둘은 나로부터 같은 거리에 자리잡고 있다. 그 어느 하나가 나와 더욱 가깝게 혹은 멀리 있지 않은 것이다. 그러므로 우리는 자신을 먼저 인식한 다음 주위 환경을 인식하지는 않는다. 이와는 대조적으로 삶은 본질에 있어 세계와 맞닥뜨려, 세계와 더불어, 세계 안에서 어려운 문제와 복잡한 분규 속에 휩싸인 채 자신을 발견한다. 그런데 그 반대도 똑같다. 즉 오로지 우리 각자에게 영향을 미치는 데 기반을 둔 이 세계는 우리로부터 결코 분리될 수 없는 불가분의 관계에 있다. 우리는 세계와 함께 태어난다. 우리와 세계는 고대 그리스 로마 신화에서 함께 태어나고 함께 살아간 쌍둥이 신이자 동일신으로 불린 디오스쿠로이*[1]와 같은 존재이다.

우리는 지금 이곳에서 삶을 살아간다. 즉 우리는 세계 안의 어떤 곳에서 자신을 발견하며, 또한 이곳에 자신의 의지로 온 것처럼 보인다. 사실 삶은 세계 안에 가능성의 공간을 남겨놓는다. 그러나 존재란 우리의 의지대로 될 수 없으며 따라서 지금 이 세계 안에 우리가 원한다고 존재할 수 있는 것은 결코 아니다.

사람은 삶을 포기할 수 있다. 그러나 계속 살아가는 한 자신이 살아가는 세계를 선택할 수는 없다. 이 사실은 우리의 존재에 매우 극적인 요소를 부여한다. 삶이란 저녁식사 뒤 어떤 연극을 볼지 고르는 것처럼 자신이 미리 선택한 곳에 자신의 취향에 따라 들어가는 것이 아니다. 이것은 이유도 모른 채 결코 변경할 수 없는 세계 속에서, 현재의 세계 속으로 어떤 사전적 지식도 없이 갑자기 떨어지고, 가라앉고, 내던져진 채 자신을 발견하는 것이다.

우리의 삶은 존재에 대한 영원한 놀라움으로 출발한다. 우리는 그 어떤 사전적 동의 없이 우리가 구축하지도, 생각해 보지도 않았던 세계에 난파된 채 내던져진 것이다. 우리는 스스로 자신에게 삶을 부과하지 않았다. 우리는 자신을 스스로 발견했을 때 비로소 삶을 보게 된다. 잠자던 사람을 갑자기 극장 무대 위로 끌어올린 뒤 조명을 비춰 관객 앞에 내세웠을 때처럼 말이다.

자신이 극장 무대 위에 있다는 사실을 알아차렸을 때 그가 발견한 것은 무엇일까? 어떻게 그리고 왜 극장 무대 위에 있는지 모른 채 진땀 나는 상황에 처한 자신이다. 그는 스스로 결코 요구하지도, 예상하지도, 대비하지도 않았던 이런 곤란한 상황을 품위있게 해결하고 싶을 것이다. 삶이란 본디 언제나 예측 불가능한 것이다. 그 누구도 이러한 사실을, 우리가 삶이라 부르는 구체적이고 결정적인 무대에 오를 때까지 말해 주지 않는다. 즉 누구도 우리에게 삶을 준비해 주지 않는다.

이처럼 급작스럽고 예측할 수 없는 것이 삶의 본질이다. 만일 우리가 삶에 들어설 때 이것을 준비할 수 있다면 삶은 완전히 다른 특성을 띨 것이다. 단테는 다음과 같이 말했다. "미리 예견된 화살은 좀더 천천히 날아온다." 삶은 그 총체적 면에서나 각각의 순간에서나 갑자기 우리에게 발사된 총알과 같다.

나는 이러한 묘사가 삶의 본질을 충분히 보여준다고 생각한다.

삶은 우리에게 주어졌다. 아니 삶이 우리에게 던져졌거나 우리가 삶 속으로 던져졌다. 이 삶은 우리가 해결해야만 하는 문제이다. 게다가 이 문제는 우리가 특별히 갈등과 곤경이라고 표현하는 어려운 상황에서만이 아니라 모든 경우에서도 항상 문제가 될 수밖에 없다. 여러분이 강의를 듣기 위해 이곳으로 올 때도 여러분은 이러한 방법으로 삶을 살겠다는 결정을 해야만 했다. 다시 말해 우리는 아무런 도움도 받지 않은 채 홀로 오롯이 서서, 세계의 모퉁이에서 우리 삶의 무게를 지고 살아가는 것이다. 그런데 이러한 사실을 바탕으로 우리 존재가 기쁜 것인지 슬픈 것인지 추측하지 말자. 이것이 슬픈 것이든 기쁜 것이든 우리 존재는 끊임없이 스스로 문제를 해결해야 하는 필요성으로 구성되어 있다.

만일 발사된 총알에 자신이 생각한 탄도를 화약과 방아쇠가 미리 정확하게 정해 놓았다고 느끼는 영혼이 있다면, 이 탄도를 삶이라고 한다면, 탄환은 단지 탄도를 구경하는 구경꾼일 뿐 탄도에 그 어떤 관여도 하지 않는다. 즉 탄환은 스스로 발사되지도 않았으며 자신이 목표물을 선택하지도 않았다. 바로 이 때문에 위와 같은 존재 방식은 삶이라 할 수 없는 것이다.

삶은 결코 미리 확정되었다고 느낄 수 없다. 아무리 내일 무슨 일이 일어날지 확신한다 하더라도 이는 어디까지나 하나의 가능성일 뿐이다. 이것이 앞서 우리가 살펴본 삶의 속성과 결합하는 또 다른 삶의 본질적이며 극적인 요소이다. 삶은 모든 순간에 그것이 중대하건 대수롭지 않건 결코 타인에게 전가할 수 없는, 우리 스스로 해결해야만 하는 하나의 문제이다. 따라서 삶은 영원히 해결할 수 없는 물음이고, 언제나 우리 앞에 여러 가능성을 펼쳐 드는 난제이다.

만일 (숙명의 차원에서) 삶이 펼쳐지는 세계를 선택할 가능성이 주어지지 않는다면, 우리는 (자유의 차원에서) 어떤 경계, 즉 가능성의 생생한 지평을 발견하게 될 것이다. 그리하여 삶은 숙명 속에서의 자유이며 자유 속에서의 숙명이다. 정말 놀라운 사실 아닌가? 우리는 삶 속에 던져졌다. 이 삶 속에서 우리 스스로 삶을 건설하고 창조해야만 한다. 다시 말해 우리의 삶은 곧 우리의 존재이다. 우리는 삶 자체로 그 이상도 그 이하도 아니다. 그러나 이러한 우리의 존재는 예정되지도, 미리 결정되지도 않은 것이다. 스스로 결정해야만 하는, 스스로 미래적 존재를 결정해야만 하는 그러한 것이다.

예를 들어 이 강의를 잘 들은 뒤에도 우리는 무엇을 해야 할지 결정해야만 한다. 이를 나는 '아무런 도움도 받지 않은 채 홀로 오롯이 서서 자기 고유 존재를 유지하는 것'이라고 이름을 붙이려고 한다. 삶에서는 그 어떤 휴식도 없다. 삶의 생물학적 형태인 수면은 우리가 이 단어를 실행할 때, 삶의 근본적 의미에서는 존재하지 않기 때문이다. 잠들었을 동안 우리는 삶을 살지 않는다. 그러나 잠에서 깨어 다시 살 때 우리는 이 삶이 잠들었을 때 꿈꾸었던 것에 대한 기억 덕분에 좀더 확장되었음을 발견한다.

기본적이며 관습적인 비유는 뉴턴의 법칙만큼이나 진리를 담고 있다. 이미 일상어가 되어 버린 이 고풍스러운 비유에는 가장 근본적인 현상에 대한 완벽한 직관이 녹아 있다. 우리는 그 속에서 한때 살아있는 산호들의 군락지였던 산호섬에서 산책하듯 일상을 꾸려 나간다. 그래서 우리는 때때로 '괴로움'을 겪는다거나 '심각한' 상황에 처했다고 말한다. 괴로움(pesadumbre), 심각함(gravedad)이란 단어는 물리적 중량, 즉 우리 위에 가중된 다른 형체의 무게를 비유적으로 가장 내밀한 것, 즉 우리의 정신적 고뇌로 바꾸어 놓은 것이다. 사실 삶이란 스스로 자신을 영위하고 지탱하며 이끌어 갈 때 성립하므로 언제나 우리를 압박한다. 그런데 습관만큼이나 삶을 무디게 하는 것은 없으므로 우리는 보통 우리 존재의 한 부분으로 지니는 이 끊임없는 무게를 잊어 버린다. 그러다 익숙지 않은 상황이 발생하면 다시 이 무게를 느끼게 된다. 다른 천체의 인력에 끌리는 천체는 자신에게 스스로 무게를 가할 수 없는 반면, 살아 있는 존재는 자신에게 무게를 가하는 중량인 동시에 스스로를 지탱하는 손과 같은 것이다. 이와 비슷한 경우를 우리는 '행복(alegría)'이란 단어에서도 찾아볼 수 있다. 이 단어는 중량을 줄인다는 의미의 '경감하다(aligerar)'라는 단어로부터 나왔을 가능성이 크다. 상심에 잠긴 사람은 행복을 찾아 선술집으로 간다. 여기서 그는 스스로를 압박하던 삶의 무게를 던져버리고 마침내 가엾은 경비행기처럼 유유히 이륙한다.

우리는 이 단계적이며 수직적인 지적 여행으로부터, 우리 삶의 심오한 존재로의 하강 속에서 위와 같은 분석을 통해 꽤나 많이 앞으로 나아갔다. 지금 우리의 수준에서 삶은 이제 우리 스스로 자기 미래 존재를 결정해야만 한다는 느낌으로 출발한다.

우리는 이미 앞에서 살펴보았던 삶의 정의—삶은 우리가 행위하는 것이며 세계 안에 존재하는 사물에 대한 관여의 총체라는 사실—만을 이야기하는 것으로는 만족하지 못하는 단계에 도달했다. 우리의 모든 행위, 우리의 관여는 저절로 우리에게 다가오지 않는다는 사실을 인식했기 때문이다. 즉 이것들은 음반기기에 걸린 음반 트랙처럼 기계적으로 우리에게 부여되는 것이 아니라 우리 스스로 결정하는 것이다. 그리고 우리의 행위와 관여가 이렇게 결정된다는 사실은 이들이 지니는 삶의 속성과 비슷한 부분이다. 그렇지만 이 행위와 관여를 실행하는 것은 대부분 기계적이다.

내가 여러분에게 제시하고자 했던 근본적으로 중요한 사실이 바로 여기에 있다. 우리가 앞에서 살펴보았듯 우리의 삶은 끊임없이 우리의 미래 존재를 결정한다. 여러분은 여기에 스며든 거대한 역설을 볼 수 있지 않은가? 존재란 현재 자신이 존재함에서 성립하는 것이 아니라 자신의 미래 존재, 즉 아직 존재하지 않는 자신을 토대로 삼는다니, 이 얼마나 심각한 역설인가! 이 본질적이며 심오한 역설이 곧 우리의 삶인 것이다. 이것은 오류가 아니라 엄연한 진리이다.

지금 여러분 중에서 몇몇은 다음과 같이 생각할 것이다. "언제부터 삶이 우리의 미래 존재를 결정하는 것이었죠? 나는 몇 시간 전부터 아무런 결정도 안 내린 채 강의를 듣고 있어요. 그럼 이것은 삶이 아니란 말입니까?"

여기에 대해 나는 이렇게 대답한다. "이 강의를 듣는 동안 여러분이 행한 것은 지속적으로 여러분의 미래 존재를 결정하는 것 그 자체였다. 강의를 듣는 시간 또한 여러분의 삶에서 결정적인 순간이었다. 그런데 여러분은 듣고만 있었으므로, 이 시간이 상대적으로 수동적인 성격을 띠었을 뿐이다. 그렇지만 이 역시 삶에 대한 나의 정의에서 결코 벗어나지 않았다. 그래도 여러분이 의심한다면 이에 대한 증명을 해 보이겠다. 나의 강의를 듣는 동안 여러분 중 몇몇은 내 강의를 듣지 않고 자신이 하고 싶은 생각을 할 것인지, 아니면 계속해서 주의 깊게 귀 기울일 것인지를 두고 망설였을 것이다. 그리고 이 강의 주제에 대해 계속 생각할 것인지를 결정했을 것이다. 이렇게 지금 삶에 대해 사유하거나, 다른 것에 대해 사유하는 것은 곧 현재 여러분의 삶이다. 또한 조금도 망설임 없이 이 강의를 끝까지 듣겠다고 결정한 사람에게도 이 사실은 그대로 적용된다. 이들은 시간이 지남에 따라 결심한 바와 같이 계속 이 강의에 주의를 기울여야만 한다. 아무리 확고한 결심이라도 이것을 지키려면 결심을 계속 강화시켜야만 한다. 오랫동안 사용하지 않아 눅눅해진 화약을 갈아 주어야만 하는 총과 같이 새롭게 충전을 해야만 한다. 즉 이 결심은 다시 결정되어야만 하는 것이다. 이 강의에 참석하려고 극장 안으로 들어왔을 때, 여러분은 듣는 자가 되겠다는 여러분의 미래 존재를 결정했다. 강의를 듣는 동안에도 여러분은 처음 결심을 반복했을 것이다. 그렇지 않았더라면 여러분은 조금씩 나의 손으로부터 빠져 나갔을 것이다."

우리는 이제 삶의 속성에 대해 결론을 이끌어 낼 수 있을 만큼 충분한 논의를 전개했다. 만일 우리의 삶이 우리의 미래 존재를 결정하는 토대로 삼는다면, 이것은 우리 삶의 밑바탕에 현세적 속성이 있음을 말해 준다. 다시 말해 무엇으로 존재할지를 결정하는 것은 곧 미래를 결정하는 일이다.

삶에 대해 좀더 심층적으로 계속 탐구해 나갈 것임을 전제로 지금까지의 탐구를 통한 값진 수확물을 거두어보자. 먼저 우리의 삶은 무엇보다도 미래와의 만남이다. 여기 또 다른 역설이 존재한다. 우리가 삶을 살아가는 데 가장 먼저 생각해야 할 것은 현재도 과거도 아닌 미래이다. 삶은 앞을 향해 나아가는, 다시 말해 '미래를 지향하는' 일이다. 우리는 미래와의 관련선상에서 미래를 발견하고 나서야 비로소 현재와 과거를 발견한다. 삶은 아직 존재하지 않는 하나의 미래이다.

〈주〉

*1 제우스와 레다 사이에서 태어난 쌍둥이 신 카스토르와 폴리데우케스를 말한다. 디오스쿠로이(Dioskouroi)란 제우스의 아들들을 뜻한다.

근본적 실재와 우리의 삶,
삶의 범주, 이론적 삶, 환경·운명과 자유
내적 모델, 관심과 무관심

나는 여러분에게 수차례 '우리는 고대와 근대의 한계를 극복해야 한다'고 말했다. 그리고 여기에 덧붙여 이것들을 극복하기 위해서는 '고대와 근대를 보존하고 있어야만 한다'고도 했다. 영혼은 그 본질상 매우 잔혹하고도 부드러우며 자애로운 것이다. 삶을 꾸려 나가기 위해 영혼은 자신의 과거를 부정하고 잠재워야 한다. 그러나 이 일은 자신이 잠재운 것을 자신의 내부에서 되살려 내야만 비로소 가능하다. 만일 영원히 과거를 잠재워 버린다면 우리는 더 이상 그것을 부정하지 못할 것이며, 부정을 통해 극복하지도 못할 것이다. 만일 데카르트의 사유를 우리가 다시 사유해보지 않는다면, 그리고 데카르트가 아리스토텔레스의 사유를 다시 사유해보지 않는다면, 우리의 사유는 원시인의 사유가 되어버릴 것이다. 다시 말해 우리는 과거에 이루어진 사유의 계승자가 될 수도 없을뿐더러 언제나 처음부터 다시 사유를 시작해야 할 것이다. 무언가를 극복한다는 것은 그것을 계승하고 또한 더하는 것이다. 새로운 개념이 필요하다고 하는 것은 이미 존재하고 있는 것에 무언가 더해야 함을 뜻한다. 즉 고대의 개념들은 존속하기는 하지만 종속적이며 부차적인 성격을 띠고 있다. 우리가 보다 근본적인 새로운 존재를 찾아낸다면 일찍이 알려지지 않았던 존재에 대한 새로운 개념이 필요한 것은 분명하다. 그러나 이 새로운 개념은 이전에 존재했던 개념들을 설명할 수 있어야 하며 또한 그에 상응하는 진리를 보여줄 수 있어야 한다. 바로 이러한 이유로 지난 강의에는 우주적·본질적 존재에 대한 고대적 관념이, 의식이라는 가장 근원적인 사실이 아직 발견되지 않은 실재에만 유용한 것임을 간단히 지적하고, 주체 그 자체에 선행하는 삶이라는 실재가 존재하지 않는다면 주체적 존재라는 것이 얼마나 유용한지에 대해서도 말했다.

철학에서 고대와 근대는 우주 혹은 존재하는 모든 것에 대하여 인식을 추구한다는 점에서는 합치하고 있다. 그러나 우주에 대한 일차적 진리를 추구하는 그 순간부터 고대와 근대는 길을 달리한다. 고대인은 근원의 실재를 우주의 구성에서 가장 중요한 것으로 이해하면서 그것을 추구한다. 만일 유신론자라면 다른 모든 것을 설명하는 가장 근본적이며 중요한 실재는 '신'이라고 말할 것이고, 유물론자라면 물질이라고 말할 것이며, '범신론자라면 '물질과 신'이 동시에 가장 중요한 실재라고 말할 것이다. 그러나 근대인은 이 모든 연구를 생략하고 다음과 같이 말할 것이다.

"사실 이러한 실재는 우주에서 가장 중요한 것일 수도 있겠지만, 이것을 한다고 해도 우리는 한 발짝도 앞으로 나아갈 수 없을 것이다. 그것은 여러분이 다른 모든 것을 설명하는 이 실재가 확실한지 자신에게 묻는 일을 잊어버렸기 때문이다. 또한 여러분은 이 실재를 통해 설명된 것보다 덜 중요한 다른 실재들이 존재하는지에 대해서도 자신에게 묻지 않았다."

철학의 최대 문제는 가장 중요한 실재가 무엇인지를 탐구하는 것이 아니라, 우주에 관한 실재 중 무엇이 가장 명확하고 확실한지를 탐구하는 것이다. 비록 이것이 가장 덜 중요하고 또한 가장 하찮고도 무의미한 것일지라도 말이다. 요컨대 철학의 최대 문제는 우주가 우리에게 부여하는 것이 무엇인지 결정하는 것, 근본적 사실에 관한 문제이다. 고대는 결코 이 문제를 정면에서 제기하지 않았다. 따라서 다른 문제들에서 고대인의 지적 해결능력이 아무리 우수하다 할지라도 그 수준은 근대인보다 열등할 수밖에 없다. 우리는 처음부터 근대 수준에 서 있다. 그래서 우리가 해야 하는 일은 단지 이 수준에서 과연 무엇이 근원적이고 확실한 실재인가에 대해 근대인들과 토론하는 것이다. 우리는 실재가 의식이나 주체가 아니라, 주체는 물론 세계까지를 포함하는 삶이라는 사실을 발견하게 된다. 그리하여 관념론에서 탈피하여 새로운 수준에 이르게 되는 것이다.

그러나 여러분은 우리가 철학의 최대 문제로부터 떠나지 않고 이 모든 일을 행하고 있으며, 존재하는 모든 것들 중 오직 우리에게 주어진 수준 속에서만 행동하고 있음을 주의하기 바란다. 만일 이 실재가 우리의 삶이며 우주로부터 각자에게 주어진 것은 그 삶뿐이라고 믿는다면, 우리는 우리에게 주어진 것 이외에, 비록 주어지지는 않았다고 할지라도 좀더 중요한 실재가 존재할지 여부에 대한 어떠한 사소한 의견도 허용하지 않을 것이다. 우리에게 주어진 것 또는 의심의 여지가 없는 것에 대한 문제는 철학이 아니라 철학의 입문에 지나지 않는다. 내가 1강에서 말한 것을 떠올리기 바란다.

그렇지만 여러분이 이 말이 가져올 근본적인 결과에 대해 인식을 했는지는 확실하지 않다. 이 결과는 너무나 기본적이라 본래 말할 필요도 없는 것이지만, 역시 명확히 해두는 편이 좋을 것 같다. 이 결과란, 만일 의심할 여지 없는 유일한 실재가 앞에서 정의한 대로 인정된다면 우리가 언급할 수 있는 다른 모든 것은 명백하게 근원·실재를 구성하는 속성들과 결코 모순될 수 없을 것이다. 이 근원·실재와는 다른 모든 사물은 의심스럽고 부차적인 것으로서 오직 의심의 여지가 없는 실재에 의존할 때만이 비로소 확고한 상태로 존재할 수 있기 때문이다. 예를 들어 어떤 사람이 근대 인식론으로부터 의심할 여지가 없는 유일한 것은 '사유의 존재'라고 말했을 때, 그는 우리가 근대라고 하는 수준에 스스로 서 있다고 할 수 있다. 그런데 그는 이 말을 한 뒤 다음과 같이 덧붙인다.

"물론 사유 일정한 어떤 법칙에 따른 원자로 구성된 물질, 즉 물리학에서의 물질 또한 존재한다."

그런데 '사유 외에…… 존재한다'는 말을 통해 그가 말하고자 했던 것이 물리학적 진술 또한 주관론의 원칙과 동일한 효력의 범주를 갖는 것이라면, 그의 진술은 완전히 모순적인 것이다. 주관론의 원리는 말한다.

"의심의 여지가 없는 실제적인 것은 비물질적이며, 다른 모든 개별 학문과 마찬가지로 부차적이고, 유사 실재에 관심이 있는 물리적 법칙의 지배를 받지 않는다."

이는 물리적 법칙이 담은 진리를 부정하는 것이 아니라 그 진리가 지닌 유효성을 물리적 법칙과 관련이 있는 현상의 이차적 질서로, 즉 근원·실재가 되지 않고자 하는 현상의 부차적 상태로 되돌리는 것이다. 관념론적 물리학자, 즉 근대적인 물리학자는 관념주의 철학자들과 마찬가지로 비물질적인 사유 외에 의심의 여지가 없는 확실한 실재가 존재하지 않는다면 어떻게 물질적인 사물, 물리적 법칙에 대하여 진실되게 진술할 수 있는지를 설명해야만 한다. 그러나 그는 물리학이 의심의 여지가 없는 실재에 대한 정의에 소급적인 영향을 줄 수는 없다. 이 정의는 매우 확고하며, 여기서부터 출발하여 앞서 우리가 추가한 사항으로도 결코 허물어지지 않을 것이다. 이는 아무리 강조해도 지나치지 않은 기본적인 사실이다.

새롭고 근원적인 사실 또는 실재는 우리 각자의 '삶'이다. 이보다 더 확고한, 일차적인 실재가 존재한다고 주장하는 사람도 있을 것이다. 그러나 여러분은 '삶'보다 더 확고하고 근원적인 실재가 존재할 수 없다는 사실을 알게될 것이다. 사유 역시 삶에 선행하지 않는다. 사유 또한 내 삶의 한 부분으로, 내 삶의 특별한 행위로서 발견되기 때문이다. 의심할 여지가 없는 확실한 실재를 추구하는 것은 내가 삶을 영위하고 있기에 행하는 그 무엇이다. 다시 말해 내가 고립되지 않고 스스로 행하는 그 무엇인 것이다. 지금 나는 철학에 관여하면서 삶을 영위하고 있기에 근원·실재를 추구하고 있다. 또한 이것을 철학하는 것의 첫째로 삼고 있다. 철학하는 것은 바로 이러한 삶을 전제로 한 삶의 특수한 형식이다. 만일 내가 철학을 하고 있다면 이것은 내가 과연 우주란 무엇인지를 알고 싶어하는 사전적 욕구 때문이다. 이 지적호기심 또한, 스스로에 대한 불안으로, 종종 자기 안에서 잃고 마는 나의 삶에 대한 열망 덕분에 존재하는 것이다. 다시 말해 우리가 일차적으로 제시하고자 하는 실재가 무엇이건 간에 우리는 이것이 언제나 삶을 전제로 하며, 이렇게 제시하는 것 자체가 이미 하나의 '삶'이라는 사실을 발견한다.

의심할 수 없는 유일한 실재가 단순히 관념론자들의 '생각하는 나'나 아리스토텔레스의 '형상' 혹은 플라톤의 '이데아'가 아니라 '삶'이라는 사실은 매우 놀라운 것이다. 그런데 '생각하는 나' 역시 이 개념이 처음 등장했던 당시에는 매우 놀라운 것이었고, '형상'이나 '이데아' 또한 그 시절에는 인정하기 힘든 역설로 간주되었을 것이다. 그런데 우리가 지금 삶에 대해 하려는 일은 대체 무엇인가? 바로 현재로서는 놀라운 것, 인정하기 힘든 역설로 보이는 삶을 근원·실재로 규정하는 일일 것이다.

그렇지만 삶이 근원·실재라면 우리는 이 새로운 근원·실재의 속성들을 규정하는 수밖에 없다. 또한 우리가 기존에 있던 모든 이론, 모든 학문을 깎아내릴지라도, 이 속성들을 받아들일 수밖에 없다. 비록 이 이론과 학문들이 지닌 진리를 부분적으로만 인정한다 하더라도 말이다. 그런 다음 우리는 철학 체계 내에서 '우리 삶'의 실재로부터 그 어떤 점에서도 삶에 대한 개념에 모순되지 않으면서 또한 어떻게 유기체, 도덕 물리적 법칙 그리고 신학이 존재하는지를 증명해야만 한다. 나의 삶에 대한 지금까지의 진술은 우리에게 주어진, 의심할 여지가 없는 '우리의 삶' 이외에도 이것과 구별되는 동물이나 식물의 '또 다른 삶' 역시 존재한다는 사실을 내포하고 있기 때문이다. 유기적이고 물리적인 실재로서 이 삶은 과학적 견지에서 볼 때 문제가 된다. 반면 '우리의 삶'은 문제가 되는 것이 아니라 의심의 여지가 없는 확고한 것이다.

지난 강의에서 우리는 간략하나마 삶에 대한 정의를 내렸다. 그런데 지난 시간에 말했던 것들은 너무 당연한 나머지 여러분은 당혹스러워했을 것이다. 그렇지만 이 사실은 우리의 진술이 명백하다는 것 외에도 우리가 명료성에 의지하고 있음을 단적으로 말해 준다. '삶'은 신비로운 것이 아니라 명백한 것이며 이 세상에 존재하는 것 중 가장 분명하고 투명한 존재이다. 삶에 대한 연구가 어렵다고 하는 까닭은 바로 이 때문이다. 그래서 우리는 이 어려움을 피해 문제가 있는 지식으로 눈을 돌린다. 그러나 삶을 탐구하는 우리로서는 삶의 속성들이 지닌 명백한 사실에 집중해야만 한다.

삶이란 이 세계에서 나 자신을 발견하는 것임은 분명하다. 그러나 이 세계에서 오직 나만을 발견한다면 물론 나는 존재할 것이지만, 이 존재는 삶이 아니다. 이것은 관념론에서 단순한 주체적 존재일 뿐이다. 따라서 내가 나 자신만을 발견한다는 것은 오류이다. 내가 나의 자아, 나 자신을 발견할 때 나는 내가 아닌 다른 것에 관여하는 타인, 마치 서로 연결되어 있듯이 합치된 상태로 나와 직면한 채 나를 둘러싼 환경의 형상으로, 포괄적인 통일체의 형태로 존재한다. 또한 나는 무기력한 상태로 방치되지 않고 끊임없이 재촉하고 고무시키는 세계, 혹은 다른 사물들에 기초하고 있음을 발견하게 된다.

그러므로 세계는 나와 나를 둘러싼 환경에서 내가 발견하는 것이며, 나에 대해 존재하는 것이고 명백히 나에 대해 행위하는 것이다. 세계는 주체가 실재에 대해 이것저것 부분적으로는 알더라도, 여전히 그 신비함을 간직하면서 독자적으로 존재하는 실재로 간주된 고대적 개념의 우주나 자연과 같은 것이 아니다. 삶의 세계는 오직 내가 본 그대로의 상태에 기반을 두고 있으므로 나에 대한 그 어떤 신비도 없다. 오직 나의 삶에 나타난 것 말고는 그 어느 것도 나의 삶에 끼어들 수 없다. 따라서 세계란 우리가 영위하는 삶 그 자체이다. 나의 세계가 영화에서 묘사되는 세계처럼 가면 쓴 수수께끼 같은 순수 신비로 구성되어 있다고 가정해 보자. 그렇다면 이렇게 신비하고 수수께끼 같은 세계는 나에게 현전(現前)할 것이고 나에 대해 명확하고 투명할 것이며, 신비와 수수께끼의 형태로 나에 대해 작용할 것이다. 그러므로 나는 다음과 같이 말해야 할 것이다.

"내가 꾸려 나가는 삶의 세계는 의심할 여지 없이 명백한 신비이며, 그 존재는 나에 대해 명확하고 신비롭다. 그리고 만일 내가 세계는 푸르거나 노랗다고 말한다면 세계는 바로 이와 같은 상황일 것이다."

'우리의 삶'이라고 하는 이 근원적 실재의 일차적 속성은 자신의 존재, 자신에 대한 인식, 자신에 대해 투명한 존재라는 것이다. 이러한 이유에 의해서만 삶과 삶을 이루는 그 모든 것은 의심할 여지가 없는 명확한 것이다. 또한 세계 내에서 유일하게 분명한 것이기에 바로 근원·실재인 것이다.

'자신의 존재', '자신에 대한 인식', '투명한 존재'라는 것이 삶을 구성하는 일차적 범주이다. 범주가 무엇인지를 정확히는 모르는 사람도 있을 것이다. 철학에서 범주란 기본이지만 이것을 모른다고 부끄러워 할 필요는 없다. 사실 우리는 모두 기본적인 것을 모른다. 우리 옆집 사람을 아는 것만으로 벅차니 말이다. 모른다는 것이 결코 창피한 일은 아니다. 정작 부끄러운 것은 알 기회가 있음에도 이를 기피하거나 연구에 거부감을 보이는 것이다. 그러나 무지한 사람은 이러한 연구에 결코 거부감을 나타내지 않는다. 거부감을 나타내는 사람은 바로 이를 알고 있다고 생각하는 사람이다. 자신이 알고 있다고 믿는 것, 이것이이야말로 진정 부끄러운 것이다. 그 무엇에 대해—실제로는 전혀 모르면서—안다고 믿는 사람은, 자신의 그릇된 지식으로 인해 진정한 진리가 통할 수 있는 정신의 문을 닫아 버린다. 이러한 사람의 교만하고 완고하기 이를 데 없는 우둔한 관념은, 흰개미 집단에서 보는 거대한 머리의 파수꾼처럼, 입구에서 아무것도 들어오지 못하게 모든 틈새를 차단하는 것과 같은 행동을 한다. 요컨대 자신이 그 무엇을 안다고 믿는 사람은, 자신의 잘못된 관념과 머리로 실질적인 지식이 통과할 수 있는 정신의 틈새를 막아 버리는 것이다. 에스파냐 국내외에서 활발한 공적·지적 활동을 하는 사람들은 에스파냐 상황과 외국 상황을 자동적으로 비교하게 된다. 그리고 이를 통해 위와 같은 정신적 은둔 행위가 에스파냐인들의 고질적이고도 풍토적인 결점이라는 사실을 알게 된다. 이것은 결코 우연이 아니다. 만일 에스파냐 남성이 지적으로 그리 개방적이지 않은 것은, 그가 지성보다 훨씬 더 깊은 영혼의 지대에 은둔하고 있기 때문이다. 그런데 에스파냐 남성에게서 나타나는 이 지적 개방성의 부족 현상은 에스파냐 여성에게서 더 심각하게 보이는 것 같다. 이 말이 좀 심하게 들릴지 모르지만, 내가 단순히 경솔한 의도에서 언급한 것이 아니라는 사실을 알아주기 바란다. 나의 이 심한 말로 인해 에스파냐 사회가 반향을 일으키면 나는 에스파냐 여성의 존재 방식에 대해 곧바로 비판 활동을 전개할 것이다. 그러나 이 비판 운동은 결코 대중의 지지를 받지 못할, 나로서는 매우 고통스러운 활동이 될 것이다. 나는 언제나 이것저것 행해야 할 의무가 있음을 믿는다고 말하는 사람으로부터 비판받아 왔다. 내 생애를 통틀어 의무라는 것을 별로 생각해 보지도 않았을 뿐더러 믿지도 않았다. 나는 내 고유의 삶을 꾸려 왔으며 또 지금도 계속 의무가 아니라 환영, 환각에 도취되어 삶을 영위하고 있다. 그리고 내년에 있을 강의에서 내가 다룰 윤리학은 도덕에서의 일차적 관념을 환영으로 간주할 것이다. 이는 의무를 도덕의 일차적 관념으로 규정하는 전통적 윤리학에 근본적으로 등을 돌리는 부분이다. 의무는 중요하다. 그러나 이것은 이차적인 것으로 환영의 대체물이다. 우리가 환영에서 얻지 못하는 것이 있다면 적어도 의무 감각에서는 얻어야만 한다. 그런데 에스파냐 여성을 주제로 할 이 비판 운동은 하나의 환영이 되기에는 너무나도 가혹하다. 이것은 환영이 되기는커녕 희생이 될 것이다. 몇 년 동안 이 운동에 대해 생각한 뒤 나는 이것을 전개할 의무가 있다고 믿게 되었다. 에스파냐인의 삶에서 필요한 근본적 개혁 중 에스파냐 여성들의 정신 세계를 근본적으로 개혁하는 일은 무엇보다도 절실하다고 생각한다. 여성이 일반적인 관념보다 훨씬 더 가시적이지는 않지만, 불가항력적으로 그리고 끊임없이 역사의 흐름에 참여했다는 것을 믿는 사람들은 에스파냐인들의 존재에 있어 중요하면서도 만성적인 결점이, 비록 그 근본적 원인은 매우 이해하기 힘들겠지만 단순히 말해 에스파냐 여성들의 정신 상태에서 비롯했다는 사실을 분명히 인식하고 있을 것이다. 이 비판 운동은 매우 어렵고도 위험한 연구가 될 것이다. 그리고 이 운동이 초래할 그리 긍정적이지 않은 결과에 대해서도 충분히 예상할 수 있다. 그러나 나는 이 위험한 운동을 반드시 전개해야 한다는 의무감을 느낀다. 여러분이 아는 바와 같이 나는 위와 같은 점에서도 일반적이며 공식적인 견해와는 다른 편에 서 있다. 나는 그리 정중한 사람은 아니다. 그러나 우리는 한 시대의 사조였던 근대와 관념론을 극복했던 것처럼 이 정중함(galanteria)을 떨치고 극복해야만 한다. 그리고 이해하기는 어려운 존재이지만 좀더 활력 있고 열정적인 여성의 존재에 대한 연구를 진행시켜야만 한다. 마치 대팻밥처럼 몸을 꼬며 비굴한 모습으로 느끼한 말을 걸기 위해 여성에게 다가가는, 허세로 가득한 19세기의 신사의 행동만큼 시대착오적인 것은 오늘날 달리 없다. 요즘 젊은 여성들은 과거와 같이 남성들로부터 화려한 구애를 받는 관습을 선호하지 않는다. 그리고 30년 전에는 남성성의 상징이었던 여성에 대한 화려하면서도 정중한 구애는 오늘날 젊은 여성들에게 유약함 혹은 나약함으로 비추어질 것이다.

이제 에스파냐 여성에 대한 이야기는 접고, 조금 전까지 우리가 다루던 주제인 '범주' 문제로 돌아가자. 우리는 왜 범주라는 개념을 확실히 알아야 하며, 또 이 자리에는 그 이유를 모르는 사람도 있음을 말했다. 그렇지만 이 사실은 그리 중요하지 않다. 범주의 개념은 세상에서 가장 단순한 것이기 때문이다. '말'과 '별'은 그 대부분의 구성 요소나 성분 면에서 확연히 구별된다. 그런데 아무리 많은 부분에서 서로 다를지라도 우리가 이들을 '형체적 사물'이라고 말할 때는 양자가 어떤 공통적인 점을 지닌다. 실제로 말과 별은 모두 현실적 존재이다. 저마다 공간을 차지하고, 시간 속에 있으며, 운동에 의해 변화한다. 또한 충돌과 같은 현상을 통해 다른 사물을 변형시키고 또, 고유의 색, 모양, 밀도, 즉 자신의 특질을 지니고 있다. 이렇게 우리는 둘 사이의 무수한 차이에도 불구하고, 현실적 존재라는 것, 공간과 시간을 점유한다는 것, 변화에 영향을 받거나 미친다는 것, 고유한 특질이 있다는 것 등과 같은 최소한의 공통적인 속성을 발견할 수 있다. 이들과 마찬가지로 '형체적 사물'로 존재하고자 하는 모든 것은, 최소한의 조건 혹은 특질, 즉 형체적 사물의 본질적 요소를 지닐 것이다. 이것이 바로 '아리스토텔레스가 정의한 범주'이다. 모든 실재적 존재는 실재적 존재라는 바로 그 이유로 인해 다른 상이한 요소들과 구별되는 특질을 수반하며 또한 내포한다.

실재로서 '삶'은 고대적인 우주적 실재와는 다른 것으로 본질적이며 고유한, 그리고 그들 사이의 분리할 수 없는 범주와 요소들로 구성되어야 할 것이다. 이러한 '우리 삶'의 범주가 바로 우리가 지금 추구하는 것이다. 우리의 삶은 '각자의 삶'이다. 그러므로 나의 삶과 너의 삶은 다르다. 그렇지만 이 두 삶 모두 '나의 삶'이며 양쪽 모두에게 나의 삶의 '범주'라는 공통적 요소가 있을 것이다. 그러나 이러한 사실에도 불구하고 '나의 삶'이라고 불리는 실재와 기존 철학에서 '존재'라고 불리는 실재 사이에는 근원적인 차이가 있다. '존재'는 본질적으로 개별적인 것의 특성을 희구하지 않는 일반적인 것이다. 아리스토텔레스적 개념의 범주는 일반적 의미에서 존재의 범주이다. 그런데 '나의 삶'은 '존재'와는 확연히 구별된다. '나의 삶'이라는 명칭을 나나 여러분의 경우, 또는 그 누구의 경우에 적용시켜 본다고 할지라도 우리는 이것이 개별적인 것을 내포하는 개념이라는 사실을 알 수 있다. 여기서 우리는 '일반적'인 동시에 '개별적'이기도 한 매우 드문 개념과 맞닥뜨린다. 지금까지 논리학은 이다지도 모순적인 개념의 존재 가능성을 알지 못했다. 이와 비슷한 개념을 추구했던 헤겔조차 끝내 이것을 발견하지 못했다. 그의 '특수 보편' 개념은 궁극적으로 보편적인 것이며, 결코 진정 근원적으로 특수한 개별적인 것은 아니었다. 그렇지만 지금 이 주제에 대해 나는 더 이상 깊이 다룰 의도도 능력도 없다. 계속 우리가 다루고 있었던 주제에 집중하자. '우리 삶'의 첫째 범주는 바로 '자신의 발견', '자신에 대한 인식', '투명한 존재'라는 것이다. 그리고 나는 여기서 다시 한 번 자신, 즉 주체란 자아뿐만 아니라 세계를 포함한 개념이란 사실을 환기시키고자 한다. 나는 세계 내에서 나와 세계를 인식한다. 즉 나는 세계 내에서 삶을 영위하는 것이다.

그런데 이 '자신을 발견하는 것'이란 본디 처음부터 세계 내에 존재하는 그 무엇에 관여한 채 자신을 발견하는 것이다. '나'라는 존재는 세계 내에 존재하는 것에 관여하는 데 기반을 두고 있으며, 세계는 내가 관여하는 그 모든 것에 기반을 두고 있다. 그 무엇에 관여한다는 것은 예를 들어 사유를 하는 것과 같이 이 일 또는 저 일을 행하는 것이다. 예컨대 사유한다는 것은 어떤 대상에 대해 사유한다는 특수한 작업을 통해 대상에 관여하는 것이므로 역시 하나의 삶이다. 즉 사유함은 진리를 창조하는 것이고 철학을 연구하는 행위인 것이다. 그 무엇에 관여한다는 것은 철학을 행하거나 혁명을 일으키는 것, 또는 담배를 만다거나 산책을 하며 시간을 보내는 것이다. 이것이 바로 나의 삶에서 내 본연의 존재이다. 그렇다면 '사물'이란 무엇인가? 그 존재가 나를 통해 영위된다는 이 근본적이며 일차적인 관점과 사유 방식에 있어 사물이란 무엇인가? 나는 생각하고, 달리고, 혁명을 하는, 즉 행위하는 존재이다. 그렇다면 이렇게 나를 통해 행위되는 것이란 무엇인가? 정말 기이하게도, 나를 통해 행위되는 것 역시 나의 삶이다. 내가 행위하는 것이 만일 기다리는 것이라면 나를 통해 행위된 것은 바로 기다려지는 것이다. 내가 행위하는 것이 담배를 마는 것이라면 나를 통해 행위된 것은 엄밀히 말해 담배가 아니라 담배를 마는 나의 행위이다. 나의 행위와 격리된 담배 그 자체는 일차적이며 근본적인 존재를 지니지 않는다. 여기에 바로 고대 철학의 오류가 존재한다. 담배는 내가 행위하면서 조작하는 대상으로 내가 담배 마는 행위를 멈추면 담배는 다른 대상으로 바뀐다. 즉 이것은 불을 붙여 피워야 하는 대상이 되어 버리는 것이다. 다시 말해 담배의 진정한 존재는 내 관여의 대상으로서 '형상화'되는 것으로 되돌아간다. 결론적으로 말하자면 담배는 그것의 존재를 영위하는, 그에 대해 행위하는 나와 떨어져서는 스스로 존재할 수 없으며 존속할 수 없다. 담배의 존재는 '기능적'이다. 나의 삶에서 이 기능은 내가 담배를 통해 이것 또는 저것을 할 수 있게 하는, 곧 '무엇을 위한' 것이다. 이러한 사실에도 불구하고 나는 전통 철학과 마찬가지로, 이 고대 철학의 존재 개념에 의지해 사물을 그 조작과는 별도로 스스로 나의 삶에 봉사하는 존재라고 말하고자 한다. 내가 한 사물로부터 일상적이며 유용하면서도 생생한 근원적 존재를 추상한다면 그 결과는 우리에게 명확하게 주어진다. 즉 이 사물은 결코 사라져 버린 것이 아니다. 내가 이것에 관여하지 않았을 따름이지 이 사물은 내 삶으로부터 격리된 채 언젠가 다시 나를 위해 일하길 바라며 외부에 존재하고 있기 때문이다. 그런데 이 사물이라는 존재는 내가 내 삶으로부터 그것을 추상했기 때문에 나타나게 되는 것이다. 그리고 이렇게 추상하는 것 역시 하나의 행위이며 관여이다. 이것은 내가 삶을 영위하지 않는 척하는, 적어도 이런저런 존재를 영위하지 않는 척하는 데 관여하는 것이며 사물을 나로부터 격리해 나의 외부에 두는 것이다. 그러므로 스스로 그 존재를 영위하는 사물의 존재 방식, 즉 사물의 우주적이며 기본적 존재 역시 나를 위한 존재로 내가 이것의 존재를 영위하길 중단했을 때, 내가 이것의 존재를 더 이상 영위하지 않는 척할 때의 사물의 존재 방식이다. 내가 존재하지 않으며 따라서 나에 대해 존재하는 사물들을 목격하지도 않은 채 사물들의 존재 양상에 대해 자문하고 있다고 가정하는 이 가식적 행위는—이것은 결코 진지하지 않다거나 허위적이란 의미가 아니다. 단지 가상적인 행위일 따름이다—즉 내가 삶을 영위하지 않는다고 생각하는 가정적 행위는 곧 이론적 행위이다. 여러분은 피히테의 논리가 어떻게 여전히 옳은지를 보고 있지 않은가? 또한 이론화 작업을 한다는 것, 철학을 한다는 것은 하나의 이론적 삶 또는 관조적 삶이라는 삶의 한 형태이기에 정확히 말해 삶이 아니라는 사실을 볼 수 있지 않은가? 이론과 이론의 궁극적 형태인 철학은 삶이 자신을 초월하는 것이며, 일상적 삶의 영위를 중지하는 것이고, 사물에 관여하지 않는 것이며, 이에 대한 관심을 끊는 것이다. 그렇지만 관심을 끊는 것 역시 관심의 한 형태로 결코 소극적 행위가 아니다. 다시 말해 한 사물에 대한 관심을 중단한다는 것은 사물과 나를 이어주던 관심의 연결고리를 끊은 채 삶 가운데 가라앉는 사물을 구출해 이것을 순수하게 자기 자신에 대해서만, 단독으로 존재할 수 있도록 관심을 기울이는 것이다. 그러므로 관심을 중단하는 것은 각 사물의 고유한 내적 존재에 관심을 쏟는 것이며, 이 사물에 독립성과 본질을 부여하는, 즉 인격을 부여하는 것이라고 말할 수 있다. 다시 말해 이 행위는 나를 나로부터가 아닌, 사물 그 자체로부터 사물을 볼 수 있도록 위치시키는 것이다. 관조는 윤회의 연습이다. 그런데 자기 자신을 절대적 소유로 추구하는 것, 사물을 향한 나의 모든 부분적, 편견적 관심을 단절하는 것, 사물을 이용하길 중단하는 것, 사물이 나를 위해 일하기를 원치 않고 오히려, 내가 사물을 발견할 수 있도록, 사물이 스스로 고유 존재로 존재할 수 있도록 공정한 시각으로 일하게 하는 것, 이것이 바로 사랑이 하는 일이 아니겠는가? 사랑에 빠졌을 때 우리는 욕망과는 달리 타인으로부터 삶을 영위하려 하고, 또한 타인을 위해 삶의 영위를 중지한다. 그렇다면 관조는 그 근원적인 의미에서 어떤 사랑의 행위가 아닐까? 우리가 부정했던, 교활하면서도 신성하기까지 한 플라톤은 우리의 이 부정 속에서 이 부정을 굳히고 고무시키며, 그 정취를 더하면서도 우리를 지속적으로 고취시키고 있다. 이렇게 우리는 이전과는 다른 새로운 형식으로 지식의 관능적 기원에 대한 플라톤의 사유를 발견한다.

나는 위의 사실에 대해 지금까지 내가 썼던 표현들을 순화하지도, 분석하지도 않은 채 성급히 다루었다. 이는 여러분에게 이같이 단순하고 미숙한 형식 속에서 존재의 전통적 의미가 새로운 철학의 어느 부분에서 출현하는지, 또 시간이 허락한다면 우리의 여정이 어떻게 전개되었을지 인식하게끔 하려는 의도였다. 이제 우리는 "철학이란 무엇인가?" 하는 질문에 대해 그 어느 때보다도 근본적인 대답을 해야 할 것이다. 이전 강의들에서 우리는 철학적 교리가 무엇인지에 대한 정의를 내렸고, 또한 이 정의에서 삶을 발견하는 데까지 이르렀다. 그리고 지금 우리는 철학이란 무엇인가라는 질문에 대해 우리가 진정 답하고자 하는 지점에 다다랐다. 책에서나 존재하는 철학적 교리는 철학이라는 진정한 실재의 추상일 따름이며, 철학의 침전물 또는 절반쯤 죽어버린 육체와 같은 것이다. 따라서 삶을 발견한 우리로서는 이제 철학에 대한 정의를 내릴 수 있는 것이다. 담배의 추상적이지 않은 구체적 실재란 끽연자가 그것을 말아 피울 수 있는 것이듯, 철학의 존재란 철학자가 행하는 그 무엇이다. 철학을 하는 것은 삶의 한 형식이다. 그리고 이것이 바로 내가 여러분 앞에서 정밀하게 탐구하고자 했던 것이다. 그렇다면 삶의 형식으로서의 철학이란 무엇인가? 우리는 앞에서 막연하게나마 존재하는 모든 것에 대한, 우주를 위하여 스스로의 삶의 영위를 중지한다는 것, 즉 우주를 인식할 수 있는 바로 그 지점에 존재의 본질을 두는 것으로 살펴보았다. 그러나 사실에 대한 장기적인 분석이 수행되지 않는 한 이 표현에 엄밀하면서도 풍부한 의미를 부여한다는 것은 그다지 쓸모가 없다. 지금 나는 그 어떤 철학서도 존재하지 않던 시대에 살았던 고대 그리스인들을 여러분에게 상기시키는 것만으로도 충분하다. 그리스인들은 "철학이란 무엇인가?" 이 질문을 받고서 플라톤과 마찬가지로 인간, 철학자, 삶을 생각했다. 그들에게 철학을 한다는 것은 무엇보다도 먼저 삶에 대해 이론화 작업을 하는 것이었다. 엄밀히 말해 그리스인들이 맨 처음 지니게 된 철학서는 일곱 현자의 삶에 대한 책, 즉 전기였다. 철학하는 행위로써 철학을 정의하지 않는 모든 것, 삶의 본질적 형태로써 철학함을 정의하지 않는 모든 것은 불충할 뿐만 아니라 결코 근원적인 것이 될 수 없다.

그러나 나는 지금 이 강의의 결론을 내리기 전에 '우리의 삶'에 대한 정의를 좀더 발전시켜 보고자 한다. 우리는 삶이란 이것저것에 관여하고 있는 자신을 발견하는 것, 즉 하나의 행위라는 사실을 살펴보았다. 그런데 모든 행위는 그 무엇을 위하여 그 무엇에 '관여'하는 것이다. 우리의 현존 상태인 관여는 그 무엇을 '위한' 것이기 때문에 우리가 흔히 목적이라고 부르는 것에 근거하며 또 그것을 지향한다. 내가 지금 행하고 있고 이 행위 속에서 삶을 영위하고 존재하는 그 무엇은, 내 앞에 존재하는 무수한 가능성 가운데 이것에 관여하는 것이 삶의 최고 형태라 생각했으므로, 여기에 전념하기로 결정한 것이다. 위의 단어들은 각각 하나의 범주이다. 따라서 여기에 대한 분석은 끊임없이 계속될 것이다. 바로 여기에서 나의 현재 삶은 내가 행하는 삶 혹은 실제로 내가 행함을 결정한다는 결론이 나온다. 다시 말해 나의 삶은 그 무엇을 행하기 전에 어떤 행위를 결정하는 것이다. 그것이야말로 나의 삶이다. 우리 삶은 자신의 미래를 예견하면서 스스로 결정하는 것이다. 지난 강의에서 예로 들었던 '총알'과 달리 '삶'은 이미 만들어진 완성품으로 우리에게 주어지지 않는다. 삶을 영위한다는 것은 언제나 우리에게 가능성을 제시하는 세계 안에서 자신을 발견하는 것이므로 우리 삶은 스스로 결정하는 데 기반을 둔다. 살아 있는 세계는 나에게 매순간 오직 이것만을 해야 하는 의무로써가 아니라 이것저것을 할 수 있는 가능성을 통해 성립된다. 그러나 우리 앞에 펼쳐진 이 가능성들이 무한한 것만은 아니다. 만일 이것들이 무한적이라면 이는 구체적인 가능성이 아니라 순수한 불확정일 것이다. 절대적 불확정의 세계에서 모든 것은 그 가능성이 동일할 것이고 따라서 그 무엇도 결정할 수 없을 것이다. 그 무엇을 결정하기 위해서는 한계와 공간, 그리고 상대적인 결정이 존재해야만 한다. 나는 이것을 '환경'이라는 범주로 표현하고자 한다. 삶은 언제나 어떤 환경, 사물과 타인으로 가득 찬 주변적 공간에서 발견된다. 우리는 결코 공허한 세계에서 삶을 영위하지 않는다. 삶에 있어 세계란 본질적으로 환경이며, 우리가 꾸려 나가는 세계이다. 환경이란 어느 정도 결정적이고 폐쇄되어 있는 동시에 열려 있고 자유가 있다. 그 내부 영역에는 우리가 행위하고 결정할 수 있는 공간과 여지가 있다. 즉 환경은 빠져나갈 수 없는 협곡에서 삶이 파헤치는 하천의 바닥과 같은 것이다. 삶은 '지금 여기서' 영위하는 것이다. 지금 여기라는 개념은 아주 엄격하여 결코 다른 것으로 대체할 수도 없지만 그 의미는 매우 포괄적이다. 모든 삶은 무수한 가능성들 사이에서 결정을 하는 하나의 끊임없는 과정이다. "별은 우리를 유도하지만 강제하지는 않는다"고 한다. 그러나 삶은 자유인 동시에 숙명이다. 즉 이것은 주어진 숙명 속에서의 자유이다. 이 숙명은 우리에게 결정적이며 불변적인 가능성의 목록을 제시한다. 다시 말해 숙명은 우리에게 서로 다른 운명을 제시하는 것이다. 우리는 이 숙명을 받아들이고 이 숙명 속에서 우리의 운명을 결정한다. 결국 삶은 운명이다. 이 강의를 듣는 여러분 중에는 나에게 결정론은 자유를 부정한다고 경고하려는 사람이 없기를 바란다. 만일 그런 사람이 있다면 나는 결정론과 그 사람에 대해 매우 유감이라고 말하고 싶다. 가장 정확한 결정론은 그 최고 의미에 있어 우주의 실재에 대한 하나의 이론이었다. 비록 결정론이 확실한 것이라고 할지라도 결국 이것은 증명할 필요가 있는 하나의 이론, 해석, 문제성을 지닌 의식적 논제였다. 따라서 비록 내가 결정론자라고 해도 나는 이 결정론이 지금 우리가 살펴보고 있는 근원적이며 의심할 여지 없이 확실한 실재에 대해 소급력을 발휘하게 하지는 않을 것이다. 그런데 결정론자가 아무리 결정론적 사유에 빠져 있더라도 그의 삶 자체는 상대적으로 비결정적이며, 그는 어느 순간에 결정론과 비결정론 중 하나를 선택한 것이다. 그러므로 여기에서 나에게 결정론이 자유를 부정하는 것이 아니냐고 질문하는 것은, 결정론이 무엇인지를 모르거나 또는 다른 이론에 선행하는 근본적 실재에 대한 분석이 어떤 것인지를 모르고 하는 소리이다. 내가 삶이란 숙명인 동시에 자유라고, 비록 제한된 것이기는 하지만 열린 가능성이라고 할 때, 그렇게 주장하는 이유가 빠져있다고 여기지 말기 바란다. 나는 이것을 증명할 수도 없을뿐더러 합리화시켜야 할 의무도 없다. 아니 의식적으로 모든 합리화 작업에서 탈출해야만 한다. 나는 나 자신을 개념화시켜 표현하는 작업으로부터 모든 이론과 합리화, 증명 속에서 가정되는 근본적 실재를 서술하는, 즉 나를 제한해 버리는 작업으로부터 빠져 나와야 한다. 이처럼 여러분이 결정론을 잘못 이해하는 상황과 같은 유감스러운 사태를 미연에 방지하고자 나는 이 강의 초반에 이같은 기본적인 것들에 대해 언급한 것이다. 덧붙이자면 나는 오늘날 철학에서나 물리학에서나 결정론은 더 이상 존재하지 않는다고 딱 잘라 말할 수 있다. 아인슈타인의 후계자로 그의 이론을 더욱 발전시킨 현대 물리학의 대표자 헤르만 바일이 2년 전 출간한 《물리 논리학》에 '결정론은 이제 존재하지 않는다'는 나의 발언을 강력히 뒷받침해 주는 내용이 있었다. 헤르만 바일은 이 책에서 다음과 같이 말했다.

"앞서 말한 모든 것으로부터 법칙과 통계로 구성되는 현대 물리학이 결정론의 옹호를 떠맡을 입장과 얼마나 멀어졌는지 볼 수 있다."

앞에서 지적한 비밀스럽게 전해 내려온 정신적 기제 중 하나가, 바로 우리가 무엇을 듣고 거기에 대해 기본적으로 반대할 때 그 강연자나 저자는 우리와 같은 생각이 아닐 것이라는 선입견을 가짐으로써, 실제로 그들이 말하는 것을 이해하지 못하는 사람들은 바로 우리가 되는 것이다. 만일 이 점을 생각하지 못한다면 우리가 듣고 있는 강의의 강연자나 읽고 있는 책의 저자보다 하위 수준에서 결코 벗어날 수 없을 것이다.

그러므로 삶은 우리의 미래 존재를 결정하는 것을 토대로 삼는, 결국 우리의 현 존재가 아닌 것을 미래를 위한 출발을 토대로 삼는 역설적인 실재이다. 우주적 존재와는 대조적으로 삶을 영위하는 존재는 장차 다가올 것으로부터 자신의 삶을 시작한다. 그런데 만일 시간이 본질적으로 우주적 시간이라면 이러한 삶은 불가능할 것이다.

우주적 시간은 아직 미래가 오지 않았고 또한 과거는 이미 종결되었기에 오직 현재일 뿐이다. 그렇다면 과거와 미래는 어떻게 계속 시간의 한 부분으로서 있을 수 있을까? 이것이 바로 철학자를 곤경에 빠뜨리는 난해하기 그지없는 시간의 개념에 관한 문제이다.

'우리의 삶'은 현재적 순간에 머물고 있다. 그런데 이 순간 나의 삶이란 무엇인가? 그것은 내가 지금 소리를 내 말하는 과정이 아니다. 다시 말해 내가 지금 이 순간 삶을 영위하고 있는 것은 결코 내 입술을 움직이는 것이 아니다. 이것은 단지 기계적인 운동이며 나의 삶과는 동떨어진 우주적 존재에 속하는 것이다. 이와는 대조적으로 삶은 내가 말하려는 것을 생각하는 과정이다. 즉 이 순간 나는 미래를 고려하며 미래를 계획하는 것이다. 그런데 이 사실을 말하기 위하여 나는 말이라는 어떤 수단을 필요로 하며 또한 이것은 나의 과거로부터 주어지는 것이다. 따라서 나의 미래는 자신을 실현시키기 위해 나로 하여금 나의 과거를 발견하도록 한다. 이제 과거는 내가 그것을 다시 살고 있으므로 실제적 시간이 되며, 내가 나의 과거에서 미래를 실현시키기 위한 방법을 발견하는 순간이 바로 내가 나의 현재를 발견하는 순간이다. 이 모든 일은 한순간에 일어난다. 그 순간들마다 삶은 과거, 현재, 미래라는 세 개의 실제적인 내적 시간의 차원에서 확장된다. 미래는 나를 과거로 보내며, 또 과거는 현재로, 여기에서 다시 나는 나를 과거로 보낸 미래로 돌아가며, 그리고 또다시 미래는 나를 과거로, 과거는 현재로 나를 보내는 순환이 영원히 계속된다.

우리는 지금 마치 우리의 발이 딛고 있는 대지와 같은 우주적 현재에 머물고 있다. 여기에서 우리의 육체와 머리는 미래를 지향한다. 르네상스의 여명기에 니콜라우스 쿠자누스 추기경은 말했다.

"지금, 즉 현재는 모든 시간을 포괄한다."

이 말은 매우 옳은 표현이다. 우리는 현재, 현시점 속에서 삶을 영위하고 있다. 그런데 이 현재는 일차적으로 우리를 위해 존재하지는 않는다. 대지를 딛고 있는 것과 마찬가지로 우리는 현재를 발판으로, 즉 현재로부터 직접적인 미래의 삶을 영위하는 것이다.

대지의 모든 부분 중에 우리가 직접 인지할 수 없는 유일한 부분이 발 밑에 있는 것이라는 사실에 주의하자.

우리를 둘러싸고 있는 것이 무엇인지를 보기 전에 우리는 이미 욕구와 열망 그리고 환영의 집합체이다. 우리는 처음부터 다른 사람들과 똑같은 선호와 편견의 체계를 부여받은 상태로 이 세계에 왔다. 그리고 우리 각자는 자기 내부에 각 사물에 대해 좋아함과 싫어함을 나타내는 공감과 반발의 배터리를 지니고 있다. 지칠 줄 모르고 좋아함과 싫어함을 반복하는 기계와도 같은 우리의 심장은 우리 인성의 지지대이다.

그러므로 인상이 가장 중요하다고 말하지 말자. 인간에 대한 관념을 새로 이해하기 위해서는, 우리가 그 무엇을 원한다고 할 때 이는 우리가 사전에 그 대상을 보았기 때문이라는 전통적 관점을 수정하는 것보다 더 중요한 일은 없다. 그것은 너무도 분명한 사실로 여겨지지만, 사실 대부분은 오류이다. 물질적 부를 추구하는 사람은 재물을 차지하기 위해 황금을 발견할 때까지 기다리지 않는다. 그는 사업적 측면에서 일어날 수 있는 모든 상황에 신경을 쓰며 금을 발견할 수 있는 곳이라면 어디에서든지 그것을 찾기 위해 노력할 것이다. 그러나 미학적 취향과 예술가적 기질을 지닌 인간은 이와 동일한 상황에서 경제적 이익은 무시한 채 우아함과 아름다움을 찾는 데 골몰할 것이다. 그러므로 전통적 관점은 완전히 뒤집어져야만 한다. 우리는 결코 그 무엇을 사전에 보았기에 원하는 것이 아니다. 오히려 우리의 내부에서 그 무엇과 같은 종류의 사물을 선호하기에 감각적으로 세계 속에서 이것을 찾아가

는 것이다. 우리에게 매순간 도달하는 소리, 그리고 물질적으로 들을 수 있
는 소리 가운데 실제로 우리가 듣는 것은 우리의 주의를 끄는 소리뿐이다.
다시 말해 우리는 우리가 듣고 있는 무수한 소리 중에서 특별히 주의를 기울
이고자 하는 것들만 선택해서 듣는다는 것이다. 어떤 사물에 집중하는 동시
에 다른 사물들에도 집중할 수는 없기 때문에, 우리의 관심을 끄는 어떤 소
리를 들을 때는 들려오는 다른 모든 소리에 귀를 닫게 된다. 모든 시각 행위
는 곧 응시하는 것이고, 모든 청각 행위는 결국 경청하는 것이며, 모든 삶을
영위하는 행위는 본질적으로 끊임없이 그 무엇을 더 좋아하고 싫어하는 것
이다.

이 현상은 섬세한 감정인 사랑의 영역에서 가장 뚜렷하게 나타날 것이다.
영혼의 잠재적 밑바닥에서 여성은, 여성성이 충만할 때, 언제나 왕자의 입맞
춤을 받고 깨어나야할 '잠자는 숲속의 미녀'이다. 여성은 한 남성의 개별적
이미지가 아닌 완벽한 남성의 일반적 유형을 자신도 모르는 사이에 자기 영
혼의 밑바탕에 새겨 놓는다. 그리고 언제나 잠이 든 상태로 자기의 내부에
이미 존재하고 선호하는 이상형의 남성과 자신이 실제 세계에서 만난 남성
들을 비교하고 가늠하면서 몽유병자처럼 이들 사이를 배회한다.

이것은 모든 진정한 사랑에서 일어나는 두 가지 사실을 설명해 준다. 하나
는, 급작스럽게 사랑에 빠지는 것이다. 여성은 어느 한 순간, 남성도 마찬가
지이지만, 그 어떤 과정이나 변화없이 사랑의 불꽃에 휩싸인다. 이 현상은
특정한 남성과의 우연한 만남 이전에 이미 여성 자신의 내부에 언제나 있었
던 이성적 남성형에게 은밀하면서도 암묵적으로 스스로를 맡겨 왔기 때문이
다. 다른 하나는, 깊은 사랑에 빠졌을 때 여성은 자신의 사랑이 영원히 지속
되리라 느낄 뿐만 아니라 예전부터 쭉, 신비로울 정도로 심오한 과거로부터,
태곳적의 가늠할 수 없는 차원으로부터 상대 남성을 사랑해 왔다고 믿는다
는 것이다.

이 영원하면서도 천성적인 애착은 결코 그 여성의 눈앞에 구체적 개인으
로서의 남성이 나타났기 때문은 아니다. 이는 이 여성의 잠재적 영혼의 밑바
탕에 약속처럼 맥박치고 있던, 그리고 지금 실제적이고 구체적인 한 남성 속
에서 실현되고 충족된, 내적이면서도 이상적인 남성형의 존재에서 비롯한
다.

이만큼 극단적일 정도로까지 인간의 삶은 끊임없는 예견이며 미래의 이른 형성이다. 우리는 언제나 우리가 선호하는 특성이 실현되는 사물에 대해서는 매우 민감한 반응을 보인다. 반면 우리가 지닌 태생적 감수성에 익숙하지 않은 사물 유형의 특성에 대해서는 비록 그 완벽성이 우리가 선호하는 특성과 같은 수준이거나 더 우월하다고 할지라도 거의 무감각해진다. 미래야말로 가장 중요한 것이다. 우리는 손 안에 유익한 액체가 배어 나올 때까지 주의를 집중해 미래를 끊임없이 쥐어짠다. 그리하여 오직 미래에 대해 우리가 요구하는 관점에서, 미래에 대해 우리가 기대하는 관점에서 현재와 과거로 눈을 돌린다. 이 현재와 과거에서 우리는 열망을 충분히 만족시킬 수단을 찾는다. 미래는 언제나 지휘관이며 현재와 과거는 이 지휘관의 지시에 따르는 병사이다. 우리는 현재에 의지한 채 미래를 향해 삶을 꾸려 나간다. 이때, 언제나 우리에게 충실하면서 우리의 주변에 머무는, 약간은 감상적이고 나약한 과거는 밤길을 비추는 달빛처럼 우리 어깨에 그 창백한 우정을 기댄 채 우리와 나란히 걸어간다.

그래서 심리적인 질서에서 핵심은 우리의 현재완료적 상태의 총체가 아니라 욕구·열망·환상·동경과 같은 우리가 갈구하고 희구하는 것의 총체이다. 우리가 원하건 원하지 않건 간에 우리의 삶은 본질적으로 미래주의이다. 인간은 자신이 지닌 환상에 따라 회화적 과장에서 정당화되는 이미지인 코끝을 언제나 포함한다. 인간의 코끝은 언제나 앞을 가리키며, 우리 자신으로부터 '저편'의 공간으로 나아가는 우리의 한 부분이기 때문이다. 즉 이것은 우리를 앞서 나가는 것이다.

이것 또는 저것을 결정하는 것은 우리 삶에서 자유의 속성을 지닌 부분이다. 우리는 끊임없이 우리의 미래 존재를 결정하고 있다. 이것을 실현하기 위해 과거에 의존해야 하며, 현실에 대응하기 위해 현재를 이용해야 한다. 그리고 이 모든 것은 '지금'이라는 시간의 자장 안에서 행해져야만 한다. 이 미래는 단순히 일반적인 미래가 아니라 가능한 '지금'이고, 이 과거는 백 년 전에 살았던 사람의 과거가 아니라 이제까지의 과거이기 때문이다. 여러분은 알고 있지 않은가? 그 삶은 우리의 시간이요 세계이며 삶이다. '지금'은 고요한 큰 강처럼, 혹은 험한 격류처럼 우리가 1929년이라고 부르는 추상적 라벨을 붙인 채 이 세계와 현실의, 이 단 하나뿐인 현실의 풍경을 가로질러 흘러간다. 우리의 존재는 바로 '지금'이라는 시간대에 새겨진다. 이것은 우리에게 가능성과 불가능성, 조건, 위험, 용이함, 수단 등의 목록을 제시한다. 또한 자신이 지닌 특성을 통해 우리 삶에 동기를 부여하는 결정의 자유를 제한한다. 따라서 우리의 자유에 대해서는 하나의 우주적 압력, 우리의 운명으로 작동한다. 따라서 우리의 시대가 곧 우리의 운명이라는 것을 그저 단순한 문구로만 볼 수는 없다. 개인적, 역사적 과거가 응축되어 녹아 있는 현재는 우리 삶에 개입하는 운명의 한 부분이며, 그러한 의미에서 언제나 숙명적 차원을 내포한다. 그리고 이로 인해 우리가 함정에 빠지게 된다. 그렇지만 이 함정은 우리를 죽이는 것이 아니라 삶에 결정의 여지를 남기며, 언제나 우리에게 부과된 운명과 상황에 대한 멋진 해결책을 제시하고, 또한 우리가 아름다운 삶을 영위할 수 있도록 허용한다. 삶이란 한편으로는 숙명으로, 다른 한편으로는 이 숙명에 맞서 스스로 미래 존재를 결정하는 데 꼭 필요한 자유로 구성되기에, 예술의 소재가 삶의 밑바탕에 깔려 있다. 서정시의 자유를 운과 운율의 형식 속에서 만들어 내는 시인의 상황만큼 이를 상징적으로 드러내는 것은 없지 않을까 싶다. 니체는 말한다.

"예술가는 사슬에 묶여 춤추는 자이다."

이 말은 모든 예술은 어떤 구속과 숙명을 받아들인다는 의미를 내포한다. 현재라는 우리에게 주어진 운명은 결코 불행이 아니라 끌로 대리석 표면을 긁을 때의 느낌과 같은 즐거움이다.

저마다가 자신에게 허락된 시간에 조금 더 신경을 쓰고 거기에 지금까지보다 우아함과 강함을 조금 더 요구한다고 가정하자. 그리고 각자의 삶이 지닌 이 모든 최소한의 완성도와 강도를 타인의 삶을 통해 배가하면서 인간의 공존이 이룰 수 있는 눈부신 풍요함과 믿을 수 없는 고귀함의 양을 계산해 보자.

이것은 삶의 최고 형태일 것이다. 여기서 우리는 방향키를 잃은 배처럼 흘러가는 시간 속에서 표류하는 대신, 매 순간마다 새로운 긴박성과 중요성을 지닌 시간이 우리 앞으로 지나가는 것을 보게 될 것이다.

그리고 여러분은 운명이 우리의 삶을 향상시키는 데 걸림돌로 작용할 것이라고 말해선 안 된다. 삶의 아름다움이란, 삶 그 자체가 하나의 운명이므로, 운명이 우리에게 호의적인가 비호의적인가라는 사실에 달려 있는 것이 아니라, 우리에게 주어진 운명에 도전하고 또 이 운명이 지닌 숙명적인 성질로부터 고귀한 형상을 빚을 수 있도록 해 주는 관용에 기초를 두는 것이다.

이제 우리는 그 근원적 본질에서의 우리 삶에 대해 이제까지 분석해 왔던 것을 명확한 정식으로 만들어야 한다. 그런데 이 기본적인 사실에 대한 개념은 길들이기 힘든 새처럼 우리 이해의 범주를 쉽게 벗어나 버린다. 따라서 우리는 이것을 하나의 새장에, 관념을 포로처럼 가두어 철망 사이로 언제나 바라볼 수 있도록 어떤 표현적 명칭으로 가두어 두어야 한다.

우리의 삶이 우리의 미래 존재를 결정하는 데 기반을 둔다는 사실은 이미 살펴보았다. 삶을 정교하고 치밀하게 분석해 온 하이데거는 말했다.

"삶은 곧 주의하는 것이다."

주의(cuidar)라는 단어는 라틴어의 Cura에 해당한다. 이 단어로부터 Procurar(노력하다), Curar(치유하다), Curiosidad(호기심) 등의 단어들이 유래했다. 고대 에스파냐 어에서 Cuidar라는 단어는 오늘날 Cura de almas(영혼의 치유), Curador(관리인), Procurador(대리인)의 의미였다. 그런데 나는 하이데거가 사용했던 주의하다(Cuidar)라는 단어보다 더 적절하리라 생각되는 단어를 통해, 그의 말과 똑같지는 않지만 비슷한 개념을 표현하고자 한다. 즉 "삶은 어려운 순간뿐만 아니라 항상 그 무엇에 걱정하는 것(preocuparse)이다. 삶은 본질적으로 전념하는 것 그 자체일 뿐, 그 이상도 그 이하도 아니다." 순간순간마다 우리는 다음 순간 무엇을 할지를 결정해야만 하며, 무엇으로 우리의 삶을 영위할 것인지를 결심해야 한다. 그러므로 삶은 미래에 전념하는 것이다.

그런데 다른 사람의 견해를 좀처럼 받아들이지 않는 반항적인 기질의 사람은 다음과 같은 반론을 제기할 것이다.

"지금 당신의 말은 언어 유희일 뿐입니다. 나 또한 삶이란 매순간 우리의 미래 존재를 결정하는 데 기반을 두고 있다는 사실은 인정합니다. 그런데 일상적인 말로 '전념'은 '고뇌, 어려운 순간'이란 의미를 나타내기도 합니다. 그 무엇에 전념하는 것은 그것에 대해 매우 신중한 의문을 제기한다는 뜻이지요. 그러나 우리가 여기에 와서 철학에 대한 강의를 듣기로 마음먹었을 때, 여기에 대해 심각한 의문을 제기했다고 자의적으로 해석하지는 말아 주십시오. 당신이 말했듯이, 우리 삶의 대부분은 무심히 흘러갑니다. 그렇다면 이렇게 삶이라고 부르는 것과 일치하지 않는다면, 왜 '전념'이라는 그렇게도 심각하고 감상적인 용어를 쓰십니까? 다행히도 우리는 더 이상 과장과 부조화를 먹고 자란 낭만주의라는 제국의 통치를 받지 않습니다. 우리는 외과의의 수술도구처럼 정밀하면서도 그 어떤 것에 감염되지 않은 용어를 통해 단순하고 명확하며 정확하게 말해주기를 바랍니다."

왜 여러분이 이러한 반대 의견을 내리라고 생각하는지는 나 자신도 모르겠다. 사실 이 반론은 정확한 것이다. 나는 다른 그 무엇이 되고자 바라지 않는다. 뜨거운 열정과 소명의식을 지닌 지식인으로서의 모습, 이것이 나의 현존이다. 소명의식을 지닌 지식인에게 정확한 반론만큼이나 기분좋은 것도 없다. 내가 이 세계에 온 까닭은 지식인으로서 반론을 제기하고 또 받아들이기 위해서이기 때문이다. 그러므로 이 반론을 기꺼이 받아들인다. 아니, 받아들일 뿐만 아니라 그 가치를 높이 평가하며 이러한 반론을 여러분이 제기해 줄 것을 요청한다. 나는 이 반론들로부터 어떻게 의미있는 수확을 거둘 수 있는지를 언제나 명확하게 인식하고 있다. 만일 우리가 이 반론들을 극복할 수 있다면 우리는 과녁에 화살을 명중시킨 궁사처럼 득의만만한 자세를 취하며 승리의 즐거움을 만끽할 것이다. 반대로 우리가 이 반론들을 극복하기는커녕 오히려 그것에 설득당한다면 그 이상 어떤 행운이 우리에게 있겠는가? 그 행운은 오랜 병마를 이겨내 건강을 되찾은 환자가 느끼는 관능적 즐거움, 즉 악몽에서 깨어나는 것과 같은 것이다. 즉 우리는 새로운 진리를 창출해 낸 것이며, 이 진리는 우리 후학들의 지적 세계의 깊이를 더해 줄 것이다. 그러므로 나는 반론을 기꺼이 받아들이겠다. 순수함, 명료함, 정밀함은 나 역시 섬기는 신성과도 같은 것이다.

그렇지만 현재로서는 비록 가정이긴 하지만 내게 반론이 제기된 상황이므로, 나는 효과적인 무기를 들고 방어할 수밖에 없다. 그런데 이 무기들이 한 번도 사용하지 않은 새것이라면 분명 어느 정도는 무딜 것이다.

여러분 중 몇몇은 자신의 행동에 대한 전념 없이, 이 행동에 대해 그 어떠한 의문도 내놓지 않은 채 이곳에 왔다는 상황을 가정해보자. 사실 우리는 우리가 행하는 행위에 대해 어떤 전념도 하지 않을뿐더러 여기에 대해 어떠한 의문도 제기하지 않는다고 자주 생각한다. 그리고 만일 우리가 외형적인 것에 주로 끌리는 현상에 대해 학문적 호기심이 많은 심리학자가 의심스러운 눈초리를 보내지 않는 한 우리는 삶의 자연적 형태는 '전념의 부재'라고 말해야만 할 것이다. 그러나 이곳에 어떤 특별한 이유로 오지 않았다면, 특히 전념코자 하는 그 무엇 때문에 오지 않았다면, 여러분은 이곳에 무슨 이유로 왔는가? 이 질문에 대해 여러분은 틀림없이 "남들이 오니까 나도 왔다"고 대답할 것이다. 여기에 바로 전념의 부재가 갖는 비밀이 존재한다. 만일 우리가 삶에 전념하지 않는다면 삶의 각 순간은 밧줄이 끊어져 이리저리 떠다니는 부표처럼 사회적 격랑에 휩쓸려 방향을 잃고 표류할 것이다. 이 현상은 우리를 단순히 평범한 인간으로, 인간이라는 창조물의 절대다수를 차지하는 그저 그런 부류로 전락시키고 만다. 이러한 보통 사람들에게 삶이란 자신을 다수자의 합의에 넘겨주는 것이다. 그들은 관습과 편견과 습관과 일상을 자신의 정신세계에 박아 두고 여기에 삶을 부여하며, 이것들에 따른 삶을 영위하기 위한 과제를 행한다. 이들은 기쁜 순간이나 고통스러운 순간이나 삶의 무게가 자신을 억누른다고 느끼면, 존재 그 자체인 삶의 무게를 어깨에서 벗어 집단에 전가하려고 하는 연약한 정신의 소유자들이다. 즉 이들은 전념하지 않으려는 데 전념한다. 명확한 차이가 없이 비슷한 특성을 지닌 이 전념의 부재의 배경에는 자신의 행위와 행동, 그리고 감정이 부과하는 문제를 스스로 해결해야만 한다는 은밀한 공포심이 숨어 있다. 이것은 남과 같이 되고자 하는, 자신의 운명 앞에 놓인 책임감을 포기하고 이것을 군중 속에 용해시키려는 비천한 열망으로, 자의식이 약한 사람의 영원한 이상이다. 이러한 사람에게 전념이란 세상의 모든 사람이 행하는 것을 행하는 것이다.

만일 우리가 호루스의 눈과 비슷한 이미지를 추구하려 한다면 고대 이집트의 매장 양식을 떠올리는 것이 좋을 것이다. 고대 이집트인들은 인간이 죽으면 저승에서 재판을 받는다고 믿었다. 이 법정에서는 그가 살아온 삶이 재판을 받았다. 가장 중요한 첫 번째 평가가 바로 심장의 무게를 측정하는 것이었다. 이를 피하기 위해, 이승과 저승의 삶을 지배하는 권력자를 속이기 위해 이집트인들은 시신의 심장을 제거하고 그 자리에 청동으로 만든 풍뎅이나 검은돌을 채워 매장했다. 즉 이집트인들은 삶을 다른 것으로 바꾸고자 했던 것이다. 자신의 삶을 바꾸는 것, 이것이 바로 전념을 회피하려는 사람들이 행하고자 하는 일이다. 즉 전념을 회피하고자 하는 사람은 자신의 삶을 대중의 삶으로 대체하는 데 전념한다. 우리가 삶의 본질적 조건으로부터 벗어날 수 있는 방법은 없다. 따라서 삶은 곧 실재이다. 그렇기 때문에 삶을 영위하면서 우리가 할 수 있는 가장 신중하면서도 최상인 방법은 아이러니를 통해 삶을 강조하는 것이다. 마치 셰익스피어가 창조한 마법의 숲에서 티타니아 요정이 나귀의 머리를 어루만지듯 말이다.

일본의 승려들은 세상의 모든 사제가 그러하듯 현세적인 것과 지상의 것에 대해서는 비판적이었다. 그래서 이 세계의 변하기 쉬움을 폄하하기 위해, 이것을 '이슬의 세계'라고 불렀다. 시인 고바야시 잇사*¹의 작품 속 짤막한 구절 하나가 나를 매료시킨다.

이슬의 세상은 오로지 이슬의 세상일 뿐. 그러나⋯⋯.

그러나⋯⋯ 우리는 이 이슬의 세상을 좀더 완벽한 삶을 창조하기 위한 질료로 받아들이자.

〈주〉
*1 小林一茶(1763~1827) : 잇사는 부손, 바쇼와 더불어 일본 하이쿠의 3대 작가.

오르테가 생애와 사상

오르테가 관련지도
(현재의 유럽지도)

Ⅰ. 생애와 사상

1. 성장과 생애

축복받은 환경과 독일철학
언론인 집안

오르테가는 1883년 5월 6일 에스파냐의 마드리드 시내의 알폰소 12세 거리 4번지에서 태어났다. 1883년은 칼 마르크스와 리하르트 바그너가 세상을 떠난 해이자, J.M. 케인스와 베니토 무솔리니가 태어난 해이기도 하다.

오르테가는 아버지 호세 오르테가 무니라와 어머니 돌로레스 가세트 이 친칠라의 차남으로 태어났다. 그의 본디 이름은 어머니의 성을 포함한 '호세 오르테가 이 가세트(José Ortega y Gasset)'이다.

아버지는 작가 겸 언론인이었다. 그는 유명한 신문이었던 〈엘 임파르시알 (El Imparcial)〉에서 일하면서 활발한 문필 활동을 펼쳤다. 이 신문의 발행인 이 바로, 어머니 돌로레스의 아버지인 에두아르드 가세트 이 아르티메였다. 〈엘 임파르시알〉은 20세기 초 에스파냐에서 가장 유력했던 신문들 중 하나 로, 오르테가의 외할아버지인 에두아르드가 1867년에 창간하여 자유주의적 인 거대 신문으로 키워냈다. 아버지 무니라는 이 신문에서 높은 견식을 자랑 하던 문화 관련 별책 〈엘 루네스(월요일)〉의 편집장이었으며 1900년부터는 회사 중역에 오른다. 무니라의 아버지인 오르테가 사파타도 정치 문제를 주 로 다루는 언론인이었다. 따라서 오르테가의 외할아버지 에두아르드가 보기 에 무니라는 사윗감으로 아주 만족스러웠다. 이처럼 2대에 걸친 신문 집안 에서 오르테가는 성장했다. 뒷날 스스로 "나는 윤전 인쇄기 위에서 태어났 다"고 자주 말했듯이, 그는 말 그대로 활자 속에서 태어났던 셈이다. 그가 평생 동안 쓴 많은 저작들 중 대부분이 신문이나 잡지에 먼저 발표되었던 것 도 이런 어린 시절의 가정환경이 미친 영향 때문이다.

아버지 무니라

아버지 무니라는 신문사에서 일할 뿐 아니라, 파드론(에스파냐 서북부 갈리시아 지방의 서쪽 끝) 의회(코르테스)의 의원직도 맡고 있었으므로 항상 바쁘게 지냈다. 게다가 아버지는 직업상 지식인들의 집회(Tertulia)에 자주 출석했다. 그래서 오르테가는 어린 시절부터 문학이나 정치에 관한 이야기를 들으며 자랐다. 또한 신문사 사장 집안이었던 그의 가정은 물질적으로도 매우 부유했다. 더구나 어머니 돌로레스의 교육열은 매우 강했으므로 오르테가는 1887년, 즉 4살 때부터 책을 읽기 시작했다.

그는 7살 때 세르반테스의 《돈키호테》 제1부를 암기한 상으로 부모님에게서 목마를 선물받기도 했다.

당시 에스파냐의 식자율(識字率 : 글을 깨우친 사람의 비율)이 28.4%였던 것을 생각한다면 오르테가의 가정환경이 얼마나 좋았는지를 알 수 있다. 에스파냐의 식자율은 유럽의 다른 나라들, 이를테면 프랑스나 독일 등 인접 국가들에 비하면 매우 낮았으며 좀처럼 개선되지도 않았다. 1930년이 되어도 식자율은 56%에 불과했다. 이는 오르테가처럼 에스파냐 근대화의 필요성을 주장하는 사람들에게 있어서는 대단히 중요한 문제였다. 한 명이라도 더 많은 사람들이 제대로 읽고 쓰기를 할 수 있게 되는 것이야말로, '근대사회' 형성의 필수조건이자 생존의 기본조건이기 때문이다. 이런 배경이 있었기에 오르테가가 뒷날 교육 사업에 심혈을 기울이게 된 것이다.

에스코리알의 숲

어린 시절의 오르테가는 몇 명의 가정교사에게 교육을 받았다. 이 교육은 마드리드 또는 에스코리알의 별장에서 이루어졌다. 에스코리알은 마드리드에서 서쪽으로 약 40km 떨어진, 과다라마 산맥 남쪽 비탈의 아반토스 산기슭에 위치한 유서 깊은 도시이다. 이곳에 세워진 장대한 수도원은 세계적으

엘 에스코리알 모나스테리오 수도원 전경

로도 유명하여 오늘날에도 에스파냐를 방문하는 관광객들이 자주 들르는 장소다. 1563년에 에스파냐 국왕 펠리페 2세가 세운 이 건조물은, 수도원이라고는 하나 실은 성당을 중심으로 궁전, 관청, 영묘, 수도원, 대학교, 도서관을 하나로 합친 르네상스 양식의 거대한 복합 건축이었다. 그리고 실제로도 이것은 펠리페 2세의 궁전으로 사용되었다. 펠리페 2세는 미식(美食 : 맛있는 음식을 골라 먹음)을 너무 즐긴 탓인지 만년에 통풍(痛風 : 일종의 관절염)으로 고생했는데, 이것이 심해지면서 괴저증상으로 인해 일어나 일상적인 생활조차 할 수 없었다. 그래서 그는 자신의 침실 바로 옆에 성당이 있고, 그 반대편에 정무를 보는 서재가 있는 등 특수하게 설계된 건물에서 생활했던 듯하다.

이 궁전 주변에는 넓게 펼쳐진 삼림이 있다. 여름에는 푸르른 물푸레나무와 떡갈나무들이 사방을 뒤덮는다. 오르테가는 어린 시절부터 이 숲을 매우 사랑했다. "엘 에스코리알 수도원은 언덕 위에 솟아 있다. 이 언덕의 남쪽 비탈은 떡갈나무와 물푸레나무로 뒤덮여 뻗어 내려간다. ……장대한 회색 수도원은, 이 수목들로 이루어진 두꺼운 담요 덕분에 계절마다 다른 빛을 띤다. 겨울에는 구릿빛, 가을에는 노란빛, 여름에는 짙은 초록빛을 띤다. 그리고 봄은 눈 깜짝할 새에 지나가, 그곳은 눈부신 신록의 풍성한 잎사귀들로 뒤덮인다. ……" 오르테가는 1914년, 그가 31세일 때 처음으로 출판한《돈키호테론》첫머리의 '예비적 성찰'에서 이렇게 말하였다.

또한 오르테가는 이 숲의 실태를 파악하려 했다. "나무가 몇 그루 모이면 숲이 될까? 집이 몇 채 모이면 하나의 마을이 될까? ……게르만 속담에 '나무만 보고 숲은 못 본다'는 말이 있다. 이처럼 숲과 도시는 본디 심층적인 것으로, 그 바닥을 들여다보려고 하면 표면밖에 보지 못하는 것이 숙명이다. 지금 내 주위에 두 다스쯤 되는 장중한 떡갈나무들과 우아한 물푸레나무들이 있다. 이것이 하나의 숲일까? 아니, 분명 다르다. 여기서 내가 보고 있는 것은 숲 속의 몇몇 나무들이다. 진정한 숲은 내 눈에는 보이지 않는 나무들로 구성되어 있다. 숲이란 눈에 보이지 않는 자연이며, 숲이라는 명칭은 모든 언어에 신비적인 빛을 남겨 놓고 있다. ……"(《돈키호테론》에서) 이것이야말로 어린 시절부터 오르테가가 가까이해 왔던 에스코리알의 숲이다. 그리고 이런 관찰과 사색 끝에 태어난 것이 '나는 나와 나의 환경이다'라는 명제, '생의 이성' 관념, '원근법' 사고방식의 원리이다. 이들은 뒷날 오르테가 철학의 근간을 이룬다.

가톨릭 교육에 대한 불신

어린 오르테가는 에스파냐 어 서적은 물론이고 프랑스 어 서적도 열심히 읽었다. 1891년에 8살이 된 오르테가는 어머니의 강한 희망에 따라 형 에두아르드와 함께 말라가(에스파냐 남부 안달루시아 지방) 근교 미라플로레스 델 파로에 있는, 가톨릭—예수회가 경영하는 성 에스타니슬라오 데 코스트 학교에 입학했다. 오르테가는 1897년까지 6년간 이 학교에 다녔는데, 이때 그는 그리스 어와 라틴 어를 배우는 데 힘썼다. 그러나 이 6년은 결코 즐거운 시간이 아니었던 듯하다. 오히려 그는 오르테가 집안의 독실한 가톨릭 신앙 속에서 자라났음에도 불구하고, 교회에 대한 불신감(특히 훗날의 예수회 비판)의 싹을 이 시절부터 이미 품고 있었던 듯 보인다. 1910년에 그의 친구인 라몬 페레스 데 아얄라가 출판한 예수회의 모토《신의 보다 큰 영광을 위해》에 관해 쓴 평론문에서 그는, 예수회의 독선적 성격과 무지(無知)에 대해 '슬픔과 괴로움'을 느낀다고 말했다. 또 그보다 2년 전에도 "우리 안에서 사회주의가 찾아내는 최초의 적은, 시민들의 무지와 성직자들의 교활함이다. 성직자는 시민에게 영향을 주었으며 이를 영원히 유지하려 했다"라는 감상을 밝힌 바 있다. 오르테가는 이 말라가 시대의 경험을 바탕으로 "에스파냐의 근대화와 문화적 부흥에 무엇보다도 필요한 것은 교육의 합리화 및 세속화(비종교화)이다"라는 신념을 굳혔다고 할 수 있다.

하지만 그래도 그의 학업 성적은 뛰어났던 모양이다. 1897년에 그는 같은 예수회 계열의 데우스토 대학교(에스파냐 북부 빌바오 시)에 진학하여 법률과 철학과 문학을 공부했다. 그리고 이듬해인 1898년 그는 마드리드 중앙 대학교로 전학 가서 1902년에 19살의 나이로 철학·문학 학사 학위를 땄다. 1904년에는 〈기원 1000년의 공포—어느 전설에 대한 비판(Los terrores del año 1000)〉이라는 논문으로 박사 학위를 땄다(이 논문의 내용은 발표되지 않았다).

칸트 연구에 뜻을 두다

오르테가는 마드리드 대학교에서 철학 박사 학위를 딴 이듬해인 1905년 4월부터 약 3년 동안 독일에서 유학했다. 그는 라이프치히, 베를린, 마르부르크를 거점으로 각지의 대학교에서 주로 철학 강의를 들었다. 오르테가는 우선 라이프치히를 방문해 같은 해 11월까지 라이프치히 대학교의 빌헬름 분트(1832~1920)에게서 철학과 심리학을 배웠다.

17세기 말의 수학자·철학자 라이프니츠를 비롯해 18세기 독일 문학을 대표하는 레싱, 노발리스, 19세기 인물로는 니체, 바그너 등 뛰어난 인물들이 모두 라이프치히 대학교에서 공부를 했다. 또한 이 대학교와 떼려야 뗄 수 없는 가장 중요한 인물이 바로 문호 괴테이다. 괴테는 16살 때 라이프치히 대학교의 문을 두드린 뒤로 평생 이 도시와 깊은 관계를 맺으며 살아갔다. 이 도시는 악성 요한 세바스찬 바흐를 필두로 모차르트, 리스트, 멘델스존, 슈만 등 독일 음악의 거장들과도 인연이 깊다. 마드리드의 '문화적 후진성'에 답답함을 느꼈던 오르테가의 눈에 라이프치히는 기대와 희망으로 가득 찬 눈부신 도시로 비쳤음이 분명하다.

그런데 오르테가는 독일에 아는 이가 한 사람도 없었다. 게다가 그의 독일어 실력은 기초적인 수준이라서 실생활에는 거의 도움이 되지 못했다. 불안과 자기혐오가 점점 심해지면서 노이로제 기미도 보였던 듯하다. 그가 라이프치히에서 보낸 몇 달 동안 아버지 무니라와, 친구이자 시인인 프란시스코 나바로 라데스마(애칭 파코)에게 보낸 편지에는 이런 심경이 절절하게 나타나 있다.

"사랑하는 아버지, 정말 적절한 때에 편지 보내 주셔서 감사합니다. 심한 고독감 때문에 기운을 잃고 스스로를 믿지 못하게 된 바로 그때 아버지의 편지를 받았습니다. 그 편지 덕분에 불안감을 누르고 정신적 위기를 뛰어넘을 수 있었습니다……."

"사랑하는 파코에게. ……언어를 모르면 인간은 갓난아이나 다를 바 없네. 가장 소중한 자신감과 이상을 잃어버린다면, 그 인간은 그곳에 실재하지 않는 사람이든지 아니면 어린 아이든지 둘 중 하나일 걸세. ……나는 울지는 않았네만, 그 정도로 쓸쓸한 상태였지……."

"사랑하는 파코에게. ……여기서는 모든 것이 달라서 힘들다네. 문 여닫는 방법, 커피 주문하는 방식, 자동차 타는 법, 담요가 아닌 이불을 덮고 잠자는 방법……."

같은 해 8월 9일 나바로에게 보낸 편지에서 그는 다음과 같이 극도의 자기 불신감을 드러냈다. '자신은 대체 무엇을 하며 살아가야 하는가. 언어학? 철학? 설령 〈엘 임파르시알〉의 편집장이 된다 한들 그게 무슨 소용이란 말인가?'

아버지 무니라와 나바로는 그에게 빨리 친구를 만들라고 권했다. 하지만 오르테가는 그렇게 쉬운 일이 아니라고 답했다. 언어 문제가 있었기에 그는 거의 침묵에 젖은 고독한 생활을 보냈다.

그러나 그 해 가을에 오르테가는 라이프치히에서 베를린으

어머니 **돌로레스와 형제들** (1888)

로 이사하면서 정신적으로도 큰 변화를 겪는다. 그가 베를린으로 이사한 목적은, 라이프치히보다 더 충실한 도서관을 찾는 것과, 당시 '니체'와 '쇼펜하우어'에 관한 책을 막 출판했던 게오르그 짐멜(1858~1918, 철학자이자 근대 사회학의 아버지)이 베를린 대학교에서 하는 강의에 출석하는 것이었다. 오르테가는 짐멜 교수의 강의를 듣는 한편, 라이프니츠 시대부터 해 왔던 칸트 연구를 계속했다. 그는 이듬해인 1906년 봄까지 베를린에 머물렀다.

그 뒤 오르테가는 일단 에스파냐로 귀국했으나 같은 해 6월에 장학금을 받고 다시 베를린에 돌아왔다. 그리고 11월 17일, 서쪽으로 400km나 떨어진 곳에 있는 마르부르크 대학교에 입학했다. 칸트 연구에 열중하던 오르테가의 입장에서 볼 때 이 여행은, 지금까지의 여행보다 더 확실한 목적을 지닌 것이었다. 왜냐하면 마르부르크 대학교는 1890년 이후로 독일에서 가장 영향력 있는 신칸트 학파의 거점이었기 때문이다.

마르부르크 대학교에서

독일 중앙의 란 강가에 세워진 중세 도시 마르부르크 대학교는, 16세기 마르틴 루터와 츠빙글리라는 2대 종교개혁자가 역사적인 '마르부르크 종교

회담'(1529)을 벌인 곳으로도 이름이 높다. 그 무렵 창설된 필리프스 대학교는 수많은 석학과 권위자를 배출한 곳으로, 19세기 초에 그림형제가 다닌 학교로도 유명하다. 오르테가가 방문한 20세기 초에 이 마르부르크 대학교의 교단에서는, 신칸트 학파로 잘 알려진 헤르만 코엔(1842~1918) 교수가 철학을, 파울 나토르프(1854~1924) 교수가 일반 심리학과 교육학을 가르치고 있었다. 오르테가는 이 두 사람, 특히 코엔 교수의 영향을 많이 받았다. 독일 유학 당시 오르테가가 가장 열심히 공부했던 시기는 바로 이 마르부르크 대학교 시절이었으며, 그는 1907년의 대부분을 이곳에서 보냈다. 그 해 말에 오르테가는 마드리드로 귀국하여 본격적인 문필 활동과 최초의 교직 업무를 시작했다. 하지만 4년 뒤인 1911년에는 신혼인 로사 스포토르노 부인을 데리고 다시 마르부르크를 방문하여 그곳에서 약 1년 동안 머물렀다. 그만큼 그는 마르부르크라는 도시와 코엔 교수를 특별하게 여기고 있었다. 오르테가는 1909년에 코엔을 가리켜 '현존하는 가장 위대한 철학자'라고 했는데, 대체 코엔의 무엇이 그를 그토록 사로잡은 것일까.

코엔은 칸트 연구에 전력을 기울였다. 그는 칸트 철학의 수정을 시도하여 칸트의 윤리적 지식을 배제하고 직관의 지식을 주장했으며, 물자체의 관념에도 반대했다. "사유는 생산적이며 또한 구성적이다. 모든 지식은 사유 그 자체에 의해 성립된다. 사유는 본디 정적이지 않고 동적이며, 시간이나 공간이라는 것도 결국 사유의 필연적 발전에 지나지 않는다. 감각은 아직 실재의 지식이라 불릴 수 없으며 단순한 지표에 불과하다. ……" 이른바 '마르부르크 학파'로서의 이런 입장은, 그렇다고 해서 칸트 철학의 근원을 뒤흔드는 것은 아니었다. 그것은 오히려 실증철학이나 독일 이상주의, 빌헬름 딜타이(1833~1911)의 '생의 철학' 같은 반(反)칸트적 입장에 대항하여 칸트를 옹호하는 측이었다. 그렇다면 오르테가는 코엔의 영향을 받아 완전한 신칸트주의를 신봉했던 것일까.

오르테가는 칸트의 비판철학에 푹 빠져 있던 독일에서 에스파냐로 귀국한 직후, 《르낭Renan》(1909)과 《천국의 아담Adám en el paraíso》(1910)이라는 에세이를 썼다. 후자는 천국의 아담이라는 문화 형식을 빌려 종합된 세계의 모델을 만들어 실질적으로 모든 사물의 상관관계를 그려 내고자 한 작품으로, 코엔의 구조적 인식론의 영향을 받았다고 추정된다. 오르테가의 뛰어난

제자이자 오르테가 연구의 제일인자인 후리안 마리아스(1914~, Julián Marías) 교수는 이렇게 말했다. 이러한 오르테가 초기의 에세이는 마르부르크 철학에 속한다고 할 수 있지만, 후기 '생의 철학' 즉 '나와 나의 환경' 이론의 싹이 그 안에 이미 존재하고 있었다고. 오르테가 본인은 뒷날 이렇게 말했다. "마르부르크에서 1907년부터 1911년 사이에 철학을 배웠던 젊은이는, 만약 그들이 사상적으로 자립해야 할 26살 정도가 되었다면 더 이상 신칸트주의자라 불릴 수 없다. 하지만 우리는 시간을 완전히 낭비했던 것은 아니다. 우리는 칸트를 진지하게 공부했다. 이는 결코 무시할 수 없다." 이에 따르면 훗날 그가 이룩한 '생의 철학'은, 마르부르크 철학에서 직접 유래한 것은 아닐지라도 칸트 철학을 거치면서 형성된 것인 셈이다.

자유교육의 필요성

마르부르크 시절의 성과를 살펴보자면, 코엔의 영향은 말할 것도 없지만 실질적으로는 오히려 파울 나토르프 교수의 '시민교육론'의 영향이 더 컸다고 볼 수도 있다. 나토르프의 교육 이론은 주로 페스탈로치(1746~1827)의 이론으로, 그 성격교육론이 나토르프의 입장과 일치했다. 즉 사회의 '삶〔生〕'의 질은 그 사회를 구성하는 사람들의 시민적 성격에 좌우된다는 것이다. 따라서 사회 개선은 시민교육에 의해 실현될 수 있다는 결론이 나온다. 이 이론이 훗날 오르테가의 사상 및 행동을 촉진하는 커다란 동기가 되었음은 분명한 사실이다.

오르테가의 말라가 시대부터 마드리드 대학교 시대와 독일 유학 시대에 이르기까지, 다시 말해 19세기 말부터 20세기 초까지, 에스파냐 국내의 정치적·사상적 상황은 말 그대로 극도의 혼란에 빠져 있었다. 앞서 언급했듯이 말라가 시대의 오르테가는 가톨릭 교회, 특히 예수회의 교육방침에 근본적인 의문을 품고 있었다. 그는 교회로부터 독립한 참된 '교육의 세속화'의 필요성을 통감했다. 사실 그런 필요성을 느낀 사람은 오르테가뿐만이 아니었다. 그가 태어나기 전부터 에스파냐 국내에서는 이러한 교육 개혁의 움직임이 있었다.

뒷날 오르테가가 가장 존경하는 인물이 된 프란시스코 히네르 데 로스 리오스(1839~1915)는 1876년 에스파냐 국내에 '자유교육학원(ILE=Institución Libre de Enseñanza)'을 설립했다. 이 연구소는 개인의 재능을 자유롭게 발전시켜 '모든 사람들'을 교육하는 일에 중점을 두었다. 학생은 '무언가 가르침을 받는 것'이 아니라 자기들 스스로 '생각하는 것'을 중시했다. 시험보다도 참가하는 일이 중요하다고 보았으며, 특수 교육보다 일반 교육에 역점을 두었다. 그 교육방법은 참신했고 설문조사, 여행, 남녀 공학 등의 요소가 도입되었으며, 학문의 대상도 생물학이나 사회학이 주를 이루었다. 이는 자연 및 대중문화에 대한 관심을 높이기 위함이었다. 이것은 교육 자유화를 향한 혁명적 시도였다.

그러나 이 작은 연구소는 아직 사회 전반에 영향을 미칠 만큼 힘이 있지는 않았다. 특히 가톨릭 종교 교육이라는 에스파냐의 오랜 관습이 몸에 밴 사람들이나, 여전히 식자율이 낮은 채로 방치되어 있는 대중들에 대해서는 더욱 그랬다. 따라서 이 연구소는 자유주의적이거나 진보적인 중산계급의 개혁이라는, 본격적 정치·사회 개혁과도 거리가 멀었다. 그러나 이런 사고방식을 착실하게 정치 활동과 연관지으려 한 사람들도 있었다. 마찬가지로 오르테가에게 큰 영향을 미친 호아킨 코스타(1844~1911)란 인물이 이끄는 그룹이었다.

19세기 에스파냐는, 국왕 카를로스 4세(재위 1788~1808) 시대였던 1805년에 에스파냐-프랑스 연합함대가 트라팔가르 해전에서 넬슨 제독의 영국 함대에 패배하였던 상징적인 사건을 기점으로, 왕년의 유럽 강대국 위상을 결정적으로 잃어 가고 있었다. 왕위계승을 둘러싸고 두 차례 일어났던 카를로스 전쟁(왕의 동생 돈 카를로스 지지파와, 여왕 이사벨 2세의 어머니이자 섭정이었던 마리아 크리스티나 파가 벌인 전쟁으로 1833년부터 7년간 계속되었다)을 비롯하여 각종 음모들과 피게라스 파 공화주의자들의 내란 및 제1공화국 선언 등을 거쳐, 1875년에 비로소 이사벨 2세의 아들 알폰소 12세에 의한 '왕정복고'가 실현되었다. 그러나 국내 정치는 유럽의 다른 나라들에 비해 근대화라는 측면에서 심하게 뒤떨어져 있었다. 알폰소 12세의 조언자였던 카노바스 델 카스티요의 진언으로 인해, 중앙에서는 보수당과 자유당이라는 2대 정당이 정권을 나눠 먹고 있었으며, 지방에서는 거의 '카시케'(폭군 또는 독재자를 의미하지만 본래는 금권정치에 능한 지방 권력자를 가리키는 말)에 의한 정치가 이루어지고 있었다.

호아킨 코스타는 이런 카시케 정치에 맹렬히 반발하여, 이것이야말로 에스파냐 근대화를 막는 암적 존재라고 보았다. 그는 진정한 지방자치의 확립을 주장함과 동시에 교육의 세속화, 사법권의 독립, 효과적인 공업 생산 등을 중앙 정계에 제안했다.

2. '1898년 세대'

혼란의 에스파냐

19세기 후반부터 20세기 초까지의 에스파냐는 내적으로나 외적으로나 다사다난했다. 알폰소 12세에 의한 '왕정복고'가 실현되고, 사실상 카노바스에 의한 전제정치가 성립되었으며 신(新) 에스파냐 헌법이 발포되는(1876) 등, 국내 정치는 표면적으로 안정된 듯 보였다. 그러나 앞서 말했듯이 중앙에서는 보수당과 자유당의 권력 나눠 먹기, 지방에서는 카시케의 전제적 지배 현상이 일어나고 있었다. 이리하여 에스파냐가 오랫동안 안고 있었던 모순과 긴장이 급속히 겉으로 드러나게 되었다. 그중 하나는 군부의 대두 즉 '군사 봉기'였으며, 또 하나는 지역 분리주의의 강화였다. 이 두 가지 요소가 맞물리면서 지방 각주, 특히 카탈루냐와 바스크에서 독립운동이 활발히 일어났다(이 운동은 오늘날 더욱 커져서 에스파냐 내정의 가장 중요한 과제로 꼽히고 있다). 1885년 알폰소 12세가 요절하자, 그의 왕비 마리아 크리스티나의 섭정 아래 알폰소 13세가 즉위했다. 이때 정적이 많았던 카노바스는 실각하고 대신 자유당의 사가스타가 실권을 쥐게 되었다.

그리고 이 시기에 에스파냐는 대외적으로 최악의 사태를 맞이하고 있었다. 16세기 이래 에스파냐 식민지였던 쿠바, 푸에르토리코, 필리핀에서 독립운동이 일어났는데 에스파냐는 이러한 내란 진압에 전부 실패했던 것이다. 1898년에는 미국 제국주의 정책의 전형으로서 미국—에스파냐 전쟁이 발발했다. 이 전쟁에 진 에스파냐는 해외 식민지를 모두 잃었다. 그리하여 '황금의 에스파냐 제국'은 사실상 종언을 맞는다.

크라우제주의와 '1898년 세대'

이 무렵에 앞서 소개했던 프란시스코 히네르, 호아킨 코스타의 사회 개혁 운동이 일어났다. 그런데 이를 전후로 19세기 후반의 에스파냐 사상계에는 2가지 커다란 흐름이 존재했다. 하나는 '크라우제(Krause)주의'였으며 다른 하나는 '1898년 세대'라는 그룹의 사상이었다. 그리고 이 둘이 각각 오르테가의 사상에 중요한 영향을 미쳤다.

'크라우제주의'는 독일의 철학자 크라우제(Karl Christian Friedrich Krause, 1781~1832)의 범신론 철학을 토대로 한 사상이다. 이는 1843년에 독일로 유학을 간 국비 유학생 프리안 산스 델 리오라는 청년이 에스파냐에 들여온 것이었다. 이 사상에 따르면 실수란 이 세상에 존재하는 것이 아니라, 이성의 법칙에 의거해 살아가려고 하지 않는 사람들 자신의 내부에 존재하는 것이다. 현실적으로 말하자면 크라우제주의는 개혁에 대한 인도적 욕구의 기초로, '이성과 인간의 완전성'을 확신함으로써 사회의 직선적인 진보에 도달한다는 신념이라 할 수 있다. '이성의 힘'과 '인간의 능력'을 확신하는 이런 사상은 자유주의적인 세대에서, 특히 교육 분야에서 커다란 반향을 불러일으켰다. 그리고 프란시스코 히네르가 '자유교육학원' 설립을 결의한 배경에도 이 사상이 존재했다.

오르테가에게도 크라우제주의는 신선한 매력으로 다가왔다. 그러나 크라우제주의의 윤리적·인격주의적 측면만이 점점 강조되자, 오르테가는 그 사상에 의문을 품기 시작했다. 왜냐하면 오르테가는 이처럼 인격에 편중하는 사상이야말로 에스파냐의 지적·정신적 발전을 방해하는 요인이라고 생각했기 때문이다. 그가 독일 유학을 결심했던 커다란 동기 중 하나는, 크라우제가 아닌 칸트나 헤겔, 피히테, 니체 등 독일철학의 본류를 파악하는 것이었다. 그는 여기에서 에스파냐의 '근대화' 및 '유럽화'의 단서를 얻을 수 있으리라는 기대와 확신을 가졌다.

'1898년 세대'는 말 그대로 에스파냐가 1898년의 미국―에스파냐 전쟁에서 패배해 국위를 완전히 실추시켰던 당시, 국내에서 에스파냐의 문화적·지적 부흥을 주장했던 한 그룹의 작가, 시인, 철학자 등 뛰어난 지식인들을 가리킨다. 뒷날 언론은 이 그룹에 '1898년 세대'라는 이름을 붙였다. 이 그룹의 활약은 P. 라인 엔트랄고의 저서 《에스파냐 1898년 세대》 등에 자세히 소개되어 있다. 그 대표적인 인물은 다음과 같은데, 이 사람들은 모두 오르테가의 삶에 결정적인 영향을 주었다.

미겔 데 우나무노(1864~1936) : 작가, 시인, 철학자, 평론가
호세 마르티스 루이스(필명 아소린, 1873~1967) : 작가, 산문가
바예 잉클란(1869~1936) : 작가
하신토 베나벤테(1866~1954) : 극작가
피오 바로하(1872~1956) : 작가
안토니오 마차도(1875~1939) : 시인
후안 라몬 히메네스(1881~1958) : 시인
라미로 데 마에스투(1874~1936) : 철학자, 언론인

모두 20세기 에스파냐 사상 형성에서 중요한 역할을 담당했던 사람들이다. 이들을 하나로 묶어 준 것은, 1898년 미국─에스파냐 전쟁에서의 패배 이후 에스파냐인 모두에게 퍼졌던 좌절감을 어떻게 해소하고 에스파냐의 긍지를 되찾을 수 있겠느냐 하는 역사적 사명감이었다. 다만 그렇다고 그들이 일치단결해서 이 정신적 위기를 타개하려 했다고 단순하게 생각한다면 오해이다. 그들 중 대부분은 전쟁 회피를 위해 아무것도 하지 않았으며, 또 할 수도 없었다. 오히려 그들은 패전의 현실 속에서 지식인으로서의 반성과 자기비판, 자기변호를 계속했다고 할 수 있다. 그들은 패전을 초래한 낡은 정치체제를 비판하고 탄핵했으나, 이를 대신할 새로운 정치이념을 구체적으로 제안하지는 않았다. 그저 그들의 머릿속을 공통적으로 채우고 있었던 과제는 '새로운 에스파냐'를 어떻게 설계하고 부흥시키느냐 하는 것이었다.

미겔 데 우나무노

'1898년 세대' 그룹의 실질적인 지도자는 가장 연장자였던 미겔 데 우나무노(Miguel de Unamuno)였다. 오르테가에게 있어 그는 스승이자 경애하는 친구였으며, 또한 평생의 논적이기도 했다. 우나무노는 안토니오 마차도, 라몬 히메네스와 함께 그 시대의 에스파냐 3대 시인 가운데 한 사람이었는데, 그는 문학뿐 아니라 팽대한 평론 활동을 통해 사상계 전체와 정치 및 대학교

육에도 다대한 영향을 미쳤다. 그의 저작들 중 청년기에 접어든 오르테가에게 결정적인 인상을 준 것이 《국수정신(國粹精神)에 대하여》(1902)와 《돈키호테와 산초의 생애》(1905)였다. 전자는 에스파냐 세계에 합리주의와 과학을 도입하자는 '에스파냐의 유럽화' 이론이며, 후자는 세르반테스가 창조한 돈키호테와 산초 판사라는 두 인물을 에스파냐 정신의 상징으로 보는 평론이다. 이 책은 에스파냐 민족의 정체성에 대해 고민하던 오르테가에게 큰 깨달음을 주었던 듯하다.

오르테가가 우나무노와 실제로 처음 만난 것은 공교롭게도 1898년, 즉 에스파냐가 미국―에스파냐 전쟁에 패배했던 해이다. 이때 오르테가의 나이는 15세였다. 그 전 해에 말라가에서 졸업하고 빌바오의 데우스토 대학교에 일단 입학했던 오르테가는, 1898년 마드리드 대학교에 정식으로 입학하기 전에 먼저 살라망카 대학교(에스파냐 서부의 유서 깊은 도시의 학교)에서 자격시험을 치렀다. 그때의 시험관이 바로 우나무노였다. 이를 계기로 두 사람은 오랫동안 사제관계 및 교우관계를 유지했다. 그러나 훗날 두 사람은 에스파냐의 정체성을 둘러싸고 의견 차이를 보였다. 우나무노는 에스파냐 고유의 전통과 문화를 중시한 반면, 오르테가는 어디까지나 에스파냐의 유럽화를 주장했기 때문이다. 의견 대립이 심해지면서 두 사람은 한때 결별하기도 했다.

우나무노의 지도를 공적·사적으로 폭넓게 받았던 오르테가는, 마드리드 대학교에 다닐 때 전공과목을 법률에서 철학으로 바꾸었다. 1902년에 19살의 나이로 대학교를 졸업한 오르테가는 그 해 12월 마드리드의 잡지 〈비다 누에바(vida nueva : 새로운 삶)〉에 최초의 에세이 〈그로사스(주석집)〉를 발표했다. 이리하여 그의 공적인 문필 활동이 시작되었다. 이 에세이의 주제는 '개성적 비평에 대하여'였다. 여기서 그는 한 정열적인 전사로 분하여 '비평'의 중요성을 강조하고, 불모의 객관성으로부터 해방되는 것이야말로 비평이라고 주장했다. 그리고 오르테가는 이 최초의 에세이에서 이미, 훗날 그의 철학적 접근 방법의 근간을 이루는 '원근법' 이론의 초기 형태를 보여 주었다. 또한 이 기고문에서 오르테가는 스스로 언론인이자 비평가임을 선언했다. 앞에서 말했듯이 2년 뒤인 1904년에 그는 〈기원 1000년의 공포〉라는 논문으로 마드리드 대학교에서 박사 학위를 받는데, 그 전후로 오르테가는 마테를링크(1862~1949 : 벨기에의시인·극작가)에 대한 글인 〈신비한 시인〉(1904)을 비롯하여 문학 비평과 정치 평론을 〈엘 임파르시알〉에 몇 차례 발표했다.

미겔 데 우나무노(스승이자 논적이었다)

즉 오르테가는 그가 독일로 떠나는 1905년 이전부터 문필 활동을 하고 있었던 것이다. 게다가 그는 1907년 마르부르크에서 귀국할 때까지도 몇 편의 짧은 에세이를 썼다. 그것은 주로 에스파냐 문화 비판이었는데, 문학에 대한 내용은 특히 비관적이었다. 1906년 여름에 쓰였으며 그 스스로도 '난폭한 비평'이라고 인정했던 어느 글에서는 이런 구절도 나온다. "나는 애국심 때문이라고는 해도 지금까지 에스파냐의 현대 작품을 몇 편인가 읽었고 앞으로도 읽을 것이다. 그런데 솔직히 말하자면, 에스파냐다운 면을 찾기 위해 허무하게 책장만 넘기다가 마지막 장까지 와서는 낙담하고 정신적 황량함을 느끼는 것이 보통이다." 그리고 고대 그리스, 르네상스, 이탈리아, 19세기 영국, 현대 독일 등 각 시대에서 저마다 발견되는 존경스러운 친밀감 비슷한 것이, 현재의 에스파냐에게 꼭 필요하다고 그는 역설했다. 좀 어렵게 말하자면, 그것은 종래의 에스파냐 고유의 풍토에는 결여되어 있던 합리적 사고방식을 뜻한다.

고등사범 교수가 되다

1907년 마드리드에 돌아온 오르테가는 〈엘 임파르시알〉에 실을 평론을 쓰는 한편, 이듬해에는 그때까지 그가 설립을 도와 주었던 마드리드 '고등사범학교'(La Escuela Superior del Magisterio)의 심리학, 논리학, 윤리학 담당 교수가 되었다. 오르테가의 첫 번째 교직 활동이었다. 에스파냐의 일반 교사를 육성하는 기관이었던 이 학교는 1932년에 문을 닫기까지, 특히 제1차 세계대전 이전의 에스파냐 교육 개혁을 목표로 한 수많은 시도에 있어 주된 역할을 담당했다. 오르테가는 1909년 이 학교에서 최초의 수업을 실시했을 때, 에스파냐 청년들의 문화 교육 및 문화적 인격 형성의 필요성을 통감했다고 한다.

100통의 편지

1910년 4월 7일, 오르테가는 로사 스포토르노 토페테(Rosa Spottorno Topete)와 결혼했다. 이때 오르테가는 27세였다. 두 사람이 만나서 교제하기 시작한 것은 그로부터 6년 전, 오르테가가 아직 마드리드 대학교에서 박사 학위 과정을 밟던 시절의 일이었다. 이듬해인 1905년에 오르테가가 독일 유학을 간 뒤로 두 사람은 한동안 떨어져 지낸다. 그리고 그가 독일 유학을 마치고 돌아온 지 3년 만에 그들은 마침내 결혼을 결심한다. 오르테가에 관한 사적인 일화는 의외로 적다. 그의 인격이나 취미 등을 짐작할 단서도 부족하다. 그 이유 중 하나는, 에스파냐에서는 일반적으로 문화 활동에 관한 사적 기록과 공적 기록이 엄격하게 구별되었기에, 영어권 국가와는 달리 자서전이나 전기를 쓰는 문화가 발달하지 않았기 때문이다. 그러나 오르테가의 결혼에 관해서는, 진지하면서도 약간 냉소적인 그의 인간성의 일면을 보여 주는 사례가 있다. 바로 결혼 전 날인 4월 6일에 그가 프란시스코 히네르에게 보낸 편지이다. "목요일인 내일, 나는 결혼합니다. 그러므로 내가 돈 후안이 될 가능성은……지금까지도 없었지만……이제는 영원히 사라져 버렸습니다."

결혼식은 코론 광장에 있는 로사 부모님의 사적인 예배소에서 거행되었다. 가톨릭 교회의 결혼식에서는 원칙적으로 양측 모두 가톨릭신자여야 한다. 그러나 어느 한쪽이 신자가 아닐 경우에는 그가 상대의 신앙을 방해하지 않고 아이에게 세례를 허락한다는 조건하에 결혼이 성립되었다. 물론 오르테가 집안은 모두 가톨릭 신자였으나, 오르테가 자신은 말라가 시절의 경험으로 인해 가톨릭에 반대하는 입장을 취해 왔으므로, 이 결혼식은 신자와 비신자의 결혼이라는 형식으로 이루어졌다. 로사의 집안은 마드리드의 자산가였으며, 로사 본인은 오르테가의 어머니 돌로레스와 마찬가지로 경건한 신자였다.

오르테가가 로사 부인을 얼마나 사랑하고 또 그녀에게 얼마나 사랑받았는지는, 그의 사후에 발간된 《오르테가의 삶의 모습》이라는 사진집을 보면 잘 알 수 있다. 약혼 시절부터 결혼했을 무렵, 두 번째 마르부르크 유학 시절,

장남 미곌의 탄생, 외국 생활 등으로부터 만년에 이르기까지, 로사 부인은 언제나 남편 호세의 곁에 함께 있었다. 근엄해 보이는 겉모습과는 정반대로, 오르테가의 마음속은 항상 부인에 대한 뜨거운 사랑과 상냥한 배려로 가득 차 있었던 듯하다. 1905년 봄부터 1907년 여름까지 겨우 2년여 동안, 당시 독일에 홀로 유학 가 있던 오르테가는 약혼녀인 로사에게

약혼 시절의 로사 스포토르노

무려 100통이나 되는 편지를 보냈다. 그것은 23세 무렵의 오르테가가 쓴 적나라한 사랑 고백 모음집이었다. '사랑스러운 그대여', '나의 로사', '가련한 로지나' 등등, 그의 편지는 열렬한 부름으로 시작된다. 낯선 타향에서 느끼는 향수, 특히 약혼녀에 대한 그리움이 심했음에 분명하다.

마드리드 대학 교수가 되다

오르테가가 로사와 결혼한 1910년은 그의 인생에서 가장 행복한 해였다. 결혼과 더불어 또 하나의 행운이 찾아왔기 때문이다. 오르테가는 이 해 11월에 마드리드 중앙 대학교의 형이상학 교수로 임명되어, 27세라는 젊은 나이에 교수가 되었다. 물론 본인의 실력도 있었겠지만 운도 크게 작용했다. 당시 훌륭한 교육가였으며 정치 활동으로도 저명했던 니콜라스 살메론 교수가 세상을 떠나 자리가 비었던 것이다. 게다가 1912년 초까지는 수업이 없었다. 그래서 오르테가는 두 번째 독일 유학을 희망했으며 이는 실제로 받아들여졌다. 더구나 에스파냐 공공 교육청의 공식 파견이라는 좋은 조건까지 붙었다.

결혼한 지 1년도 채 안 된 1911년 1월에 두 사람은 마르부르크를 방문하여 같은 해 10월까지 그곳에 머물렀다. 그 해 5월에는 장남 미곌 헤르만(Miguel Germán)이 태어났다. 아버지 오르테가의 제2의 고향인 독일(게르

만=헤르만)에서 태어났으므로 그렇게 이름지어졌다고 한다.

칸트주의를 뛰어넘어

이런 행복한 환경 덕분인지, 오르테가의 두 번째 유학은 전에 비해 정신적으로도 물질적으로도 훨씬 충실했던 모양이다. 여기서 오르테가는 다시 칸트 연구에 몰두한다. 그러나 이 무렵부터 그는 '칸트주의를 초월한' 그의 독자적 사상 형성기에 들어간다. 즉 그는 이상보다도 관념을 중시하는 '이성철학'의 입장에서, '생(生)'과 '관념'을 분리하는 일은 불가능하다고 주장하면서 오늘날 에스파냐에 필요한 것은 사람들을 '생'으로 다시 불러올 실제 살아 있는 사상일 뿐 추상적인 관념은 불필요하다는 입장으로 태도를 바꾼 것이다. 그렇다고 그가 이성주의를 완전히 버린 것은 아니었다. 이성도 생도 그 자체만으로는 일면적이며, 이 둘을 통합시킨 것이야말로 새로운 시대의 요구라고 보는 오르테가 고유의 '생의 이성(razón vital)' 철학은 이때부터 싹트기 시작했다.

그렇다고는 해도 젊은 시절에 '크라우제주의'나 '1898년 세대' 사상의 영향을 깊이 받았으며 독일에 유럽 합리주의의 진수를 배우러 왔던 오르테가의 주위에는, 언제나 칸트가 존재했다. 훗날 《칸트론》(1929)에서 스스로 '칸트 철학은 나의 집인 동시에 감옥이었다'라고 술회했듯이, 당시 그가 어디까지나 칸트주의자였다는 점은 부정할 수 없다. 오르테가 연구자들 중 상당수는 그의 사상 발전의 제1단계로서 1902년부터 1913년까지의 시기를, 칸트 철학에 바탕을 둔 '객관주의' 시대와 구별한다.

1911년 말 오르테가는 독일에서 마드리드로 돌아와 신문·잡지에 글을 기고하고 강연 활동을 펼치는 등, 철학자 및 사회 비평가, 정치 평론가로서 본격적으로 활동하기 시작한다. 그런데 신기하게도 이때 이후로 그는, 자신에게 커다란 영향을 주었던 독일을, 1934년의 단기 방문을 제외한다면 1949년까지 단 한 번도 방문하지 않았다. 그 이유로는 나치즘의 탄생을 비롯해 여러 가지를 들 수 있겠지만, 1949년 이후에는 오르테가가 로사 부인과 함께 몇 번이나 독일을 방문했다는 사실로 볼 때 그는 역시 기본적으로 독일을 좋아했음에 분명하다.

에스파냐의 주변성과 후진성

오르테가가 에스파냐에 돌아와 마드리드 대학교에서 교편을 잡기 시작했을 무렵, 에스파냐 정부는 호세 카날레하스 수상(자유당)의 정권 아래에 있었으며, 또한 이 수상의 교육 개혁 분위기가 한창 무르익고 있었다. 오르테가가 대학교에서 일하게 된 것은, 에스파냐 국민 문화의 자유화와 근대화에 있어 그야말로 새로운 시대가 도래했음을 의미하였다.

앞에서도 말했듯이 오르테가는 최초의 공직인 마드리드 고등사범학교의 교수로서 교단에 섰을 때, 에스파냐 문화 교육 강화의 필요성을 통감했다. 그가 마르부르크에서 돌아와 마드리드 대학교 교단에 섰을 때에는 이 필요성이 더욱 커다란 사명감으로까지 발전했던 듯하다. 알렉산드르 뒤마(1802~1870)의 말이라고 전해지는 '아프리카는 피레네에서 시작된다(피레네 산맥 이남의 에스파냐는 아프리카다)'라는 표현은 19세기 유럽 각지에 퍼져, 그 시대에는 그야말로 '에스파냐는 야만성과 로맨스의 나라'라는 이미지가 굳어져 버렸다. 독일에서 공부한 오르테가가 보기에 이 표현은 완전히 틀린 것은 아니었다. 그는 자신의 고국 에스파냐가 마르부르크같이 자그마한 독일 도시에 비해서도 무척 시골처럼 느껴진다는 사실에 고민했다. 프랑스, 독일, 오스트리아, 이탈리아 등 이른바 유럽 '중심부'에 비해, 북쪽의 스칸디나비아, 서남쪽의 이베리아 반도, 동쪽의 슬라브 세계, 해협 너머의 영국은 '주변부'에 해당했다. 오르테가는 이런 에스파냐의 주변성이 문화의 독창성, 바꿔 말하자면 문화적 후진성을 낳는다고 보면서 그의 독자적인 유럽론 및 에스파냐 문화론을 전개했다. 이 점은 뒤에서 상세히 살펴보겠다.

나토르프 이론의 실천

마드리드 대학교에서 교직 생활 중 1912년 초에 오르테가가 '교육에 바탕을 둔 사회 개혁' 이론을 발전시켰다. 이 구상은 독일 유학 이전부터 이미 존재했다. 그는 아버지 무니라와 그의 친구들, 크라우제주의자들, 더 나아가 프란시스코 히네르의 자유교육학원과도 접촉하여 자신의 이론을 구체화하려 한다. 또한 이 이론은 마르부르크 대학교 시대에 나토르프 교수의 이론을 통해 보강된 것으로, 그는 이것을 실천에 옮기려고 한다. 즉 그는 나토르프 교수의 '사회생활(Community life)의 변화는 교육에 의해 실현될 수 있다'라는 명제에 큰 영향을 받았다. 오르테가는 결혼 직전인 1910년 3월 빌바오의 한 강의에서 이 이론을 명확히 하여 '정치 체계로서의 사회교육'을 제안했다. 그리고 이 구상의 구체적인 계획을 짜서 1913년 10월에 오르테가의 초기 대사업인 '정치교육연맹'(Liga de educación política)을 창설했다. 정치 개혁은 교육과 함께 진행되어야 한다는 그의 신념의 결과물이었다.

3. 정치교육연맹 창설과 출판 활동

강연 '역사적이면서 새로운 정치'

정치 개혁을 실천하려면 우선 국민교육을 강화하고 철저히 해야 한다. 오르테가는 독일 유학의 구체적 성과로서, 에스파냐 '정치교육연맹'을 설립했다.

이듬해인 1914년 3월 23일, 오르테가는 마드리드의 극장 테아트로 데 라 코메디아에서 '연맹' 발족 기념 공식 집회를 열었다. 그는 여기서 뒷날 오랫동안 회자될 유명한 '역사적이면서 새로운 정치'(Vieja y nueva política)를 강연했다. 이 강연의 골자는, 에스파냐를 구성하는 '공적' 부분과 '생적(生的)' 부분을 분리해야 한다는 것이다. "우리는 우리의 사회, 즉 의회에서부터 언론계, 시골 학교에서부터 대학교에 이르기까지 모든 사회조직을 통틀어 '공적 에스파냐'라고 부른다. 그러나 이것은 살아 있지만 금방이라도 숨이 넘어갈 듯한 코끼리처럼, 증발하여 소멸 직전에 이른 조직체의 거대한 해골과도 같다. ……" 이 연설은 에스파냐의 역사적인 체질과 낡은 제도를 통렬히 비판함과 동시에, 새로운 에스파냐는 현대 세대의 사람들의 자기발전에 의해 다시 태어나야 할 것이라고 주장함으로써 젊은 지식인들을 매료했다. 그리고 이것은 또한 이 '연맹'의 주요 멤버가 된 지식인들의 지도이념이기도 했다. 그 핵심 멤버로는 오르테가를 비롯하여 '1898년 세대'인 안토니오 마차도, 라미로 데 마에스투 등이 있었으며, 뒷날 제2 공화정의 수상이 되는 마누엘 아사냐 등도 이에 참가하였다.

받아들이는 태도에 따라서는, 이 오르테가의 연설이 전통적 에스파냐 왕정 타파와 시민혁명을 선동하는 것처럼 들릴지도 모른다. 그러나 본디 '연맹'은 정치적 중립을 지켰으며, 특정 정당의 지지나 창설 등은 꾀하지 않았다. 오르테가의 의도는 과거의 자유주의적 공산주의자들과 자신들의 세대 사이에 명확한 일선을 그어, '소멸 직전에 이른 조직체의 거대한 해골'로 변한 에스파냐를 다시 태어나게 하는 것이었다. 이 목적을 위해 오르테가는, 이를테면 에스파냐 쇠락의 책임을 지배계급에 물으면서 비판했던 호아킨 코스타와는 다른 노선을 취했다. 오르테가는 "통치하는 자도 통치되는 자도 모두 포함하여 에스파냐 전체가 죽음의 고통을 겪고 있다. 죽음을 맞이하고 있는 것은 에스파냐라는 국가만이 아니라, 에스파냐인이라는 종족 그 자체다"라고 말하면서, 에스파냐의 '민족적 생명력'이야말로 역사적 정치와 역사적 체질을 되살려 주는 '생명수'라고 주장했다.

사회당에의 접근

오르테가의 정치사상에 관해서는 나중에 자세히 설명하겠다. 다만 이 무렵 그의 입장은 '에스파냐 사회당'(PSOP : 당수는 파블로 이글레시아스)에 가까웠다. 그의 은사 우나무노는 1908년 빌바오의 사회주의자 클럽에서 강연할 때 이렇게 강조했다. "일반 시민의 무지와 성직자들의 교지(狡智)에 대항하여 문화를 옹호하는 사회주의야말로, 에스파냐의 도덕적 부흥에 필요하다." 오르테가는 이 생각에 깊이 동조했다.

따라서 오르테가의 머릿속에는 계급투쟁이니 폭력혁명이니 하는 마르크스주의적 요소가 애초부터 전혀 존재하지 않았다. 이 무렵 그가 〈엘 임파르시알〉 등에 발표했던 정치 평론은 거의 다 그러했다. 오르테가는 평등주의다, 노동자계급의 해방이다 하는 이른바 사회주의 이데올로기와는 무관했다. 한때 그는 존경하던 이글레시아스를 통해 PSOP의 사회주의에도 관심을 가졌지만, 민족 공동체의 이념 대신 계급사회의 단결에 의한 에스파냐의 근대화를 꾀하는 모습을 보고 관심을 버렸다. 참고로 칼 마르크스는 《공산당선언》(1848)에서 "사회주의적 부르주아들은 근대사회의 상황 속에서 필연적으로 생겨나는 투쟁이나 위험 없이, 온갖 이익을 얻고자 한다. 그들은 현재의 사회 상황 속에서 혁명적, 분열적 요소를 없애고 싶어한다. 그들은 노동자계급 없이 존재하는 부르주아를 원하고 있다. ……"라고 말했는데, 영국의 오르테가 연구자인 A. 돕슨 교수는 이것이야말로 오르테가 사회주의의 묘비명에 딱 어울리는 말이라고 했다.

그렇다고 오르테가가 자본주의자였는가 하면 그것도 아니다. 사회주의와 자본주의라는 대립적 정치사상에 대하여 그는 말 그대로 애증 병립(ambivalent)의 입장을 취했다. 사회의 분화는 사회계급에 의한 것이 아니라 인간의 종류, 즉 인간의 '질'에 의한 것이라는 오르테가 특유의 사상은, 이윽고《무기력한 에스파냐》(1921)과《대중의 반란》(1930)으로 결실을 맺는다.

어쨌든 오르테가가 '정치교육연맹' 활동에서 실제로 가장 처음 중시했던 것은 국어교육이었다. 앞서 설명했다시피 에스파냐는 식자율이 낮아서 1910년에도 국민의 약 60%가 문맹이었다. 또한 그는 에스파냐가 '과학'에 취약하다는 점에 주목하여 자연과학, 정신과학 교육 강화의 필요성을 주장했다. 그러나 에스파냐의 현재 상태를 개혁하는 것은 어려운 일이었다. '역사적이면서 새로운 정치' 연설은 분명 뛰어났지만 다수의 마음을 사로잡지는 못했던 것이다.

알폰소 12세를 따라 영국에서 건너와 에스파냐의 왕정복고(1875~1917)를 실현했던 가정교사 카노바스 델 카스티요는, 이제는 중앙 정계의 거물로서 교묘한 정략을 구사하였다. 그리하여 에스파냐 각 정당은 권력 나눠 먹기나 선거권 매수 등, 정치 게임에 푹 빠져 있었다. 그들에게 대결을 요청했던 오르테가의 목소리에는 아무도 귀를 기울이지 않았던 듯하다. 한편 교육받은 일반 국민들도 '문화라는 것은 시간이 지나면 언젠가 사회 각층에 저절로 퍼지게 마련이다'라는 정도의 인식밖에 가지지 못했다. 요컨대 에스파냐에는 지금까지 그런 경험이 없었던 것이다. 오르테가가 기대했던 에스파냐 문화 생활에 대한 영향은 극히 작았다. "나는 지금 대중에게 호소하고 있는 것이 아니다. 이 부정한 사회의 새로운 특권계급인 의사, 기술자, 교사, 사업가, 산업가들에게 호소하고 있는 것이다. 나는 그들의 도움이 필요하다. ……"라고 오르테가는 말했다. 즉 그가 노렸던 것은 처음부터 중산계급 엘리트에 의한 국민교육이었다.

제1차 세계대전 발발

이 강연으로부터 4개월 뒤, 제1차 세계대전이 발발했다. 유럽의 많은 국가들이 전란의 소용돌이에 휘말리는 가운데 에스파냐는 중립을 지켰다. "나는 이 전쟁에 대한 글을 거의 쓰지 않았다. 무기로 이루어지는 싸움에 말

사라예보를 방문한 오스트리아 황태자 부부(1914년 6월 28일)
이 사진이 촬영된 직후 이들 부부는 테러리스트에게 암살당했다. 이 사건을 계기로 제1차 세계대전
이 발발하였다.

을 섞을 여지는 없다고 생각했기 때문이다"라고 오르테가는 당시의 심경을
설명했지만, 실제로는 독일과 벨기에 신문에 글 몇 편을 기고했다. 게다가
그는 독일에 호의적인 입장과 반대하는 입장을 둘 다 취했다. 그는 독일에
대해 문화 측면과 정치 측면을 나누어 생각했던 것이다. 정치적인 논평에서
그는 "나는 독일의 '국가적 민주주의'보다도 영국의 '개인적 민주주의'를 좋
아한다. 나는 연합국의 승리를 열망하는 사람들에게 동조한다"라고 확실히
밝혔다. 솔직히 말해 오르테가는 독일을 좋아했다. 그곳은 마음의 고향이었
다. 게르만 문화에 대한 그의 동경과 친근감은 두 차례에 걸친 독일 유학으
로 한층 강해졌다. 그러나 그는 군국주의에 물든 독일을 용인할 수 없었다.
그에게 군국 독일은 게르만 정신의 쇠퇴이자 타락으로 여겨졌다. 자유주의
자를 자처하던 오르테가의 입장에서 이는 매우 괴로운 양자택일이었는지도
모른다.

한편 시간이 지남에 따라, 그는 "에스파냐가 중립을 지켜 전쟁에 참가하
지 않았던 것이 과연 에스파냐에 도움이 되는 일이었을까?" 하는 의문을 품
게 된다. 1915년 1월 오르테가는 세계대전에 이탈리아가 참가한 점을 평가

하면서, 에스파냐도 세계무대를 지배하는 이런 사건에서 멀어지는 우를 범해선 안 된다고까지 말했다. 에스파냐가 정치적으로도 문화적으로도 성숙한 다른 유럽 국가들의 나란한 발걸음으로부터 일탈하는 것을 그는 특히 두려워했다.

가세트 집안의 신문

제1차 세계대전이 시작된 1914년을 계기로, 오르테가는 점점 정치 활동보다 출판 활동에 중점을 두기 시작했다. 1915년 1월에 그는 첫 번째 사업으로 잡지 〈에스파냐〉를 창간하고 스스로 논설 부문을 맡았다. 이 잡지는 에스파냐 '정치교육연맹'의 공식 기관지였다. 이 무렵 〈파로(Faro : 등대)〉나 〈에우로파(Europa : 유럽)〉 같은 다른 잡지들은, 당시 에스파냐 지식인들 사이에서 유행하던, 에스파냐 문화에 대한 매도와 중상이라는 풍조를 대표하고 있었다. 오르테가는 이에 대항하여, 그런 부정적인 비판이 아니라 에스파냐 문화를 어떻게 재생시키고 부활시키느냐 하는 문제를 논해야 한다고 주장했다. 〈에스파냐〉는 그러한 논지를 전개하기 위한 매체였다. 아소린이나 안토니오 마차도 등 '1898년 세대' 그룹은 이를 적극적으로 응원하고 협력했다. 그러나 이 계획은 실패했다. 이 잡지는 오르테가의 의도와는 정반대로 점차 좌경화되어 갔다. 그래서 그는 결국 1915년 한 해만 채우고 여기서 손을 떼야 했다. 〈에스파냐〉는 훗날 공화정부 수상이 되는 마누엘 아사냐가 이어받았는데, 1924년에 미겔 프리모 데 리베라의 군사 독재정권 아래에서 결국 폐간되고 만다.

〈에스파냐〉를 포기한 뒤에도 오르테가의 언론·출판 활동은 전혀 위축되지 않았다. 그는 외가인 가세트 집안이 운영하는 〈엘 임파르시알〉에, 마드리드 대학교 시절부터 십수 년 동안 철학과 문학에서 정치비평에 이르기까지 많은 논문 및 에세이를 기고했다. 그런데 1916년에 이변이 일어났다. 〈엘 임파르시알〉의 경영 문제가 발생한 것이다. 오르테가의 외할아버지인 에두아르드 가세트가 쌓아 올렸던 이 신문의 커다란 권위가 이때부터 흔들리기 시작했다. 왜냐하면 당시 에스파냐 국내에서 활발해지기 시작한 노동운동이 각지에서 파업 등 사회불안을 불러일으키면서, 이 신문이 오랜 세월 동안 유지해 왔던 공정한 식견이나 고상한 문화성이 독자들의 호응을 얻지 못하게 되었고, 그 결과 당연하게도 판매 부수가 떨어져 심각한 재정 위기가 발생했기 때문이다.

이때 한 남자가 이 신문에 눈독을 들였다. 유력한 제지업자 니콜라스 데 우르고티였다. 그는 부르주아들의 사색 도구로 적합하고도 잘 팔릴 만한 신문을 찾고 있었다. 먼저 〈ABC〉(왕당파 신문, 오늘날에도 건재)를 매수하려다가 실패한 그는 다음으로 〈엘 임파르시알〉을 주목했다. 당시 경영을 실질적으로 담당하고 있던 리카르도 가세트(에두아르드의 손자)는 재정지원을 바라면서 우르고티와 교섭한 결과, 그에게 경영을 맡기는 계약을 맺었다. 그런데 우르고티가 바로 조직 개혁을 꾀하자, 리카르도는 이에 저항하면서 업무를 결코 넘기려 하지 않았다. 우르고티는 물론이고 그에게 동조하고 있었던 오르테가도 점점 경영자들의 낡은 사고방식에 따라가지 못하게 되었다. 양측 사이의 골은 점점 깊어져 갔다. 그리고 1917년 6월, 마침내 파국이 도래했다.

리카르도의 아버지이자 회사 소유자인 라파엘 가세트는, 아직 계약이 발효되지 않았다는 이유로 우르고티를 해임했다. 오르테가를 비롯한 〈엘 임파르시알〉의 수많은 언론인들은 우르고티의 편을 들어 함께 회사를 그만두었다. 이 시점에서 〈엘 임파르시알〉의 운명은 다하였다.

한편 우르고티는 스스로 〈엘 솔(El sol : 태양)〉이라는 신문을 창간했다. 그는 인쇄기 등 최신식 기기들을 설비하고, 고급 신문(quality paper)을 지향하여 숙련된 기자들을 고용했다. 이 신문은 '투우 르포르타주'나 '복권 당첨 번호'처럼 대중이 좋아할 만한 기사는 싣지 않았다. 오히려 사회과학, 교육, 의학 등에 관한 별책을 연일 발행했다. 가격은 보통 신문의 2배나 되었다. 하지만 비록 가격이 비싸다 해도, 오르테가 본인이 말했듯이 이 신문은 근대 부르주아지(중산 시민계급)를 위한 근대적 신문이었다. 오르테가는 이 신문을 통해, 에스파냐의 '근대 사회화'를 거의 독점적으로 끊임없이 주장했다.

평론집 《엘 에스펙타도르》

오르테가는 〈에스파냐〉에서 손을 뗀 다음 해이자 〈엘 임파르시알〉을 떠나 〈엘 솔〉의 창간을 돕기 1년 전인 1916년, 평론집 《엘 에스펙타도르(El Espectador : 관찰자)》 제1권을 발행했다. 오르테가는 직접 출자하여 이 책 3000부를 출간했다. 이것은 동호인의 개인 논문집이었는데 이후 1934년에 제8권이 나오기까지 총 18년간 꾸준히 출판되었다. '관찰자'라는 제목이 보여 주듯이, 이 출판물은 정치를 배후에서 관찰하는 것이 주목적으로, 순수한 비전이나 이론을 자유롭게 교환하길 원하는 마음에서 탄생한 것이었다. 정치의 제일선에서 한 발 물러나고자 하는 이유는, 오르테가 자신의 설명에 따르자면 다음과 같다. 즉 정치는 진실을 다루지 않으며, 사상을 진실로 판단하는 것이 아니라 이용가치로 판단하는 '이중적인 정신활동'이기 때문이다. 18년간 총 8권이나 출판된 《관찰자》는, 오르테가 철학의 발전 과정을 보여 주는 귀중한 자료이기도 하다. 오르테가 연구자인 프리안 마리아스 교수는 "엘에스펙타도르라는 사업은 그의 철학 사상의 순수하고 효과적인 단련을 도왔다"라고 말하였다.

이처럼 제1차 세계대전을 계기로 오르테가는 두드러진 교육, 정치, 출판 활동을 펼치게 된다. 그중에서도 1914년 최대의 사건은, 오르테가의 첫 저서이자 그의 사상을 최초로 세상에 선보인 불후의 명작 《돈키호테에 관한 성찰Meditaciones del Quijote》의 출판일 것이다.

《돈키호테에 관한 성찰》 간행

《돈키호테에 관한 성찰》은 1914년 7월 21일 마드리드의 에스파냐 고전 출판사(ICS)에서 인쇄되었다. 그리고 이것이 소매 서점에서 판매되기 시작한 지 며칠 뒤 제1차 세계대전이 발발했다. 이 책의 초판은 그저 '성찰'이었으며, 오르테가는 이를 총 10권의 시리즈로 만들 예정이었다. 즉 《돈키호테에 관한 성찰》은 제1권에 지나지 않았다. 그 내용은 '독자에게'로 시작되는 머리말, '예비적 성찰', '첫 번째 성찰'로 끝나고 있다. 그러나 이후 쓰인 글에는 같은 제목이 사용되지 않았으며, 결과적으로 이 《돈키호테에 관한 성찰》 만이 단독으로 출판되었다. 이런 의미에서 그의 처녀작은 미완성으로 끝났다고 할 수 있다. 하지만 많은 학자들이 지적하듯이 이 작품이야말로 그의 전 생애에 걸친 철학의 도입부이며, 또한 참된 의미에서의 서론이다. 아름다운 산문체로 쓰인 이 에세이의 내용은, 요컨대 에스파냐 문학의 최고봉인 세르반테스의 명작 《돈키호테》를 통해 에스파냐란 무엇인가, 새로운 에스파냐란 어떤 나라여야 하는가 하는 물음에 대한 답을 모색하는 것이다.

그리고 앞서 말했듯이, 이 작품에서 오르테가는 처음으로 그의 독자적 철학의 근본 명제인 '나는 나와 나의 환경이다(yo soy yo y mi circumstancia)'와 그 방법론인 '원근법(escorzo)' 사고방식을 분명히 하였다. 우리는 자아를 그 대상인 사물, 즉 '환경'과 떼어서 생각할 경우 결코 인식할 수 없다. 게다가 자아와 사물은 인간이 살아가는 근본적 현실, 즉 '생'에 바탕을 둔 이차적인 것에 불과하다……. 오르테가의 이러한 '나는 나와 나의 환경이다' 이론은 매우 난해하다. 그러나 이 이론이 훗날 오르테가의 정치, 사회, 문화 각 분야에 걸친 여러 가지 저작·평론 활동의 원천이

세르반테스
오르테가는 《돈키호테》를 통해 새로운 에스파냐에 대한 답을 구하고자 했다.

되었다. 마리아스 교수는 이 책의 영어 번역본에 〈미국 독자들을 위한 서문〉(1960)라는 단문을 덧붙였는데, 여기에 이런 말이 나온다. "이 책에는 1920년대, 30년대, 40년대 유럽 사상계의 태반이 기대하였고, 또 지금까지 어디에서도 볼 수 없었던 새로운 철학이론이 훌륭하게 그려져 있다."

볼셰비키의 3년간

제1차 세계대전이 끝난 1918년부터 21년까지의 3년 동안은, 에스파냐 남부 안달루시아 지방 사람들에게는 '볼셰비키의 3년간'이라고 불린다. 에스파냐는 제1차 세계대전에 참가하지 않고 중립을 지켰지만, 전쟁은 이 나라에도 심각한 영향을 미쳤다. 전쟁 경기에서 전후 불황으로 곤두박질치는 상투적인 경제 위기 유형과 더불어, 러시아 혁명의 여파까지 에스파냐에 닥쳐왔던 것이다. 이리하여 정치위기와 사회불안이 일거에 표면화됐다. 물가 폭등과 실업자 증대 등은 각지의 노동자 및 농민들에게 특히 커다란 영향을 주었다. 에스파냐 전국노동연합(CNT)은 노동자들의 파업을 촉구했다. 처음으로 봉기한 것은 안달루시아 지방의 농민들이었다. 농지 분배를 주장하며 파업을 결행한 그들은 농원 벽에 "레닌 만세"라고 적었다. 혁명운동과도 비슷한 이 노동공세는 발렌시아, 산티아고, 바르셀로나, 빌바오 등 전국의 도시 노

동자들 사이에 연쇄반응처럼 확산되었다. 1919년 카탈루냐 지방 바르셀로나 근교의 사바델에서 열린 CNT 대회에는 30만 명의 조합원들이 모였다.

본디 에스파냐는 공업 인구의 비율이 낮아, 영국이나 독일에 비해 노동운동을 조직화하는 기반이 약했다. 그런 만큼 에스파냐는 국제노동운동의 중요한 타깃이 되었던 것 같다. 1868년에 바쿠닌(1814~1876 : 러시아 혁명가, 무정부주의자)은 에스파냐에 제1인터내셔널(국제노동자연맹) 지부를 건설함과 동시에, 은밀하게 '바쿠닌주의자 동맹'도 결성했다. 뒷날 그는 국제노동운동에서의 에스파냐의 위치를 둘러싸고 마르크스 및 엥겔스와 유명한 논쟁을 벌이는데, 결과적으로는 바쿠닌의 무정부주의가 에스파냐에 커다란 영향을 남겼다. 이런 세력이 격렬해지는 노동운동의 밑바탕이 되었다고도 할 수 있다.

한편 격화되는 노동운동에 대항하여 군대와 관청 일부가 '평의회(Junta)'를 결성했다는 사실이 이런 사회불안을 더욱 부채질했다. 이는 공공질서 회복이라는 명분 아래 파업을 탄압함과 동시에 왕정복고 이래의 정부 불신, 부패를 일소하려 하는 정치운동이었다. 그리고 이 '평의회'는 우체국 직원으로부터 치안경찰들 사이에까지 퍼져 조직화되어 갔다. 그러는 동안 정부는 정권 붕괴의 위기를 여러 번 맞이했는데, 1923년 9월 마침내 사건이 터졌다. 당시 바르셀로나 군사총독 미겔 프리모 데 리베라 장군이 쿠데타를 일으켜, 국왕 알폰소 13세에게 '평의회' 의장으로 임명받아 실질적으로 정권을 장악했다. 그는 이후 1930년까지 마음껏 군부독재 정치를 펼쳤다.

4. 유럽 지성의 도입과 정치활동

프리모 군사봉기와 '아테네오' 폐쇄

프리모 데 리베라(1870~1930)는 순수한 직업군인으로 청년장교 시절부터 해외 식민지 근무가 많아서 1980년대 대부분은 모로코, 쿠바, 필리핀에서 보냈다. 그 무렵부터 그 지도력이나 견문, 학식이 인정을 받았으나, 국내 근무를 한 뒤부터 점차 명성이 높아졌다. 제1차 세계대전이 끝난 뒤 에스파냐 국내에 경제위기와 사회불안이 심해지기 시작했을 무렵, 카스티야(수도 마드리드) 중앙정부에 가장 반항적이었던 카탈루냐 지방 군관구 총사령관에 임

명되어 수도 바르셀로나 수비대
장으로서의 실권을 쥐었다. 나
라 안에 높아지는 노동공세 가
운데 1923년 9월 13일, 그는
군사봉기(Pronunciamento) 즉
쿠데타를 일으켜 스스로를 군사
총재정부(군사평의회=훈타)의 수
반으로 선언했다. 국왕 알폰소
13세는 곧바로 이를 승인하였고
이로써 에스파냐에서는 왕정복
고 이래 약 50년 동안 이어진
의회제정치가 끝을 고했다.

군사총재정부는 2년 뒤에 문
민정부가 되어 먼저 의회(코르테
스)를 해산하고 새로운 인물들
을 지명, 계속해서 새로운 헌법
의 제정, 평의회 해산, 옛 재판
제도의 폐지 등 잇달아 새로운

프리모 데 리베라 장군
1923년 국왕과 군부의 지지를 얻어 군사 쿠데타를 일으
켰다. 그러나 이후 군부의 지지를 잃은 그는 1930년 사
임한 뒤 파리로 망명했다가 이내 세상을 떠났다.

시책을 내세웠다. 여기에서 한 가지 주목할 것은 마드리드에 있었던 아테네
오가 폐쇄되었다는 점이다.

아테네오(Ateneo)는 19세기 초엽 문예가협회나 학술협회 등 에스파냐의 자
유주의적인 지식인들에 의하여 관리─운영되어온 문화센터를 말하며, 오르테
가에게도 평생에 걸친 문화 활동의 중요 거점 중 하나였다. 그는 이곳에서 종
종 강연을 하거나, 작가─시인─예술가 동료들과 자유로운 의견교환을 하는
장소로 삼아왔다. 오르테가는 만년에 부득이한 망명생활을 10년 가까이 거친
뒤 1946년 5월 마드리드로 돌아가 오랜만에 에스파냐 대중 앞에 모습을 보이
는데, 이때의 강연회장이 이 아테네오였다. 프리모 데 리베라는 정권장악 뒤
에 내세운 일련의 정책 가운데 신문검열제도 등에 의하여 반정부적인 지식인
들의 활동을 막으려 하는데, 이 아테네오 폐쇄도 그 중 하나였다.

'짧고 날카로운 충격'

지식인들은 당연히 이 움직임에 반발했다. 우나무노는 격렬한 독재 체제 비판을 표현한 탓에 국외로 추방당했다. 그러나 신기하게도 오르테가는 프리모 독재정권에 대하여 처음에는 지지했으며, 적어도 반항적인 자세를 보이지 않았다. 오히려 프리모 데 리베라의 '낡은 정치' 공격에 동의하여, 이 독재정권은 에스파냐의 옛날 그대로인 구식정치 체질에 짧고 날카로운 충격을 전하는 것 이상의 효과가 있다는 신념을 공표했다. 독재라는 방식은 일반 에스파냐 사람들에게 교훈적인 경험을 가져온다고까지 말했다. 이것들은 오르테가 특유의 야유와 역설로 가득한 것이었는지도 모르지만 표면적으로는 반동 체제를 지지하는 발언이며 당연히 지식인들의 반발을 샀다.

그러나 1929년 3월, 그런 오르테가도 프리모 데 리베라와 결정적으로 헤어질 때가 왔다. 프리모는 학생소동이 격해지는 것에 대응하여 대학을 폐쇄하려고 했다. 오르테가는 곧바로 마드리드 대학교 교수직을 사임했다. 그리고 시내의 한 영화관에서 강의를 계속했다.

이 시점에서 오르테가는 프리모 독재 정권에 반대하는 입장을 밝힌 것이다.

제2공화제의 성립

프리모 데 리베라는 이듬해인 1930년 1월 사직했다. 국내 각지에서 일어나기 시작한 반독재정부 운동이나 새로운 군사봉기(베렝게르 장군 등)가 계획되었기 때문이다. 이 뒤 베렝게르가 왕당파를 끌어들여 반쯤 독재적인 정권을 한때 이어가지만, 국내 공화세력이 차츰 힘을 얻어 이듬해인 1931년 4월에 시행된 전국 시읍면 선거에서 좌익진영이 큰 폭으로 진출, 에스파냐는 공화제로 넘어갔다. 이 제2공화국 초대 대통령으로는 알카라 사모라(공화온건파)가 취임했다. 알폰소 13세는 국왕 지위에서 쫓겨났다. 새로운 공화국 에스파냐는 당시 유럽에서 가장 민주적이라고 여겨졌던 독일의 바이마르 헌법을 공포하고 부인참정권도 확립하여 의회제 민주주의로의 첫걸음을 기록한다.

하지만 그럼에도 정권기반은 안정되지 않았다. 옛 왕당파를 포함한 우파로부터의 압력과 급진좌파의 반격으로 동요하는 정치문제, 무정부주의의 세례를 받은 노동쟁의의 잇단 발생과 사회불안, 카탈루냐와 바스크 지방을 중심으로 하는 자치독립운동이 낳은 지역분립주의 등의 어려운 문제가 산적해 있어, 오르테가의 친구 마누엘 아사냐가 수상으로서 헌신적인 노력을 했음에도 혼란이 계속됐다. 에스파냐 역사 전문가로서 이름 높은 피에르 빌라르는 이렇게 썼다. "독재정권은 통치는 했으나 변혁은 하지 않았다. 공화국은 변혁을 원했으나, 통치하는 데 곤란을 겪었다."

프리모 데 리베라는 사임 후 몸 상태가 나빠져 파리에서 죽었다. 그러나 그의 아들 호세 안토니오 프리모 데 리베라(José Antonio)는 몇 년 뒤, 아버지의 실정을 교훈삼아 본격적인 파시스트 팔랑헤(Falange)당을 창설(1933년 10월)하고 마침내 에스파냐를 내전으로 몰아넣어 프랑코 체제의 성립으로 이끈다.

《무기력한 에스파냐》를 발표

한편 이렇게 좌익, 우익으로 분극화가 고조되어 급변하던 정치—사회정세를 배경으로 오르테가는 1921년 《무기력한 에스파냐 *España invertebrada*》를 〈엘 솔〉지에 발표했다. 그는 이 글의 첫머리에 '이 시론(試論)의 주제는 역사적이며, 정치적이지 않다'고 미리 밝혔으나 본래의 동기는 에스파냐 국내 각지, 특히 카탈루냐 지방과 바스크 지방에서 격화되고 있던 자치권 요구, 분리독립운동을 강하게 염두에 두었다고 생각한다. 그렇다고는 해도 오르테가는 이러한 지방의 분리주의나 분립주의 그 자체에 대하여 정치적으로 반대했던 것도, 찬성했던 것도 아니다. 그의 사고의 메스는 '어째서 이러한 분리—분립주의가 에스파냐에 존재하는가'라는 문제를 날카롭게 파고든다. 그리고 역사적으로 피드백하면서 다른 유럽 여러 국민과 달리, 일반 에스파냐 사람의 마음에는 모범성에 대한 순종이 빠져 있다. 바꿔 말하면, 사회의 소수 뛰어난 사람에 대하여 다수의 열등한 사람들이 자발적으로 따르려 하지 않는 데에 모든 원인이 있다는 것이다.

오르테가는 우선 이렇게 지적한다. "이 20년 동안의 (20세기가 된 이후의) 에스파냐 정치정세 속에서 가장 특징적인 현상 가운데 하나는 지방주의, 독립주의, 분리주의, 즉 인종적, 영토적인 분리운동의 출현이다." 대다수의 사람들은 이러한 분리—독립주의가 특별히 깊은 이유나 근거도 없이 최근에 시작된 작위적인 운동이라고 생각하기 쉽다. 즉 이 운동이 시작되기 전에는 카탈루냐도 바스크도 카스티야나 안달루시아와 다른 사회집단이 아니었고, 에스파냐 전체는 통합되어 있었다고 생각하기 쉽다. 그러나 그렇지 않다고 오르테가는 반론했다.

카스티야의 이사벨 공주와 아라곤(에스파냐 북동부)의 페르난도 왕자가 결혼하여(1469), 두 사람이 에스파냐 왕국을 공동통치(1474~1516)한 뒤로 에스파냐는 통일국가를 목표로 크나큰 발자취를 남긴다. 그리고 에스파냐 통합은 펠리페 2세 시대에 완성된다. 그의 통치(1556~1598) 20주년을 이베리아 반도 운명의 분수령이라고 생각할 수 있다. 그 정점까지는 에스파냐 역사는 상승적이며, 집적(集積)적이었다. 그리고 그 뒤부터 에스파냐의 역사는 하강적, 분리적이 되었다. 분열은 주변부에서 중심부 순서로 진행됐다. 우선 플랑드르 지방(현 프랑스 북서단부에서 벨기에 서부에 걸친 지방), 이어서 밀라노, 나폴리가 떨어져 나갔다. 19세기 초두에는 해외의 여러 큰 주들이 떨어져 나가고, 19세기 말에는 미국과 극동의 작은 식민지가 떨어져 나갔다. 1900년에 에스파냐 영토는 원래의 반도만이 남았다. 이것으로 분열작용은 끝난 것일까? 오르테가는 이렇게 말한다. "우연이었는지, 해외 영토의 이탈은 반도 내부 분열현상의 시작을 고하는 것 같았다. 1900년에는 지방주의, 독립주의, 분리주의의 웅성거림이 들리기 시작했다."

"통합 과정은 결집 작업으로 이루어져 있었다. 뿔뿔이 흩어졌던 사회집단이 하나의 전체 부분으로서 통일되었다. 분열은 이와는 반대의 현상이다. 전체의 부분이었던 것이 저마다 하나의 전체로서 따로따로 존재하기 시작한다. 나는 이러한 역사적 '생'의 현상을 분립주의라고 부른다. 카탈루냐주의나 비스카야(바스크 지방의 주)주의 등의 운동은 3세기 전에 시작된 분열현상의 계속이다."

오르테가는 이렇게 분열하면서 카탈루냐 등의 분립주의를 '에스파냐라는 신체에 갑자기 나타난 우발적이고 예상치 못한 부스럼의 일종으로밖에 보려 하지 않는' 속설을 매섭게 비판하고 '에스파냐라는 생의 모든 것을 해체로 밀고 나가는 잠재적인 커다란 움직임'이라고 경고한다. 그리고 이 잠재적인 커다란 움직임이야말로 오르테가가 이 글 속에서 가장 역점을 두고 말하고 싶었던 '반란적인 대중의 존재'이며, 9년 뒤에 발표하는 《대중의 반란》에 대한 시험적인 주장이었다.

'20세기 사상도서관' 기획

1922년, 오르테가는 20세기 사상도서관(Biblioteca de ideas del siglo veinte)의 도서기획을 세워 곧바로 실행했다. 이것은 당시의 가장 새로운 유럽 사상을 많은 에스파냐 사람들에게 확산시키자는 의도에서 에스파냐 어 번역서를 완비한 것이었다. 오르테가의 머릿속에 역시 당시의 유럽의 지적, 문화적 중심은 독일이라는 생각이 강했던 때문인지 그 도서 목록에는 독일계 저서가 두드러졌다. 《서양의 몰락》의 저자 오스왈드 슈펭글러(1880~1936 : 철학자)를 비롯하여 막스 보른(1882~1970 : 물리학자, 나치에 추방당해 나중에 영국 에든버러 대학 교수가 됨, 1954년 노벨 물리학상 수상), 폰 웍스 퀼(생물학자) 등이다.

《서양의 몰락》 상하 두 권은 제1차 세계대전 후인 1918년부터 1922년에 걸쳐 출판되었다. 저자 슈펭글러는 오르테가와 동시대인이며 두 사람 모두 유럽 그리스도교 문화의 종말을 설명하고 세계 여러 문화를 생명적인 생성, 발전, 몰락의 역사로 파악한다는 공통점을 갖고 있다. 사상적으로도 둘 다 '생의 철학파'에 속해 있다. 그리고 그 문화의 성쇠 원인을 로마제국 쇠망에 견주어 대중의 사회적 대두에서 찾는 점에서도 서로 비슷한 입장을 취했다. 고급문화가 대중의 미개주의(야만성)에 포위되어 멸망한다는 사고 유형은 정치—사회적으로는 당연히 반민주주의적인 경향에 나타난다. 알렉시스 드 토크빌(1805~1859 : 프랑스 역사가), 프리드리히 W. 니체(1844~1900), 아널드 J. 토인비(1889~1975) 등과 동일한 궤도를 걷는 것이다. 오르테가는 이러한 배경에서 한시라도 빨리 슈펭글러를 널리 일반 에스파냐 사람들에게 소개하고 싶다는 이상하리만큼 큰 열의에 내몰려 이 도서관을 발족시켰다.

〈서유럽평론〉 창간

그리고 이듬해인 1923년 7월, 오르테가는 전부터 염원하였던 월간지 〈서유럽평론(Revista de Occidente)〉을 창간했다. 오르테가가 40세 때이며 프리모 데 리베라의 독재가 개시된 해이다. 이 잡지는 유럽의 과학, 철학, 역사, 그 밖의 분야의 주요작품을 오랜 기간에 걸쳐 번역 게재했는데, 중남미를 포함한 에스파냐 어 문화권은 물론이고 유럽 각지에서도 사상적인 영향력이 강하여 걸출한 지식인 잡지가 되었다. 이 잡지는 1936년 에스파냐 내전에서 일단 휴간에 몰리지만 1980년에 복간하여 오늘날에도 계속 발간되고 있는

서유럽평론사 사무실(오르테가 재단 내)

에스파냐에서는 최장기록을 가진 고급지이다. 그리고 오르테가는 이 〈서유럽평론〉 창간호의 서문에 다음과 같이 썼다.

"에스파냐와 에스파냐계 아메리카에서는 사상이나 예술에 대하여 진지하게 사고하는 것에 기쁨을 느끼는 사람들이 많이 있다. 그들은 세계에서 일어난 사건에 대해서도 신문이 제공하는 무기력한 사실보도나 피상적인 해설기사가 아니라 명확하고 사려 깊은 뉴스를 알고 싶어한다. ……이것이야말로 기민한 신경을 가진 사람들이 저마다의 몸을 둘러싸는 광범위한 생의 맹아를 감지하여 그 시대의 심원한 현실에 직면하며 살고자하는 데 가장 중요한, 호기심이라는 것이다."

이 창간호에는 오르테가 자신이나 게오르그 짐멜의 평론을 비롯하여 에스파냐 작가 피오 바로하의 소설이 게재되었다. 발행부수는 3천 부. 한정된 부수라고는 하지만 이 잡지는 오르테가에게 있어 에스파냐와 같은 '유럽 주변국가', '후진국' 안에서조차 매몰되어 있는 지성을 발굴하여 꽃피우는 선구자로서의 역할을 수행하는 데 무엇보다도 커다란 의미가 있다. 이 잡지를 통하여 뒷날 '1914년 세대'라고 명명된 오르테가를 포함한 젊은 지식인 집단, 그중에서도 라파엘 알베르티, F. 가르시아 로르카, 페레스 데 아얄라 등 '3대 시인'의 활약이 세계의 주목을 끌었다. 나아가 이 잡지를 통하여 유럽의 지성을 대표하는 사상가로서 브렌타노, 피히테, 헤겔, 후설, 키르케고르, 러

〈서유럽평론〉 멤버들의 좌담회 (Tertulia)
왼쪽에서 세 번째가 오르테가 (1931)

셀, 셸러, 융, 프로이트 등등 쟁쟁한 철학자와 심리학자들의 논문이나 저작
이 여럿 소개되었다. 에스파냐 국내의 문화 사업으로는 실로 획기적인 것이
었다.

오르테가 재단

〈서유럽평론〉 사의 사무소는 지금도 마드리드시 포르투니가 53번지 오르
테가 재단(Foundación José Ortega y Gasset) 부지 안에 있다. 문을 한 걸음
들어가서 오른쪽 모퉁이를 차지한 이 작은 사무소를 거점으로 월간지 〈서유
럽평론〉 외에 《오르테가 전집 *Obras completas*》 12권을 비롯하여 프리안 마
리아스의 《오르테가에 대하여 *Acerca de Ortega*》, 그 밖의 수많은 오르테가
관련 중요문헌이 발행된다.

참고로 이 오르테가 재단 소재지 일대는 문화적인 향기를 풍기는, 나무가
많은 한적한 지역이다. 시내에서 가장 번화한 거리인 그랑비아 대로나 푸에
르타 델 솔 광장 근처의 샛길이 고불고불 많은 너저분한 장소에 비하여, 거
리가 바둑판의 눈처럼 가지런하다. 오르테가의 생가, 결혼 후에 살던 곳, 또
한 만년을 보낸 집 등은 모두 이곳에서 멀지 않다. '오르테가의 일생은 그가
살았던 장소에서 알 수 있듯이 서민과는 다른 상류계급의 분위기 안에 있었

다'고 어느 마드리드 시민은 말한다. 가까운 곳에는 그를 기념하여 명명한 호세 오르테가 이 가세트 거리도 있다.

오르테가 재단은 1978년 말에 오르테가를 기념하여 그 정신과 문화 활동을 계승하기 위해 설립된 대학연구센터 시설이며, 순수한 민영재단법인으로 운영된다. 오르테가의 딸 솔레다드 오르테가 스폿토르노(Soledad Ortega Spottorno) 여사가 회장직을 맡고 있다. 이 건물 안에는 서유럽평론사를 비롯하여 도서관, 오르테가 자료관, 오르테가 대학연구소 등이 있다. 1938년 5월 9일 이 장소에서 오르테가 탄생 100주년 기념식전이 에스파냐 정부 주최 하에 거행되어 후안 카를로스 1세가 공식 방문했다. 현재 이 재단은 마드리드 시내에 지부 사무소를 가지고 있는 것 외에 마드리드에서 남서 70km에 있는 오래된 도시 톨레도에 교육시설을 가지고 있다. 이곳에는 해외에서 다수의 유학생이 와서 공부하고 있다. 또한 이 재단은 에스파냐 국내뿐만이 아니라, 1988년에는 아르헨티나의 부에노스아이레스에도 지부를 만들어 중남미의 에스파냐계 학생들 교육에도 힘을 쏟고 있다.

오르테가는 '20세기 사상도서관'의 발족이나 〈서유럽평론〉 발행에 의하여 그 자신이 말하는 '에스파냐의 르네상스는 유럽과의 결혼으로 실현된다'는 확신에 한 걸음 다가서는데, 이 언론 활동 외에 유럽의 여러 명사들을 에스파냐에 초대했다. 그 중에는 투탕카멘 왕의 무덤을 발굴한 영국의 이집트 고고학자 하워드 카터나 알베르트 아인슈타인, 마르틴 하이데거 등이 있다. 이들의 현실적인 인간상에 접하는 것에 의한 교육효과를 중시한 것이었다. 그리고 이러한 손님들이 머무는 숙소로 ILE(자유교육학원)의 창립자 히네르 데 로스 리오스가 1910년에 세운 학생회관(Residencia de Estudiantes)을 지명했다. 학생회관이라고는 해도 이곳은 마드리드 시내의 대학가, 피나르 거리를 따라 있는 주위보다 높은 평지에 있고, 안팎 모두 당당한 모습의 건물로 품격 있는 살롱이나 식당, 회의실, 연구실 등이 완비되어 있다. 오르테가 자신도 이곳에서 종종 강연회나 좌담회(Tertulia)를 열었던 유서 있는 장소로써 오늘날도 국내외 학생이나 학자, 연구자들이 많이 이용한다.

근대와 현대

1923년은 오르테가의 사상형성면에서 보아도 매우 중요한 해였다. 그것은

《현대의 과제 *El tema de nuestro tiempo*》가 공개적으로 간행되어, 그의 철학의 근본이념인 '생의 이성'(la razón vital)이라는 사고방식이 처음으로 세상에 추궁을 당한 해였기 때문이다.

이 책은 오르테가가 1921~1922년에 마드리드 대학에서 실시한 강의를 바탕으로 약간의 수정을 거쳐 이듬해인 1923년에 출판되었다. 그는 이 책에서 낡은 철학이념은 이미 사멸하고 '우리 시대(nuestro tiempo)=현대'라는 새로운 이념이 만들어지고 있다고 제창한다. 오르테가는 갈릴레오나 데카르트로 시작하여 약 300년 동안 이어진 포스트 르네상스, 즉 근대합리주의 시대와 그 자신의 20세기 초두 시대 사이에 명확한 선을 그으려고 한다. 이런 뜻에서 그는 '근대'(edad moderno)와 '현대'를 단어에 있어 엄밀히 구별한다.

이러한 근대를 거치며 유럽은 과학의 급속한 진보에 의해 그 지적 역사가 변모한다. 특히 에스파냐에 관해서는 옛날 유럽을 제압했던 황금 시대임에도 불구하고 해마다 쇠퇴하기만 하여 '암흑의, 후진적인, 신비적 에스파냐'라고 불렸을 정도로 유럽 중심에서 정치적으로도 문화적으로도 멀어지고 말았다. 종교개혁에서 산업혁명에 이르는 시대의 파도에 타지 못하고 유럽 가장자리에 남겨진 에스파냐를 어떻게든 유럽 대 가족의 일원으로 돌려놓고 싶다. ……오르테가가 청년 시절부터 꿈꾸어 왔던 에스파냐의 유럽화 구상이 이 책의 커다란 사상적 배경이다. 오르테가는 데카르트의 흐름을 이어받는 근대사상의 시대는 이미 끝났고, 새로운 유럽 철학의 시대로 들어갔다고 주장한다. 그리고 그것이야말로 새로운 에스파냐를 낳는 모체라고 생각했다.

근대 유럽 문화의 사상적 모체였던 데카르트 철학은 오르테가에 의하면 두 가지 대극적인 이상 즉, 이성주의(racionalismo)와 상대주의(relativismo)라는 양극에 뿌리내리고 있다. 전자는 갈릴레오, 데카르트, 뉴턴 등에 의한 합리주의적 전통을 키웠으나 문화를 쇠퇴시켰다. 후자는 단순한 주관적인 경험은 절대적 진리가 아니며, 있는 것은 오직 각 주관에 대응하는 상대적인 진리뿐이라는 이념이며 인간존재 자체를 부정하는 회의주의이고 일종의 자살론이다. "이성주의는 진리를 고수하며 생을 돌보지 않는다. 상대주의는 불변적인 진리보다도 실존성을 주장한다. 우리는 이 어느 쪽에도 자신의 정신을 둘 수가 없다"고 하며 오르테가가 이 '생'과 '이성'의 대립을 해소하는 이념 '생의 이성' 철학을 만들어 냈다. 이에 대해서는 뒷장에서 자세히 언급하겠다.

《대중의 반란》 간행

이리하여 1920년대의 절반 정도는 오르테가에게 있어 대학교수로서, 편집자로서 또한 정치평론가로서, 에스파냐 국내에서 점차 영향력을 높여가는 시기였다. 프리모 데 리베라 독재정권에 대한 여론의 비난이 심해지기 시작한 1927년, 〈엘 솔〉지에 정치위기를 경고한 《미라보, 즉 정치가 *Mirabeau o el político*》를 발표한 것 외에 다섯 차례에 걸쳐 연재기사를 게재했다. 어느 것이나 지식인이 사회적 세력이 되기 위해서는 어떠해야 하는지를 설명한 것이다. 오르테가는 프랑스 혁명 때, 자유주의 온건귀족의 대표로서 국민의회에서 입헌왕정파를 좌지우지한 미라보를 존경했다. 미라보는 부르주아지로서 제3신분에서 선출되었으나 그 웅변으로 절대적인 인기를 얻고, 혁명 원동력의 하나가 되었음은 두 말할 필요도 없다. 오르테가는 지식인 최고의 일은 진실이 무엇인가를 생각하고, 생각이 정리되었다면 그것을 말로써 호소하는 것이며, 이것이 지식인에게 주어진 행동의 원리라고 규정한다. 직접 행동은 정치가의 영역이며 진리를 말하는 것이야말로 지식인이 최우선해야 할 일이라고 주장했다.

그리고 드디어 그의 대표작 중 하나인 《대중의 반란 *La rebelión de las masas*》이 세상에 나오게 된다. 이것은 1929년 10월~1930년 1월에 걸쳐 〈엘 솔〉지에 게재된 기사를 모아 출판한 것이다. 이 책의 주요 주제는 10년 전 《무기력한 에스파냐》에서 이미 명시된 오르테가의 독자적인 대중 사회비판론이다. 그 내용에 대해서는 뒷장에서 자세하게 언급하겠으나 《무기력한 에스파냐》와 다른 점은 사회 권력의 지위에 오르려 하는 대중이 뛰어난 소수자에게 따르려 하지 않는 반란적 경향은 에스파냐만의 문제가 아니라 유럽 전체에서 보이는 현상이라고 지적하는 점이다. 여기서부터 이 책에서는 슈펭글러와 공통된 유럽 위기론, 문명사관, 국가론 등이 전개된다. 나아가 이러한 사고의 근원으로서 '나는 나와 나의 환경' 철학과 《현대의 과제》에서 설명된 '생의 이성론'을 곳곳에서 말한다. 즉 인간의 생은 개인의 의사만으로 만들어지는 것이 아닐 뿐더러 환경에 의해 모두 지배되는 것도 아니다. 스스로가 환경에 작용하면서 완성해 가는 것, 다시 말해, 우리들 삶은 온갖 가능성 속에서 선택하고 결단하며 스스로 완성해 가는 것이라는 기본이념이다.

이 책은 먼저 독일을 비롯하여 유럽 여러 나라에서 큰 반향을 일으키고, 이윽고 그 이름은 전세계에 퍼졌다. 오르테가의 이름을 듣고 이 책 이름을 모르는 사람은 없을 정도로 유명해졌다. 국내는 물론이고, 특히 프리모 데 리베라 정권에게 미친 영향은 컸다. 이 정권은 이 해에 붕괴하고 국왕 알폰소 13세가 즉위하여 에스파냐에 제2공화제가 탄생한다.

제헌의회 의원으로서

오르테가는 1931년 2월, 평론가 그레고리오 마라논과 작가 라몬 페레스 데 아얄라와 함께 공화국봉사집단(Agrupación al Servico de la República)을 결성했다. 이것은 당시의 중산 자유주의 지식인들이나 직업인들의 폭넓은 지지를 받은 일종의 정치결사로, 정당으로서의 활동보다도 에스파냐를 진짜 공화국으로 만들기 위해 다른 모든 공화파 집단과 연대하는 작업을 근본 취지로 했다. 그리고 오르테가는 이것을 모체로 제헌의회(코르테스)의 대의원에 선출되었다. 에스파냐 제2공화국이 정식으로 성립한 것은 1931년 8월 14일. 이 날부터 오르테가는 정치가로서의 길을 걷는다.

제2공화국이 탄생한 에스파냐는 독일의 바이마르 헌법을 모델로 하여, 일원제, 완전 책임내각제도, 부인과 병사에게 확대된 보통선거제도 등을 채용함으로써 순수한 의회주의 체제가 확립되었다. 헌법재판소의 권한도 강화되는 한편, 외교 분야에서는 전쟁방기 선언과 국제연맹 가맹을 실현하여 알카라 사모라 초대 대통령은 표면적으로는 아주 순조로운 시작을 했다고 할 수 있다. 그러나 내정면에서는 그때까지의 독재체제하에서 생겨난 다양한 모순, 다시 말하면 왕정복고 시대부터 끌고 온 지나친 보수적 체질의 후유증이라고 할 수 있는 사회문제가 일제히 뿜어져 나오는 위기 상태였다.

그 중 첫 번째는 노동문제이다. 특히 농업개혁을 둘러싼 우파와 좌파의 대립이 심각함을 더해갔다. 농지개혁은 새 정부가 공약한 기본 정책이었음에도 불구하고 의회에서의 합의는 이루어지지 않았다. 공산주의자와 무정부주의자들은 '토지는 그것을 경작하는 자를 위하여' 사회주의자는 토지의 국유화를, 자유주의자는 토지의 사유를, 그리고 가톨릭 신자는 토지의 가족소유와 피수용자에 대한 보상을 각각 주장하며 물러서지 않았다. 땅값의 하락과 소작료 삭감으로 불만을 가진 농민의 항의 행동이 각지에서 눈에 띄기 시작했고 그 중에서도 무정부주의자의 영향력이 강한 안달루시아 지방에서는 폭동화의 양상마저 보였다. 공업노동자의 상황도 비슷했다. 좌파인 전국조직 CNT(전국노동연합)는 사회당계 온건파인 UGT(노동총동맹)와 전술상의 대립을 강화하여 점차 정치 문제화되고 있었다.

수도원 방화사건

두 번째는 종교문제이다. 수세기에 걸쳐 가톨릭 교회가 지배하여 온 학교 제도를 종교색이 없는 제도로 이행하는 것은 지극히 어려운 사업이었다. 정권의 한쪽 날개를 짊어지는 가톨릭계 자유주의자들은 정권분립 방식에서 가톨릭 교회의 기득권을 지키려했으나 공화주의자들은 이를 위험시하여, 에스파냐 가톨릭의 중추인 예수회와 예수회 수도원 등을 교육시설의 틀 밖에 두는 특별입법조치를 강구하려 했다. 무정부주의자계의 극좌 정치집단은 공공연히 반교회주의를 입에 담았다. 그리고 1931년 5월 11~14일에 걸쳐 가톨릭 교회국 에스파냐에 있어서는 역사적인 대사건이라 할 수 있는 수도원 방화사건이 일어났다. 사건은 에스파냐 각지에 동시다발적으로 일어났으나, 특히 수도 마드리드나 안달루시아 지방의 교회가 표적이 되었다. 작은 집단의 짓이기는 했으나, 예배당이나 수도원의 건물이 불타고 묘지는 교회의 손에서 벗어나고 학교에서 십자가가 치워졌다. 무정부주의자들에게는 절호의 기회였을지 모르지만, 이러한 행위를 자유에 대한 침해로 받아들이는 사람들도 적지 않았다. 오르테가는 어린 시절의 말라가 예수회 계열 학교에서의 경험 이후, 반가톨릭적인 언동을 공개적으로 해 왔으나, 특히 이 사건에 관한 한 용서하지 않고 〈엘 솔〉지에서 다음과 같이 혹독하게 비난했다.

"교회나 수도원을 불태워도 참된 공화주의적 정열이나 진보적 정신을 제시할 수는 없으며, 오히려 그것은 물질만능주의의 원시적이고 범죄적인 만행일 뿐이다. 방화범이 만약 새로운 민주주의이념에 자극받았다면 그들은 이들 건물을 불태우지 않고 오히려 이들을 사회적인 목적에 사용해야 한다고 호소했을 것이다. 또한 만약 그들이 참된 현대인이었다면 불길에 휩싸이는 에스파냐에서 이단 심문 시절 에스파냐의 모습을 발견하고 이러한 어리석은 방화행위를 삼갔을 것이다."

지역분립주의와의 대결

세 번째는 카탈루냐 지방의 자치독립을 지향하는 지역분립주의 문제였다. 오르테가는 카탈루냐의 자치는 지지하지만, 연방주의자로서의 입장에서 그 완전 자치는 인정하지 않았다. 의회에서도 카탈루냐 공화국으로서 완전 독립을 추구하는 집단과 자치조례에서 당면한 위기를 회피하고자 하는 집단 사이에서 심한 대립이 보였으나 결국 아사냐 수상의 설득과 강한 결의가 전달되어 자치조례가 최종적으로 가결되었다. 이에 따라 카탈루냐 지방은 독자적인 행정부, 의회, 행정기관, 재판소를 가지고 예산을 세워 독자적인 문화 활동을 하는 것을 인정받았다. 그러나 카탈루냐에서 불붙은 분립주의를 향한 움직임은 당연히 바스크 지방에도 파급되어 문제의 발본적인 해결에는 이르지 않았다.

오르테가는 원래 아사냐 수상의 친구이기도 하여 그에게의 지원을 아끼지 않았으나, 의회 내에 아사냐와 그 지지정당에 대항하는 반대 분위기가 고조됨에 따라 그 입장도 변하기 시작했다. 특히 교조적 자유주의자와 보수적 공화주의자가 결탁하여 본래의 공화주의 중도노선에 그늘이 보이기 시작한 것을 계기로 오르테가나 우나무노 등 지식인들은 꿈과는 거리가 멀어지고 있는 현실에 실망하여 그 마음을 신문—잡지에 마구 써댔다. 오르테가는 라디오 방송을 통하여 공화국의 교정(矯正)을 호소한 것 외에, 우르고이티와 함께 새로이 공화국봉사집단의 기관지적 의미인 〈크리솔(Crisol : 도가니)〉지를 발행하여 좌우 양극으로 분열하고 있었던 공화국을 고발하는 문서를 공개했다. 그러나 상황은 전혀 개선되지 않았다. 오르테가는 1932년 8월 국회의원을 사임했다. 그로부터 11개월 뒤, 공화국봉사집단도 해산됐다. 오르테가의 현실의 정치활동은 불과 1년 만에 막을 내렸다.

5. 내전발발과 망명생활

인민전선내각 탄생

오르테가가 제헌의회 의원을 그만두고 나서 수년 동안은 에스파냐 국내는 정치—사회불안이나 카탈루냐 문제가 점점 더 심각해져서, 좌익과 우익 양쪽에서 압력을 가하여 공화파에 의한 중도정치는 최대의 난국을 맞이했다. 특히 1934~1936년에 걸쳐서는 암흑의 2년간이라고 불리는 최악의 시기를 맞았다.

우선 우익세력은 왕당파, 성직자, 군인집단 이외에, 민중행동당, 에스파냐 쇄신당 등 소규모 정당이 난립하여 분열상태였다. 이에 더해 1933년 10월에는 프리모 데 리베라의 아들 호세 안토니오가 몇몇 왕당파들과 '팔랑헤당'을 결성했다. 이러한 분열우파를 가까스로 한데 모으려 한 것이 힐 로블레스로 에스파냐 자치우익연합(CEDA)의 이름 아래 우익의 결집이었다.

한편 우익세력은 사회당, 공산당, 극좌 무정부주의자들이 농업—공업노동자들에게 저마다의 입장에서 노동정체를 지도하여 아사냐 내각을 동요시키기 시작했다. 사모라 대통령은 1933년 마침내 아사냐 수상을 파면했다. 이러한 때 국내에서 두 대사건이 일어난다. 하나는 아라곤 지방 사라고사에서 일어난 무정부주의자 공산주의자 폭동이고, 다른 하나는 카탈루냐 지방의 자치독립 혁명운동이었다. 전자는 농업정책의 수정으로 결정적인 큰일까지는 이르지 않았고, 또한 후자는 군사개입으로 진압되었으나, 양쪽 다 1934년을 절정기로 하여 국내 정정불안을 한층 고조시켰다. 그리고 1935년 8월, 노동조합과 좌익정당 사이에 인민전선이 결성되었다.

1936년 2월에 실시된 총선거는 좌익세력이 승리를 거두어, 에스파냐에 인민전선내각이 탄생했다. 그리고 대통령에 공화좌파의 전임 수상 아사냐, 수상에 카사레스 키로가가 취임했으나, 인민전선의 승리는 국내에 다시 한 번 다른 형태로 사회불안을 불러일으켰다. 이제까지 권세를 마음껏 휘둘렀던 교회나 수도원, 우익 여러 정당 본부에 대한 보복적인 습격사건, 소작인들의 농촌복귀, 치안경비대와의 충돌 등이다.

수도 마드리드에서는 팔랑헤당 당원에 의한 개인 테러사건이 빈발했다. 힐 로블레스의 온건정책에 만족하지 못하고 실망한 극우 청년들은 파시스트 집단으로 치달았다. 이 무렵 독일에서는 히틀러의 나치 정권이, 또한 이탈리아에서는 무솔리니의 파시스트 정권아 떠오르는 태양과 같은 기세를 과시했다.

게르니카의 비극

1936년 7월 내전이 발발했다. 주모자 산후르호 장군은 1931년에는 치안경

피카소의 《게르니카》
나치 독일 공군이 바스크 지방을 무차별 폭격한 데에 항의하여 그린 그림.

찰 장관이었으나, 1932년에 쿠데타 미수사건을 일으켜 포르투갈로 추방당했다. 군사봉기를 꾸미며 에스파냐에 쳐들어 갈 계획이었으나, 얄궂게도 리스본을 이륙할 때 비행기가 추락하여 사망했다. 대신 지도자에 오른 것이 프란시스코 프랑코(1892~1975)와 마누엘 고데 장군이다. 두 사람 모두 모로코에서 이름을 떨쳐, 인민전선내각 시절 위험인물로 간주되어 각각 바레아레스 제도, 카나리아 제도로 좌천당해 있었다. 7월 18일, 두 사람 다 은밀히 부임지를 탈출하여 고데는 바르셀로나, 프랑코는 모로코의 중요 주둔부대 거점으로 향하여 에스파냐 각지의 주둔부대와 동시에 일제봉기하여 전쟁 상태를 선언했다. 히틀러와 무솔리니는 곧바로 프랑코 지원을 결정, 같은 해 10월에 프랑코는 반란군 총지령관 겸 정부수석에 취임했다. 반란부대는 아라곤, 나바라, 갈리시아, 카스티야 대지, 안달루시아 연안을 우선 진압했다. 전투는 이제부터 내전 종결 선언이 프랑코에 의해 공포되는 1939년 4월 1일까지 3년 가까이 계속된다.

유명한 나치 독일공군에 의한 게르니카(에스파냐 북부, 바스크 지방의 마을) 무차별 폭격은 1937년 4월 26일에 실시되었다. 피카소는 이에 격렬히 항의하여 대작 《게르니카》를 그려 파리 만국박람회에 출전했다(이것은 전쟁을 그린 불후의 명화로서 절찬 받아 오늘날 마드리드의 소피아 왕비 미술센터에 전시되어 있다).

연속강의 '갈릴레오를 둘러싸고'

이러한 격동의 시기를 맞이하여, 그는 무대에서 물러나 있었다(의원을 사임했다). 오르테가는 1933년 마드리드 대학교에서 '갈릴레오를 둘러싸고'(En torno a Galileo)라고 제목을 붙인 연속강의를 했다. 그리고 그 가운데 제5, 6, 7, 8강의 내용은 나중에 《위기의 도식 Esquema de las crisis》이라는 제목의 단행본으로 공개 간행된다(1942). 이 연속강의는 물론 그저 단순한 갈릴레오 이야기가 아니다. 1633년 70살의 갈릴레오 갈릴레이가 로마의 종교 심문소에서 이제까지 지지해 왔던 코페르니쿠스의 지동설을 부정하도록 강요받고 '그래도 지구는 돈다'라는 명언을 말했다는 저 유명한 재판을 소재로, 중세부터 근대로의 역사적 전환기의 위기를 과거—현재—현재—미래라는 철학적 차원에서 파악한, 이른바 오르테가의 역사철학론이다. '유럽의 운명이 일찍이 경험한 가장 심각한 위기, 즉 14세기 말에 시작되어 17세기에 이르는 위기는 갈릴레이 및 데카르트와 함께 끝난다. 이 위기의 시대가 끝날 무렵에 두 시대 사이의 분수령처럼, 갈릴레이의 영웅적인 모습이 자랑스럽게 가로놓여 있다. 이 영웅적인 모습과 함께 인간은 근대라는 시대에 발을 들여놓는다' 그리고 이 '갈릴레이의 발치에서 시작된 시대는 우리의 발치에서 끝났다. 아니, 우리의 발은 이미 이곳을 떠났다'고 하며 오르테가가 가장 말하고 싶었던 새로운 유럽, 새로운 에스파냐의 위기를 호소했다. '과거도 현재도, 미래와의 관계에 있어 실존한다.' 즉 과거는 미래를 형성하기 위한 재료이며, 현재란 미래를 향해 가는 인간이 이러한 과거의 재료에서 선택하여 생을 확립하는 순간이라고 파악한다. 이 사고방식이 1941년에 발표된 《체계로서의 역사 Historia como sistema》로 열매맺는다. '역사는 나의 생, 즉 근본실재에 관한 체계적인 학문이다. 따라서 역사는 가장 엄밀하고도 현실적인 의미에서의 현재에 대한 과학이다.'

기념할 만한 1935년

1935년은 오르테가에게 있어서 기념할 만한 해였다. 먼저 로사부인과의 결혼 25주년을 맞이하여 은혼식이 열렸다. 또한 마드리드 대학교 재직 25주년에도 해당하여 기념식전이 행해져 에스파냐 정부에서 훈장을 받고 마드리드 시에서도 금메달이 수여되었다. 이 해 5월에 오르테가는 마드리드에

철학·문학부 교실에서 강연하는 오르테가 (1933)

서 열린 국제도서관인대회에서 '사서의 사명'(Misión del bibliotecario)이라는
제목의 강연을 하고, 이것이 서유럽평론사로부터 출판되었다. 이 강연은 프
랑스 어로 이루어졌으나, 내용은 도서관사서의 역할—사명에서 서적이란 무
엇인가라는 독서론을 풍부한 사실을 섞어 경묘하게 논술한 에세이다.

　그러나 이 무렵 에스파냐의 국정은 긴박함을 더하여 인민전선이 결성되고
이듬해에는 인민전선내각이 탄생했다. 그리고 프랑코 등에 의한 내전이 시
작된다. 오르테가는 이 급격한 국정 변화를 어떻게 생각하고, 어떤 입장을
취하려 했을까?

　에스파냐 내전에 관하여 오르테가는 1936년 이후 적어도 공개적으로는 침
묵을 지켰다. 그러나 그의 사고방식은 몇몇 개인적인 편지를 통하여 엿볼 수
가 있다. 그것은 어떤 의미에서 모순으로 가득한 것이며 주위의 압력에 몰린
섬세한 고뇌로 가득한 입장이었다. 그는 우선 처음 내전이 발발했을 때는 반
란군 측의 승리를 바랐다. 그것은 오르테가 자신이 의원을 사직한 뒤의 혼란
스러운 정치, 특히 인민전선내각 탄생에서 좌익세력이 강대화해 가는 가운
데, 이것에 제동을 걸려고 한 민족주의적 집단, 즉 프랑코 장군 등에 의한
반란에 기대를 품고 있었기 때문이다. 그러나 프랑코에 대한 처음의 낙관적

인 사고는 점차 환멸로 변한다. 혹독한 검열제도 등으로 자유로운 언론활동은 더 이상 불가능하다고 판단한 오르테가는 공화정부와 반란, 어느 쪽 편도 들지 않는 입장을 취하려 했다. 게다가 이러한 광기의 시대에는 국외로 망명하는 길밖에 없었다.

대학에서 추방

앞에서 말했던 것처럼 오르테가는 1931년 에스파냐 공화제의 성립에 중요하고도 적극적인 역할을 수행했는데, 1년 뒤 의원을 그만두고 학구생활로 돌아갔다. 그러나 좌우 양극으로 분화해 가고 있던 에스파냐 사회는 이미 좌나우, 어느 쪽 입장인지를 분명히 밝혀야 하는 마녀재판적인 분위기가 지배하기 시작했다. 이른바 개인의 사상을 조사하려고 하는 정치적 편향의 병리에 빠져들었다. 1936년 2월의 총선거에서 인민전선이 승리하여 사태는 점점 더 심각해졌다. 오르테가는 그 무렵은 아직 마드리드 대학교에서 재직하고 있어 당연히 공화국 정부측에 있었으나, 공화파라고 해도 인민전선의 방식에 찬성하지 않는 자는 박해의 대상이 되었다. 태도를 애매하게 취하고 있던 오르테가는 극우로부터는 물론, 좌익 인민전선파로부터도 공격을 받았다. 내전 발발 당시의 심경에 대해 오르테가는 다음과 같은 취지의 편지를 남겼다.

'내가 애매한 입장을 취했던 이유는 승리를 뽐내는 군대가 마드리드를 점령하고 에스파냐의 재건을 꾀하려고 해도, 거기에 대한 내 마음의 준비가 되어있지 않았기 때문이다. 내전이 시작될 때까지는 나의 공화정부에 대한 입장은 바람직한 것이었고 그 군대를 존경하기도 했다. 내가 주저할 수밖에 없었던 것은 공화국 정부 지지를 선언하는 문서에 서명을 해야 했던 일이다. 이것은 심한 압박 아래에서 강요당하는 것과 같았다. 그래서 나는 서명을 철저하게 거부했다. 그 결과 젊은 공산주의자들을 자극했고 그들은 새로운 협박을 가해왔다. 그래서 나는 아무도 공격하지 않는 내용의 것이라면 1년 전에라도 서명했을 것이라고 대답했다.'

오르테가의 의향에 따라 수정된 문서가 왔다. 여기에는 친구인 마차도, 마라논, 메넨데스 피달, 페레스 데 아얄라 등 지식인들이 서명하고, 오르테가도

마드리드 대학교

서명을 한다. 그러나 이 문서는 '반파시스트 작가 선언문'과는 완전히 취지가 다른 것으로, 인민전선계 신문 〈클라리다테(광명)〉은 이것을 근거로 '오르테가의 철학은 파시스트들의 마음을 살찌우는 것'이라고 비난하며 공격했다. 그리고 수주일 뒤, 오르테가는 반혁명분자로서 마드리드 대학교 교수 자리 박탈과 함께 추방당했다. 대학정화위원회의 이름에 의해서였다. 그리고 오르테가의 신변에는 극좌 테러에 의한 위험이 닥쳤다.

망명 여행을 떠나다

마침 이 무렵, 오르테가는 심한 위병과 담석을 앓아 의사로부터 생명이 위험할 수도 있다고 경고를 받았다. 1936년 8월 30일, 형 에두아르드(당시 마드리드 시의회 의원=사회당)의 도움으로 아내와 자식들과 함께 마드리드를 떠나 에스파냐 남동부 지중해에 면한 도시 알리칸테(무르시아 지방)를 향했다. 가져간 것은 옷가방 2개와 현금 500페세타뿐이었다. 이것이 그 뒤 9년 동안에 이르는 오르테가의 망명생활을 향한 출발이었다. 이때 오르테가는 53세였다.

오르테가는 알리칸테에서 배로 지중해를 건너 프랑스 마르세이유로 향하고, 그곳에서 그르노블을 경유하여 같은 해 11월 파리에 도착했다. 파리에서는 우선 16구의 글로가 43번지에 주거를 정했다. 이 아파트는 곧바로 고향에서 피신해 온 친척과 친구들의 일시적인 피난장소가 된다. 위와 담석병은 변함없이 중증으로 종종 고통을 호소했으나, 오르테가는 재정상의 이유에서 수술도 하지 못하고, 가계의 보탬이 되도록 오로지 글만 써야 했다. 이 무렵의 주된 수입원은 저널리스트 일로, 특히 남미 아르헨티나의 부에노스아이레스에서 발간하는 〈라 나시온〉신문의 기고였다. 1938년 봄, 그는 네덜란드 역사가 호이징거(1872~1945) 교수로부터 레이덴 대학교에서 연속 강의를 하도록 초대를 받는다. 레이덴 다음은 로테르담, 덴하그 등 각지에서 강연을 하고, 나아가 프랑스와 에스파냐 국경에 가까운 생 장 드뤼즈에까지도 나가 강연했다.

그러나 병은 더욱 악화되었다. 같은 해 9월 파리로 돌아간 오르테가는 곧바로 담낭수술을 해야만 했다. 다행히도 수술은 성공하여 이 해 연말부터 다음 해인 1939년 2월까지 정양을 위해 포르투갈 남부 푸르티망에 체재했다. 건강을 회복한 오르테가는 파리로 돌아가는데, 이 무렵 에스파냐 내전은 이미 종막을 맞이하고 있었다. 즉 오르테가는 프랑코에 의한 반란이 시작된 직후에 에스파냐를 떠나 프랑코가 정권을 확립했을 때까지 파리에 체재하며 그 행방을 지켜보았다는 것이다. 내전의 결과, 에스파냐 국토는 황폐해져서 폐허와 굶주림과 절망감이 가득 차 있었다. 마드리드에 남아 있던 오르테가의 장남 미겔은 아버지에게 다양한 정보를 전해 줌과 동시에, 프랑코 정권이 몰수하여 압류하려 했던 〈서유럽평론〉 사무소를 굳게 지켰다. 오르테가는 이전부터 말이 있었던 아르헨티나의 문화단체 '아미고스 델 아르테'(예술의 친구)로부터 초대를 받아, 1939년 8월 로사부인과 딸 솔레다드를 데리고 프랑스 셰르부르 항에서 아르헨티나를 향해 떠났다.

이듬해 9월 1일 독일군이 폴란드로 진격을 개시, 3일에 프랑스와 영국은 독일에 대하여 선전포고를 했다. 제2차 세계대전이 시작된 것이다. 프랑코는 에스파냐의 중립을 선언했다.

세 번째 부에노스아이레스 방문

오르테가가 남미를 방문한 것은 이것이 처음은 아니다. 1916년 33살일 때, 아버지 무니라와 함께 부에노스아이레스를 방문했고, 또한 1928년에는 부에노스아이레스에서 산티아고까지 발길을 뻗쳤다. 첫 번째 방문은 아르헨티나의 에스파냐문화연구소로부터 초대를 받은 여행으로, 고국 에스파냐계 시민을 비롯하여 독일, 이탈리아, 영국계 이민 자손들을 청중으로 강연했다.

에스파냐가 쿠바나 푸에르토리코를 아직 식민지로 삼고 있던 20년, 30년 전이라면 도저히 생각할 수 없었을 대환영을 받았다고 그는 술회한다. 라틴 아메리카의 에스파냐 여러 국민에 대하여 새로운 에스파냐 문화와 최신 유럽 사상을 소개하고 라틴아메리카 대륙과의 가교를 만드는 민간대사라고 자인했다. 단지 여기서 주목할 필요가 있는 것은, 오르테가는 인디오 등 선주민 사회보다도 에스파냐계 주민을 중심으로 하는 백인사회에 커다란 관심을 가지고 있었던 점이며, 특히 아르헨티나를 주제로 한 문제를 폭넓게 썼던 것에 특색이 있다. 1928년의 두 번째 방문도 대성공으로 오르테가와 아르헨티나의 특정 작가나 지식인들의 결합은 한층 강해졌다. 그러나 오르테가의 아르헨티나 사람 및 아르헨티나 문화에 대한 솔직한 비판을 기분 나쁘게 생각하는 사람들도 있었던 것 같다. 오르테가는 몇몇 저술 가운데서 아르헨티나에는 사람의 마음을 감동시킬만한 작품이 없다고 썼고, 아르헨티나 문화에 대하여 듣기 거북한 말을 거침없이 한 것이 강연 회장의 청중들을 완전히 질리게 했다고도 한다.

세 번째 망명 여행에서는 초대단체 '아미고스 델 아르테'의 빅토리아 오캄포나 에두아르도 마제아 등 지식인들이 따뜻한 우정으로 맞이해 주었다. 오캄포(1890~1979)는 〈수르〉라는 문화잡지를 발간하고 문학 살롱 활동을 통하여 부에노스아이레스의 새로운 지식인과 문학자를 키운 공로자이며, 작가 마제아(1903~1982)와 함께 루이스 호르헤 보르헤스(1899~1986) 등에 의하여 전개된 아르헨티나 신문학운동의 선구자로서 알려져 있다. 오르테가는 도착하자마자 한 달 동안은 강연 스케줄이 꽉 차 있어서 극도로 바쁜 나날을 보냈다.

그러나 오르테가는 이윽고 이번 방문이 이전의 두 차례 방문 때와 비교하여 차가운 공기를 느낀다. 특히 부에노스아이레스 대학교는 그에게 냉담했다. 이것은 두 번째 방문 때에 이 대학에서 실시한 강연에서 아르헨티나 토착문화에 대하여 매우 신랄하게 모멸적인 의견을 말하여 일부 청중을 화나게 했기 때문이며, 결국 오르테가는 '에스파냐라는 본가로부터 돌아온 패트론'에 지나지 않는다는 인상을 주고 만 것 같다. 이러한 일이 원인이 되어서인지 그의 부에노스아이레스 생활은 결코 즐겁기만 한 것은 아니었다.

병마와 궁핍한 생활

게다가 오르테가의 건강 상태는 전혀 개선되지 않고 오히려 망명생활의 여의치 못함과 불편함이 그의 심신 전체에 악영향을 미친다. 거기에 아르헨티나 국내의 정치정세도 불안정했다. 수도 부에노스아이레스는 1930년대 말기까지 남미에서 가장 세련되고 유럽화된 도시였으나, 이 사이 급진좌익의 대두와 군부 쿠데타가 반복되어 종종 정치위기가 찾아왔다. 한편 외교면에서는 아르헨티나는 제2차 세계대전을 맞이하여 독일과 이탈리아 추축 쪽에 붙는 자세를 밝히고, 반유대주의 풍조도 나타나기 시작했다. 일상생활에서는 군인이 눈에 띄게 으스대기 시작했다. 오르테가는 이러한 정치—사회불안을 피부로 느끼고 고국 에스파냐가 걸어온 고난의 길을 떠올리지 않을 수 없었다.

아르헨티나는 1943년 후안 도밍고 페론(1895~1974)이 군사 쿠데타를 일으키고 1946년 대통령에 취임하여 독재 정권을 수립할 때까지 정치적, 경제적 혼란이 계속된다. 한편 오르테가는 이러한 정세에 재빨리 가망이 없다고 판단한 것인지 1942년에는 부에노스아이레스를 떠나 포르투갈로 옮겨갔다. 이 땅에서 에스파냐 귀국의 기회를 살핀 것이다.

오르테가는 부에노스아이레스에 살기 시작하여 정확히 1년이 지났을 무렵의 심경을 '부에노스아이레스, 1940년 10월'이라는 일자의 메모에서 다음과 같이 적고 있다.

'이 5년 동안 나는 세계 이곳저곳을 여행하며 2권의 두꺼운 책을 완성하려고 노력해 왔다. 이것들은 과거 10년 동안 나의 일을 응축시킨 것으로 하나는 《역사적 이성의 새벽 Aurora de la razón história》라는 제목의 철학서이고, 다른 한 권은 《사람과 사람들 El hombre y la gente》라는 방대한 사회학 책이다. 그러나 유감스럽게도 충분한 퇴고를 거치지 못해 완성할 수 없다. 이 5년 동안 이 나라에서 저 나라로, 또 다른 대륙으로 옮겨가며 살았다. 나는 곤궁한 생활로 고통받았으며, 오랜 세월에 걸쳐 죽음에 직면하는 병과 싸워 왔다. 만약 내가 이 황량한 바다 가운데서 생명을 잃지 않고 살았다면 그것은 다름 아니라 이들 책들을 완결시키고 싶다는 나의 꿈 덕분일 것이다. 매년 정해진 계절에 돌아오는 철새처럼 나의 생활에 작은 평화와 고요함이 돌아왔을 때, 나는 이 작업의 완성에 반드시 필요한 도서관에서 자신이 멀리 떨어져 있음을 깨달았다. 그래서 지금 나는 이 작업의 완성이 언제 가능할 런지 전혀 알 수 없다.'

《자기침잠과 자기개혁》의 간행

아르헨티나 체제 중 오르테가의 작업에는 두 가지 흐름이 있었다. 하나는 인간의 생에 관한 깊은 통찰을 동반한 철학체계이며, 다른 하나는 아르헨티나의 생활과 라틴아메리카 문화에 관한 가벼운 터치의 스케치였다. 부에노스아이레스에 도착하고 나서 채 두 달이 지나지 않은 동안 오르테가는 《자기침잠과 자기개혁Ensimisimamiento y alteración》을 간행한다. 이것은 1939년 가을에 그를 초대한 문화단체, '아미고스 델 아르테'에 제출한 〈사람과 사람들에 관한 6강〉이라는 제목의 연속강의안의 처음 부분이었다. 부에노스아이레스에서 실시한 이 여섯 강의는 그로부터 10년 뒤 마드리드에서 12회의 강의로 불어나고 최종적으로는 오르테가 죽은 뒤인 1957년에 《사람과 사람들》(《개인과 사회》라는 번역서도 있음) 완성판으로써 서유럽평론사에서 간행되게 된다. 이것은 제목에서도 상상할 수 있듯 이른바 오르테가 사회학의 집대성이다. 그러나 유고로서 출판된 《사람과 사람들》에는 예고된 12강에 더하여 8강 가운데 처음의 5강, 즉 인간론, 인사론, 언어론 등이 수록되어 있을 뿐이며 후반의 국가, 법률, 정치, 국민국가, 국제국가, 동물사회론 등은 실려 있지 않다. 1955년 오르테가는 이 작업을 완성하지 않은 채로 죽었다. 어찌되었든, 오르테가 사회철학의 핵심은 다음과 같이 요약된다.

우리가 그저 막연히 부르는 '사회적 사실'이란, 어떠한 형태로 거기에 나타날 '근본적 실재'에서 출발한다. 이 근본적 사실이야말로 우리의 '생'이다. 각자는 그 생을 구성하는 여러 실재 가운데서 사회적인 것을 탐구하는 것이다.

사회적인 것은 인간의 행동에 기초를 갖는, 즉 인간적 생의 하나의 사실이다. 인간적 사실은 언제나 개인적 사실이다. 그러나 사회적 사실은 고독으로서의 인간적 생의 행위가 아니라 인간적 공존 속에서 태어나는 것이다. 부모자식이나 친구나 개인과 개인 사이의 관계이다. 그러나 공존 그 자체만으로는 사회적 사실이 아니다. 예를 들어 인사라던가 경관에게 지시받는 행동법칙이나, 자신들의 창의, 자발적 의사와는 관계없이 '단지 그렇게 행해지고 있으므로' '그렇게 명받았으므로' 행한다는 관습이 실재한다. 즉 사회를 구성하는 사실은 관습이다. 그리고 그 비인칭적, 불특정 주체는 '모든 사람', '누구도 아닌 사람', 즉 '사람들'(la gente) 등이다.

부에노스아이레스 대학교에서 강의한 《자기침잠과 자기개혁》에서는 이러한 기본이념에 기초하여 동물원 우리 속의 원숭이를 예증하면서 인간성의 특질을 알기 쉽게 설명한다. 우리 속 원숭이는 주위에서 오는 온갖 기척에 귀를 쫑긋 세우고 쉴 새 없이 주위를 살피며 시종일관 불안한 듯 경계한다. 동물은 자기의 존재를 규범에 따라 통제하지도 않을뿐더러, 스스로 사는 것이 아니라, 언제나 자신 이외의 '타자'에게 주의한다. 타자에 의해 좌우되고, 타자에게 학대당하고, 타자에 의해 산다는 것은 동물이 자기의 존재를 부정한다, 즉 자기를 개혁하고, 언제나 조바심 내며 살고 있다는 것, 따라서 그 생이 본질적으로 자기개혁이라는 것이다.

한편, 인간도 주위를 신경 쓰고 스스로 자신을 위협하는 일이 있는데, 동물과는 달리 이따금 사물에 대한 직접적인 관심을 정지시키고 자기 세상에서 빠져 나가 그것을 무시할 수가 있다. 바꿔 말하면, 세상에 등을 돌리고 자기 내부로 들어가 자기 자신에게 몰두할 수가 있다. '자기에게 침잠'할 수가 있다. 그리고 이것은 인간에게는 두 가지 능력이 있음을 나타낸다. 하나는 치명적 위험을 무릅쓰고라도 일시적으로 주위 세상을 무시할 수 있는 것, 다른 하나는 그러한 세상에서 빠져 나왔을 때에 자기를 존재시킬 수 있는 장소를 가지고 있다는 것이다. 여기에 인간사회의 특질이 있는 것이라고 설명하는 것이다.

경제생활과 투병생활로 지칠 대로 지친 오르테가는 아직 제2차 세계대전이 한창이라고는 해도, 내전도 진정된 고국 에스파냐로 슬슬 귀국할 시기가 왔다고 생각한다. 마드리드에서는 미겔과 호세라는 두 아들이 살고 있었고, 남미로 데려간 딸 솔레다드도 한 발 먼저 돌아갔다. 정보는 충분히 입수했다.

1942년 2월, 오르테가는 로사부인을 데리고 부에노스아이레스항에서 또다시 대서양을 횡단하여 포르투갈의 에스트릴로 일단 옮겨 살았다. 에스트릴은 수도 리스본 서쪽 외곽의 해안선을 따라 있는 아름다운 고급 주택지이다. 이 땅에 주거지를 정할 때에는, 세 자식들은 물론, 애제자인 프리안 마리아스도 크게 노력했다고 한다.

6. 만년의 활동

쾌적한 에스트릴에서의 3년

에스트릴에서의 3년간에 이르는 생활은 평온하고 쾌적했다. 병도 소강상태를 유지하였으며, 오르테가에게 있어서는 몸도 마음도 편안하게 쉴 수 있었던 3년간이었다. 더욱이 모국 에스파냐와는 엎드리면 코 닿을 데에 있었고, 언제든지 돌아가려고 하면 돌아 갈 수 있다는 면에서 속 편한 장소였다. (어머니 돌로레스는 1939년 에스파냐에서 사망했으나, 망명 중이었던 오르테가는 물론 귀국할 수 없었다) 그러나 에스파냐의 국내 정세는 내전이 끝났다고는 하지만 프랑코 정권의 기반이 아직 불안정했으며, 한때 공화파를 지지했던 오르테가에게 있어서도 귀국 후의 생활은 귀찮은 일 일색일 거라는 것은 충분히 예상 가능했을 것이다. 따라서 여기에서 당분간 상황을 살펴보기로 한 것이다. 마드리드에 있는 딸이나 아들들과는 언제라도 연락이 되었고, 제자인 프리안 마리아스가 오르테가의 생활이나 일을 전면적으로 보조해 주었다.

오르테가는 포르투갈 체재 중에 라이프니츠(1646~1716)의 연구에 매진했고, 부에노스아이레스 대학교 이래, 리스본 대학교에서 연속강의 《역사적 이성 *La razón histórica*》을 계속하는 한 편, 나중에 집대성하게 되는 예술론 《벨라스케스 입문 *Velázquez*》(1959년 유고 출간)에 착수한다. 즉, 이전과 같은 정치 평론이나 저널리스틱한 저술에서 당분간 멀어져서 오직 사색적인 생활에 들어간 것이다. 향후 출판되는 《철학의 기원 *Origen y epílogo la filosofía*》(1962년 유고 출간)이나 《사람과 사람들》, 《라이프니츠 이론의 이념 *La idea de principio en Leibniz*》 등의 초고(草稿)도 1942년에서 1945년에 걸친 이 시기에 엮어진 것이다.

이즈음 제2차 세계대전은 최초의 대전에서 압도적인 기세를 보였던 나치 독일이 소련과의 일대 결전, 스탈린그라드 공방전을 경계로 패전 양상을 보이기 시작했다. 한편 미영연합군이 북아프리카에 상륙함에 따라 프랑코는

앵글로색슨 세력으로부터 압력을 받는다. 프랑코가 독일 나치당을 모델로 하여 에스파냐 국내의 우익정당을 대동단결하여 재조직한 '팔랑헤당'(1933년 호세 안토니오 프리모 데 리베라가 결성한 파시스트 정당. 프랑코 정권하의 유일 합법 정당)도 그 전체주의적인 색채를 희석시킬 수밖에 없었다. 그리고 에스파냐는 점차 그 본심과는 정반대로 미국편을 드는 외교노선을 취하기 시작한다.

1945년 5월 7일 독일이 항복하고 제2차 세계대전은 종결된다.

10년만의 재등장

오르테가는 그 2년 후 5월 8일에 포르투갈에서 60세 생일을 맞이했으나, 젊은 시절의 활기를 그대로 되찾은 듯했다. 아들들과 딸은 그 당시의 부친이 그 생애 중에서 가장 건설적이면서 또한 행복한 시기였다고 회상한다. 오르테가 자신도 에스파냐에 대한 향수가 대단했으리라. 대전이 끝났던 1945년 8월 8일, 오르테가는 1936년 여름부터 9년 만에 마드리드에 돌아왔다. 그렇다고 해도 그때는 상황을 살피는 정도였고, 요양이 목적이었기 때문에 바스크 지방(에스파냐 북부)의 해안에 있는 마을 스마이아에서 여름을 지냈다. 프랑코 정권하의 마드리드에서 다시 살지 어쩔지를 확인해 보기 위한 일시귀국이라고 봐도 좋다. 오르테가는 이미 리스본에서 정착해 있었다(그 집은 그가 사망할 때까지 유지되었다). 하지만 이 일시귀국 당시, 그가 마드리드에서 살 집도 정해져 있었다. 즉, 오르테가는 망명에서 돌아와 사망할 때까지 리스본과 마드리드를 왔다갔다 하게 된다. 하지만 그는 결국 마드리드의 몽테에스킨사가(街) 28번지의 집에서 만년을 보냈고, 여기가 일생을 마친 마지막 주거가 되었다.

3명의 아이들은 변함없이 마드리드에서 살고 있었고, 차남인 호세는 서유럽평론사에서 일하고 있었다. 그 출판사의 인기상품인 월간 〈서유럽평론〉지는 발행 정지 상태(1963년에 복간)였지만, 내전이 끝났을 무렵부터 몇 종류 정도의 인쇄물을 발행하고 있었다. 더욱이 프리안 마리아스가 독일어로 된 철학서 두 권을 번역해 발행한 것을 시작으로, 마리아스 자신이 쓴 《철학사》외 다수의 국내외 서적이 올빼미 마크를 달고 출판되었다. 나치 독일이나 프랑코 정부로부터 각종 괴롭힘을 당하면서도 차남 호세는 훌륭하게 부친 오르테가의 과업을 지켜왔다.

오르테가가 마드리드 시민들 앞에 공식적으로 모습을 드러낸 것은 이듬해인 1946년 5월 4일 '아테네오'였다. 그야말로 10년만의 재등장이었다. 몰려든 청중은 이 10년간의 에스파냐, 즉 내전을 일으켜 프랑코의 독재 체제가 굳어진 에스파냐의 상황에 대해서 오르테가가 어떤 발언을 할 지 마른침을 삼키고 지켜보고 있었다. 그러나 이때 강의의 주제는 극장과 연극에 관한 것으로 정치적 발언을 기대했던 청중은 적잖이 실망을 했다. 당시의 '아테네오'는 당연히 프랑코 정부의 관리, 감시하에 있었고, 오르테가는 아직 발언을 할 때가

〈서유럽평론〉지 오늘날에도 발행되고 있다.

아니라고 판단했을 것이다. 하지만 그래도 "에스파냐는 전란 중에도 놀랄 만큼, 더욱이 건강하지 못했다고도 할 수 있을 만한 상황에서 부활했다"라고 하는 애매한 표현을 사용해서 가까스로 속내를 토로했다. 마드리드 신문은 재빨리 그 '에스파냐의 건강하지 못했다고도 할 수 있을 만한 상황'이라는 말꼬리를 잡고 오르테가가 '새로운 에스파냐를 만들기 위해 귀환했다'고 날조하기 시작했다. 팔랑헤당의 기관지 〈아리바〉를 필두로 우익잡지는 말할 필요도 없이 오르테가를 비방했다. 강연 내용은 실제로 애매했지만, 과거의 오르테가를 신봉했던 사람들이나 프랑코 체제에 의문을 가진 젊은 세대의 사람들에게 있어서 이 '아테네오' 연설은 에스파냐의 문화적 부활, 신생 에스파냐의 장래를 밝혀 줄 한 줄기 빛이라고 할 정도로 중대한 계기가 된 것은 틀림없다.

'프랑코와는 공존할 수 없다'

진중한 언동에도 불구하고, 오르테가에 대한 정부 당국의 공격은 나날이 심해져만 갔다. 동시에 그가 프랑코에게 갖는 불만도 나날이 커져 갔다. 1946년 오르테가가 한 친구에게 보낸 편지에서는 '지금 정부는 빈사 상태다'

라고 쓰여 있다.

　오르테가는 프랑코에 대해서 앞에서도 서술한 바와 같이 최초에는 낙관적이었고, 때로는 호의적이기까지 했다. 1936년 내전 발발 초기에는 프랑코파의 내셔널리스트의 승리를 기꺼이 환영했다. 아들인 미겔에 따르면 이 때 파리에 있었던 오르테가는 내전의 진전 상황을 에스파냐 지도를 펼쳐서 빨간색과 파란색의 선을 그려가며 프랑코군의 움직임에 일희일비했다고 한다. 하지만 그렇다고 해도 그는 프랑코파로부터 우호적인 취급을 받을 수 있을 것이라는 확신은 없었다. 당시 에스파냐는 인민전선파 또는 프랑코파 중에 양자택일을 할 수밖에 없는 상황이었고, 공화주의자로서 자유민주주의를 신봉하는 오르테가와 같은 중간적 입장은 있을 수 없는 것이었다. 따라서 프랑코가 내전에서 승리한 1939년 재빨리 에스파냐로 돌아오지 않고 아르헨티나로 망명 여행을 계속한 이유는 귀국해도 따뜻하게 맞아 주리라는 확신이 없었기 때문이었을 것이다.

　어쨌든 이 예감은 점차 현실이 되고 있었다. 귀국 후, 오르테가는 강연도 문필활동도 프랑코 정부의 엄격한 검열을 받게 된다. 1947년 오르테가는 개인 메모에 '나는 더 이상 프랑코와는 공존할 수 없다' '지금 나는 에스파냐에 있지만 실제로는 존재하지 않는다. 나는 이제 아무것에도 참가하고 싶지 않다'라고 쓰여 있다. 몇 년 후 오르테가가 사망했을 때, 미국의 〈타임〉지는 그의 추도기사를 게재했으며(1955년 10월 31일호), 그 안에서 이 말을 인용하고 있다. 그리고 1952년경이 되면 프랑코에 대한 극도의 환멸감을 드러냈고, 죽을 때까지 그 마음은 변하지 않았다.

　오르테가는 내전 전까지 아버지 세대부터 계속해 왔던 '좌담회(Tertulia)'를 몇 차례 열었다. 젊은 시절에는 그 자리를 빌려 '1898년 세대'인 선배나 동료 지식인들과 열심히 강론을 펼쳤다. 망명에서 돌아왔을 때도 그는 그 행사부터 부활시켰다. 멤버는 완전히 젊어져서 아들인 미겔이나 호세가 중심이 되었다. 하지만 의제는 정하지 않고 자유롭게 이야기한다는 점에서는 옛날과 다름없었다.

'인문연구소'의 설립

　1948년 오르테가는 프리안 마리아스의 원조를 얻어 '인문연구소'(Instituto

de Humanidades)를 마드리드에 창설했다. 단, 프랑코 정부는 당시 오르테가가 주최하는 연구소나 단체를 일절 공인하지 않았기 때문에, 이 연구소는 마리아스가 주최했던 '아우라누에바(신교실)'를 토대로 했다. 여기에서는 인문과학, 즉 철학, 역사, 지리, 문학, 예술, 정치 등의 여러 분야에 두루 걸친 연구가 행해졌다. 마리아스 자신도 '내전 후 가장 중요한 문화 현상'이라고 했던 것처럼 이 인문연구소는 당시 에스파냐에서 가장 지적 수준이 높은 교육 연구기관이었다. 정기 코스 이외에 일반대중을 위한 열린강의나 대담, 좌담회가 열렸다. 하지만 유감스럽게도 이 연구소는 오래가지 못하고 2년 후에는 폐쇄할 수밖에 없었다. 이유는 세 가지였다. 첫 번째는 자금난, 두 번째는 오르테가의 병, 그리고 세 번째는 프랑코 정부나 어용신문의 악의에 찬 비판에 따른 명예의 실추 때문이었다.

이때부터 오르테가의 건강상태는 나날이 악화되어 갔다. 이에 더하여 마드리드에서의 공식적인 문화활동도 할 수 없게 되었다. 이러한 고민을 안고서도 그는 남은 6년 정도를 유럽의 여러 외국으로부터의 집필의뢰나 강연, 수상식 출석 등에 참가하면서 꽤 바쁜 나날을 보냈다. 예를 들면 1951년 10월 독일의 뮌헨에서 강연에 초대되었을 때, 뮌헨과 같은 외국 땅에 '인문연구소'를 만들고 싶다는 꿈을 드러냈다. 이 때 에스파냐의 친구 앞으로 보낸 편지에 그는 이렇게 쓰고 있다.

'이 계획에 대해서 나는 아주 소수의 사람에게만 말했지만, 정말 놀랍게도 이것을 열광적으로 지지해 주는 사람들이 있다. 저 부끄럼쟁이에다가 복잡한 성격을 가진 하이데거(1889~1976) 같은 사람이 일부러 호텔까지 와서 열의를 담아 나와 같이 일을 하고 싶다고 말한 것만 봐도 알 수 있을 것이다. 하이젠베르크(1901~1976)도 같은 반응이었다. 이것은 세계에서 가장 뛰어난 사람들이 모인 '인문연구소'에서 같이 활동하고 싶다는 나의 생각이 꿈으로만 끝나지 않을 것이라는 것을 의미한다. 여기가 전세계 지적 생활의 순수한 센터가 된다는 것이다. ……'

이 꿈은 실현되지 않았다. 하지만 벌써 2년 전에 오르테가는 그 생애에서 가장 영광스러운 지적 체험을 했다. 그것은 미국의 콜로라도 주의 아스펜에서 행해진 괴테 탄생 200주년 기념집회에 공식 초대를 받은 것이었다.

괴테 탄생 200주년 기념제에 초대

미국 콜로라도의 주도 덴버에서 소형 비행기로 로키 산맥을 넘어 서남쪽으로 1시간 정도 가면 아담하고 아름다운 고원 마을 아스펜에 도착한다. 여름은 휴양지, 겨울은 스키 등 겨울 스포츠의 메카로서 미국인은 물론이고 세계적으로도 유명한 인구 4천 명~5천 명의 소도시이다. 이 마을에서 1949년 7월 문호 괴테 탄생 200주년 기념 식전과 대화집회가 개최되었다. 오르테가는 그 기념집회에 초빙되었다. 물론 그에게 있어서는 첫 미국 방문이었다. 주최자는 월터 페프케라고 하는 시카고의 컨테이너 회사 CCA의 회장으로, 오르테가에게 식전 메인 스피치를 의뢰했다.

페프케는 평소 예술문화의 파트롱으로 알려져 있었으며 전쟁 후의 세계, 특히 서유럽 세계의 도의적, 문화적 부흥을 염원하는 일환으로 비즈니스계의 리더들과 저명한 사상가들 사이의 교량 역할을 하는 데 열정을 쏟아 부은 대실업가이다. 오르테가를 일부러 지명하여 이 기념식전의 주역으로 고른 이유는 지금까지 그의 학문적, 문화적 업적도 그렇고 그의 탁월한 교육이념과 유럽의 종합사상의 선구자로서의 존재가 페프케의 눈에는 '20세기의 괴테'로 보였기 때문이었는지도 모른다. 공식초대장과 함께 5000달러의 여행경비가 보내졌다.

오르테가 이외에도 이 식전행사에 초대된 학자, 문화인은 모두 쟁쟁한 멤버들이었다. 알베르트 슈바이처(1875~1965), E.R. 쿠티우스(1886~1956 : 독일불문의 학자), T.N. 와일더(1897~1975 : 미국 극작가), S.H. 스펜더(1909~1995 : 영국 시인), G. A. 보르제세(1882~1952 : 이탈리아계 미국 비평가)……이런 사람들이었다.

기념집회는 2주간 계속되었다. 오르테가가 2회에 걸쳐 강연을 하고, 와일더가 동시통역을 했다. 최초의 강연에서는 괴테가 이야기한 '개인의 완전한 인간성 달성이라는 신성한 의무와 건전한 시민성'에 대해서 이야기했는데, 그것이 유럽 문화를 얼마나 비옥하게 했는가, 현재 유럽은 위험에 처해 있다, 그 구제하기 어려운 페시미즘(Pessimism : 비관론)으로부터 다시 일어서기 위한 영감이 필요하다, 이러한 정신적 기초의 붕괴에서 올바른 길로 교시한 것이 '미래라고 하는 공해(公海)를 향해 과감하게 출항한 영웅적 항해사 괴테'

라고 강조했다. 수일 후의 2회 강연에서는 인간성의 미래에 대한 불확정성에 대해서 이야기하면서 인간은 미래를 '가지고' 있는 것이 아니라 미래 '그 자체'이며, 괴테도 그 점에 대해서 같은 생각이었다고 지적했다. 오르테가는 1932년에 《내면에서 본 괴테》를 쓴 적이 있었는데, 아스펜에서의 강연은 그것을 더욱 발전시킨 것이었다. 이 때 오르테가는 자유와 이상주의와 휴머니즘에 전력을 다 쏟아 부었던 것 같다. 과거 프리모 데 리베라의 독재 출현을 에스파냐 정치에 있어서 '짧

강연하는 오르테가

미국 콜로라도 주 아스펜에서 열린 괴테 200주년 기념 식전에서. 오른쪽은 통역을 맡은 와일더(1949).

고도 날카로운 쇼크'라고 시인했던 때나, 프랑코 반란군의 동향에 일희일비했던 때의 오르테가와는 완전히 다른 모습이었다.

대부가 된 오르테가

에스파냐의 청중이나 신문의 반응은 절대적인 것이었다. 이 대화집회를 실질적으로 운영했던 시카고 대학교의 로버트 하친스 교수는 이 집회를 '인간의 도의적 책임과 자유와 존엄'에 대해 여론을 환기하는 데에 그 목적이 있었다고 말했으며, 그런 의미로 봤을 때도 대성공이라고 할 수 있다. 더욱이 제2차 세계대전이 끝나고 아직 얼마 지나지 않았던 혼돈의 시기에 의료 전도를 하며 세계적인 존경을 받고 있던 성자 슈바이처나, 역경 속에서도 자유사상을 지켜 냈던 오르테가와 같은 인물들을 한 번에 만날 수 있는 이 특별한 집회를 매스컴에서 그냥 둘 리가 없었다. 미국의 주간 〈타임〉, 〈뉴스위크〉 이 두 잡지는 아스펜에 취재진을 보내 아주 상세하게 보도했다. 이에 대해서는 다음과 같은 에피소드가 있다.

미국 아칸소 주에 사는 '조안 하라'라는 주부가 이 아스펜 집회가 있은 2년 후에 아들을 낳았다. 그녀는 괴테 기념제에 대해서 당시 주간지에서 읽었고, 멀리 에스파냐에서 온 오르테가에 대해서도 알고 있었다. 그녀는 어지간히 감동을 받았던지 2년 후 아들 출산 직후, 오르테가에게 직접 편지를 써서, 갓 태어난 아기의 대부(세례시 후견인)가 되어 주지 않겠냐고 부탁했다. 오르테가는 그 여성에게 이렇게 답장을 보냈다. '제가 당신 아들의 대부에 어울릴 만한지는 모르겠습니다. 하지만 당신의 청에 마음 속 깊이 감동받았으므로, 당신의 청을 받아들이기로 했습니다. 아, 그렇군요. 행복한 작은 오르테가 하라에게 키스를! ……'

아스펜의 괴테 기념제 참석 후, 이번에는 독일의 함부르크에서 열린 괴테 200년 기념제에 출석했다. 오르테가는 1934년의 단기방문을 제외하면, 이번 독일 방문은 젊은 시절 유학했을 때 이후 거의 40년만이었다. 여기에서 그는 슈바이처 및 토마스 만(1875∼1955)과 함께 연단에 섰다. (토마스 만은 이 때 유명한 '유럽을 독일화하는 것이 아니라, 독일이 유럽화해야 한다'는 강연을 했다) 유럽에서도 특히 독일에 오르테가의 팬이 많았다. 《대중의 반란》을 시작으로 지금까지 다수의 저작은 독일 국내에서 큰 평가를 받았고, 여러 번 재판되었다. 그 중에서도 《사랑에 대한 연구Estudios sobre el amor》는 가장 인기를 모은 에세이였다. 함부르크에서 한 오르테가의 강연은 유럽의 정신 부흥을 호소하기만 했을 뿐, 정치 문제에 대해서는 일절 말하지 않았다. 대전이 끝나고 얼마 지나지 않아 아직 전화의 흔적이 생생하게 남아 있는 독일이다. 타국인으로서 비판조로 무언가를 이야기해서는 안 된다는 배려였는지 오르테가는 히틀러나 홀로코스트(holocaust : 유태인학살)에 대해서는 한 마디로 하지 않았고, 그에 대해서는 도리어 독일 청중들이 놀랐던 것 같다.

신생 유럽의 꿈을 말하다

함부르크에서의 괴테 기념제를 끝낸 오르테가는 다음 달 9월 7일 베를린의 자유대학교에서 초만원의 학생들을 앞에 두고 유럽에 관한 강연을 했다. 그 강연 내용은 그의 사후, 《유럽론Meditación de Europa》이란 제목으로 1960년 '서유럽평론사'에서 출판했다. 에스파냐 사상계에서 국수파에 저항하는 유럽파로써 오르테가의 입지를 공고히 한 것이 이 '유럽론'이다. 오르테

다름슈타트에서 개최된 한 심포지엄에서 하이데거(오른쪽)와 만났다. (1953)

가는 이 연설을 독일어로 행하여 서유럽의 코스모폴리탄(세계시민)으로서의 품격을 보였다(수년 후 뮌헨 대학교의 강연도 독일어로 했는데, 당시 1학년으로 그 연설을 들었던 독일인─저자의 친구─은 오르테가의 독일어에 약간 에스파냐 억양이 있기는 했지만 정확하고 당당했다고 했다).

베를린 연설에서 오르테가는 전후 유럽의 새로운, 그러나 앞은 보이지 않은 채로 변모해 가는, 이를테면 산고와 같은 변화에 대해 논하는 한 편, 그중에서도 밝은 재생의 징후가 보인다는 것을 강조했다.

'우리의 가슴을 괴롭게 하는 것은 가장 훌륭하고 아름다운 생활이 있었던 역사가 황혼을 맞이하는 것이다. 역사 속에서 우리들은 찬란했던 것들의 폐허를 보면서 걸어간다.……'라고 하는 헤겔의 《역사 철학 강의》의 첫머리를 인용하여 '폐허는 확실히 두렵지만 만약 역사가 폐허를 가지지 않는다고 한다면 그것은 더욱 두렵다. 과거의 건조물이 모두 남아 있다고 상상하는 것만으로 오싹하다. 나는 특히 독일인에게 눈앞을 뒤덮는 대재난을 앞에 두고 위엄과 우아함을 잃지 말고 그 안에 있는 진실을 직시하고 연구할 것을 진언한

다. 왜냐하면 생은 가끔 패배라고 하는 얼굴을 보이기 때문이다. ……'라고
독려했다.

슈펭글러는 《서양의 몰락》에서 유럽의 하강 현상을 역사적 숙명이라고 예
언했으나, 오르테가는 스스로 '베르페스티니스타(황혼론자)'가 아니라 '마티
나리스타(새벽론자)'라고 하며, 신 유럽은 잿더미 속에서 불사조처럼 부활할
것이라고 내다봤다. 그리고 그 베를린 강연에서는 비교적 새로운 역사, 젊음
과 탄력에 가득 찬 독일을 칭찬했다. 또한 오르테가는 마드리드의 '인문연구
소'에서 1948년부터 1949년에 걸쳐서 행한 연속강의 《세계사의 해석》(Una
Interpretación de la Historia Universal)에서 아널드 J. 토인비의 《역사의 연
구》(1934~1961)를 철저하게 비판하는 한편, 이 베를린 강연에서도 토인비
의 '국민'이라는 정의가 단순한 부족주의와 민족주의의 조합이라는 점을 꼽
으면서 강하게 비판한 것으로 주목받았다.

하이데거와의 만남

독일 체재 중에 오르테가는 친구 쿠르티우스의 따뜻한 환영을 받았다. 그
리고 그의 열성적인 조력에 힘입어, 그 후 1951~53년의 대부분을 독일 각
지에서 강연 활동을 했다. 그리고 1953년 다름슈타트(프랑크푸르트암마인 남쪽
도시)에서 열린 '기술과 건축에 관한 심포지엄'에 참가했을 때, 하이데거와
만났다. 말할 것도 없이 이 둘은 20세기 사상을 대표하는 숙명적인 라이벌
이었다. 그 둘은 철학의 방법론이나 양식, 특히 언어학적인 의미의 견해 차
이(하이데거가 사용하는 언사는 난해하기로 유명하다)가 눈에 띄며, 결정적으로 다
른 것은 오르테가 자신도 지적하고 있는 것처럼 사상가(또는 철학자)와 저술
가의 차이이며, 하이데거는 전자, 오르테가는 후자에 속한다.

한 편 아스펜의 괴테 탄생 200주년 기념제의 성공에 만족했던 미국 주최
자들은 오르테가에게 그 조직체를 영구적인 연구기관으로 하고 싶다는 조언
을 구해 왔다. 오르테가는 마드리드의 '인문연구소'를 모델로 하도록 조언을
했으며, 동시에 주최자 페프케에게 편지를 썼다. 고도의 인문교육의 기본 원
칙은 '스파르타 교육'과 '품위 교육'의 실천임을 제언했다. 이것을 받아들여
1959년 12월 30일 아스펜에 '인문연구소'(Aspen Institute for Humanistic Stu-
dies)가 창립되었다. 이 연구소는 베를린에도 지부를 가지고, 지금도 미국

내외의 많은 지식인, 문화인을 초대
해 매년 학술적인 세미나부터 음악
콘서트, 스포츠에 이르기까지 광범위
한 문화활동을 펼치고 있다.

'내년에는 어린 국화를 키울 테지…'

1954년 후반이 되면서 오르테가의
위통은 극심해져 갔다. 이해 10월에
영국의 토키(데번 주 남부 해안의 휴양
지)에서 열리는 경영연구소 주최 회
의에 초대되어 갔으나, 이 영국 여행
은 그를 따분하게 만들었을 뿐만 아
니라 그의 병세도 한층 악화시키는

오르테가의 무덤
성 시드로 가톨릭 묘지. 로사부인과 함께 묻혔다.

결과를 낳았다. 이듬해인 1955년 이탈리아, 독일, 스위스를 여행하고 7월에
마드리드에 돌아와서 오르테가는 '서유럽평론사' 사무소에서 잡지의 장래에
관해 동료들과 대화를 하고 있었다. '내년에 우리들은……'이라고 말을 꺼내
고 그는 희미하게 얼굴을 찡그렸다. 그리고 '내년에 나는 어린 국화를 키울
테지'(지하에 묻혀있을 것이다)라고 했다 한다. 그해 여름은 언제나처럼 북에스
파냐의 아스투리아스에서 보냈으나, 병세는 급속하게 악화되었다. 9월 마드
리드로 돌아와서 의사의 진찰을 받았지만, 너무 늦었다. 재수술은 하지 않았
다.

1955년 10월 18일 오전 11시 20분, 오르테가는 몽테에스킨사가 28번지의
자택에서 72세로 숨을 거두었다. 숨을 거두면서 그는 '캄캄해졌다'라고 읊조
렸다고 한다. 베갯머리에는 로사부인의 청으로 부랴부랴 달려온 가톨릭 교
회의 신부가 지키고 있었다. 하지만 그때 이미 본인은 의식이 전혀 없었다.

10월 20일 호아킨 루이스 히메네스 교육장관이 마드리드 대학교의 이름으
로 오르테가 추도미사를 거행했다. 가톨릭 교의에 의문을 품고, 생을 마감할
때까지 등을 돌리고 있었던 오르테가의 심정을 살펴서 아들과 딸은 이 미사
에 참례하지 않았다. 오르테가는 생전에 '집회(Tertulia)장에서 죽고 싶다'라
고 주변 사람들에게 자주 말했다고 한다. 또 죽음이 가까워져 오던 어느 날,

아들 미겔에게 '공동묘지에 묻어 줬으면 하지만, 거긴 지저분하더라'라고 했다고 한다. 하지만 실제로 오르테가는 마드리드 시내가 내려다보이는 고지대, 성 시드로의 가톨릭 묘지에 매장되었다. 오늘날 여기에는 그와 마지막까지 함께했던 로사부인과 그의 육친들이 잠들어 있다.

II. 사상의 주요 테마

1. 20세기 사상의 새로운 흐름

사상의 3단계 발전설

여기에서는 오르테가의 사상에 관한 개략적인 내용을 서술하기로 하겠다. 오르테가 철학의 주제는 '나는 나와 나의 환경'이다. 주어가 되는 처음의 '나'는 '살아 있는 나', 즉 인간은 모두 개개인의 생에 기인하는 자신이라는 것을 가지고 있고, 그러한 생을 배경으로 한 나라고 하는 의미이다. 오르테가는 이러한 각자의 '생'(vitalidad)은 이 세상에 살아 있다고 하는 '기본적 현상'(realidad radical)에서 발생하는 것이라고 설명한다. 알기 쉽게 말하면 사람에게는 각각 인생이 있고, 더욱이 그것을 둘러싸고 있는 '환경'(circumstancia)과 떼려야 뗄 수 없는 관계가 있다. 따라서 '나'도 '환경'도 오르테가가 말하는 '인간의 생'으로서의 '기본적 현상'이 된다. 따라서 '나는 나와 나의 환경이다'라고 하는 명제는 '살아 있는 나는 자아인 나와 그것을 둘러싸고 있는 세계 및 자연과 합체한 종합적 개념'이라고 해석해도 좋을 것이다.

평이한 듯하면서 대단히 난해한 표현이지만 이 사고 방식이 오르테가 전 사상 체계를 꿰뚫고 있는 핵심이며, 20세기 초에 이러한 사상이 출현했다는 것은 데카르트 이후 근대 합리주의나 칸트의 순수이성, 관념론으로 대표되어 왔던 유럽 사상의 흐름 속에서 혁명적인 의미를 가진다. 왜냐하면 지금까지 전개되어 왔던 '이성'과 '생'의 상관관계, 즉 '이성'이 '생'을 지배하는 것인지 그렇지 않으면 '생'이 '이성'에 우선하는 것인지와 같은 말하자면 양자 택일적 사고방식에서 '생'은 즉 '이성'이라는 일원화를 시도했기 때문이다. 그리고 그것이 오르테가의 '생의 이성'(la razón vital)의 이념이다. 오르테가는 유명한 '나는 생각한다. 고로 존재한다'(Cogito ergo sum)는 명제에 따라서 모든 것을 의심하는 과정을 통해서 완전한 지식에 도달하려는 주지주의적 입장을 취했다. 오르테가 자신의 말에 따르면, 데카르트는 '철학의 역사를 고대─중세와 근대로 이분한 거대한 만리장성과 같은 존재'였다. 오르테가의 이러한 표현을 굳이 모방하자면, 오르테가는 니체, 하이데거 등과 함께 20세기 사상의 새로운 흐름을 만든 분수령적인 존재라고 할 수 있을 것이다.

프리안 마리아스와 함께 오르테가 연구에 고명한 호세 F. 모라는 오르테가 사상의 발전을 다음과 같은 3단계로 구분한다.

(a) '객체주의' 시대 : 1902~1913
(b) '원근법' 시대 : 1914~1923
(c) '생의 이성' 시대 : 1924~1955

'객체주의' 시대

오르테가가 마드리드 대학교를 졸업한 후에, 독일 각지의 유학까지 모두 끝내고 귀국하는 데 11년이 걸렸다. 학생 시절부터 우나무노의 '1898년 세대'에게서 강하게 영향을 받은 오르테가는 격동하는 에스파냐 내외의 정세에 스스로 어떻게 대응해야 할지, 다르게 말하면 이러한 '환경'을 지적 입장에서 어떻게 받아들여야 할지에 대해서 강렬하게 자각했다. 그리고 그 방법론을 모색하면서 독일에서 짐멜이나 코엔, 나토르프의 문을 두드리고, 칸트 철학으로 발을 내딛었다. 새삼스럽게 말할 필요도 없이 칸트는 독단적 주지주의에서 벗어나 합리이론과 경험론을 종합하여 순수이성, 실천이성, 판단력이라는 3대 이성비판 철학을 18세기 말에 수립한 이성주의의 거인이다.

당시 오르테가는 에스파냐 국내의 다양화되었던 가치관 중에서 '이성의 힘'과 '인간의 완전성'을 믿으려고 했던 크라우제주의와, '정치라는 것은 기본적으로 문화현상이며 완전히 이성적인 것이 아니다'라고 하는 비이성주의적 입장을 가지는 '1898년 세대' 사이에 끼어서 고뇌할 수밖에 없었다. 한쪽은 이성주의와 객관주의이고, 한쪽은 문화주의와 국수주의이다. 그는 자신이 이 두 가지의 사상 모드의 합류점에 있다는 것을 깨달았다. 오르테가가 스승으로 삼고 존경했던 '1898년 세대'의 대표적 인물인 우나무노는 '헤겔이 이성적이라는 것은 모두 현실적이고, 혈실적인 것은 전부 이성적이다'라는 유명한 말을 했지만, 우리들은 현실적, 진실로 현실적인 것은 비이성적이고, 이성은 비이성적인 것 위에 세워진다는 것을 믿는 것이 대세이다. 에스파냐의 정치문제는 결코 완전하게 이성적일 수 없고, 이성적인 분석은 할 수 없다'라고까지 단언했다(이런 일화가 있다. 에스파냐 자체의 아이덴티티에 집착했던 우나무노는 에스파냐의 유럽화를 주장하는 '유럽파'를 '우매한 자'라고 평한 적이 있다. 이것에 대해서 오르테가는 자신은 그야말로 '우매한 자' 중에 한 명이라고 해석하고 이것이 계기가 되어 둘 사이는 어긋나게 되었다. 1914년 우나무노가 대학 교수의 지위에서 쫓겨날 위기에 처했을 때는 오르테가는 우나무노를 옹호하여 친절하게 대했지만, 우나무노에 대한 신뢰감, 존경은 초기에 비해서 상당히 엷어졌었다).

오르테가는 독일을 유학하면서 특히 신칸트파의 아성이라고도 할 수 있는 마르부르크에서 너무도 당연하게 객관주의, 실증주의의 세례를 받게 된다. 하지만 칸트 철학의 흐름을 그대로 받아들이지는 않았다. 프리안 마리아스는 이 시기를 오르테가에게 있어서 객관주의의 시대라고 하기보다는 오르테가의 아직 미완성이지만 장래에 그의 철학이 될 사고의 싹이 보였던 시기라고 봐야 한다는 견해를 드러낸다. 즉, 이 시대에 현상학, 환경론, 예술론이라고 하는 세 분야에 대해서 연구했고 그 결과, 향후 그의 '생의 철학'의 근간이 되는 '기본적 실존의 생'의 이념이 생겨난다는 것이다. 그리고 독일 유학 후에 쓴 《르낭》(1909)이나 《천국의 아담》(1910)을 들어서 오르테가가 칸트 철학을 '뛰어넘고 있다'는 상황을 설명했다.

'원근법' 시대

당시는 제1차 세계대전이 시작되었고, 그 전쟁이 끝난 후의 혼란 끝에는 프리모 데 리베라 군사 독재에까지 다다른 정치, 사회 현상의 대전환기였다. 그리고 그 시기에 앞에서 이야기한 오르테가의 명제 '나는 나와 나의 환경이다'가 생겨나고 정착한다. 그리고 그 사상을 체계적으로라기보다는 오히려 단편적이고 에세이풍으로 쓴 것이 《돈키호테에 관한 성찰》(1914)이다. 오르테가는 유소년 시기부터 애독했던 소설 《라만차의 돈키호테》가 낡아져도 버리려고 하지 않았다고 한다. 라만차의 평원에서 우두커니 서 있는 비쩍 마른 돈키호테의 모습에서 이성을 위해서는 죽음도 마다 않는 영원한 순수함과 현실세계의 추악함과의 모순, 환멸을 느끼고 있었음이 분명하다. '돈키호테는 근대 고뇌에 들볶인 크리스트(Christ : 구세주)이며, 자신의 순진과 자기의 의지를 잃어버려서 다른 새로운 순진과 의지를 찾아 헤매는 비통한 이미지가 창조한 우리들 마을의 해학적인 크리스트이다'라고 오르테가 자신이 《돈키호테에 관한 성찰》에서 서술하고 있다. 그리고 그 돈키호테를 보면서 오르테가 독자의 인식론인 '원근법'(perspective)을 밝혔다.

'이 세상의 결정적인 존재물은 물질도 정신도 아니고, 한 개의 퍼스펙티브이다. 그리고 신은 퍼스펙티브임과 동시에 질서체계이며, 악마의 죄는 퍼스펙티브의 오류이다.'(《성찰》 서문) 퍼스펙티브란, 앞에서 엘에스코리알의 숲에 대해서 기술하면서 언급했던 것처럼, 전경에서 배경까지를 보는 사람의 시점에 따라 각각 다른 풍경을 원근법에 의해 몇 배나 증가기키고, 그 풍경의 랭크 하나하나에 대해서 우리들이 정확하게 대응하여 완성하는 인식방법이다. 오르테가는 더욱이 이렇게 말한다. '우리들은 우리들의 환경이 이 세계의 광대한 퍼스펙티브 안에서 자리를 잡을 적절한 장소를 찾아내야만 한다. 환경을 재흡수하는 것이 인간의 구체적인 숙명이다' 그리고 '나는 나와 나의 환경이다. 만약 내가 이 환경을 구해내지 못하면 나 스스로도 구해내지 못한다'라고 단언했다. 이 원근법에 대해서는 향후 《현대의 과제》 (1923)에서 더욱 구체적이고 이론적으로 논술하여 '생의 이성론'이 정리된다.

'생의 이성' 시대

이 오르테가 독자의 철학이 변화하는 세상에 대응하여 더욱 구체적, 실천적으로 적응되는 시대이다. 그리고 오르테가가 죽을 때까지 20여 년간의 에스파냐는 문자 그대로 내외적으로 다난한 격동의 시대였다. 프리모 데 리베라의 군사 독재정치, 아나키스트 좌파의 대두, 카탈루냐 등의 지역분립주의의 첨예화, 제2공화제의 탄생, 그리고 인민전선내각의 성립을 거쳐 프랑코에 의한 내전이 촉발됨과 더불어 에스파냐는 장기적인 우익 전체주의 체제에 들어갔다.

이렇듯이 좌우의 격한 충돌이 있었던 정치, 사회 정세 속에 오르테가는 마드리드 대학교 교수직에서 내몰리고, 유럽 근방 각 나라로, 그리고 남미로 망명생활을 할 수밖에 없었다. 충분하게 서재에서 무언가를 생각할 여유조차 없었다고도 할 수 있다. 하지만 그 가운데에서도 오르테가는 강의나 신문, 잡지 기고를 통해 학자로서 또는 저널리스트로서 그 활동을 쉬지 않았다. 《미라보, 즉 정치가》·《칸트론》·《대중의 반란》·《철학이란 무엇인가》·《위기의 도식》·《벨라스케스 입문》·《역사적 사명》 등이 모두 이 시대의 저술 또는 연속 강의였다.

에스파냐의 내전이 끝나고 제2차 세계대전도 끝나자, 드디어 귀국한 오르테가는 앞에서 서술한 바와 같이 병을 앓고 있었기 때문에 생각만큼 활동할수가 없었다. 하지만 그는 이 시기에 《벨라스케스 입문》과 《역사적 이성》을 완성하는 한편, 《세계사의 해석》이나 《사람과 사람들》이라는 만년의 대작을 저술했다. '생의 이성' 철학과 '역사주의'를 종합하여, '나는 나와 나의 환경'론을 완성하고 체계화한 것이다.

광범위한 사고 대상

이상과 같이 오르테가 사상은 그의 기본적 철학이념인 '생의 이성'에 기하여 독자적인 정치 철학부터 사회위기론, 고대 그리스나 로마에까지 거슬러올라가는 유럽 문명론과 역사관, 에스파냐 문화론 더 나아가 문학론에서는 고야, 벨라스케스를 논하는 예술론 등등, 그 사고 범위는 놀랄 정도로 넓다. 더욱이 그 저술 형식은 그 자신이 에스파냐 어를 전달하는 것을 누구보다 중시했기 때문에 아름답고 깔끔한 산문조의 에세이식 문체가 주를 이룬다. 동서의 격언, 방언을 두루 구사한다. 그 박식함에는 그저 놀랄 뿐이다. 하지만 오르테가의 저작에는 처음부터 독립해서 출판된 것이 많지 않다. 반 이상은 대학에서 연속강의를 한 것이나 강연의 텍스트, 또는 먼저 신문이나 잡지에 실리고 나서 그것이 뒤에 가서(경우에 따라서는 사망 후에) 책으로 엮어졌다.

또한 이 저작의 많은 부분이 권별로 반드시 테마에 따라서 정리되어 있다든지, 체계가 잡혀 있다든지 하지 않다. 예를 들면 철학 논의가 한창이다가도 고대사나 물리학이 들어 있다거나, 환경을 논하다가 고대 유럽론이나 예술론이 전개되는 등, 여러 가지 테마가 상호 관련하면서 종횡무진하고 종합적인 사고 방법을 사용하고 있다. 그렇기 때문에 그의 저작을 사고 테마별로 분류, 정리하는 것은 대단히 어렵다. 하지만 여기에 군이 그의 주요 저작을 테마별로 분류, 정리해 보면 다음과 같다.

1. 에스파냐론 : 《돈키호테에 관한 성찰》(1914), 《무기력한 에스파냐》
   (1921), 《벨라스케스 입문》(1959, 유고)
2. 유럽문명론 : 《대중의 반란》(1930), 《체계로서의 역사》(1941), 《위기의
   도식》(1942), 《세계사의 해석》(1960, 유고), 《유럽론》(1960, 유고)
3. 사회사상 : 《예술의 비인간화》(1925), 《대중의 반란》, 《대학의 사명》
   (1930), 《사람과 사람들=개인과 사회》(1957, 유고)
4. 정치사상 : 《역사적이면서 새로운 정치》(1914, 강연), 《관찰자》(1916∼
   1934, 전8권), 《미라보, 즉 정치가》(1927), 《대중의 반란》, 《평화주의
   에 대해서》 그 이외 초기 신문에 기고한 기사 다수
5. 예술론 : 《예술의 비인간화》, 《고야론》(1958, 유고), 《벨라스케스 입문》,
   《사랑에 대한 연구》(1941)
6. 철학사상 : 《현대의 과제》(1923), 《갈릴레오를 둘러싸고》(1933), 《철학
   이란 무엇인가》(1958, 유고), 《라이프니츠 이론의 이념》(1958, 유고),
   《사람과 사람들=개인과 사회》

더욱이 오르테가의 저작에는 그 독자적인 의미를 가지는 용어가 종종 등
장한다. 오르테가 사상을 이해하기 위해 말하자면 키워드가 되는 것들이다.
예를 들면 '환경', '생', '원근법', '주연성(周緣性)', '정당성', '세대', '관
습', '자기침잠과 자기개선', '생의 이성', '초민주주의', '역사적 이성' 등의
말들이 있다.
 이러한 용어를 염두에 두면서 이하에서는 오르테가 사상이라는 거대한 숲
을 탐색해 보도록 하자.

2. 나무들이 숲을 보여 주지 않는다

사물의 겉과 속

오르테가가 '나는 나와 나의 환경이다'라고 하는 말을 최초로 공언한 것은
앞에서도 말했다시피 초기의 대작 《돈키호테에 관한 성찰》(이하는 《성찰》로 축
약)에서 이었다. 그리고 그 이념을 만들어 낸 독자적인 사고방법 '원근법'이

야말로 오르테가 사상 전부를 이해할 수 있는 가장 중요한 열쇠가 되는 인식론이므로, 《성찰》에서 이야기하고 있는 내용을 중심으로 그 의미를 살펴보도록 하자.

오르테가는 먼저 '나무들이 숲이 보이지 않게 방해한다'라고 하는 게르만의 속담을 소개한다. 숲으로 발을 내딛으면 주위에 수십 그루의 나무가 보인다. 그러나 앞으로 나아가면 지금까지 보였던 나무가 아니라 다른 나무들이 또 보인다. 이들 나무는 그 때에 '자신에게 보이는' 나무에 불과하며, 숲 전체를 보고 있는 것이 아니다. 보이는 것은 일련의 나무의 단편이고, 진짜 숲은 자신에게는 보이지 않는 나무들로 전부 둘러싸여 있기 때문에 자신이 지금 서 있는 장소에서는 결코 보이지 않는다. 숲은 우리들이 걸어야 하는 몇 시간 정도 떨어진 곳에 있다. '숲은 우리들의 눈에서 도망쳐 간다. 숲은 더 깊이깊이 들어가도록 하는 한 줄기 좁은 길'이다.

일반 속담에 '나무만 보고 숲은 못 본다'(작은 일에 정신이 팔려서 큰 것을 놓친다)라고 하는 표현이 있으나, 오르테가가 말한 의미와는 조금 다르다. '눈에 보이는 나무들의 역할은 남은 나무들을 눈에서 가리기 위한 것이다. 그리고 눈에 보이는 경치가 다른 눈에 보이지 않는 경치를 가리고 있는 것이다. 그렇다는 것을 우리가 완전하게 인식할 때 처음으로 우리들은 숲 속에 있다는 것을 느낄 수 있다'라고 한다. 이렇게 오르테가가 숲이 가진 다양성을 지적하면서 이 세상에 내재하는 여러 가지 운명 또한 숲과 같이 깊이를 가진 다양성이 있고, 모두가 동등하게 존중받을 만한 것이라고 한다.

사물에는 표면만이 확실하게 보이는 표층적인 것과 표면 아래에 몸을 숨기고 있는 심층적인 것이 있다. 우리들이 보거나 만지는 물체에는 그 깊이와 길이를 구성하는 제3차원이 있다. 하지만 사람은 그 제3차원을 보는 것도 만지는 것도 불가능하다. 그 물체의 표면에는 내면에 무언가가 있다는 암시는 있지만, 그 내면이라는 것은 결코 표면에는 나오지 않는다. 만일 표층을 절단해도 아무리 얇게 저며 내도 절단면은 반드시 어느 정도의 두께와 깊이가 있게 마련이다.

오르테가는 여기에서 한 가지 메타포(metaphor : 비유)로서 한 개의 오렌지 이야기를 가지고 왔다. 오렌지는 공 모양이며, 따라서 겉과 속이 있다. 사람은 이 오렌지의 겉과 속을 동시에 보는 것이 가능할까. 우리들이 보는 오렌지는 그 일부이며, 이 과일 전체를 보고 있는 것은 아니다. 오렌지라고 하는 공 모양의 대부분은 우리들의 시선에서 숨겨져 있다고 말한다. 달리 말하면 사물은 자기를 표현하는 다양한 방법을 가지고 있다. '눈에 보이는 것만이 명백한 것은 아니다. 어떤 물체의 제3차원은 다른 2개의 차원과 같은 명징성(明澄性)을 가지고 있다'라고 한다.

새 소리 물 소리

앞에서는 눈에 보이는 일, 즉 시각적인 예증이었으나 오르테가는 더 나아가서 음색 즉, 청각적인 사례도 꺼내 보인다. 개울가에 한 마리의 휘파람새가 울고 있다. 발치에 흐르는 물은 조약돌과 부딪치며 졸졸졸 소리를 낸다. 휘파람새의 지저귐과 개울물 흐르는 소리 이외에도 다양한 잡음들이 있다. 휘파람새와 개울 그것에만 주의를 기울이면 다른 소리들은 옅어진다. '이 두 가지의 서로 다른 음향적 성질은 내가 그것을 구별하도록 부추기고, 그것들에게 색다른 공간적 성질을 부여한다. 즉, 어떤 한 소리가 멀리 있는 것이 아니라 내가 그 음을 멀어지도록 하는 것이다.' 숲 속의 나무들에게 시각적 거리가 생기는 것과 같이 새 소리와 물 소리 사이의 거리가 생긴다. 그리고 그것을 만들어 내는 것은 자신이다. '배경의 깊이라고 하는 것은 모두 자신의 협력으로 만들어 내는 존재이며, 나의 정신이 어떤 감상과 다른 감상 사이에 거리를 설정하도록 관계를 만들어 내는 것으로 생기는 것이다.'

우리들이 눈과 귀를 움직여서 그 존재를 알 수 있는 것, 즉 표층적인 세계를 오르테가는 '현재적(顯在的) 세계'라고 했고, 심층 세계를 '잠재적(潛在的) 세계'라고 이름 붙였다. 더욱이 심층 세계에는 여러 가지 인상의 조합에 의해 구성된 '배경 세계'가 있다고 지적한다. 같은 한 개의 사물이 보일 경우에 '수동적으로' 보이는 경우와 이것과는 별개로 '능동적으로' 보이는 경우가 있다. 후자는 눈으로 보면서 해석하고 해석하면서 보는 방법으로 이것이 '관찰한다'는 것이다.

플라톤은 이것을 '이데아'라고 했다. 오렌지의 제3차원은 그야말로 이 '이데아'인 것이다. 여기에서 한 개의 빛바랜 파란색을 본다고 하자. '우리들은 그 파란색이 한때 좀더 진한 다른 파란색이었을 것이라고 하고 본다. 현재 그 색을 과거의 색과 함께 즉, 한때 그러했을 것이라는 색을 통해서 관찰한

엘에스코리알 수도
원을 산책하는 오르
테가(1915)

다. 이러한 시간은 거울에는 없는 능동적인 시각이며, 이것이 《이데아》이다.'
그리고 어떤 색이 변하거나 흐려지는 것은 그 색에 발생한 새로운, 가상적인
성질인 것이다. '우리들은 하나의 색을 보고, 순간적으로 그 색과 그 색의
역사를 즉, 그 색이 빛났던 시기와 현재의 붕괴를 찾아낸다. 우리들의 내면
에 있는 무언가가 그러한 조락(凋落 : 차차 쇠하여
보잘것없이 됨)과 애환의 운명을 일순에 재생
한다. 우리들이 어떤 빛바랜 색을 볼 때 마음속에서 비애와 같은 것을 느끼
는 것은 이 때문이다.'

이렇게 사물에는 공간적인 것이 있고 시각적인 것도 있고, 또는 시상적인
것도 있고 청각적인 것도 있으며, 그 깊이의 차원 속에서 늘 표면에 '자기'
의 모습을 드러낸다. 따라서 표면에는 엄밀한 의미로서 2개의 가치가 있다.
하나는 표면을 그대로 구상적(具象的 : 구체
적)으로 보여 주는 가치이고, 또 다
른 것은 그 표면을 가상적(假像的 : 거짓
형상)인 '제2의 생명'으로 보는 가치가 있
다. 후자, 즉 가상적 가치는 표면은 표면이면서 깊이의 방향으로 확대되어
간다. 오르테가는 이것을 '원근법'이라고 불렀다.

오르테가는 이상, 《성찰》 속에서 명확하게 한 '원근법'을 9년 후인 1923년
에 발표한 《현대의 과제》에서 더욱 자세히 논하고 있다. 복잡한 이론이므로
먼저 알기 쉽도록 하기 위해 그의 유명한 메타포 중의 하나인 '체' 이론을
소개해 보자.

'체' 이론

'흐르는 물에 망이나 체를 걸어 두면 어떤 것은 그냥 통과를 하고 어떤 것은 걸리게 된다. 이 경우 그 망이나 체는 물질을 선택한다. 그러나 물질의 형태를 왜곡시키는 것은 아니다. 자기 주위 세계의 실재에 바탕을 둔 주관, 살아 있는 존재자인 주관의 움직임이란 그야말로 이런 것이다. 이 주관은 실재가 간단하게 자기를 통과하는 것을 용납하지 않는다. 또한 이 주관은 허망한 실재를 위조하지 않는다. 주관의 기능은 명확하게 선택적이다.'

그러니까 수용장치(체)인 개인은 흐르는 물 속의 무수한 요소들 중에서 망에 걸려드는 약간의 것은 수용하지만, 그 외의 것은 전혀 신경 쓰지 않고 흘려보낸다는 것이다.

실은 이 이론은 오르테가에게 있어서는 대단히 중요한 인식론의 근저를 이루는 것이다. 오르테가가 비판 대상으로 삼았던 '이성주의자' 및 '상대주의자'들의 인식론에 대한 중요한 반론 부분이기 때문이다. 오르테가는 말한다. '인식이란 진리를 획득하는 것이다. 진리의 획득에 의해 실재의 초월적(초주관적) 우주가 우리들에게 명확하게 보이게 된다. 그리고 진리는 유일하며, 변하지 않는다. 그러면 진리가 주관 속으로 들어간다는 것은 어떻게 가능한 것인가? 이성주의의 해답은 편협하고 독단적이다. 이성주의자는 인식은 실재가 조각나지 않고 왜곡되지도 않은 채 주관 속으로 들어갈 때 가능하다고 말한다. 그렇다고 한다면 주관은 그 어떤 독자성도 색도 가지지 않는 투명한 매체여야 한다. 어제도 오늘도 내일도 같은 주관이어야만 한다. 즉, 주관은 초생명적이고, 초역사적이어야 한다. 하지만 생은 독자성을 가지며, 변화하고 발전한다. 말하자면 생은 역사인 것이다.'

'상대주의의 답도 똑같이 편협하다. 그것은 인식은 불가능하다고 말한다. 상대주의에 따르면 초월적 실재라고 하는 것은 어디에도 존재하지 않는다. 왜냐하면 모든 현실적 주관은 특정한 형태를 가진 틀과 같은 것이며, 그 속에 실재가 들어가기 위해서는 그 구조를 변화시켜야만 한다. 또한 그 개별적 변형물을 각 주관이 실재라고 생각해도 그것은 그렇게 자칭하고 있는 것에 불과하다는 것이다.'

오르테가는 이러한 두 종류의 견해에 대해서 인식 주관은 투명한 매체나 순수자아도 아니고 실재의 왜곡도 아닌 제3의 견해, 즉 양 견해를 완전하게 총합한 것이라고 강조한다. '체 이론'은 그야말로 그 논거가 되는 비유인 것이다. 즉 인간의 시각도 청각도 최대부터 최소까지의 일정한 범위 안에서 밖에 움직이지 않고 그 틀을 벗어나는 색채나 음향은 우리들에게는 인지되지 않는다. 진리의 경우도 이와 같아서 각 개인의 마음의 구조는 어떤 진리의 이해는 가능할지라도 다른 진리는 이해할 수 없는 지각기관이라고 한다. 그렇게 각 민족도 각 시대도 각각 특유의 마음 즉, 일정의 범위와 형태의 망을 가지고 있으며 어떤 진리에는 깊은 친화성을 표시하나 다른 진리에는 전혀 동화하지 않는다.

'순수이성은 살아 있는 이성에 자리 양보해야'

두 사람이 서로 다른 시점에서 같은 풍경을 보는 것은 가능하다. 하지만 이 두 사람이 보고 있는 것은 같지 않다. 그들의 위치가 다르기 때문에 풍경은 그들의 눈에는 두 가지의 서로 다른 구성으로 비춰진다. 한 쪽은 앞쪽을 보고 그 세부에 대해서 확실히 보이지만, 뒤쪽에서는 확실히 보이지 않는다. 게다가 한 쪽의 물건이 다른 쪽의 물건의 뒤에 놓여 있어 전체 또는 부분적으로 가려지기 때문에 이 두 사람은 각각 다른 사람이 보지 못하는 부분을 보게 된다. 만약 각자가 다른 사람이 보는 풍경은 틀렸다고 주장하는 것이 과연 의미가 있는 것일까. 어느 쪽의 풍경도 똑같이 실재하는 것이다. 또한 만약 양자가 본 풍경은 둘 다 환각이라고 하는 것도 무의미하다. 양자 사이의 제3의 진정한 풍경은 존재하지도 않고 존재할 수도 없다. 여기에서 오르테가는 말한다. '우주의 실재는 일정의 퍼스펙티브(원근법) 아래에서만 보인다. 퍼스펙티브는 실재 구성분자의 한 개이다. 그것은 실재를 왜곡하는 것이 아니라 실재를 편성하는 요소이다. 어떤 시점에서 봐도 항상 동일한 상이 되는 것은 실재의 부조리한 개념이다.'

어떤 물질의 실재는 그것이 보이는 시점이 어디에 있는가와는 관계없이 그것 자체가 독자적으로 거기에 있는 것이라고 생각하는 방법이 과거부터 있어 왔으나, 그것은 오해라고 오르테가는 판정한다. 실재는 풍경과 같이 그 모든 것이 동등하게 진실되며 동등하게 무한한 퍼스펙티브이다. 유일무이(唯一無二 : 오직 하나뿐)라고 불릴만한 것은 허위 퍼스펙티브이다. '어떤 장소에서도 보이지 않는 유토피아, 장소가 특정되지 않는 진리는 허위이다. 유토피안(몽상가)는 가장 실패한 인물들이다.' 이것이야말로 오르테가가 가장 말하고 싶었던 포인트였을 것이다. 지금까지의 철학은 항상 유토피아였다. 모든 시대에서 걸쳐서 모든 인간이 타당하다고 여길 불용불변의 절대적 진리가 있다고 자부해 왔으나, 지금에 와서는 '순수이성은 살아 있는 이성에게 그 자리를 양보해야만 한다. 생의 이성 속에 순수이성은 위치하며, 가동성과 자기변화력을 획득한다.' 이것이 오르테가의 '생의 이성' 철학의 원점이다.

3. 상대주의와 이성주의에 대한 비판

상대주의와 회의주의

앞에서 '원근법'에 관련해서 오르테가가 비판의 대상으로 한 '상대주의'와 '이성주의'에 대하여 설명했다. 이 두 개념을 오르테가는 어떻게 다루었을까? 《현대의 과제》에서 그는 다음과 같이 말하고 있다.

우선 상대주의에 대하여

'진리'라는 것이 사물이 본래 그래야만 하는 것을 정확하게 나타내는 것이라면 하나이고 변하지 않는 것이어야만 한다. 그러나 인간은 그 삶의 다양한 전개에 있어서 즉 역사에 있어서 끊임없이 의견을 변경해 왔다. 그래서 그때마다 선택했던 의견을 '진리'라고 믿어 왔다. 그러면 그 변화를 어떻게 조정하고, 다양한 의견을 일원화할 수 있는 것인지. 개인 간에 종족 간에 또 시대마다 다양하게 변화하고 있는 인간의 삶 속에 유일하고 절대불변의 진리라는 것이 어떻게 들어갈 수 있는 것인지. '사람은 각자 적어도 영속적인 그 사람 자신의 확신을 가지고 있지만, 그것은 그 사람에게 있어서만 진리인 것이다. 즉 진리 그 자체라고 하는 것은 존재하지 않는다. 있는 것은 단지 각각 주관의 조건에 상대적인 진리만이다. 이것이 즉 《상대주의》의 이론과 학설이다'라고 오르테가는 말한다. 이러한 인식으로 오르테가는 상대주의를 다음과 같이 비판한다.

그렇다면 사람은 진리를 포기할 수 있는 것인가? 대답은 두 가지 이유에 의해 '노'이다. 첫 번째로 진리가 존재하지 않는 것이라면 우리들은 상대주의 그 자체를 진심으로 인정할 수 없다. 두 번째로 진리에 대한 신념은 인간의 삶에 깊게 뿌리 박혀 있는 사실(근본적 실재)이다. 이 근본적 신념을 무시한다면 우리들의 삶은 환상적 부조리가 되고 만다. 진리를 부정하는 것 자체가 의미 없고, 가치 없는 것이 된다. 결국 상대주의와 회의주의가 된다. 게다가 회의주의(懷疑主義)의 회의주의다운 이유는 모든 이론에 다른 논리를 말하는 것에 있기 때문에 이것은 일종의 '자살이론'이다. ……

이상의 상대주의에 관련하여 오르테가가 염두에 둔 것은 당시 에스파냐 사회에 유행하고 있던 '모든 것에 구속되지 않고, 무제한의 독립성을 존중하는 기운'에 대한 비판이었다고 생각된다. 이것은 오르테가가 가장 기피했던 '질서의 파괴'를 의미하고, 이것이 나중에 《대중의 반란》 이론을 지탱하는 사상적 근거가 되었다고 생각할 수도 있다.

이성주의는 반역사적

르네상스 이후, 유럽 인의 정신에는 상대주의라는 전혀 반대의 경향, 즉 '이성주의'(합리주의) 경향이 깊게 뿌리를 내리고 있었다. 이성주의는 상대주의와는 반대의 방법을 취한다. 즉 '진리'를 얻기 위해 '삶'을 버리는 것이다. 진리는 유일하고 절대불변이다. 따라서 변덕스럽고 추락하기 쉬운 우리들의 개체로서의 인격에는 '진리'는 귀속할 수 없다. 따라서 인간은 유럽, 아시아 등 모든 나라의 사람들, 게다가 그리스로부터 오늘날에 이르는 모든 시대를 초월한 공통된 추상적인 의식을 생각해 내어야 한다. 인간의 다양성과 특수성에 관계가 없고, 이러한 인간 공통의 근본에 있는 것을 데카르트는 '이성'이라 부르고, 칸트는 '이성적 존재'라 불렀다. 이것이 이성주의의 원점이다. 이성의 입장에서 보면 항상 변하는 역사는 전혀 의미가 없는 것이다. 이성주의에 있어서 '역사는 이성의 출현을 막는 장애물의 역사이고, 이성주의는 반역사적이다. 근대 이성주의의 데카르트적 체계 속에서는 역사는 그 장소를 기다리지 않는다는 것보다 오히려 추방당하고 있다'고 오르테가는 말한다.

그래서 오르테가의 이성주의와 상대주의에 대한 비판은 결론적으로 다음과 같다.

'역사나 인간적인 삶은 수학 교과서처럼 원리에 의해 지배된다는 것은 불가능하고, 또 지배되지도 않는다. 이성을 지켜 삶을 망하게 하는 합리주의적 절대주의도, 삶을 지켜 이성을 버리는 상대주의도 함께 있어야만 하는 것은 아니다. 오늘날 시작하는 시대의 감성은 이 딜레마를 회피하는 것에 그 특징이 있다. 우리들은 이 두 영역 모두에 만족해서 안주할 수는 없다.'

'죽어 있는 문화는 존재하지 않는다'

그렇다면 오르테가에게 있어서 '진리'란 무엇일까?

상대주의와 이성주의는 사고의 원점으로서의 '진리'만이 아니라 윤리에도 법률에도 또 예술이나 종교 분야에도 있다. '문화'라는 말로 대표되는 정신 영역 전반에 있다. 예를 들면 이성주의에 근거하면 '선'이나 '정의'에 유일하고 불변의 진리가 있어야만 된다. 그러한 것이 있을 수 있을까. 반대로 어느 때, 어느 인종에 대해서만 적용하지 않는 '정의'가 본래의 정의일까.

'유기적 개체로서의 나의 내면이 나의 사고의 존재 근거와 그 정당성에 있다. 즉 나의 사고는 내가 살아가기 위한 하나의 도구이고, 나의 삶의 기관이어서 생에 의해 규제되고 통제되고 있다. …… 유기적 개체 혹은 인간적 삶에 의해 통합된 현상의 총체는 삶 자체로부터 벗어나 삶에 있어야 하는 것, 삶의 피안에 있는 것에 관여한다는 초월적 차원을 포함하고 있다. 삶을 초월하지만 지배에 따른다는 전제로 주관적인 모든 법칙을 수행하는 삶의 기능, 생명적인 한 유기체 내부의 주관적 사실인 삶의 모든 기능, 이것이 문화이다.'

문화는 생물에 있어 소화 작용이나 이동현상과 마찬가지로 어느 생물학적 활동에 그 근거가 있다. 이성주의의 '이성'은 많은 기능과는 관계가 없듯이 또 다른 유기적 규제와 같은 규제에 따르는 것은 아니지만, 그러한 이성은 존재하지 않는다. '시시한 허구의 추상'이라고 오르테가는 주장한다. '죽어 있는 문화는 존재하지 않는다. 생명 없는 정신은 존재하지 않는다.' 문화는 엄밀한 의미에서 삶이고, 자발성이고, 주관성이다. 문화가 계속 살아갈 수 있는 것은 주관으로부터 부단히 생명의 흐름을 계속 받고 있을 때뿐이다.

문화와 삶의 상관성, 이것이야말로 오르테가의 '삶의 이성' 철학의 핵심이다.

삶을 원리로까지 높이는 노력

이렇게 해서 삶의 입장에서 세계의 질서를 탐구하는 것이 현대의 과제이

고, 현재의 모든 세대의 사명이라고 오
르테가는 호소한다. 그래서 이제까지 인
간은 종교를 위한, 과학을 위한, 도덕을
위한 혹은 경제나 예술, 향락적 환상을
위해서만 살아왔다. 하지만 삶을 위해
산다는 것은 생각한 적이 없었다. 적어
도 의식하지 않았다. 이제부터는 앞으로
있는 그대로의 사실에 지나지 않았던
삶, 이른바 우주의 우연한 일이 지나지
않았던 삶을 '원리'로까지 높이는 노력
을 해 볼 것을 호소하고 있다.

오르테가 스케치 초상화(1926)

　다만 원리로까지 높이기 위해서는 어
느 실재물로도 그 실재 중에 뛰어난 '가
치'가 인정되어야만 한다. 그 실재가 다른 것보다도 가치가 있기 때문에 상
위에 놓이는 것이다. 또 실재물은 그것을 구성하는 현실적인 요소 외에 그
가치를 결정하는 비현실적인 요소가 있다. 즉 '평가'라는 요소이다. 가치와
평가는 다르다. '사물에 있는 모든 가치는 비현실적인 것이다. 예를 들면 캔
버스에 그려진 그림의 선이나 색, 형태는 눈으로 볼 수 있지만, 그 아름다움
은 눈으로 볼 수 없다. 그 아름다움은 느껴지고 평가되는 것이다. 시각이 색
상에 대해, 청각이 소리에 대해 있듯이 평가는 가치에 대해서이다.'

　즉 어떠한 대상물도 이중의 존재물을 가지고 있다. 한 쪽에서는 우리들이
지각할 수 있는 현실적 성질로 된 구조물이고, 다른 쪽에서는 우리들의 평가
에 의해서만 보일 수 있는 가치로 된 구조물이다. 따라서 우리들 일상의 모
든 경험 중에서 어제는 눈에 보이지 않았던 면과 세부를 오늘에서야 발견하
는 것이 있듯이 가치의 평가는 변화한다. 지각적 경험과 평가적 경험은 이렇
게 서로 독립하여 진행된다. 엘 그레코의 그림이 2세기 이상 오랫동안 법정
이나 교회 벽에 아무렇게나 걸려 있었는데도 그 독자적인 가치가 발견된 것
은 19세기 후반이 되고부터이다. 그때까지 결점이라 생각되었던 것이 갑자
기 최고의 아름다움으로 평가되는 것이 충분히 있을 수 있다고 오르테가는
말한다. 이러한 사고방법은 오르테가 사상의 특징이다. 표상 세계로부터 심

층 세계로, 현재적 세계로부터 잠재적 세계로 또 배후 세계로 사고를 투철하게 해 가는 방법, 즉 '원근법'으로 통하는 사고방식이다.

그리스도교적인 삶과 불교적 삶

그러나 논점을 삶의 평가에 대한 이야기로 돌아가자. 오르테가는 이 점에 관해 아시아적인 삶과 그리스도교적 혹은 유럽적인 삶에 대해 명확한 대비를 시도한다. 우선 아시아적인 삶은 불교에 그 정점을 발견한다고 생각한다. 아시아의 혼은 부처에 있어서의 삶, 즉 갈망이다. 하지만 만족하는 것을 모르는 갈망의 격류는 악이다. 이에 대한 합리적인 태도는 갈망을 부정하는 것이고, 여기에 윤회의 사상이 만들어진다고 본다. 예를 들면 유럽 인은 행복을 삶의 충실함, 최대의 삶이라 생각하지만, 인도인에게 있어 삶의 최대한 바람은 삶을 버리는 것, 삶으로부터 자기를 없애는 것, 무한의 공간 속에 들어가는 것, 자아의식을 버리는 것, 즉 열반이다. 불교는 여기에 다다르는 기술을 가르치는 것으로 석가모니는 그 길의 스승이고, '허무로의 길을 안내하는 사람'이라고 설명한다.

한편 그리스도 교도는 지상의 생존에 대한 평가적 태도보다도 우선 처음으로 모든 완전성에 중심인 최고의 실재, 정신본질의 계시에서 생각한다. 그리스도 교도에 있어서 세계는 우선 무차별 존재로, 인간에게 있어 가치 있는 유일한 것은 신을 소유하는 것, 이 삶을 넘는 그의 삶, '다른 삶'에 있어서만 다다르는 것이 가능한 최고에 행복에 들어서는 것이다. 따라서 그리스도 교도에 있어서 생존의 가치는 생존의 외부에 있다. 생존 그 자체에서만이 아니라 생존의 저편에 있다. 삶을 삶 자체를 위해 살아가는 대신에 삶을 죽음을 위한 준비훈련, 끊임없는 연습으로 해야만 한다. '죽을 때 진정한 삶이 시작한다'는 것이다.

그래서 이 훈련이 그리스도교가 말하는 고행이고, 금욕의 규율이다. 중세 게르만 인의 봉건영주들은 그 힘든 체내에는 감옥의 맹수처럼 야생적인 본능이 미쳐 날뛴다. 곰이나 사슴이나 돼지 등의 고기를 항상 먹었기 때문에 그들은 매일 체내의 피를 뺄 필요가 있었다. 그렇지 않으면 육체가 생리적으로 파멸하기 때문이다. 이러한 방혈(放血)이라는 위생적 조치를 '미누티오 (minutio : 감소)'라고 했다. '그리스도교는 이른바 게르만 인이 야생림으로부터 기다란 동물력의 과잉에 대한 감소였던' 것이다.

하지만 근대 이성과 과학은 그리스도교가 무덤 맞은편에 세운 천상계를 차례대로 부수고, 18세기 중반에는 신들의 피안 세계는 희미해지고, 현실 세계만이 인간에게 남겨졌다. 드디어 삶의 가치 시대에 들어선 것처럼 보이지만, 사실은 그렇지 않다. 최근 2세기의 사상은 확실히 반그리스도교적이지만, 삶에 관해서는 아직 그리스도교 시대와 그 견해는 변하지 않는다. 그렇다면 근대인에게 있어 중요한 가치는 무엇일까. 그것은 과학, 도덕, 예술, 법률……등 '문화'라 불리는 것이라고 한다. 문화는 삶의 활동이다. 하지만 오르테가에 의하면 이 근대 문화주의는 삶을 멸시하고, 삶을 문화의 도구로서밖에 보지 않는다. 실증주의의 최고 가치로서 숭배된 문화, 이 의미에서의 문화주의는 '신 없는 그리스도교'이다. 그래서 독일을 중심으로 한 '문화철학' 비판이 전개된다. 즉 19세기의 독일은 문화주의적이었다. '칸트에서 1900년대까지의 독일의 모든 고급 사상은 문화 철학의 이름 아래에 포괄할 수 있다. 거의 적은 그 사이에 들어가 보는 것만으로 우리들은 거기에 중세 신학과 형식적으로 통한 것을 느낀다. 약간 명칭이 바뀐 것뿐이다. 고대 그리스도교의 사상가가 신이라 말한 것을 근대 독일인은 《이념》(헤겔)이나 《실천이성의 우위》(칸트, 피히테)나 혹은 《문화》(코엔, 빈델반트, 리케르트)라 말하고 있는 것'이라고 지적한다. 그래서 삶의 의의를 삶 밖에서 구하려 하지 않고 삶 자체를 응시하려고 하지 않는지. 오래 전부터 말해지고 있듯이 '문화를 위한 삶'을 '삶을 위한 문화'로 바꾸어 가는 것이야말로 근대사의 가장 근본적인 위기에 당면하고 있는 세대에 맞는 과제는 아닐까 라고 주장하는 것이다.

4. 돈키호테와 돈 후안

에스파냐를 대표하는 대표적인 인물

돈키호테와 돈 후안. 말할 것도 없이 두 사람은 실재 인물이 아니다. 한 사람은 메세타(중앙대지)의 라만차 지방(에스파냐 중부에 있는 고원 지대), 황량한 평원에 선 광기의 중년 남자. 또 한 사람은 햇볕이 쏟아지는 남 에스파냐, 안달루시아 지방의 세비야 태생의 호색가. 이른바 에스파냐를 대표하는 창작상의 이 두 인물만큼 뛰어난 대조를 이루는 존재는 없다.

문학작품으로서의 돈키호테를 논하는 경우, 이 인물상은 셰익스피어의 햄릿과 항상 대비된다. 러시아의 문호 투르게네프(1818~1883)의 《햄릿과 돈키호테》가 그 대표적 예이다. 회의주의, 무신앙, 이기주의자 햄릿과 영구불변하고 진실한 것에 대한 절대적 신앙, 자기희생자의 돈키호테를 인간성의 양극에 두고 비교한다. 사람의 성격 분석을 하는 경우 '햄릿형'이나 '돈키호테형'을 기준으로 할 정도이다.

그러나 오르테가는 그 처녀 대작인 문명사상 에세이 《돈키호테에 관한 성찰》에 돈키호테를 등장시켜 어떤 관점에 대한 경종, 과도한 합리주의에 대한 비판을 시도하면서 오르테가의 독자적인 사상, 즉 기본적 실재로서의 '삶'에 관한 이념, '환경' 이론, '원근법' 인식 등을 전개하고자 했다. 한편 에스파냐 국내에서는 잊혀지고, 오히려 외국에서 문학이나 오페라의 제재가 되는 돈 후안에 다시 주목해 재평가하고, 에스파냐의 민족적 자신감을 되찾는 의도에서 후년 〈엘 솔〉에 기고한 것이 《돈 후안 입문 *Introduccón a un "Don Juan"*》(1921)이었다.

오르테가는 모국 에스파냐에 대해 특히 그의 시대부터 거슬러 올라가 3세기에 미친 '노쇠한 에스파냐'에 대하여 냉철한 반성과 혹독한 비판을 했다. 하지만 그만큼 또 에스파냐를 사랑한 사람은 없다. 오르테가는 《성찰》을 쓴 동기로서 '모든 사람은 이 에세이 구석구석에서 이 나라를 걱정하는 마음을 느낄 것이다. 이 시론들은 노쇠한 에스파냐의 부정에서 출발하고 있지만, 또 하나의 에스파냐, 새로운 긍정을 노리는 것이다'라고 그 서문 '독자들에게'에서 확실하게 말하고 있다.

《돈키호테 이야기》의 줄거리는 새로 소개할 필요도 없을 정도로 유명하지만, 《성찰》을 이해하기 위해 이 이야기의 줄거리를 대강 살펴보자.

돈키호테의 작가는 에스파냐 문학의 거성 세르반테스(1547~1616)이다. 소설의 원제는 《라만차의 돈키호테 *Don Quijote de la Mancha*》이다.

'라만차 지방의 어느 마을에 사는 아론소 기하노라는 이름의 중년 남자가 기사도 이야기책을 너무 많이 읽은 나머지 정신이 이상해졌다. 스스로를 기

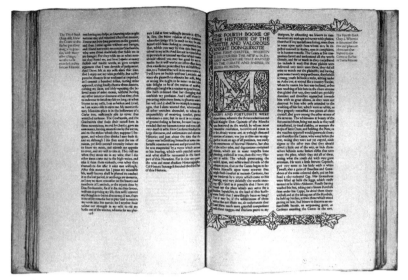

세르반테스의 《돈키호테》

사 돈키호테 라만차라고 믿고 선조 때부터 가지고 있던 낡은 갑옷을 입고, 로시난테라 이름지은 기르던 앙상한 말을 타고 여행을 떠난다. 근처 백성 산초판사(Sancho Panza)를 종으로 데리고 가는데, 기사도 이야기에는 빠지지 않는 몸과 마음을 바칠만한 상대 여성이 없다. 그래서 근처 마을 아담한 백성 딸을 둘시네아 델 토보소(Dulcinea del Toboso)라는 이름의 여자로 꾸민다. 또 정의감에 충만한 기사이다. 여행길에서는 수많은 전쟁이나 모험을 만난다. 여관을 성채로 생각하거나 풍차를 거인으로 보고 싸움을 도전하거나 하지만 거의 패배의 아픔을 맛본다. 사기꾼에게 당하고 사람들로부터는 바보 취급당하고 마지막 결전에 패한 돈키호테는 고향으로 돌아가 기사도 이야기를 저주하며 죽어간다. ……'

기사도 이야기와 모험

호메로스를 시작으로 하는 그리스 시인들이 남긴 많은 위대한 서사시. 한편 디킨스, 발자크, 플로베르, 도스토예프스키의 19세기에 성숙된 수많은 소설. 오르테가는 문학사를 꾸미는 것이 이 '서사시'나 '소설'이지만, 이 두 가지는 전혀 다른 성질을 가지고 있다고 말한다. 서사시는 과거 그 자체를 테마로서 '서술'하지만, 이에 반해 소설은 상상의 이야기를 서술하지만 본질은 '묘사'하게 된다. 서술은 과거이고, 묘사는 현재이다. 그래서 이것들과는 달리 '기사도 이야기'라는 장르가 있다. 기사도 이야기는 현실성은 없지만, 기본적으로 서사시와 마찬가지로 서술하는 것이 있다. 그래서 기사도 이야기의 저자는 소설가와는 달리 모든 에너지를 재미있는 사건을 만드는 데 쏟는다. 이것이 즉 모험이다. 모험은 늘 따라다니는 현실을 유리처럼 부수고 예상하지 못한 신기한 세계를 연다. 따라서 독자의 마음을 꼼짝없이 끌어들인다고 설명한다.

에스파냐에서는 16세기에 이러한 기사도 이야기가 대유행했다. 세르반테스는 이러한 가공의 모험 소설의 유행을 불쾌하게 생각했다. 하지만 이것들을 정면에서 비판하고 공격 하지는 않고, 반대로 기사도 이야기에 집중해서 머리가 이상해진 '돈키호테'라는 인물상을 세르반테스 스스로가 창조해내고, 그 신기한 행동을 통해 이러한 대유행을 비웃고 익살스럽게 하는 방법을 골랐다(《돈키호테 이야기》 제1부 6장에 이러한 기사도 소설의 대부분이 불타 버리는 장면이 나온다). 결과적으로 세르반테스는 기사도 이야기를 황당무계함에서 구해냈다고도 말할 수 있다.

어쨌든 오르테가는 세르반테스의 이 작품 중에 현실성과 근대성을 발견한다. 예를 들면 그는 이 작품에서 《페드로 주인의 인형극》(제2부 25~27장)을 들고, 돈키호테의 심리 변화를 그리면서 모험을 현실과 대비시킨 점에 주목하고 있다. 이 장면의 줄거리는 이렇다.

'이전에 산초의 당나귀를 훔친 일이 있는 도적이 변장하여 인형극 주인이 되고, 어느 마을에 찾아온다. 그 극장에 돈키호테가 산초와 함께 구경하러 온다. 이 인형극 줄거리는 샤를마뉴 황제의 사위로 황제의 12용사의 한 사람 가이펠로스라는 기사가 무어 인의 포로가 되었던 아내 멜리센드라를 적의 성에서 구출하고 말에 태워 질풍처럼 진영을 빠져 나간다. 그러나 이 두 사람을 많은 무어 인 기마대가 쫓아 결국 붙잡힌다……는 것. 극장에서 마을 사람들과 함께 이것을 보던 돈키호테는 벌떡 일어나 이 두 사람을 돕자고 검을 뽑아 무대로 올라가 두꺼운 종이로 만든 무어 인들을 때려눕힌다. 페드로 주인은 놀라 이 손해를 어떻게 할거냐고 화를 내며 많은 보상금을 청구한다. 돈키호테는 두 사람이 무사히 파리에 도착한다면 자신은 더 바랄 것이 없다고 만족하면서 산초에게 배상금을 지불하게 한다. ……'

오르테가는 말한다.
'이 인형극의 두 장치

돈기호테(왼쪽)와 종자 산초 판자의 동상(마드리드 시)

는 두 가지 정신영역의 경계선이다. 무대 위는 모험과 상상력, 신화의 영역으로, 바깥에는 하나의 방이 있고 몇 명의 순진한 마을 사람들이 있어서 연극을 보고 있다. 이 두 영역 중앙에 이상한 뇌세포의 소유자 돈키호테가 있는 것이다. 중요한 점은 단순성과 치매성의 파이프를 통해 정신영역의 한쪽에서 다른 쪽으로, 즉 방에서 무대, 무대에서 방으로 정신의 유입과 유출이 일어나는 것이다.' 그래서 오르테가는 '세르반테스는 이 작품에서 기사도 이야기에 도전한 것이다. 돈키호테는 실재 인간으로서 현실에 모험을 바라고 있다. 따라서 연극의 방에서 만들어진 세계로 뛰어 들어간 것이다. 기사도 이야기 중에서 말하고 있는 것이 돈키호테의 환상 속에는 현실성을 가지고 있다는 것이다'라고 평가했다.

세르반테스는 현실적 시인

'돈키호테 이야기' 중에서 가장 유명한 크리프타나 평원에 있는 풍차를 '거인'으로 생각해서 창을 들고 돌격하는 장면(제1부 8장)에 대해서도 오르테가는 이 풍차는 하나의 '의미'를 가지고 있다고 설명한다. 즉 돈키호테에게 있어 이 풍차는 거인이다. 돈키호테가 정상이든 미치광이든 풍차의 의미는 거인이다. 대체로 거인이라 하는 것은 현실에는 존재하지 않는다. 인간이 처음으로 거인이라는 개념을 생각한 때, 이 세르반테스가 제시한 풍차라는 모습과 조금도 다르지 않지는 않았을까 하는 의문을 던져본다.

이러한 것에서부터 오르테가는 세르반테스를 현실적인 시인으로 간주한다. '세르반테스는 르네상스 정상에서 세계를 바라보고 있다. 갈릴레오가 그 물리학에서 우주관을 바꾼 것처럼.' 이렇게 오르테가는 세르반테스가 묘사한 돈키호테 속에 근대성을 발견한 것이다. 《성찰》 속에서 그는 '내 주변에는 숲이 깊이 열려 있다. 내 손에는 한 권의 책 《돈키호테》에 관념의 숲이 있다. 《돈키호테》는 뛰어난 원근법적 작품이다'라고 말했다. 돈키호테는 모든 깊이와 마찬가지로 명료한 것은 아니다. 따라서 안을 읽거나 혹은 고찰하면서 읽지 않는 한 그 깊은 의미는 이해할 수 없다. 그래서 이만큼 위대한 작품이 있는데도 불구하고 에스파냐에서는 그 깊이를 읽으려고 하지 않던 시기가 있었다. 그것이 왕정복고기로 '이 시기에 에스파냐의 심장은 가장 낮은 맥박수였다'고 한탄한다.

돈 후안은 비극성의 상징

그러면 또 한 사람 돈 후안은 에스파냐에서 중세기에 만들어진 전설상의 인물. 성실하지 못하고 호색한에 신앙이 없는 한 남자가 결국 망명으로 벌을 받고 회심하여 죽는다는 이야기이다. 오르테가는 《돈 후안 입문》 속에서 독자적인 철학적 시점에서 그 인간성을 분석하고, 돈 후안은 '우리 에스파냐 민족이 세계에서 최상의 선물 중 하나'로서 재평가를 호소했다. 즉 이 전설 민화를 만든 중세 사람들에게 있어 돈 후안은 호색, 오만, 불손, 불성실……등의 죄많은 악의 화신이고, 그것이 마지막으로 신에 의해 회심하면서 죽는다는 줄거리는 그리스도 신앙상 이상적인 이야기였다.

하지만 오르테가는 말한다. 회심이란 지금까지 이상으로 끌려왔지만, 갑자기 다른 것에 전혀 반대의 대립적인 것에 집중하는 정신 내부의 급격한 중심 이동 현상을 의미한다. 이 현상은 종교만이 아니라 다른 것에도 인간 행위의 많은 분야에서 일어난다. 게다가 그것은 누구에게라도 일어나는 것이 아니라 '강인하고 고결한 정신 소유자인 소수의 선택된 사람들의 경우에서만 일어난다. 따라서 그의 호색함은 심각하고 비극적으로 보이고, 그의 웃음 속에 근원적인 인간적 고뇌의 소리가 들린다.' 이로써 돈 후안의 본질은 경멸할 만한 것이라도, 저속하고 경박한 것은 아니다. 돈 후안은 단지 콧대가 세고 모든 숭고한 가치를 부정하고, 신을 두려워하지 않는 단지 무분별한 남자인 것인가? 아니면 다양한 이상을 갖고 확실히 의식하면서 모든 것을 부정하는 남자인 것인가? 만약 전자라면 가치의 부정은 전혀 의미가 없다. 후자라면 철학적으로 의미 있는 정신 행위이다. 엄밀히 말해 모든 이상은 아무리 완전한 듯 보여도 우리의 마음과 모순되므로, 결과적으로 부정으로의 길을 열어 버리는 결함을 지니고 있다. 돈·후안은 우리 모두의 인간이 적어도 마음에 가지고 있는 비관적인 씨앗을 상징하고 있는 인물은 아닐까? 즉 우리들의 이상은 불완전한 것은 아닐까 하고 문제 제기를 하고 있다. 그래서 세비야의 우아하고 도취된 분위기에서 태어난 사람은 많은 나라에서 문학이나 음악 제재가 되는 것을 알 수 있듯이 '근대가 창조해서 그리스, 라틴의 귀중한 유산에 더해질 수 있었고, 보편적 예술의 아주 주요한 주제의 하나라고 말할지도 모른다……햄릿이나 파우스트와 나란히 돈 후안은 우리들의 빛나는 별이다'라고까지 칭찬한다.

이렇게 오르테가는 돈 후안을 통해 인간의 삶을 논한다. 돈 후안은 결코 음탕한 이기주의자는 아니다. 언제라도 생명을 던질 자세였다. 자기를 완전히 지키면서 사선에서 그의 삶을 던질 각오만은 있었다. 이 노력으로 인간은 영웅일 수 있다. 자기를 초월하고 극복하는 삶은 자기희생이다. '돈 후안에게 있어 죽음은 삶의 근원인 본질적인 것이고, 그의 외면의 양기에 따라오는 대립적인 선율, 공명음이고, 그의 기쁨을 더 깊게 하는 꿀이다.' 인간의 본성은 모순으로 채워져 있다. 인간은 그 생명을 만족할 수 있는 것이기 때문에 그것을 버린다. 이것이 이상이다. 크든 작든 인간은 삶에서 이상을 찾아다닌다.

오르테가는 《현대의 과제》 속에서도 '삶'의 이념을 둘러싸고 돈 후안에 대해 언급하고 있다. 즉 돈 후안의 행동은 명백하게 도덕에 반항하는 것이다. 하지만 앞으로 도덕은 '삶'에 등지고 있다. 그것 때문에 그는 도덕에 등지고 있을 수 있었다. 돈 후안이 무언가에 복종한다고 한다면 그것은 '삶의 충실함'을 전제로 하는 윤리학이 출현한 때밖에 없을 것이다. 그래서 그것은 즉 '새로운 문화, 생물학적 문화'가 탄생한 것을 의미한다. 바꿔 말하면 '단순 이성'에 우선하는 '삶의 이성'에서 태어난 것이라고 강조하는 것이다.

5. 문명의 경계선

'게르만의 안개'와 '라틴의 명석'

라틴 민족은 밝고 쾌활한 인종으로 그다지 매사에 구애되지 않는다. 이에 반해 게르만 민족은 깊게 생각하고, 규칙을 중요하게 생각하고 매사에 진중하다. ……이러한 사고방식은 예전부터 유럽에 있었다. '게르만의 안개'와 '라틴의 명석(明晳)'이라는 말이 나올 정도이다. 오르테가도 소년 시절부터 이 말에 익숙해져 있었지만, 나중에 이 사고방식이 잘못이라는 생각을 밝히고, 독자적인 유럽관 '지중해 문명론'을 전개했다. 《돈키호테에 관한 성찰》속에 그는 이렇게 주장한다. '게르만의 안개'도 '라틴의 명석'도 단지 그러한 말이 있을 뿐 존재하지 않는다. '라틴 문화'와 '게르만 문화' 사이에는 확실히 본질적인 차이가 있다. 라틴은 표층적인 현실의 문화이고, 게르만은 심층적인 현실의 문화이다. 엄밀히 말하면 유럽 문화 전체의 두 개의 다른 차원이다. 하지만 이 사이에 차이는 존재하지 않는다. 그래서 프랑스인, 이탈리아인, 에스파냐인 등 일반적으로 라틴 민족이라 불리는 사람들 마음속에 이러한 '라틴 의식'이란 것이 있다면 그것은 '침체기에 자신을 위로하기 위한 금빛 환상에 지나지 않는다'고 말한다.

오르테가는 '라틴 문화'라는 개념을 인정하지 않는다. 어느 것은 '지중해 문명'이라고 한다. 서양사의 일반상식으로 유럽 문화는 고대 그리스나 고대 로마에서 계승되어 현대에 이른다고 생각하는 것이 보통일 것이다. 즉 고대 그리스 정통성을 받은 적자가 로마(라틴)이고, 로마 적자가 서유럽이라는 사고방식이다. 그러나 오르테가는 유럽 문화의 근원은 확실히 그리스에 있지만, 로마는 고전적 테마를 창조하는 능력은 없고 그리스와 공동으로 고전문화를 창조한 것은 아니다. 확실히 말하면 로마는 그리스를 이해할 수 없고, 로마문화는 이른바 그 '반사적 문화'에 지나지 않는다.

지중해 문화권의 변모

그리스도 로마도 지중해라는 내해를 무대로 번영한 연안국가였다. 알렉산드리아부터 지브롤터, 바르셀로나, 마르세유, 로마, 시칠리아, 크레타로 지중해를 일주한 세계가 '지중해 문화권'이고, 이 연안국가들은 모두 같은 바다에 접하고 내륙에 등을 대고 있다. 즉 남유럽도 북아메리카도 '같은 바다의 딸'이었다. 따라서 이 시대에는 '유럽'이나 '아메리카'라는 개념은 존재하지 않았다. 오르테가에 의하면 유럽이 실질적으로 시작한 것은 게르만 민족이 '역사 세계의 통일적 유기체' 속으로 전면적으로 들어왔기 때문이라고 한다. 바꿔 말하면 지중해 문화권을 포함한 서유럽 지역에 대한 게르만 민족의 대이동 때부터 시작한 것이다. 서기 기원 100년대 후반부터 게르만의 프랑크족은 갈리아(프랑스)로, 서고트족은 에스파니아(에스파냐)로, 동고트족은 이탈리아로 각각 침입하여 정복했다. 그래서 프랑스, 에스파냐, 이탈리아가 게르만 화되었을 때, 아메리카는 비유럽으로서 유럽과는 다른 지역이 되었다. 즉 지중해 문화는 하나의 단순한 현실성을 잃고, 정도의 차이는 있으나 게르마니즘으로 변모했다. 그 이후 프랑스, 에스파냐, 이탈리아 등 이른바 라틴계 모든 나라들은 지배계급과 지식계급 등 사회의 상층부가 오늘날까지 거의 게르만 인으로 이루어지게 되었다.

고대 문화는 지중해에서 천천히 유럽 대륙으로 이동했다. 그리스에서 생겨난 여러 사상은 게르마니아로 진로를 바꿨다. '플라톤의 모든 관념은 오랜 세월을 거쳐 갈릴레오, 데카르트, 라이프니츠, 칸트 등 게르만 인의 두뇌 속에서 자각됐다. 파르테논 신전의 여신들은 어느 날 게르만의 피를 받은 피렌체의 젊은이들, 도나텔로와 미켈란젤로에 몸을 맡겼다.' 게르만이 침입하기까지의 단순한 지중해 문화는 게르만 문화(철학, 역학, 생물학)와는 대항하기 어렵다. 하지만 그 뒤는 라틴 인이나 지중해 인이나 엄밀하게는 판별하기 어려워진다. '이탈리아도 프랑스도 에스파냐도 게르만의 피에 푹 빠졌다. 우리들은 본질적으로 단순하지 않은 인종이다'라고 오르테가는 말한다. 즉 '혼돈(카오스)'적 인종이다. 따라서 '라틴의 명석함' 등의 표현은 꼭 들어맞지 않는다.

라틴 인의 기질

중세에서 오늘날까지 게르만의 장대한 지적 토양에 대항할 수 있는 지중해 문화의 대표로서 오르테가는 이탈리아 르네상스와 데카르트 두 가지를 들었다. 라이프니츠나 칸트나 헤겔 등 게르만적 지성은 난해하지만 '봄의 아침처럼 명쾌하다.' 이것에 대해 데카르트 등은 정말 난해하다고 말하지 않아도 혼돈스럽다. 투명성은 찾으려고도 하지 않는다. 그래서 오르테가는 라틴인의 기질을 말하는 에피소드로서 괴테의 《이탈리아 기행》에서 한 구절을 인용한다.

괴테가 이탈리아를 여행했을 때 어느 이탈리아인 대위와 동행하게 되었다. 이 대위는 내가 자주 깊게 생각했기 때문에 어떤 때 나에게 이렇게 말했다. "무엇을 생각하고 있습니까? 인간은 생각해서는 안 됩니다. 생각하면 늙어 버립니다. 인간은 하나의 일에 머뭇거려서는 안 됩니다. 그렇게 하면 미쳐버리기 때문입니다. 셀 수 없을 정도의 일들로 머릿속을 어수선하게 해둘 필요가 있습니까?"

이렇게 오르테가는 '게르만의 안개'와 '라틴의 명석함'을 대비시켜 생각하는 법을 부정하지만, 동시에 '투명성'이라는 개념은 유럽 북 중부에서 전래한 것으로 에스파냐 본래의 예술이나 과학, 정치에는 일반적으로 빠져 있다고 지적한다. 그래서 문화적 작업은 모두 삶의 해석이고, 투명성은 삶 그 자체가 아니고 삶의 충실함이라 설명한다.

네 개의 대형 사회

그러면 유럽이라는 개념은 언제 어떻게 싹트는 것인가. 유럽 문명은 세계사적 시야에서 어떻게 다루면 좋을까. 오르테가가 1948년 마드리드에 '인문연구소'를 개설하는 데 있어서 그 기념 연속강의 《세계사의 해석》 중에서 세계의 모든 문명의 발생을 공간적 영역과 시간적 영역에 걸쳐 분석하고, 독자적인 문명론을 전개했다. 이 연속강의는 영국의 토인비 교수의 《역사 연구》의 해설과 검토를 주된 내용으로 하고, 주제로 '토인비를 둘러싸고'에서처럼 토인비 사학(史學)의 비판에 중점을 두고 있다. 하지만 그 비판을 통해 오르테가의 독자적인 원근법적 수법에 따른 분석은 서양사의 해석에 혁명적인 임팩트(impact : 충격·영향)를 주었다고 해도 과언이 아니다. 그 특징적인 견해를 몇 개 골라내어 보자.

우선 첫 번째는 '유럽 문명의 경계선'에 대해서이다.

먼저 말했듯이 고대 지중해 문화는 게르마니아 방향을 향해 북진한다. 한편 현대 유럽 문명을 반대로 역사적으로 따라가면 샤를마뉴 대제(칼 대제,

재위 768~814) 시대에 다다른다. 그 제국 내에 처음으로 '유럽 사회'가 성립한 것을 알 수 있다. 그 영역도 형태도 후세에 다다르기까지 거의 변하지 않는다. 그래서 이 유럽 사회의 바깥에는 나중에 아메리카 발견에 대표되는 다른 차원의 팽창을 따로 하면 네 개의 대형 회사를 발견하게 된다. 하나는 '이슬람 사회'이고, 파키스탄에서 모로코, 게다가 아프리카 대륙의 적도 부근에 이르기까지 확대된다.

57세 때의 오르테가 파리에서 (1938)

두 번째는 아시아 열대 지역으로 확대된 '힌두 사회', 세 번째는 중국, 일본 및 태평양 지역의 일부를 포함한 '극동 세계' 그리고 네 번째는 그리스와 러시아로 이루어진 '동방정교회 사회' 혹은 '비잔틴 사회'이다.

유럽 문명의 경계선

오르테가는 이 유럽 사회의 바꿔 말하면 '유럽 문명'의 지리상 경계선을 다음과 같이 그린다. 즉 아메리카 대륙을 출발점으로 아이슬란드를 통하고 스칸디나비아를 거쳐 폴란드를 포함한 지역에 달하고, 거기서 도나우 강 하구 지방으로 향해 남하하고, 발칸 반도의 슬라브 민족 거주지 일부를 분단하고, 아드리아 해로 들어선다. 거기서부터 이탈리아, 이베리아 반도를 통과해서 다시 아메리카 대륙 방향으로 전진한다. ……장대한 유럽 지구이다. 하지만 이것은 어디까지나 공간적인 차원에서의 경계선이다.

한편 시간적 차원으로 생각하면, 유럽 문명의 미래에 어떠한 경계선이 기다리고 있는지 모른다고 오르테가는 말한다. 하지만 유럽 문명은 언젠가는 붕괴할지 모른다는 위기론은 자주 들리지만, 현실적으로는 아직 끝나지 않았고, 또 유럽인의 마음속에는 자신들의 문명은 몰락하지 않는다는 기대를 가진 신앙 같은 것이 있다고 지적한다. 그래서 오르테가는 미래의 예상은 보류하고, 반대로 독자적인 원근법 사고에 따라 샤를마뉴 대제 시대, 카롤링거 왕조 이전 역사로 거슬러 올라가 본다.

카롤링거 이전 7세기로 거슬러 올라가 보면 거기에는 문명은 없고 단지 혼돈이 있다. 야만족 특히 게르만 민족에 의한 침략, 파괴된 세계로 토인비가 '공위 시대'라 부르는 3세기 동안 이른바 암흑 시대이다. 거슬러 올라가 서기 4세기에 이르면 다시 완전한 문명 형태를 본다. 즉 세계국가 '로마제국' 게다가 그리스·로마 문명 시대이다. 여기서 오르테가는 다시 이 시대의 공간적 영역을 모색한다. 그러면 '그리스·로마 문명의 경계선'은 다음과 같다.

그리스·로마 문명의 경계선

스코틀랜드를 뺀 남부 영국의 모든 섬에서 시작하고 네덜란드(오란다)를 거쳐 라인, 도나우 강까지 남하하고, 흑해 북쪽 해안에까지 이른다. 같은 문명 최성기에는 인도의 박트리아 전역에 미치고, 에스파냐와 프랑스를 포함해 다시 영국으로 돌아간다. ……

오르테가는 여기서 중대한 지적을 한다. 이렇게 완성된 '그리스·로마 문명'의 경계선과 앞에서 말한 '유럽 문명'의 경계선은 확실히 다르다. 하지만 거기에는 '두 문명에 공유되는 지역'이 있다는 것이다. 그것은 그리스·로마 문명에서 국경 지대를 이루고 있던 라인, 도나우 강의 유역 지방, 즉 게르마니아와 스칸디나비아라는 북유럽 지역이다. 이전에는 로마제국의 군사적 경계선이고 제국의 맨 끝까지를 나타내는 선이었던 이 지역이 지금 유럽 문명의 '기준'선으로 옮겨갔다는 지적이다. 바꿔 말하면 현대 유럽 문명은 그리스·로마 문명에 더해 유럽 북부라는 새로운 영역을 획득한 것이다.

이슬람 침입에 의한 구조 변화

어떠한 경과를 거쳐 이러한 변화가 일어난 것인가? 이것이 오르테가의 독특한 역사관의 두 번째 포인트이다. 이미 말했듯이 그리스·로마 문명은 지중해를 무대로 한 연안 문화이고, 인간의 삶의 약동은 내륙에서 해안 지대로 향해 있다. 거기서 북쪽에서 게르만 모든 민족이 침입한다. 확실히 혼돈의 세계를 만들어 낸 것이지만, 그 시점에서는 그리스·로마의 지리적 구조는 변하지 않았다. 오히려 야만족은 북아메리카까지 침투하고 그리스·로마 세계의 삶을 계속 하려고까지 했다. 오르테가는 여기서 벨기에 역사가 피렌의

《모함메드와 샤를마뉴》를 인용하여 '진정한 변화는 8세기에 이슬람 교주가 북아메리카 전역을 점령하고, 지중해를 분단, 대안(對岸 : 강이나 호수의 건너편 기슭이나 언덕)교통을 완전히 차단해 버린 시기에 일어났다'고 설명한다. 이것은 급격하고 대규모 구조적 변화였으며, 이 때부터 지중해는 연안 문화의 삶의 중심이 아니게 되었다. 이전은 내륙에서 해안으로 향했던 삶의 약동이 이번에는 반대 방향인 해안지대로부터 내륙으로, 오지인 북쪽으로 향하게 되었다. 이전에는 북쪽 변방 국경 지대였던 게르마니아, 스칸디나비아 지방이 새로운 역사체계의 중추가 되는 대신에 남쪽 지중해, 근동, 북아프리카를 잃은 역사의 커다란 구조 변화였다.

두 유럽 문명

시대는 다시 근세 방향으로 돌아온다. 그래서 여기에 오르테가가 지적하는 세 번째 포인트가 있다. 샤를마뉴 대제의 아들 루이 1세는 프랑크족 관습에 따라 죽을 때 자신의 나라를 세 명의 아들들에게 나누어 주었다. 차남 루드비히에게는 동프랑크(독일)를 셋째 피핀에게는 서프랑크(프랑스)를 주었지만, 황제 칭호를 계승한 장남 로타르에게는 그 사이에 있는 로타르링기아(이 일부가 지금의 로렌, 혹은 로트링겐)를 주었다. 이 영지는 네덜란드에서 라인 강전 유역 지대를 포함하여 이탈리아에 이르는 기묘한 형태의 지역이었다. 왜 이러한 지역을 장남에게 계승시켰던 것인가. 실제로 이 좁고 긴 지역 중에는 로마제국의 재흥을 계획한 샤를마뉴에게 있어 제국 수도의 로마이고, 또 샤를마뉴 자신의 수도 아헨이 포함되어 있다. 로마제국 시대에 절대적 지도권(imperium)을 가진 인간(imperator)이 그 지휘권을 행사한 것은 실제 당시 국경선인 이 지대로 정치적으로도 군사적으로도 중요한 지역이었던 것이다. 사실 샤를마뉴 이후에도 유럽에 군림한 자 모두가 이 지역을 장악하고, 대전투를 반복했다. 나중에 에스파냐 국왕이 된 신성로마 황제 칼 5세(재위 1519~1556, 에스파냐 국내에서는 카를로스 1세)도 이 지역을 영유했다. 20세기에 들어서도 이 지역을 둘러싼 분쟁은 반복되고, 유럽 역사 중에서는 결정적인 의미를 가진 숙명의 지역이라 말해도 좋을 것이다.

오르테가는 계속 말한다. 그렇다면 유럽 문명 중에서 절대적 군사지휘권이 행사되는 경우가 고대 로마 시대와 같은 국경선이 아니고 중앙 기축선이 된 것은 왜일까? 샤를마뉴의 손자 로타르가 이 지역을 계승함으로써 유럽 동부와 서부는 분리되고, 이후 다시는 합쳐지지 않았다. 로타르링기아는 그 절연 지대, 유럽 대륙의 동서 두 지역의 멀리 떨어진 지대로서 작용했다. 그래서 '이것이 원인이 되어 유럽 내부에는 한편으로 프랑스, 다른 한편으로 독일이라는 다른 두 개의 인간성을 싹틔우게 하고 숙성되었던 것이다. 바꿔 말하면 이 분리야말로 프랑스, 독일이라는 유럽 대륙의 두 국민이 형성하게 된 원인이다'라고 말하는 것이다. 그래서 '이것은 유럽 문명의 역사체계는 해부학적으로 보면 두 개의 구조를 가지고 있다는 것이다. 우리들의 문명은 두 개, 프랑스와 독일로부터 완성되고, 필연적으로 두 사이에 압력을 균형을 맞추는 하나의 선이 필요하게 되었다. 하지만 그리스·로마 세계는 이러한 구조의 세계는 아니었다.'

이 부분이야말로 오르테가가 토인비의 유럽 역사관을 비판한 가장 중요한 포인트였다. 즉 '토인비는 유럽 세계는 로마 세계의 뼈에서 스스로의 척추를 만들어 냈다고 말하고 있지만, 만약 라인 강이 로마라는 역사 체계의 골격이라고 한다면, 로마는 어딘가 다른 곳에 척추를 가지고 있다는 예측이 완성된다. 토인비는 그것이 어디에 있다고 말하고 싶은 것인가? 로마는 어디에도 척추를 가지고 있지 않고, 해부학적으로 두 구조의 세계도 아니었다. 이것이 그리스·로마 문명과 유럽 문명과에 사이에 있는 심각한 차이이다.'라고 토인비 이론은 두 문명 사이의 깊은 구조상의 차이를 무시한다는 중대한 역사적 착오를 범했다고 단정했다.

오늘날 유럽 정세, 특히 EU(유럽 연합) 완성을 목표로 하는 움직임 중에서 프랑스와 토인비가 지금 그 중심적인 역할을 가지고 있고, 그 두 나라 관계의 기미가 연합을 유지할 수 있을지 여부의 중요한 관건이 되는 것이다. 게다가 그 중간에 EU본부를 두는 벨기에와 네덜란드, 룩셈부르크가 있는 위치 관계를 생각할 때 오르테가의 이러한 유럽 문명론은 그 배후에 커다란 의미를 가지고 있다고 생각된다.

6. 에스파냐에 대하여

에스파냐 연구

이 세기에 들어서 에스파냐 연구가 한창이다. 메넨데스 피달(1869~1968)을 시작으로 카스트로(1885~1972), 알보르노즈(1893~1984), 마다리아가(1886~1978) 등 뛰어난 역사학자나 지식인을 배출하고 있다. 그들과 거의 동시대인인 오르테가도 에스파냐의 역사·문화·국민성에 관해 많은 저작 중에서 여기저기에 그의 독자적인 견문과 학식을 보여 주고 있다. 《돈키호테에 관한 성찰》, 《무기력한 에스파냐》, 《세계사의 해석》 그 외에 말해지고 있는 오르테가의 에스파냐관 중 한 가지 커다란 특색은 에스파냐 국가형성에 있어서 중요한 임팩트가 된 요소로서, 이슬람 문화의 침입 이상으로 게르만의 서고트족의 침략을 중시하고 있는 점일 것이다. 이하 《무기력한 에스파냐》를 중심으로 그의 에스파냐 사관을 소개해 본다.

프랑크족과 서고트족의 차이

5세기 후반에 로마제국이 붕괴했을 때 유럽 중앙 및 서부에는 특정의 공통된 형식의 사회나 국가가 생겼는데 에스파냐도 그 하나였다. 즉 에스파냐도 프랑스나 영국, 이탈리아와 같은 구조를 가지고 있었다. 이 네 나라는 각각 세 개의 요소가 결합하여 형성되었다. 세 가지 요소는 우선 첫 번째로 비교적 토착 종족이라는 것, 두 번째로 로마 문명의 잔재라는 것, 세 번째는 게르만 인의 이주이다. 오르테가는 이 세 요소 중 두 번째 '로마 문명의 잔재'에 대해서는 각국과 그 발달 과정으로 공통적으로 보이는 요소지만, 첫 번째와 세 번째에 대해서는 꼭 공통된 요소라고는 말할 수 없다고 지적한다.

우선 각각 국가가 구별된 결정적 요인이 각각 토착민의 차이에 있기 때문이라고 하는 첫 번째 요소는 얼핏 맞지만 착각이다. 프랑스와 에스파냐 두 국가가 형성될 때 각각 토착 종족, 즉 갈리아 인과 이베리아 인과의 차이가 그 발달에 영향을 미친 것은 확실하지만, 그것은 결정적인 영향이라고는 말하지 않는다. 왜냐하면 인종이 달라도 하나의 국가가 형성된 예는 지금까지도 있었기 때문이다. 거의 모든 아시아 국가는 이 타입에 속한다고 말할 수 있다.

단지 모든 유럽 국가는 동양의 국가 조직에 보이는 역사적 구조나 생리와는 크게 달라서 인종은 동물학상 다른 종족이고 독자적인 생리를 가지고 있다. '유럽 국가는 어떤 민족에 의한 다른 민족의 정복에서 만들어진 사회이다. 정복자 게르만 인은 피정복자 토착민과 같은 평면에서 수평적으로 융합하지 않고 수직 방향으로 융합한 것이다'라고 말한다. 게르만 인은 결정적인 국가형성 요소였다. 따라서 국가 간에 차이가 생긴 때에도 결정적인 역할을 한 것이다. 즉 '프랑스와 에스파냐의 차이는 갈리아 인과 이베리아 인이라는 인종의 차이보다도 이 지역에 침입한 게르만 인 내부의 다른 요인에 유래한다. 프랑스와 에스파냐의 차이는 갈리아(프랑스)에 있는 프랑크족과 이베리아(에스파냐)에 들어온 서고트족의 차이인 것이다'라고 지적한다.

그렇다면 이 두 게르만 인은 어떻게 다른 것인가. 서고트족은 이베리아 침입 과정에서 로마 문화나 문명에 접하고 이른바 그 '알코올 중독'이 되었다. 유럽 벽지인 에스파냐에서 한숨 돌리지만 거기에 갔을 때는 이미 쇠퇴한 민족이었다. 이것과는 반대로 프랑크족은 완전한 모습으로 세련된 토지 갈리아에 침입하고, 거기서 생명력을 유감없이 발휘한다.

게르만 사회에서 가장 특징적인 점은 봉건제도였다. 로마가 최초로 한 것은 기구로서의 국가를 구축하는 것으로 개개인은 그 국가, 즉 시민의 총체(civitas)에 순종적인 구성으로서 생각되었다. 이에 대해 게르만 정신은 강한 기량과 넓은 도량으로 스스로 타인을 따르게 하고 다른 영토를 정복하고 그것을 소유하는 등 소수인의 강인한 사람들로부터 이루어진 사회인 것이다.

프랑스에 들어간 프랑크족은 국내에 많은 강력한 봉건영주를 만들고, 그들은 국가 건설에 매진했다. 프랑스의 국가 조직은 몇 세기나 분열을 거듭하지만, 내부 통일이 완성된 성숙기에 들면 서로 결합하고, 복잡하고 광범한 조직이 되어 마지막으로는 주나 백작령이나 공작령이 되었다. 그러나 서고트족은 에스파냐에 들어온 때는 이미 초췌하고 쇠퇴해 가고 있었고, 뛰어난 소수 지도자가 없었다. 그들은 아프리카로부터의 이슬람 세력의 침입해왔을 때 대항할 기술도 없이 모습을 숨긴다.

그 후 이슬람이 없으면 소수귀족 등 지도계급이 없는 채로 카스티야, 아라곤, 카탈루냐 등 모든 왕국이 분립한다. '그래도 사람은 명예로운 국토 회복(레콘키스타)이 완성된 것은 아닐까 말할지도 모르지만, 8세기나 걸린 일이 왜 회복이라 불리는지 이해하기 어렵다'고 오르테가는 말한다(이상 《무기력한 에스파냐》에서). 프랑스의 에스파냐 역사 전문가 빌라 교수는 '레콘키스타 시대의 에스파냐은 통합되어 있기보다는 오히려 분열되어 있다고 말하는 편이 좋다. 9~10세기 레온과 12세기 중기까지의 카스티야는 서고트의 모든 왕후계자라고 항상 공언하는 데 주저하지 않았고, 그 왕도 모든 에스파냐의 황제라 자칭했다. 하지만 그 이념은 현실과 일치하지 않았다'고 그의 저서 《에스파냐 역사》 중에서 말하고 있다. 그래서 오르테가는 만약 에스파냐에 진정한 봉건제도가 존재했다면 삶의 일, 힘, 십자군……이 다른 나라에서처럼 에스파냐에서도 진정한 국토 회복이 있었을 것이다. 국가 형성기 에스파냐가 서고트족이 지배당한 일이 에스파냐 문화의 후진성이나 유럽 세계 중에서의 '주변성'의 원인이었다고 주장하는 것이다.

이베리아 반도의 자연 환경

이베리아 반도는 아프리카와 유럽, 대서양과 지중해 사이에 있는 십자로이다. 동서남북으로부터의 왕래가 많고 사람들의 만남의 장소이기도 했다. 게다가 또 에스파냐의 지세는 다른 유럽 나라들과 달라서 대서양, 지중해, 피레네 산맥 각각 성격이 다른 환경에 둘러싸여 있다. 이러한 자연 환경은 주민에 특이한 운명을 가져오고, 독자적인 역사를 걷게 했다. '유럽은 피레네 산맥으로 끝난다. 피레네를 경계로 해서 에스파냐는 아프리카에 속한다…….' 등의 말이 배경이 되는 것이지만, 17세기 프랑스 과학자·철학자인 파스칼도 《광세》에서 '피레네 산맥 쪽에서는 진리, 저쪽에서는 오류'라고 쓰고 있다. 그래서 '에스파냐는 다른 선사 시대부터 유럽에서는 때로는 미묘한, 때로는 독창성을 발휘해 왔다. 그것은 결코 자주 말한 아프리카적인 것은 아니다. 몇 개의 자연 요인에 의한 일종의 작은 대륙으로서 역사적으로 독자적인 존재가 된다.'(빌라의 《에스파냐 역사》)

에스파냐 지형은 매우 특수하다. 내륙부에는 대지(메세타)와 산맥(시에라)가 몇 겹으로 되어 있어서 대륙성의 험한 기후를 초래하는가 하면, 따뜻한 해안부는 토지의 기복이나 강의 형태가 원인이 되어 각각 지리적으로 고립되고 분단되어 중앙대지에 등을 대고 있다. 프랑스 등 다른 유럽 국가와 달리 국내에 강이 충분히 발달하지 않는다. 때문에 중앙 에스파냐는 험한 기상조건에 더해 자연자원이나 식량부족으로 괴로워하고, 고립감이 높아간다.

이러한 자연조건, 고립과 빈곤함이 에스파냐 사람의 자립에 대한 정열, 상무 기질, 금욕주의, 정치적 지배욕, 그리고 전 반도 주민의 통합을 목표로 하는 의욕을 기르는 요인에 된다고 많은 에스파냐 연구자가 지적하는 것이다. 그래서 에스파냐 역사는 대부분 중앙대지의 카스티야 지방 등이 에스파냐 전 국토 통합을 계획하고자 하는 것에 대해, 역시 자발적으로 분리 독립을 세우고자 하는 바스크, 카탈루냐, 발렌시아, 안달루시아 등 주로 해안부 모든 지방 사이에 끊임없는 투쟁이었다.

오르테가는 에스파냐가 가진 이러한 특수성을 '무척추'라 표현했다. 이것은 단지 지리적 특이성을 의미하는 것이 아니라 정치적, 문화적 특성을 의미하는 것이다.

등뼈가 없는 에스파냐

역사상 한 국가의 통합은 그 중핵 부분이 단지 확장한다는 것이 아니다. 기원 초 로마는 시 주변 두 개의 산에서 만들어지고, 에트루리아 인 등 다른 종족, 이민족을 지배해서 이탈리아의 몸체와 합체하고, 마지막은 코카서스에서 대서양에 다다른 거대 제국을 쌓아 올렸지만 그 과정에서 각각 지역이나 민족의 생활집단은 로마에 삼켜져 말살되어지지는 않았다. '정복, 통일, 통합이라는 것은 거기에 관계한 집단이 집단으로서 본래 가지고 있는 기능을 잃는다는 의미는 아니다. 각 집단 속에 있는 자립의 힘은 계속 생기는 것이다. 집중화의 힘이 각 집단이 따로따로 흩어지는 것이 아니라 전체 속의 부분으로서 계속 생기듯이 대하는 것이다. 따라서 국가형성의 중심, 예를 들면 로마제국에서 로마나 에스파냐에 있어서 카스티야의 힘이 조금씩 약해지면 합체되어 있던 각 집단의 내장된 분리화의 힘이 다시 자동적으로 일어나게 되는 것이다. ……'

오르테가는 이렇게 분석하면서 앞에서 말했듯이 카탈루냐나 바스크 지방 등 분립주의는 '에스파냐라는 삶은 모두를 해체로 밀어가고 있다'라고 경고하고, 그 사회적 실태를 《무기력한 에스파냐》 제2부 '뛰어난 자의 결여' 속에서 다음과 같이 분석했다.

'오늘날 에스파냐에는 인물이 없다'라는 결말 문구가 있지만, 그렇다면 '어제는 있었던가'……오늘날 사람들은 모르고 있는 것 같지만 '인물 혹은 인물다움'은 그 사람이 가지고 있는 자질이 아니라 민중이나 집단이나 대중이 '어느 종류의 선택된 인간에게 주어진 것'이다. '인물다움'은 그 사람 자신의 인격에 있는 것이 아니라 그 사람을 둘러싼 신비적인 광륜(光輪), 감정적인 후광인 것이다. 그래서 같이 일이 대중에 대해서도 말할 수 있다. 만약 대중이 정치가에 대해 넘칠 만큼 많은 심한 충동으로 절대적인 신뢰를 기울이는 일을 하지 않고 반대로 자신들도 그와 같다고 믿는다면 그 정치가는 집단의 진정한 대표일 수 없다.

역사 상승기, 즉 국가의 건설기에는 대중은 자신들을 대중, 즉 무명집단이라고 느끼고, 자신들의 집단을 사랑하고, 선택된 사람들에게 상징시키고 구현시켜 삶의 정열이라는 보석을 맡는 것이다. 그러한 때에는 '인물이 있다'고 말한다. 한편 역사의 하강기, 즉 국가가 분립주의의 희생이 되어 분열하는 시기에는 대중은 대중이라는 것을 바라지 않고, 대중 한 사람 한 사람이 지도적 인물이라고 믿고 모두 탁월한 자에게 반란하고, 그들에게 혐오감이나 욕설이나 질투를 한다. 그러한 때 대중은 자신의 바보 같은 행동을 정당화하고, 내면의 회한을 없애기 위해 '인물이 없다'고 말한다.

국가는 선택된 소수의 사람들에 의해 조직되어 구성된 인간집단이다. 어느 국가에 있어서 대중이 대중이라는 것 즉 지도자인 소수에 따르는 것을 거부할 때에는 그 국가는 붕괴하고, 사회적 붕괴나 역사적 '무척추화'가 일어난다. '우리들 에스파냐 사람들은 지금 이 역사적 무척추화의 극단적인 경우를 체험하고 있는 것이다. ……'

'무기력한 에스파냐'(또는 '무척추 에스파냐')라는 이 저작의 표제는 1920년대 '모범성에 대한 순종'이 없는 에스파냐의 상황을 걱정한 것으로 당시로서는 대담한 정치·사회 비판이고, 내외로 커다란 화제를 불렀다. 그래서 10년 뒤 《대중의 반란》에서 그의 명성은 더욱 높아진다.

7. 엘리트와 대중

'빵과 서커스'

로마가 멸망한 원인의 하나로 '빵과 서커스'라는 말이 자주 거론된다. 권력자가 민중을 얌전하고 충실하게 복종시키려면 식료품과 저속한 오락만 제공하면 된다는 사고방식이다. 이는 로마제정기의 풍자시인 유베날리스가, 당시의 황제 도미티아누스(재위 81~96) 치세하의 퇴폐한 세상을 한탄하며 노래한 시에서 나온 말이다. 당시 로마의 시민들에게는 무료로 곡물이 배포되었으며, 경기장과 투기장이 개방되어 게임에 열중하게 했다. 이 습관은 초대 황제 아우구스투스(재위 BC 27~AC 14년)의 시대부터 이어져 온 것으로, 아우구스투스 치하의 로마는 1년에 66일을 공공 게임에 투자했다. 그리고 4세기에는 그 일수가 175일에 달했다고 한다.

요즘말로 하면, 대중문화와 대중사회의 출현으로 민중이 안일에 젖어 무기력해지고, 정치책임을 방치함으로써 사회의 쇠퇴가 시작된 것이다. 평등을 원칙으로 하는 민주주의에 기반한 대중사회는 지나치면 전체주의, 파시즘으로 빠지며, 결국은 국가의 멸망을 초래할 위험이 있다. 그러한 위험성에 대해서는 이미 기원전에 플라톤과 소크라테스 같은 그리스 철학자들도 지적한 바 있다.

본격적인 대중사회론

그러나 유럽에서 이러한 '대중사회론'이 본격적으로 논의되기 시작한 것은 19세기 이후부터이다. 《미국의 민주정치》를 써서 민주주의 제도의 부정적인 측면을 파헤쳐 세계의 주목을 받은 프랑스의 토크빌을 비롯하여 니체(독일), 프로이트(오스트리아), 뒤르켐(프랑스), 막스 베버(독일) 등 거의 동시대의 정치학, 철학, 심리학, 사회학자들은, 유럽 사회의 정신적-문화적 위기를 감지하고 각자의 입장에서 대중사회를 분석했다. 이 경향은 20세기에 들어 더욱 현저해졌으며, 슈펭글러(독일)의 《서양의 몰락》과 오르테가의 《대중의 반란》이 나오게 되었다. 그들 중에서 대중사회를 가장 통렬하게 비판한 사람이 오르테가이다. 그만큼 오해도 많이 샀으며, 귀족주의자나 중우(衆愚 : 대중을 어리석다 여김)주의자, 보수-반동가라는 이름표를 달게 되었다. 그러나 오르테가가 말하는 '대중'이란 신분과 계급을 의미하는 사회학-경제학적인 개념이 아니라, '자신이 남들과 같다는 점에 아무런 고통을 느끼지 못하고, 오히려 기쁨을 느끼는 인간' 모두를 의미하는 철학적-인간학적인 개념이다.

오르테가에 의하면, 이러한 '대중'은 상류계급은 물론 하층계급에도 존재한다. 노동자 속에도 있으며, 학자나 전문가 등 인텔리 속에서도 나타난다. '우수한 인간이란 자기 자신에게 많은 책임을 부과하는 자를 말하고, 범속한 인간이란 자기 자신에게 아무 책임도 부과하지 않으며 현재의 것에 만족하고 자기 자신에게 도취되어 있는 자이다.' 대중은 스스로의 범속을 알고 있기 때문에, 대담하게 범속한 자의 권리를 온갖 장소에서 주장-관철하려고 하며, 자신과 다른 생각을 지닌 사람을 배제하려고 한다. 인간의 생은 본래 '자기 자신을 찾기 위한 투쟁'이자 노력인데, 대중은 그 진리를 망각하는 것으로도 모자라 비웃으며, 생의 높은 곳으로 오르려는 사람의 발목을 붙잡는다. 이러한 대중사회는 미국 특유의 현상이었지만, 요즘은 유럽에서도 대중사회화가 진행되고 있으며, 무솔리니의 파시스트 정권과 소비에트의 볼셰비키 정권도 마찬가지로 대중사회에 의해 유지되고 있다. 이상이 오르테가의 대중사회 비판의 요점이다.

밀집―충만의 사실

오르테가의 대표적 저작 《대중의 반란》은 '대중의 반란'과 '세상을 지배하는 것은 누구인가?'의 2부로 구성되어 있다. 제1부는 대중의 정의와 그 출현에 의해 야기되는 사회구조의 변화, 그리고 미국론, 러시아론에서 국가론까지 부연하고 있다. 제2부에서는 최근 회자되는 유럽 또는 서유럽의 몰락론을 언급하고, 몰락에서 구할 방법을 질문하며 오르테가의 독자적인 유럽 통합론을 펼친다.

오르테가는 '대중'의 의미에 대해 먼저, 일상생활에서 흔히 접하는 친숙한 사례를 들었다. 최근 찻집은 손님으로, 거리는 통행인으로, 유명 의사의 대기실은 환자들로 넘쳐난다. 극장은 관객들로 만원이고, 해변은 해수욕객으로 바글바글하다. 여기서 예전에는 생각지 못했던 문제인, '비어 있는 장소를 어떻게 발견할까'가 끊임없이 제기되기 시작했다.

'새삼스럽게 무엇을 놀라는가, 극장이나 기차의 좌석, 호텔 방도 원래 만원을 이루기 위해 있는 것이 아닌가'라고 할 수도 있다. '그러나 문제는, 예전에는 이러한 시설물과 탈것들이 만원이 된 적이 없었는데, 요즘은 사람이 넘쳐날 뿐만 아니라 그것을 이용하려고 갈망하는 사람들이 남아돌고 있다는 사실이다. 비록 이 사실이 당연한 것이라 할지라도, 이전에 일어나지 않았던 것이 왜 지금 일어나고 있는지를 무시해서는 안 된다. 즉 그곳에는 하나의 변화, 하나의 혁신이 있었던 것이며, 그것이 우리를 놀라게 한다'고 자문자답한다. 그리고 그 현상을 '밀집 또는 충만의 사실'이라고 명명했다(만약 우리 일반인에게 물으면 예사롭게 이렇게 대답할 것이다. 당연하지 않은가, 대중의 생활 수준이 높아져 레저를 즐기는 시대가 되었기 때문이라고).

그러나 오르테가에게 있어 이것은 매우 심각한 문제였다. '인구가 급격히 증가했기 때문은 아니다. 15년 전이나 현재나 거의 비슷한 수의 사람들이 살고 있다. 오히려 제1차 세계대전으로 인구가 감소했을 것이다. 이러한 군중을 구성하는 개개인은 예전부터 존재해 왔지만, 군중으로서는 존재하지 않았다. 그들은 작은 집단을 만들기는 하지만, 전세계에 뿔뿔이 흩어져서 서로 관여하지 않는 각각의 생활을 하고 있었다.' '그런데 요즘 들어 갑자기 그들은 집단이 되어 모습을 나타냈다. 이전의 비교적 세련된 소수자를 위해, 정확히는 "우수한 소수자"를 위해 마련되었던 장소에 나타났다. 군중은 별안간 모습을 나타내어 사회 속에서 가장 좋은 자리에 눌러앉아 버렸다.' '예전에는 비록 존재하고 있지만 남의 눈에 띄지 않는 사회라는 무대의 배경 속에 숨어 있었는데, 지금은 무대의 전면으로 나와 조명을 받으며 주요한 존재가 되었다. 이제 무대에 주역은 없다. 코러스단이 있을 뿐이다.'

오르테가는 '사회라는 것은 언제나 소수자와 대중이라는 두 가지 요소로 이루어진 역동적인 통일체이다. 소수자란 특별한 자질을 갖춘 개인집단이며, 대중은 특별한 자질을 갖추지 않은 사람들의 총체'라고 규정했다. 즉 이 대중은 '노동자 대중'이 아니라 '평균인'을 말한다. 그러므로 사회를 대중과 우수한 소수자로 나누는 것은, 사람들을 사회적인 계급으로 나누는 것이 아니라 '인간적인 계급'으로 나누는 것으로, 상층이나 하층 같은 계층 구분과는 다르다고 강조한다. 오르테가가 말하는 '우수한 소수자'란 '지적-인간적 엘리트'인 것이다.

'대중의 반란' 현상

다시 오르테가의 논점으로 돌아가자. 앞에서 서술한 '밀집-충만의 사실'은 대중이 이전에는 건전한 사회의 역학적 관계 속에서의 자신의 역할을 알고 있었지만, 요즘은 사회의 전면으로 나와 소수자들의 전유물이었던 시설을 점령하고, 문맹의 이기를 사용하고, 즐거움을 향유하려 하기 때문에 생긴 현상이다. 곤란한 점은, 이러한 경향이 향락뿐 아니라 시대의 일반적인 풍조가 되어 정치에까지 참견하게 된 점이라고 한탄했다. '나는 최근의 정치적 변혁은 대중에 의한 정치의 지배 이외에는 아무것도 아니라고 생각한다. 이전의 민주주의는 자유주의와 법질서 덕분에 평온하게 유지되고 있었다. 이러한 원칙을 준수하려면, 개인은 자기 내부에 엄격한 규율을 유지할 의무가 있다. ……그러나 오늘날, 초민주주의라는 이름으로 대중이 법을 무시하고 직접적으로 행동하며, 물질적인 압력으로 자신들의 희망과 취향을 사회에 강요하고 있다. ……예전의 자유민주주의 시대의 대중은 정치를 전문가에게 일임했었다. 그러나 현재의 대중은 자신들이 찻집에서의 한담에서 얻은 결론을 사회에 강요하고, 그것에 법적 효력을 부여할 권리가 있다고 생각하고 있다. 우리의 지금 시대만큼 대중이 직접적으로 지배권을 휘두른 시대는 역사상 단 한 번도 없었다.'

오르테가는 이 현상의 '대중의 반란'이라 불렀다.

오르테가에 의하면 오늘날 대중사회의 특징은 두 가지이다. 첫 번째는 대중의 생활분야 대부분이 이전의 소수자들로 한정된 생활분야와 일치한다는 점. 두 번째는 대중이 소수자에게 순종하지 않고 존경하지 않으며, 오히려 소수자를 몰아내고 그 자리를 차지하려고 한다는 점이다. 첫 번째 특징은 물질적인 욕망에 기인한다. 예를 들어 1820년에 자택에 욕실을 갖춘 집은 파리에서 10채도 되지 않았는데, 지금은 대중이 이러한 이기를 사용하고, 그 기술을 익혔다. 물질적 기술뿐 아니라 법률적, 사회적 기술도 익혔다. 기본적인 인권과 시민권이라는 발상은 18세기의 어떤 소수자가 발견한 '사상'이었다. 그런데 19세기에 대중은 이러한 권리의 사상을 '이상'이라고 생각하기 시작했으며, 오늘날에는 이 이상이 '현실'이 되었다. 만인평등화의 권리는 이제는 인류의 목표도 이상도 아닌, 단순한 요구 또는 무의식적인 전제로 바뀌어 버렸다. 이처럼 대중, 즉 평균인의 수준이 옛날 소수자의 수준과 같아진 것은 유럽에서는 새로운 사실이었지만, 아메리카 대륙에서는 건국 이래 매우 자연스럽게 발생한 사실이었다. 유럽에서는 이러한 평균인의 생활수준이 향상되자 그 생활양식이 '미국화'되었다고 표현했다. 그러나 유럽은 미국화되지 않았으며, 미국의 영향도 그다지 받지 않았다. 오히려 유럽인의 생활

수준이 낮았기 때문에 평균화에 따라 재산과 문화가 평균화된 점이 컸다. 이렇게 보면, '대중의 반란'은 유럽의 생명력과 가능성을 헤아릴 수 없을 만큼 증대시킨 것이 된다. 그러면 '서양의 몰락'이란 대체 무엇인가? 몰락한 것은 유럽의 여러 국가인가, 문화인가, 아니면 그 배후에 있는 더욱 중요한 생명력인가. 오르테가는 국가나 문화는 그럴 수 있지만, 생명력만큼은 절대 그렇지 않다고 단언했다.

고귀한 삶 범속한 삶

새롭게 등장한 대중은, 삶의 완전하고 자유스런 상태는 처음부터 그곳에 존재하고 확립되어 있던 것으로, 어떠한 특별한 원인으로 인해 그렇게 되었다고 생각하지 못한다. 현재의 안정된 생활, 문명의 발전, 세계의 평화는 태곳적부터 그대로 있었던 것이며, 어떤 소수의 우수한 사람들의 노력과 봉사로 현재에 이르렀다고는 생각하지 않는다. 중국 농민은 그들의 생활이 안락한 것은 황제 덕분이라고 줄곧 믿어 왔다. 그러므로 그들의 삶은 언제나 최고지도자를 의지한다. 그러나 현재의 대중은 환경이 급변하지 않는 이상 남에게 의지하려 하지 않는다. 자신이 자신의 삶의 주인이라고 생각한다.

이와는 반대로, 선택된 인간, 우수한 소수자는 스스로 나서서 자기보다 우수한 규범에 봉사하려 하며, 봉사를 압박으로 받아들이지 않는다. 간혹 봉사의 대상이 사라지면 불안을 느끼며, 자신을 억누르는 어렵고 새로운 규범을 찾아낸다. '이것이 규율로 이루어진 삶, 즉 고귀한 삶이다. 고귀함의 본질은 자신에게 부과하는 많은 요구와 의무이며, 권리가 아니다. 귀족에게는 반드시 책임, 노블리스 오블리주(Noblesse oblige)가 있다.'

오르테가는 귀족 취향 또는 귀족주의자라는 비판을 곧잘 받았다. 그의 말을 표면적으로만 받아들여, 귀족적 입장의 중우주의자 또는 차별주의자라고 혹평받는 것도 사실이다. 그러나 누차 말하지만, 오르테가의 사상은 심도 깊기 때문에, '생(삶)의 이성'이라는 그의 독특한 철학적 입장에 서지 않으면 그 본질을 이해하기 어렵다. 그만큼 오해도 많아진다. '귀족'이라는 말도 오해받기 쉬운 전형적인 예이다. 오르테가의 설명에 의하면, '귀족(nobleza)'이라는 말의 어원은 본질적으로 동적인 것으로, '고귀한 사람(noble)'이란 '유명한 사람(conocido)'을 뜻한다. 무명의 대중에서 빠져 나와 자기의 존재를 알린 사람, 누구나가 알고 있는 사람, 유명한 사람인 것이다. 참고로 그는 고귀하지 않은(sin nobles) 사람을 속인(俗人, s'nob)이라 했다. 귀족이라는 단어에는 명성을 얻기까지의 수많은 노력이라는 의미가 포함되어 있다. 그러므로 고귀한 사람이란 노력한 사람, 우수한 사람이다. 그러나 요즘 들어 이 단어가 많은 사람들에게 일상용어로 '세습적인 혈통의 귀족'이라는, 일반적 권리와 닮은 정적인 의미로 타락해 버린 점을 참을 수 없다고 오르테가는 한탄한다.

한편 범속한 삶은 자신을 의심하지 않는다. 자신이 매우 분별력 있는 사람이라고 믿는다. 그러므로 부러울 정도로 평정할 수 있다. 적어도 오늘날까지의 유럽 역사에서는, 범용한 사람이 스스로 '사상'을 갖고 있다고 생각한 적이 없었다. 물론 그들은 신념과 경험, 습관적인 사고방식 등을 갖고 있지만, 정치와 문학 등에 대한 이론적인 의견을 갖고 있다고는 생각하지 않는다. 정치가의 선악을 비판하지만, 그것은 남이 창조한 생각에 '찬성하느냐 반대하느냐'라는 반사적 행위에 지나지 않는다. 그런데 오늘날은 이들 평균인이 가장 한정적인 '사상'을 갖기 시작했다. 더 이상 듣기만 할 때가 아니다, 스스로 판단하고 결정을 내려야 한다고 생각하기 시작했다. 대중이 '사상'을 갖고 교양을 갖추는 것은 큰 진보이며 좋은 일이지만, 이 평균인의 '사상'은 참된 사상이 아니다. 사상을 갖기 위해서는 전제조건이 있어야 한다. 즉 진리를 사랑하고, 진리가 부여하는 게임 규칙을 받아들이는 것이다. 이 규칙이 바로 문화의 여러 원리이다. 시민법의 원리가 없으면 문화도 없다. 논의할 때 지적인 태도에 경의를 보이지 않는 곳에 문화는 없다. 교통 제도, 미학 논쟁을 필요로 하지 않는 곳에 문화는 없다. ……엄밀히 말해 '야만'이 있을 뿐이다. '이 야만이 대중의 반란과 함께 지금의 유럽에 나타나기 시작한 것이다.' 오르테가는 이렇게 지적함으로써 유럽을 뒤덮기 시작한 전체주의적 경향, 볼셰비즘과 파시즘의 횡행에 경종을 울린 것이다.

8. 역사적 원근감

'세대'란 무엇인가

오르테가는 50세를 넘으면서 더욱더 머리가 맑아지고 관찰력이 예민해졌으며, 그의 사상은 원숙미를 더해 갔다. 《갈릴레오를 둘러싸고=위기의 본질》(1933)과 《체계로서의 역사》(1941)가 대표작이며, 후년의 대작 《사람과 사람들=개인과 사회》(1949~1950. 1957년 유고 출판)이나 《세계사의 해석》(1948, 1965년 유고 출판) 등은 모두 60세가 된 이후에 마드리드의 '인문과학연구소'에서 했던 강의-강연을 바탕으로 한 저작이다. 앞에서 말했듯이, 오르테가의 '생의 이성' 철학은 《돈키호테에 관한 성찰》에 등장하여, 《현대의 과제》에서 이론화되고, 《대중의 반란》에서 구현화된다. 이들 저작의 저변에 흐르는 역사적 원근감에 대한 이해를 더욱 깊게 하기 위해, 특히 다음의 두 용어에 대해 생각해 본다.

첫 번째는 '세대'(generación)라는 개념이다. 이는 오르테가의 역사관, 역사에의 접근을 이해하는 데 매우 중요한 단어이다. 《갈릴레오를 둘러싸고》는 코페르니쿠스의 지동설에 찬동하여 단죄된 갈릴레오 재판을 모티브로 중세에서 근대로의 역사적 전환을 통해 본 오르테가의 역사철학론인데, 특히 유럽이 경험한 이른바 3대 위기—고대 그리스-로마 세계의 몰락기, 중세를 붕괴로 이끈 르네상스기, 근대의 종말로서의 현대—의 본질과 구조 분석에 힘을 쏟고 있다. 그 분석의 열쇠로서 오르테가는 특유의 '세대'라는 단어가 빈번하게 사용한다. 《갈릴레오를 둘러싸고》를 중심으로 그의 설명을 요약해 본다.

인간 '생(삶)'의 가장 기본적인 사실은, 인간들이 죽고 새로운 인간들이 태어난다, 즉 '생'이 교체된다는 것이다. 따라서 역사적 변화란 기본적으로 인간 존재와 연결되어 있다. 인간에게는 연령이 있다. 딜타이나 하이데거도 말했듯이, '생'이란 '시간'이다. 그것도 종말 있는 시간이며, 그렇기 때문에 인간은 연령을 가진다. 연령이란 인간이 언제나 한정된 일정한 시점에 서 있다는 것이다. 생애에서의 소년, 청년, 장년, 노년이라는 각각의 시점이다.

이는 역사적 현재, 즉 모든 '오늘'은 세 개의 다른 시간, 세 개의 다른 '오늘'을 포함하고 있다는 의미이다. 이 '오늘'은 누군가에게는 20세이며, 다른 사람에게는 40세, 또 다른 사람에게는 60세이다.

1933년이라는 해를 예로 들어 본다. 이 해는 유일한 시점으로 보이지만, 1933년에는 청년과 장년과 노년이 살아 있다. 1933년이라는 숫자는 세 개의 다른 의미로 삼면화되어, 삼자를 동시에 내포하고 있다. 즉 하나의 역사적 시점 속에 세 개의 다른 연령단계가 통일되어 있는 것이다. 이 삼자는 '동시 대인'으로서 같은 시대와 공기, 같은 세계 속에 살고 있지만, 각각 다른 방 식으로 세계의 형성에 기여한다. 방식이 일치하는 것은 '동년배인' 사이에서 뿐이다. 동시대인이 반드시 동년배인인 것은 아니다. '역사는 움직이고 변화 하고 추이한다. 모든 동시대인이 동년배인이라면, 역사는 마비상태로 정체 되고 돌처럼 경직되어, 기본적인 혁신의 가능성이 완전히 사라지고 만다.'

오르테가는 이 '동년배인'의 총체를 '세대'라고 표현했다.

이렇듯 '세대'란 동년배일 것, 살아 있는 접촉점을 갖고 있을 것, 이 두 가 지 기본적 사실을 전제로 하고 있음을 알 수 있다. 또한 이러한 세대에는 차 례차례로 새로운 세대가 뒤를 잇는다는 역사 속에서의 시간적 계속성은 물 론, 로마제정 시대처럼 인도 국경에서 리스본, 영국에 이르는 광대한 지역에 서 같은 생의 공동체로 살던 같은 연령 인도 같은 세대라는 공간적인 성질도 있다. 그럼 인간에게는 몇 가지의 생의 계단, 즉 세대가 있는가.

15년 주기설

종래의 상식으로는, 한 세대를 30세에서 60세까지라고 파악하고, 이 기간 에는 동질적 생(삶)을 기반으로 하고 있다고 여겨졌다. 그러나 오르테가는 이것에 이론을 제기하면서 독자적인 '15년 주기설'을 주장했다.

학문 세계나 정치, 예술계에서 보통 한 인간이 자기 자신의 사상의 기반을 완성하는 것은 30세부터 45세까지이며, 45세 이후는 그것이 완전히 전개되 는 시기이다. 30세에서 45세까지는 성장하고 활동하고 투쟁하는 시기이며, 45세에서 60세까지는 권력과 지배의 시기이다. 60세를 넘긴 사람들의 역사 적 현실 속에서의 역할은 다른 연령에 비해 적으며, 역사에의 관여도 예외적 인 것이다. 그렇다면 적어도 남성의 생은 각각 15년씩 이어지는 5개의 연령 층으로 나눌 수 있다. 소년기, 청년기, 도입기, 장년기, 노년기이다. 또한 진정한 역사적 시기는 두 개의 성숙한 연령계단, 즉 도입기와 장년기이다.

그러면 이 15년 세대를 어떻게 그룹으로 나누는가. 예를 들어 1933년에 30세가 된 사람이 있다고 가정한다. 그러나 그 사람은 30세라는 현재의 연 령이 앞의 15년에 속하는지 뒤의 15년에 속하는지, 아니면 전후 7년씩에 걸 친 두 세대의 중간에 있는지 알지 못한다. 즉, 자신의 연령을 경계로 하나의 세대가 시작되는지 끝나는지, 혹은 그 연령이 세대의 중심을 이루는지 확실하지 않다.

그러나 바로 이 점이 중요한 포인트이다. 즉 '각 세대는 두 개의 다른 세대 사이에 끼어 있다는 점. 그리고 그 두 개의 세대 각각이 또 다른 세대와 맞닿아 있고, 그렇게 세대가 차례차례 이어져 간다는 점이다. 다시 말하면, 세대는 여러 세대의 모든 계열을 전제로 하며, 한 세대에 해당하는 연대의 폭은 계열의 전체를 규정함으로써 비로소 확정되는 것이다.'

이 점에 대해 오르테가는 《현대의 과제》에서 이미 '역사에서 결정적인 의미를 지니는 것은 생의 감성의 변화이며, 그것은 세대라는 형식으로 나타난다'고 서술하고, '새로운 세대는 그것에 선행하는 세대 안에서 이미 그 생존 형식을 보인다. 세대는 연속적으로 앞의 다른 세대에서 태어난다. 각 세대에 있어 살아간다는 것은 두 개의 차원을 가진 과제이다. 하나는 선행 세대에 의해 키워진 것, 즉 여러 사상과 가치, 제도 등을 계승하는 측면이며, 다른 하나는 그 세대 고유의 것을 창조하는 측면이다'라고 지적했다.

이와 같이 오르테가는 큰 역사의 흐름 속에서 '근대'의 방향을 결정짓는 시기를 1600년부터 1650년 사이로 보고, 그 속에서 결정적인 세대를 적출하려 했다. 그 대상으로 데카르트를 선택하여 '15년 주기설'을 실험했다. 먼저 데카르트가 30세일 때의 시대를 조사한다. 1626년이다. 이 해를 기산점으로 하면, 한 세대 전의 시대는 1611년으로 홉스와 그로티우스의 세대이다. 그 전은 1596년으로 갈릴레오, 케플러, 베이컨의 세대이다. 또 그 앞은 1581년으로 브루노, 세르반테스, 수아레스의 세대이며, 또 한 세대 거슬러 올라가면 1566년, 몽테뉴의 세대가 된다. 이 인물들은 모두 데카르트보다도 연상, 즉 앞 세대의 사람들이며, 그 각 세대들은 단절되어 있는 것이 아니다. 말하자면 오버랩되고 조정되며 이어져서 근대로의 길이 열린 것이다.

이처럼 역사의 조정이 15년 간격으로 변화한다는 가정을 세움으로써, 우리는 우리 시대의 방향을 정하고 대략적인 진단을 내릴 수 있다고 오르테가는 말한다. 1917년에 시작되어 1932년에 끝난 한 세대의 사례를 보자. 이 시기는 제1차 세계대전 후기에 해당하는데, 1917년은 파시즘과 볼셰비즘이라는 새로운 정치개념이 출현하였고, 동시에 회화에서 큐비즘, 문학에서는 표현주의가 시작된 해였음을 주목한다. 이 방식을 더욱 연장해 보자. 1932

년의 다음은 1947년, 다음에 이어지는 세대(오르테가는 이 사이에 세상을 떴다)는 1962년, 1977년 그리고 1992년 세대가 된다. 이 시기를 현실 세계의 동향에 조합해 보면, 제2차 세계대전에서 동서냉전의 발생기, 격화기, 교착기, 그리고 소련 붕괴에 의한 냉전 종결기로 이행된다.

역사적 위기란 무엇인가

오르테가는 역사를 거슬러 올라가면서, 르네상스를 하나의 큰 역사적 위기로 보았다. 그에 의하면, 위기는 역사적 삶 속에서 나타나는 하나의 특수한 변화이다. 이는 일반적인 변화와는 다르다. 일반적인 변화는, 한 세대에서 유효했던 세계상 다음에 그것과는 조금 다른 새로운 세계상이 이어진다. 즉 단절과 비약이 아니라 연속적인 이행이다. 그런데 역사적 위기를 나타내는 변화는 앞 세대의 세계상, 확신관계를 포기하고, 인간이 이미 세계(시스템)를 상실해 버린 상황이라고 한다. 위기의 인간은 어제까지 믿던 모든 것이 부정되고 방향을 잃는다. 그러나 인간의 생이란 공허를 두려워하고, 다른 무언가에 대한 신앙을 추구한다. 어렴풋하게나마 이 새로운 신앙이 생의 표현에 녹아들어 서서히 생에 정착하기 시작하는 것이다. 그러면, 인간이 지금까지 믿어 온 세계 시스템을 더 이상 믿지 않고, 문화를 떨쳐 버리는 사태는 왜 일어나는 것인가. 즉 왜 위기가 생기는가, 위기란 대체 무엇인가.

오르테가는 《갈릴레오를 둘러싸고》에서 '변화와 위기'라는 테마로 이 문제를 추궁했다. 그리고 '생은 고독하다'는 대전제에서 위기가 고독한 생과 사회와의 관계 속에서 생겨나는 과정을 분석했다. 또한 그의 사회철학의 집대성이라고도 할 수 있는 《사람과 사람들=개인과 사회》 속에서는 '사회적 사실은 고독으로서의 인간적인 생의 행위가 아니라, 인간적 공존 속에서 태어난다. ……그러나 공존만으로는 사회적 사실이 아니다. 자신들의 창의와 의사와는 관계없이 '관습'이라는 것이 존재한다. 즉 사회를 구성하는 사실은 '관습'이다. 그리고 그 비인칭적이며 불특정한 주체는 모든 사람, 아무도 아닌 사람, 즉 '사람들'인 것이다'라고 논했다.

오르테가의 사회관, 사회철학을 이해하기 위한 매우 중요한 키워드인 '관습'(uso)이란 무엇인가. 《사람과 사람들》 속에서 그 의미를 찾아보자.

사회를 구성하는 '습관'

'관습'이란 말은 '습관'이라는 말과 같은 뿌리에서 나왔으며, 서로 뗄 수 없는 관계이다. 실제로는 습관의 개념 쪽이 의미 깊고 포괄적이며, 관습도 습관의 하나라고 생각하기 쉽다. 즉 관습은 습관화되고 학습된 행동 타입이다. 다시 말하면, 관습은 사회적 습관을 말하며, '습관'이란 빈번하게 이루어짐으로써 개인 안에서 자동화되는 행위를 의미한다. 그것을 '빈번하게 행하는 개인의 수가 많을' 때 습관이 된 관습이 생긴다. 그것은 일반적으로 이야기되고 생각되고 실행되는 다양한 행위가 되며, 때때로 형식이 되기도 한다.

예를 들어 교통경찰은 우리의 보행을 조정하고, 우리는 그것에 따른다. 이 행위는 경관에 의해 생기는 것이나, 경관 자신이 그 행위를 만든 것이 아니며 그 책임도 없다. '인사'도 일정한 지역에서 일정한 방식으로 이루어진다. 그것은 일반적으로 그렇게 이루어지고 있기 때문에 따라 할 뿐이며, '일반'이란 불특정한 주체를 가리킨다. 오르테가가 말하는 '사람들'이다. '빨간불도 모두가 건너면 무섭지 않다'의 '모두'이다. 그 특징은 다음의 세 가지이다.

첫째, 누가 정했는지는 모르지만, 개인의 외부에서 들어오는 일종의 사회적 압력으로 강제력을 지닌다.

둘째, 개인의 의사에 의한 행위가 아니다. 우리는 그것을 받아들이지만, 그것은 우리의 욕구에 기초하지 않는다. 때로는 그 실행이 성가시기도 하다. 그러나 일반적으로 그렇게 하기 때문에 따를 뿐이다.

셋째, 대부분의 경우 우리는 그러한 행위의 의미를 이해하지 못한다. 비합리적이며 비이성적이다.

그리고 그 사회적 압력, 강제력, 우리의 의사를 봉인하는 힘이 오르테가가 말하는 '사회적 권력'인 것이다. 이러한 습관은 식사, 복장, 예의범절, 행사, 제사 등 온갖 '풍속 습관'부터, 인사, 상투적인 말, 세론 같은 '언어 습관', 나아가 법률이나 국가, 전쟁, 혁명, 평화가 성립하는 조건인 '정치 습관'과 '경제 습관'에 이르기까지 인간의 모든 사회적 사실을 구성하고 있다.

중요한 점은, 이러한 습관이 인간사회 속에 무수하게 존재하고 있다는 것이다. 인사라는 습관 하나를 보아도, 서양인의 악수라는 단순한 행위부터 사하라 사막에 사는 투알레그 사람들처럼 100미터 앞에서 시작하여 45분이나 계속되는 복잡한 인사나, 다른 종족과 만나면 같은 파이프로 함께 담배를 피우는 아메리카 인디언의 인사까지 매우 다양하다. 게다가 인사는 인간 사이에 표현하는 '경의'이다. 이것이 빠지면 남을 화나게 한다. 사회와 국가 사이에서도 마찬가지이다.

역사적 사실은 '세대'의 교체와 계속이다. 이러한 역사적 삶 속에서 이제까지의 세계와 문화를 부정하는 특수한 변화가 일어나는 때가 '위기'이며, 이러한 위기는 인간의 고독과 '습관'을 동반한 사회의 관계에서 발생하는 것이다.

9. 정치사상

'귀족주의를 사랑하는 사회주의자'

오르테가의 정치-경제-사회-국가관 등 현실사회의 주축이 되는 사상에 대해 서술하겠다.

오르테가의 정치사상은 단순하게 보수인가 혁신인가, 또는 자본주의자인가 사회주의자인가 같은 단락적인 분류가 불가능하다. 매우 복잡하고 미묘한 사상적 입장이다. 굳이 표현하자면, 사회주의적 자유주의 또는 자유주의적 민주주의라고 말해야 하는데, 이 표현 자체가 모순을 품고 있음은 말할 것도 없다. 그는 젊었을 때 '나는 귀족주의를 사랑하는 사회주의자다'(1913, 〈엘 소셜리스타〉지)라고 쓴 적이 있다. 이런 역설적인 표현을 일부러 쓰는 오르테가의 정치적 입장은 실제로는 어떠한 것이었을까.

오르테가는 저널리스트 집안에서 태어나 젊었을 때부터 정치문제에 큰 관심을 보였다. 그러나 신문이나 잡지를 통해 적극적으로 평론활동을 펼친 것은 주로 30세부터 50세까지였으며, 제헌의회(코르테스) 의원으로서 정치가가 된 것은 48세의 때였다. 그로부터 2년 뒤 에스파냐 제2공화제 쇠퇴와 함께 의원직을 사임하고 정치활동은 물론 정치평론활동까지 전부 그만두었다. 따라서 후년의 오르테가가 특히 에스파냐 내전, 제2차 세계대전, 외국으로 망명한 고난의 후반기를 보내면서 정치를 어떻게 생각했는가에 대해 구체적으로 알 수 있는 단서는 많지 않다. 그러나 초기의 언동을 중심으로 그의 정치사상의 특색을 살펴보면 다음과 같다.

먼저 기본적인 사회관은 '고립된 인간은 존재할 수 없다'는 것이다. 오르테가 사상의 기본명제인 '나는 나와 나의 환경'에 기초하고 있다. 1910년 오르테가는 에스파냐 북부 빌바오 시에서 열린 정치집회에서 '개인주의라는 것은 전부 신화이다. 고립된 인간은 인간일 수 없다. 개개의 인간이라는 것은 사회와 떨어져서는 존재할 수 없으며, 개인주의란 추상개념에 지나지 않다'고 말했다. 이것에는 두 가지 포인트가 있다. 첫 번째는 지금 서술한 '고립된 인간은 존재할 수 없다'는 것으로, 환경에서 개인을 추출하는 것은 인간의 사회적 조건을 부정하는 것이다. 두 번째 포인트는 '고립된 개인은 인간으로 완성될 수 없다'는 관점으로, 이는 아리스토텔레스의 '사람은 정치적 동물이다' '태어날 때부터 폴리스(도시국가) 안에서 살지 않으면 안 된다'는 생각과 일치한다.

오르테가의 사회주의관

오르테가의 초기 정치사상은 사회주의에 가까웠다. 독일 유학 중에 코엔, 나토로프 교수에게서 사회민주주의 영향을 강하게 받았기 때문이다. 사회주의를 '사회에 대한 협력, 모두 함께 사는 정부'라는 소박한 형태로 파악하여 '오늘날 사회주의는 우리를 제어하고, 우리의 이성을 지배하고, 우리의 정치 본능을 방향짓고, 우리의 모든 이데올로기를 결합시키는 배경이 될 수 있다'(1910, 〈엘 임파르시알〉지)고 평가했다. 사회주의가 정치사상으로서 기능하는 새로운 이데올로기적 내용을 지닌다는 사고방식은 여전했던 것이다. 또한 그의 모든 저작물에서도 사회주의와 사회당에 대한 공격적인 언사는 거의 찾아볼 수 없다. 오히려 1931년에는 제2공화제하의 의회연설에서 '에스파냐에서 가장 힘 있는 정당은 존경도나 당원수를 보더라도 사회당이다. 왜인가? 그것은 당원의 이익을 희생하여 직접적인 이익에 합치하는 것이 아닌 것처럼 행동하면서, 이익을 넘어선 요구를 받아들이고 있기 때문이다'라고 찬사를 보냈다.

그러나 중요한 점은, 사회주의에 호의적인 입장이었다고는 해도, 사회의 계급분석에 대해서는 조금도 언급하지 않았다는 점이다. 그는 처음부터 이 점에 대해서는 선을 그었다. 1910년 '오늘날 유일하게 도의적으로 용인할 수 있는 국가는 사회주의국가다'라고까지 편드는 발언을 하면서도, 한편으로는 '참된 사회주의자는 칼 마르크스가 아니며, 그렇게 확인할 필요도 없다. 노동자의 당이 유일하게 완전한 도의적 정당인 것은 아니다'라고 분명히 말했다. (1910, 〈엘 임파르시알〉지) 오르테가의 사회주의관은 처음부터 이 점에서 진짜 사회주의자의 생각과는 넘기 힘든 골이 있었던 것이다.

오르테가의 에스파냐 개혁구상에, 마르크스 사상 또는 사회주의 교의의 일부는 받아들여지지 못했을 뿐 아니라 오히려 방해가 되었다. 구체적으로 계급 및 계급투쟁의 문제였다. 가장 두드러진 예가 커뮤니티(공동사회)의 해석을 둘러싼 견해의 차이였다. 마르크스의 커뮤니티 관념에는 계급의식의 창조가 포함되어 있었다. 따라서 '사회의 모든 이해를 대표하는' 커뮤니티는 생각할 수 없었다. 자본주의 아래에서는 사회 속에서의 이해 일치는 있을 수 없기 때문이다. 한편 오르테가의 관념은, 커뮤니티는 계급 간의 투쟁과는 아무런 관계도 없으며, 오히려 근대 에스파냐 건설이라는 일에 '모든 계급을 결속시키는 것'이었다. 1909년 오르테가는 에스파냐 사회당 본부에 초대되어 강연하면서 다음과 같이 말했다.

"여러분은 제 이야기에 놀랄지도 모릅니다. 여러분은 계급투쟁이 사회주의의 핵심이라고 배워 왔습니다. 저의 마음이 여러분의 마음과 형제나 마찬가지인데도 제가 여러분의 당에 들어가지 않는 것은 바로 이 때문입니다. 우리를 갈라놓는 유일한 말은, 여러분은 마르크스 사회주의자이고 저는 마르크스주의자가 아니라는 것입니다."

오르테가의 정치사상에서 오랜 세월에 걸친 중심 테마는 '노동의 원칙'이었다. 한 마디로 국가 건설이라는 일은 모든 사람이 함께해야 한다는 사고이다. '만약 사회가 협동조합이라면, 그 멤버는 무엇보다 먼저 일하지 않으면 안 된다. 일하지 않는 자는 사회에 참가할 수 없다. 이는 사회주의 속에 민주주의가 뿌리내리는 원칙이다'(1910, 엘 시티오 연설)라고 말했다. 처음부터 노동자를 프롤레타리아라고 규정하는 사고에는 동조하지 않으나, 사회주의는 우리 모두가 자신을 노동자라고 생각해야만 가능하다는 것이다. 오르테가가 말하는 노동자는, 마르크스가 말하는 육체노동자의 개념과는 분명히 다르다. 생산수단의 소유자, 즉 자본가와 노동자라는 고전적인 구분에서 본다면, 오르테가가 생각하는 노동자에는 자본가도 포함된다고 할 수 있다.

트리클 다운 이론

이처럼 오르테가는 표면적으로 사회주의에 동조하는 자세를 보였지만, 이른바 '사회주의 이데올로기'와 거리를 두고 있었음은 명백하다. 마르크스는 프롤레타리아트의 계급적 특색으로 국제성에 역점을 두었으며, 그것은 당시의 에스파냐 사회에 큰 영향을 미쳤다. '사회주의는 한 나라만으로 가능하지 않다. 정통 사회주의는 국제성이 관건이며, 프롤레타리아트에게 나라는 없고 계급이 있을 뿐이다.'

이에 대해 오르테가는 '프롤레타리아트의 갈망은 국가건설을 통해서만 달성된다. 자본주의 구조가 완전히 발전하는 것이 유일한 조건이며, 사회주의는 그 구조하에서 승리의 희망을 가질 수 있다'(1912, 〈엘 임파르시알〉지 〈다원사회주의자〉)고 말하며, 자본주의의 발전에 대해 논하는 것이야말로 에스파냐의 사회주의 도래에 필요한 조건이라고 주장했다. 마르크스가 사회주의의 전제조건으로 자본주의의 붕괴를 예견했던 것은 두말할 필요도 없을 것이다. 오르테가의 입장은 완전히 다르다. 자본주의의 발전은 사회의 요망에 응한 물질적 부의 총액을 늘리는 것이며, 노동자계급은 궁극적으로 이 부에서 이익을 얻는다고 생각했다. 이 사고방식이 바로 오르테가의 독자적인 '트리클 다운 이론(tricle downtheory : 정부투자 따위로 대기업 성장을 촉진하면 간접적으로 중소기업과 소비자에게 미쳐 경기를 자극하게 된다는 이론)'이다. 즉 사회가 부유하면 부유할수록 모든 사람들에게 좋은 결과가 나타난다. 계급이 무엇이든, 부는 최종적으로 모든 계급에 스며들기 때문이다.

이런 생각은 전통적인 사회주의 사상과는 일치하지 않는다. 예를 들어 노동자계급의 대우 개선을 위한 파업이나 데모는 효과적인 무기가 될 수 없다. 왜냐하면 이 방법은 생산을 저해하고, 생산과정을 파괴하여 결국 노동자 자신의 불이익으로 이어지기 때문이다. 사회주의는 노동자계급의 해방보다도 국가건설을 중시하라. 한 마디로 이것이 오르테가의 기본적 정치자세였다. 오르테가에게 제1차 세계대전의 발발은 사회주의의 인터내셔널리즘에 종지부를 찍는 절호의 찬스로 여겨졌다.

1915년 5월 1일 노동절을 맞아 오르테가는 〈에스파냐〉지에 '노동자의 제전'이라는 제목의 글을 보냈다. '올해는 인터내셔널 노동자의 제전이 무너져, 부자도 가난한 사람도 프랑스, 벨기에, 폴란드, 갈리시아의 참호 속에서 함께 사는 날이 되었다. 노동자들이 배워야 할 교훈은 만사가 칼 마르크스 사상처럼 단순하지 않다는 점이다.' 그리고 에스파냐의 노동자는 이제는 인터내셔널 같은 추상론을 버리고, 프롤레타리아트로서만이 아니라 에스파냐 사람으로서도 피해를 입고 있는 사실에 눈뜨고, 사회당을 에스파냐 최강의 당으로 키우기 우해 노력하자고 호소했다. 《공산당선언》은 환상과 사람을 끌어들이는 훌륭한 책이다. 그러나 그뿐이다. 현실은 복수한다.'(1920, 〈엘 솔〉지)

10. 자유주의와 민주주의

'의식(衣食)이 넉넉해야 예절을 안다'

오르테가는 노동자계급의 물질적 조건이 개선되는 것은 크게 환영하지만, '계급 없는 사회' 또는 '평등주의 사회'의 실현에 대해서는 비판적이었다. 오히려 '계급제도는 인간이 존재하는 데 불가결한 사회구조'라고 생각했다. 오르테가는 귀족제도 정치 시대는 끝났다고 느끼면서도, 한편으로 귀족주의 제도 아래의 계급의식에 일종의 노스탤지어를 품고 있었다. '자본주의의 통과와 함께 계급은 돌아온다. 그러나 그것은 경제적인 계급이 아니다. 인간은 부자와 가난한 사람으로는 나눌 수 없지만 선과 악으로는 나눌 수 있다. 예술, 과학, 인간의 우아함, 도의적 에너지가 다시 사회적인 가치가 되는 것이다.'(1913, 〈엘 소셜리스타〉지 〈사회주의와 귀족주의〉) 신분적 의미도 경제적 의미도 아닌 계급, 그것은 《대중의 반란》 등에서 오르테가가 끈질기게 강조한 문화적·정신적·인간적인 차이에 의한 계급이다.

중국 고사성어에 '의식이 넉넉해야 예절을 안다(衣食足而知禮節)'는 말이 있는데, 프랑스에도 '집세를 낼 수 있어야 비로소 덕이 무엇인지 생각할 수 있다'는 뜻의 시가 있다. 오르테가는 그것을 인용하면서 '문화는, 생활의 최소한의 물질적 기준, 생활을 위한 최소한의 요구가 충족되어야 가능하다. 그러므로 우리는 사회경제를 더욱 풍족하게 해야 한다'고 말했다. '물질적 번영은 목적에 이르는 수단이지 목적 그 자체가 아닌' 것이다. 따라서 오르테가가 원하는 물질적 번영은 경제적 목표가 아니라, 문화적인 목적을 우선시킨다. 극단적으로 말하면, 오르테가에게 있어 사회주의는, 사회 또는 국가의 문화적 수준향상을 위한 수단일 뿐 목적이 아닌 것이다. 여기서 부상하는 문제가 인간의 '자유'에 대해서이다.

'사회주의적 자유주의'

자유란 일반적으로 무엇가로부터의 자유, 어떤 억압에서의 자유라는 뜻으로 사용되는 단어이다. 특정한 개인 또는 국가의 간섭으로부터의 자유처럼 '자신의 사적 공간으로의 남의 강제적 개입에 대한 자기방어'를 본질로 한다. 이것은 영국의 J.S. 밀(1806~1876)의 사상으로, 오르테가도 그에 동조했다. 예를 들어 유럽의 전통적인 경제관념의 하나인 '자유방임주의 경제'는 결과적으로 불평등성을 낳는다. 경제효과의 이른바 마진이다. 사회주의 입장에서는, 이러한 불평등성을 줄이는 역할을 국가가 해야 하며, 과잉이득에 대해서는 수입세 등을 부과하여 복지제도의 재원으로 충당해야 한다고 생각한다. 이와 같은 문제에 관련하여 오르테가는, 자유주의와 사회주의의 대립은 피할 수 없다고 보았다. '사회주의는 라살(1825~1864)이 주창한 국가의 개입원칙 표명으로 인해 개인주의적 자유주의와의 숙명적인 대결관계에 돌입했다'(1912, 〈엘 임파르시알〉지 〈다원사회주의〉)고 서술했다. 또한 불평등성은 오히려 국가가 개입했기 때문에 생겼다고 보고, 반대로 자유주의는 시민사회에서 국가를 제외함으로 인해 사회의 공평을 유지하는 사고방식이라고 강조했다. 그러므로 국가의 개입을 배제하고 계급투쟁의 이념을 포기한다면, 정치사상으로서의 사회주의는 오르테가에게 있어 반대할 이유가 없었다. 여기에 오르테가 본래의 자유주의와 사회주의 사이의 접점이 있었다.

앞에서 언급했듯이, 자유주의의 본질은 '개인의 사적 공간'을 방어하는 것이다. 이 '개인 공간'은 어느 시대든 변하지 않으며, 그 의미 또한 깊다. 사람은 모두 진실을 갖고 있다. 그러나 내 눈이 보는 진실은 남에게는 보이지 않는다. 진실 그 자체는 개개인의 원근법 안에 있는 것이다.'(1916, 《진실과 원근법》) 따라서 오르테가에게 '인간의 권리'를 내세우는 평등주의적인 개인주의는 공허한 논쟁에 지나지 않았다. '참된 개인주의란 각 개인이 다를 뿐 아니라 달랐던 것이 된다'는 뜻으로, 평등과는 무관계하다. 이것이 바로 개인주의적 자유주의의 핵심이다. 그러나 이것이 정치사상으로 구현되면 오르테가가 목표하는 사회적 번영과 사회개혁으로는 이어지지 않는다. 개인과 집단(국가)과의 대립관계를 극복하는 것이 오르테가의 과제였다. 그래서 '오늘날 유일하게 가능한 자유주의는 사회주의적 자유주의'(1917, 〈엘 솔〉지)라는 난해하고 모순된 표현을 굳이 했던 것이다.

민주주의는 무제한의 권력

한편 민주주의란 무엇인가. 오르테가는 '민주주의'와 '자유주의'를 엄격하게 구별했다. 민주주의는 누가 주권자여야 하는가를 다루며, 자유주의는 그 주권력이 미치는 범위의 한계를 다루는 것이다. 이 두 개념은 전혀 다른 차원의 설문에 대한 사고로, 본래 무관계한 것처럼 보인다. 그러나 오르테가는 민주주의의 특징을 분석한 결과 다음과 같은 결론에 달했다.

'주권력이 무제한으로 확장되는 것이 순수한 민주주의의 특징이다. 민주주의야말로 반자유주의이다. 이는 옛날 페리클레스(BC 495~429) 시대부터 오늘날의 공산주의에 이르기까지 조금도 달라지지 않았다.'(1932, 《관찰자》)

이처럼 오르테가는 민주주의를 무제한적인 주권력(국가권력)으로 봄으로써, 자유주의와 민주주의의 관계를 개인 대 국가의 관계에 대비시켰다. 따라서 그의 정치사상의 추이는 그가 개인과 국가 중 어디에 비중을 두느냐에 달려 있다. 다시 말하면, 자유주의를 '간섭에서의 자유'라는 부정적인 관점에서 보았는가, 아니면 '완전한 인간으로서의 발전을 위한 자유'라는 긍정적인 관점에서 보았는가에 따라 정치사상이 변화했다고 봐도 좋다. 후자의 관점이라면 교육제도 개선을 위한 세금 인상 같은 아이디어가 생기지만, 이는 개인에 대한 국가의 간섭을 의미하므로, 사실을 말하자면 오르테가는 정치적 자유에 대해 어느 길을 취해야 할지 망설이게 되었다. 그러나 자유의 존립을 위한 조건으로는 '적어도 자유에 관심을 가진 이상, 그것에 이중의 의무가 있다는 점을 인정해야 한다. 즉, 개인이 완전한 공정함을 갖고 행동하는 것과, 국가가 개인의 자유를 행사하는 보다 좋은 기회를 제공하는 것이다'(1918, 〈엘 솔〉지)라고 결론짓고 있다.

밀에 대한 공감

오르테가가 민주주의를 무제한의 권력으로 이어지는 시스템이라고 우려하는 배경에 한 걸음 더 다가가 보자. 그는 1912년 〈엘 임파르시알〉지의 연재기사에서, 민주정치의 여러 가지 문제점을 지적했다.

첫 번째 문제점은 '다수파 지배의 원칙'과 관련하여, '다수 의견'이란 의견을 실행하기 위한 에너지 또는 능력에 대해서는 아무것도 설명하지 않는 단순한 '수치개념'에 불과하다고 생각했다. '의견의 배후에 있는 에너지'가 무엇을 의미하는지 자세히는 설명하지 않았지만, 현실의 정치적 행동력 내지 사회적 영향력이라고 해석할 수 있을 것이다. 예를 들어 선거의 1인1표제도 문제이다. 대학교수와 평범한 주부가 같은 한 표로 과연 좋은가. J.S. 밀은 대표적 정부를 선택하는 과정에서 어떤 사람들(더욱 지적인 사람들)이 다른 사람들보다 더 영향력 있는 투표권을 갖는 복수투표제로 해야 한다고 주장했는데, 오르테가도 이에 동의했다. 그렇지 않으면 정견 없고 무지한 대중이 숫자로 다수파 집단을 형성하여 결국 사회적 권력을 획득한다는 '다수파에 의한 폭정'에의 염려에서였다.

두 번째 문제점은 선택된 결과를 인정하고 그것에만 만족하는 상태에 대한 불안이다. 제1차 세계대전 전까지, 의회는 이류 자질의 사람들이 승리하는 곳이라고 누구나가 생각했다. 국회의원은 선거로만 당선되며, 정치가에게 정치가로서의 자질을 요구할 필요가 없어졌다. 의회민주제도 속에서 정치가는 선거에서 이기는 것만이 전부가 되었다. 그러면 사회나 국가의 진보와 발전을 기대할 수 없다. 그러나 그러한 의회제 민주주의를 불충분하다는 이유로 단순히 포기할 수는 없다. 근대 민주국가는 의회 없이는 통치할 수 없다. 그래서 오르테가는 엉뚱하고도 대담한 개혁시안을 생각해 냈다. 먼저 '의회는 항상 열려야 하는 것이 아니라 위엄을 지녀야 한다. 중요하지 않은 세세한 문제에는 관여하지 말고 거리를 두어야 한다'는 것이다. 그리고 '의원 400명은 너무 많다. 이렇게 많은 사람들 사이에서 정당한 논의를 하기란 불가능하다'며, 1924년에 400명의 의원을 200명으로 줄이는 안을 제시하고, 또 2년 후에는 최적의 인원규모는 90명 내지 100명이라고 주장했다.

오르테가의 의회개혁안은 당연히 '강력한 정부'를 만드는 것이 목표였으나, 그가 가장 우려한 것은 지나치게 성장한 국가, 무지한 다수파에 의한 전제정치, 즉 중우(衆愚 : 많은 어리석
은 사람들)에 의한 지
배였다. 이런 사고에는 《대중의 반란》에서
상세히 논하고 있는데, 실은 이것은 J.S. 밀
의 사상과 매우 닮아 있다. 두 사람의 공통
된 고민은 '대중의 집단적 중우화'이며, 밀
은 《자유론》(1859)에서 이미 '전세계의 일
반적인 경향은, 인류가 무지한 대중에게 상
승적 권력을 부여하고 있는 점이다. 이제
개인은 군중 속으로 사라졌다'고 기술했다.
이 얼마나 오르테가의 논법과 유사한가. 두
사람 모두 자유가 억압된 역사적 조건 속에

J.S. 밀

서 살았다. 그리고 그 대처 방법으로 '엘리
트주의적 자유주의'를 선택했다. 그것은 모든 개인이 아닌 선택된 개인의 가
치에 중점을 두는 것으로, 민주주의와는 기본적으로 양립할 수 없는 사상이
었다.

엘리트주의와 오르테가의 입장

오르테가 사상의 근간인 '엘리트주의'는 20세기 초의 유럽 사상계 전체에
서 보인 하나의 흐름이기도 했다. 니체나 르봉(1841~1931, 프랑스 사회심리학
자, 대표작 《군중심리》)도 민주주의의 위협과 대중비판을 테마로 다양한 저작을
공개했다. 그 속에서 오르테가도 주목의 대상이 되었다. 특히 에스파냐 내에
서는 당시 갓 나타난 파시스트들이 오르테가 사상을 그들 운동의 이론적 근
거로 이용했다. 오르테가 스스로도 프리모 데 리베라 우익독재정권이 출현
하자, 그것을 에스파냐의 낡은 정치체질에 있어 '짧고 날카로운 쇼크'라고
표현하며 직접적으로 지지하는 모습을 보였다. 그 무렵의 오르테가는 '역사
의 한 시점에서 독재체제의 필요는 충분히 있을 수 있는 일이다. 이는 에스
파냐만이 아니라 프랑스, 이탈리아, 독일에서도 있었다 ······정치사상과 사
회정세가 복잡해지면 의회의 모체는 무수히 분산-분단되고 만다. 의회가 건
설적인 것이 못되고 오로지 비판과 방어의 도구가 되어 버리기 때문이다'라
고 서술했다.

이처럼 오르테가는 한때 파시즘의 창시자, 이론적 아버지인 것처럼 여겨지던 시기가 있었지만, 머지않아 그것이 큰 잘못이었음이 밝혀진다. 1931년 오르테가는 '공화국 봉사집단'을 결성하면서 다음과 같은 선언문을 발표했다.

'파시즘과 볼셰비즘은 사람들을 죽음으로 안내하는 도표이다. 이들 사상은 태어나도 즉시 어둠으로 떨어질 것이다. 왜냐하면 이러한 사상은, 인간사회란 엄격한 강제하에서가 아니라, 자연발생적인 열의에 의해 비로소 큰 성과를 올릴 수 있는 역사적 사업체라는 점을 완전히 잊고 있기 때문이다.' 이렇게 오르테가는 결정적으로 파시즘을 거부했다. 동시에 소비에트 정권을 낳은 볼셰비즘도 부정했다.

영국 보수주의의 아버지라 불렸던 에드먼드 버크(1729~1797)는 '프랑스혁명은, 관습이나 전통의 축적을 고려하면서 사태를 판단한다는 인간의 중요한 특징을 잊고, 과거와의 급격한 단절 위에 새로운 정치사회를 만들려는 것으로, 인간성의 황폐에 불과하다'고 그의 주요 저서 《프랑스 혁명에 대한 성찰》(1790)에서 말했다. 오르테가 또한 현재에 중요한 것은 과거에 만들어진 기반이며, 과거를 전면적으로 파괴하는 것은 일그러진 현재를 만드는 결과를 부른다는 신념을 갖고 있다. 반면 오르테가는 완전히 피폐해진 에스파냐의 문화적 부흥과 근대화를 호소하며, 그것을 위한 사회개혁과 진보를 주장했다. 따라서 보수주의자는 아니다. 그러나 그의 반유토피아주의, 반건설주의는 극좌나 혁명전략이 요구했던 '전면적 변화'를 정면으로 부정하지 않았다.

이와 같은 입장에서 오르테가는, 프랑스 혁명에서 혁명과 반혁명이라는 상반되는 역학관계의 한가운데에서 의회를 장악한 미라보를 존경하며 《미라보, 즉 정치가》를 썼다. 20세기 초 혼란한 에스파냐 정치정세 속에서 오르테가가 걸었던 길은, 인도주의적 자유주의 사상에 입각한 자유주의적 민주주의 또는 자유주의적 사회주의라 할 수 있다.

11. 국가론과 유럽 통합

국민국가 형성의 기초

오르테가는 국가의 형성을 논하면서 '국가'(에스타도estado)와 '국민사회'(나시온nacion)라는 두 개의 말로 나누고 있는데, 전자는 사회 속에서 관습으로서 성립한 행정조직이라는 정적 개념으로, 후자는 특정 역사적 현실을 배경으로 한 국민과 그 주권이 행사되는 범위라는 동적인 개념이라고 생각해도 될 것이다.

어떤 '국가'가 탄생할 때, 거기에는 처음에 몇 개의 작은 공동체가 존재한다는 것을 전제하고 있다. 각각 자신의 공동체 내부에 도움이 되는 사회구조밖에 가지고 있지 않은데, 머지않아 이런 독립 상태에서 다른 공동체와의 공존, 특히 경제면에서의 공존이 필요해진다. 각 공동체에 속하는 사람들은 이미 자신의 공동체에만 의존하며 사는 것이 아니라, 다른 공동체와의 새로운 관계에 의해 살아간다. 이 경우 종래의 공동체 내부에 보인 사회형식, 예를 들면 법률, 종교, 모든 관습은 각각의 공동체 내부에 대해서는 유효하게 적용되지만 공동체 외부와 공존할 때 그것들은 무의미해져 오히려 방해가 될 가능성이 있다. 이런 상황에서 국가가 성립하려면 내부적 공존의 사회형식을 부정하고 새로운 외적 공존에 알맞은 사회형식을 거기에 대치해야만 한다. 이것이 '국민국가'이다.

'국민국가의 창조는 몇 개 민족의 지성이 공존의 한 형식인 전통적인 공동 형태를 떨쳐버리는 것뿐만이 아니라 지금까지 존재하지 않았던 새로운 공존 형태를 창조하지 못하면 달성할 수 없다. ……즉 혈연관계에 의해 만들어지는 자연발생적인 공존상태가 아니다. 국민국가가 생기는 것은 출생지를 달리하는 몇 개의 집단이 부득이하게 공존하게 되는 경우인데, 그때 모든 집단이 하나의 공통 과제, 선도적인 계획을 가지는 것을 전제하고 있다. 사람들은 무언가를 함께하기 위해 불러 모인 것이다. 즉, 국민국가란 한 행위의 계획으로, 공동작업의 프로그램이다.'(《대중의 반란》)

프랑스와 에스파냐, 독일 등 이른바 '근대 국민국가'는 원래 각각의 혈연이나 언어 또는 지역이 같았기 때문에 근대국가로 통일된 것이 아니다. 반대로 국가통일의 결과, 이들의 언어적, 혈연적 공통체가 생긴 것이라고 오르테가는 강조한다. '국민국가를 형성한 힘은 혈연도 아니고, 언어도 아니다. 적혈구(피)나 음성(언어)의 차이를 평균화한 것은 오히려 국민국가 쪽이다. 그럼에도 불구하고 사람들이 혈연과 언어를 국민성의 기초라고 생각하는 것은 잘못 된 것으로, 사실을 솔직히 인정하려고 하지 않는 강한 고집이다'라고 비판한다.

공동생활의 프로젝트

오르테가는 《세계사의 해석》을 시작으로 많은 저작과 강연에서 토인비의 역사관을 여러모로 비판했는데, 그 중에서도 특히 이 '국민성', '국민의식'에 대한 토인비의 해석, 즉 '부족주의라는 낡은 가죽 주머니에 민주주의라는 새로운 포도주가 발효해 써진 것'이라는 정의에 반발하고 있다. 그리고 국가형성의 힘은 일종의 '신적인' 특수한 재능으로, 명령적인 요소를 가진 지배력이라고 말한다. 이 재능은 학문적 지식이나 종교적인 성격의 것이 아니라 '사랑할 수 있는 힘'이다. 즉 지배한다는 것은, 단순한 설득도 아니고 강제도 아니다. 양자를 모두 갖추어야 한다. 강대한 힘에만 의지해 국가를 만든다 해도, 그것은 역사적으로 위대한 발자국을 남기지는 못한다. 비슷한 것 같지만 사실은 다른 통일로 끝나 버린다. 칭기즈칸이나 티무르가 구축한 거대한 몽골제국, 알렉산드로스 대왕과 카이사르, 나폴레옹이 만든 고대 그리스·로마와 서유럽 근대국가를 비교해 보자. 힘의 순서로 말하면 극동에서 코카서스까지 세계의 반을 지배한 칭기즈칸은 무리를 앞서고 있다. 하지만 그는 읽고 쓸 줄도 모르고, 종교도 모르며 사상도 없었다. 타타르제국의 운명이 검의 지배 아래서만 유지되었던 것에 비해, 카이사르의 사업은 그 후 몇 세기나 유지되어 수천 년에 이르는 영향을 역사에 남겼다고 오르테가는 강조했다.

이런 참된 통합, 국가 만들기에 있어서 힘은 부수적인 필요요소에 지나지 않으며, 통합을 실제로 추진해 활력을 주는 요소는 '국가의 교의, 즉 공동생활을 호소하는 프로젝트'라고 한다. 국민국가를 구성하는 모든 집단은 공동으로 뭔가를 이루기 위해서 함께 생활한다. 국가의 존재에 필요한 것은 과거의 전통적 유산이 아니라 내일에의 계획이라고 오르테가는 주장했다. 이 사고방식은 죽을 때까지 변하지 않았다. 1949년, 제2차 세계대전의 패전국인 독일의 국민을 앞에 두고 베를린 자유대학교에서 한 강연 《유럽론》에서는, 이런 국민국가론을 더욱 발전시켜 유럽적 관습체계로 구성된 대유럽 사회라는 차원과, 각각 다른 각국 고유의 관습체계를 가진 사회의 차원이라는 이중구조 속에 사는 현대 유럽 인의 자세에 대해 꿈과 희망을 말한다. 유럽합중국론이 그 하나다.

전쟁과 평화에 대해

오르테가는 1916년, 친구인 철학자 세라가 쓴《전쟁의 재능과 독일의 전쟁》에 대해 비평한 논문을 '관찰자'에 게재했는데, 여기서 '전쟁과 평화'에 대한 생각을 명확히 했다. 또 제2차 세계대전 직전인 1937년 〈평화주의에 대해서〉(En cuanto al paciffismo)라는 제목의 평론을 발표하고 '전쟁이 국제 분쟁을 해결하기 위한 '최종수단'이다'라고 강조함과 동시에 '안이한 평화주의는 몽상적이며 위험하다'거 충고했다. 그 포인트를 몇 개로 추스르면 다음과 같아진다.

＊전쟁은 어떤 종류의 분쟁을 해결하기 위해 인간이 고안한 수단으로, 관습의 하나다.

＊국제사회 속의 권력투쟁, 다시 말해 집단적 권력 재배분의 요구를 규제할 수 있는 저의의 원칙이 존재하지 않는 한, 모든 평화주의는 짝사랑이다.

＊국제분쟁 해결의 수단에는 외교 교섭, 중개, 재판 등의 평화적 수단과, 전쟁이라는 강제적 수단이 있다. 평화적 수단으로 해결할 수 있다면 그보다 좋은 방법은 없다. 따라서 전쟁은 어디까지나 최종수단이다.

＊평화는 법이다. 국제 간의 교제형식으로서의 법이다. 그런데 전쟁은 그 자체가 아직 법의 대상이 되어 있지 않다.

유럽 합중국의 필연성

오르테가는 뒤에 이 〈평화주의에 대해서〉를 '영국인을 위한 에필로그'로 《대중의 반란》에 추가했다. 이 시점에서 유럽의 지평선에는 이미 새로운 대전을 예측하게 하는 먹구름이 피어 오르고 있었다. 그는 유럽에 평화를 가져올 방법의 하나로 '초유럽국가' 건설을 호소했다. 〈평화주의에 대해서〉의 끝부분에서 그는 말한다.

'나는《대중의 반란》속에서 유럽의 정당한 정치적 통합을 목표로 하는 한 가지 새로운 유럽인 공동생활 형식에 대해 말하고, 머지않아 그때가 올 것이라 예고했다. 이것은 종래의 추상적인 국제주의와는 전혀 다른 유럽이념이다. 유럽은 국가 간(inter-nacionalida) 동맹이 아니다. 국가 간 동맹은 역사가 분명히 해 온 것처럼, 공동이며 진공에 지나지 않고, 무엇도 의미하지 않는다. 유럽은 국가 차원을 넘어선 '초(ultra)유럽'이어야 한다. 모든 국가를 수평화하는 것이 아니라 통합하는 것이다. 그러면 유럽 전체의 다양하고 다면적인 모습이 뚜렷하게 보전된다. ……'

오르테가의 유럽통합 사상은 그의 방대한 저작의 도처에 나타난다. 그는 금세기 유럽 사상가 중에서도 가장 열심인 통합론자의 하나라고 해도 과언이 아닐 것이다. 《대중의 반란》 제2부 '세계를 지배하고 있는 것은 누구인가'에서는 유럽통합의 필연성에 대해 민족, 종교, 정치를 포함한 문명사적인 관점에서 본격적으로 말하고 있다. 그는 먼저, 유럽의 모든 민족이 아득한 옛날부터 하나의 사회집단이었던 것을 강조한다. 유럽적 풍속과 습관, 관습, 법률, 공권력이라는 것이, 다시 말해 '유럽 사회'가 '유럽 제국'보다 먼저 존재하고 있었다는 것이다. 그래서 그는 '나는 유럽 합중국이라는 개념이 하찮은 환상의 하나일지도 모른다는 것을 부정하지는 않는다. 하지만 이것은 나의 공상도 아니고 이상도 아니다. 이것은 이념이 아니라, 긴 역사를 가진 일상적 사실, 즉 역사적 현실이다'라고 주장한다. 그리고 '이것을 밀고 나아갈 계기는 무엇이든 상관없다. 만약 그것이 우랄 산맥에 나타나는 중국인의 변발이어도, 또는 이슬람 교도의 커다란 신월도 한 자루여도, 그런 기회가 될 수 있다. 그리고 이 초국민국가의 형태는 고대 도시국가와 근대 국민국가의 차이처럼 기존의 국가형태와는 매우 다를 것이다'라고 예언했다.

지금으로부터 60년 전인 오르테가의 이 예언은, 오늘날 유럽 세계를 둘러싼 정세를 섬뜩할 정도로 정확히 알아맞히지 않았는가. EU(유럽연합)는 느리기는 하지만 착실히 그 역사적 현실로서의 목표완성을 노리고 있다. 한편, 중국 문화권과 이슬람 문화권의 대두도 역사적 현실로서 계속 클로즈업되고 있다.

오르테가의 유럽관을 집약하는 말로, 1949년의 베를린 강연 중에서 한 구절을 소개하겠다.

'유럽의 균형은 커다란 수수께끼이면서, 동시에 모순입니다. 왜냐하면 힘의 균형은 본질적으로 복수성의 존재라는 현실에 입각하고 있기 때문입니다. 만약 이 복수성이 사라지면 그 역학적인 통일체는 소멸하겠지요. 유럽은 역사의 상공을 비상하는 벌 떼입니다. 많은 벌이 하나가 되어 날고 있습니다. 유럽의 복수성이 가지고 있는 이 일원론적인 성격을, 저는 좋게 말해 동질성이라 부르고 싶습니다. 그것은 충분하고 바람직한 것으로, 몽테스키외

로사부인과 함께
네덜란드에서 (1949)

로 하여금 "유럽은 몇 개의 나라로 구성되어 있는 하나의 나라다"라고 말하
게 하고, 발자크에게 "말로 표현할 수 없는 문명의 신비에 모든 힘을 쏟고
있는 대륙의 대가족"이라고 말하게 했습니다. 그들 각국을 빛에 비춰 바라
보면, 유럽사회가 보입니다. ······'

오르테가와 현대

'나는 나와 나의 환경'이라는 명제에서 출발한 오르테가의 '삶'의 철학사상
은 위에서 말한 것처럼 순수한 자유주의 관념을 기초로 한 독자적인 사회관,
국가관, 정치사상으로 발전한 것인데, 이런 사고방식이 과연 현대 세계 각국
의 사회·정치상황에도 적응할 수 있을까. 당연한 일이지만, 시대인식에 약
간의 어긋남이 생길 것임은 말할 것도 없다.

먼저 첫째로, 오르테가가 살았던 19세기 말에서 20세기 전반까지의 시대
와 21세기에 접어든 오늘은, 국제환경이나 시대인식이 전혀 다르다. 오르테
가는 20세기 초 《대중의 반란》에서, 지나친 민주주의의 결과 대중이 정치지
배에 이르면 전체주의와 파시즘을 낳을 위험이 있다고 경고했고, 그 예언대
로 유럽은 이탈리아나 독일의 파시즘을 낳고, 제2차 세계대전의 비극을 겪
어 황폐한 땅이 되었다. 하지만 그로부터 60여 년이 지난 오늘, 오르테가가
경계하고 비판의 대상으로 삼았던 볼셰비즘의 소련은, 대부분이 예상했던
것보다 빨리 내부 붕괴해 버렸다. 유럽은 거의 안정된 민주사회를 형성해,

오르테가가 꿈꿨던 유럽 합중국의 이상은 느린 걸음이긴 하지만 착실히 그 실현을 향해 나아가고 있다. 즉, 오르테가가 품었던 위기감은 대중사회 내부의 자정작용에 의해 큰 폭으로 완화되었다고 하겠다.

하지만 오늘의 세계질서는 일찍이 없었던 불투명함을 특징으로 하고, 각각의 지역사회의 내부구조도, 예를 들면 귀족 대 평민, 지도자 대 대중, 자본가 대 노동자와 같은 고전적 카테고리로 단순하게 분류할 수 없다. 오르테가 자신의 말을 빌리면 '사회의 역사적 수준 상승' 속도가 예상보다 빠르고, 대중이 '범속할 권리'를 주장하는 단계를 이미 넘어서 버렸다. 좋든 나쁘든 대중사회는 숙성에서 변질의 과정에 들어섰다고 하겠다. 그 현저한 예가 오늘의 미국일 것이다.

미국의 역사학자이자 문명비평가인 크리스토퍼 러쉬(1932~1994)는 죽기 직전에 집필을 끝낸 《엘리트의 반란과 민주주의의 배신 *The Revolt of the Elites and the Betrayal of Democracy*》에서 현대 미국사회를 비평하고, '일찍이 오르테가가 지적한 것처럼, 오늘의 민주주의를 위협하는 것은 대중이 아니라 엘리트들이다'라고 주장했다. 이 엘리트들이란, 오르테가가 의미한 엘리트(인간으로서 질이 우수한 사람)와는 다르다. 금전, 정보, 사상, 시민권, 자선사업에서 교육기관에 이르는 모든 '모빌리티'(유동성)를 조직하고 관리하는 한 무리의 사람들로, 그들에게는 특정한 나라와 국토의 유대가 없다. 본래 미국 국민 대부분이 품는 이상, 바꿔 말하면 아메리칸 드림을 실현한 사람들인데, 지금 그들은 독립해, 전통적인 미들 아메리카를 배제하고 나라를 분열시켜, 모든 미국 시민의 이상인 민주주의를 배신하고 있다. 그리고 현대 미국은 민주주의를 대신해, 이런 '메리토크러시'(Meritocracy, 능력주의, 실력본위의 엘리트)의 시대에 들어서고 있다고 지적한다. 게다가 러쉬는 현대 미국에 관한 한 오르테가가 말하는 '의무감과 역사적 책임감이 결여되고, 우수한 사람의 발목을 잡으며, 단지 범속할 권리만을 주장하는'경향은, 사회의 중간층과 하층 사람들이 아니라 이들 상층부의 사람들에게서 보이며, 오르테가는 아마 이런 계층의 출현을 꿈에도 생각하지 않았던 것이 틀림없다고 말하고 있다.

이런 새로운 계층이 생긴다면, 그 원인의 하나는 오르테가의 시대에는 상상도 하지 못했을 정도의 과학·기술의 급속한 진보·발전으로, 경제사회의 구조변화, 특히 대중매체 산업의 발전에 의한 고도의 정보화 사회의 출현일 것이다. 그리고 오늘의 한국 정치·사회상황은 오르테가가 지적한 대중사회의 결함, 초민주주의의 위기요소를 내부에 다분히 가지고 있으면서도, 미국과는 다른 분단문화의 갈등에 기인한 문제해결 민주사회를 모색 중이라 할 수 있지 않을까.

Ⅲ. 오늘의 오르테가

대중화 사회의 막다른 곳

만약에 그런 장치가 있다는 가정 아래 이야기이지만, 용평이나 인천 앞바다에 1시간에 1번씩 셔터가 눌리는 카메라를 설치하여 100년 동안 찍어 온 필름을 인화해 본다면 어떨까?

처음에는 곰이나 멧돼지 또는 어부 같은 사람이 보이다가 어느 때부터는 부자 같아 보이는 사람들의 한가로운 모습이나 구식 수영복 차림의 모습이 보일 것이다. 그러다 서민차림의 사람들이 늘어나고 나중에는 그곳이 도시의 어느 거리인지 또는 유원지의 풀장인지 분간이 안 될 정도로 복잡한 모습이 찍혔을 것이다.

오르테가의《대중의 반란》(1929)은 그렇게 시각적으로도 인상 깊은 묘사를 통하여 우리를 20세기 최대의 문제로 이끌어 간다. 그로부터 몇년 뒤 시대를 읽어 내는 데 천재적인 한 희극배우가 영화 〈모던타임스〉(1936)의 앞부분에 북적대는 양 떼가 어느새 지하철 출구에서 쏟아져 나오는 노동자의 무리로 오버랩되는 절묘한 기법을 써서 대중화 사회의 비극적인 세계를 해학적으로 묘사했다. 묘사하는 시점은 다르지만 지난 세기가 결정적으로 대중의 세기였다는 것을 선명하게 묘사해 냈다는 점은 같다. 영화의 무대가 미국이었다는 점도 그러하다. 오르테가도 이 책에서 말하고 있는 것처럼 '미국은 어떤 의미로 대중의 천국'(144쪽)이기 때문이다.

어느 시대에 태어난 사상이든지 진정으로 이해하려면 그 시대에 대한 지식이 필요하다. 왜 고전은 지금에 이르기까지 오랜 세월 읽히고 있는가? 실은 그것이 시간의 풍파를 견디어 왔기 때문에, 지금 이 시대에 읽는다 해도 읽는 이의 현실과 동떨어지지 않기 때문이다.

확실히 말하자. 2001년 9월 11일에 대중화 사회의 선두격인 미국에서 일어난 동시 다발적인 테러사건과 그 뒤의 과정에서도 여전히 그 메시지가 유효한

가. 이 책이 발표되고 70년 이상이 지나서 이 책의 사상적 유효성이 시험되고 검증되고 있다는 것은 조금 가혹한 일일지도 모른다. 그러나 이러한 현대 대중화 사회의 도래를 일찍이 예고하고 그것에 경종을 울린 것으로 그의 이름을 세계에 떨친 이 책이 (미국의 아틀랜타 먼슬리지^(1857년 보스턴에서 창간된 문화평론지)에서 루소의 《사회계약론》이 18세기를, 마르크스의 《자본론》이 19세기를, 그리고 이 《대중의 반란》이 20세기를 대표하는 저서로 인정받은 것은 유명하다) 이번 사건을 통해서 선견지명과 유효성이 검증되었다는 것은 어쩌면 당연한 일인지도 모른다. 물론 이 책에도 이미 낡아버린 부분과 아직까지도 신선함을 잃지 않은 부분이 뒤섞여 있다. 당연히 낡아버린 부분은 이미 사회현상으로 다루어졌던 부분이고 그렇지 않은 부분은 이 책의 본질인 철학적 부분이다. '나는 이 논문에 역사철학을 집어넣을 생각은 없다. 그러나 내가 지금까지 말해 온 철학적 신념을 토대로 이 논문을 쓴 것은 두 말할 것도 없다.'(92쪽)

이미 낡은 부분과 아직도 신선함을 잃지 않은 부분과의 양극적 분리 현상은 집필 당시는 아직 예상으로써 점선이었던 부분이 현실이 되어 실선이 되었기 때문에 일어난 일일 것이다. 그리고 이렇게 말할 수도 있지 않을까? 현재야말로 대중사회의 막다른 곳이라고. 대중사회의 성숙이라고 말하지 않고 왜 막다른 곳이라고 했는가 하면 그것을 성숙, 완성, 종료라고 부르는 것과 '막다른 곳'은 어떻게 말을 꾸미던 막힌 곳임에 틀림없기 때문이다. 막다른 곳이란 예를 들어 '터널'을 만드는 것처럼 어떤 것의 끝에서 새로운 시작을 만들어 내는 것이 아니라 앞으로의 전망이 펼쳐지지 않는 상태를 말한다. 다음 스텝이 보이지 않는 벽에 부딪힌 상태라는 것이다. 그렇다는 것은 지난 세기에 내린 오르테가의 진단이 지금 더욱 필요하고 우리가 그의 의견에 더욱 귀 기울여야 하는 상태가 지금까지 계속되고 있다는 것이다.

사실 우리는 20세기의 많은 문제들을 어느 것 하나 해결하지 못한 채 신세기에 돌입했다. '2000년 문제(밀레니엄 버그: ^{컴퓨터가 2000년을 인식하지 못하여 발생하는 제반 문제})'라는 전산상의 떠들썩했던 일련의 문제들을 무사히 넘기고 나자, 세계는 지난 세기와 무엇 하나 달라진 것이 없었다. 그리고 보니 지난 테러사건 직후에 이것은 새로운 형식의 전쟁이라는 논조가 대세를 차지했었다. 물론 이것은 나라와 나라 사이의 전쟁이 아니라 나라와 개인 또는 그룹 사이의 전쟁이라는 의미로 한 말일 것이다. 하지만 당사자가 누구이든 그 무역센터 빌딩의 충격적인 영상보다 그야말로 몇십 배, 몇백 배 더 처참한 참상을 몇 번이나 보아온 우리는 그러한 것을 언제 그랬냐는 듯이 잊고 있다.

예를 들어 그러한 참상이란 원자폭탄이 떨어졌을 때의 구름이나 아우슈비츠라는 유대인 학살의 생생한 현장이나 폴포트파에 의한 동포 살육을 보여주는 해골산 등이다. 결국 말하고 싶은 것은 새로움을 강조하는 것으로 과거의 경험을(예를 들어 베트남 전쟁이나 아프가니스탄 전쟁을) 반추하여 바르고 적절한 대책을 세우는 노력을 생략하고 우선 무엇보다도 직접행동에 나설 수 있다는 것이다. 연일 TV에 등장하는 수뇌들의 연기하는 듯한 얼굴, 그리고 그들이 고민하는 모습이 보이면 보일수록 반대로 그들의 판단이란 실로 모호한 근거밖에 가지고 있지 않다는 것을 보여 주는 것이다. 참으로 영상이란 무섭다.

온갖 인간적 사상이 지금까지 언제나 그랬던 것처럼 분명 이 비극도 언젠가 한 번은 종식되는 시기를 맞이할 것이다. 그러나 그 때는 잃어버린 것을 되돌릴 방법이 없을 것이다. 하물며 그것이 사람의 목숨일 경우에는 더욱 그러하다.

'민주주의는 그 형식이나 발달과정과는 관계가 없는 것으로 하나의 부족한 기술적 디테일로 그 건전함이 좌우된다. 그 디테일이란 선거 수속이다.'(207쪽) 누구나 알고 있겠지만 그들, 수뇌들이 당선되었을 때의 수속의 애매함, 수상쩍음을 이 때 확실히 기억해 두자(플로리다 주 투표용지를 정확히 세었다면 민주당 고어정권이 탄생되었을 것이다). 오르테가가 유럽에 관해서 쓴 다음 말을 현재의 미국으로 바꿀 수 없을까? '유럽의 역사는 지금이야말로 처음 실제로 변변치 못한 인간의 결정에 좌우되고 있는 것처럼 보인다, 이는 새로운 사회적 사실이다.'(118쪽) 물론 '지금이야말로 처음'은 아니다.

두 나라는 모두 여론이라는 수상한 기반 위에 올려져 있다. 분명 '여론의 법칙은 정치사의 만류인력(의 법칙)이다.'(160쪽) 그러나 현 시점에서 그 여론은 어떠한 책임의 주체로도 존재하지 않는 TV의 시청률처럼 정체를 알 수 없고 얼굴도 없는 숫자로 나타난다.

그런데 좀전의 '막다른 곳'이라는 말은 뒤에 다루게 될 '삶의 이법(理法), 시점(視點)'과 관계가 있는 것이므로 조금 언급해 두고 싶다. 에스파냐 어 이외의 대부분 언어, 예를 들어 영어는 '종말론(eschatology)'과 '분노취미

(糞尿趣味, scatology)'를 각각 다른 철자로 표기하는 데 반해 에스파냐 어는 같은 철자를 쓴다(escatologia). 결국 조금 품위가 없지만 '똥덩어리와 같다'는 것이다. 그러나 이것이 사리에 맞다. '종말'도 '똥'도 '막다른 곳'임에는 틀림없기 때문이다.

에스파냐에서는 수프의 양분을 수브스탄티아(실체)라고 무서울 정도로 철학적인 말로 표현하고 있는 유일한 나라이다. 이렇게 말한 것은 분명 우나무노(Miguel de Unamuno, 1864~1936)였다고 생각되는데 에스파냐 또는 에스파냐의 문화는 천상과 지상이, 형이상학과 형이하학이, 정신과 물질이 수직적 시점과 수평적 시점이, 또는 귀족과 평민이 혼재되어 있는 문화이다. 이야기의 마지막에서 돈키호테가 산초화(化)되고 산초가 돈키호테화되는 것처럼 에스파냐의 이상주의와 현실주의의 관계도 결코 이원론적 대립구조가 될 수 없다. 그렇기 때문에 근대 에스파냐의 여러 현상을 유럽적 기준에서 보면 '반드시'라고 해도 좋을 정도로 막다른 골목에 다다른다. 또는 반대로 세계에서 일어난 여러 사건을 에스파냐적 시점(이라고 우선은 말할 수밖에 없지만)에서 본다면 바로 알기 어려워진다. 그렇다기보다 문제의 본질을 다른 각도에서 보여 준다고 말하는 편이 좋을지도 모르겠다.

에스파냐 사상사를 가로지르는 것

비단 《대중의 반란》만의 이야기는 아니지만 옛날부터 내려온 진단이 이미 21세기에 들어왔음에도 생생하게 그 유효성을 발휘함은 참으로 이상하다. 특히 투철한 '말기의 눈'으로 변하기 쉬운 현상을 정확하게 확인한 사상이 21세기에 점점 더 그 유효성을 발휘하고 있다. 아니 말기의 눈이라는 애매한 문학적 표현을 하지 않아도 될지 모르겠다. 오르테가라면 그것을 '난파자의 사상'이라고 말할 것이다. '구체적인 삶의 현실은 항상 단 하나이고 그것은 본질적으로 혼란스럽고 복잡하게 얽혀 있다.' '두뇌가 명석한 인간이란 환각적인 '사상'으로부터 자유롭고 삶을 직시하고 삶에 포함된 것은 모두 의문시당하는 것을 이해하고 자신이 방황하고 있다는 것을 자각하고 있는 사람이다.' '이것만이 참된 사상이고……이 이외는 수사(修辭)이자 포즈이고 자기기만이다.'(204~205쪽)

여기서 거듭 반복되고 있는 '삶'이라는 말에 주목하고 싶다. 이 말은 단순히 오르테가 철학의 키워드일 뿐만 아니라 에스파냐 사상의, 더욱이 에스파냐 문화 그 자체의 키워드라고 해도 과언이 아니다. 서유럽 정신사를 만약 과감하게 재단해 버리면 옛날 그리스 시대부터 인간은 크게 이성과 삶이라는 두 원리에 의해 움직여 왔다고 말할 수 있을 것이다. 딱 잘라내어 더 쉽게 말하면 인간은 '생각하기 위해 사는가' 아니면 '살기 위해 생각하는가' 하는 것이다. 상식적으로 보면 누구도 '생각하기 위해 산다'고 생각할 리가 없다. 그러나 실제로는 역사상 몇 번이나 인간은 '생각하기 위해 산다'고 말할 수밖에 없는 편의(偏倚 : 치우침)를 경험해 왔다. 사실 근대 유럽은 이성 쪽으로 크게 기울어 있다. 데카르트의 '나는 생각한다, 고로 나는 존재한다'는 말은 그 근대의 기본 전략을 공언한 것이라고 말할 수 있다. 그러나 근대 유럽의 폐적(廢嫡 : 적자로서의 신분이나 권리 따위를 폐함)된 장자(長子)라고 말할 수 있는 에스파냐는 고집스럽게 삶의 입장에서 머뭇거리고 있었다. 이성을 색다르다고 칭송하고 때로는 신격화조차 꺼리지 않았던 근대라는 버스에 에스파냐가 늦게 올라탄 것은 대강 이런 이유 때문이다.

그런데 근대란 무엇이었는가? 아니, 지금 과거형으로 말해 버렸지만 과연 우리는 근대를 넘어섰는가? 근대의 극복이 화제가 되고부터 이미 반세기 이상이 지났는데도 어쩌면 우리는 그 근대의 막다른 곳에서 아직도 벗어나지 못하고 있는 것은 아닐까? 물론 지금 여기서 근대란 무엇인지, 그 공과(功過 : 공로와 과실)와 같이 엄청난 문제를 거론할 여유는 없다. 단 우나무노가 이 문제에 대해서 실로 알기 쉽게 정리해 주고 있기 때문에 그것만큼은 소개해 두고 싶다.

우나무노에 따르면 유럽의 근대는 다음 3R로 성립되어 있다. 즉 르네상스(renacimiento), 종교개혁(reforma), 그리고 혁명(revolución)이다. 마지막의 혁명에는 좁은 의미의 시민혁명만이 아니라, 넓은 의미의 산업혁명까지도 포함하고 있다. 그리고 이 경우의 접두사(re-)는 근대가 얼마나 자신에 넘친 것인가를 보여 주고 있다(물론 명명은 후대에 의한 것이지만). 여기서 선수교대를 해 이 책에서 오르테가가 한 말을 인용하겠다.

'어떤 시대가 스스로를 근대라 하는 것은 이름 자체부터도 녹녹치 않다. 그것은 마지막이고 결정적이라는 뜻이고, 그에 비하면 그 이외의 시대는 모두 완전한 과거이자 근대 문화를 목표로 하는 조신한 준비와 희망의 시대라는 것이다.'(31~32쪽)

과거 어떤 시대보다도 자신이 위에 있다는 절대적인 자신감. 그리고 이것은 우연이기도 하지만 근대 구축의 3R을 궁극의 부분에서 지탱하는 원리 또한 R, 즉 이성(Razón)이다.

그러면 왜 에스파냐는 3R에 완강히 저항하고 그 궁극적 원리인 이성을 거스르면서까지 완고하게 '삶'의 편에 서려고 해왔는가? 물론 그에 대한 명쾌한 해답이 있을 리 없다. 그러나 역사를 검증함에 따라 가설을 세우는 것은 가능할 지도 모르겠다. 예를 들면 다음과 같다.

에스파냐는 그 지리적 조건, 역사적 흐름에 의해 예로부터 여러 민족과 문화가

이시도루스(560~636)
에스파냐의 성직자·사상가. 역사서로 《대연대기》 등이 있다.

서로 교차하는 지역에 자리잡고 있어서 다른 문화와의 혼합이 자주 반복되어 온 나라이다. 그렇기 때문에 복잡한 서로 다른 문화를 어떻게든 통합하려고, 아니 통합까지는 아니어도 어떻게든 서로 이해할 방법을 모색하는 사상가들이 생겨난 것도 자연스러운 일이다.

그 사상가란 세빌리아(세비야)의 이시도루스(560~636)이다. 그는 형 레안데르와 함께 서(西)고트족 지배하의 에스파냐에서 로마 문화와 서고트 문화를 융합시킴에 따라 그리스도교 문화의 발전을 도모했다. 또 13세기 마요르카섬 출신의 라이문두스 룰루스(1235~1315)는 그리스도교, 이슬람교, 유대교라는 세 종교와 문화의 특히 개념적, 논리적 상호이해의 방법을 모색했다. 그 결실이 《대술(Ars Magna)》이다.

또 이들 그리스도교 사상가만이 아니라 12세기 에스파냐는 더욱 위대한 이슬람 사상가 중 한 명인 아베로에스(1126~1198)나 유대사상의 최고봉이라고 일컬어지는 마이모니데스(1135~1204) 등을 배출했다. 요컨대 에스파냐는 1민족 1문화라는 논리를 가지고는 아무래도 이해하기 어려운 복잡한 '삶'의 다양성을 여실히 체험해야만 했다.

우나무노나 오르테가보다 조금 늦게 등장한 아메리코 카스트로(1885~

1972)의 인도를 따라 근대 에스파냐의 모습을 상세히 들여다보면 에스파냐 문화가 그리스도교 문화, 이슬람 문화, 유대 문화라는 서로 다르지만 공통의 줄기에서 나온 세 종교 문화를 기저로 하고 있다는 엄연한 사실을 알 수 있다.

그러나 유럽에서 가장 먼저 국가의 통일을 이룩한(카스티야 여왕 이사벨과 아라곤 왕 페르난도가 결혼한 것은 1469년), 그리고 얼마 안 돼(1492) 장장 8세기에 걸친 이슬람 지배로부터 벗어난(reconquista : 국토회복운동 완료) 에스파냐는 같은 해 유대인 추방령, 그리고 약 1세기 뒤(1609~1614)에는 모리스코스(무어인) 추방령을 내려 이후 공식적으로는 유대교도도 이슬람교도도 존재하지 않게 되었다.

그렇다고 그 뒤 에스파냐가 그리스도교의 반석 위에 놓이게 된 것은 아니다. 특히 유대교에서 개종한 자들의 존재는 이후의 에스파냐를 실로 복잡하고, 때로는 괴이하게 만들어 나간다. 물론 유대교에서 개종한 자와 그 계보를 잇는 그들의 입장은 이후 굉장히 미묘하고 난해한 것으로 바뀌어 간다. 《라 셀레스티나》의 저자 페르난도 데 로하스, 피카레스크(picaresque : 악한) 소설의 효시 《엘라사리요 데 토르메스》의 이름을 숨긴 작가, 《돈키호테》의 작가 세르반테스, 그리고 에스파냐 신비주의의 보석 산타 테레사까지도 유대교에서 개종한 사람들이다. 삶을 다중(多重)적으로 보아야 하는 위치에 속한 사람들의 연면(連綿 : 오래 연이어 끊어지지 않음)과 계속되는 계보.

그러나 왜 현실을 근대이성(이라는 말을 쓰는 것을 허락해 준다면)의 시점에서 조망하는 것을 부끄럽게 여기는 분위기가 형성되었는가?

가장 중대한 이유는 신대륙 발견과 그 뒤에 생겨난 많은 난제들 속에서 시험되고 이를 견뎌낸 인간관에 의한 것이 아닐까 생각한다. 간단히 말하면 전란과 권모술수 속에서 얻은 사색으로부터 생겨났다고는 해도 어디까지나 구대륙 내의 사상, 즉 아리스토텔레스가 말하는 자유인과 노예라는 이중의 인간관에 따른 이탈리아 인문주의적 인간관과는 다르고 신대륙에서의 인디언이라는 분명한 '타인'과의 만남과 대립 속에서 단련되어 완성된, 양보할 수 없는 그것이야말로 우나무노가 말한 '살과 뼈를 갖춘' 인간상의 탄생인 것이다. 다시 말해 자신은 신세계를 체험한 적이 없지만 그리스도교, 유대교, 이슬람교를 모두 사정거리에 두고 새로운 인간학을 구축하려 한 루이스 비베스(1492~1540), 그리고 살라망카 학파의 견인차로써 후고(휘호) 그로티우스

이사벨 여왕과 페르난도 왕의 결혼(1469)
카스티야 여왕인 이사벨과 아라곤 왕 페르난도가 정략적인 결혼을 함으로써 유럽에서 가장 먼저 통일을 이룩한 나라가 되었다.

(1583~1645)보다 1세기 전에 국제법의 기초를 완성시킨 프란시스코 비토리아(1483~1546), 그리고 자신이 콘키스타도르(conquistador : 신대륙의 정복자)였다는 부끄러운 과거를 가지고 있으면서 일생 동안 인디오 옹호를 위해 싸운 동시에 전혀 새로운 세계사상을 구축한 라스카사스(1484~1566) 등의 등장에 의해 '삶'이 가진 엄청나게 큰 명제를 포착하고 추구하는 감각기관이 조금씩 형성되어간 것이다. 그들 세 사람이 모두 개종자의 혈통을 잇는 지식인이라는 것은 단순한 우연일까? 어쨌든 우나무노나 오르테가 자신은 의식했을 리가 없지만 에스파냐 정신사를 흐르는 굵은 인문사상이 그들에게도 흘러들어가 있다는 것을 우리는 볼 수 있다.

우나무노와 오르테가

근대에 이성이 그 지도이념으로 모든 영역에 걸쳐 그 힘을 과시했다고 해서 에스파냐 이외의 나라에서는 '삶'의 이념이 완전히 소멸했다는 것은 아니다. 그것은 휴화산처럼 때때로 지하 깊숙한 곳에서 '삶'의 마그마를 뿜어 올렸다. 19세기 말의 니체(1844~1900), 20세기 초의 딜타이(1833~1911),

짐멜(1858~1918), 그리고 베르그송(1859~1941) 등 이른바 '생의 철학자' 들의 사상이 그 예이다.

그러나 오르테가도 우나무노도 이들 생의 철학자들과는 미묘하게 그리고 때로는 본질적으로 차이를 보인다.

오르테가를 이해하기 위해서 그와 항상 비교되는 우나무노와의 차이를 여기에 간단히 지적해 두고 싶다.

우나무노와 오르테가, 이 두 사람은 실로 좋은 대조를 이루는 사상가이다. 그보다 그들은 방패의 양면처럼 상호 보완적인 관계를 유지하고 있다고 말할 수 있다. 청년 시대에 오르테가가 이 선배 사상가 우나무노에게 품은 공감과 동경과, 그리고 그런 이유로 나중에 반발과 환멸을 갖게 되는 것만으로도 충분히 현대 에스파냐 사상의 대강을 더듬는 여행이 될 정도로 두 사람은 현대 에스파냐의 사상계를 대표하고 항상 친화와 반발의 관계를 유지해 왔다. 간단히 말하면 우나무노에게 이성과 삶은 항상 대립과 배제의 관계인데 반해 오르테가에게는 진정한 상호 보완적인 관계인 것이다. 결국 우나무노는 이성이 너무나 강대하고 또 전횡을 탐하여 왔다는 이유로 전면적인 대결 자세를 취한 것에 비해 오르테가는 이성의 횡포를 비판하면서도 이를 전면 부정하는 것이 아니라 오히려 그에 적당한 위치로 되돌릴 방책을 모색했던 것이다. 이것이 그가 말하는 '삶·이성'(razón vital)이다. 예를 들면 이성을 지금까지 군림해 온 왕위로부터 추방하는 것이 아니라 인간에게 있어서 가장 유능하고 충실한 가신의 위치로 차버리는 것이다. 여기에서도 오르테가 철학의 일대 특징이라고 말할 수 있는 절묘한 평형감각을 읽어낼 수가 있다. 결국 오르테가는 일방적으로 이성 아니면 삶이라는 양자택일의 입장을 취한 것이 아니라 양자를 가능한 한 융화시키려고 한 것이다.

따라서 우나무노의 입장이 '삶 적인 것은 모두 반이성적인 것이고 이성적인 것은 모두 반 삶 적인 것이다' 한다면 오르테가는 '삶 적인 것은 모두 이성적이고 이성적인 것은 모두 삶 적인 것이다'라는 것이다. 이런 의미에서도 두 사람은 참으로 좋은 대조를 이룬다고 말할 수 있다. 그러나 이 책을 주의 깊게 읽어 가다 보면 오르테가가 단순히 이성과 삶의 장점만을 취한 것이 아님을 알게 된다.

우나무노는 에스파냐의 본질을 둘러싼 초기작품 《순수를 둘러싸고》에서 그의 평생의 방법론이 된 사고방식을 다음과 같이 말했다. "완전한 진리는 보통 제거법(via remotionis)에 따라서, 즉 극단적인 것을 배제하는 것에 의해 중용 안에서 찾을 수 있다. 그러나 극단적인 것이란 그 상호적 기능과 움직임에 따라 삶의 리듬을 산출하는 것이지만 그렇게 한 제거법에 따라서는 그저 진리의 그림자밖에, 차갑고 음침한 그림자에밖에 도달하지 못한다. 내 생각에 그보다 바람직한 것은 모순을 상호 긍정하는 방법으로 독자의 혼 안에 극단적인 것의 힘을 두드러지게 하여 중용이 혼 안에서 활기를 띠게 하는 것이다. 삶이란 투쟁의 합성운동이다."

분명 오르테가에게는 우나무노가 모순을 상호 긍정할 때 같은 격렬함은 없다. 그러나 오르테가도 그의 일생의 방법론이라고도 말할 수 있는 자세에 대해서 다음과 같이 표현하고 있다. "우리의 삶, 인간적 삶은……어떤 것에 대해서 우리의 인식 전체를 이 엄밀한 관조(觀照)에서 궁극적으로 기초를 잡고 확인해야 하는 근본실재이다."(《개인과 사회》)

그렇지만 앞에서 서술한 것처럼 이 삶의 편에 섬과 동시에 모든 것은 애매함을 늘리고 혼돈되어 석연치 않음이 증폭된다.

"우리는 본질적으로 애매한 하나의 상황—오늘날의 상황—에 메스를 들이대고 있다……"(92쪽) "이 형이상학적인 망설임이 삶과 관계있는 모든 것에 불안과 전율이라는 틀림없는 특징을 준다……"(93쪽). 근대 합리주의적 시점 또는 수학, 과학적 이성의 편에 서는 경우와는 완전히 다른 것이다. 이 책을 읽어나가며 가끔씩 느낄 수 있는 난해함 또는 불투명함은 오르테가의 사상이 분명한 보람의 대상을 찾고 있다는 것의 반증일지도 모른다.

"삶은 붙잡아 두는 것도 포착하는 것도 뛰어 넘는 것도 허용하지 않는 한 손에 받을 수 없는 흐름이다. 완성되어 가고 있는 것과 동시에 그 방법을 뛰어 넘으려고도 하지 않고 존재하는 것을 멈춰 가는 것이다…… (중략)……그것은 마치 그 자체는 잡을 수도 없는 바람이 부드러운 구름의 몸 위를 춤추면서 구름을 끌어당겨 늘리고 비틀고 일렁이게 하고 뾰족하게 하는 것이다. 우리는 시선을 들어 솜 모양 구름에 바람이 덮친 흔적을, 그 격렬하면서도 가벼운 주먹의 흔적을 보기만 할 뿐이다."('낭만주의 미술관을 위해서', 《전집》 제2권에 수록)

어쨌든 오르테가가 모든 것을 '삶의 본질 아래에서'(sub specie vitae) 더욱 정확하게는 모든 것을 '삶의 근원에 두고'(in radice vitae) 또는 '생성의 상태에 두고(in fieri)' 보려했던 것은 틀림없다. 결국 절대자가 아닌 이상 스피노자류의 '영원의 본질 아래에서'(sub specie aeternitatis) 모든 현상을 보는 것은 허락되지 않는다. 모든 것은 유동적이기 때문에 그때그때 역사적 현실을 정점관측(定點觀測) 하는 것은 바람직하지 않다. 왜냐하면 변환하는 현상만이 아니라 관측자 자신도 끊임없이 변하고 있기 때문이다. 따라서 정점관측은 모름지기 신화화(神話化)라는 위험한 경사를 굴러 떨어지게 된다. 그러니까 가령 한 나라의 역사를 영원의 본질 아래에서 본다는 것은 유아독존적이고 배타적인 국수주의 함정이 기다리고 있는 것이다.

삶의 전체적 재건

말할 것도 없는 일이지만 대중화 사회라는 것은 근대화가 필연적으로 내포하고 있기는 하지만 비대증식되어 있다. 지금까지 오르테가가 현대 대중화사회의 병리를 분석하여 취한 자세가 얼마나 에스파냐 정신사의 전통을 근거로 삼았는지 더듬어 보았으나 그의 목적은 그저 대중화 사회의 병리를 분석하기만 한 것은 아닐 것이다. 즉 그가 추구한 것은 새롭게 낡은 시점으로부터 삶을 전체적으로 다시 세우는 것이다. 이 책 제 2부 마지막 장의 타이틀이 '진정한 문제에 도착하다'로 결국 진정한 문제란 대중 속에 분명히 나타나 있는 무[沒] 도덕성(amoralidad)이라는 것을 알 수 있다. 이것은 부도덕 또는 비도덕보다 훨씬 위험한 것이다. 왜냐하면 그것은 삶을 내부에서부터 잠식하는 병이기 때문이다.

지금까지 서술해 온 대중화 사회의 깊은 병리의 원인이야말로 현대의 인간을 무책임한 존재로 하고 있는 그 무도덕성이다. 그렇다면 우리나라에서도 무슨 일이 있을 때마다 거론되는 도덕의 재건이 급선무가 아닐까? 대답은 예스이자 노이다. 다시 말해 그것은 자칭 애국주의자들이 말하는 구(舊) 도덕의 부활은 아니라는 것이다. 오르테가의 주장이 때로는 국수주의적인 경향을 갖고 있는 자들에게 오해되는 것은 실로 이 점과 관계가 있다. 오르테가가 제기하고 있는 것은 높은 곳에서부터 도덕률을 심는 것이 아니라 본디 삶 자체에서 갖춰지는 자립적 도덕률, 즉 지금까지 번번이 다루어져 온 '삶의 이법(理法)'의 자각인 것이다. 현대는 그 삶의 감각이 모든 분야에서 빠르게 사리지고 있다. 《대중의 반란》과 비슷한 경향으로 써진 《대학의 사명》에서 다음 말은 단순히 대학문제만이 아니라 사회 전반에 걸쳐 현재 일어나고 있는 진짜 문제를 적발하고 있다.

"주는 것도 요구하는 것도 못하는 것이 주는 척을 하고 요구하는 척을 하는 것과 같은 제도는 허위이고 도덕을 문란하게 하는 제도이다. 그런데도 오늘날 대학의 모든 기획, 기구가 가는 곳마다 이 허위의 원리로 움직이고 있다."(《대학의 사명》)

누구나 막연하게나마 느끼고 있듯 지금 모든 영역에서 자기 기만이 난무하고 있다. 정치계도, 교육계도 그렇다. 정치계에서 하고 있는 작금의 속 보이는 행태는 대중사회의 막다른 곳 묘한 활기 속에서 과장과 불성실로 가득차 있다. 예전이라면 누구도 생각 못했을 뻔한 연극이 버젓이 활개치고 있다. TV라는 매체가 존재하지 않았으면 부상하지 않았을 경망스런 국가의 지도자들, 참으로 '참을 수 없는 존재의 가벼움'의 세계이다.

"우리 시대는 과거 어떤 시대보다 풍요롭다는 기묘한 자만심에 의해, 아니 그뿐만이 아니라 과거 전체를 무시하여 고전적, 규범적인 시대를 인정하지 않고 자신이 과거의 어떤 시대보다 뛰어나 과거로 환원되지 않는 새로운 삶이라고 간주함에 따라 특징지어진 것이다."(46~47쪽) 이 경망스런 상황을 언제, 어떠한 방법으로 극복할 수 있을까? 그것은 국가차원의 문제도 아니고 학교교육의 과제도 아닌 실로 우리 한 사람 한 사람이 몰두해야 하는 사활이 걸린 급선무이다.

오르테가 연보

1883년   5월 6일, 호세 오르테가 이 가세트, 마드리드에서 태어남.
1891년(8세)   말라가의 예수회 계통 학교에 입학.
1894년(11세)   빌바오의 데우스토 대학교에 입학. 철학과 법률을 전공함.
1898년(15세)   우나무노에게 인정받아 교우가 시작됨. 마드리드 대학교로
                옮김. '1898년 세대' 활동개시.
1902년(19세)   마드리드 대학교 졸업.
1904년(21세)   논문 〈기원 1000년의 공포―어느 전설에 대한 비판〉으로 박
                사학위 취득. 로사 스포토르노 토페테와 교제.
1905년(22세)   에스파냐 정부의 장학금으로 독일 유학. 라이프치히, 마르부
                르크, 베를린의 각 대학교에서 면학. 〈엘 임파르시알〉지에
                〈독재주의와 민주주의〉 등 많은 정치 평론을 기고함.
1908년(25세)   독일에서 귀국, 마드리드 고등사범학교 교수로 취임.
1910년(27세)   로사 스포토르노와 결혼. 마드리드 대학교 형이상학 교수로 취
                임. 《천국의 아담》 발표, '정치 체계로서의 사회교육' 강연.
1911년(28세)   문부성에서 1년간, 독일 마르부르크에 파견됨(두 번째 독일
                유학).
1914년(31세)   에스파냐 '정치교육연맹' 결성. '역사적이면서 새로운 정치'
                강연. 《돈키호테에 관한 성찰》 간행.
1915년(32세)   〈에스파냐〉지 창간.
1916년(33세)   아버지 무니라와 부에노스아이레스 방문. 《관찰자》(엘 에스
                펙타도르) 제1권.
1917년(34세)   〈엘 솔〉지 창간. 《관찰자》 제2권.
1921년(38세)   《무기력한 에스파냐》 간행. 《관찰자》 제3권. 〈엘 솔〉지에
                '돈 후안 입문' 기고.

1922년 (39세)   아버지 무니라 사망.

1923년 (40세)   〈서유럽 평론〉(레비스타 데 옥시덴테) 창간. 《현대의 과제》
　　　　　　　　간행.

1924년 (41세)   《아틀란티스》 발표.

1925년 (42세)   《예술의 비인간화》 발표. 《관찰자》 제4권.

1927년 (44세)   〈엘 솔〉지에 《미라보, 즉 정치가》 기고. 《문자의 정신》 발
　　　　　　　　표. 《관찰자》 제5권, 제6권.

1928년 (45세)   두 번째 부에노스아이레스 방문. 칠레 방문.

1929년 (46세)   마드리드 대학교에 사표 제출. 《칸트론》 발표.

1930년 (47세)   《철학이란 무엇인가》 강의(1957년 간행). 《대중의 반란》《대
　　　　　　　　학의 사명》 간행. 《관찰자》 제7권.

1931년 (48세)   '공화국봉사집단'의 결성. 《공화국의 수정》 발표. 제헌의회의
　　　　　　　　국회의원에 선출됨.

1932년 (49세)   제헌의회의 국회의원을 사직. '공화국봉사집단' 해산. 〈서유
　　　　　　　　럽 평론〉에 《내면에서 본 괴테》 발표.

1933년 (50세)   《갈릴레오를 둘러싸고》 발표(연속강연. 이 후반부를 《위기의
　　　　　　　　도식》으로 1942년에 간행).

1934년 (51세)   《관찰자》 제8권(마지막 권).

1935년 (52세)   로사부인과의 은혼식. 마드리드 대학교 재직 25년 기념식.
　　　　　　　　에스파냐 정부에서 서훈, 마드리드 시의 금메달 수상. 〈사서
　　　　　　　　의 사명〉 강연.

1936년 (53세)   가족과 함께 프랑스로 탈출. 9년간에 이르는 망명생활 개시.
　　　　　　　　파리에 거주.

1938년 (55세)   호이징거의 초대로 네덜란드의 레이덴 대학교 방문.

1939년 (56세)   부에노스아이레스 이주. 어머니 돌로레스 사망. 《자기침잠과
　　　　　　　　자기개혁》 간행. 〈사람과 사람들〉 연속강의.

1940년 (57세)   〈역사적 이성의 새벽〉 강의. 《관념과 신념》 발표. 라디오 방
　　　　　　　　송 '라틴아메리카 수상'.

1941년 (58세)   《체계로서의 역사》《사랑에 관한 연구》 간행.

1942년 (59세)   포르투갈로 이주.

1943년(60세) 《벨라스케스 입문》 발표.

1944년(61세) 리스본 대학교에서 〈역사적 이성의 새벽〉 강연.

1945년(62세) 9년 만에 마드리드에 잠시 귀국. 임시 주거를 정함. 리스본
에도 주거보유.

1946년(63세) 서유럽 평론사에서 《오르테가 전집》의 간행 개시(제1, 2권).
마드리드 시내의 아테네오에서 10년 만에 공개강연.

1947년(64세) 《오르테가 전집》 제3~6권.

1948년(65세) 마드리드에 '인문연구소' 설립.

1949년(66세) 괴테 탄생 200년 기념 식전 출석을 위해 미국의 콜로라도 주
아스펜을 방문. 함부르크에서도 괴테에 대해 강연. 베를린
자유대학교에서 〈유럽론〉 강연. '인문연구소'에서 〈사람과 사
람들〉 공개 연속강의.

1950년(67세) '인문연구소', 자금난과 프랑코 정권과의 마찰로 폐쇄.

1951년(68세) 다음 해까지 독일에 장기체재. 뮌헨 등에서 강연.

1953년(70세) 마드리드 대학교 정년 퇴임. 영국, 독일 등 여행. 〈개인과
조직〉 강연.

1955년(72세) 이탈리아 여행. 베네치아에서 〈중세와 국민사회의 이념〉 마
지막 강연. 여름, 북에스파냐 여행. 병상악화. 10월 18일,
마드리드의 몽테에스킨사가 28번지의 자택에서 위와 간장암
으로 사망.

1957년 이 해부터 1960년까지 《사람과 사람들》《라이프니츠 이론의
이념》《고야론》《칸트, 헤겔, 딜타이》《젊은 민족에 관한 고
찰》《체계로서의 역사》(신판)《벨라스케스 입문》《갈릴레오를
둘러싸고》(신판)《세계사의 해석》《유럽론》《철학의 기원》《악
사론》 등이 유고로 간행되었다.

1961년 이 해부터 1969년까지 '서유럽 평론사'에서 《오르테가 전집》
제7~11권 간행.

1983년 오르테가 탄생 100주년 기념으로 《오르테가 전집》 전12권을
알리안사사에서 간행.

김현창(金顯愴)

한국외국어대학교 스페인어과를 졸업하고 스페인 국립마드리드대학교에서 문학박사학위를
받았다. 서울대학교 서어서문학과 교수 및 스페인 중남미연구소 소장 역임. 대한민국학술원
회원이며 서울대학교 서어서문학과 명예교수이다. 지은책《스페인어 발달사》《현대세계문학
속의 동양사상》《스페인문학정신》《중남미문학정신》《문학의 도》옮긴책 동서세계문학전집
세르반떼스《돈끼호떼》히메네스《플라테로와 나》세네카《인생철학이야기》등이 있다.

세계사상전집057
José Ortega y Gasset
LA REBELION DE LAS MASAS/QUE ES FILOSFIA
대중의 반란/철학이란 무엇인가
오르테가 이 가세트/김현창 옮김
동서문화창업60주년특별출판
1판 1쇄 발행/2016. 11. 30
발행인 고정일
발행처 동서문화사
창업 1956. 12. 12. 등록 16-3799
서울 중구 다산로 12길 6(신당동 4층)
☎ 546-0331~6 Fax. 545-0331
www.dongsuhbook.com

*

사업자등록번호 211-87-75330
ISBN 978-89-497-1572-8 04080
ISBN 978-89-497-1514-8 (세트)